マーカス・レディカー

奴隷船の歴史

上野直子訳

みすず書房

THE SLAVE SHIP

A Human History

by

Marcus Rediker

First Published by Viking Penguin, a member of Penguin Group (USA) Inc., 2007

ウェンディ、ジーク、エヴァに
愛と希望をこめて

目次

奴隷船の歴史

序

カヌーの底、十センチほどたまった濁った水の中に横たわる女、旅に疲れた体には編んだマットが投げかけられている。ボニーの漕ぎ手のリズミカルな櫂の動きは感じとれるものの、どこに連れていかれようとしているのかは見当がつかない。内陸の地からもう三カ月も旅してきた。その行程のほとんどは川を、そして沼を抜け、カヌーで進んできた。途中で何度も売られた。この数日、その女をはじめとして何十人もの人々は、カヌーを改装した仮収容所に留め置かれていて、彼女はそこで、この旅が終わりに近づいていることを知った。さて女は身をよじり、まずはすぐとなりの憔悴しきった囚われ人の濡れた上半身に沿って、次にはカヌーのわき腹に沿って上体を起こし、頭をあげて、舳先のむこうが覗けるようにした。前方にオウバ・クークーが浮かんでいる。あの恐るべき船、「大きな水」を渡るための乗り物だ。それについては、村で激しい諍いがあったときの脅し文句として聞いたことがある。村では、白い人間に売られ、オウバ・クークーに乗せられるというのが、考えられるかぎり最悪の罰だった。[1]

泡立つ水のうえ、カヌーは幾度も幾度も上下に揺れ、舳先が沈むたび、船の姿がちらりと見えた。地平線に浮かぶ奇妙なかたちの島のようだった。近づくにつれ、それは三本の杭がそびえたつ巨大な木の箱のように見えてきた。風が吹きはじめた。異様な、しかし馴染みがなくはない汗の匂いが鼻腔をつき、病の印のすえた匂いに鋭い恐怖が身をつらぬく。女の体に震えが走った。

カヌーの左手に、砂州が見えて、女は決心した。櫂はしずかに水をかく。一回、二回、三回、そして四回目で、彼女はカヌーの舷から飛び降りた。自分を捕らえた者から逃れようと死に物狂いで泳ぐ。カヌーを漕いでいたなかから二人が彼女を追って水に飛び込んだ。そのしぶきの音が女の耳に届いた。飛び込む音がしたかと思うと、また別の大騒ぎが聞こえてきて、肩越しに振りかえると、男たちが再びカヌーにはいあがるのが見えた。砂州の端まで水のなかを歩いてくると、目にはいったのはずんぐり大きな灰色の鮫だった。体長は二メートル弱、鈍重でまるい鼻先と小さな目。自分に向かってやってくるカヌーのすぐ脇を、鮫が泳いでいるのだ。男たちは、悪態をつきながら、鮫を櫂で殴り、カヌーを砂州につけると、船の外に飛び出した。水をかきわけ進み、そして女の後をゆったりと追いかける。砂州のうえの女には逃げる場所もなく、鮫がいるので水にも戻れない。彼女は抗うが、抵抗は虚しかった。男らは、彼女の手首と足とを粗い蔓で縛りあげ、女の体はふたたびカヌーの底へと転がされた。彼らはまたカヌーを漕ぎ始め、やがて歌が始まった。しばらくすると、彼女の耳に、最初はかすかに、やがて刻一刻とはっきりと、別の音が聞こえてきた――それは大きな船に波がぶつかる音、船体の木材がきしむ音だった。そして聞いたこともない言葉の、くぐもった叫びが響いてきた。

　力強い櫂の一漕ぎごとに、船はどんどん大きくなり、恐怖がいや増す。匂いはさらにきつく、音はさらに激しくなる――あるところから泣き叫ぶ声がしたかと思うと、別のところからは低いもの悲しい歌が流れてくる。木材を手で叩く音に乗って子どもたちがてんでに騒ぐ声。一つ、二つ、意味のわかる単語も聞こえてくる。誰かが、「メネイ」、水をくれと言えば、別の誰かは呪いの言葉を発し、「ミィアベッカ」、つまり精霊に訴えている。漕ぎ手たちがカヌーを巧みに操り、船に横付けにすると、喫水線の上、船の側面の小さな穴のむこうから、いくつもの黒い顔が、こちらをじっとみつめているのが見えた。上方からは、黒人の女性と子どもの一団、そして数人の赤い顔の男たちが、手摺から身を乗り出して彼女を覗き込んでいる。彼らは砂州での逃亡劇を目撃していたのだ。男たちは船乗りの短剣を手に、耳障りないらついた声で命令を叫んでいる。彼女はついに奴隷船に到着したのだった。

　カヌーの男たちは、彼女を縛っていた蔓をほどき、縄梯子のほうに押しやった。同じカヌーで連れてこられた他の十五人と一緒に、彼女は梯子を登る。誰もが裸体であった。男たちの何人か、そしてカヌー・ハウスからオウバ・クークーまでの案内をした、金のレース飾りの帽子をかぶった黒人商人も船へと登った。ほとんどの者たちは、目にするものに度肝を抜かれていたが、囚われの身ながら奇妙にくつろいだ様子の男も二人ばかりおり、彼らは自分たちの言葉で白人に話しかけさえしていた。ここに広がるのは、皮を剥いだ、枝の一本もない高い木々がそびえる、ひとつの独立した世界だった。数々の奇妙な道具、高所まではりめぐらされたロープ。主甲板《メイン・デッキ》の回りでは、豚、山羊、そして鶏が群れをなして右往左往している。白人のひとりは、この土地の鸚鵡を飼っており、猿を飼っている者もいる。オウバ・クークーはあまりに巨大なので、船上には専用のエウバ・ワンタ（小さなボート）さえあった。汚らしい別の白人の男が、彼女をいやらしい目つきで見て、卑猥な身振りをし、体をまさぐろうとした。彼女は男にぶつかっていき、顔に爪を立てた。男は彼女を引き離し、持っていた小さな鞭で三回はげしく打ったが、彼の顔の数箇所からはすでに血が流れだしていた。黒人商人が割って入り、彼女を追いやった。

落ち着きを取り戻すと、彼女は主甲板のうえの囚われ人たちの顔を見渡した。全員が若く、子どもも含まれていた。村では中年組とみられていた彼女が、ここではいちばん年長の部類だ。彼女が売られたのは、抜け目のない黒人商人が、大人数をまとめ売りしたからだった。船長は、商人の言うなりに買うしかなく、全員を買わないのなら、一人も売ってもらえなかったのだ。船のうえでは、彼女は年寄りといっていいだろう。

甲板上の人の多くが、彼女と同じ言語、つまりイボ語を話しているようだったが、話し方はずいぶん違っていた。同じ地域出身のほかの二つのグループにも気がついた。素朴なアパと、ずっと肌が黒く、体格のよいオッタムだ。やがて彼女にもわかることになるのだが、囚われ人の多くはもう何カ月もこの船に乗せられていたのだった。最初の二人を、水夫たちはアダムとイブと名づけていた。甲板では掃除をしているのが三、四人、そして、たくさんの人間が洗濯をしていた。水夫たちが午後の食事に、小さな木の椀を配っている。船のコックは、数名には牛肉とパンを、他の者たちには食べなれたやし油をまぶしたヤム芋を出していた。

主甲板はあれやこれやで実に騒がしい。日焼けした黒い肌の白人水夫が、大音響にむかって「ドモナ！」（静かに）と叫んだ。この男とは別の二人の白人があらゆることに対して重要な人物らしい。船長というのが船上でのボスで、この男が何かいうと他の白人たちは飛び上がる。船長と医者が、新たにやってきた者たちを忙しなく検査している――頭部、眼、歯、手足、そして腹部。彼女と同じカヌーで連れてこられた家族――父親、母親、そして子ども――が調べられた。そして父親は、バリカド（仕切り板）のドアの向こう側、船の前方へと連れていかれた。目に涙をうかべていた。あちら側から、また別の男の叫びが彼女の耳にきこえてきた。「ペム・ペム」、つまり鞭打ちを受けているのだ。苦しみの声をあげるその抑揚から、イビビオの男だと彼女にはわかった。

まもなく彼女の番となり、白人の男ががなりたてた。「下に行け！　ほら！　急ぐんだ！」と言って、彼女をデッキに開いた大きな四角い穴のほうへと押しやった。近くにいた若い女が、命令が理解できないのではと案じて、切羽つまった声で「ゲマーラ！　ゲーエン！　グゥアンゴ！」と囁いた。下甲板への梯子を降りていくと、おぞましいほどの悪臭が鼻をつき、突如眩暈に襲われ、具合が悪くなり、吐き気がこみあげた。「アワウォ」、そう、死の匂いだとわかった。その匂いのもとは、暗い隅、白人たちが「汚物桶」と呼ぶ「アターサ」の脇に、横たわったまま放置されている二人の病んだ女性だった。翌日、二人は息絶え、遺体は甲板から投げ捨てられた。瞬時に回りの水がざわめき、渦をまき、そして赤く染まった。彼女が運ばれたカヌーについてきた鮫は、ついに餌にありついたのだった。

＊＊＊

この女性の物語は、アフリカン・アメリカンの巨星、行動する学者であったW・E・B・デュボイスが「過去千年の人類史上、最も壮大なドラマ」と呼んだ歴史のほんの一幕にすぎない。「一千万の人々が、黒き美しき母なる大陸から、新たに発見された西のエルドラドへと運ばれた。それは地獄下りの旅であった。」生まれた土地から拉致され、奴隷船に乗せられて、やがて彼女は労働と搾取の新世界へと連れていかれるのだ。そこではおそらく砂糖、煙草、あるいは米などを生産し、奴隷主の富を増やすこととなる。本書は、この女性や、彼女と同じような人々の跡を追い、林立する船のなかへ、すべてのドラマの源たる、その奇妙で強大なヨーロッパの機械のなかへと進んでいく(2)。

奴隷貿易という叙事詩は長きにわたり、実に様々な状況のもとで繰り広げられた。一人の主人公がいるわけではなく、ドラマをつくりあげているのは何百万もの人々である。十五世紀末から十九世紀末まで、四百年も続いた奴隷貿易を通じて、一二四〇万人が奴隷船に積まれ、大西洋の「中間航路」を越えて、何千マイルもの距離の間に散らばる数百の荷揚げ場所へと運ばれた。悲惨な航海中に、一八〇万人が命を落とし、遺体は船につきまとう鮫へと向かって投げ捨てられた。生き延びた一〇六〇万人は、殺人的なプランテーション機構の、血塗られた奈落の口へと投げ込まれた。そして人々はそこで、考えられるかぎりの、あらゆる抵抗を試みることになるのである(3)。

しかしこの人間ドラマの壮絶さは、いま紹介した驚くべき数字だけでは伝えきれない。アフリカで捕らえられた人々の多くが、奴隷船まで人間列車のごとく数珠繋ぎの行進をする途上で絶命した。もちろん、記録がないためにその正確な数はわからないのだが、研究者の現在の見積もりでは、時期や場所によって違いがあるものの、捕まってから奴隷船へ乗せられるまでの間に、十分の一から半数ぐらいの数の人間が死んだと考えられている。控えめに見積もって一五パーセントとみると――これには移動中に死亡した者と、海岸の収容所や奴隷用の牢に閉じ込められている間に死亡した者が含まれる――さらに一八〇万人がアフリカで命を落としたということになる。新世界での労働が始まってからも、一年以内に、また一五パーセント（地域によってはそれを上回る）、つまり一五〇万人が死亡している。全ての段階――アフリカおよび中間航路での拉致収容、そしてアメリカでの強制労働の開始期――をあわせると、およそ五〇〇万の男や女や子どもが命を奪われたのだ。この死亡者の数は、別の見方をすれば、大西洋世界を生き延びた奴隷労働者九〇〇万人を「産み出す」ためには、約一四〇〇万人を捕獲しなければならなかったことを意味する。デュボイスのいう「最も壮大なドラマ」とはまさに悲劇であった。(4)

このドラマのいわゆる黄金期は一七〇〇年から一八〇八年までの間で、他のどの時代よりも多くの奴隷が輸送された。その数は全体の三分の二にのぼる。そして黄金期の数の四〇パーセント以上、つまり全部で三〇〇万人を運んだのが、イギリスおよびアメリカの船だった。本書で扱うのは、この時期、これら英米の船、乗組員たち、そして囚われ人たちである。当時、死亡率は低くなってきてはいたが、しかし死者の数そのものはあいかわらず驚愕すべきものであった。貿易全体でほぼ一〇〇万人が死んだが、半数弱の犠牲者は、イギリス、アメリカの港で計画された取引による。人間の売買を取り仕切っていた人々は死亡率を知りながら商売を続けていたわけで、それを考えると死者の数はさらに空恐ろしさを増して迫ってくるだろう。「人間」の損失高も単に取引の一部で、すべて計画段階から織りこみ済みなのであった。やがて一七八〇年代になると、アフリカ人作家のオットバー・クゴアノ（彼自身、中間航路を生き抜いた元奴隷だった）をはじめとして、大西洋をまたぐ奴隷貿易廃止運動を作り上げた人々が、これを紛れもなき殺人であるとして糾弾することとなる。(5)

囚われ人たちは、どこから来て、どこに行ったのだろうか。一七〇〇年から一八〇八年の間に、イギリスとアメリカの商人たちが奴隷を集めるために船を送ったのは、主にアフリカの次の六つの地域、セネガンビア、シエラレオネ／ウィンドワード海岸、黄金海岸、ベニン湾、ビアフラ湾、西中央アフリカ（コンゴ、アンゴラ）であった。そして船が奴隷を運んだ先は、第一に英国の砂糖生産地の島々（奴隷の七〇パーセント以上がここで買われ、その半数はジャマイカだった）であったが、アシエントという特別な条約の結果、かなりの数がフランスやスペインの商人の手に渡った。北アメリカ各地へ向かったのは、約十分の一である。いちばん多かったのはサウスカロライナとジョージアで、次いでチェサピークにも相当数が売られた。奴隷たちが覚束ない足取りで船を後にすると、ドラマのまた新しい幕が開いていった。(6)

波に揺れる奴隷船の甲板のうえでは、四つの異なる、しかし互いに関連するドラマが繰り広げられた。十八世紀の間じゅう幾度も繰り返されたドラマは、それぞれが、その時代にとって、そしてまたわたしたちの時代にとっても、大きな意味をもっている。ドラマの登場人物は、船長、寄せ集めの船員、様々な民族の奴隷、そしてこの時期の終わり頃には、中産階級の奴隷貿易廃止論者と、イギリス、アメリカの両方で活字を通じ彼らに耳を傾けた都市部の市民たちが登場した。

第一のドラマは奴隷船の船長と船員との関係だ。船員たちは、当時の言葉で「指も鼻もお上品なわけがない」といわれたが、実際彼らの仕事は考えうるあらゆる意味においての汚れ仕事だった。(7) 奴隷船の船長というのは、厳しく、情け容赦ない男たちで、権力をほしいままにし、何かといえばすぐに鞭に訴え、多くの人間を掌握する能力を持っていた。暴力的な命令は、輸送されている何百人もの奴隷たちにだけでなく、荒くれの船員に対しても同様に下されたのである。規律は往々にして過酷であり、鞭打たれて死にいたる水夫も少なくなかった。そのうえ、奴隷貿易の水夫の場合、あてがわれる食事は貧弱で、通常賃金も低く、そして死亡率も高かった――現代の研究によれば奴隷の死亡率と変わらなかったという。水夫たちは、このぞっとする真実をこんなふうに言い表した。

用心肝心
ベニンの湾
帰ってくる者一人の影に
入った数は四十人。

多くの人間が命を落とした。そうでなくても盲目になる者もいたし、一生残る障害を負った者にいたっては数しれない。このような状況であったから、船長と船員との衝突は日常茶飯であった。次のような名前だけをみても、様子は想像できるだろう。「残忍サミュエル」は奴隷船の暴力船長、「ぶちぎれアーサー」は反乱者となった水夫という具合であった。そもそも船長は、どうやってこのぞっとしない仕事に水夫をかき集めてきたのだろう。そして彼らの関係はどのように展開していったのだろう。いったん奴隷が積み込まれると、船長と船員との関係には変化があったのだろうか。(8)

さて第二のドラマは、水夫と奴隷との関係――むごたらしい強制栄養補給、鞭打ち、あらゆる種類の気まぐれな暴力、女性奴隷のレイプなど――である。すべてを取り仕切るのは船長でも、船長の命令を実行するのは水夫たちであった。奴隷たちを甲板に上げ、船内に戻し、食事を与え、無理にでも運動させ（「ダンス」）、健康を管理し、規律を課して罰を与える——一言でいうと、囚われ人をゆっくりと国際労働市場用の商品へとつくり変えていくのは、水夫たちの仕事だったのだ。このドラマを目にする者はまた、輸送される側が独創的な抵抗を絶え間なく繰り出す様子をも目撃する。それはハンガーストライキ、自殺、正面切っての反乱など多岐にわたる。さらに、奴隷たちが、自分たちを捕らえた側の文化、特に言語や技術的な知識、たとえば船の仕組みなどを、選択的に我が物としていく過程にも立ち会うことになるのである。

　第二のドラマと同時に進行する三番目のドラマは、奴隷となった人々の間での対立や協力から生まれてくる。恐怖に満ちた奴隷船の船底には、階級も、民族も、性別も異なる人々が十把一絡げに投げ込まれていた。この「ひとつの鎖につながれた、千差万別の、容貌も異なる黒人たち」は、どのようにして意思の疎通を図ったのだろうか。奴隷たちは、どこに向かっているのかとか、これからどうなるのかといった、自分たちがおかれた窮地についてのあらゆる重要な情報を交換する手段を見つけ出した。残忍な監禁、恐怖、早すぎる死のただなかで、生へと向かうための想像力あふれる対処法を生み出した。新しい言語を創り、新しい文化風習や絆を育み、船のうえではすでにひとつの共同体が芽吹いていたのであった。奴隷たちは、お互いを「船友（シップメイト）」と呼んだが、これは兄弟姉妹に値するものである。そのようにして「架空」の、しかしリアルな血縁関係を結び、これがアフリカで拉致され奴隷とされたときに奪われたものの替わりとなったのである。彼らの想像力と抵抗は、集団として考えると不滅であり、そこにこそ、このドラマの最大の意味があるのである。[9]

　四番目のそして最後のドラマは、船上ではなく、イギリスやアメリカの市民社会で展開する。奴隷貿易廃止を唱える人々が中間航路の惨状を英米の市民層に向けて、次から次へと訴えかけるようになるにつれてのことである。このドラマの核となったのが奴隷船の絵であった。トーマス・クラークソンという人物を紹介しておかねばならない。クラークソンは、奴隷貿易についての情報収集のために、ブリストルやリヴァプールの港へ赴いた。しかし、いったん反奴隷貿易の立場だと知れると、奴隷貿易に従事する大商人や奴隷船の船長からは締め出しを食ってしまう。そこで、このケンブリッジ出の若き紳士は、船乗りたちに話を聞いてまわった。彼らこそ、奴隷貿易の現場を体験し、記録に残すべき惨状を知っており、語るべき物語を持っていたのである。クラークソンはここから証拠を積み上げて、大商人、プランテーション所有者、銀行家、政府の役人——有り体に言えば、奴隷貿易および奴隷制という大機構に利権を有する全ての人々と闘ったのである。奴隷貿易廃止運動の成功は、奴隷船の最大の特徴である、組織化された圧倒的な恐怖を、イギリス、アメリカの人々にリアルに伝えられるかどうかにかかっていた。「最も壮大なドラマ」には有無を言わせぬ最終幕がある。奴隷船《ブルックス》の構造図がそれである。そこには船の甲板に「すし詰め」状態で積まれた四八二名の奴隷が描かれており、この構造図が運動を最終的に成功へと導き、奴隷貿易を廃止へと至らしめたのだ。

一七〇〇年という年はイギリスにおいてもアメリカにおいても、ドラマの象徴的なはじまりであった。もちろん、商人も船乗りもすでに長いこと奴隷貿易に従事していたが、この年はじめて、ロードアイランドとリヴァプールからの奴隷船の船出が記録されたのである。ロードアイランドはアメリカの奴隷貿易の中心に、そしてリヴァプールは大西洋貿易全体の中心になっていく港である。一七〇〇年五月末日、ジョン・ダンを船長とする《エリザ》が、リヴァプールを出港、アフリカでの行き先ははっきりしないが、最終的にはバルバドスに向かい、そこで一八〇人の奴隷を降ろした。八月には、ニコラス・ヒルグローヴが《トーマス・アンド・ジョン》の船長となって、ロードアイランドのニューポートを船出、アフリカのいずれかの場所に向かい、船長と乗組員たちは、やはりバルバドスで七一名の囚われ人をその小さな船の牢獄から出した。それから一世紀の間に、これらの港から、そしてまた他の様々な港からも、何百という奴隷船が出航することになるのである。(10)

一七〇〇年から一八〇八年まで、運ばれた人々の数や、奴隷の供給地と届け先に変化はあるものの、奴隷船そのものはさほど変わっていない。時とともに若干大きくなるとともに、効率がよくなって、奴隷の人数との比率でいえばより少ない乗組員で事足りるようになっていった。また奴隷船の数もたしかに増えた。輸送される奴隷の数の増加に対応するためであった。環境も以前に較べれば健康的になった。特に十八世紀後半になると、奴隷および水夫の死亡率も低くなった。とはいえ、奴隷船を切り盛りする基本、航海術から人間貨物の積み込み、栄養補給、運動といった要素は、ほぼ同じままだった。言い換えれば、一七〇〇年の奴隷船を経験した船長、水夫、あるいはアフリカ奴隷は、一世紀後にもほとんど同じ経験をしただろうと思われるのである。(11)

奴隷船上のひとりひとりがそこに発見したのは、機械、移動監獄、そして奴隷生産工場が組み合わさった、奇妙な底知れぬ力を秘めた世界であった。大砲を備え、並々ならぬ破壊力を有する奴隷船は、その戦闘能力から考えると、伝統的な国家間の戦争においては、他のヨーロッパの船、要塞、港を攻撃するのに十分だったし、帝国の貿易と領地拡大においては、非ヨーロッパの船や港を攻撃することもできた。奴隷船には内なる戦争もあった。つまり乗組員（奴隷が積まれてからは看守となる）と奴隷たち（囚人）との戦いがそれで、逃亡と反乱を企てる奴隷たちに対して、銃口をつきつけていたのが乗組員であった。水夫たちはまた工場としての船において、奴隷「生産」にも従事していた。大西洋の東から西へと奴隷たちを輸送することでその経済価値を倍化させるとともに、十八世紀以降、成長する世界経済に生命を吹きこんだ労働力の形成に一役買ったのである。プランテーション労働者の生産過程において船＝工場で生産されたもうひとつのものが、「人種」である。旅の始め、船長は、様々に異なる肌の色の乗組員を雇ったが、彼らはアフリカの海岸で「白人」となった。そして中間航路の始まりには、多種多様な民族のアフリカ人が積み込まれるのだが、この人々は、アメリカの港に着くと、「黒人」あるいは「ニグロ」になるのであった。このように、奴隷貿易の航海は、航海に関わる人々を変容させてしまったのである。そして、戦い、監禁、労働力と人種の生産の根幹にあったのが暴力だった。

幾度となく大西洋を往復し、その経済に多大なる貢献をした後に、奴隷船はついに嵐の海にぶちあたる。奴隷貿易に反対する人々が、大西洋をまたぐ強力な運動を展開し、ついに奴隷船の航海に終止符を打たせたのである――イギリスとアメリカ政府がそれぞれ、一八〇七年と一八〇八年に新しい法案を通過させて以降は、少なくとも法律上は奴隷貿易は終焉を迎えたのであった。もちろん違法貿易はその後も長きにわたって続いたが、人間の歴史の決定的な瞬間が訪れたのは確かなことである。奴隷貿易廃止は、同時代に起こったきわめて大きな意味を持つ出来事、すなわちハイチ革命とともに、奴隷制の終わりの始まりを告げたのであった。

＊＊＊

この大いなるドラマには胸を射るような話がぎっしりとつまっている。しかし不思議なことに、その多くはかつて一度も語られず、奴隷船というトピックも、大西洋奴隷貿易についての豊富な歴史文献においてこれまで顧みられることがなかった。奴隷貿易の起源、タイミング、規模、物流、そして利潤にかんしては優れた研究が積み重ねられてきたものの、世界を変えた交易を可能とした船そのものの本格的な研究は、いままで存在しなかったのである。史上最大の強制移住を司ったメカニズムは、様々な意味でグローバリゼーションのある段階全体の鍵をにぎっているにもかかわらず、いまだ十分に解明されていない。ヨーロッパの「商業革命」、つまりプランテーションと世界規模の帝国の建設、資本主義の発達、そして最終的な産業化、これらすべての誕生に大役を果たした奴隷船の分析はまだこれからなのだ。端的に言えば、奴隷船とその社会関係こそが、現代社会の礎を形成したというのに、その歴史の多くは知られざるままなのである。[12]

奴隷船についての学術研究は限られているが、奴隷貿易についてなら、大西洋のごとく広く深い研究がある。もっとも重要なものをここに挙げておこう。まずはフィリップ・カーティンの記念碑的な研究、『アフリカ奴隷貿易――数値調査』(一九六九年)を挙げねばならない。ジョゼフ・ミラーの古典、『死の道――商業資本主義とアンゴラの奴隷貿易、一七三〇―一八三〇』(一九八八年)は、十七世紀から十九世紀にかけてのポルトガルによる奴隷貿易を研究したもの。さらに、ヒュー・トマスの膨大な総合研究『奴隷貿易――アフリカ奴隷貿易の物語、一四四〇―一八七〇』(一九九九年)や、一七三四年から三五年にかけて、フランスを出発し、ウイダー、マルティニークへと向かった《ディリジェント》の航海を追いかけた、ロバート・ハームズの典雅な小史もある。そして、デヴィッド・エルティス、スティーブン・D・ベイラント、デヴィッド・リチャードソン、そしてハーバード・S・クラインが資料収集、編集、序文を手がけた『大西洋奴隷貿易――全資料』の出版は、瞠目すべき研究成果の結実といえるだろう。[13] 文学による奴隷貿易についての省察も重要なものだ。トニ・モリスン、チャールス・ジョンソン、バリー・アンズワース、フレッド・ダギアー、キャリル・フィリップス、そしてマニュ・ハーブスタインらの名前を挙げておきたい。[14]

これから読んでいただくのは、奴隷貿易についての新しい歴史などではない。もう少し控えめなもの、豊富な学術研究と新しい資料の両方を使って、この主題をこれまでとは違う視点から、すなわち奴隷船の甲板から眺めたものといったほうがいいだろう。奴隷船についてだけを考えても、包括的な研究ではない。大西洋に展開した諸国の奴隷船――イギリスとアメリカの船だけではなく、ポルトガル、フランス、オランダ、スペイン、デンマーク、そしてスウェーデンなどの船も含めて――を比較して結びつける、より広範な研究書の執筆が待ち望まれるところである。また、大西洋の東側ではアフリカの社会と奴隷船とのつながり、西側では奴隷船とアメリカス(南北アメリカ)のプランテーション社会とのつながりについても、注目していかねばならない。「過去千年の人類史上、最も壮大なドラマ」には、まだこれから詳らかにしていかねばならないことがいくらでもあるのである。[15]

奴隷船に焦点を移すと、ドラマの登場人物の種類と数がぐっと増えるし、ドラマ自体がその始まりから終わりまで、より複雑になる。これまでは、大商人、農園主、政治家、奴隷貿易廃止論者たちなど、一握りの社会の有力者たちが主な登場人物であったが、今やこのキャストに、何千という数の船長、何万もの水夫、そして百万単位の奴隷たちが加わるのだ。

このキャストでドラマを見ていくと、奴隷たち自身が廃止運動を始動させた第一の存在となる。彼ら、彼女らは、奴隷船上の一日一日のなかで、鎖につながれた状態と闘い、やがて長い時をかけて、支配国の奴隷貿易廃止論者や反旗をひるがえした水夫、中産階級の聖人や労働者階級の罪人たちと、協力関係を築きあげていったのだ。アフリカの支配者や商人、そしてイギリスおよびアメリカの労働者たちも重要な登場人物である。労働者たちが奴隷貿易廃止の大義に加わったからこそ、運動は大衆レベルでの広範な支持を得ることができたのだった。(16)

なぜこれを「人間の歴史」〔原書の副題〕と呼ぶのか。バリー・アンズワースの叙事詩的な小説『聖なる飢え』にその理由のひとつがうまく描かれている。リヴァプールの商人ウィリアム・ケンプが息子のエラスムスに自分の奴隷船について語っている場面で、彼の船が西アフリカで人間貨物を積み込んで、新世界に向かったという手紙がちょうど届いたところである。

二人がいるその静かな部屋、オーク張りの壁にトルコじゅうたん、棚には帳簿と暦が並んでいるその静かな部屋にいては、どのように努力したところで、船のなかがどんな状況なのか、ギニア海岸での貿易がいかなるものなのか、ほんとうのところを思い描くのはむずかしかっただろう。まず困難だし、どうしたって表面的にならざるをえない。効率的にやるには――結果のみを見なくては。いろいろと想像したりしては商売のじゃまになり、動きが鈍くなる。考え続けたりしたら恐ろしさに胸がつまって、身動きできなくなる。グラフに、表に、バランスシート、そして会社の方針があるではないか。それを頼りに抽象の領域にとどまって、思い煩うことなく仕事に励めばいいのだ。合法な取引で合法な利潤をあげているのだから、安心していればいいのだ。そうだ、地図もあるじゃないか。(17)

アンズワースが描いているのは、奴隷貿易についての研究をその第一歩から蝕んできた「抽象の暴力」である。帳簿、暦、バランスシート、グラフに表――商売人が安心して使える判断材料――が示すのは抽象であり、抽象化によって現実から人間の姿を消してしまう。しかし倫理と政治を考えるのならば、人間の現実をこそ正しく理解しなくてはならない。奴隷船の民族構成を見てみると、ひとつの〔あるいは、複数の〕集団が、金のために――むしろ資本といったほうがいいだろうか――別の集団に躊躇もせず何をしたのか、その残酷な真実が現れてくるだろう。またそれだけではなく、利益を得た側が、自分たち自身にも、後の時代の者にも、自らが何を行い、その結果何をもたらしてしまったのか、その肝心なところをいかに隠しおおせてきたのかもわかってくる。数字は拷問と恐怖の支配の様を見えにくくしてしまうが、ヨーロッパ、アフリカ、そしてアメリカ社会は今も、奴隷貿易の産物、つまり人種、階級、奴隷制の複合的な遺産とともにある。奴隷船は現代の意識の淵を航行する幽霊船なのだ[18]。

序の終わりに個人的な思いを綴らせていただこう。これは書いていてつらい本だった。この主題に対してわたしがきちんとした仕事ができていれば、読むのもつらい本だろう。痛みは避けて通れず、また避けて通る道があってはならない。世界資本主義は常に本書で扱ったような恐怖を核として形成されてきたし、今も事態は変わっていない。わたしはそう確信している。だからこそ、想像を絶する暴力、恐怖、死の受難をくぐった人々に、最大限の畏敬の念とともに、この本を捧げる。

第一章　奴隷貿易における、生と死、そして恐怖

この比ぶべきものなき地獄への旅の始めに出会うのは、海と関わった人々の群像、そして奴隷貿易によってその人生がかたち作られた人々の物語である。富と権勢を手にした者もいれば、貧しく名もなく終わった者もいる。ほとんどが圧倒的な恐怖を経験し、多くの人々が怖ろしい状況のなかで命を落とした。ありとあらゆる人間——男、女、子ども、黒人、白人、その間の様々な肌の色をした者、アフリカ、ヨーロッパ、そしてアメリカスを故郷とする者——が、この商いの、現実離れした、目も眩む渦のなかに巻きこまれたのだった。人々の内訳を見てみよう。底辺には、膨大な数の無産プロレタリアートと、何百万もの奴隷がいる。何十万もの水夫たちは、タールまみれの半ズボンで、奴隷船の縄梯子を走りまわり、奴隷たちは、裸で船底にうずくまっていた。最上層にいるのは、大商人、農園主、政治家から成る、ほんの一握りの人々だ。権勢を誇り、大西洋世界に君臨する支配階級は、ひだ飾りの服に身をつつみ、アメリカ大陸会議に、あるいは英国国会に座っていた。人類の交易史上「最も壮大なドラマ」にはまた、海賊、兵士、こすっからい小商人《こあきんど》、ハンガーストライキをする人々、殺人者や預言者が、劇的な登場人物として姿をみせる。そうして、彼らはいつも鮫に取り囲まれていた。

キャプテン・トンバ

檻につながれ、奴隷商人に買われてゆく運命に打ちひしがれた囚われ人のなかにあって、ひときわ目をひく男がいた。「背が高く、がっしりとした体つき。怖れ知らずの厳しい表情」をしていた。男は仮収容所を観察している白人の一団を見遣り、「買いに来たのだ」と考えた。囚われの仲間たちが、買い手に体を調べられるがままになっているのを見ると、軽蔑を露わにした。シエラレオネ、バンス島の奴隷積み出し港での光景である。この奴隷交易所の責任者、ジョン・リードスタイン、別名「砕きおやじ」が男に、立って「体を伸ば

す」よう命じた。男はそれを拒んだ。その不遜な態度のために、彼は、切れ味鋭い「マナテー鞭」でのむごい鞭打ちを受けることとなった。打たれても、打たれても、男はひるまず、不屈であった。その様子を見ていた人物が記したところによると、彼は「一粒、二粒、涙を流したが、それを恥じるかのように隠そうと努めた」[1]。

この、挑戦的な偉丈夫の名はキャプテン・トンバ、とリードスタインは説明した。居合わせた訪問者たちは、男の勇気に感心し、その過去や、捕らえられたいきさつなどを知りたがったのだった。その男は、いくつもの村をまとめる指導者で、おそらく、ヌニェス川周辺のバガであった。キャプテン・トンバは、村人たちを引きつれて、リードスタインや他の奴隷商人に協力した近隣の村の小屋を焼き、人々を殺害した。トンバの抵抗を摘み取らねばと決心したリードスタインは、この危険な指導者を捕らえるため、夜襲を計画した。トンバは、襲撃者のうち二人を殺したが、ついに囚われの身となったのだった。

結局、キャプテン・トンバはリチャード・ハーディング船長に買われ、ブリストルの《ロバート》に積み込まれた。鎖につながれ、下甲板に放り込まれるや、トンバは脱出計画をたてた。彼は、「同胞の者のうち最も頑健な三、四人の男」と女性奴隷ひとりを協力者としてまとめた。女性奴隷は、比較的自由に船のなかを動けたから、計画を実行に移すべきタイミングを男たちより知り得たのである。この女奴隷の名はわかっていないが、ある夜、彼女は、甲板に五人の白人しかおらず、それも全員眠っているのを発見した。彼女は格子の隙間から、キャプテン・トンバに足枷をはずすためのハンマー、そして「見つけられるかぎりの武器」を渡した。

キャプテン・トンバは下甲板の仲間たちを、「自由が手に入る」と誘ったが、彼の計画に加わったのは、たった一名、それに上甲板にいる女性奴隷だけだった。トンバは、水夫が三人、眠りこけている現場に来ると、その中の二人を、「こめかみへの一撃」で始末した。三人目を片づけようとして、音を立ててしまい、これで見張りの他の二人、そして別のところで眠っていた残りの乗組員たちも目を覚ました。ハーディング船長は自ら梃棒を手にとって、トンバを打ちのめした。トンバは倒れ、「甲板に大の字にのびた」。乗組員は三人の反乱者をすべて手枷足枷につないだ。

処罰の時が来ると、ハーディング船長は、逃亡を図った二人の男の「頑健さと値打ち」を値踏みして、「鞭打ちにし、恐怖を与えるだけ」にしておくのが得だと判断した。そのうえで、計画にわずかだけ関わった――しかしあまり金にもなりそうにはない――他の三人を選んで、船の奴隷たち皆に怖れを植えつけるための道具とした。三人に「残酷なる死刑」

を言い渡したのである。すぐさまに一人を処刑し、他の二人にその者の心臓と肝臓を食べさせた。女奴隷のほうは、「親指吊るしにして、他の奴隷たちの目前で、死ぬまで鞭打ち、ナイフで切りつけていった」。キャプテン・トンバは、他の一八九名の奴隷とともにジャマイカ、キングストンに運ばれ、高値で買われたらしい。彼のその後の運命については、何もわかっていない。(2)

「甲板長」

中間航路を渡る囚われの人々にとっての指導者というのは、下甲板から現れるものであった。《ナイチンゲール》に乗っていたある水夫が、ひとりの女奴隷の話を伝えている。彼女の実名は後世には残されていないが、船の上では「甲板長」という名で知られるようになった——というのは、彼女は仲間の女性奴隷たちを見事に束ねていたからだ。おそらくは、一人残らず生きてこの海を渡るのだという、燃えるような決意が彼女にはあったのだろう。彼女は、「女たちを、部屋にいるときも静かにさせていたし、甲板に出ているときにも同様にまとめていたものだった」。

一七六九年のある日、彼女が築いてきた権威が、航海士によって脅かされた。二等航海士の「命令に従わなかった」ため、九尾猫鞭で「一、二度、鞭打たれ」たのである。この扱いをうけて怒り心頭に発した彼女は、やり返そうと、航海士に襲いかかった。彼は、彼女を押し返し、さらに三、四回、激しい鞭打ちを加えた。敵わないと悟り、「男に復讐できない」ことに我慢ならなかった女は、その場で「甲板の上で二、三フィート飛んだかと思うと、息絶えてばったりと倒れた」。一時間半後、彼女の遺体は甲板から投げ捨てられ、鮫にバラバラにされたのだった。(3)

名は知れず

その男が奴隷船《ブルックス》に乗せられたのは、一七八三年末か一七八四年はじめであった。家族全員——妻、二人の娘、そして母親——が、呪術を使ったとして処罰されたのだった。男自身は商人で、黄金海岸のソルトパンという村の出身であったから、ひょっとしたら奴隷を扱っていたかもしれない。おそらくファンティの者である。英語を解し、船長とは話そうとはしなかったようだが、乗組員には自分が奴隷となった経緯を説明した。村の長、すなわち「カバシャー」と諍いを起こし、カバシャーは腹いせに男を呪術使いの罪に問い、家族ごと処罰して、奴隷船に売ったのだった。そしていま彼らは、ジャマイカ、キングストンへと向かっていた。(4)

船医のトーマス・トロッターは、その一家が乗船してきたときの模様を、男は「メランコリーのあらゆる不吉な兆候を示していた」と記している。悲しみに沈み、打ちひしがれ、ショック状態にあった。他の家族たちにも、「あらん限りの苦悩の印」が現れていた。はじめて奴隷船に乗せられた奴隷たちは、おしなべて「意気消沈、絶望、無感覚」などを示したのであった。乗組員たちは、男も家族も、時が過ぎ、この奇妙な木製の世界に馴染んでくれれば、少しは元気になるだろうと考えていた。

男はのっけから、食物を一切受けつけなかった。捕らえられ船に乗せられたその時から、断固として食べようとしなかったのだ。この反応もまた、珍しいものではなかったが、彼の場合はそれだけではすまなかった。ある日の早朝、水夫たちが捕囚たちを調べるために下に降りていくと、男が血まみれになっていたのだ。すぐさま医者が呼ばれた。男は自分で自分の喉をかき切ろうとしたが、「切断できたのは外部頸動脈だけ」であった。五〇〇ｃｃ以上の血を失っていた。トロッターは傷を縫合し、おそらくは強制栄養補給を考えた。しかし、喉の傷のために、「どんな強制手段も使えなかった」。強制手段の使用、これも奴隷船ではよくあることだった。医師が言及しているのは、「スペクルム・オリス」といい、無理やり喉をこじ開けて、オートミール粥を栄養分として流しこむための、長細い奇妙な道具である。

次の晩も男は自分の命を絶とうと再度試みた。縫い合わせた傷口を開き、反対側から喉をかき切ろうとしたのである。新たなる緊急事態に呼び出され、血だらけの傷口を拭いているトロッターに男は語り始めた。彼ははっきりと、揺るぎなく、「白人のところには行かない」と告げた。そうして、「ひたと空をみつめ」、トロッターには理解できない言葉で、何事かをつぶやいた。奴隷になるぐらいなら、死を選ぶ、と男の心は決まっていたのだ。

若い医者は男の手当てにベストをつくすとともに、奴隷の居住区域を「くまなく探して」、男が喉を切るのに使った道具をみつけるようにと命じた。しかし何も出てこなかった。男をさらに詳しく診ると、爪の間に血がついており、傷口の回りには「ぎざぎざの縁」があった。男は自分の指の爪で喉を切ったのだ。それがトロッターの結論だった。

しかし男は死ななかった。「これ以上何もしないように」手を縛ったが、この名も知れぬ男の意志の前では、あらゆる努力も無と帰した。トロッターは、後に説明している。「しかし彼の意志はなお固く、あらゆる食物を拒み、それから一週間から十日ぐらいして、栄養不足のために死んだ」。この事態は、船の船長にも報告された。クレメント・ノーブル船長の言によれば、男は「荒れ狂い、大声を上げ、自らの手で喉を掻き切ろうとし、異常な様子であちこちに身を投げ出し、ありとあらゆる狂気の徴を見せていた」。

一七九〇年、奴隷貿易を調査する国会の委員会で、トロッターがこの男の話を語ったところ、それをめぐって一連の質疑が交わされ、論争とでもいうべきものに発展した。奴隷制を支持する議員たちが、ノーブル船長の側について、トロッターの話の信憑性を傷つけようとし、自ら命を絶って抵抗したのだと倫理を説くこの話を否定する一方で、奴隷制反対の議員たちはトロッターを支持し、ノーブルを攻撃した。ある議員がトロッターに尋ねている。「自らの爪で喉を掻き切ろうとした男は気が狂っていたと思いますか」。この点について、トロッターには何の疑いもなかった。彼は次のように答えた。「狂っていたなど、ありえません。亡くなる直前には、ある種の譫妄状態に陥っていたかもしれませんが、船に乗せられたときには、正気そのものでした。」自分の爪で喉を掻き切るという男の決意は、奴隷船に乗せられた人間にとって合理そのものの反応だったのだ。そして、いま、世界を動かす者たちが彼の抵抗の意味を論じているのだった。

「サラ」

その若い女は、一七八五年、オールド・カラバーで、リヴァプールの奴隷船《ヒューディブラス》に積み込まれてきた。船中の注目がすぐさま彼女に集まった。身のこなしは美しく、優雅、そしてカリスマを備えていた。「動く様は妖精のようで、目には善良さが輝いていた。」日に二度の「ダンス」、すなわち奴隷たちの運動のため、主甲板にアフリカの楽士と楽器が出てくると、女は「アフリカの荒削りな音楽に合わせて、後甲板をとび跳ねながら、素晴らしい踊りをみせた」。女にすっかり惚れこんだ、ウィリアム・バタワースという水夫は、そのように記している。彼女は船で一番の踊り手、一番の歌手だった。彼女の雰囲気を一言でいえば、奴隷とされ故郷から連れ去られるという途方もない苦境にあっても、「いつも生き生きと、陽気」であったらしい[5]。

他の水夫たちもバタワースの称賛に続いたし、またジェンキン・エヴァンズ船長も同様で、彼はこの若い女をもう一人の女奴隷とともに自分の「お気に入り」として、「他の奴隷たちよりずっと優遇していた」。おそらくそれは性的な奉仕の強要に対する、わずかな埋め合わせであったろう。奴隷船の水夫たちは、船長のお気に入りを嫌うのが常であった。というのは彼女たちには密告役が課せられていたからだ。しかし、この敏捷な歌と踊りの名手に対しては、最高の敬意を払っていた。彼女は「船中の人間からひとしく尊敬を集めていたのだった」。

エヴァンズ船長は彼女を「サラ」と名付けた。女はおそらくイボ語話者であったが、船長はこの女性奴隷に聖書からの名前を選び、彼女を王女、すなわち、アブラハムの美しい妻と結びつけた。女が、聖書のサラの他の性質も分けもつようにと願っていたのだろう。聖書のサラは、カナンへの長い旅の間、常に夫に服従し、つき従ったのである。

まもなく、《ヒューディブラス》の男性奴隷たちによる反乱が起きた。「乗組員を殺し、船を乗っ取る」のが最終目標だった。反乱は鎮圧され、血なまぐさい処罰が下された。エヴァンズ船長や航海士たちは、サラとその母親（母もまた船に積まれていた）が、実際の反乱には加わらなかったものの、何らかの手助けをしたのではないかと疑った。暴力をちらつかせて詰問しても、二人は何も知らないと否定したが、「顔には怖れと罪の意識がありありと浮かんだ」。その夜も更けゆき、反乱が失敗に終わった奴隷たちが、男も女も、怒りもあらわに復讐を叫ぶなか、サラと母親が、計画を知っていただけでなく、実際に関わっていたことが明らかになった。おそらくサラは、お気に入りとして恵まれた立場にいて、かなり自由に船内を動きまわれたので、これを利用して、計画を手伝ったのだろう。男たちが手枷足枷をはずすための道具を渡した可能性もある。

反乱に関係した罪でどのような処罰を受けたにせよ、サラは中間航路を生きのびた。一七八七年、他の約三〇〇名とともに、グレナダで競りにかけられた。他の者たちより、長く船に留まることができたようである。おそらくエヴァンズ船長の特別の計らいがあったのだろう。そうして彼女は、アフリカ伝統の踊りと歌、抵抗の精神とともに陸におりたったのである。(6)

キャビン・ボーイ、サミュエル・ロビンソン

一八〇一年、サミュエル・ロビンソンが、伯父のアレクザンダー・コーワンが船長を務める《レディー・ニールソン》に乗り込んだのは十三歳の時だった。肌の色も様々の三五名の乗員とともに、リヴァプールから黄金海岸、そしてデメラーラへと向かったのだった。この筋骨たくましいスコットランドの少年は、一八〇二年には、再度伯父に従い、《クレッセント》で黄金海岸とジャマイカへ出航した。彼はこれらの航海の模様を日記に残していたが、一八六〇年代になって回想記を書こうと決めたときに、当時の日記を使うことにした。回想記の執筆を決心したのは、時の奴隷廃止論者たちに対抗するためであると、その目的を述べている。奴隷貿易は間違っているし、弁護の余地さえない。それは彼自身も認めていたが、「西インド諸島の奴隷制と、『中間航路』の恐怖についての、あまりに的外れな論評」を再三耳にするにつれ、「善意の人々は、この問題の一面しか見ていないかもしれないので、人々の誤解を解き」たいと思ったのだった。回想録を書き終えたころには、「奴隷貿易の見習い経験がある人間で、

まだ生きているのは自分ぐらいのものだ」[7]と、自慢にしていた。

ロビンソンは、スコットランド南西部の海岸の村、ガーリーストンで育った。ある年上の少年が、西インド諸島への航海についての憧れを長々と語るのを耳にして、少年は心奪われた。奴隷船に乗るにいたった経緯を次のように語っている。「船乗りになりたいとの、抑えられない情熱に完璧に浮かされていた。だから船に乗れれば、そしてその行き先が海の底でさえなければ、どこでもよかったのだ――商売にしても、海賊でなければ、どんな仕事でもよかった。」何の船でもかまわず、伯父が奴隷貿易に関わっていたので、それで話が決まったのだ。

奴隷船でのロビンソンの経験は、見習い少年の典型であったようだ。船酔いに苦しみ、古参の船員たちから笑われ、からかわれ、他の見習いたちと喧嘩をした。ある日、檣楼に送られると、「船の横揺れで二〇メートルばかり片方に揺らされ、次には反対の方向に同じだけもっていかれる」という目にあった。その瞬間、「さすがに、故郷からはるばる遠くに来たものだ、と思った」と、彼は回想している。奴隷船の回りを泳いでいる鮫に震えあがり、そして《レディー・ニールソン》がシエラレオネ近くのリオ・セストスに到着すると、裸のアフリカ人を満載した巨大なカヌー隊を目にして、胆をつぶし、立ちつくした。「この信じられない光景を、ただただ困惑して見つめていた。これを一目見るだけでも遥々来た甲斐があったというものだ。」奴隷の積み込みに際しては、自分と同じ年頃の少年に対してさえ、ほとんど関心を示していない。彼にとっての出会いの最たるものは、奴隷船《エクスペディション》の船長、飲んだくれの暴君、ジョン・ウォードとの出会いであった。自分の乗っていた船がデメラーラで航行不可能となり、国に戻るのに《エクスペディション》で働かざるをえなくなったのだ。ある日、ウォード船長は、ロビンソン少年の働きが足りないと思ったか、動きがのろすぎると思ったか、「活を入れよう」と決め、彼を直径五センチばかりもあるロープで打ちつけた。船長の怒りから逃れようと、ロビンソンは後檣から主甲板に飛び移り、足首をひどく痛め、それが後年水夫としての命取りになった。

自分が海に出たそもそもの動機を振り返って、ロビンソンはこう述べている。「想像のなかでまばゆく光っていた海という天国、いまとなっては、その輝きもおおかた失せている。」彼は、（自分の伯父も含めて）航海士の「残酷な暴君ぶり」、「乞食に与えるような」食べ物と水、「倫理や宗教の学びや手本」からの隔絶にも触れている。逞しい少年として海に出ていった彼は、二度目の奴隷船の航海を終えて、こう問うている。「今の僕はいったい何なのか？　惨めな土気色の骸骨、通りを這いずりまわるのにも杖か何かが必要なありさま。自分で選んだ職業を続けようという僕の望みは、蕾のうちに潰え、将来は闇のなかだ。」

水夫から海賊へ、バーソロミュー・ロバーツ

《プリンセス》に二等航海士として乗り込んだバーソロミュー・ロバーツは、若いウェールズ人だった。一四〇トンのギニアマン、つまり奴隷貿易船は、ロンドンを出発し、シエラレオネへと向かった。ロバーツはすでに奴隷貿易の経験を積んでいたと思われる。航海術に通じ、また奴隷船の航海士として、船長の死——奴隷船では珍しいことではなかった——に際しては采配を振るう心構えもできていた。一七一九年、六月、《プリンセス》はハウェル・デイヴィス率いる、荒くれ海賊の一団に捕らえられた。海賊たちは、生け捕りにしたロバーツと彼の仲間たちに、「兄弟」として海賊に加わりたい者はいないか、と尋ねた。ロバーツは最初、躊躇した。イギリス政府が近年、大西洋の貿易港に、次から次に、処刑した海賊の遺体を吊るしていることを知っていたからだ。しかし彼はほどなく、黒旗のもとでの航海を選んだのだった。[8]

　運命の決断だった。ロバーツは「ブラック・バート」と呼ばれるようになり、まもなく、デイヴィスがポルトガルの奴隷商人たちの手によって殺害されると、船長に選ばれ、当代一の海の盗賊として大成功を収めたのである。小艦隊と何百人もの乗組員を従え、三年で四〇〇隻以上の商船を捕獲した。「海賊の黄金期」であった。ロバーツは広く知られ、また怖れられた。パトロール中の海軍の航海士は、ロバーツを見つけると、船の針路を逆に向けた。海岸線では、英国軍の兵士たちが、「大海賊ロバーツ」に対しての守りを固めていた。ロバーツは、自分の船の甲板を洒脱な出で立ちで闊歩し、船長として君臨した。贅沢なダマスク織の胴着、帽子には赤い羽根、口元には金の楊枝が光っている。「陽気に生きて、さっさとあばよ」が、海賊としての彼のモットーだった。

　ロバーツはアフリカ沿岸を恐怖に陥れ、奴隷商人たちは「パニック状態」だった。彼はまた、奴隷船の船長の人でなしぶりを忌み嫌い、手下の海賊たちとともに、「正義の裁き」という血なまぐさい儀式を執り行った。船員から処遇についての苦情が出ている船長に対して、身も凍る鞭打ちを下したのである。ロバーツが自ら手を下すことさえあったという。自分たちの利益が脅かされている事態に対し、奴隷商人たちは議会に働きかけて、海軍による西アフリカ沿岸の取り締まりを強化するよう要請した。一七二二年二月、英国軍艦《スワロー》が、ついにロバーツの居所をつきとめ、戦闘が交わされた。ロバーツは甲板に陣取って闘いの陣頭指揮をとり、海賊たちを励ましていたが、ついに喉に大砲の弾を受けて、

致命傷を負った。仲間たちは長年の約束を守り、武装したままのロバーツを海へと沈めた。海軍はついに海賊を打ち破り、生き残った者たちを捕まえ、ケープ・コースト城塞の奴隷貿易基地へと連行し、海賊たちは、そこで裁判にかけられ、集団絞首刑に処せられた。その後、海軍の艦長、チャロナー・オグルは、海賊の遺体をアフリカ沿岸一帯に送り、各地の奴隷商人たちが、船乗りたちへのメッセージとして遺体を吊せるようにした。オグルはウイダー王を訪問するのも忘れなかった。王は、「自分の海岸を荒らしている、あのならず者、ロバーツを捕まえてくれたら」砂金五六ポンドを進呈すると、約束していたのである。

水夫から零細奴隷商人へ、ニコラス・オーウェン

ニコラス・オーウェンはロビンソン・クルーソーを地で行く人物、ピカレスク小説の主人公ばりのアイルランド人水夫である。金使いの荒い父親が家族の財産を使い尽くした後、オーウェンは海の暮らしに入った。五回大西洋を渡り、そのうち三回は奴隷船の旅、さらにその三回中二回までもが散々な終わり方であった。一度は四人の仲間たちとともに、反乱を起こした。自分たちに対する船長のあまりの扱いに堪忍袋の緒が切れて、「ヨーロッパ人になら誰にでも与えられた自由の権利」に訴えたのだ。シエラレオネの南、ケープ・マウントの近くで、武装した船員たちは脱走を図り、何カ月も逃亡生活を続けた。彼らは自生の米や牡蠣、そして原住民の施しで命をつないだ。二回目の惨事はその一年ほど後で、オランダの奴隷船による拉致のため非友好的になった一部のアフリカ人が、仕返しに停泊中のオーウェンの船の艫綱《ともづな》を断ったのである。船は略奪にあい、オーウェンも捕らえられた。四年分の賃金、金製品すべて、賃金の足しに売るつもりだった交易品、と彼は全財産を失った。原住民たちは、自分たちの捕虜がオランダ人ではなく英国人だと知っていたので、命までは奪わなかった。最終的には、現地の白人奴隷商人、ホールという人物に引き渡され、オーウェンはこの人物のもとで働くこととなる。そしてまもなく、自分自身で商売を始め、シエブロ川のヨーク島にあった、廃墟となっていた小さな奴隷貿易基地を本拠地として、現地のアフリカ人グループと白人商人とをつなぐ中間商人となった。(9)

オーウェンは「船乗りの生活につきものの多くの危険」を世間に知らしめるため、日記をつけはじめた。自分自身が最高の見本であった。「あのたけり狂う水のうえ」に暮らして汗を流していたときには、多くの自然界の危険に晒されていた。しかし、これは我慢できる。なぜなら、海は「誰だろうとおかまいなし」に、王子だろうが賤しい水夫だろうが易々と呑みこんでしまうから。それよりずっと問題なのは、「水

夫が生きていくための必要を満たすための手段といったら、海に出て賃金をもらうより他にないことだ」。彼の生存は金銭のみに依存している。オーウェンは他と比較しながらこの点を強調した。「わたしには、水夫というものは、自分の労働だけを命綱とする貧しい農夫よりも、さらに惨めな存在に思える。農夫は夜が来て暗くなれば、藁のベッドに安らぐことができる。しかし水夫のほうは、霜降る夜も大檣楼のうえで、凍える指に息をはきかけて、自分を慰撫するのみである。」彼は、「人間にとっての万能の神、金のために、死ぬまで世界を這いずりまわること」に対して、罵りの声をあげているのである。

　オーウェンは、零細奴隷商人になることによって、賃金奴隷の人生から逃れた。船乗りに戻ることもできただろうし、故郷に帰って「キリスト教徒の同胞たち」のなかで暮らすこともできただろう。しかし、そうはせずに、「神も人間の美徳も知らない、野蛮人」と自らが呼ぶ人々の間で暮らそうと決めた。そして、それは自分自身の選択であったと認めている。「この海岸を離れ、故郷に戻る機会がいくらもあるというのに、先に述べたような性質の人間たちと、かくも長く暮らすのは奇妙に思われるかもしれない。」しかし彼は、もし故郷に戻ったら、あれこれ言われ、「ギニアから来た混血」と呼ばれるのではないか、と心配したのだった。そういうわけで彼は故郷には帰らず、帝国の辺境での、自分の目にも怠惰で無為と映る生活を選び、他者を「万能の神」の容赦ない掟に従わせていったのだ。オーウェン自身よくわかっていたように、そして惨めな日記がはっきりと示すように、この選択は失敗に終わった。一七五九年、彼は熱病のためにこの世を去った。一文なしで、孤独のうちに。長いこと「気うつに沈みがちで」あったという。

ウィリアム・スネルグレイヴ船長

ウィリアム・スネルグレイヴ船長は、ベニンの「奴隷海岸」でアンティグアに運ぶ奴隷を集めていた。その最中、驚いたことにアードラ（アラダとも呼ばれていた）の王から、訪ねてくるようにとの招待があった。これは船長にとって、大きなジレンマとなった。将来的にも奴隷提供の便宜をはかってもらうには、どうあっても断れない招待だった。しかし船長は、この王と王国の人々が、「気性の荒い、暴力的な人食い人種」だということも知っていた。悩んだ末に彼は、訪問はするが、警護に水夫を十名、「マスケット銃とピストルでしっかり武装させて」連れていこう、と決めた。「あの野蛮人たちは、銃を大変に怖れているから」[10]というわけだ。

　案内のカヌーに乗って川を四〇〇メートルほど遡り、王のもとに着くと、「王は葉の茂った樹の下、スツールに座り」、その回りには五十人ほどの家来と、兵士の大集団が控えていた。兵士たちは、弓矢、剣、そして多彩な矢尻のついた槍で武装していた。武器をもった水夫たちは「二十歩ほどの間を置いて、彼らと向かい合って」警戒態勢を取った。警護の水夫たちが見守るなか、スネルグレイヴは上機嫌の王に贈り物を献上した。

まもなく、「幼いニグロの子どもが地面に打ちこまれた杭に、足をつながれている」のがスネルグレイヴの目にとまった。アフリカの司祭が二人、その脇に立っていた。子どもは「一八カ月ほどの可愛らしい男の子」だったが、とても怯えていて、体には蝿や虫がたかっていた。「あの子どもはなぜあんなふうにつながれているのか」と、その光景に心乱された奴隷船の船長は王に尋ねた。「その子は今晩、我が繁栄のためエグボ神に捧げられるのだ」というのが王の答えであった。とんでもない、と驚愕したスネルグレイヴは、すぐさま水夫のひとりに「地面から子どもを放してやり、その子を保護するように」命じた。水夫が命に従って行動すると、王の警護のひとりが、槍を振り回しながら、水夫のもとへ走っていった。それを見たスネルグレイヴは立ち上がって、ピストルを抜き、走ってきた警護の男を止めた。王は恐慌に陥り、その場は大騒ぎとなった。

騒ぎが落ちつくと、スネルグレイヴは警護の男の威嚇的な振る舞いについて王に苦情を呈した。王は、「子どもは自分の所有物であるのに」、それを部下に奪うよう命じるとは、スネルグレイヴのほうも、「よろしくない」と応じた。船長は、申し訳ないが、と前置きをして、自分の宗教では「いたいけな罪もない子どもを殺すなどという恐ろしいことは断じて許されない」のだ、と説明した。彼はさらに黄金律を持ちだした。「人間たるものの大原則は、自らが望むことを人にも為せ」というのである。もめごとは結局、神学によってではなく、スネルグレイヴが子どもを買いとろうと申し出て、金のやり取りで片がついた。代償として彼が提案したのは、空色のビーズ一束、貨幣価値にして半クラウン（八分の一ポンド）である。王は申し出を受け入れた。スネルグレイヴは対価があまりに安く済んだのに驚いた。というのも、王などが取引をする際には、「どんな状況にあっても、こちらの足元につけこんでくるのが」普通だったからだ。

その後は一同、スネルグレイヴが王のために持参したヨーロッパの食物や酒を飲み食いして時を過ごした。アフリカのヤシ酒もふるまわれたが、スネルグレイヴはそれには口をつけなかった。奴隷船船長の間では、ヤシ酒には「巧みに毒が盛られる」ことがあると警戒されていたのだ。水夫たちはそんな心配とは無縁のようで、浴びるように飲んだ。別れに際し、王は訪問に「大変満足して」いると述べた。つまり、もっと奴隷を送ってもらえるということである。カヌーで船に戻る途上、スネルグレイヴは乗組員たちに、「誰か（すでに船に積まれている奴隷たちのなかから）母親役に適した女をみつけて、この可哀そうな子どもの面倒をみさせるように」と話した。ひとりの水夫が、「もう見つけてありますさあ」と答えた。女は「おっぱいにミルクがたっぷりです」と言うのだった。

スネルグレイヴと水夫たちが船に乗り込むと、たったいま話題にしていた当の女が、彼らが小さな子どもと一緒なのを見て、「すごい勢いで走ってきた」。そして、「その子を白人たちの腕のなかからひったくった」。彼女自身の子どもだったのだ。スネルグレイヴは女に子どもがいることを知らずに彼女を買っていたのであった。スネルグレイヴはこう記している。「母と幼子が再会したこの時ほど、心動かされたことはなかった。」

船の通訳が女に経緯を説明した。スネルグレイヴの筆によれば、つまり、「私はその子が生贄になるのを救ったのである」。その話は船中にひろまり、三〇〇人以上もいた奴隷たちの間にも伝わった。彼らはすぐに、「手を叩き、私を讃える歌を歌い、感謝を表わした」。奴隷たちの感謝は、そこでは留まらなかった、とスネルグレイヴは書き残している。「この一件は、とても我々の役にたった。なぜなら、彼らの白人への心証がよくなったからだ。おかげで我々の船では、航海の間中、一度も反乱がなかった。」スネルグレイヴは、アンティグア上陸後も、変わらず温情をかけてやった。奴隷主のスタッドリー氏に子どもと母親の話をすると、「母と子を一緒に買い取り、親切な主人となったのである」。

ウィリアム・スネルグレイヴはこのように、アフリカ人を「気性の荒い、暴力的な人食い人種」と考える一方で、自分自身を倫理と文明からのイエスのごとき買受人、野蛮人もが認め、拍手を送るような徳を持つ良きキリスト教者とみなすことができたのである。多くの家族を壊しながらも、自分は家族の救い主であると思っていた。何百という人間を果てなき労働と、早すぎる死というプランテーションでの運命へと投げ込みながら、母子の心温まる結末を思い描くことができた。自己正当化は揺るぎなく、黄金律をさえ持ち出したのだ。しかしまさに、その黄金律こそが、まもなく奴隷制反対運動の中核となる言葉となっていくのである。

ウィリアム・ワトキンズ船長

ウィリアム・ワトキンズが船長を務める、ブリストルのギニアマン、《アフリカ》は、一七六〇年代後半のある時、オールド・カラバー川に錨を下ろしていた。その船底では、囚われの者たちが、できるだけ静かに鎖をはずそうと精を出していた。多くの者が首尾よく枷をはずし、格子を持ちあげて、主甲板へと登った。船尾の銃器室で、武器を手に入れ、自由を取り戻すつもりだった。「自由を渇望」してか、「ひどい扱いに耐えかね」てか、あるいは「復讐」のためか、奴隷たちが立ち上がる、それは、珍しいことではなかった、と水夫ヘンリー・エリソンは説明している(11)。

《アフリカ》の乗組員たちは、完璧に不意をつかれた。反乱が、文字通り彼らの足元で起ころうとしているなど考えてもみなかったのだ。しかし反乱者たちが「バリカドのドアを力ずくで開けよう」としているまさにその時、隣の奴隷船《ナイチンゲール》から、エリソンと彼の仲間七人が、「ピストルと短剣で武装して」乗船してきたのである。船上の様子をみた彼らは、バリカドの上に乗り、反逆者たちの頭上でピストルを発射し、怖がらせて降伏させようとした。しかし彼らはピストルではひるまなかった。そこで水夫たちは、的を下に移し、歯向かう者たちのただ中へと発砲し、一人を殺害した。奴隷たちは、バリカドのドアを開けようと、再度試みたが、水夫たちはしっかりとドアを確保して、彼らを押し戻し、後退する彼らの後を追った。武装した船乗りたちが迫ってくるなか、船底へと逃げる者もあれば、甲板に残って戦う者もあった。二人、三人と、船から飛び降りる者さえあった。水夫たちは、再度発砲し、今回は二名を殺害した。

乗組員たちの手によって騒ぎが収まると、ワトキンズ船長が秩序回復を言い渡す。彼は反乱者のなかから八名を選んで、「見せしめ」とした。八名は縛りあげられ、水夫たち全員――つまり、《アフリカ》の乗組員と《ナイチンゲール》からの八名――が、交代で鞭打ちを命じられた。船乗りたちは、「自分が疲れてもう打てなくなるまで、奴隷を鞭打った」。その後、ワトキンズ船長は、「拷問者」と呼ばれていた器具を取り出した。料理人が使う肉挟みと外科医が石膏を伸ばすのに使う器具を組み合わせたものである。船長は、それを金属が真っ白になるまで焼いて、八名の反乱者の体にあてた。「この儀式が終わると」、とエリソンは説明している。「奴隷たちは縛られたまま、下に連れていかれた。」おそらく全員生き延びたものと思われる。

しかし拷問はこれで終わりではなかった。ワトキンズ船長は自分の乗組員の一人が計画に関係していて、「奴隷たちをそそのかしたのではないか」と疑っていた。船のコックだった黒人船員を、反乱を手助けし、「奴隷たちが鎖をはずせるように、桶製造用の道具を渡した」として、処罰することにしたのだ。エリソンは、濡れ衣ではないか、と考えていた。「推測にすぎず、事実を示す証拠は何もなかったのである。」

それにもかかわらず、ワトキンズ船長は、そのコックを、鉄の首輪――通常は、手に負えない反抗的な奴隷にのみ使用される――につなぐように命じた。そのうえで、「大檣のうえに鎖で縛った」。コックは、昼も夜も、二四時間、際限なくそこに繋がれることとなったのである。食事として与えられるのは、「日にプランテン一本と一パイントの水だけ」。身につけているのは、長ズボンのみで、とても「きびしい夜気から身を守ってくれるような」ものではなかった。その船員は、そうして三週間もの間、船の前檣楼に鎖でつながれ、徐々に飢えていった。

三一〇名の奴隷を集め、《アフリカ》の積み荷がついにいっぱいになり、船員たちがビアフラ湾を去る用意に忙しくなるなか、ワトキンズ船長はコックの処罰を継続すると決め、《ナイチンゲール》のジョゼフ・カーター船長と話をつけた。コックは《ナイチンゲール》に送られて、そこで再び、同じく僅かな食料と水だけで、大檣に縛られることとなったのだ。十日もすると、その黒人船員は譫妄状態に陥った。「飢えと責め苦のため」、とエリソンは語る。「男は骸骨と化していた。」それから三日、男は枷から逃れようと、狂ったようにもがき、「体の何カ所かの皮膚が」鎖にこすれて剥けてしまった。首輪の部分には、「骨が見えはじめた」。この「哀れな男」の姿は、「見るも無残なぞっとする眺め」であった。そうエリソンは述べている。二隻の船で五週間もの間、「筆舌につくせぬ責め苦を受け、やっと死によって解放された」。男の遺体は、前檣楼から川へと投げ捨てられた。エリソンもその役を命じられたひとりであった。その黒人船員の骨と皮ばかりの体は、あっという間に鮫に貪り食われた。

ジェイムズ・フレイザー船長

一七八七年七月、トーマス・クラークソンは奴隷貿易廃止運動のための証拠集めに、奴隷貿易港ブリストルを訪れた。彼が助言を求めたのは、リチャード・バージェスという、やはり人身売買反対派の事務弁護士であった。二人の会話が奴隷船の船長のことに及ぶと、我慢がならなくなったバーガスは、あいつらは、「とっくの昔に」全員「絞首刑になっていて当然だ」、ひとりを除いては、と吠えた。その例外とは、ブリストルのジェイムズ・フレイザー船長だった。奴隷貿易に二〇年も従事し、ボニーに五回、アンゴラに四回、カラバー、ウィンドワード海岸、そして黄金海岸にそれぞれ一回ずつの航海を経験した人物である。フレイザーを称賛した奴隷貿易反対論者はバーガスのみではない。アレクザンダー・ファルコンブリッジという、奴隷貿易を激しく糾弾する文章を発表していた医師もそのひとりだ。フレイザーと航海をともにし、船長をよく知っていた彼は、「奴隷貿易に従事する者のなかでは最良のひとりだ」と、フレイザーを評している。そしてクラークソンもまた、称賛のコーラスに加わることとなるのである。[12]

フレイザー船長は、なるべく奴隷たちを拘束せずに、船の秩序を保っていた。少なくとも、一七九〇年の国会での委員会で、船長自身はそう証言している。「アンゴラの奴隷はきわめて穏やかで、鎖につなぐ必要はほとんどありません。暑さ寒さによって、自由に下に行くもよし、甲板に上がるもよしという具合です。」そのため、彼らは船上でも「陽気」だった。船長は、これに付け加えて、ボニーとカラバルの奴隷は、ずっと「性質が悪く」、反乱を起こす可能性が高いので、彼らについては違う扱いをしていた、とも述べている。しかし、それでも当時の標準にくらべれば、かなり寛大なものであった。「船が出発し陸地が見えなくなれば、すぐに手枷をはずし、それからしばらくすれば足枷もはずします――中間航路の間に枷につないでおいたことはありません。黄金海岸やウィンドワード海岸の奴隷でさえです。問題のある者は別ですが。そういう者は、仲間の奴隷たちに白人を叩きつぶせなどとふきこんで、船で面倒を起こしますから。」彼は常に、奴隷たちの部屋を清潔に保ち、運動をさせ、「彼ら独特の余興も頻繁に」提供した。また、奴隷たちが自分の土地で食べ慣れた食べ物をふんだんに与えた。食事を拒否する者に対しては、「いつも説得しました――無理強いをしても効果はありませんから」と、フレイザーは説明している。病気になった奴隷には病人用の寝台を特別に与え、「医者に指示を出し、また医者も、自分の裁量で船にある物をなんでも病人に与えてよいことになっていました」。

国会の委員会での彼の証言のなかで、もっとも驚くべきは次の一節であろう。「私の船では通常、乗組員のなかでもいちばん気立てがよく優しい人間に奴隷の世話をさせ、食事の面倒をみさせていました。」そして虐待は決して許さなかった。「ニグロにひどいことをした水夫は、私が自ら罰しました。」このように物事が運んでいたので、当然、彼の船での奴隷や水夫の死亡率は高くなかった（伝染病にやられたときは例外であるが）。船長は、水夫たちを、「人間として思いやりをもって」処遇してきた、と強く主張した。その証拠として、彼らの再乗船率をあげた。三度、四度と戻ってくる者もいた、と回想している。確かに、ファルコンブリッジは、三度、フレイザーの船に乗っている[13]。

ファルコンブリッジは、いくつか重要な点で、フレイザーの証言に異議を唱えている。奴隷たちの多くは拉致された者たちで、その数は船長が認めるよりはるかに多く、また船長自身も経緯など尋ねることなく、拉致された者たちを買っていたと述べているのである。船上の物質的な環境にしても、船長が言うほど良かったわけではなく、奴隷たちは陽気でも、穏やかでもなかったし、それは自殺者の数からもわかるだろう。しかし、とファルコンブリッジは言い足してもいる。フレイザー船長は、「いつも、農園主に、決して親戚や友人同士をひきはなさないように、と勧めていた」と。さらに、乗組員の扱いについては、船長自身が述べたとおりだった。「他にないほどよい処遇だった。朝にはブランデーを一口、夕方には水割りのラムを与えた。誰かが病気になると、自分の食べているものを届けてやり、毎日具合を尋ねたものだった。」

船長、そして貿易商、ロバート・ノリス

ロバート・ノリスは多才な男だった。リヴァプールの奴隷船船長として多くの航海を経験し、利益を上げ、十分な蓄えを作って船乗りの生活から引退し、その後は奴隷貿易商として成功を収めた。彼は文筆も達者で、奴隷貿易擁護派の論客であり、また貿易の歴史についてもいくばくかを語っている。一七八八年、ノリスは匿名で『アフリカ奴隷貿易概説——現地事情便り』を出版した。次の年には、自分自身の知識に基づいて、西アフリカの一地域の歴史をまとめ、『ボッサ・アハデー、ダホメー王、ギニア内陸国の思い出』を出している。後者の著作のなかで、彼はアフリカの歴史について書かれたものがあまりにも乏しいことを嘆き、そうして次のように説明している。「情報を得ようとしても、原住民があまりにも愚かで、それが越えられない障壁となっているのである。」

ノリスは、一七八八年から一七九一年にかけて開催された国会の公聴会において、リヴァプールの代表を務めた。世間に対して奴隷貿易を擁護するのに最適の一人だったのである。[14]

一七八八年、六月、ノリスは法案委員会初の証人として、中間航路について詳しく語った。説明によれば、奴隷たちには船内にちゃんとした部屋が与えられ、そこは船員たちが定期的に、隅々まで掃除をしている。通気用の舷窓と通気筒によって、常に換気も行き届き、「新鮮な空気がたっぷりと循環している」。広さも十分以上である。「清潔な板」のうえに寝ているが、それは「ベッドやハンモック」より健康によいものだ。食事は量も十分、質も申し分ない。男性や少年は、楽器を演奏し、踊り、歌い、女性や少女は、「自分の身を飾る、きれいな装身具をビーズで作って楽しんでいる。材料のビーズもふんだんに与えられている」。「パイプや煙草という贅沢」も許されているし、寒いときなどにはブランデーさえ振る舞われる。ノリスの説明によれば、これほど手厚くするのも、それが結局は船長の利益にもなるからなのだ、という。船長は給料の他に、大西洋の西側へと健康な状態で届けた奴隷に対して、六パーセントの手数料を受け取ることになっていたのであった。ノリスは、国会議員たちに対して、奴隷貿易においては、「利益」と「人道」が完璧に結びついているのだ、と解説してみせたのである。

しかしながら、出版のつもりがなかった別の書き物には、まったく違った話、それほど牧歌的ではない話が記されている。ノリスは、一七六九年から一七七一年にかけての、リヴァプールから、ウイダー、ジャマイカ、そしてリヴァプールに戻る、《ユニティー》での航海の間、船長の航海日誌をつけていたのである。ノリスの記録には次のようにある。ウイダーに一週間停泊した後、大西洋に向けて帆を上げようとしていると、「奴隷たちが反乱を起こしたが、すぐに鎮圧され、我々は女奴隷二名の損失を出した」。それから二週間後、奴隷たちは再度立ち上がる。今回もおなじ女たちが首謀格だったので、特別の罰に処せられた。ノリスは「関わった女たちそれぞれに、二四回の鞭打ちを与えた」のだ。さらに三日後に、数名が「手枷をはずして」、三度目を試みた。しかし、ノリスと乗組員たちはほどなく、全員を再び鎖につないだ。翌朝に、四度目が起こる。「奴隷たちは、夜中に格子を力ずくで持ちあげ、白人を殺すか、それが叶わなければ、自分たちが海に飛び込むつもりでいた。」さらにノリスは書き加えている。「彼らの自白によれば、白人を片づけられなければ、海に飛び込む、枷のためにそれもできなければ、最後の手段として船に火をつける。男も女もそう腹を決めていたらしい。」失敗したら、溺れ死ぬか、自ら火をつけるかして集団自殺を選ぶ。それほどに、奴隷たちの決心は固かったのである。「あまりにも頑ななので、首謀者を射殺せざるをえなかった」と、ノリスは記している。しかし、それでも事態は収まらなかった。ノリスが「3番」と呼んでいた男と「4番」と呼んでいた女は、さらに抵抗を続け、狂気の発作のうちに死んだ。二人とも、長いこと船に乗っており、「反乱が失敗して意を挫かれてからは、海に飛び込んで死のうと、何度も試みていたのだった」。

貿易商、ハンフリー・モーリス

ハンフリー・モーリス所有の船、《キャサリン》に積まれていた奴隷の死因は、実に様々だった。一七二七年から二八年にかけての航海について、ジョン・ダージ船長が記録を残している。船から飛び降りて溺死したのが、男ひとり、女ひとり、一度はアフリカの海岸地方で、もう一度は中間航路に出てからだった。「麻痺して、体が動かなく」なって死んだ女が一名。さらに「塞ぎ込んで、気うつになって」死んだのと、「塞ぎ込みかつ、(頭がおかしくなって)」死んだのがひとりずつ。「塞ぎ込み」というのは、九尾猫鞭でも効き目がない場合に使われた言葉だった。他にもたくさんの突然死があった。熱を出してとか、「体が腫れ、痛みを訴えて」とか、「無気力になり、下痢をして」とか、水腫でとか、肺病でとか、様々である。やせ細って(「がりがりになって」)絶命した者も一名いた。以上の他にも一九名の死者があり、そのほとんどの死因は赤痢であった。「ダホメーたちがやって来たときに、逃げ」おおせた少年もひとりいた。おそらく、少年もダホメーだったのだろう(15)。

この名もなき人々、そしてダージ船長がアンティグアに運んだ六七八名は、すべてハンフリー・モーリスの所有であった。ロンドンの有力貿易商の家系に生まれ、国会議員となり、ロバート・ウォルポール首相の友人かつ側近で、イングランド銀行総裁も務めた人物である。彼は、世界貿易、金融資本、そして大英帝国経済の最上層部の人間だった。コーニッシュの田園地帯に壮麗な代々の館を、ロンドンにも豪勢な家を持っていた。数多くの召使いにかしずかれ、叶わぬことなど何もない。結婚によって、他の有力な貿易商たちとも結びつき、戦略的な人脈にも事欠かない。そういう支配階級のひとりであった。

さらにモーリスは、一八世紀初頭、王立アフリカ会社の特許による独占を、先頭に立って攻撃した、自由貿易商のひとりでもあった。ウィリアム・スネルグレイヴ船長の雇い主でもある。軍艦《スワロー》を派遣するよう、中心になって国会を説得したのも彼である。一七二二年二月に、アフリカ沿岸で海賊バーソロミュー・ロバーツを打ち破った例の船だ。モーリスの取引先は、ヨーロッパ（特にオランダ）、ロシア、そして西インド諸島、北アメリカに及んだが、その貿易王国の心臓部はアフリカであった。彼は十八世紀はじめを代表するロンドンの奴隷貿易商である。

《キャサリン》はモーリスが所有していた奴隷船小艦隊のなかの一隻で、妻と娘の名にちなんで命名されていた。（妻のキャサリンと、娘のサラは、自分たちの名をとった奴隷船に積まれた奴隷たちが、臀部にKあるいはSの焼き印を入れられていたことを知ったら、どう思っただろうと、訝らずにはいられない。）ロンドンの奴隷船の数がブリストルのそれに並び、リヴァプールを凌ぐようになった頃、モーリスの船は、ロンドンの奴隷貿易量の一〇パーセントを占めていた。六十二回の航海で、六〇〇〇ポンドから一万二〇〇〇ポンドほどの交易商品をアフリカに運び、ほぼ二万人に上る人間を新世界のプランテーションへと送った。船長たちが、アフリカ沿岸でポルトガル船に売って金に替えた多くの奴隷たちは、この数には含まれていない。金は中間航路で命を落とす心配がない、というのがモーリスの好きな言い回しであった。

モーリスは、貿易商としても船主としても仕事熱心だった。取引の詳細まで把握しているのを旨とし、船長たちに慎重な指示を下した。アフリカでは港々によって、取引の仕方が違うことも説明した。積み荷を集めるのに、海岸にあまり長く留まると死亡率が上がる危険性が高いことを知っていたので、船どうしで協力しあってなるべく早くアフリカを離れるように取り計らった。船長たちに、購入すべき奴隷の年齢は十二歳から二十五歳、男二人に対して女一人、「気性がよく健康な者を、盲目、歩行困難、その他障害がある者は」避けるようにとも指示した。「避けるべき不良品」について、ジャマイカの仲買人の助言に従っていたのは間違いないだろう。

寸足らず、大きすぎるのも同じく望ましくない
醜い顔
長く垂れた胸、スペイン人はこれを毛嫌いする
肌の赤い斑点は、いずれ治療不能の病気になる
目に膜がかかっているの
指、踵、歯の欠損
出臍
ガンビアの奴隷によくみられる切り傷
がに股
すねが細いの
気ちがい
頭の弱いの
無気力[16]

彼はまた奴隷たちの食事について、その調理法にいたるまでを指導した。船員も、奴隷も、きちんと処遇するように、ときつく申し渡した。船には、他に先んじて、医者を乗せ、石灰（壊血病予防のため）も積みこんだ。船長たちには、次のような指示も与えていた。「ニグロは、健康に見えるよう、きれいに剃って清潔にするのを、絶対に忘れるな。農園主や商人によい印象を与えねばならない。」

不動産、土地、船、株、ファンドから成る、モーリスの膨大な資産のどれぐらいが、奴隷貿易によるものなのか、それを正確にわりだすのは不可能だ。しかし、どれだけの利益を手にしても、彼の豪勢な生活を支えるには足りなかったことだけは確かだ。モーリスは偽の外貨為替手形を作って、イングランド銀行から金を騙しとり（約二万九〇〇〇ポンド、二〇〇七年の貨幣価値で七五〇万ドル）、また自分が管財人を務めるファンドの金を流用した。そして一七三一年十一月十六日、不名誉のなか亡くなった。《キャサリン》やその他の、彼が所有していた船の上で命を落とした者とは、まったく状況は異なる。しかし、この名だたる奴隷貿易商の死も、それなりに悲惨ではあった。「どうも毒を飲んだらしい」と、囁かれたのである。

貿易商、ヘンリー・ローレンス

ヘンリー・ローレンスは、アメリカ初期のもっとも裕福な貿

易商のひとりであった。その彼が、一七六九年、サウスカロライナのチャールストンに運んでくる積み荷をジャマイカで調達していた、ヒンソン・トッド船長に手紙を書いている。ローレンスは経験豊かな奴隷貿易商だったが、トッドに経験がないのを心配していたのだ。そこでローレンスは、ジャマイカの商人が、「君のスループ帆船にニグロを乗せたら、常に反乱に用心して、注意を怠らないように。一瞬たりとも、君の命を彼らの手中に握らせてはならない。一瞬の隙あれば、君を殺害し、そうして、君の乗組員全員を始末しにかかるだろう。ニグロとはそういうものではあるが、できるだけ人道的に扱ってほしい」。これは、奇妙な、しかし奴隷貿易の見えない部分を明らかにする発言である。ローレンスは、船長がちょっとした隙を見せれば、船長自身と乗組員全員の命を奪うかもしれぬ人々を、「できるだけ人道的に」扱え、と指示している。これこそが、ローレンスが、そして彼ひとりではなく多くの者が直面していた矛盾だった。彼は奴隷貿易の惨い現実と、それが引き起こさずにはいない反乱について熟知した上で、そういう状況に人道的な装いをこらそうとしているのである。ひょっとしたら、自分の指示を読んだ船長が、恐怖にかられ、過剰反応して、危険な、しかし高価な積み荷を傷つけてしまうかもしれないと懸念したのかもしれない(17)。

ローレンスは、この頃にはすでに、成長めざましい大西洋の取引、特に奴隷貿易によって一財産を築きあげていた。一七四九年、まだ二十五歳という若さで、彼はオースティン&ローレンスという商会を立ち上げた。会社は発展し、十年後には、新しい共同経営者、ジョージ・アップルビーを加えることとなる。アメリカ植民地／合衆国へ運ばれた奴隷の半数以上がチャールストンを経由した。そこはチャールストン以南全地域への、配給基地だったのである。ローレンスの商会はその基地の要で、彼は奴隷船に乗せられてやってくるアフリカの様々な民族についても詳しくなっていった。プランテーションの労働力としては、ガンビアと黄金海岸の人間が圧倒的に良い、そしてイボとアンゴラの人間はご免こうむりたい、というのが彼の見解であった(18)。

一世代前のハンフリー・モーリスと同じく、ローレンスも約六十回の航海を取り仕切った。モーリスと違っていたのは、モーリスの場合は航海すべてにひとりで出資し、利益もすべて自分のものだったが、ローレンスは共同事業として資金を集め、リスクを分散していた点である。彼は次のように書いている。「アフリカ貿易は、他のどんな貿易にもまして、事故率が高く、そういう冒険をする場合には、ありがちな損失に備えておくことが重要なのである。」トッド船長に警告したとおり、この貿易は危険なものだったが、やはり儲けも多く、「利益があがり」、彼が書いているとおり、「もっとも収益率が高かった」のである。一七六〇年ごろには、ローレンスはサウスカロライナだけでなく、アメリカ植民地全体で、もっとも裕福な大商人となっていた。

ローレンスは一七六三年ごろに、思うところあって、商売の主力を奴隷貿易から他に移した。もちろん、トッド船長への手紙が示すように、委託されての奴隷運搬は幾度となく行ったようである。共同経営者と、裕福な後援者を失ったために、リスクの相殺が難しくなったのかもしれない。ひょっとすると、大金持ちになった商人は、単にもう「冒険したい」と思わなくなったのかもしれない。理由が何であったにしろ、彼が次に興味――そして奴隷貿易であげた利益――を注いだのは、農園主、土地投機家、そして政治家への道であった。土地を次々と手にいれて大地主となり、長年の間に六つの農園を所有するようになったのである。ジョージアにはブラトン・アイランドとニュー・ホープの二つ、そしてサウスカロライナには四つの農園、ウァンバウ、ライツ・サヴァンナ、マウント・タシタス、そしてメプキンがあった。最後に挙げたメプキンが、彼の本拠地で、面積三一四三エーカー、何百人という奴隷が輸出用の米その他の作物を生産していた。それらの農作物は、クーパー川を三〇マイルほど下流のチャールストンへと運ばれ、そこから大西洋経済へと送りだされていったのである。

ローレンスは自分の経済的な権勢を、政治へとひろげた。議会への選出は十七回、サウスカロライナ議会と大陸会議の議員をつとめ、ほどなく大陸会議議長となった。パリ講和条約の締結に一役買い、条約によりアメリカ植民地は独立、そして彼は、一七八七年の憲法会議のサウスカロライナ代表に選ばれた（しかし、彼はこれを辞退している）。アフリカ人奴隷に一瞬たりとも自分の命を握らせるな、トッド船長にそう忠告したこの人物に、富と地位、そして優雅な暮らしをもたらしたのは、農園主として、そして奴隷貿易商として、何百、何千という人間の命を握るという彼自身の決断だったのであった。

「貪欲な強奪者」

奴隷船がギニアの海岸に到着すると、その後を鮫が追いはじめる。セネガンビアから、ウィンドワード、黄金海岸、奴隷海岸、そしてコンゴ、アンゴラへ続く地域では、船が錨を降ろしたり、航行の速度を緩めたりすると、水夫たちは必ず鮫の姿を目にした。死んだような凪になると、とりわけはっきりとその姿が見えた。[19]船の甲板から絶え間なく棄てられる、人の排泄物、残飯やゴミに、鮫がよってくるのであった。鮫は「貪欲な強奪者」のごとく、「船につきまとい、甲板から落ちてくるものを待ちうけている。そんな時、運悪く海に落ちたりすると、情け容赦なく確実に食い殺される」。若き日のサミュエル・ロビンソンは、全てを貪り食う鮫の恐怖を次のように回想している。「安全とわかっている距離からでも、船の周りをゆっくり回っている姿が見えるだけで、寒気がする。黒い背ビレが六〇センチばかり水のうえに出ている。大きな鼻と小さな目、あの邪悪な目つきといったら。」奴隷船を沖に停泊させ、ボートやカヌーで貿易港や内陸の村との取引をする際、特に波が高いときには、鮫の危険は高まった。小さな船の周りを泳ぎまわり、時に水から飛び出してきては、オールを半分に食いちぎり、「カヌーが転覆するのを」ずっと待っている、と、怖れをなしたある商人が書き記している。鮫は「水夫の恐怖の的」であった[20]。

船員の間に死者が出はじめると、鮫の恐怖はいや増していった。船長たちは、陸での埋葬を試みもした。たとえば、ボニーでは、遺体は交易所のある中心の町から半キロほどの砂州の浅い墓に埋葬された。しかし、川の潮流が上がると、流れで砂が流されて、遺体が露出して悪臭を放ち、鮫を呼び寄せてしまうこともあった。海岸地域のほとんどの場所において、奴隷船には埋葬権がなかった。だから、一七三五年ごろ、サントメの港で、サイラス・トールドが目撃したようなことが起こったのである。仲間のひとりが死に、彼らはその遺体を海に葬った。その瞬間、「一匹目が、仏《ほとけ》さんの臀部に食いつき、ひと振りで食いちぎった。二匹目は、もう一方に食いついて、同じようにひきちぎる。三匹目がものすごい勢いで残りに食らいつくと、がつがつとすべて食べてしまった」。乗組員たちは、仲間が亡くなると、遺体をハンモックやキャンヴァス地の帆で包み、願わくは、食われずに海の底まで沈むよう、大砲の玉も一緒に入れて、鮫を出し抜こうとした。ある船医が書き残しているように、この作戦は往々にして失敗に終わった。「遺体が海へと投げられるや、鮫たちがそれをつかまえる。遺体も、それを包むハンモックも、引きちぎり、貪り食い、重たいバラストが入っていたにもかかわらず、まったく沈みもさせなかった[21]。」

鮫は水夫たちの恐怖の的であったが、奴隷たちにとってはその恐怖はさらに切迫したものだった。奴隷船上で命を落とした奴隷たちの遺体は、食われないように守られることもなければ、埋葬されることもなかった。多くの証人が、アレクザンダー・ファルコンブリッジがボニー島について語ったことを繰り返している。そこでは、「信じられない数の」鮫が「奴隷船の周りを」泳ぎ回り、「ニグロの遺体が船から投げ捨てられるや、ものすごい勢いで、貪り食うのである[22]」。オランダ人商人、ヴィラム・ボスマンは、四、五匹で、遺体を跡形もなく平らげた恐ろしい食事の様を伝えている。後からやってきた鮫が、他の鮫に襲いかかり、それがあまりに激しいので、「周囲まで揺れた」ほどであった。奴隷たちは皆、鮫が遺体を貪り食う様を目撃せざるをえなかったし、鮫に食われる最期は、奴隷という惨い運命の一部であった[23]。

鮫は奴隷船の後をついて大西洋を渡り、アメリカの港にまでやってきた。一七八五年に様々な新聞に掲載された、ジャマイカのキングストンで出されたある告知を見ればその様子がよくわかるだろう。「最近到着した多くの奴隷船が、太った鮫をやまほど連れてきた（アフリカの沿岸部からの船にはつきものです）ので、川での水浴びは、町より上流であっても、きわめて危険です。日曜には、ボイド船長のヒバート号のすぐ脇で、かなりの大きさのが捕獲されました。」やがて奴隷貿易廃止派が、奴隷貿易における鮫の恐怖を、最大限に宣伝することとなるのだが、これは、反対運動が起こる以前に、奴隷制社会の側から提出された証拠である。さらに、ヒュー・クロー船長の証言もある。彼は十回の航海を経験し、自分自身の観察から「鮫は船の後をついて、大西洋を横断する。死んだ者の遺体を船から投げるとすぐさま貪り食う[24]」と記している。

奴隷船の船長は、航海の間、恐怖を作り出すために、鮫を意識的に利用した。人間の「積み荷」を集めるのにアフリカ海岸に長く停泊している間、水夫や奴隷の脱走防止策として、鮫に頼ったのである。軍艦の指揮官もまた、鮫の恐怖を利用した。一七八〇年代末のこと、ケープ・コースト出身のアフリカ人水夫が、船の周りで泳いだり、水を浴びたりする水夫にとって危険な鮫を始末したということがあった。この男は、リヴァプールの奴隷船でジャマイカに運ばれたが、なぜか奴隷にならずに済んで、軍艦に乗り込んでいたのだった。鮫を殺した彼は仲間にとっては英雄だっただろうが、指揮官は別の見方をした。つまり、その鮫は「多くの脱走の歯止めになって」いたのだ。アフリカ人水夫は、鮫を殺したことで、「情け容赦なく鞭打たれた」のである。海軍指揮官は、船の周りに鮫を餌づけしているとも言われていた[25]。

奴隷船船長が恐怖を活用し、船上での見せしめにしていた事実は、広く知れ渡っていた。そのため、一七七四年、オリヴァー・ゴールドスミスは、鮫の自然史を執筆するにあたって、奴隷貿易の知見に多くを依拠した。恐怖による支配と、動物学との出会いである。ゴールドスミスは二つの事例を引いている。

奴隷船の船長は、奴隷たちが強い自殺願望に囚われたのに気づいた。不幸な者たちは、死ねば、家族や友人と再会し、故郷へ帰ることができると考えていたのだ。そういう奴隷たちに、ここで死ねばひどい運命が待ち構えているのだとわからせるため、船長は即刻、遺体のひとつを足のところでロープで縛り、海におろすように命じた。遺体はすぐさま引き揚げられたにもかかわらず、そのわずかの間に、足以外のすべてを、鮫が食ってしまっていたのだ。

二番目の事例は、これにもましておどろおどろしい。「自殺熱」に直面した別の船長の話であるが、彼はひとりの女を「他への見せしめとして」使った。女を脇のところで縛り、海に降ろすよう、命じたのである。「その哀れな女は、こうして水のなかに降ろされ、半分ほどつけられたところで、恐ろしい叫び声を挙げた。最初は溺れるのが怖くて叫んでいるのだろうと皆が思った。しかし、まもなく周りの水が赤く染まり、引き上げられると、体の下半分が、船の後をつけていた鮫に食いちぎられていたのであった」。船から遺体をぶら下げて、鮫を呼び寄せ、恐怖をもてあそぶような奴隷船船長もいた。「鮫を集めるには、船からニグロの死体を吊るす。鮫たちはそれを食いつくすまで、船の後をついてくる。」(26)

第二章　奴隷船の進化

トーマス・ゴードンの『船舶建造の原則』（一七八四年）は、こんな壮大な一文から始まる。「船舶は、間違いなく、発明史上もっともみごとな、そして役に立つ機械であろう。船舶改良の努力は、そのひとつひとつが極めて重要で、人類に恩恵をもたらすものである。」さすが船舶設計士らしく、壮麗さと有用性をあわせ持つ大型帆船の魅力をよく捉えつつ、その技術的進歩と専門化との重要性を論じている。船舶設計の進歩は、特定のこの国、あの国のみの財産ではなく、人類全体に資するべきもので、船舶は世界をつなぐ役割を担っている、とゴードンは記している。そしておそらく、この文章のなかでもっとも重要な点は、彼が船を機械、それも人類の発明史上、いちばん役にたつ機械と捉えている点であろう。ヨーロッパの遠洋船——奴隷船はその一種であった——が、クリストファー・コロンブスから彼自身の時代にいたるまで、世界を変容させてきた推進力であったことを、彼は当然のことながらよく理解していた。それは資本主義を生みだした歴史的船舶であり、十六世紀末以降、世界のかなりの範囲が、かつて類を見ない新しい、社会・経済システムへと作り変えられていった。そして遠洋船はまた、奴隷貿易という激烈な人間ドラマを始動させた、物的背景であり、舞台であったのである。(1)

世界を変容させた機械としての奴隷船の起源とその始まりは、十五世紀末、ポルトガルが西アフリカの海岸へと歴史的な航海を行い、黄金、象牙、そして人間を買った時へと遡る。これら初期の「探検」が、大西洋奴隷貿易のはじまりだ。航海を可能にしたのは帆船の発達で、全装帆、三本マストの武装商船、すなわちその後の帆船の先駆ともいうべき船が誕生したのである。やがて、新しい帆船はヨーロッパとアフリカの人々を、新世界へと運び、ついにはトーマス・ゴードンの称賛の的となるのである。(2)

カルロ・チポラが、名著『大砲と帆船』で説明しているとおり、西ヨーロッパの支配階級が、一四〇〇年から一七〇〇年の間に世界の覇権を握ったのは、二つの技術進歩ゆえ、そしてその二つがほどなく強力に結びついたがゆえである。まずは、イギリスの職人たちによる、鋳鉄の大砲の発明で、瞬く間にヨーロッパ中の軍隊にひろがっていった。次に、北ヨーロッパの「丸型」遠洋帆船が、地中海のオールで漕ぐ「長型船」、すなわち「ガレー船」に徐々にとってかわった。そうして、海の覇権を狙うヨーロッパの指導者たちは、これらの丈夫で耐航性の高い船の船体に、大型で重い大砲のための穴を開けさせたのだった。船には帆と武器が装備され、漕ぎ手と戦士にかわって、より少数で効率のよい乗組員が登場し、海上戦はすっかり様変わりしていく。帆が人力にとって代わり、かつてない機動性、速度、そして破壊力を備えた機械が誕生したのである。前装式の大砲を備えた全装帆船は、アフリカ、アジア、アメリカの海岸で、驚愕を、そして時には恐怖を巻き起こした。大砲のすさまじい音だけで、人々は凍りついた。帝国建設に関わったある人物が述べているとおり、それだけでも、非ヨーロッパ人たちにキリストへの畏敬の念を起こさせるに十分だったのである。(3)

ヨーロッパの支配者たちはこの画期的な技術、海を渡り、未知の場所へと踏み入り、外洋を制覇するための、この新発明の海の機械を使い、交易をし、闘い、新しい土地を獲得し、強奪し、帝国を作りあげていくこととなる。その過程で、彼らは、ヨーロッパの外の人々とも、また自分たちどうしでも、熾烈な戦いを繰り広げた。そうして、新しい資本主義秩序が築きあげられるのだが、それは、カラック船、ガレオン船、そして最終的には全装帆、三本マスト、大砲搭載の大型帆船の働きによるところが大であった。ヨーロッパの支配者たちは、あっという間に地球の主人となった。アフリカ、ボニーのホリデー王にもその点はわかっていたようだ。彼は奴隷船の船長、ヒュー・クローに、次のように述べたのである。「神は最高の本と大きな船を、あなた方にお恵みになったのだね。」(4)

資本主義の興隆には、相互に結びついた、非常に大きな一連の経済的変化が不可欠であった。つまり次のような変化の数々である。新しい土地の収奪、何百万もの人間の搾取と、彼らの経済の市場中心セクターへの再配置。金や銀の採掘、タバコや砂糖の栽培と生産。それらに伴う長距離通商の発達。最終的には、かつて世界が目にしたこともないような規模の、富と資本の計画的蓄積。前述したとおり、このような変化の中心に位置していたのが、船だったのである。ゆっくりと、断続的に、不均衡に、しかし、疑いようもない力強さをもって、世界市場と国際資本主義システムは成長した。その過程の各々の段階、つまり、未踏の土地への探検、入植、生産、そして貿易と新しい経済体制の形成等の各々の段階で、収奪した労働力と新たな商品を運搬するために、大規模な船団が必要とされた。奴隷船はそのシステムの要であった。

奴隷船を特に必要としていたのは、近代奴隷制のもうひとつの基礎システム、プランテーション（大規模農園）であった。プランテーションは中世の地中海ではじまった経済体で、その後、東大西洋の島々（アゾレス、マデラ、カナリア、そしてカーボベルデ）へ広がり、やがて十七世紀に、新世界、特にブラジル、カリブ海地域、北アメリカに、革新的なかたちで姿を現した。[5] 一六五〇年代には砂糖生産がより広い地域にひろがり、いくら供給しても労働力が足りないという状況になる。それから二世紀というもの、数知れぬ船が、次から次と人間貨物を吐き出し続けたのだった。最初は多くの地域に、ヨーロッパの年季奉公人たちが連れて来られ、やがてそれを圧倒的に上回る数のアフリカ人奴隷が持ち込まれた。彼らはプランター（農園主）に買われ、大きな生産ユニットに編成され、極めて厳しくかつ暴力的な監視下で、世界市場のための商品の大量生産に強制的に従事させられたのだった。まさに、C・L・R・ジェイムズがサン・ドマング（現在のハイチ）の労働者たちについて書いたように、「北部平原を覆いつくす大規模な砂糖工場で、何百人という集団で労働に従事し生活していた彼らは、当時のどんな集団より、現在のプロレタリアートに近い存在であった」。一七一三年までには、「奴隷プランテーションは、ヨーロッパの資本主義、植民地拡大、そして海運力の最たる産物として」、すでに確立されていたのだった。[6]

船というひとつの機械が、もうひとつの機械の役に立ったのだ。一七七三年に西インドのあるプランターが書いているように、プランテーションは「上手く組み立てられた機械でなくてはならない。様々な車輪から成り、それぞれが別の働きをするが、全体としては、大目標達成のために作動しているという具合でなくてはならない」。[7] 車輪とはアフリカ人であり、「大目標」とは、前例のない世界規模での資本の蓄積であった。奴隷船は、「プランテーション複合体」の中核部として、北ヨーロッパ諸国、とりわけ英国が、一国の経済の限界を超え、ロビン・ブラックバーンの言葉でいう「世界規模の産業という未来」を発見するための梃子となったのであった。[8]

広域航海に適した武装奴隷船は、強力な航海機械であると同時に、それ以上の何か、トーマス・ゴードンや彼の同時代の人々が十分に認識していたように、他に類をみない独特なものであった。つまり、それは交易所（ファクトリー）でもあり、牢獄でもあり、まさにその二つの組み合わせの中にこそ、奴隷船の精髄と恐ろしさが宿っていたのである。「ファクトリー」という単語は、十六世紀末に世界規模の貿易が拡大するにつれ、使われるようになったものである。語源は「ファクター」で、その当時は「商人」という意味で使われていた。ゆえに、「ファクトリー」は、「商人が外国で商売を行うための施設」を意味した。それは商人のための貿易拠点だったのである。[9]

西アフリカの海岸に築かれた要塞や交易所、黄金海岸のケープ・コースト城塞や、シエラレオネのバンス島のジェイムズ要塞などは、この意味での「ファクトリー」であった。しかし船そのものも、同じ機能を果たしていた。あまり交易が発達していない場所では、海岸近くに常時船を停泊させ、それを交易所として使用していたのである。船の甲板は、布や武器といったアフリカ向け貨物、金や象牙のヨーロッパ向け貨物、そして新世界向け貨物の奴隷が交換された結節点だったのだ。ジェイムズ・フィールド・スタンフィールドという、一七七四年に奴隷船《イーグル》に乗り組んで、リヴァプールからベニンに向かった船員がいるが、彼の船は「浮かぶファクトリーとして海岸に残される」予定であったという。[10]

船は言葉の原義においても、「ファクトリー」であったが、また現代の意味でもファクトリー（工場）といえた。十八世紀の遠洋船は、歴史にその存在を刻むべき労働の場であったのだ。商業資本家は、無産の労働者たちを集め、拘束し、監督（船長や航海士）を使って組織化し、そうして同期的な協調を引き出させた。そして船員は、過酷な訓練と厳しい監視の下、機械的な装置をそれぞれの持ち場で同時に動かし、それらすべての代償として、国際労働市場での賃金を受け取ったのである。エマ・クリストファーの指摘どおり、船員はグローバル市場で労働しただけでなく、また市場のための生産にも従事した。彼らは、アメリカのプランテーション社会に売るための「奴隷」という商品の生産に一役買っていたのであった。[11]

奴隷船はまた、移動する海上の牢獄であった。陸上ではまだ現代の牢獄は誕生していなかった。船＝牢獄というのがいかに正鵠を射ているかは、当時の様々な記述にも見てとれる。もちろん、奴隷貿易に（一時収容所、要塞、牢獄などへの）拘束と監禁が欠かせなかったのは言うまでもない。船そのものは奴隷化の鎖の一部分にすぎない。スタンフィールドは、それを「浮かぶ地下牢」と呼び、またある奴隷貿易擁護派の人物は、いみじくも「可動監獄」と呼んだ。リヴァプールの船員たちの記録には次のような記述が頻繁に登場する。借金のために酒場の主人から監獄に送られたのを、奴隷船の船長がつけを払って、労働と引き換えに身受けしたというのである。彼らは、ひとつの牢獄をもうひとつの牢獄と取り替えただけだった。これを踏まえて考えてほしい。船員にとっての奴隷船が牢獄だというのなら、一日に十六時間以上も船内に閉じ込められていた奴隷たちにとって、それはいったいいかなるものだったのかを。有り体にいえば、トーマス・ゴードン言うところの高貴かつ有用な機械は、人類のある特定の部分に、他より大きな恩恵を与えたのであった。(12)

マラキー・ポッスルスウェイト
——奴隷貿易の政治的算術、一七四五年

マラキー・ポッスルスウェイトはイギリス人商人で、王立アフリカ会社のためのロビイストでもあった人物である。彼は、奴隷貿易こそがイギリス帝国の核であると主張し、一七四〇年代半ば、西アフリカの要塞やファクトリーの管理維持を政府負担として奴隷貿易を補助するよう、議会説得に奔走した。彼の奴隷貿易擁護は、自分自身の立場と経済的利益も絡んでいたため、その当時としては誇張がすぎたかもしれない。しかし、奴隷貿易がポッスルスウェイト自身も予想もできなかったほどに拡大した後、十八世紀全体から振り返ってみると、彼の主張の一部は、帝国の「政治的算術」全体図における、奴隷貿易とその位置づけに関して、支配階級の基本的な考え方となっていったのであった。(13)

一七四五年にロンドンで出版された、最初の論説の題名、「アフリカ貿易・アメリカにおける英国プランテーションの主柱にして羽翼」は、ポッスルスウェイトの主張を端的に表している。それは、「われわれの西インドおよびアフリカ貿易は、他の何にもまして国益となる」という主張で始まる。彼は、プランテーション革命が帝国を変容させたこと、そして労働力の輸送こそプランテーションと帝国の礎であることを確信していた。プランテーションと奴隷船については、「前者は後者なしでは存在しえない」と書いている。彼はまた、振興しつつある英国の資本による製造業にとっての、奴隷貿易の重要性も指摘している。奴隷船の「アフリカ向けの積み荷は、英国の工業製品およびその他の産物の八分の七を占める。そして少なからぬ利益をわれわれにもたらす」というのである。さらに彼は、以前からあった議論を繰り返した。曰く、奴隷貿易によって、「多数の若手船員」が生み出され、ひいては、「海軍力の素晴らしい苗床」となるであろう、というのだ。これについては、一七八〇年代にも論争となった。奴隷船はこのように、奴隷とともに、航海に必要な労働力をも作りだしたのであった。

ポッスルスウェイトが、婉曲に「アフリカ貿易」と表現したものの擁護に乗り出したのは、すでに一七四〇年代には、それを「奴隷貿易」と呼んで、非難する怒りの声が存在していたことを、よく知っていたからだった。「多くの人がこの貿易に対して先入観を持ち、キリスト教国が黒人の売買をするなど、野蛮で、人道にもとる違法行為だと考えている。」

しかし、あまたの奴隷貿易商の例にもれず、彼自身は、アフリカ人たちは「野蛮人」のなかに暮らすより、「文明化されたキリスト教国で暮らすほうが幸せなはずだ」と自分を納得させていた。どのような事情であったにしろ、人道的な関心は、国家経済と軍事的利益の前ではあっけなく看過された。奴隷貿易は、「この国にとって、つきることのない富と海軍力の源泉なのである」。議会は、アフリカ貿易を促進することによって、「この王国の安寧と繁栄一般に」寄与するのである。このように論を進めるポッスルスウェイトは、一世紀後のウィリアム・ブレイクの有名な挿画「アフリカとアメリカに支えられているヨーロッパ」の世界を予見していたのであった。[14]

ポッスルスウェイトが描いた「三角貿易」は、それから二世紀半の間、奴隷貿易の基本パターンとなった。奴隷船は、ヨーロッパ（またはアメリカ）の港から、様々な製品を積んで西アフリカに向かい、その貨物と奴隷を交換し、アメリカへ。そしてアメリカでは、奴隷を売って、砂糖、タバコ、米といったプランテーションの産物を手に入れるのである。最近の研究では、この貿易が必ずしも三角形ではなかったことが明らかになっている。帰りの船に積む産物を西インドやアメリカで入手できなかった船も多数あったという。とはいえ、三角貿易という考え方自体は価値がある。三角形で考えると、貿易の三つの基本地点と、構成要素——英国あるいはアメリカの資本と工業製品、西アフリカの労働力、そしてアメリカの商品（原材料の場合もあった）——がくっきりと浮かびあがるのだ。

ポッスルスウェイトが執筆活動を開始した頃には、すでに四〇〇万人のアフリカ人が、大西洋の西側の港へと奴隷船で運ばれていた。英国もまた、ヨーロッパの他の海洋国家とおなじく、奴隷貿易の初期に重要な役割を担い、ポッスルスウェイトの雇い主であった王立アフリカ会社に特許状を与え、補助金を出し、一六七二年には貿易をこの会社の独占とした。奴隷貿易には膨大な経費がかかり、様々の人的・物的資源を投入する必要があったため、初期の段階においては個人資本だけでは資金調達ができなかったのだ。十八世紀はじめになると、国家管理下の独占に対して、独立貿易商と呼ばれる商人たちが優勢になり、ついには勝利を収めるのだが、しかし、それは国家主導で貿易の基礎構造が築かれた後のことである。ポッスルスウェイトが、規制が撤廃された時代に、補償と支援を訴えたのには、このような事情があったのだった。[15]

英米の貿易商たちが命運をかけたのは、参入コストが高く、大きなリスクを伴う貿易だった。ごく初期には、小規模な投資家たち、親方職人なども含む中間層も、奴隷船の株の一部を買ったり、貿易用の貨物を載せたりして、儲けることもあったのだろうが、十八世紀になると、奴隷貿易は巨大な資金力をもつ貿易商の独壇場となり、彼らは慎重に経験と知識を蓄積していった。一七九〇年にジョン・ロード・シェフィールドが書いているように、貿易を仕切っているのは、「資本家たちで、場当たり的な一儲けを狙う人々がおいそれと手を出せるものではない」のだった。すべて上手くいった時には、このような大商人たちの利益は桁外れに大きく、投資に対して一〇〇パーセントにまで上ったが、しかしまた、病気、反乱、難破、敵対国の私掠船による強奪などの危険のために、とてつもない損益を被ることもあった。十八世紀の奴隷貿易商の平均利益率は九パーセントから一〇パーセントで、相当のものではあるが、当時の基準では並はずれてよいわけでもない。ポッスルスウェイトは、このような利益と帝国システムの全体図を念頭において、英国が、そしてヨーロッパの全ての海洋国が打ちたてようとしている「アメリカ貿易と海軍力という上部構造は、アフリカの基盤にかかっている」と記したのであった。[16]

ジョゼフ・マネスティー
——奴隷船建造、一七四五年

リヴァプールの貿易商、ジョゼフ・マネスティーは、「アフリカ貿易のための」船を二隻調達するつもりであった。船をどのように作らせるかについては、はっきりとした考えをもっていた。一七四五年八月二日、マネスティーは、ロードアイランド植民地ニューポートのジョン・バニスターに宛てて、大西洋の対岸から注文を書き送った。イングランドはフランス、スペイン両国を相手に戦争中であったため、貿易商にとってもリスクの高い時期で、実際マネスティーも、たった数カ月前に、新しい奴隷船、いみじくも《チャンス》と名づけられた船をフランスの私掠船に奪われていた。けれど、貿易の利益は人々を惹きつけてやまず、リヴァプールは、マネスティーのような貿易商たちによって、ロンドン、ブリストルを凌ぐ、英国大西洋奴隷貿易の第一の港にのしあがっていった。[17] マネスティーは、一七四五年から一七五八年にかけて、西アフリカとの貿易を精力的に展開した。筆頭船主として少なくとも九隻の船を所有し（その他にも数隻の船の部分所有権も有していた）、ジョン・ニュートンの雇い主でもあった。[18] 彼はバニスターへの手紙に、「アフリカ貿易ほど皆が懸命になっているものはありませんが、それには大きな理由あるのです」と書いている——そう、膨大な儲けがあったのだ！——しかし、それに続けて、「ここでは船舶がたいへん不足していて、どうがんばっても一隻も手に入りません。春の時点で確保しておくべきでした」とも述べている。[19]

マネスティーの最初の指示は、自分の監獄船には「最高品

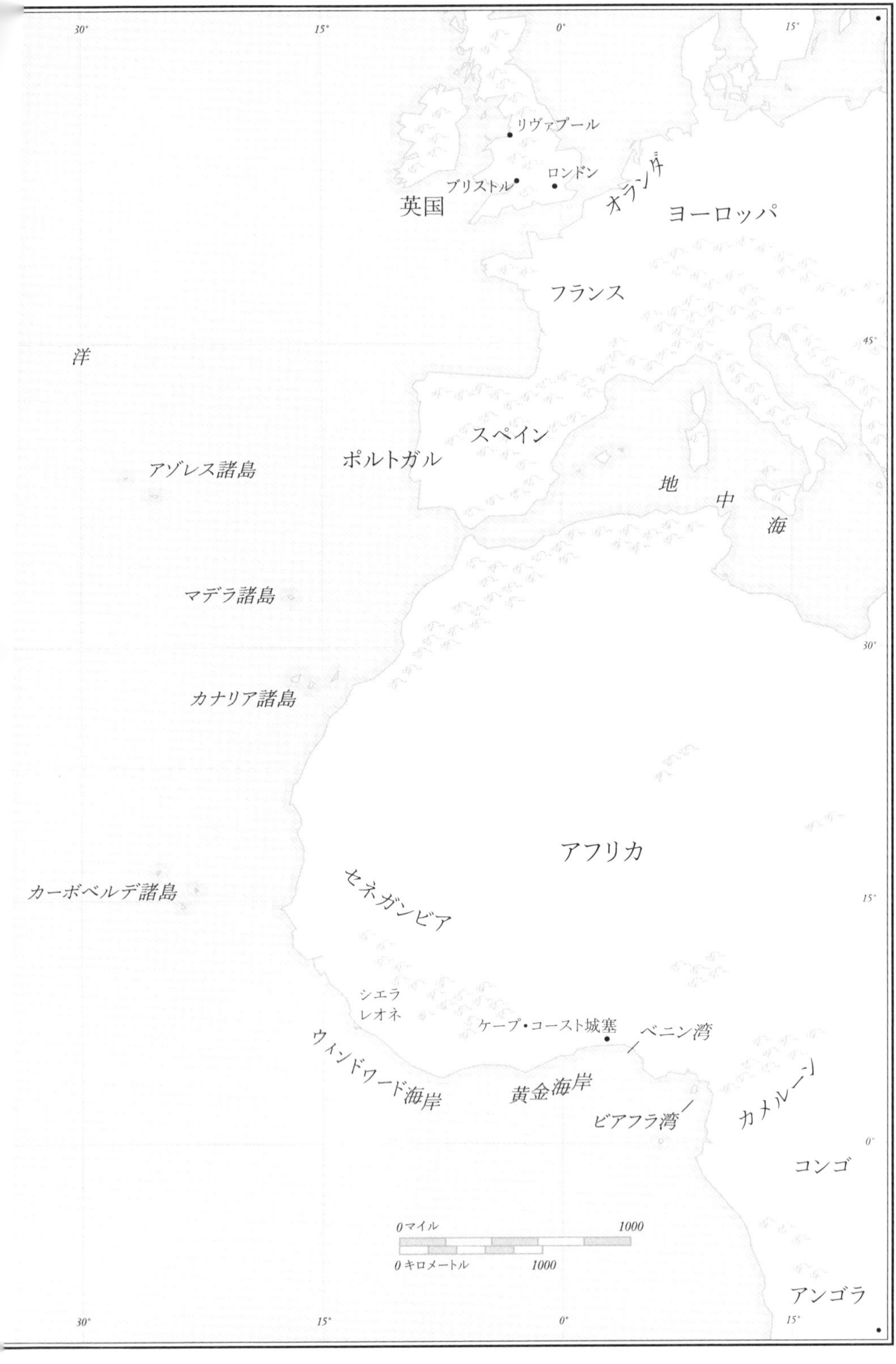
30°
15°
0°
15°
リヴァプール
ロンドン
ブリストル
英国
オランダ
ヨーロッパ
フランス
洋
45°
スペイン
ポルトガル
アゾレス諸島
地中海
マデラ諸島
30°
カナリア諸島
アフリカ
カーボベルデ諸島
セネガンビア
15°
シエラ
レオネ
ケープ・コースト城塞
ベニン湾
ウィンドワード海岸
黄金海岸
ビアフラ湾
カメルーン
0°
コンゴ
0マイル
1000
0キロメートル
1000
アンゴラ
30°
15°
0°
15°

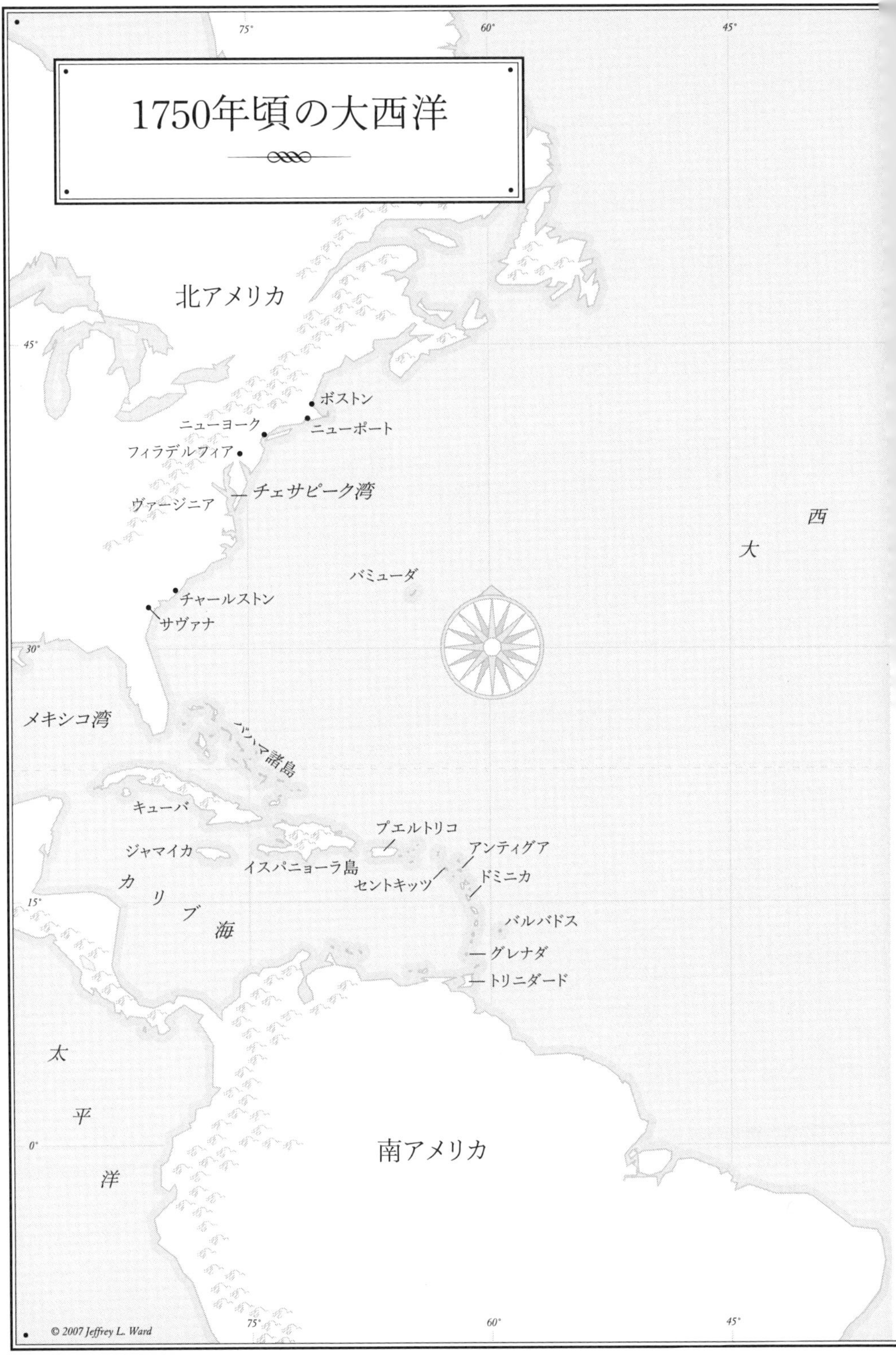
1750年頃の大西洋
北アメリカ
ボストン
ニューヨーク
ニューポート
フィラデルフィア
チェサピーク湾
ヴァージニア
バミューダ
チャールストン
サヴァナ
メキシコ湾
バハマ諸島
キューバ
ジャマイカ
イスパニョーラ島
プエルトリコ
アンティグア
セントキッツ
ドミニカ
バルバドス
グレナダ
トリニダード
カリブ海
太平洋
大西
南アメリカ
75°
60°
45°
30°
15°
0°
© 2007 Jeffrey L. Ward

質のホワイトオーク材」を使用するように、というものだった。ニューイングランドの森林地帯は、良質の、そして比較的耐久性の高いホワイトオークの宝庫で、マネスティーはそれを使いたかったのだ。また、マストの品質については特に注意するよう要請した。その五週間後の手紙には、「二隻ともにギニア行きのための船舶ですから、マストには特に注意して、すべてしっかりしたものにしてもらわなくてはなりません」と書いている。マストが折れた場合、アフリカの海岸では代わりは簡単には入手できず、航海が台無しになってしまう可能性があったのだ。[20]

マネスティーの指示は詳細で、「船尾は方形」、長さ五八フィート、幅二二フィート、船倉の深さは一〇フィート、奴隷の収容のために「甲板と甲板の間の高さは五フィート」という設計であった。メインマストは六〇フィート、メインの帆桁は四四フィート、メイントップマストは三〇フィート、「他のマストと帆桁は以上の寸法に見合うように」。奴隷貿易用の船舶には、堅牢で耐久性に優れたものが必要とされたから、二隻ともに「厚み、二インチ半か三インチの重い板材を使用し、丈夫な腰外板あるいはウェイルズ（船舶の脇に取り付ける厚い木製のジョイント）をつけ」なくてはならなかった。さらに、隔壁の「梁は頑丈に」、また「主甲板の砲壁は一四インチの板とせよ」との指示もあった。これは、私掠船から船を守るため、十分な武装が欠かせなかったからだが、大砲の数は明示されていない。手紙の追伸には、「船尾にも二つ砲門を」と記されていた。[21]

奴隷船の船体については、「中庸をとって」ほしい、とマネスティーは注文をつけている。つまり、中間航路の期間を短縮し、奴隷の死亡率を下げるため、速度が出るぐらいには「細め」のものが好ましいし、安定性と輸送力とを確保し、武装も念頭におき、さらに時には嵩張る商品をアフリカの海岸へ運んだり、アメリカのプランテーションからヨーロッパへ輸送したりすることも考慮すると、ある程度の「大きさ」も必要だろう、というのである。過剰な振動で人間貨物に影響がでないよう、揺れの少ないがっしりした船が望ましかった。「甲板と甲板の間により多くのニグロを積めるように」、船の側面は膨らませるつもりであった。彼の注文でもうひとつ特徴的なのは、「上甲板も他の甲板も円形にする」という点で、「前方と後方の下甲板で奴隷に食事を与えるから」というのである。船全体に補助の舷墻をつけられるよう、「肋材は高いままにしておく」との指示もあり、これはおそらく自殺を試みる奴隷が船から海へと飛びこむのをふせぐネットの設置を容易にするためだと思われる。そして最後に、アフリカの熱帯の海で船体を蝕む虫から船を守るために、船底包板が必要だと述べている。船がまだストックに固定されているうちに、樅材で追加の裏張りを施し、これには通常どおり、タールと馬巣織りでコーティングをする。その上から、銅で覆ってほしいというのが彼の注文であった[22]。

おそらく戦争と私掠の危険を考慮して、マネスティーは「船の建造はできるだけ安上がりにすませたい」と書いている。「船尾に飾りは不要」、船室の窓も不要、船長室の建具もゼロか最小限でかまわなかった。「無駄な出費を抑え、しかし必要なことはきっちり」と押さえてというわけであった。マネスティーがこれらの船舶にいくら支払ったのかはわかっていない。しかし、エリザベス・ドーナンの一七四七年の記録では、ロードアイランドの船舶の場合、一トンあたりオールド・テナーで二四ポンドだったという[23]。一七五二年には、スループ帆船で一トンあたり二七ポンド、「二層甲板船」で三四ポンドに値上がりした。スウォンジーや、近隣のマサチューセッツでは、五分の一ほど安く、マネスティーの船はそちらで建造された可能性もある。一英国ポンドが七オールド・テナー・ポンド、マネスティーの上下の甲板の貨物容量が一〇〇トンと見積もると、一隻あたり五〇〇ポンド少し（二〇〇七年の貨幣価値で一三万ドル）だったと思われる。もう少し大きい船だと、七〇〇ポンド（一八万二〇〇〇ドル）、一〇〇〇ポンド（二六万ドル）を超える船もあった。しかし、この船舶建造費も、船が運ぶ貨物の価格に比べると控えめなものだったのだ[24]。

船に欠かせぬ物品で、リヴァプールでのほうが安く手に入るものがあることに気づいたマネスティーは、「ロープ類、帆、錨、釘」、そして貿易貨物のコンテナなどは、英国側から送るように手配をした。六月にはすでに一部の材料――「船底包板用の釘と、シングル・スパイク」――を送りだしており、大工たちが「送ったものを船の建造費として受け取ってくれるといいが」とも考えていたようである。というのも、明らかに植民地での賃金のほうが高かったのである。船大工の仕事が終わるまでには一年ほどとわかっていたので、進水は一七四六年の八月に予定された。四月には最初の船の船長を送って、こまごまとした仕上げの監督をさせ、用意が整い次第アフリカへ出発してもらう考えだった。マネスティーは一刻も早く奴隷貿易に着手したかったのだろう。手紙には次のように書き加えていた。「もし、私が指示したサイズか、それに近いアフリカ向きの船を、そちらで安く入手できるのなら、そうしたいと思います。そうできれば、一隻だけ建造してもらうつもりです[25]。」

マネスティーは奴隷船を建造するのに、他の様々な場所を選ぶこともできただろうし、また他の目的のために造られた船を手に入れて、奴隷貿易用に改造することもできただろう。後者の選択を好む貿易商は多く、奴隷貿易に使用された船の大部分は、それ用に特化して造られたものではなかった。一七二〇年代には、次のようなタイプの船――スループ、スクーナー、ブリッグ、スノー、そしてシップ――は標準化されていたのである。それ以降、百年ほどは、船体の形、帆、装備などにほとんど変化はなく、より船体が細い高速船が好まれるようになったのは、十九世紀のはじめになってからであった。[26]

かりに、マネスティーの発注が何年か前だったら、おそらくロンドンかブリストルに注文を出していたことだろう。十八世紀前半は、その二つが主要奴隷貿易港だったのである。しかし、彼がバニスターに手紙を書いた頃には、奴隷貿易においても、奴隷船の建設においても、リヴァプールがその二つを凌ぐようになっていた。さらに、材木が不足するにしたがって、アメリカ植民地の造船業者に依頼する貿易商も出始めた。植民地でのほうが、造船コストが安かったのだ。やがてアフリカ貿易に従事する船の多くが、イングランドの貿易商たちの言い方では、「プランテーション製」となっていった。ニューイングランド、特にロードアイランドやマサチューセッツで造船業が盛んになった。北部よりの南部では、メリーランドとヴァージニア、そして一七六〇年代以降は、さらに南でも、主にサウスカロライナで造られるようになる。特に奴隷貿易商人に人気だったのは、軽く、固く、腐食に強い地元の米杉を使用した、バミューダ・スループであった。十八世紀を通じてアメリカ北東部のホワイトオークの森は徐々に伐採が進んで枯渇し、材木を海岸まで輸送する費用も高くなったため、南部の松材が好まれるようになった。つまり、奴隷船用の材木の多くを、奴隷たちが伐採していたわけである。そして、奴隷の多くは、奴隷船によって大西洋を渡ってきた者であった。リヴァプールの造船業者が、奴隷制を基礎とするヴァージニアやカロライナの植民地から、松を輸入し、それで奴隷船を建造することさえあった。奴隷船が国際的なスケールで、自らを再生産していく一端がうかがえる。船が労働力を運び、その労働力が木材を切りだし、さらに船が建造されていったのである。[27]

リヴァプールはほどなく奴隷貿易の首都となり、一七五〇年ごろには、造船業者は奴隷船の注文生産を開始した。造船業は長いこと、この街の商業的繁栄の要であったが、貿易商たちは、アフリカ貿易への投資をどんどん増やすにつれ、地元の業者へ船を発注するようになったのである。一七九二年には、造船所は九つ、ボートの製作所は三つとなっていた。船はたいていが、「プール」、つまり潮流が流れ込むマージー川の河口で造られた。奴隷貿易廃止直前の二〇年間（一七八七―一八〇八）で、リヴァプールの船大工たちは四六九隻の船、年間にして平均二一隻を建造した。（なかでもいちばん評判がよかった――貿易商にとっては、安心な――業者は、ハンブル&ハリーだった。社の名前は船大工のマイケル・ハンブルとウィリアム・ハリーに因むものである。）一七八〇年代になると、貿易廃止運動は、奴隷貿易商の最大の拠点において、造船業を政治的議論の俎上に載せるようになっていた。クェーカーの大商人、ウィリアム・ラスボーンは奴隷船を建造している造船業者に、材木を売るのを拒否した。しかし、リヴァプールでは奴隷貿易廃止ぎりぎりまで、奴隷船は次々と進水し、廃止を境に他の用途に転用されたのだった。(28)

船員から画家に転身したニコラス・ポコックが一七六〇年に描いた、ブリストルの造船所の絵がある。造船所の持ち主は、船大工の棟梁、シデナム・ティースト。描かれた船のなかに奴隷船があるかどうかは定かではないが、この時期のブリストルが奴隷貿易に深く関わっており、ティースト自身も奴隷貿易に投資していたのははっきりしている。ポコックの絵を見ると、奴隷船の建造、特にその絵に描かれた二〇〇トンほどの標準サイズの船の建造に、一個連隊が総出でとりかかった様子が想像できるだろう。複雑な作業を取り仕切るのは船大工の棟梁で、建造には何十人という職人や労働者が従事する。最初は竜骨に肋材をとりつける作業である。船体が大きくなるにしたがい、回りに足場が組まれ、外板が内側と外側から取り付けられ、その後、板に鑢《やすり》がかけられる。外板の間の隙間には、かしめ工がマイハダ（ほぐす前の麻）を詰める。船体が出来上がると、新しい職人の一団がやってきて、作業場はさらに忙しさを増す。指物師が手摺を取り付け、内部の仕上げをする。鉄関係は鍛冶屋（もっと後には甲板に錨を持ってくる仕事もある）、調理室の床下に敷くレンガは石工（奴隷船では特別な火炉と炉床が必要とされた）。また、板金屋が排水孔の裏打ちをし、ガラス屋が船尾の窓にガラスを入れる。マスト、ブロック、ロープ類に関しては、マスト職人やスパー職人が、ブロック職人やロープ職人と協力して仕事を進める。その後に、艤装職人が装備の取り付けをするのである。さらにはそれぞれ専門の職人が、帆と、ヨール（船載雑用船）やロングボートを船上に運びこむ。ボートに搭載されたオールを作るのはオール職人である。桶屋は、貨物、食料、飲料水のための樽を供給する。船を購入する人物が、どれぐらいの装飾や贅沢を望むかによって、絵描きや、木工細工師、仕上げ職人が呼ばれる。そして最後に、肉屋、パン屋、酒屋が、船に食料を積み込むのであった。(29)

造船は古から伝わる職人技であり、何世紀にもわたって、高度に専門化された知識が親方制度のもとで伝承されてきた。十八世紀の間は、まだ船大工たちが「目視で」、あるいは、模型を見ながら、船を建造していたので、この時期の船の縮尺図はあまり残っていない。ウィリアム・サザランドの『造船家の手引き』（一七一一年）や、『英国の栄光、造船のすべて、船の建造と仕上げに関する総合指南』（一七二九年）などの出版物もよく利用された。二冊とも、影響力の大きかった著作である。他によく読まれたのは、ジョン・ハーディンガム、マンゴ・マリ、フレドリック・エンリック・アプ・チャプマン、マーマデューク・ストーカート、ウィリアム・ハッチンソン、デヴィッド・スティール、そしてトーマス・ゴードンなどであった[30]。造船は国境を越えた技で、船大工たちはあちこちを動きまわったので、各国政府の懸念の種となった。しかし、なんといっても、船自体が世界中を航海するのだから、技も知識も技術も、やはり容易に伝播されていく。船大工たちは、常に他国の船の研究を怠らず、最新の造船に通じていたのであった。こういうわけで、船の設計や製造工程の均一化が進んだのである。十八世紀には、奴隷船の設計、製造工程は、ヨーロッパのどの国のものをとっても、ほぼ同じになっていた[31]。

やがて、「科学」がゆっくりと浸透してきて、この職人技の世界を変容させていく。ウィリアム・ファルコナー著、『世界海洋事典』の一七八〇年版に、「船舶設計」という項目が登場し、一七九一年には、国境を越えて、様々な事柄に関する情報の収集と普及を目的とした「船舶設計技術改良協会」が誕生するなど、変化は確実に進行した。協会は、海軍一般、兵法、防衛から、物理（流体、固体の両者を含む）や数学（度量衡などの算術表）にいたるまで、広範囲にわたる問題についての研究を奨励した。様々なコンペを主催し、優れた科学的提案に賞金を出した。そのテーマは、船の容積トン数の割り出し方、船体構造をいかに堅牢にするか、船底の汚水の除去法、マストと帆桁のバランスのとり方、船上火災の防止と消火法、沈没しかかっている船をいかに救うか、などなど多岐にわたった。また、「海上を様々な速度で移動する物体に関する法則」についての研究を呼びかけた。船の図は以前に比べ、各部のバランスがよくなり、より正確な遠近法を用いて描かれるようになり、科学の浸透は目に見えるかたちで現れるようになっていった。あの《ブルックス》の図像はそのよい例である[32]。

アンソニー・フォックス船長
――奴隷船乗組員、一七四八年

ブリストルの貿易振興協会の文書館に、奴隷船乗組員の全体像がよくわかる、たいへん珍しい文書が残っている。一七四八年八月十三日にアフリカに出発した、《ペギー》の乗員記録である。アンソニー・フォックス船長が「スノー船ペギー乗組員詳細」（スノー船というのは二本マストの船である）を書き残していて、船長自身と三八名の乗組員について実に豊かな情報を提供してくれるのである。乗組員の年齢は十五歳から四十二歳まで、最年長は船長と他二名の船員だった。平均年齢は二十六歳、通常航海士は年齢が高かったから、彼らをのぞくと、平の船員の平均年齢はもっと低かっただろう。（フォックスはいろいろな情報を記録しているにもかかわらず、誰が何の仕事をしていたかについては記録を残していない。）乗組員は比較的若かったのに、その三分の一――三九名中一二名――が、航海中に天寿を全うできずに亡くなっている。フォックス船長は「サイズ」（彼は身長という意味でこの言葉を使っている）もつけている。おそらく、一メートル七八センチの自分がいちばん背が高かったので、この点に注意がいったのだろう。平均は一メートル六五センチほどであった。[33]

《ペギー》の乗組員はみな、方々から旅してきた男たちだった。フォックス船長の記録に記載されているのは、「住所」ではなく「生まれ」という欄である。乗組員の大半は、英国の港町の出身だったが、その範囲は広く、イングランド、ウエールズ、スコットランド、アイルランドと各地からやってきていた。外国生まれの者としては、スウェーデンから四名、他にはオランダ、ジェノヴァ、そしてギニアの出身者も含まれていた。フォックス船長自身も生まれはモントセラトである。乗組員たちは航海経験豊富で、様々な商業船や海軍の船に乗って、英国から、アフリカ、西インド諸島、北米、インド、そして地中海、トルコへと海を越えていた。うち数名は、オーストリア継承戦争に従軍し、一七四八年に除隊してきたところだった。乗員たちが以前に乗っていた軍艦には、《ラッセル》、《デヴォンシャー》、《トーベイ》、そして《ラウンストン》などがある。「サラマンダー爆撃船」に乗船していた者もいた。アフリカ出身の水夫ジョン・グッドボーイは、「攻撃専門の軍艦」を経験していた。

フォックス船長はまた「肌の色」も記録している。これはおそらく航海の途中で、万一誰かが逃亡した場合、本人確認の手掛かりとするためであろう。船長の分類では「肌の色」は二種類――「茶」と「黒」であった。船長自身も含め、大方は「茶」に分類された。「黒」とみなされたのは、スコットランドのロバート・マリ、アイルランドのピーター・ダンフリー、ジェノヴァのペラト・バーソロミュー、そしてアフリカのジョン・グッドボーイであった。

フォックスの奴隷船上での労働分担は、十八世紀の他の遠洋航海船とほぼ同じだったろうが、奴隷船ならではの特徴もあった。乗組員構成の典型は、船長、一等航海士、二等航海士、医師、大工、甲板長、砲手（武器担当者）、たいていは樽職人（桶職人）、コック、一〇名から一二名の水夫、そして新米水夫が数名、船の雑用係の少年が一人か二人、といったところ。船が大きい場合は、三等航海士がおり、四等航海士まで配している場合さえあった。さらに、医者や様々な熟練労働者——特に大工や砲手——に補佐役がついたり、水夫も新米水夫の数も二、三名ずつ多かったりした。航海士の数が多く、必ず医者が乗っているというのが、普通の船との違いで、また水夫の数にしても一般の船より多かった。乗組員数が多いのは、奴隷船につきものの危険のためである。奴隷を監視するためにも、またアフリカの海岸や中間航路で死亡者が出た後も無事に航海を続けるためにも、乗員数は多めにしておかなくてはならなかったのである。労働分担によって責任範囲が割り当てられ、乗組員間の労働現場での関係が形成された。乗組員たちは労働役割ごとに上下のヒエラルキーの中に組み込まれ、賃金もそれに対応していた。奴隷船では、軍艦と同じく、多くの技術が必要とされた。それは素人には手の出せない「巨大で、取り扱い困難な機械」だったのである。(34)

奴隷船で働く人間組織を作りあげる過程は船長から始まる。船主に最初に雇用されるのも船長なら、航海終了後、任を解かれるのが最後になるのも船長だ。航海の間は、船長が貿易商とその資本の代理人である。彼は「航海術、(船の)積み荷、旅程、船員などに関するすべてのこと」に責任を負う。乗組員を雇い入れ、船の食料を確保し、出航地からの貨物の積み込みを監督し、航海の間は、アフリカでの奴隷の購入からアメリカスでの売却まで、すべての取引を行う。船の航海を司り、羅針盤を読み、部下に指示を与える。小さな船では二回の当直時間のうちの一回を担当する。船長は自分の船、木でできたその世界の王であった。ほぼ絶対の権力を有し、船上の秩序を保つのに必要だと自らが判断するままにその権力を行使した。

ほとんどの場合、奴隷船には少なくとも二人の航海士が乗っていた。死亡率の高さを考慮すると、航海術を身につけているものが数名は必要だったのである。一等航海士は指揮系統では船長の次に来るが、船上での権力に関しては、船長とは格段の開きがあった。当直を担当し、船長の休憩時間には船上の基本活動が滞りないように監督する。乗組員の日々の予定を組み、仕事を進めさせる。船の安全に気を配り、捕囚たちの間で不穏な動きが発生しないよう万全をつくす。奴隷たちの食事、運動、そして健康を管理するのもまた、航海士の仕事だった。また奴隷を船に「積む」際の采配を振ることもよくあった。アフリカで、小さなボートで売買が行われる地域では、ボートの一隻を任され、自分の責任で貿易を行い、奴隷を買い、買いつけた奴隷を船に送った。

ウィリアム・スネルグレイヴ船長も、一七二七年に一等航海士のジョン・マグナスに宛てて書いた「ウイダー行き航海の一等航海士への覚書」において、ここに挙げた業務のほぼすべてに言及している。最大の関心事は船の保安であった。

くれぐれも監視を怠らぬように、特に「若く強壮な男性奴隷」には注意すること、と指示している。枷の鎖を入念に調べること。見張りを置き、夕方の食事の時には中空にピストルをぶっぱなすこと（「反乱」をふせぐためである）。船のボートを盗って逃げたり、船から飛び降りたり、誰にも決してさせないように。食品は盗まれぬよう、そして衛生的にストックしておくよう。奴隷たちが病気にならないように、「ダバダブ」（ソラマメ、米、そしてトウモロコシをつぶしたもの）には、よく火を通すこと。水は一日三回、一週間に一回は煙草を与え、寒い朝にはコーン・ブランデーを少し与えよ。夕方には音楽やダンスの気晴らしもさせよ。甲板間の掃除には、奴隷を何人か使い、「仕事がよくできたら毎日ブランデーをやる」とよいとも示唆している。万一天然痘が発生したら、伝染防止のために、患者はただちに隔離しなければならない。水夫が病気になった場合には、常とは違う食物――砂糖、バター、オートミール――を与えてよい。「奴隷が死亡し、海に送るときには、ウィルソン（医師）と航海士の誰かが立ち会うように。月と日、死亡原因の記録を残すこと。」水夫が死亡した場合には、「遺留品を記録し、所持品箱に保管すること」。一等航海士は、このように多くの任務を負っており、二、三、四、と下にいくに従って、業務と責任は減じていくのである。[35]

乗組員と奴隷とを大西洋のこちら側からあちら側まで死なせないようにするという、医師の仕事もまた、困難なものだった。医師は奴隷の購入に際しても役割があった。アフリカの海岸での停泊期間、そして中間航路を無事に生き抜き、アメリカで、高値で売れる可能性が最も高いのは、健康な者たちであったから、一人一人、病気や衰弱のサインがないかを入念に調べるのである。奴隷が船に積まれた後は、日々彼らに気を配ることとなる。具合が悪いとの訴えを聞き、診断を下し、薬を与えるのだ。もちろん、乗組員の治療にもあたった。船員たちは、西アフリカの病原線を越えるやいなや、様々な病気に見舞われるのが常であった。十八世紀初頭には、医師が乗船していたのは大きな船のみで、小型で速度の速いアメリカの奴隷船（ほとんどがロードアイランドから出航した）には、十八世紀を通じて医師が乗っていることは稀で、その替わりに船長が薬のための「処方集」を持参した。一七八八年にドルベン法、通称、奴隷輸送法が通過してからは、英国のすべての奴隷船に医師の乗船が義務づけられ、医師は航海中の病気と死亡ケースの記録をとらなくてはならなくなった。[36]

大工は、船という木造の世界において、重要な専門技術者であり、船の構造や各部分の強度を保持するという役目を担っていた。定期的に船体を点検し、水漏れがないよう、板と板の隙間にマイハダや木の栓を詰めていった。マスト、帆桁、その他の備品の修理も行った。船に奴隷船としての特徴を加えるのも大工だった。行きの航海には、主甲板にバリカドを、下甲板には隔壁と砲座を設置し、一般の商業船を奴隷船へと変容させたのである。ロングボートやヨールには特別の注意を払ったが、ウィンドワード海岸でのように、ボートが取引に欠かせないところではなおさらであった。大工は徒弟制度のなかで技術を身につけていたが、船上では航海士に仕事の手ほどきをすることもあった。

位の低い航海士や他の熟練労働者としては、甲板長、砲手、樽職人、コックなどがいた。甲板長は、航海士と同じく、ある種の監督者であった。装具の責任者で、ケーブル類や錨を管理し、船によっては、女性奴隷を監視する責任者であった。砲手、あるいは装甲板手は小火器、火薬、大砲、それから鍵や鎖などを管理した。奴隷貿易がかたちを変えた戦争と考えられていた時期において、この仕事の重要度は特別で、また現実には浮かぶ監獄であった船にとっても、欠かすべからざるものであった。樽職人は、樽や大樽の製造と修理を行い、多くの商品（特に砂糖とタバコ）や食品、そして水が、その樽に保存され、輸送された。また、その他の木製品の面倒も見た。奴隷船でも、その他の船でも、年嵩の水夫がコックをしているケースが多かった。かつては水夫として活躍したが、年齢のためにマストに登ったり、重労働をしたりができなくなったので、コックとして働くというわけである。あるいはアフリカン・アメリカンの場合もあった。十八世紀には、奴隷船をふくむあらゆる種類の船に、「黒人」コックが、お馴染みの顔ぶれとして登場し始めたのである。日に二回、三百人から四百人分を作るのであるから、仕事は相当なものだった。しかし、乗組員や捕囚たち（仮に彼らがどう考えていたか、その証拠が手にはいるとしてだが）の考えでは、おそらくコックは「熟練」労働者とはみなされていなかっただろう。

平水夫というのは、船の走らせ方——古い言葉では、「帆をたたみ、縮め、舵をとるやり方」を仕込まれていた人間のことをいう。彼らは、縄梯子の登り降り、帆の張り方、ロープの結び方や継ぎ方、そして舵の取り方を心得ていた。一七〇〇年頃には、航海に必要とされる労働は、どこでもほぼ同じになっていた。水夫たちは、船から船へと渡り歩いたが、どの船に乗っても、船上での労働と要求される技術は基本的には違いがなかったのである。「使える水夫」は船のあらゆる仕事のやり方を知っていた。奴隷船にはまた、ずっと安い賃金で雇用された「ただの水夫」も乗っており、彼らは通常、若く、経験も乏しく、この危険な職業のミステリーを学んでいる最中であった。奴隷船の水夫たちは、看守の役割も兼ねていた。彼らは、奴隷たちが、体を洗い、食事をし、踊り、そして主甲板に座っている間、その監視と警護にあたり、これに多くの時間を費やした。船の再生産と日々の生活を支えていたのである。

奴隷船にはたいていの場合、新米水夫が何人か乗っていた。特に一七五〇年以降はそれが標準となった。若い未経験者たちのなかには、田舎の出身者もいれば、都市の出身者もいたが、平時には、港での肉体労働がみつかりにくかったために、奴隷船で働く契約にサインをしたのだった。主な仕事は奴隷の監視だったが、船上でも寄港地でも、経験なしでもできるあらゆる肉体労働を行った。航海の間に船の仕事を覚え、二、三回の航海を積めば、通常の船員として認められるのが常だった。それまでは、労働のヒエラルキーでは、船の雑用係の少年たちのすぐ上のところに位置するにすぎない。雑用係は、通常八歳から十四歳ぐらいまでで、奴隷船には一名から三名ほどの少年が乗っており、彼らは徒弟として、通常は船長の用事を言いつかりながら、「船乗りへと成長」していくのであった。前出のサミュエル・ロビンソンのように、様々な半端仕事をこなし、時には悪ふざけの標的となり、ひどい目に遭うことさえもあった。

トーマス・クラークソン
――様々な奴隷船、一七八七年

どんな大きさの船でも奴隷船になりえる。奴隷貿易廃止論者のトーマス・クラークソンは一七八七年、その事実を発見して愕然とした。彼は奴隷貿易にかんする証拠集めのために、ロンドンからブリストルにやってきた。特に調べたかったのは、船の「作りと大きさ」、それからプランテーションで働くこととなる人々の積載法であった。数カ月前に、テムズ川に停泊していたコリー船長の《フライ》、二〇〇トンほどの奴隷船の典型ともいえる船に乗ったことがあったので、クラークソンの頭のなかには、はっきりとした奴隷船のイメージがあった。しかしブリストルで、「小さなスループ船が二隻」、アフリカ行きの用意をしているのを見て、衝撃を受けたのである。一隻はわずか二五トン、船長は七〇名の奴隷を入手するつもりだった。もう一隻はさらに小型だった。一一トンで、奴隷の買入れ予定の定数はわずか三〇名だという。連れのひとりによれば、これぐらいの大きさの船は、はしけとして使われる場合があり、西アフリカの沿岸の河川を行き来して一度に三、四名の奴隷を集め、それを海岸に停泊中の新世界行きの大型船に届けるそうだ。しかしクラークソンが遭遇した小型船は、そのものが奴隷船であり、その船で西インドに奴隷を運ぶというのであった。[37]

信じられなかった。情報提供者が、自分をはめようとしているのではないか、とさえ考えた。自分に、奴隷貿易についての馬鹿げた発言をさせ、その発言が易々と反駁され、結果「これまで推し進めてきた大義」が傷つくことを狙っているのではないかと思ったのだった。調べによれば、一隻はもともとセヴァーン川の「六人乗りの娯楽船」として建造され、二隻のうちの少なくとも一隻は、西インドに奴隷を運んだ後は、また娯楽船として売却されることになっていた。クラークソンは二隻の船を自分で計測することに決め、また同行者に、船大工を探しだして、記録されている寸法を手に入れてほしいと依頼した。正式に登録されている寸法も、クラークソン自身の計測と一致した。大きい方の船で、奴隷を積む場所の広さは縦が約九メートル半、幅が三メートル一五センチばかり、両端では幅は一メートル半と狭くなっている。クラークソンの計算では、奴隷ひとり当たりに割り振られる面積は約九〇センチ平方であった。小さい方で奴隷に与えられた広さは、縦が六メートル七〇センチばかり、幅が二四〇センチほど（狭い箇所で一二〇センチ）。竜骨から梁までの高さは一七二センチだが、九〇センチほどは「バラスト、貨物、食料」などにとられるので、三〇名の奴隷たちに割り当てられるのは、ひとり当たり面積が一二〇センチ平方ほど、高さは八〇センチほどであった。クラークソンは依然これがほんとうにアフリカ行きの船とは信じられず、四人もの人間に、別々に調査を行い確認してほしいと依頼した。四人すべてが、最初の情報のとおりだと確認し、まもなくクラークソン自身もブリストル税関の公式書類にあたって、それが事実であると確かめたのだった。(38)

　自分が発見した一一トンの船というのが、実は記録に残っている最小の船ではないと知ったら、クラークソンの驚きはさらに大きかったことだろう。一七六一年には、《ヘスケス》という船が、リヴァプールからウィンドワード海岸へと向かい、セントキッツに三〇名の奴隷を運んでいるし、十九世紀半ばには、同じ大きさの船が何隻も、キューバやブラジルへ奴隷を届けている。ロードアイランドからは、一一トンの船、《サリー》と《アドベンチャー》の二隻が、それぞれ一七六四年と一七七〇年にアフリカへと向かっている。クラークソンの調査のとおり、どんなに小さな船でも奴隷船となりえたのであった。(39)

　一方最大のものはといえば、五六六トンの巨大船《パー》が挙げられるだろう。リヴァプールの船大工ジョン・ライトによって一七九七年に建造され、奴隷貿易で富を成した土地の有力一族のメンバーである船主、トーマス・パーとジョン・パーの名をとって名付けられた。船尾は方形、二階建てで、甲板は長さ一二七フィート、幅三二フィート、三本マスト、船尾展望台、そして女性の船首像で飾られていた。万全の武装態勢で、一八ポンドの大砲を二〇門、一八ポンドのカロネード砲を十二門という備えを誇っていた。同時代のある人物は次のように記している。「とても美しい船で、この港から船出した、アフリカ貿易用の船では最大のもの、と評されていた。」七〇〇名もの奴隷を積むことができ、百名の乗組員を必要としたこの船《パー》は、リヴァプールの最大の奴隷船であっただけでなく、大西洋を渡る英国の船でも最大のものだった。しかし、この船は、ライトと彼の職人たちによって竣工されてほどなく、突然の痛ましい最後を迎えることとなる。奴隷貿易は人命の損失で悪名高かったが、《パー》はそのなかでも最大級の悲劇に見舞われたのである。一七九八年、ビアフラ湾、ボニーを目指した最初の航海で、目的地に到着したデヴィッド・クリスチャン船長が約二〇〇名の奴隷を積み込んでまもなく、船が爆発し、乗っていた全員が死亡したのだ。(40)

クラークソンが発見した一一トンの小型船スループが、サイズ分布の一方の端を代表し、巨大な《パー》がもう一方の代表だとして、典型的な奴隷船の設計や大きさはどのようなものだったのだろうか。英国とアメリカの奴隷貿易商たちが通常使ったのは、スループ、スクーナー、ブリッグ、ブリガンティン、スノー、バーク、そしてシップ（シップというのは、特定の型の船を指すとともに、様々な船舶の総称としても使用された）などであった。奴隷船は、大きさ、積載量ともに、中規模のものが多かった。インドや西インドとの交易に使用された船舶よりは小型で、地中海を航海するものとほぼ同じ大きさだった。そして北ヨーロッパや欧州沿岸部との取引に使用された船よりは大きかった。十八世紀に、あらゆる交易に用いられた船と同様に、奴隷船も徐々に大型化していった。とはいっても、この傾向が顕著なのは、新世界よりも、ブリストル、ロンドン、そしてリヴァプールにおいてであった。アメリカの奴隷貿易商や船長は、小型の船、特にスループやスクーナーを好んだ。乗組員の数も少なくてすんだし、運べるアフリカ人奴隷の数も少ないので、アフリカの海岸での滞在期間も短く、奴隷を集めるにも時間がかからなかった。英国の貿易商たちは、少々大きめの船舶が好みで、物流のアレンジには手間がかかるが、その分利益も大きかったし、彼らの使用した船はアメリカの小型船のよい点のいくつかも兼ね備えていた。ある特定の港からの貿易用に建造された船は、別の港には適さないこともあった。一七七四年、リヴァプールの奴隷貿易商たちは、アメリカの奴隷船《デボラ》について次のようにはっきり述べている。「ロードアイランドからアフリカへ向かう船舶としては標準的で」、おそらくラムを積むように作られているのだろうが、「リヴァプールからの貿易には全く適さない」(41)

クラークソンが見た極小の船はスループで、奴隷貿易、特にアメリカの港を起点にする貿易では、わりによく使用されたものである。スループは通常二五トンから七五トンで、マストは一本、船首と船尾に艤装、主帆は「マストの天辺と、その下の長い帆桁に」張り、「場合によって、どちらかに寄せることもあった」。喫水は浅く、排水量も少なかったので、航行速度が速く、操舵もしやすかった。乗組員は五人から十人で間にあった。このタイプの見本が、一七六五年一月七日の『ニューポート・マーキュリー』紙(ロードアイランド)に出ている。売りに出されていたのは、「約五〇トンのスループ、装備一式整った、奴隷船として最適のスループ」であった。「ニグロの少年つき」だった。[42]もっと詳細な説明も残っている。ウィリアム・シアラ船長という人物が、一七五三年四月、ガンビア川にて、乗組員の反乱によって、スループを乗っ取られた後に、その船について書いているのである。《ナンシー》は、九カ月前にコネティカットで建造された七〇トンの船舶だった。船首は方形、船尾と船首上甲板は主甲板よりずっと高い位置にあり、両側に六つの舷窓、小型の大砲四門を備え、舵輪で操舵されていた。外側はほぼ黒。船首は黄色で、船室のカーテンと、船首近くの装飾モールも同じく黄色。もう一つの装飾モールは真珠色、舷窓の回りと後部船室には朱を施してあった。シアラ船長は、船には「積載品にかんしての登録も、税関の書類もなかった」と付け加えている。乗組員が破棄してしまったのであろう。《ナンシー》は、「実に航行能力が高い船で、逆風でも順風でもよく走る」と、船長はコメントを締めくくっている。[43]

奴隷貿易でよく用いられたのは二本マストの船である。スクーナーは、十八世紀初頭にアメリカの造船所で誕生したが、その典型ともいえる《ベッツィー》という船が、一七九六年、サウスカロライナ州クラフツ・ノース・ウォーフで、競売に出された記録がある。仕様説明によれば、「二階建ての立派な船で、奴隷貿易に最適、およそ九〇トンで、状態良好につき、すぐに航行可能」とある。ブリガンティン、ブリッグ、それにスノー(スナウ)は、船体はほぼ同じ、それぞれ装備が異なるもので、大きさが手ごろだったため、奴隷貿易では人気の船舶であった。三〇トンから一五〇トンまでの幅があり、奴隷船での平均は一〇〇トンだった。医師でもあったジェレミア・フィッツパトリック卿が、一七九七年に指摘しているとおり、このサイズの船は、もっと大きな船よりも、トンあたりの実際の甲板や船内空間の面積は広かった。[44]

十八世紀最高の海洋事典の編者、ウィリアム・ファルコナーによれば、シップは「海洋を航海する船舶の最高峰」であった。奴隷船に使用された船のなかで最大規模のもので、速度、積載量ともに優れていた。マストは三本で、それぞれにロワーマストがあった。トップマストが一本、トガンマストを備えていることも多かった。軍艦として使用されることもあり、さながら「動く要塞」で、一連の大砲を備え、相当の破壊力を持っていた。商船としてのシップは、その大きさも様々で、一〇〇トンから、《パー》のように七〇〇名から八〇〇名の奴隷を積めるような五〇〇トンにも登る船も二、三あった。奴隷船の平均は、クラークソンが最初に目にした《フライ》のように、二〇〇トンほどのものである。一八〇〇年五月七日に、チャールストンのカロライナ・コーヒーハウスで競売にかけられた《エリザ》も、ほぼ典型的な奴隷船用のシップである。「装備を整えた状態で」、興味をもった買い手に検分してもらうべくゴイアー埠頭につながれた船は、銅仕上げの船底で二三〇トン、「大砲は一二門装備可能、航行速度も極めて速く、西インドあるいはアフリカ貿易に適し、積載量も大きく、航海のコストも安い」[45]というものだった。

奴隷貿易が盛んになり、変化するにつれて、奴隷船も発達を遂げた。奴隷船のほとんどは、その時代々々を代表する船であり、奴隷貿易専用に建造されることは稀であった。一七〇〇年から一八〇八年まで、奴隷貿易には、あらゆる大きさの船が使用されたが、一七五〇年以降になると、奴隷船向きの船が、特にリヴァプールの造船所から送りだされるようになった。大きめの船で、いくつかの特徴を備えていた。空気孔の数が多いこと、船底が銅仕上げであること、甲板と甲板の間が広いことなどである。一七八〇年代後半になると、奴隷貿易廃止運動による圧力が高まり、水夫と奴隷の健康と待遇とを改善するための法案が議会を通過したため、奴隷船はさらなる変化を遂げた。マラキー・ポッスルスウェイト、ジョゼフ・マネスティー、エイブラハム・フォックス、そしてトーマス・クラークソンなどが、それぞれに異なった立場から知っていた奴隷船は、その時代々々の、最も重要なテクノロジーのひとつであったのである。

ジョン・ライランド
——一八〇一年の奴隷船を語る

父からの手紙を読みながら、ジョン・ライランドは恐ろしさがこみ上げてくるのを感じていた。それは一八〇一年のこと、青年がオックスフォード、クライスト・チャーチでの勉強を終えて、一家の所有するジャマイカのプランテーションへと戻る年であった。父は手紙で、詳細な指示を与えていた。オックスフォードからリヴァプールまで行き、そこで高級船員室の乗客として、奴隷船に乗り込め、というのである。船はアフリカのウィンドワード海岸に向かうもので、現地で奴隷という「生きた貨物」の購入と積み込みに立ち会い、彼らとともに大西洋を越えて、ジャマイカのポート・ロイヤルに到着するという旅程であった。若きライランドは、英国滞在中に反奴隷制の考えに触れ、人間の肉体の取引について深刻な疑念を抱いていた。「病人の群れ、惨めな奴隷たちと一緒に、浮かぶ隔離病棟に閉じ込められるなど」まっぴらだ、とライランドは記している。気休めにしたのは、最近の奴隷貿易反対論者たちの中間航路や奴隷貿易についての話は「たちの悪い誇張だ」という、ある同級生の言葉だった。[46]

実は父親のほうも、息子と同じく、奴隷制について疑いを持つようになっていた。キリスト教徒としての良心が、自分の農園を継ぐことになる息子に、奴隷貿易の実態を経験させるべきだ、と彼に告げたのだった。息子は家長の命に忠実に従った。リヴァプールに赴き、「Y船長」の《リバティー》の特別客として、船の旅を始めたのである。そして、彼はこの経験に基づいて、かつて書かれたどんなものより詳細な、奴隷船についての記録を残すこととなる。[47]

このようにしてライランドは、アフリカへと向かい、やがて大西洋を越える船に乗り込んだ。乗船してきた彼を見た船長には、この男が奴隷貿易をよく思っていないことは明らかだったようだ。ゆえに、奴隷船というこの木造の世界を治める船長は、船と船上での活動を、可能なかぎりよく見せようと決意していた。ライランドの記録によると、「(アフリカへの)到着から、劣悪な環境はますます悪化したが、船長は、海岸での停泊中も、それに続くジャマイカへの航海の間も、どうにかその状態を和らげようと」努力していた、という。二〇〇名以上の奴隷の購入、すし詰めの状態、その当然の結果としての病気と死についても、ライランドは触れている。船長はまた、この若き乗客を教育しようともした。毎晩々々、船長とライランドは、船長室に(ライランドは、そこに宿泊し、食事もそこでとっていた)腰を下ろし、揺れる暗いランプの光のもとで会話を交わした。そして船長は、「ハムの子どもたち」にとって、ライランドの父が所有しているようなアメリカのプランテーションに送られるのは、どれほどの恵みであるかを、忍耐強く説明するのだった。

アフリカの海岸で無事に「生きた貨物」を積み込むとまもなく、船長は、「奴隷船はこれから、いままでとはずいぶん違ったものになる」とライランドに告げた。船長は、英国の世論を変えた奴隷貿易反対論者たちの告発についても触れた。そのような糾弾に対抗すべく、船長は「奴隷たちは幸せにやっている」と、ライランドに示そうとしたのであった。

それを裏づけるべく、船長は船上の女性奴隷の一人に近づいて、二言、三言、声をかけた。「すると女たちは、三回歓声を上げ、大きな声で笑ったのである。」その後、船長は主甲板へと歩いていき、「今度は男たちに同じ言葉をかけると、彼らもまたおなじ反応を返したのであった」。船長は勝ち誇った様子でライランドのほうに向き直って、言った。「これで、ウィルバーフォースが奴隷船について間違ったことを言っているというのが、おわかりでしょう。」船長はまた、奴隷輸送をいかにもおぞましいものとして誇張して語っている議会の指導者たちについても話した。ライランドは納得できなかった。が、多いに興味を掻きたてられ、船長の言葉が真実であるか、どうしても確かめたいと考えた。そして、「この奴隷船の仕組み」[48]を詳細に観察したのであった。

ライランドの乗った船は約一四〇トン、明らかにバークシップだった。彼はその中型船の描写を、下甲板から始めている。そこは、二四〇人（男性一七〇人、女性七〇人）の奴隷が、一日一六時間、時にはそれ以上の間、閉じ込められていた場所である。ライランドの目に映ったのは、牢獄に等しい船内の状況だった。男たちは、二人ずつ、手首と足首で鎖に繋がれ、主甲板の真下、メインマストまで前方に伸びる部屋に閉じ込められていた。下甲板から梁までは一二〇センチ強だったから、たいていの男たちはまっすぐに立つこともできなかった。ライランドは平甲板（寝棚）についてはふれていないが、より多くの奴隷を積み込むため、奴隷船の下甲板には、壁面から内部へ一八〇センチほどの棚が作られるのが常であった。ライランドの船は、一七八八年のドルベン法による規定ぎりぎりの数まで、奴隷を積んでいたようである。法律では、積載量三トンにつき、五名の奴隷の運搬が認められていた。

主甲板にある男性居住区への入り口には、巨大な木製の格子がとりつけられていた。格子づくりにしていたのは、「十分な空気」が入るようにするためであった。同じ理由で、船の側面には二つ、ないし三つの小窓、つまり通気のための穴が設けられていたが、これは常時開けられていたわけではなかった。居住区の後方の端には、「きわめて頑丈な隔壁」があったが、これも船の大工の手によって、下甲板の空気の循環をさまたげないように工夫されていた。それでも、ライランドには、船内下方部分の通気は劣悪で、そのために、囚われの男たちは「不潔な、むっとする空気」に曝されている、と思われた。さらにひどいのは、あまりの狭さだった。与えられた空間は「快適に健康に過ごすには、小さすぎた」。ライランドの観察によると、下の居住区から甲板に出された男たちの顔は、「生気なく、亡霊のよう、そしてふさぎ込み、意気消沈していた」。何時間も何時間も暗い場所に閉じ込められていたわけだから、毎朝、甲板に出されると、太陽の光にさかんに瞬きをするのであった。[49]

《リバティー》では、下甲板の中央部分、メインマストのあたりから後方のミズンマストまでが女性居住区で、おおかたの奴隷船と異なり、少年専用の場所は設けられていなかった。それで、男性と女性とを分けるため、男性居住区と女性居住区の間に、三メートルと少しほどの空間がとってあり、船員が船倉へと入る通路となっていた。船倉には、貿易用の商品、航海用備品、そして食料（食物や水は、特大サイズの「ギニア樽」に入っていただろう）が蓄えられていた。女性居住区にもまた、前と後ろに丈夫な隔壁が設けられていた。女性奴隷たちのほとんどは、鎖にはつながれておらず、この居住区に入れられていたのは四五名であったから、広さにしても、身体的な自由にしても、男性よりはましな状況だった。ライランドのみたところ、主甲板から一メートル弱ほど突き出すかたちで、箱状の格子が設けられており、「通気は十分」だった。しかし、甲板の下の女たちに聞けば、別の答えが返ってきたのではないだろうか(50)。

後甲板の下にも、さらに二つの居住空間が作られており、主甲板から二メートル強ほどの高さ、船尾までの広さだった。二つのうち後方には、キャビンがあり、船長とライランド自身の寝台もここにあった。しかし、船上ではもっとも恵まれた二人が毎晩ともに眠る船室の下では、二五名のアフリカ人の少女たちが寄り添って眠っていた。船長は同室の友に、「二、三日は臭いがひどいかもしれない」と警告したうえで、「いったん貿易風に乗ってしまえば、それも気づかなくなるから」と安心させたのだった。しかし、育ちのよいライランドの嗅覚は、これから立ち直れなかったようだ。というのは、後年彼は次のように書いているのである。「わたしが夜を過ごすベッドは、床でかたまって眠っている奴隷たちの真上にあった。時に、その強烈な臭いは耐え難いほどだった」

もうひとつの場所、つまり彼らの隣の部屋は、主甲板へと通じていたが、そこの状況も似たようなものだった。こちらは、医者と一等航海士の部屋で、やはり二人部屋であった。彼らの真下では、夜、二九名の少年が眠っていた。主甲板の上には、病人のためのスペースもあった。特に赤痢に罹った者たちが、「他から隔離されて、ここに寝かされていた」のである。男性患者はロングボートが寝台で、日よけとして厚い防水布がかけられていた。女性患者は半甲板の下が病室であった。水夫たちのための場所などほとんどないに等しく、彼らは病人のすぐ近く、ロングボートの下にハンモックを吊るし、防水布をかけ、それで雨風、特にアフリカの海岸での夜露がしのげるようにと祈るしかなかった。

ライランドは、物理的にも主甲板上の社会構造の中核にある、奴隷船のもう一つの特徴に注目している。それぞれの舷から六〇センチほど張り出している、高さ三メートルほどの頑丈な木製の仕切り、つまりバリカドである。この構造物こそ、通常の船を奴隷船へと変貌させるために作られるもので、鎖につながれた男性奴隷と女性奴隷とを隔て、また奴隷の反乱が起きた際には、乗組員たちがその背後（女性奴隷の側）へと避難する、防護壁の役割も果たしていた。しかしそれは同時に、船上の奴隷たちを守り、制御するための一種の軍事的な設備でもあった。ライランドは、バリカドには、一度に一人、それもゆっくりとしか通れないような、小さなドアが設けられていることも指摘している。男性奴隷たちを主甲板に上げているときには、いつも二名の武装した歩哨がドアを守り、「バリカドの上、奴隷たちの頭上には、さらに四名が配置され、弾をこめたらっぱ銃を手にしていた。さらにバリケードに設けられた専用の穴には二門の大砲が設置されており、小さな弾をこめた状態で、主甲板に向けられていた」。常に反乱の危険性があったのである。船長は、「かりに彼らが反乱を企てても、絶対に成功しないように、万全の警備をしいている」と言って、神経質になっているライランドを安心させようとした。すでに、アフリカの海岸に停泊しているときに一度反乱を企てて、それは失敗に終わっていたのだった。奴隷たちが主甲板に上げられると、そこは厳しい監視下にある牢獄の中庭に酷似した場所となった。

ライランドは船のロングボートにも触れている。そこには病気の奴隷たちが隔離されていたが、ライランドは奴隷船にとってのロングボートの重要性や役割については説明していない。この頑丈な船舶は最大で九メートルほどの長さで、マストは一本、旋回砲を備えている場合も多く、帆で走らせることも漕ぐこともでき、相当な積載量を持っていた。船が凪につかまった際には、牽引に使われもした。通常奴隷船には、ヨールと呼ばれる第二の小さな船舶も積まれていた。ヨールにも帆はあったが、四人から六人の水夫で漕ぐのが普通だった。この二つの船はアフリカの海岸での取引には欠かせぬものであった。沖合に碇を降ろし、海岸との間を、行きには商品を積み、帰りには奴隷を積んで（帰りにはアフリカのカヌーも使われた）行ったり来たりする必要があったからである。浜に容易く上がれるように、また貴重な積荷を運搬する際に安定するように、船体は浅いつくりとなっていた。[51]

ライランドは言及していないが、奴隷船特有の重要なものが他にもいくつかある。武器庫は通常船長室の近く（男性奴隷居住区からいちばん離れたところ）に位置し、船の砲手がこれを管轄し、厳重な警備がしかれていた。船の調理室には、大きな鉄製か銅製のボイラーが備え付けられていて、コックは奴隷と乗組員とあわせて、二七〇名分もの食事を用意した。ネッティングというのは、ロープをフェンスのように編みあわせたもので、乗組員たちは、これを船のまわりに張り巡らせて、奴隷が船から飛び降りるのを防ごうとしたのであった。[52]《リバティー》のような奴隷船は、人間の積み荷を集めるために、アフリカの海岸に長い間停泊しなければならなかったので、そのためにもう一つ、奴隷船ならではの特徴を持っていた。船体を銅で覆っていたのである。これは、船に付着して木材を食う熱帯の虫や貝類から船体を守るためで、一番の強敵は、テレド・ナヴァリス、すなわちフナクイムシであった。銅の覆いは、比較的新しい技術ではあったが、一八〇〇年までには一般的になっていた。十八世紀初頭、熱帯の海に向かう船は、半インチほどの厚さの板を、一枚多く船体に貼り付けて覆いとしていた（マネスティーもそのように注文を出している）。一七六一年、熱帯地方を定期的に巡視していた、英国王立海軍が初めて銅の覆いを試して、これが非常によい結果だった。二、三年のうちに、奴隷船にも覆いが取り入れられるようになり、同時にさらなる改良実験も続いて、一七八〇年代には、特に大型船では一般的になったのである。[53]《ネリー》改め《トライアンフ》と命名された三五〇トンの奴隷船は、リヴァプールで建造され、一八〇九年、ロードアイランド州ニューポートで、「外腰板まで銅板覆い」、「堅牢な銅葺き」という触れ込みで売りに出されている。[54]奴隷貿易の最後の四半世紀、つまり一七八三年から一八〇八年にかけて、奴隷船が売りに出される際に例外なく強調されたのは、船底が銅張りであるという点であった。[55]

《リバティー》が出港した一八〇一年頃には、すでに大型船のなかには、通気を促し、船内の奴隷の健康を改善するために、ウィンドスルを取り入れている船もあった。ウィンドスルというのは、キャンバス地でできた通風筒で、上部は開口、下に向かう筒はかたちを保つために数カ所で輪留めし、ハッチに取り付けるという、「船の下のほうの居住空間に、新鮮な空気を通す」ためのものであった。ウィンドスルは、もともと軍艦用に、乗組員の健康維持のために考案されたものだが、それがこの時期になって、全ての船ではなかったものの、奴隷船にも取り入れられるようになったのである。《リバティー》の出港より二、三年前のある記録では、ウィンドスルつきは二〇隻に一隻とあり、大半の船にはついていなかった。《リバティー》もまず間違いなく、ついていない大多数のなかの一隻であったろう。[56]

ライランドは、また《リバティー》の奴隷たちを拘束するのに使われた鎖についても書いている。ここで彼は、牢獄船のもう一つの重要な部品、すなわち拘束具に触れているのである。手枷、足枷、鉄製の首輪、様々な種類の鎖、そしておそらく焼き印のための道具もあったと思われる。また奴隷船の多くには、中世からの拷問具である親指締めも積まれていた。反抗的な奴隷の親指を、万力のような装置にはさみ、ゆっくりと潰していくのである。時には自白を引き出すためにこの道具が使われることもあった。一八〇四年八月二日の『コネティカット・センティネル』で売り出しが告知された、奴隷船《ジョン》の宣伝は次のようなものだった。「頑丈な足枷三〇〇」に、「鉄製の首輪一五〇に加え、リングボルトの鎖多数など。奴隷の拘束に即使用可能[57]」

奴隷船にはこのような際だった特徴があったため、大事故の後でも、特定は容易だった。たとえば、一七九〇年、バハマ諸島のグランド・カイコス島で、マストまで失ったブリッグ船が「砂州に打ち上げられた」ときもそうだった。「船内で多くの手錠がみつかったので、奴隷船」だったとわかったのである。[58] それからしばらくの後、一八〇〇年には、《メアリー・アン》のダルトン船長が、フロリダの海岸でもう一隻の幽霊船を発見した。大きな船だったが、帆もなく、船内は水でいっぱい、横倒しになって浜に打ち上げられており、乗組員の姿はなかった。「船首と船尾の格子」で、船長にはそれが奴隷船であるとすぐにわかり、結果、メイン植民地ポートランドの《グレイハウンド》と判明した。ジョン・ライランドはそのような災難に見舞われることはなかったが、自分が乗船したのが、実に奇妙な機械であったことはよくわかっていた。アフリカ人の肉体を拘束し、輸送したこの船の能力こそ、労働、農園、貿易、帝国、そして資本主義からなる新しい大西洋世界の創出に大きな役割を果たしたものであった。[59]

第三章　中間航路への道

一

一七九四年も終わりのころ、ウィンドワード海岸からポンガス川を一〇〇マイルほど上流に上ったあたり、ライバル同士のゴラ王国とイバウ王国が権利争いをしている地域に、双方の狩りのグループが獲物を追って入っていった。獲物を槍で仕留めたのは、イバウの男だったが（あるいはイバウ側の人間が後からそう主張したが）、ゴラ側は獲物の権利は自分たちにあると譲らなかった。その結果、乱闘となり、ゴラ側の人間がひとり殺され、イバウ側も数名がかなりの傷を負った。ゴラは怖れをなしてその場から逃げ、イバウは意気揚々と獲物を持ち帰った。しかし、これに憤慨したゴラの王はすぐさま兵を組織し、いちばん近いイバウの土地に侵入、二つの村を破壊し、村民を捕らえて即刻奴隷として売り払った。勝利に酔いしれた王は、敵の王国全体を支配しようと、敵の首都、クアパまで攻め入っていく。激闘が繰り返されたが、最後には戦略上の誤りのために、戦士たちが罠にかかってしまった。王は退却し、逃げおおせたが、最良の戦士七〇〇名を失った。捕虜たちが縄をかけられ幽閉されて、一段落すると、イバウの王は、「海の国々」と交易を望むとの伝言を、川伝いに海岸へと送った。やがて奴隷船《チャールストン》が入港、王は買い手をみつけたのだった。ジェイムズ・コノリー船長は、ゴラの戦士一〇〇名を購入し、海岸まで連れてくるため、ジョゼフ・ホーキンズをアフリカ人の案内人をつけて、深い森の奥へと送りこんだ[1]。

一方、ゴラ「最強の戦士」たちはというと、閉じ込められた場所に裸で横たわっていた。「ひとりひとりの見分けもつかず、全員一緒に手足を縛られ、その縄は地面の杭に固定されていた。」到着したホーキンズは、王から好きな奴隷を選ぶように、と指示された。海岸までは、イバウの戦士たちが縄でつないだ奴隷を追いたてていくことになっていた。囚人らは、一メートル二〇センチほどの間隔で、枝で作った拘束具で首をポールにつながれ、両手は後ろ手に縛られていた。海へ向かって歩きはじめると、ゴラの囚人たちの表情は、

「むっつりとふさぎこんでいった」。彼らは立ち止まり、振り返り、後ろを見遣り、「目には涙があふれた」(2)。

これという変化もなく六日間歩き続けた後、奴隷の一連隊は川岸へ、すなわち大きな移行の地点へとやってきた――大地から水辺への、アフリカ人の所有からヨーロッパ人の所有への、ひとつの支配テクノロジーから別のテクノロジーへの、移行点に来たのである。鉄の手枷、足枷とともに彼らを待ちうけていたのは、《チャールストン》の乗組員たちだった。水夫たちは、捕らえた人々を買い受けるために、小さなシャロップ（浅瀬用の小舟）で川を上り、それから二槽のボートを漕いで岸辺までやってきた。捕囚たちの逃亡の可能性もこれで潰え、すべての希望が打ち砕かれた。囚われの人々の号泣がはじまった。「縄から鉄の鎖への変化」は、「彼らの希望も心もずたずたにしたようだ」とホーキンズは記している。

ボートからシャロップに移される際、二人が飛び降りた。ひとりは船首のほうの小さなボートにいた水夫に捕まり、もうひとりは、頭部をオールで殴打された。残りの者たち、つまり甲板の上で鎖をはずされていた四名と、甲板の下に閉じ込められていた他の者たちが「叫び声をあげはじめた」。主甲板のうえの体の自由がきく者たちは、二人の水夫をボートから投げだそうとしたが、叫び声で他の者たちが事態に気づき、銃と銃剣をもって甲板に走ってきた。そうこうするうち、五名の奴隷が自分の鉄枷をゆるめる。そして、他の者たちの拘束を解こうと必死に力を振り絞っていた。下に閉じ込められている者たちも、格子の間から手を出して水夫の足をつかみ、仲間を応援し、「上の者たちが、われわれの誰かをやっつけるような何かをするたびに、叫び声をあげるのだった」。最後には、水夫たちが優勢となったが、両方とも相当の血を流した。奴隷たちの側は、一名が殺され、九名が怪我をした。残りの者たちは、二重の枷をかけられて、閉じ込められた。水夫五名とホーキンズも負傷したが（ホーキンズは小指を失った）、いずれも致命傷ではなかった。やがて奴隷たちは、シャロップから《チャールストン》へと積み込まれた。船にはすでに四〇〇名が積まれており、全員、サウスカロライナへと向かうことになっていた。狩猟権をめぐる争いが、自分たちを五〇〇〇マイルも離れた場所、サウスカロライナ州チャールストンに連れていくことになるなど、ゴラの戦士には、知るよしもなかっただろう。彼らはいま、全く別種の闘いに直面しているのだった(3)。

ゴラの捕囚たちにとって、奴隷経験の始まりは、アフリカ内陸で、家族、大地、住みなれた場所から引き離されたことだった。これは、他の何百万という奴隷たちにとっても同じである。奴隷船に積まれた者の大半は、自らの意に反し、強制的に奴隷にされた。一般的だったのは、なんらかの「戦い」の結果、捕虜となるか、自分の社会で何らかの罪を犯し、その罰の判決として奴隷とされるかであった。ゴラの人々の場合のように、長い中間航路には、二つの段階があった。第一段階はアフリカで、陸と内地の河川を移動し（この場合はシャロップでの移動だったが、カヌーが使われることのほうが多かった）、海岸の奴隷船へと至る旅である。奴隷商人たちは、これを「パス」と呼んでいた。アフリカ内地から、世界経済へと労働力を運び出す確実なルートだ。第二段階は、奴隷船に乗り、アフリカの港からアメリカの港まで大西洋を渡る旅。この二つによって、大西洋の片側での収奪と、もう片側での搾取が結びつけられたのだった。どのパスを通るか、どんな経験をするかは、アフリカの地域ごとに、また、奴隷と奴隷商人がどんな社会の出身であるかによって異なっていた。奴隷が何者なのか、どこの出身なのか、そしてどのような経緯で奴隷船へと連れて来られることとなったのか、それによって、船に乗せられてからの奴隷自身の反応も様々であったし、のみならず、奴隷船の側が、どのようにその奴隷に言うことをきかせようとするかも違っていた。ほとんどの捕囚たちにとって、アフリカとの別れは、永久のものだった。水夫として戻って来る者も皆無ではなかったが、それは、ごくごく稀なケースである。船に着いた奴隷たちは、二度と後には戻れぬ地点に立たされていたのであった。(4)

アフリカにおける奴隷貿易

一七〇〇年の西アフリカおよび西中央アフリカの人口は、およそ二五〇〇万人、セネガンビアからアンゴラへと伸びる四〇〇〇マイルの海岸地帯に沿って存在する、実に複雑多様な、血族関係を基とした進貢社会に暮らしていた。ごく小さなものは国家の体はなしていなかったが、多くはある程度の規模と、社会内の階層構造を有していた。階級が発達した、かなりの大きさの国家も二、三あり、それらは、広大な領地を有し、交易で利益を上げ、大規模な軍隊も持っていた。この最後のタイプは、その他の共同体を支配下に置き、貢ぎ物をさせ、通商や戦争にかんしては意向に従わせながらも、自治権と土地と労働力の支配権とは認める場合が多かった。(5)

奴隷制は、この地域のほとんどの社会に、古くから存在し、社会機構のひとつとして受け入れられてきた。奴隷になるのは、戦争捕虜と犯罪人とほぼ決まっていた。奴隷売買も何世紀にもわたって行われていた。七世紀から十九世紀までの間に、北アフリカのアラブ商人と、彼らと同じムスリムである取引相手とが行ったサハラ縦断交易によって、九〇〇万人以上が、北へと運ばれた。そしてこれらの奴隷たちは、高度に発達した商業市場で売買されていた。ほとんどの地域において、アフリカの海岸へと着いたヨーロッパ人たちは、すでに

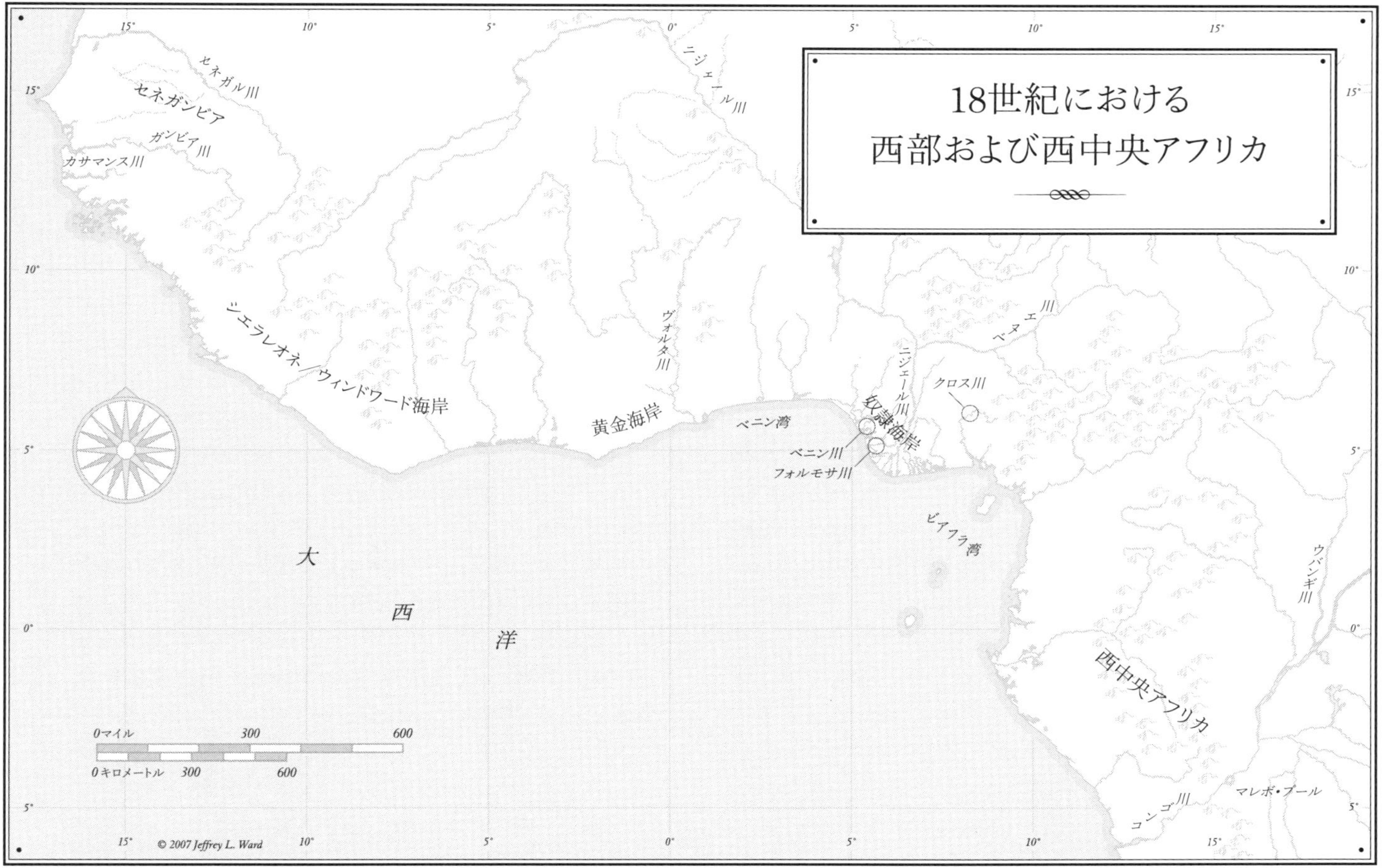
18世紀における
西部および西中央アフリカ
セネガル川
セネガンビア
ガンビア川
カサマンス川
ニジェール川
シエラレオネ／ウィンドワード海岸
ヴォルタ川
黄金海岸
ベニン湾
奴隷海岸
ニジェール川
ベヌエ川
クロス川
ベニン川
フォルモサ川
ビアフラ湾
大
西
洋
ウバンギ川
西中央アフリカ
コンゴ川
マレボ・プール
0マイル
300
600
0キロメートル
300
600
© 2007 Jeffrey L. Ward

存在していた交易の輪に参加したにすぎず、彼らの参加によって交易のあり様がすぐに変化したわけでもなかったのである。(6)

しかし歴史家ウォルター・ロドニーの指摘どおり、奴隷所有と階級分化がもっとも急速に進んだのは、大西洋貿易がもっとも盛んだった西アフリカの地域においてであった。その理由のひとつとしては、奴隷船の船長が、支配集団や安定した権力者、つまり労働資源を支配し、「商品」を供給できる人々との取引を望んだことが考えられる。またそのような人々が交易の結果手に入れた、富と強力なテクノロジー（特に銃）も、理由としてあげられるだろう。それほど規模の大きくない、より平等な共同体も、奴隷貿易を行うことはできただろうし、地域によっては、実際に貿易に従事したケースもあったが、たいていは貿易に必要な食料となる農産物を供給していた。銃と火薬を手にいれた大きな集団は、さらに強力な、中央集権化した軍事国家（例をあげれば、アシャンティ、ダホメー、オヨ、ニジェールの都市国家、そしてコンゴなど）へと成長していった。このような集団は、銃火器を使用して近隣の人々を支配し、そこから次の奴隷の一団を供給し、その奴隷と引き換えにさらに一箱分の銃を手にいれるのだった。奴隷貿易がもっとも盛んに行われた地域では、奴隷の捕獲、維持、輸送といった新しい職能分化が起こった。商人は、絶大な力を有する階級となり、通関、税、価格、そして捕囚の流れを思いのままに動かした。大西洋貿易とともに、アフリカ社会における奴隷の数も、奴隷制という社会機構の重要性も増していったのであった。(7)

十八世紀になると、ポルトガル、スウェーデン、デンマーク、オランダ、フランス、そして英国などが、それぞれ、自分たちの影響力が及ぶ地域と、気に入りの交易港を持つようになった。アフリカ側にとっては、どこかひとつのヨーロッパの国に貿易を占有させるのは得策ではなく、実際に様々に異なる国家との取引を行った。このように、アフリカ海岸での取引は、比較的オープンで、競争原理に基づいたものであった。アメリカ革命の直後、英国商人たちは、アノマブのアフリカ商人たちが、新たに独立したアメリカとの貿易継続の権利を宣言したと知らされたが、これも、開かれた市場の在り方を示す例であろう。取引が非常に盛んなときと、干上がるときがあるのも、奴隷貿易の特徴だった——大きな内部抗争が起こると取引が増え、取引が集中した後に地域の奴隷供給がつきてしまうと取引は減少した。(8)

奴隷貿易の実態は、地域と取引相手によって様々だったが、売買の仕方は、基本的に次の二つであった。「交易所取引」においては、奴隷船の船長は、黄金海岸（現在のガーナ）のケープ・コースト城塞のような場所に駐屯しているヨーロッパ人から奴隷を買いつけた。交易所のない多くの場所で行われた「ボート取引」の場合は、カヌーやロングボートやヨールが、岸との間を行き来して貨物を運び込んだ後に、奴隷船の主甲板で取引が行われることがほとんどだった。この取引は、たいていアフリカ人商人が仕切っていたので、別名「黒色取引」とも呼ばれていた。大きな商業国家の代表である商人もいれば、様々な地域の中規模集団や小規模集団の代理を務める商人もいた。また時には、二つのタイプの取引が同時に行われることもあった。

セネガンビア

マリンケの商人が船に運んできた男は、長身細身。背は一八〇センチ弱もあるだろうか、その二十代後半の男性は、髭も頭髪も戦争捕虜のように短く刈り込まれていた。彼を買ったのは、《アラベラ》のスティーブン・パイク船長だったが、買うときに男の手を、固くざらざらの、労働に慣れた手かどうか、見なかったのは明らかだった。あらためて見てみると、まったく別種の手をしていたのだ。名前はヒューバ、ブーン・サルーメナ、ブーン・ヒブラエマ、すなわち「ヨブ、ソロモンの息子、アブラハムの息子」といった。[9] 彼は「モハメタン」、つまりムスリムで、それも高位聖職者、「イマーム」の息子であり、フータ・ジャロン王国、セネガル川近くのブーンダの町の出身だった。自分自身が奴隷取引をしていて、逆に囚われの身になってしまったのだった。自分と読み書きのできる同宗信徒たちのため、紙を買うお金を作るべく、「異教徒」に間違いない「ニグロを二人」売ろうとしていたのだった。奴隷として買われた彼は、パイク船長にどうにかして自分の窮状を伝えたようだ。船長は、父親が息子を買い戻せるように伝令を送ったが、家族の住まいはあまりに遠く、船はほどなく出発した。メリーランドに到着すると、ある弁護士が彼に目をとめた。彼の学識（十五歳でコーランを暗記してしまったという）と、高い社会的地位に感銘を受け、同情をよせたのである。「普通の奴隷ではないとすぐにわかった」と弁護士は記している。その後、イングランドに送られ、そこで紳士階級の数人の篤志家が寄付を出しあって、彼を買い戻した。世間の耳目が彼に集まり、有名人となり、国王、女王、モンタギュー公爵にまで謁見したのだった。《アラベラ》に乗船してから、三年足らずで、王立アフリカ会社は、このアフリカのエリートを、ガンビアのジェイムズ要塞に送り届け、彼はそこですぐさま女性奴隷と馬とを購入した。ブーンダの家族のもとに帰った彼を、人々は「歓喜し」、「涙を流して」歓迎した。父はすでに他界し、妻のひとりは別の男性のものになっていたが、五人の子どもたちは皆健在だった。王立アフリカ会社は、彼が故郷に帰ったら、自分たちのために大いに働いてくれだろうと期待していた。その期待は、裏切られはしなかった[10]。

ヨブ・ベン・ソロモンの故郷、セネガンビアは、西アフリカのなかでヨーロッパにもっとも近く、大西洋奴隷貿易の歴史がもっとも長い地域である。セネガル川からはじまり、南西にはベルデ岬、南東にはガンビア川、ずっと南はカサマンス川まで、三〇〇マイルにわたってひろがり、三本の河川システムによって、内陸部と海岸部が結ばれているのが特徴である。海岸地帯には、ジョロフ（ソロモンの民族）を含む、四つの主要ウォロフ集団が住んでおり、海岸と内陸部の商業を支配していた。このグループの支配階級のほとんどはイスラム教徒であったが、少なくとも十八世紀末か十九世紀初めぐらいまでは、平民には非イスラムも多かった。内陸部には、マンデ語を話すマリンケがおり、彼らもまたイスラム教徒だった。その先、セネガル川中流域には、フルベ（イスラムの牧畜民である）が、そして上流には、セラコールがいた。内陸部には、バンバラが居住していたが、十七世紀末にカラディアン・クルバリという将軍がこの地域を統一し、軍事と耕作を中心とする社会に変容していった。南の中央部には、セリア、さらに南には、様々なマリンケ集団がいた。全地域にわたって、特に海岸地帯には、バランテのような小さな共同社会が点在し、また沖にはビジャゴス島民もいた[11]。

セネガンビアにイスラムが広がりはじめたのは九世紀のことであったが、十八世紀になると、まだ他宗教との競合もあったとはいえ、地域は事実上イスラム圏といってよかった。軍事力を有し、馬を操るマリンケの貴族階級が拡大するにつれ、小さな文化グループの人々の多くが捕囚となり、奴隷として売られるようになった。ビジャゴスの人々は捕まった時点で自殺を選ぶというので知られていた。一七二〇年代には、非イスラム集団（およびイスラム教徒を称するだけの指導者）に対するジハードが勃発し、一七四〇年代までいた。さらには八〇年代、九〇年代にもジハードは再燃した。フータ・ジャロン・ジハードの結果、この二つの時期には、奴隷の輸出が急増。もちろん時と場所によって、奴隷を産出するプロセスは異なっていた。たとえば、一七二〇年代には、フラの牛飼いがススの指導者に反旗を翻し、幾ばくかの土地の支配権獲得に成功した。奴隷にされてはなるものかとの抵抗は熾烈をきわめ、奴隷船の船上でも抵抗は続いていくのだった。

イスラム化は、特にガンビア川流域において、平民の間でも徐々に進んでいったが、捕まって奴隷となるのを避けるためというのもその大きな理由であったろう。その間にもイスラムは商業とともにひろがっていた。古より仲買商人として各地を移動していたジュラの商人が交易を行い、交易先の人々を改宗させて、居住地を形成していったのだ。奴隷たち

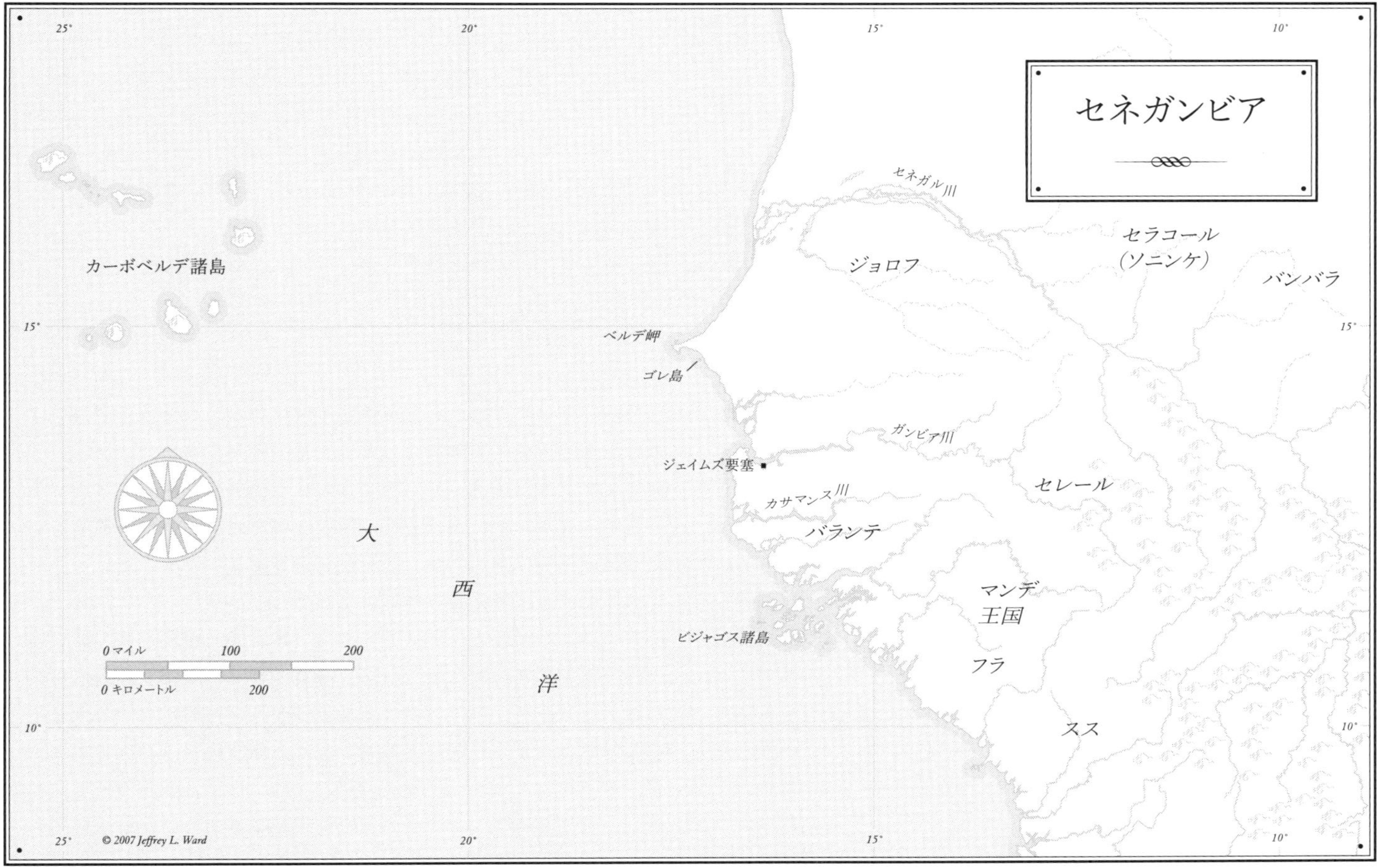

セネガンビア
カーボベルデ諸島
セネガル川
ジョロフ
セラコール
(ソニンケ)
バンバラ
ベルデ岬
ゴレ島
ガンビア川
ジェイムズ要塞
カサマンス川
セレール
バランテ
大
西
洋
マンデ
王国
ビジャゴス諸島
フラ
スス
0 マイル 100 200
0 キロメートル 200
25°
20°
15°
10°
© 2007 Jeffrey L. Ward

は、主に三つの捕獲地域から供給された。海岸地帯、セネガル川上流およびガンビア川峡谷、そしてニジェール川中上流域の三つである。彼らは主に農耕と牧畜に携わり、西大西洋グループに属する諸言語の話者であった。セネガンビアでの、イスラム教徒／サハラ勢力とヨーロッパ人／大西洋勢力との、出会い、衝突、協力は、ギニアの他のどの地域にも類をみないほどのものであり、最終的にはこの地域を完全に変えてしまったのである。十八世紀の間に、四〇万人が奴隷として奴隷船に売られ、新世界へと運ばれた。そのおよそ半分を運んだのが、英国およびアメリカの船である。ヨブ・ベン・ソロモンが、奴隷となった時点では、中間航路を反対側へと故郷に戻ったのはわずか二名。彼はそのうちのひとりだったのである。[12]

シエラレオネおよびウィンドワード海岸

一七五〇年代、シエラレオネ海岸地帯に君臨した「大物」のひとりに、ヘンリー・タッカーという人物がいる。富、権力、社会的地位、そしてタッカー自身の体格、すべてにおいて「大物」といってよい男だった。「優雅な話しぶりの巨漢」、タッカーに使われていた、ニコラス・オーウェンという一介の白人商人の言である。タッカーは、何世代にもわたって海岸地方の交易を牛耳ってきた一族のひとりだった。一族のはじまりは、一六八〇年代、ヨーク島の王立アフリカ会社の代理人を務めていたピーター・タッカーと、彼のアフリカ人の妻に遡る。二つの文化を受け継ぐ混血の商人、ヘンリーは、スペイン、ポルトガル、そしてイングランドにも旅をしていた。生活は「英国ふうで」、家にはピューターの皿や銀器が飾られていた。身につけるものは実に華やか。奴隷貿易によって莫大な富を得、自分自身の町を築き、六人の妻、たくさんの子ども、そしてさらに多数の奴隷や労働者（「グルメット」）とともに、そこに暮らしていた。誰もが彼に借金があったようで、つまり、彼はいつでも好きなときに、好きな人間を、借金のかたに奴隷として売り払うことができたわけである。ゆえに、「不運にも彼の支配下におかれた人間は誰しも、彼を敬い、怖れていた」。オーウェンはさらに、タッカーは「ヨーロッパ人の間では公正な商人として知られていたが、アフリカ人の間での評判は正反対だった」と記している。ジョン・ニュートン船長にとっては、ウィンドワード海岸で唯一の正直な商人だった。タッカーは数知れぬ奴隷を奴隷船へと運び、船長たちは船上でワインと食事で彼をもてなした。一七五〇年代半ばには、彼はその富によって、土地の「王たちをしのぐ」存在となっていた。[13]

タッカーの地場であったシエラレオネおよびウィンドワード海岸は、上ギニア海岸と言われることもあり、さらに細か

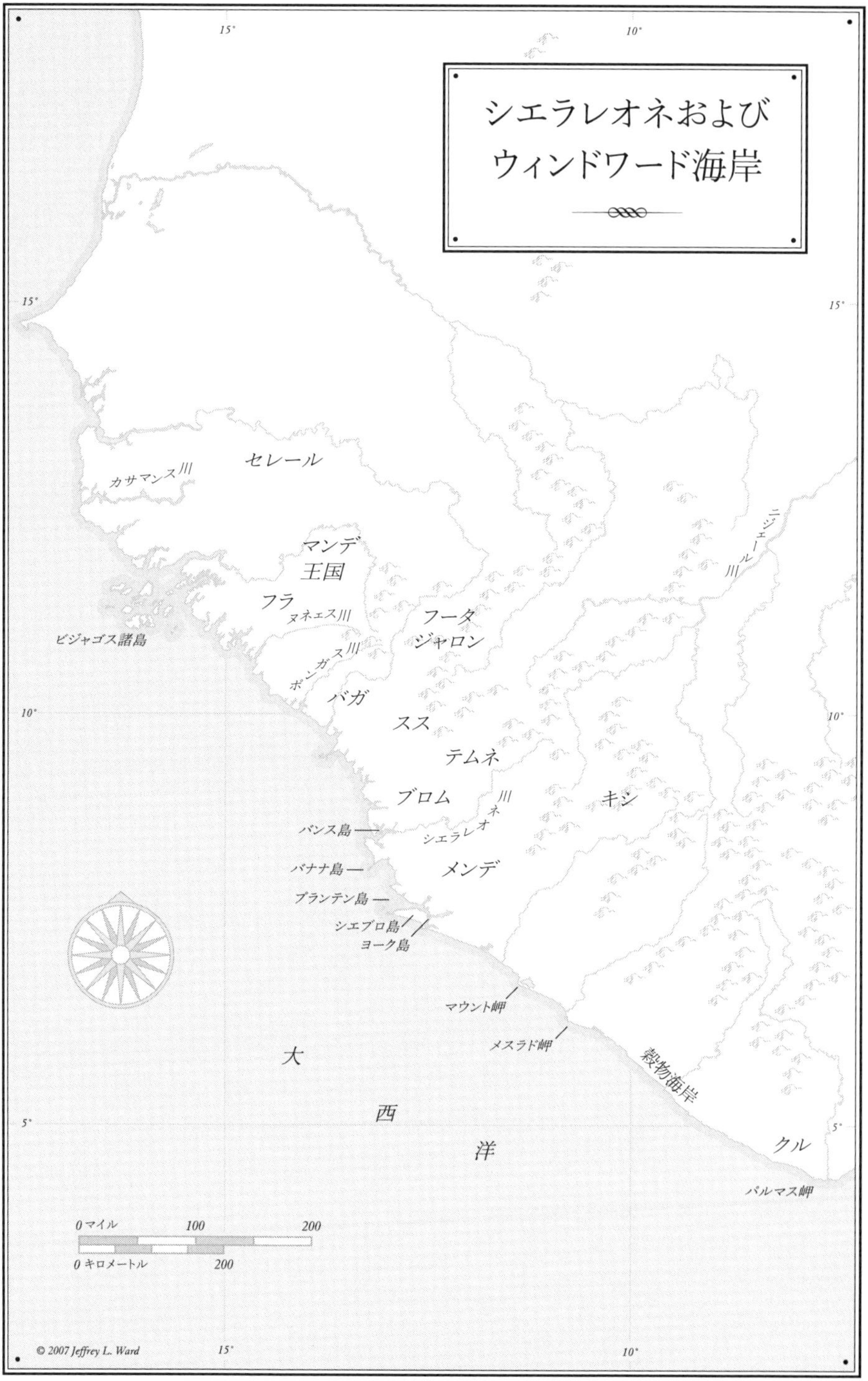
シエラレオネおよび
ウィンドワード海岸
15°
10°
セレール
カサマンス川
マンデ王国
フラ
ヌネエス川
フータジャロン
ビジャゴス諸島
ポンガス川
バガ
スス
テムネ
ブロム
シエラレオネ川
キシ
ニジェール川
バンス島
バナナ島
プランテン島
シエブロ島
ヨーク島
メンデ
マウント岬
メスラド岬
穀物海岸
大西洋
クル
パルマス岬
5°
0 マイル 100 200
0 キロメートル 200
© 2007 Jeffrey L. Ward

く分けると、地域ごとに、それぞれ穀物海岸、象牙海岸、胡椒海岸という名称で呼ばれていた。カサマンス川から、熱帯雨林に沿って黄金海岸の端のアシニ港まで伸びる地帯には、ほとんど良港はない。現在の地図でいえば、ギニア・ビサウ、ギニア、シエラレオネ、リベリア、そして象牙海岸までの地域である。この地域での十八世紀の交易は、ギニアの他の地域よりバラエティーに富んでおり、奴隷のみならず、コラの実、蜜蠟、カムウッド、黄金、メレゲッタ胡椒、高品質の象牙なども取引されていた。奴隷船の船長たちはまた、中間航路のための食料とする米などを買いつけるのに、ここでかなりの時間を過ごした。

この地域は、西アフリカにおいても、民族分布がもっとも複雑な地域のひとつであった。大きな国家はほとんどなく、様々な小規模国家と文化集団から成り立っており、中にはイスラムに改宗しているものもあったが、ほとんどは未改宗のままだった。人口の大半は、階級分化のない平等な小さな共同体で、農民、漁民、あるいは猟師として暮らしていた。地域によっては、女性が特別の力を持っていたようで、サンデやブンドゥという秘密結社に参加する場合さえあった。このように政治的な中央集権化が進んでいなかったため、ヘンリー・タッカーのような商人が海岸地方で一大勢力となり、生産を組織し、後背地と取引を行い、富と権力とを築くことも可能だったのである。

海岸沿いには、バガ、ブロム、そしてクルといった、様々な小さな集団が住んでおり、一方内陸部には、スス、テムネ、メンデなどの比較的大きな集団、さらにイスラム化が進みつつあったフルベやジャロンケがいた。内陸部にも数多くの小集団が存在し、ゴラやキシ（両者とも文化的にはメンデに近いと言われている）、イバウやリンバなど、何十という数に上る。十六世紀末から十七世紀はじめのマネ戦争時には、マンデが小規模グループの人間を奴隷としたが、彼ら自身も後に、ススやフルベに征服された。フータ・ジャロン山地のイスラム神権国家は、土着宗教グループへの襲撃を行い、捕囚たちを北ではイスラム商人へ、南では海岸部の商人へと売った。それにともない、イスラム教は、セネガンビアからシエラレオネおよびウィンドワード海岸へと広がっていったのである。十八世紀、この地域全体で、ほぼ四六万人が奴隷とされ船に積まれた。この世紀の奴隷数の六・五パーセントにあたる。その八〇パーセント以上が、英国およびアメリカの奴隷船で大西洋を越えたのだった。[14]

黄金海岸

コメンダ要塞へと入ってきたジョン・ケイブズは、黄金海岸の内陸部からやってきたアフリカ人商人へ悪態をついていた。

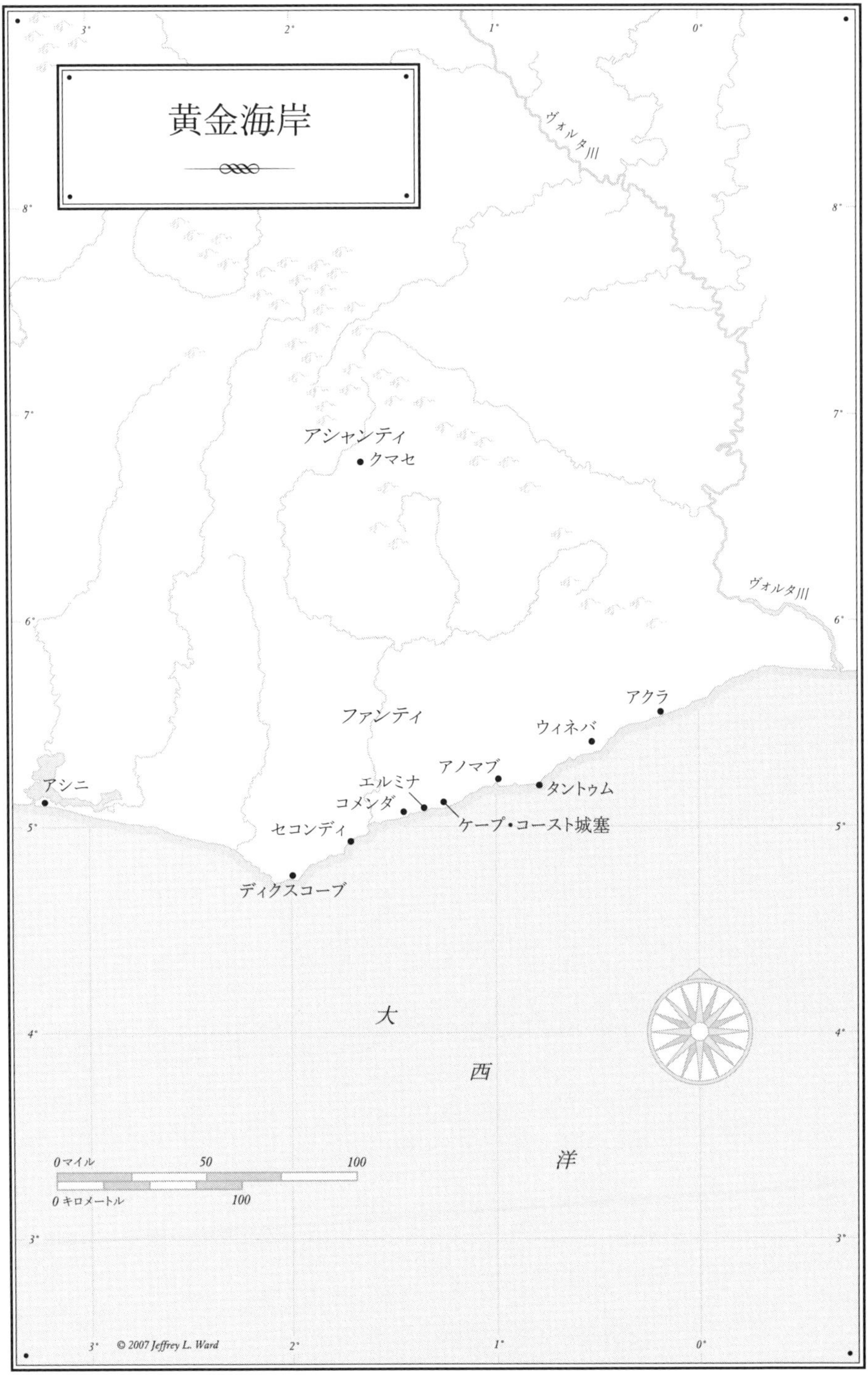
黄金海岸
ヴォルタ川
ヴォルタ川
アシャンティ
クマセ
ファンティ
アクラ
ウィネバ
アノマブ
タントゥム
エルミナ
コメンダ
ケープ・コースト城塞
アシニ
セコンディ
ディクスコーブ
大
西
洋
0マイル 50 100
0キロメートル 100
3° 2° 1° 0°
8° 7° 6° 5° 4° 3°
© 2007 Jeffrey L. Ward

馬鹿どもが、と彼は大声でわめいた。高く売りつけるにも程がある。普通は金四オンスのはずなのに、六オンスも要求するとはどういうつもりなのか。ケイブズがこのきびしい取引をしたのは一七一四年のことである。一六八三年来、エグオフォあるいはグランド・コマニーといったアフリカの国家と、ヨーロッパの奴隷商人との仲介業者として、おなじような取引を続けていた。イギリス、オランダ、フランスが、交互に彼にすりより、また彼を誹謗した。ケイブズなしでは、「何も進まない」と、あるイギリス人商人は言っている。オランダ人商人によれば、彼は「裏切り者、とんでもない臆病者」である。ケイブズに期待したフランスの仲買人は、「高い報酬を」約束したと記している。ケイブズは主にイギリスを相手に、長年にわたって王立アフリカ会社と雇用契約を結んでいたが、会社に仕える立場にいたわけではない。それが当時のやり方で、ケイブズは抜け目のない独立業者として活動していたのである。王立アフリカ会社の代理人三人を、無能だといって、クビにしたりもしている。「彼を失えば、ここで我々が利益をあげることもできなくなります。」会社の職員のひとりは、一五マイル先のケープ・コースト城塞のお偉方にそう書き送った。コメンダ要塞を「実際に作った」労働力、その威容堂々たる帝国の建築物のための石を切り出し、木を伐採した人々を組織したのは彼だったのである。また近隣のヴレデンバーグ要塞に陣取っていたオランダ勢は、この要塞の建設に反対していたが、それに対してケイブズは武装使節を数度にわたって派遣して、同意を促した。やがて彼は、コメンダ要塞のまわりにかなりの規模の町を築いた。しかし、なんといっても重要だったのは、彼の奴隷取引であった。何千という奴隷が、コメンダ要塞の門を通って、次から次に奴隷船へと吸い込まれていった。一七二二年に亡くなる頃には、ケイブズは自分自身の主権を有する領主、自分自身の「スツール」を持つ、商人にして王という存在となっていた。「スツール」はアカンの人々における、政治権力の最高シンボルであった[15]。

黄金海岸の人々とヨーロッパ人との交易の歴史は古く、もともとはその名のとおり、きらめく貴金属の取引からはじまった。金の貿易は欲望を掻きたて、巨大な要塞の建設を促した。最初の要塞、エルミナは、自分たちが集めた金を、オランダ、フランス、イギリスの競争相手から守るため、一四八二年にポルトガル人によって建設された。それに続いて、ヨーロッパの海洋強国が、ケイブズのような人間の力を借りながら、次々に自分たちの要塞を建設したり、他国の要塞を乗っ取ったりしていくようになった。五〇〇マイルにわたるこの海岸線は、西はアシニ港から、東はヴォルタ川まで、つまり現在の象牙海岸の東側からほとんどガーナ全域にわたる地域にまで伸びていた。

イギリス人たちは、ディクスコーブ、セコンディ、コメンダ、アノマブ、アクラ、そしてタントゥムで要塞や交易所を運営しており、その中枢がケープ・コースト城塞であった。このような場所から、奴隷商人たちは、捕囚たち――黒い黄金――を奴隷船の下甲板へと送り込んだのだ。要塞が建設されるにつれ、「アビレンポン」、つまりケイブズやジョン・コニーのような「大物」を長とする小規模国家が形成された。一七〇〇年の黄金海岸の住人の多くは、アカンという大きな文化集団に属していた（他にはグアン、エッィ、そしてガなどがいた）。アカンは、その内部で、さらに相互に競争関係にある、デンキーラやアクワムといった国家に分かれ、時には国家どうしが対立することもあった。十八世紀のはじめ、その中から、アキムがヨーロッパの銃火器を使って海岸線の覇権を掌握するようになる。新たなエリートたちは、「アウラファム」、つまり「火の使い手」と呼ばれた。政治権力は、銃の樽から生まれたのだった。

この地域で一番の勢力を誇っていたのはアシャンティで、一六八〇年以降に興隆し、西アフリカのなかでも有数の、階級構造を備えた中央集権国家となった。地域の「大物」の同盟を作りあげたのはオセイ・トゥトゥで、アシャンティへネとしての中央権力のもとに、徐々に様々な文化集団を統一していった。アシャンティへネとは至高の指導者を意味し、黄金のスツール、すなわちシカ・ドゥワが、その権力の象徴であった。新たなアシャンティの支配者たちは、一七一七年までには海岸部の小規模国家を権力下に収め（アクラとアダングメの降伏は一七四二年である）、北へと勢力を広げ、小規模集団を征服していった。そして手に入れた奴隷を、北はハウサの商人へ、南は海岸で待っている奴隷船へと送ったのだった。アシャンティの名は、「戦いのゆえに」という意味をもつ、オサ・ニットが語源で、彼らはその名のとおり戦いに長けていた。「ほんものの」アシャンティは、奴隷に売られることなどない、と言われたものであった。強力なアシャンティ軍は、一七八〇年の時点で、兵力八万、その半分がマスケット銃兵だった。彼らが十八世紀を通して行った奴隷貿易は、貿易そのものが目的だったのではなく、戦争と国家建設の結果の産物といえる。とはいえ、奴隷の捕獲は、金の採掘よりずっと大きな利益をあげるようになり、アシャンティは、独立国家でありながら、奴隷貿易において、ヨーロッパ人にとって最も頼りになる取引相手にして、貴重な協力者となったのである。[16]

もうひとつの大きな勢力がファンティで、アシャンティに対抗するために形成された、十九の独立国家の連邦であった。当時、ファンティは英国と協定を結んでいたが、他国の奴隷船との取引も続けていた。ファンティの奴隷貿易への貢献は多岐にわたり、内陸部の人間を売ることもあれば、奴隷船上での賃労働に自分たちの中から労働力を提供することもあった。母系の一族から構成されるファンティは、どの共同体も非常に盛んな交易圏に位置しながら、恐るべき軍事の才を使ってそれぞれの自治を守った。彼らは中間業者として活動し、内陸のアシャンティと海岸部のイギリス人をつなぐ役割を果たしていた。彼らは、奴隷貿易廃止の年、一八〇八年にアシャンティに征服されるまで独立を維持した。十八世紀を通じ、黄金海岸は一〇〇万人以上の奴隷を送りだした。これは西アフリカ全体の一五パーセントに当たる。そのほぼ三分の二を英国およびアメリカの船が運んだのだった。(17)

ベニン湾

フォルモサ川河口のある漁村、一七六三年のある日のことである。いつも活気にあふれている村が、その日は不気味に静まりかえっていた。遠方から小さなカヌーでやってきた三人連れは、自分たちが危険に曝されていることを知らなかった。ベニン湾の沖に泊まっている大きな船、ブリガンティン船を見て、何だろうかと不思議に思ったかもしれない。まわりには十隻の戦闘用カヌーが控えていた。その船《ブリトン》は、三人連れよりはるかに遠いところからやってきていた。リヴァプールの貿易商、ジョン・ウェルチ（あるいはウェルシュ）とエドワード・パー所有の船で、ウィリアム・バッグショーが船長を務めていた。戦闘用カヌーの中には、六門から八門の旋回砲（小口径砲）を装備できるほど大きなものもあり、持ち主は、川の上流から来た、レマ・レマ船長という名の男、奴隷を商う「いわゆる海賊提督」である。川の下流の住民は、レマ・レマのことを「盗賊あるいは人さらい」と考えていた。誰もが、「彼の戦闘用カヌーの影が見えると、縮みあがり、外に出ようとしなかった」。彼はヨーロッパの奴隷船に奴隷を供給する重要人物であった。だからこそ、バッグショー船長は、十日間にもわたって、この男を、食事と酒で歓待し、ダシー、つまり贈り物を供して、もっと奴隷を連れて来させようとしたのだった。

レマ・レマは奴隷船の主甲板から、カヌーを漕ぐ旅人の姿を捉え、手下のカヌーの男たちに、彼らを捕まえて来いと命じた。男たちは、手際よく河口へとカヌーを進め、三人――年老いた男性一人、若い男性と女性と一人ずつ――を捕らえて、船へとひったて、バッグショー船長に売ろうと差し出した。船長は、若い二人は買ったが、年寄りはいらないと拒否した。レマ・レマは、老人をカヌーの手下の一人に戻して、命令を与えた。「ボートの腰掛け梁に頭を乗せて、切り落としてしまえ。」そうして、頭も体も、ボートから投げ捨てら

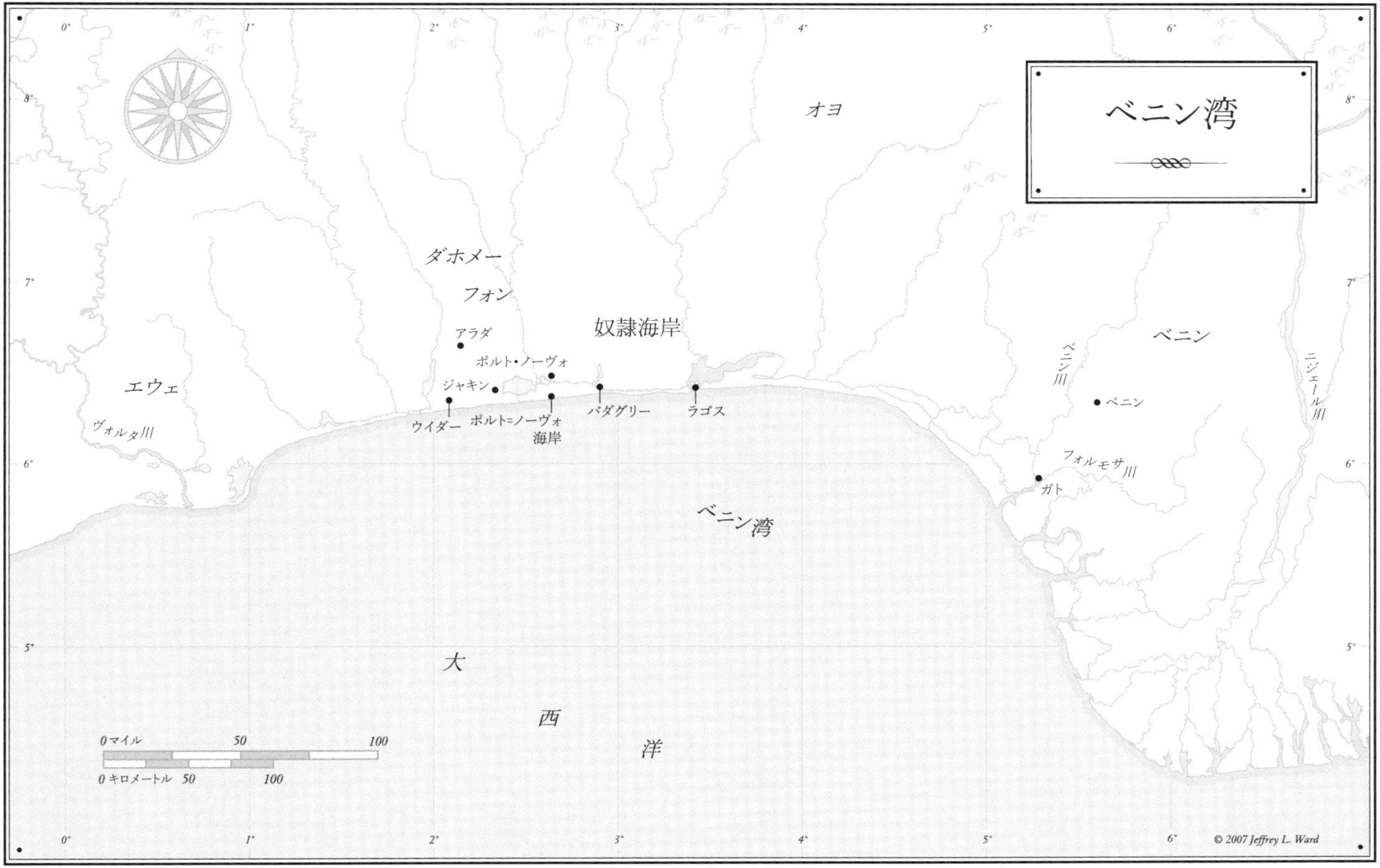
ベニン湾
オヨ
ダホメー
フォン
アラダ
ポルト・ノーヴォ
ジャキン
エウェ
ヴォルタ川
ウイダー
ポルト=ノーヴォ
海岸
奴隷海岸
バダグリー
ラゴス
ベニン
ベニン川
ベニン
ニジェール川
フォルモサ川
ガト
ベニン湾
大
西
洋
0マイル 50 100
0キロメートル 50 100
© 2007 Jeffrey L. Ward

れた。老人の子どもたちは、バッグショー船長によって、ヴァージニア植民地のラパハノックへと運ばれた。[18]

ヴォルタ川とベニン川の間(現在のトーゴ、ベニン、そしてナイジェリアの南西部にあたる)に広がる、ベニン湾一帯では、十八世紀、奴隷貿易がさかんに行われ、激動の歴史が刻まれた。前世紀のベニンは、最初にヨーロッパからの武器が大量に持ち込まれた、王国の一つであった。しかしアシャンティとは異なり、ベニンの人々は武器を活用するだけの組織力を有しておらず、王国は間もなく衰退の途を辿る。かつて繁栄した海岸地域は、人口が減少し、土地も耕作されず放置された。ベニンは、進貢関係にある様々な小国家や集団の集合体に留まり、レマ・レマ船長のような人物によって、奴隷船と結びつけられることになったのであった。

この地域の主な文化グループは次のとおりである。西にはエウェ、これは百以上の、小さな、自給自足的な村集団から成っていた。中央(内陸部)にはフォンが、そして東の内陸部には、他よりは強力な多数のヨルバがいて、彼らはオヨという一大帝国を形成していた。十八世紀初頭の、主要な奴隷貿易港は、ウイダー、ジェイキン、そしてアラーダ港であった。これらはそれぞれに独立を維持していたが、一七二〇年代、三〇年代にフォンに征服されて、ダホメーに組み入れられた。その後、ダホメー王、アガジャが、仲買人を廃し、彼とその後継者たちは、強力で、比較的効率のよい中央集権国家を築き、組織的に奴隷狩りを行い、法的なプロセスは省略して、奴隷船に直接奴隷を供給した。だが、遠く離れた内陸部からの取引であったため、長い目でみれば供給できる奴隷の数は限られたものであった。ダホメーは、女性兵士の部隊で名高い、常備軍を擁していた。しかし、そのダホメーも、一七三〇年代には(一七四七年からは定期的に)、より強力な隣国のオヨに進貢するようになる。オヨは、馬と騎兵によるサヴァンナの支配を基盤に、奥地で強大な軍事力を誇っていた。ヨルバは、古くより、サハラを縦断する奴隷貿易の南北キャラヴァン・ルートとつながっており、一七七〇年までには、ポルト=ノーヴォ、バダグリーの港の支配権を確立し、十八世紀後半には、ラゴスをも支配した。しかし、一七九〇年代になると、帝国は衰退しはじめ、それに伴ってそれぞれの港への奴隷の供給も減少した。ベニン湾は、十八世紀全体では、ほぼ一四〇万人、貿易総数の五分の一近くを輸出している。しかし、イギリス、アメリカの奴隷船が運んだのは、総数の一五パーセントに過ぎない。英国船や米国船は、さらに東のほうの港に行くようになっていたのである。[19]

ビアフラ湾

十八世紀末、ビアフラ湾のオールド・カラバーを本拠地とするアンテラ・デュークというエフィクの大物商人がいた。住んでいたのは、カラバー川河口から二〇マイルの、デューク・タウンである。大きな成功を収めたデュークは、その土地のエクペ（豹）結社の一員となった。結社は、奴隷貿易をはじめとして、町の運営一般に絶大な力をふるっていた。彼は、自身が「芝居」と呼んでいた、音楽、歌、踊りから成る共同体の行事に参加した。葬儀を取り仕切ることもあったが、彼のような身分の高い人物の葬儀では、奴隷の供え物の儀式がつきもので、奴隷たちは斬首され、主人の冥土への旅の供とされるのであった。また、「小競り合い」や「大騒ぎ」、つまり小さな揉め事や、大きな諍いの仲裁も彼の仕事であった。エドワード・アスピナルという奴隷船の船長の葬儀の世話をしたこともあり、「盛大な儀式とともに」船長を送ったという。自宅では、次から次に奴隷船の船長をもてなした。時には五、六名が同時に招かれることもあり、宴会は、「ミンボ」（椰子酒）を飲みながら、夜半まで続いた。船長たちは、返礼として、船の大工や建具屋を彼の屋敷に行かせて、仕事をさせた。[20]

　アンテラ・デュークはセブン・ファソムズ・ポイントの大砲が轟くのを聞いていた。それは奴隷船か、その艀船かが、交易のために川上へと出かけてくる合図であった。ある「晴れた朝」と、彼は日記に記している。「川には九隻の船がいた。」彼と他数名のエフィクの商人たちは、「白人の服に身を包み」、いつものように船に乗り込み、茶を飲みながら、取引を行った。関税とダーシーを取り、掛売りや「信用貸し」の交渉をし、抵当物・人質を渡したり、身請けしたりした。鉄棒、銅、そして火薬などを買い、中間航路の食料となるヤム芋を売った。もちろん奴隷も売ったし、時には自ら捕獲することもあった。「我々と、トム・アッカ、そしてジョン・アッカは捕獲団に加わった。」また、バカシーのある商人への昔の恨みを晴らすのに、商人本人と彼の二人の奴隷を捕まえて、自分で奴隷船へと連れていったこともある、と、得意そうに日記に書き記している。さらには、遠い地域の商人から奴隷を買いもした。日記をつけていた三年の間（一七八五—八八）に、二十隻の船が港から出て行った。いずれも彼が「奴隷」の供給を手伝った船で、リヴァプール船籍であった。七千人もの、男性、女性、そして子どもが新世界のプランテーションへと運ばれた。一七八五年六月二十七日、日記には典型的な例が記録されている。「テイタム船長、三九五名の奴隷を積んで出発。[21]」

　ビアフラ湾は、ベニン川から、ニジェール川デルタを越えて、クロス川へ、そしてさらに西へと続くマングローブ湿原の海岸線に沿って伸びている。アンテラ・デュークのような商人の存在もあり、そこは十八世紀末には、イギリスやアメリカの商人にとって重要な奴隷供給源となっていた。実のところ、もっとも重要な供給地の一つだったのである。現在の地図では、ナイジェリア東部とカメルーン西部にあたる地域であるが、当時は広い地域にまたがる国家は存在していなかった。奴隷の輸送を担ったのは、三つの大きな都市国家、ニュー・カラバー（エレム・カラバリとも呼ばれていた）、ボニー、そしてデュークが属していたオールド・カラバーである。三者は互いに競争関係にあって、戦いを交えることもあり、また各々はいくつもの「カヌー・ハウス」集団から成っていた。最初の二つは、ある種の「君主制」をとっており、三つ目は共和国に近く、始祖のエフィク家系統の人々がエクペ結社を使い、外部の人間や奴隷を、擬似的な拡大血縁関係と労働のシステムに統合するというかたちをとっていた。（デュークのような「父親」によって、「娘」や「息子」として集団に組み込まれていくのである。）カヌー・ハウスの長は、ヨーロッパ商人との取引により、富と権力を増大させていった。そのような接触のなかで、彼らは、西アフリカのどの地域の人々にもまして、ヨーロッパの生活様式——特に衣服や文化——に強く影響されていた。デュークのような商人は、黄金のレースのついた帽子をかぶり、チョッキに半ズボンという出で立ちで奴隷船を訪れ、英語を話し、悪態をつきまくり、そして一日の仕事が終わるとヨーロッパ式の家に帰宅するのであった。[22]

ビアフラ湾の主要な文化グループは、アンドーニ港周辺を牛耳っていたイビビオ、人口が多く、広い地域に分散していたイボであった。イボは広い地理的文化圏を有し、奴隷の大部分がこの文化圏の出身である。他の有力な集団としては、イガラ（北部内陸部）、イジョ（西の海岸沿い）、そしてオゴニ（クロス川デルタの周辺）が挙げられる。この地域の人々の社会組織の基本は、自立的な村であった。いくらかの階級分化はあったものの、通常、地域の有力者同士の関係は平等なものだった。奴隷制もなかったわけではないが、かなり緩やかで、限定的なものだった。庶民のほとんどがヤム芋の耕作に従事していた。イボの生活様式を上手く表すとしたら、そのひとつは、「村の民主主義」という言葉に集約されるだろう。

ビアフラ湾岸の広大な土地は、沿岸部はもちろん、内陸へ数百マイルのあたりまで、かなりの人口密集地域であった。特にイボは、十七世紀にヤム芋の栽培効率が上がったこともあり、爆発的に人口が増加した。沿岸部および川の流域に暮らす人々は、漁業中心の場合が多かった。内陸部まで広く深い川が通っているため、カヌーが、交通、通商、奴隷の輸送の中心となった。主に奴隷が捕獲されたのは、ニジェール、ベヌエ、クロス川の流域であるが、カメルーン高地から西に連れてこられるケースもあった。この地域では通常大きな戦争は起こらなかったので、奴隷の大部分は、小規模な襲撃に

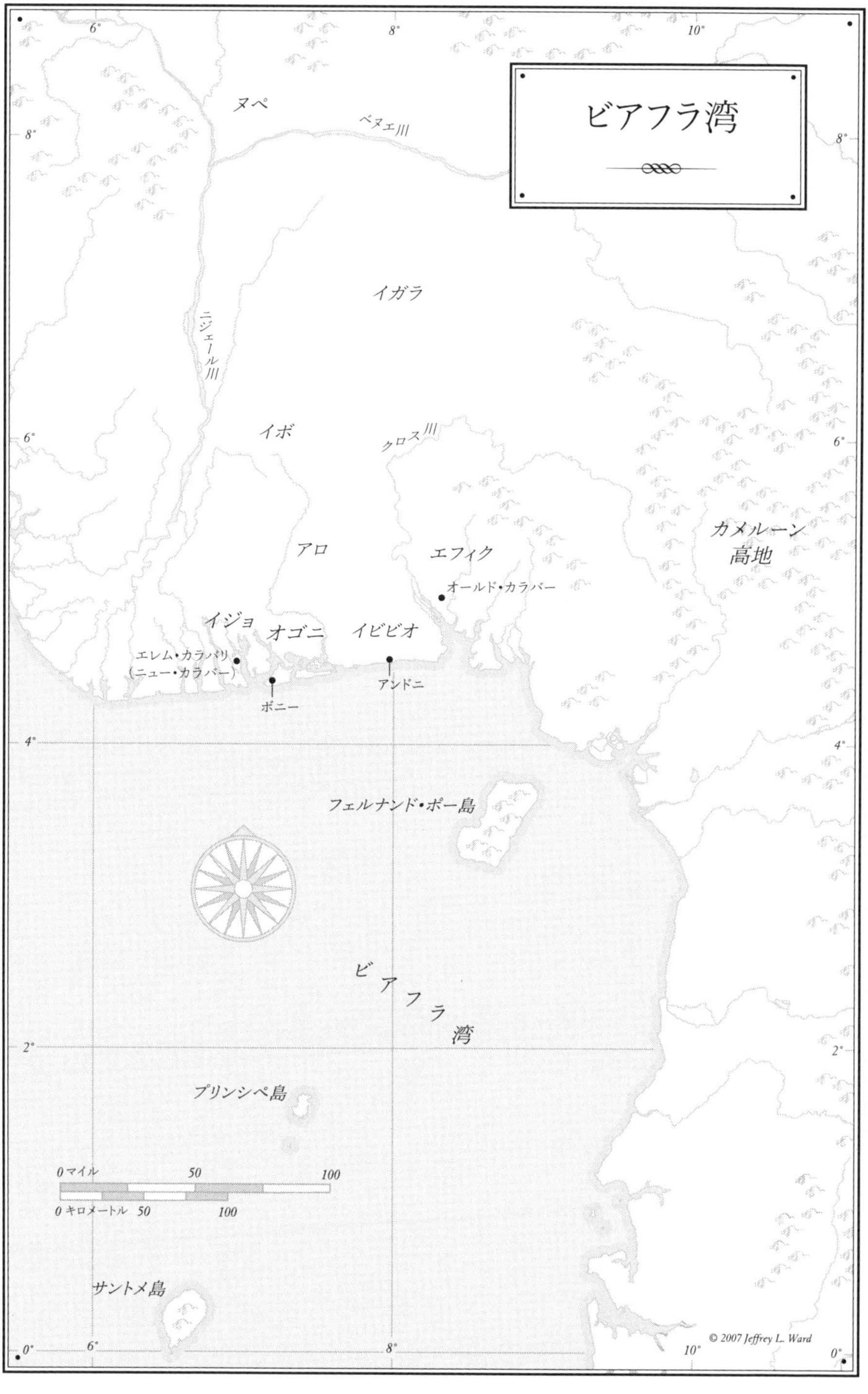
ビアフラ湾
ヌペ
ベヌエ川
イガラ
ニジェール川
イボ
クロス川
カメルーン
高地
アロ
エフィク
オールド・カラバー
イジョ
オゴニ
イビビオ
エレム・カラバリ
（ニュー・カラバー）
アンドニ
ボニー
フェルナンド・ポー島
ビアフラ湾
プリンシペ島
0 マイル 50 100
0 キロメートル 50 100
サントメ島
© 2007 Jeffrey L. Ward
6°
8°
10°
4°
2°
0°

よって捕らえられた。十八世紀半ばになると、比較的新しい文化グループ、アロが、奴隷狩りと内地輸送を担うようになった。彼らは、ヨーロッパの武器やその他の製品を入手してそれを利用し、カヌー・ハウスと内陸部をつなぐ交易のネットワークを作りあげたのである。十八世紀、特に一七三〇年代以降、ビアフラ湾の商人たちは、一〇〇万人以上を輸出した。その大半がイボの人々で、全体の八六パーセントがイギリスあるいはアメリカの船で運ばれた。一七三〇年から七〇年まではヴァージニアに送られた者も多かったが、大多数は英国領西インド諸島へと連れていかれたのだった。[23]

西中央アフリカ

ボバンギ自身が語るルーツについての物語によれば、彼らはもともと漁撈の民で、西中央アフリカのコンゴ地域、ウバンギ川沿いの他の民族集団から枝分かれしたのだという。やがて少し標高のある地域に住むようになり、農業も始め（プランテンや、特にキャッサバ芋）、限定的ながら手工業も営んだ。また、自分たちの地元およびその周辺地域で、河川を利用した交易に従事するようにもなった。しかし、十八世紀までは、漁業が暮らしの基本であることに変わりはなかった。ボバンギが奴隷貿易に参入したのは十八世紀になってからのことである。彼らは、捕獲した奴隷を、南西のマレボ湖までカヌーで輸送した。そこは、海岸部との取引のための重要な中継点であった。海岸には、腹を空かせた獣のような奴隷船が、錨を下ろしていた。ボバンギは、自分たちが商った奴隷を二種類に分けていた。「モンタンバ」は自分の属する集団から売られた奴隷で、犯罪の刑罰として売られるのが常であったが、飢饉や経済的困窮が理由で売られる場合もあった。二番目のカテゴリーは「モンタンジェ」で、十八世紀も時が経つにつれて、こちらのほうがずっと数が多くなったと思われるが、正式な戦争、襲撃、あるいは拉致の三つの、いずれかによって奴隷となった人々である。奴隷の値段が上がるにつれ、ボバンギの商人はさらに多くの捕囚を集め、いくつかの地上ルートでロアンゴ、ボマ、そしてアンブリッツといった海岸へと行進させた。こういった仲介商人は、地域の有力者となり、十八世紀にロアンゴで取引された奴隷の一定の数を供給することとなった。そして、ウバンギ川とその無数の支流においては、ボバンギ語が共通語となったのである。[24]

西中央アフリカは、海岸に沿って広がる広大な地域で、主な奴隷の供給地域はコンゴとアンゴラの二カ所、数百にのぼる文化グループが存在していた。十八世紀を通して、交易における重要地域のひとつとなり、一七九〇年代には最も重要な場所となっていた。一二〇〇マイルにわたる海岸線には、ますます頻繁に奴隷船が行き来した。その海岸線は、フェル

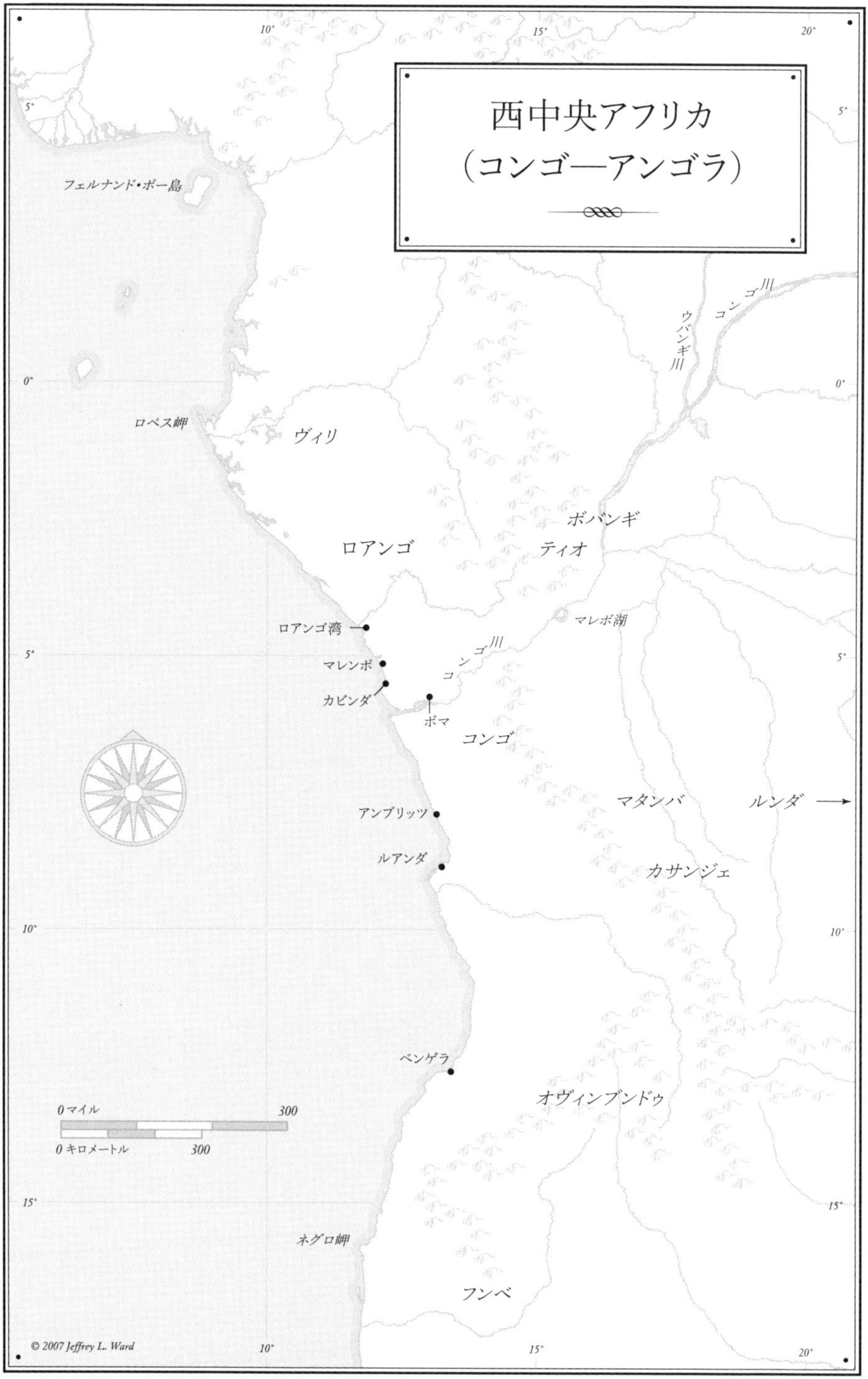
西中央アフリカ
（コンゴ―アンゴラ）
フェルナンド・ポー島
ロペス岬
ヴィリ
ロアンゴ
ボバンギ
ティオ
ウバンギ川
コンゴ川
ロアンゴ湾
マレンボ
カビンダ
ボマ
マレボ湖
コンゴ川
コンゴ
マタンバ
ルンダ
アンブリッツ
ルアンダ
カサンジェ
ベンゲラ
オヴィンブンドゥ
ネグロ岬
フンベ
0 マイル 300
0 キロメートル 300
© 2007 Jeffrey L. Ward

ナンド・ポー島から始まり、南はベンゲラとネグロ岬まで続いている。現在の地図でいえば、カメルーンから、南は赤道ギニア、ガボン、コンゴ共和国へと伸び、アンゴラの大部分を含む一帯である。歴史的には、海岸部も内陸部も、ポルトガルの植民地化を受け、その影響が強い。十七世紀には、コンゴ王国において大規模なキリスト教への改宗が起こった。コンゴ王国は奴隷貿易の主要取引先のひとつだった。十八世紀半ばには、イギリス、アメリカの商人たちが内陸へと進出し、成功を収めた。

この地域で奴隷獲得が盛んになった最大の要因は、アンゴラ内陸部におけるルンダ帝国の拡大であった。奴隷とされた者のほとんどは、正式な戦争にしろ、急襲にしろ、征服戦争の結果捕らえられた人々である。またかなりの数が、ルンダが支配する集団や国によって、貢ぎ物として差し出された。ルンダはきわめて効率のよい管理運営システムを展開し、カサンジェやマタンバといった中規模の仲介国家を使うことで、海岸の奴隷船まで捕獲した人々を円滑に運べるようにした。西中央アフリカ内陸部における人間の取引において、ボバンギの他に活躍したのに、ヴィリの商人たちがおり、彼らは十七世紀に北部内陸部とコンゴの海岸部との間のルートを作った。フンベやオヴィンブンドゥなどの南部の国も、大規模かつ高い利潤が見込める取引では、仲介者としての役割を果たした。

西中央アフリカという地域は、きわめて多様な文化を持つ場所であった。使用言語も数十に上ったが、すべてバントゥー語起源のものであったため、ディアスポラとなった人々にとっては意思疎通の土台となったであろう。政治形態はといえば、小さな自立的村落共同体から、大きな王国まで、これもまた実に様々だった。とくに重要だったのは、コンゴ、ロアンゴ、ティオ、そしてルアンダに築かれたポルトガルの植民地国家であった。奴隷となる可能性が最も高かった庶民の暮らしぶりも、それぞれの環境によって異なっていた。海岸地域、河川の流域、そして湖沼地帯の人々は、通常漁業によってその水域から生活の糧を得ていたし、一方、森林やサヴァンナに暮らす人々は、通常女たちの仕事である農業と、男たちの狩猟との組み合わせで暮らしていた。共同体の多くは、母系を基本として構成されていた。共同体の間では、しばしば戦いがあったので、男たちは何らかの軍事経験を持つ者が多かった。奴隷貿易の触手があちこちに伸びてくるにつれ、多くの共同体で内部の階層化が進み、「クム」と呼ばれる有力者たちが生まれ、交易が促進された。この地域の主要な港を、北から南へと挙げると、ロアンゴ、カビンダ、アンブリッツ、ルアンダ、そしてベンゲラとなるが、最後のベンゲラはポルトガルが奴隷貿易のためにつくった港である。一七〇〇年から一八〇七年の間に、商人たちはロアンゴから一〇〇万の人間を送りだした。一七五〇年代以降は、モレンボやカビンダといった、コンゴ河口域からの数も増加した。十八世紀だけでも、二七〇万人の奴隷が運ばれた。これは世紀全体の三八パーセントを占め、西中央アフリカは、他の地域をぐんと引き離して、奴隷貿易における最重要の地域となったのである。[25]

捕囚たちの肖像

六つの主要奴隷供給地の実態をまとめてみて分かるのは、奴隷船に乗せられてしまった人々の多くは、戦争の結果囚われの身となったということである。特に、ある集団、たとえばフォンやアシャンティなどが、近隣地域に政治的支配を拡大していった大きな歴史的変化が起こった時期には、この傾向が顕著だ。「恒久戦争」とも呼ばれた、小さな集団間での戦いもまた、大きな奴隷供給源となった。しかし、ゴラとイバウの紛争のような戦いには、当事者独自の地理的政治的な物事の道筋と理由とがあり、常に奴隷貿易の影響で戦いが起こっていたわけではないのである。奴隷商人にして、歴史家でもあったロバート・ノリスが記しているごとく、アフリカではヨーロッパ人の到着のはるか昔から、常に戦いはあり、紛争を引き起こす理由は、時代や場所を超えたおなじみのものであった。すなわち、「野望、強欲、恨み、などなど」である。西アフリカにおける最大の奴隷供給源が、戦いであること、それについては、奴隷貿易の推進派も反対派も見解が一致しているのである。[26]

しかし、戦争の原因については両者の見解は激しく対立している。貿易推進派の大半は、「戦争」がいかなるものかについては、アフリカ人商人の説明をそのまま受け入れていた。しかしながら、「戦争」という言葉でくくられるその実態が、実に多様であったことは否めない。一七八四年、あるリヴァプールの商人は、「略奪行為も……戦争という名で呼ばれる！」と、驚愕している。人間の取引の熱心な擁護派、ジョン・マシューズによれば、シエラレオネにおいては、どんな「小さな諍い」でも戦争と呼ばれていたという。また、船医のジョン・アトキンズは、西アフリカにおいては、戦争というのは「内陸部の、無防備な人々への略奪行為」の別名であると記している。貿易反対派は、さらに踏み込んで、「戦争」とは「略奪目的の遠征」にすぎないと言い、それを裏付ける証拠も見つけた。イギリス人水夫のアイザック・パーカーという人物が、一七六〇年代に、オールド・カラバーのニュー・タウンを出発地とする、そのような略奪目的の襲撃に参加していたのである。貿易廃止派は、戦争というのは、たいていが単なる拉致行為であると主張した。なぜなら、海岸に奴隷船が現れると「戦争」が始まることが多かったのである。船の到着とともに現地の商人たちは（奴隷船の船長、そして銃の助けを借りて）、戦団（通常はカヌー）を仕立て、戦争を仕掛け、奴隷を集めるために内陸へと向かったのだった。そして奴隷たちは、最初にその遠征費用を提供した奴隷船の船長に売られるのである。奴隷狩り部隊の一員だったあるアフリカ人の言葉どおり、「奴隷船来なけりゃ、奴隷採りいかないよ、旦那さん」というわけだ。戦争という単語は、組織的な拉致に対する婉曲表現だったのである。[27]

戦争に次ぐ奴隷の供給源は、アフリカ社会の司法システムであった。殺人をはじめ、窃盗、姦通、魔術使い、そして借金などの罪で有罪となった人々は、刑罰として奴隷とされたのである。そしてアフリカ人商人に売られたり、直接奴隷船の船長に引き渡されたりしたのだった。これは、イングランドの罪人を、一七七六年まではアメリカの植民地に、一七八六年以降はオーストラリアのボタニー湾に送っていたのと似ていなくもない。しかし、アフリカ人も（貿易廃止派の）ヨーロッパ人も多くが、西アフリカにおける司法システムは腐敗しており、交易のための人数をできるだけ増やすために、何千という数の人々が無実の罪に問われ、刑に処されたと考えていた。王立アフリカ会社の役人、フランシス・ムアの記録によれば、一七三〇年代にガンビア地域で何らかの犯罪で有罪とされた人々は、「どんな犯罪であろうが、その刑罰として奴隷とされた」という。またウォルター・ロドニーは、上ギニア海岸では、その地域の支配集団によって、法律は「奴隷貿易の補佐役」と化していたとみている。[28]

三番目の供給源は、内陸の取引所や市場での奴隷売買であった。こういった交易所は、海岸からは離れていたが、往々にして北、東、そして西へと伸びるイスラムの奴隷貿易ルートと結びついていた。特に、セネガンビア、黄金海岸、そしてベニン湾では、こういった奴隷売買が一般的であった（奴隷とされた人々の大半は自由の身であったのが、内陸部で捕まり奴隷とされたのである）。一七八〇年代になると、ニュー・カラバー、ボニー、そしてオールド・カラバーで売られた奴隷の多くは、何百マイルも内陸で買われていたという。また、さらなる内陸部を捕獲地域としていた港もあった。奴隷船の船長は、自分が買った奴隷たちは、戦争や司法の裁きによって奴隷になったと見なしていたものの、実のところは、自分の「積み荷」がどのように奴隷となったかは知らなかったし、また知ろうともしなかった。一七八八年から一七九一年にかけての国会公聴会では、自分たちはそんなことを考える立場にはなかったという証言が相次いだ。[29]

十七世紀の間は、捕囚の大半が連れてこられたのは、海岸から五〇マイル以内の地域だったようである。しかし、十八世紀はじめ、特にヨーロッパでの奴隷貿易の規制緩和後（個人の貿易商が、特許状をもった会社を凌ぐようになってから）は、貿易も捕獲地域も拡大し、場合によっては、内陸数百マイルにまで及ぶようになった。海岸地域で捕らえられたのは全奴隷数の十分の一から三分の一、残りは内陸部で捕獲されたというのが、大方の見方である。ジョン・アトキンズが、一七二〇年代はじめ頃の自分の経験を記しているところでは、奴隷の「大半」は「内陸出身」だという。海岸地域から離れれば離れるほど、「おつむ」は弱くなると、彼は見下した調子で書いている。一方、「海岸地域のニグロ」は、知恵があり、時に悪賢いのさえいる。英語を話す者も多いし、奴隷船や交易についてもよく知っているという。おそらく、沿岸部で奴隷となった者たちは、司法の裁きによる場合が多く、内陸部からの者たちは何らかの「戦争」で捕らえられたのであろう。十八世紀も終わりになると、より多くの奴隷たちが「とても離れたところ」から、「何回もの月の満ち欠け」を旅し、途中で何度も何度も売られて、沿岸部にやってくるようになった。《サンダウン》の船長は自分が一七九三年に買った五人の奴隷は、一〇〇〇マイル以上もの距離を旅して来たに違いないと述べているのである(30)。

　奴隷となった人々は、すぐさま、当然の抵抗に出た。襲撃されたり、拉致されたりして奴隷となった場合は特にそうだった。反撃を試み、逃亡し、とにかく捕獲者から逃れるためにできることは何でもした。捕らえられ、鎖につながれると、逃亡が抵抗の要であった。これに対して捕獲者たちは、武装による見張りを怠らないほか、抵抗を抑え込む様々な方法を駆使した。新たに捕獲された者たち、とりわけ男たちは、時に木の蔓、縄、鎖などで一人一人縛りあげられ、それから二人あるいは四人ずつ、首のところでつながれて、その後に同じ人数のグループと縄で結ばれるのであった。アフリカ人の捕獲者は、奴隷たちに長く重い丸太をつけることもあった。動きを制限し、疲れさせ、抵抗の芽を摘むためである。囚われつながれた人々はまた、荷役人としての労働も課せられた。食料、交易品、そして時には巨大な象牙を担がされたのだった。捕囚者たちに轡《くつわ》をかませることを思いついた、賢い捕獲者グループもいた。旅の途中、奴隷たちが叫び声を上げ、彼らに同情する人々の注意をひいて、助けを求めるのを阻止するためである。ほかの抵抗としては、食事を拒んだり、協力して反乱を企てたりもした。森に逃げ込み、ある種の逃亡奴隷（マルーン）共同体を形成することさえあった。このような抵抗は、すべてそのまま奴隷船の上でも継続したし、航海が終わった後は、新世界のプランテーションの世界でも同じ抵抗が繰り広げられたのである(31)。

　奴隷となったのは圧倒的に庶民が多かった。つまり奴隷たちの大半は何らかの農業に従事していた人々で、遊牧民や狩猟採集民も若干含まれていた。より大きな共同体から連れて来られた者たちのなかには、職人、家内奴隷、賃金労働者もいた。海を越えて送られた者の三分の二は男性、それも若い男性で、その多くがかつて兵士であった。すなわち、戦闘訓練の経験がある者たちということになる。残りの三分の一が女性で、奴隷全体の四分の一が子どもだった。そして十八世紀も終盤になると、女性と子どもの占める割合は増加していった。社会的地位が高く権力を有する者が、奴隷となり、奴隷船に積まれることは極めて稀であった。アフリカの軍事エリート層においては、戦いが終わると、新たな支配者への抵抗の芽を摘むために、敵方の指導者たちは処刑するのが習わしだったからだ。また通常奴隷商人たちは、「激しい労働によく耐えそうな頑健な者たち」を好み、よい暮らしになれた（ヨブ・ベン・ソロモンのような）「高級なニグロ」は避けたということも関係している。そういう者たちは、奴隷船の環境や、奴隷としての暮らしになかなか適応できなかったのである。また若者が好まれたために、アフリカの文化において当然の指導者とみなされる年齢と知恵を重ねた者たちは、まずいなかったのだった。[32]

　狙われ、奴隷とされ、運ばれたのはこのような人々であったから、その結果、アフリカの庶民と支配集団の間には、深く決定的な亀裂が生じた。そしてこれは、ディアスポラにおける文化と政治の実践において、大きな意味を持つこととなった。不当に罪に問われ、奴隷とされた者たちは、支配者や支配システムに対する敬意を喪失していたし、ディアスポラたちの間には支配階級がいなかったので、奴隷船や新世界においては、当然のことながら、庶民がより自由に、より創造的に物事を進めることになったのである。ヒュー・クローが自分の船のイボに見て取ったように、人間関係も、様々な物事の進め方もより平等だった。「彼らを見ていると、食料が足りないときなど、肉の線維の一本一本にいたるまで分け合っているのだった。[33]」

大略奪——ルイ・アサ－アサ

奴隷を生み出す主な手立ての一つに、フランス人が「大略奪」と呼んだものがあった——計画的に、村に急襲をかけるのである。襲うのは通常真夜中だ。略奪者は家々を焼き払い、恐れおののき逃げまとう村人たちを捕まえて、枷につなぎ、海岸まで歩かせて、売るのである。この「大略奪」によって、十三歳の少年のときに奴隷になったルイ・アサ－アサという人物がいる。アサ－アサは、その恐ろしい経験と船までの旅の様子を詳細に伝えている。[34]

　アサ－アサは両親と五人の兄弟、姉妹とともに、バイクラという農村部に暮らしていた。「内陸の」大きな町、エジーに近く、海からは距離があった。彼の家族は村でそれなりの地位にあった。父は土地と馬一頭を持っていた。父親は村の「長」の一人ではなかったものの、伯父がその地位にあった。伯父は土地と多くの家畜を有し、「彼の意向で、多くの者が彼の元に参じて働くような」人物だった。父や年長の兄とともに土地を耕し、炭も作ったりしていたが、アサ－アサは一緒に働くには「まだまだ子ども」だった。奴隷となる前のアフリカの家族について、アサ－アサがいちばんよく覚えていること、それは単純かつ、胸を打つものである。「ぼくたちはみな、とても幸せだった。」(35)

しかしその幸せは、やがて炎のなかに消え去ることとなる。ある日の朝、夜明け前に、エジーに「数千」のアディンエの兵士が集結し、家々に火を放ったのだ。大混乱となり、数名が殺害され、二日の間に多くが捕らえられた。アディンエは捕らえた者たちの足を縛り、準備が整うと枷につないで、海岸へと歩かせた。到着すると、「枷ははずしたが、逃げようとした者は容赦なく撃った」。使われたのはヨーロッパの銃である。アディンエは、この道の達人で、プロの略奪者といってもよいだろう。「村をみつけては農村部を焼き払っていった。」彼らは根こそぎ奪っていった。「兄弟を、姉妹を、そして夫を、妻を奪っていった。まったくおかまいなしだった。」最初の襲撃で捕まった者のなかには、アサ－アサの「友人と親戚」十二人ほどが含まれていた。拉致された人々はみな、奴隷としてヨーロッパ人に売られた。「布や火薬」と交換された者もいれば、「塩や銃」と換えられた者もいた。時には、「ひとりにつき、四、五挺の銃が渡されることもあった」。その銃が「イギリスの銃」であることをアサ－アサは知っていたようである。(36)

アサ－アサと彼の家族は、自分たちの家に火がつけられたのを見て、走って村から逃れ、森に隠れ、ともに二日間をそこで過ごした。アディンエが去り、村に帰ってみると、「すべてが焼き払われていた」。「隣人が数人、怪我を負って倒れていた。撃たれたのだ。」アサ－アサは自分の目で「四、五人の小さな子どもの遺体が横たわっている」のも見た。「頭部を殴られて殺されたのだ。子どもたちの父親や母親は連れ去られたが、子どもは奴隷にするには小さすぎたので、殺されたのだ。他にも数人殺害されていたけれど、ぼくが自分で見たのは子どもたちだけだった。死んだ犬のように道ばたに倒れているのを見た。」

家族は雨露をしのぐために「小さな小屋」を建て、少しずつ「落ち着き」始めていた。しかしアディンエは、一週間後に戻ってきて、最初の襲撃の際に取り残した家や小屋に火を放つ。アサ－アサと彼の家族は、伯父も一緒に森へと逃げたものの、翌日には戦士たちが追ってきて、さらに森の奥深くへと入っていかざるをえなくなり、そこで「四昼夜ほど」を過ごした。食料といえば、芋が二、三個、「半飢餓状態」に陥った。まもなくアディンエに見つかってしまった。アサ－アサはその瞬間を次のように回想している。「彼らはこっちに来いと伯父を呼び、伯父が拒否すると、すぐさま彼を撃った。伯父は殺された。」残りの者たちは恐怖に駆られて走り出した。しかしいちばん年若いアサ－アサは、逃げ遅れてしまう。追っ手を逃れようと木に登るが、努力も空しく見つかり、捕まってしまった。捕獲者たちは、アサ－アサの足を縛りあげた。悲しみの回想は続く。「父、母、そして兄弟や姉妹もやつらに見つかってしまったのかどうか、僕にはわからない。僕よりずっと足が速かったから、僕が木に登ったときには、半マイルぐらい先にいた。それがみんなを見た最後だ。」アサ－アサは自分と一緒に木に登っていた男のことも覚えていた。「その人はやつらに撃たれてしまったのだと思う。それから一度も見ていないから。」

他の二十人とともに、年若いアサ－アサの海までの行進が始まった。それぞれが荷物を持たされていて、その一部は旅の間の自分たちの食料だった。奴隷となったばかりの者たちは殴られたりすることはなかったものの、かつての隣人が一人殺された、とアサ－アサは記している。その人は病気にかかってしまい、自分の荷物を運ぶだけの体力がなかったので、「剣で刺し殺されてしまったのだ」。途中で死んだのはその一人のみであった。

やがて売買がはじまり、一度売られるごとに、アサ－アサと仲間たちは奴隷船へと近づいていった。この十三歳の少年は六回売られ、時には金と、また時には布や銃と交換された。枷につながれた仲間とともに海岸に着いてからも、さらに売られ続けた。「一つの場所から、次の場所へと、ボートで連れていかれ、ある場所に泊まるごとに新たに売られるのだった。」アサ－アサが「白い人」と「彼らの大きな船」へと届けられたのは、捕まってから六カ月後のことであった。[37]

拉致——ウカウソー・グロニオソー

略奪ほど一般的ではなかったものの、奴隷を確保する方法として重要だったものとして、拉致が挙げられる。奴隷商人は、うぶで疑いを知らない者たちをこの方法で餌食にした。ヨーロッパの船員や年季奉公人たちの間では、この悪辣な仲介業者たちは「神さん」と呼ばれており、そのやり口は「神隠し」あるいは、穴開けとか拉致として知られていた。このやり口の場合、船までの旅は、ある程度の同意に基づいて始まり、それが強制へと変化していくのである。一七二五年、ウカウソー・グロニオソーという少年が経験したのは、まさにこのプロセスであった。[38]

少年を騙した商人は、はるばると内陸部までやってきた。現在のナイジェリア北東部、チャド湖に近い、ボルノの村に着くと、彼は魔法の話を語った。海の近くには、「翼のある家が……水のうえを動く」場所があるのだという。その翼の生えた水のうえの住まいには、珍しい「白い人」がいる、ともいった。まだ十代だったグロニオソーは、そんな言葉の魔法にかかってしまった。彼は六人兄弟の末っ子で、ザーラの王の孫であった。後に次のように回想している。「この奇妙な場所の話がすっかり気に入って、ぜひそこに行きたいと思った。」家族も彼を行かせることに同意した。彼は商人とともに、何千マイルも旅をしたが、いったん家族と村を離れると、商人の態度は豹変した。グロニオソーは「厭になり、不満が募り」、そして殺されるのではないかと怖れるようになった。黄金海岸に到着した少年は、もう「ひとりの友達もなく、誰かと友達になることもできない」と悟る。奴隷の身となっていたのである。

海岸地方の王は、グロニオソーはスパイだとして、処刑を申し渡した。しかし少年は言葉をつくして抗議した。「ぼくは……翼のはえた家が水のうえを走るのを見たくて、それから白い人が見たくて、やって来たのです。」王は処刑を取りやめ、グロニオソーの願いを叶えてやった。しかし、そこには恐ろしい一捻りが加えられていたのである。グロニオソーは、その翼のはえた家の一軒の主人に売られることになったのだった。フランス人船長に差し出されたものの、船長は幼すぎるからいらないと断った。次にオランダ船に連れていかれた。また断られたら今度は殺されると思い、グロニオソーは身を投げ出して、自分を引き受けてくれるように船長に懇願した。船長は彼を買ってやることにし、「チェックの布地二ヤード」と交換した。中間航路がはじまり、グロニオソーは「最初、ひどい船酔いに苦しんだ。しかし、航海に慣れていくにつれて、船酔いは消えていった」。バルバドスに着くまでは、船長によくしてもらっていたが、結局は「五〇ドル」で売られた、と彼は書いている。

奴隷船――グロニオソーのいう「翼のある家」――を初めて目にした者は、度肝を抜かれたに違いない。探検家のムンゴ・パークがそのような反応の例をひとつ記録に残している。一七九七年、彼とガイドのカルファの二人は、西アフリカ内陸部への旅を終え、ガンビア川に到達した。そこにスクーナー船が錨を降ろしていたのであった。「これはカルファがこれまで目にしたもののなかで、最も驚くべき物体だった」とパークは記している。内陸出身のアフリカ人は、船をしげしげと眺めた。「違う種類の板を組み合わせて、船体にするにはどうしているのか、繋ぎ目には何をつめて水がはいらないようにしているのか」興味津々であった。「マスト、帆、そして装具の使用法」を夢中で観察した。そして何より、「いったいどうしたら、普通の風の力だけでこんなに大きな船を動かせるのか」が不思議だった。すべてが、「彼にとっては生まれて初めてのものだったのだ」とパークの記録にはある。「太索と錨を装備したスクーナー船を見て、カルファはその後ほぼ一日中、じっと何か考えていた」とパークは締めくくっている[39]。

グロニオソーやカルファと対極にいたのが、ジョン・ニュートン船長が記録した、海岸地方で貿易に従事していたアフリカ人たちである。「彼らは、われわれの間での、地方ごとの方言の違いや船での習慣の違いなどを見分けるのがとても速くて、乗船してきて五分もすれば、船がブリストルからなのか、リヴァプールからなのか、ロンドンからなのか、間違いなく識別できた。」黄金海岸のファンティの人々をはじめとして、カヌーで働いたことのあるアフリカ人も多く、なかには奴隷船そのものでの長期間の経験を有する者もいたので、奴隷船についてよく知っており、国の違いだけでなく、地方ごとの違いもわかっていたのだった。実際に大西洋を横断した者も二、三名いて、そのような者たちは、どうやってこの大きな機械が海を「進んでいく」のかもよく理解していた。しかし、内陸からの旅が終わり、船を目にして驚いた者も、そうでなかった者も、ほどなく誰もが恐怖を感じるようになっていくのである[40]。

後には戻れぬ地点

捕囚の身となった人々は、アフリカでの拉致により、これまでの生活をかたちづくってきた家族、親族、村を、そして場合によっては、民族共同体や政治共同体を完全に奪われた。生まれた土地から連れさられた者の多くは、それを「盗み」として経験したのだった。ある船員が一七六〇年代の航海の間に、アフリカ人たちから繰り返し聞かされたように、彼らは、自分たちは「盗まれた」のだ、やり方はいろいろだったが、と説明した。ウカウソー・グロニオソーが経験したのは、個別的な、そして最初は自由選択による奴隷への道だった。

ルイ・アサ-アサは、暴力的な略奪に襲われた家族と村の経験を、十三歳の少年の視点から語っている。ゴラの戦士たちは、国家の軍事集団が集団で奴隷船へと連れていかれた例である。アサ-アサとゴラの戦士たちは、鎖に繋がれ、海岸までの旅の過程で、仲間の集団の顔ぶれが絶え間なく突然変わるのを経験している。そのような状態はときに数カ月も続き、海岸までの旅の間に、死ぬ者もあれば、売られる者もあり、そして新たに加わる者もあった。全員が暴力的な命令に従わされ、死の恐怖にさらされ、実際に旅の途中で多くが命

った。[42]

を落とした。囚われ人たちは戦った――アフリカに残るため、アフリカ人と戦ったのだ――しかし、滅多に成功しはしなかった。打ち負かされ、地に呪われた人々であった。[41]

それから先にも、さらにひどい事態が待っていた。ゴラの戦士たちの経験のごとく、不吉な船への乗船は、身も凍る変化の瞬間であった。アフリカ人の支配下から、ヨーロッパ人の支配下へと移されたのである。自分たちの知っていたほとんどのものを、彼らは後にせざるをえなかった。アフリカの人々、そしてアフリカン・アメリカンたちは、この身を切るような出立を、「二度と戻れぬドア」という象徴を使って表すようになった。有名なものとしては、セネガル、ゴレ島の奴隷の家や、ガーナのケープ・コースト城塞などがある。いったん「後には戻れぬ地点」の向こう側に連れていかれてしまうと、囚われ人たちの移動は、変容を意味するようになる。奴隷船の船底に鎖に繋がれ囚われて、二度と故郷には戻れない。彼らには闘いの生を生きるしか、他に選択の余地はなかった。生き残るための、否応なく新たなやり方で生きていくための、はげしい、一筋縄ではいかぬ、終わることのない闘いを続けるしかなかった。これまでのすべてが破壊され、目の前にあるのは、苦しみのみだった。しかしその廃墟のなかには、自己を発見し、絆を結び、そして行動を起こすための、新たな、そしてより大きな、可能性が横たわっていたのであ

第四章　オラウダ・エクィアーノ――驚愕と恐怖と

まだ幼いオラウダ・エクィアーノの目に初めて奴隷船の姿が入ってきた。彼を大西洋の向こうへと運んでいく船である。少年は「驚愕し、そしてその驚愕はすぐに恐怖へと変わった」。エクィアーノは、イボの地（現在のナイジェリア）に生まれ、アメリカスで奴隷となり、長距離航路の水夫として働きながら自由を買い、最終的にはイングランドにおける奴隷貿易廃止運動の立役者となった人物である。一七八九年、その自伝で、奴隷船での「驚愕と恐怖」について、「いまだにどう表現すればいいのかわからないでいる」と書いている。しかし同じ体験をした数百万の人々と同様、奴隷船は彼の人生の物語の中核ともいえる存在であったから、彼は最善をつくしてその様子を描きだした[1]。

十一歳の少年が、アフリカ人商人の手で奴隷船に乗せられたのは、一七五四年のはじめであった。乗せられるとすぐに、船員連中に掴み上げられた。「恐ろしい表情をした白人の男たちだった。赤ら顔で、髪は長かった。」彼らは、少年をくるくる回して、体に異常がないかをチェックした。この男たちは、人間ではなく「悪霊」だ、とエクィアーノは思った。下に降ろされ、主甲板を見回すと、最初に巨大な銅製の鍋が目に入り、その脇に「多くの黒人たちが鎖につながれていた。容姿は様々だったけれど、どの顔にも絶望と悲しみが浮かんでいた」。自分は、腹をすかせた人食い人種たちの手に落ちたのだと考えて、エクィアーノは「恐怖に身悶え、全身から力が抜けてしまった」。そして意識を失った。

やがて意識は戻ったが、怖くて、怖くてならなかった。とはいえ、それは、これから繰り広げられる恐怖の序の口に過ぎなかったのだ。彼は下甲板へと連れていかれた。ひどい臭いにたちまち気分が悪くなった。船員が二人で食べ物を持ってきたが、弱々しくいらないと言った。すると二人は、彼をもう一度主甲板へと上げて、揚錨機に縛りつけ、鞭打った。小さな体を苦痛が走り抜ける。船から飛び降りて逃げよう、とまず考えた。泳げなくてもかまわなかった。けれど、奴隷船には網が張られており、まさにそういった必死の抵抗ができないようになっているのに気がついた。このように、奴隷船との最初の出会いとその後についての記憶は、暴力、恐怖、そして抵抗で充ちている。

奴隷貿易について、奴隷自身の視点から詳しく書いたのは、エクィアーノが初めてであった。当時はグスタヴァス・ヴァサという名のほうで知られていた。彼が書いたのは、奴隷貿易廃止運動が生んだおそらく当時最高の著作であり、近年では、奴隷船と中間航路についての史上最も有名な記録と考えられている。しかし現在、彼の生地に関して、ひいては彼の語りの真偽に関しても論争が持ち上がっている。自身が言うとおり、ほんとうにアフリカ生まれなのか。それとも、文学研究者、ヴィンセント・カレッタが主張するように、サウスカロライナで生まれ、後年、奴隷貿易反対運動をより倫理的に強力に展開できるようにと、アフリカ生まれということにしたのだろうか。(2)

この点についてはこれからも議論が続くだろう。しかし当面、ここでの話を進めるうえでは、問題とする必要はない。実際に西アフリカで生まれたのであれば、エクィアーノは、自分が奴隷となったいきさつと奴隷船での旅について、真実を語っている——記憶の中から掘り起こした、そして後の経験によっていくばくかの修正を加えられた真実である——ことなる。サウスカロライナ生まれであるならば、アフリカで生まれ、奴隷船に乗せられて恐怖の中間航路を渡った人々が語り継いできた話や経験を集め、それを自らの知識としたとしか考えられなくなる。つまり彼は、奴隷貿易についての、口承の歴史家、人々の物語を語り継ぐ者、いわばグリオとなったのである。とすれば、彼の語りは、自分が経験したのに劣らず、現実に忠実であったはずで、違いは、話の出所と語りを紡ぐ才だけなのではないだろうか。エクィアーノ研究者の見解は——生地にかんする論争については両陣営に分かれていても——彼が数百万人の代弁者であったという点では、みな一致している。彼が、自伝を執筆し、その中で奴隷船の驚愕と恐怖を描いたのは、「人間の幸福」のためであった。彼は、「声なき者たちの声」であったのだ。(3)

エクィアーノの故郷

エクィアーノは、自分は「一七四五年、エサカという名の、果物がたわわに実る美しい谷に」生まれた、と書いている。おそらく、中央ナイジェリア、ンリ＝アウカ／イスアマ地方のオルル近くに位置するイセケのことであろう。(4)「死なずに育った」七人の兄弟姉妹の末っ子だった。父親は、一族の長（オクパラ）、金持ち（オガランヤ）、尊敬される年長者（ンディチェ）、そして村全体の物事を決定する評議会のメンバー（アマーラ）の全てを兼ね備えた重要人物であった。エクィアーノもやがて、父の跡に続き、貴人の印、すなわちイチの傷を、少々の怖い思いとともに、額に刻まれることになるはずだった。彼は母親っ子で、母に農業と戦いの技（銃と槍、それらを彼は「投槍」と呼んでいる）の手ほどきを受けた。とりわけ仲のよい姉がいて、この姉とは奴隷となる運命までも分かち合うこととなった。エクィアーノは一家の権勢と地位を示すのに、父親が「多くの奴隷」を所有していたと書いている。（そのすぐ後で彼は、この奴隷制は、アメリカスで同じ名前で呼ばれているあの惨たらしいシステムとは全くの別物で、奴隷は家族とともに、家族同様に暮らしていた、と急いで書き添えている。）村は海岸からとても遠い場所にあったので、エクィアーノは「白人についても、ヨーロッパ人についても、そして海というものについても、一度も聞いたことはなかった[5]」

エクィアーノは危機の時代に生まれた。故郷には変化の風が吹き荒れ、そしてこの少年もそこに巻き込まれたのだった。十八世紀前半には、イボの地で旱魃と飢饉があった。しかし長期的にみて、より深刻だったのは、エクィアーノの村もその一部であったンリ文明の緩慢なる崩壊であった。それによって、南から来た武装交易者、アロの、領土拡張への道が開かれたのである。彼らは自らを「ウムーチュクウ」、すなわち「神の子」と呼び、婚姻、同盟、威嚇、戦争など、あらゆる手段を用いて、広大な交易ネットワークを築いた。そして三つの河川網——ニジェール、イモ、クロス——を使い、何千という奴隷を、オールド・カラバー、ボニー、ニュー・カラバーといった、商業を中心とする南部の都市国家へと送ったのだ。ビアフラ湾一帯では、一七〇〇年から一八〇七年の間に一〇〇万人以上が奴隷とされた。その地方で売られた者もいれば、海岸に着く前に命を落とした者もいた。ほぼ九〇万人が、主に英国の船に積まれ、中間航路での死亡数を差し引いて、七五万人が新世界の港へと運ばれた。この地域で奴隷とされ、船に積まれた奴隷の、三分の一から四分の三が（その割合については議論が分かれている）イボの出身である。エクィアーノもまた、その何十万人のなかの一人となったのだった[6]。

エクィアーノの故郷では、土地はみなのものであり、全員で耕した。自然は豊穣で恵み深く、土は肥えていた、と、彼は述べている。つまり豊かな農業が営まれていたのである。暮らしは質素で、これといった贅沢もなかったが、食べるには十分だったし、それに「乞食」などいなかった。彼の村では、村の畑を耕すにも、たとえば家を建てるなどのほかの仕事をするにも、男も女も一緒に「集団で」働いた。鍬、斧、シャベル、つつき道具（エクィアーノは「とがりモノ」と呼んでいる）を用い、多様な作物を栽培していた。最も重要な作物がヤム芋で、茹でて、その後粉状にして、主食のフフにしたりするのである。歴史家、ジョン・オリジによれば、この時期のイボは、「世界一熱心なヤム芋生産者」であった。彼らは、ほかにも、ココヤム、プランテン、パプリカ、マメ、種々のかぼちゃ、とうもろこし、ササゲ、スイカ、そして、様々な果物もつくっていた。さらに綿やタバコを栽培し、家畜（牛、ヤギ、そして家禽）を飼い、ものづくりも行った。女性は糸を紡ぎ、機を織り、衣服を縫い、また陶器の作り手として、パイプや「土ものの器」を製作した。戦いや日常生活に必要な道具を作る鍛冶屋もいたし、金属加工を専門とする職人もいて、繊細な装飾品やジュエリーも造られていたのである。生産物のほとんどは自分たちの間で消費され、交易は物々交換、貨幣は「ほとんど価値がなかった」。しかし、経済そのものは、他から切り離された自給自足ではなかった。農産物を主とする産物は、地域全体を流通していたのであった。(7)

エクィアーノの家族と一族郎等は、共同体の人々とおなじく、父系集団（ウムヌ）として構成され、家族をしきるのは男性の家長、共同体の政治は長老からなる評議会が司った。土地が共同所有、共同耕作のため、階級分化は限定的ではあったが、エクィアーノの父親が示すように、村にははっきりした、労働と位の別が存在した。エクィアーノはまた、様々な専門家にも触れている。司祭、魔術師、賢人、医者、そしてヒーラーなどで、これら全てを、同じ人間が兼ねることもあり、そのような人物ディビアは、精霊の使いであり、イボ社会では尊敬と怖れの的であった。社会のもう一方の極が奴隷で、戦争の捕虜や、犯罪者たち（エクィアーノは誘拐や姦通を挙げている）である。しかしつまるところ、階級分化はわずかなもので、大枠としては平等な社会だったといえるだろう。村は独立共同体に近く、実際、村人にとっての自己認識の基本は、階級でも、国家でも、民族でもなく、その村の人間であるということであった。エクィアーノも、「ベニンの王への従属は名目上に過ぎなかった」と回想している。実のところは、ベニン王にしろ、誰にしろ、おそらく主君などいなかったのではないか。この地域の人々は、地元への強烈な愛着と、政治的な中央集権化への反抗を誇りに思っていたのである。彼らは、「イボ・エンウェ・イゼー」、つまり「イボに王なし」ということわざで長きにわたり知られるようになったのであった。(8)

エクィアーノは自分たちについて「踊り、音楽を奏で、そして詩を詠む人々の国である」、と書いている。祭儀の折には、祖先の霊を呼びだし喜ばせるために、複雑な宗教芸術のパフォーマンスが演じられた。イボは、人間と精霊、生きている者と死んだ者との境目は、ごく薄く、行き来可能なものだと考えていた。イボの社会には、目には見えないが、良い精霊と邪悪な精霊の両方が常に存在し、彼らは遇され方次第で、生きている者を助けてやろうと約束したり、邪魔をしてやると脅したりするのである。幸運を呼びこむには、生贄（アジャ）をして、精霊をもてなすのが欠かせなかった。ディビアが、精霊のことばを聴き、二つの世界をつないだ。イボはまた、年若くして人が死ぬのは悪霊の仕業で、死者の霊はきちんと弔いをしてもらえるまで、この世を彷徨い、生者にとり憑く、と信じていた。このような信仰は、奴隷船上で大きな意味を持つことになったのだった。[9]

エクィアーノが十一歳になるころには、彼の生まれたイボの土地でも、奴隷貿易と奴隷狩りがすでに広く行われるようになっており、その手口は、伝記が伝えるように、実に様々で巧妙だった。村の大人たちは、共有地へ仕事に行くのに、万一の攻撃に備えて武器を持参した。また村に残してくる子どもたちについても特別な配慮を怠らず、全員を同じ場所に集め、見張りを立てるように指示をした。見知らぬ人間がうろついていると、村には恐怖が走った。それが、オイ－エボエと呼ばれる商人であった場合は特に怖がった。その名は「遠くに住む赤い人」という意味である。この人々こそ、南からやってきたアロ、「頑健な、マホガニー色の男たち」であった。彼らは合意に基づく正当な取引も行い、エクィアーノの村も、火器、火薬、帽子、ビーズなどのヨーロッパからの交易品と引き換えに、奴隷を差し出すことがあったのである。商人たちは、「小さな国家や地域」をそそのかし、「襲撃しあう」ように仕向けた。ヨーロッパの物品を手に入れたい族長は、「となりの共同体の人々を襲い、激烈な戦いの後」、囚われた者たちは奴隷として売られたのであった。

アロはまた、自らも奴隷を捕獲した。「われわれを罠にかけて捕まえる」のが、彼らの本業であった、とエクィアーノは後に書いたが、子どもの時分にはおそらくよくわかっていなかったであろう。不気味にも彼らは、どこに行くにも「大きな袋」を携えていた。エクィアーノはまもなく、その袋を内側から見ることになるのである。[10]

拉致されて

「いつものようにみなは仕事にでかけ」、エクィアーノと姉だけが残って、家のことをしていたある日のことだった。なぜかはわからぬが、大人たちは普段の用心をしていかなかった。大人たちがいなくなるとすぐに、男が二人、女が一人、一家の敷地の土壁を登って侵入し、あっという間に「二人はつかまったのだ」。あまりに突然だったので、子どもの二人は「叫ぶことも、抵抗もできなかった」という。略奪者は二人の口をふさぎ、「二人を抱えていちばん近くの森に走っていき」、そこで手を縛ると、日暮れ前に村からできるだけ離れようと急いだ。襲ってきたのが誰だったのか、エクィアーノははっきり名指しはしていないものの、アロだったのではと仄めかしている。やがて一行は、「小さな家に着き、盗人たちは食事を取り、一晩を過ごした」。子どもたちは縄をとかれたものの、とても食べ物が喉を通る状態ではなかったようだ。「疲れ果て、悲しみに暮れて、眠りだけがせめてもの慰めだった。そのわずかな間だけ、不幸を忘れられた。」海岸までの、長くつらい、忘れえぬ苦しみの旅の始まりであった[11]。

翌日、たった五人の一行は、人を避けて森のなかを歩いていったが、やがてエクィアーノが知っている道に出た。通りすぎる人々に、少年は「大声をあげて助けを求めた」しかし、無駄であった。「叫んだ結果といえば、前よりきつく縛られ、猿轡をかませられ、そして大きな袋に入れられただけだったのだ。姉もおなじく猿轡をされて、手を縛られた。人とすれ違わなくなるまで、このようにして進んでいった。」つらい旅の一日がまた終わり、エクィアーノと姉は食べ物を与えられた。二人は頑として拒否する。それは、やがて奴隷船上でおなじみのものとなった抵抗のかたちであった。村から、家族から、そして自分にとって大切なほとんど全てのものから、暴力的に切り離されたエクィアーノにとって、姉の存在はこの上もない慰めであった。「一晩中たがいの腕のなかで、たがいの涙で濡れるのが、僕らにとって唯一の慰めだった」と彼は書いている。

次の日はさらにつらい一日であった。「かつて経験したことのない悲しみの一日」となったのである。誘拐者たちは、「たがいを腕の中にしっかりと抱き合って眠っている」エクィアーノと姉とを引き裂いたのだ。子どもたちは、引き離さないでくれと懇願したが、虚しかった。「姉は僕から引き剝がされて、すぐにどこかに連れていかれた。僕はといえば、どう言い表しようもない呆然自失の状態だった。」エクィアーノはそれからしばらく、「悲しくて泣きつづけた」。何日も、「無理やりに口に入れられたもの以外、何も食べなかった」。たった一人自分に残された家族と「ともに泣き」、不幸を分かちあうという慰めすら、いまはもう奪われてしまった。彼は家族からも村からも完全に切り離されたのである。

追い討ちをかけるがごとく、ここから際限のない売り買いが始まった。やがてエクィアーノは、ある「族長」に買われる。族長は、蹄鉄の技術を持ち、「たいへん居心地のよいところ」に住んでいた。アフリカ式に家族の一員となり、まともに扱ってもらえた。「父の家から何日も歩いて遠くまで来たけれど、ここの人たちは自分と全くおなじ言葉を話す」ことがわかり、エクィアーノはほっと一息つく思いだった。新しい環境で、徐々に自由に動き回れるようになると、どうすれば逃げ出して村に帰れるか情報を集めた。「母や友を思い悲しみに打ちひしがれるなか」、故郷が「朝日が昇る方角」にあるとつきとめ、思いを馳せるのだった。そんなある日、彼は間違って村人の鶏を殺してしまった。罰せられるのを怖れて、茂みに身を潜め、時をみはからって逃げるつもりだった。自分を探す人たちが話しているのが聞こえてきた。おそらく故郷へ向かったのだろうが、村ははるか彼方だからとても辿りつけないだろう、と言っていた。少年はこれを聞いて「恐慌を来たし」、もう決して故郷には戻れないのだと絶望に陥った。主人のもとに帰ったが、すぐに売られてしまった。「野獣の咆哮の只中を、淋しい荒れ野や暗い森をいくつも抜け、日の出の左側の方角へと運ばれた。」このあたりでは、人々奴隷狩りは日常茶飯のようであった。エクィアーノは、人々が「常に武器を持っているのに」目を留めたのだった。

次から次の不幸の只中に、喜ばしい驚きが訪れた。海岸への行軍の途中、姉の姿を見かけたのである。エクィアーノの人生で、その瞬間ほど、心を揺さぶられたことはあまりなかったようだ。この出来事を綴った箇所からも、また伝記のその他の記述からも、そのように推測できる。「姉は僕だとわかると、大きな叫び声をあげ、僕の腕のなかに走ってきた――僕は嬉しすぎて呆然となった。二人とも口がきけなかった。そしてしばらくの間、しっかりと抱き合い、おたがいにしがみつき、「涙を流す」以外何もできなかった。」涙ながらの抱擁は、二人の共同所有者らしい男もふくめ、その様子を見ていた全員の心を動かしたようだ。男は自分のそばで二人を一緒に眠らせ、姉と弟は一晩中、「エクィアーノの胸のうえで手を重ね、一緒にいられる喜びにしばし不幸を忘れたのだった」。しかし「運命の朝」が明けると、二人は再び引き離され、そして今度は二度と会うことはなかった。エクィアーノは次のように書いている。「僕は前よりつらかった。あの状態よりさらにつらくなるというのがあり得るとしたらの話ではあるが。」姉の顔を思い出しては、胸が張り裂けそうになった。「姉さんの姿は」、と後年、彼は姉への手紙に愛情を込めてしたためている。「いつも僕のこころのなかにしっかりと刻まれていました。」

海岸への旅が再びはじまった。エクィアーノは次から次に売られ、最終的にティンマという美しい町の大商人の所有となった。ニジェールデルタのどこかであったと思われる。彼はここで生まれてはじめてココナツとサトウキビを口にし、「コア」（アコリ）と呼んだ猿を目にしている。近所に住む裕福な寡婦の息子と友達になり、その女性がエクィアーノを買い受けてくれた。二人はほぼ同じ年頃だった。ここでは手厚くしてもらい、自分が奴隷であることを忘れた。主人と同じ食卓で食事をし、他の奴隷たちにかしずかれ、「故郷でと同じように」、他の子たちと弓矢で遊んだ。二カ月の間、少しずつ新しい家族にも慣れ、「自分の運命も受け入れはじめ、かなりの程度、不運も忘れることができた」。しかし、ある朝早くたたき起こされると、あっという間に家の外に連れ出され、海岸への旅路に戻されたのである。再び根扱ぎにされ、エクィアーノは「あらたな悲しみ」に襲われたのだった。

この時点までは、エクィアーノが旅の途中に出会った人々はみな、馴染みのある文化圏の人たちだった。「振る舞い方、習慣、そして言葉」もほぼ同じだった。彼らは、やがて「イボ」と呼ばれるようになる人々だったのである。しかし、ついにエクィアーノは、勝手知った文化が姿を消す地点へとやってきた。沿岸部に住むイビビオの文化は衝撃的だった。割礼も受けてないし、自分たちのように体を洗いもしない。ヨーロッパの鍋や武器を使い、「仲間どうしのケンカに拳をふり回す」。女たちは、彼の目にはふしだらに映った。「男と一緒に食事をし、酒を飲み、同じ場所で眠る」のだから。体に奇妙な傷をつけて装飾とし、歯にヤスリをかけ、鋭く尖らせている。いちばんの驚きは、この人々が神々へ生贄も供え物も捧げていないことだった。

ある大きな川、おそらくボニー川の岸まで来ると、彼の驚きはさらに大きくなった。あたり一面にカヌーが浮いており、「家財道具やありとあらゆる食物」が積まれ、人々は船上で暮らしているようなのだ。少年は、こんなに巨大な水の塊をこれまで見たことがなかったし、ましてや、水のうえで暮らし働く人々など思いつきもしなかった。そして驚きは恐怖へと変わる。捕獲者によってカヌーに乗せられ、湖沼地帯やマングローブの林を抜けながら、川を下っていったのである。彼らは毎日夜になると、カヌーを岸にあげ、焚き火をおこし、テントや小さな小屋を建て、食事を作り、睡眠をとった。朝になれば、また食事をして、カヌーに戻り、下流への旅を続けた。エクィアーノは、水に飛び込み、泳ぎまわる人々を見て、彼らがどれだけ水に馴染んでいるかに気づいた。「いくつもの国、様々な人々の土地」を、時に陸路で、時に水路で進む旅が繰り返された。「海辺に着いた」——おそらく奴隷貿易で賑わう、ボニーの大きな港であろう——のは、拉致されてから、六、七カ月後のことであった。

魔法の船のうえ

海岸というものに初めて到着したエクィアーノを、圧倒し、恐怖で縮みあがらせた奴隷船は、スノーだった。長さは六〇か七〇フィート、メインマスト六〇フィート、そしてメイン・トップマスト三〇フィートといった規模であっただろう。その船《オグデン》は、八門の大砲を備え、乗組員は三十二人、錨を降ろして「積み荷を待っていた」。少年は、自分はその荷の一部なのだ、と突然に悟った。[12] アフリカ人商人の手で、おそらく他の奴隷数名とともに、エクィアーノは船へと運ばれたのだろう。船まではカヌーで、そして船のわき腹にかけた縄梯子を登らされ、舷檣のむこうの主甲板の上へと連れていかれた。ここでエクィアーノはぞっとするような水夫たちを目にする。男たちの言葉は、「これまで聞いたことのあるどんな言葉とも全く違っていた」。煮えたぎる鍋と絶望した囚われの人々を見て、食われるのだと恐怖にかられ、エクィアーノは気を失った。彼を船に運んできた黒人の商人が、目を覚まさせ、元気づけようとしたが、「何をしても無駄だった」。なんとも恐ろしい様子の、あの白い人間たちは、自分を食べるつもりなのか、とエクィアーノは尋ねた。答えは否であった。そうこうしていると、乗組員のひとりが、エクィアーノの気付けに、酒を一口持ってきたが、少年は水夫を怖がって、飲もうとしない。黒人商人のひとりがそれを受け取り、少年に与えた。エクィアーノは酒を飲んだが、水夫が目論んだのとは逆の効果になってしまった。そのようなものをこれまで口にしたことがなかったので、少年は「肝をつぶしてしまった」のだ。すぐに、もっとひどい状況がやってきた。黒人商人たちは金を受け取ると、船を降りてしまったのだ。彼らが去っていくのを見て、エクィアーノは絶望に暮れた。「生まれ故郷に戻るチャンスは、もうなくなってしまったのだ」と思った。いや、海岸に戻るという僅かな望みさえいまはない。下甲板の悪臭は耐え難く、また食べ物を拒んでは鞭打たれ、「生まれ故郷のいちばん惨めな奴隷」とでも入れ替わりたい、と思ったのだった。そして、一縷の望みさえ断たれたエクィアーノは、「最後の友、死が自分を解放してくれるように」と願ったのである。[13]

奴隷貿易では、通常では一緒にはならないような人々がひとつの集団に集められ、その結果、人々の間の文化差異が、ある程度均されていくという現象が見られた。当初エクィアーノは、「自分の故郷の人間」を見つけられず、探し回らなければならなかった。イボのほかに、船に乗せられていた可能性が高いのは、ヌペ、イガラ、イドマ、ティブ、アガツなど、エクィアーノの村の北方に住んでいた人々、南西部出身のイジョ、そして東部の様々な民族グループ、イビビオ、アナング、エフィク（エフィク語話者すべてを指す）、オドドップ、エコイ、エアジャガム、エクリクク、ウーモン、エンヤンなどである。こういった人々の多くは、複数の言語を話せたし、なかでもイボ語は、少なからぬ人々、いや、ほとんどの人が話せるか、話せずとも理解はできた。これは、海岸部にしろ、内陸部にしろ、この地域で交易をするのに重要な要素であった。またピジン語、英語、そしてポルトガル語の単語を少々操る者もいた。スノー船上での意思疎通はかなり複雑だったろうが、実に多くのやり方が存在していたのであった。[14]

奴隷船の上では、エクィアーノをはじめ、多くの者たちが、イボの仲間を発見しはじめた。エクィアーノの村でも、また内陸部全般においても、「イボ」という単語は、自分を認識する言葉でも、帰属を表す言葉でもなかった。ナイジェリアのイボの有名作家、チヌア・アチェベによると、それはむしろもともとは、罵りの言葉で、茂みに住む「他者」のことであったという。「イボ」は侮蔑の言葉で、ある人間が村にとっての「よそ者」であることを示すものであった。エクィアーノ自身も、アロのことを「オイ－エボ」と呼んでおり、そこにはこの侮蔑的な意味が示唆されている。しかし、奴隷船上にあっては、すべての者が村の外にいるのであり、より大きな共通項が、場所々々の差異を突如として凌駕した。当然のことながら、協力しあい、意思疎通を図るには、文化的な共通項、特に言語はきわめて重要だった。イボもまた、他のアフリカの民族とおなじく、多くの面で奴隷貿易の産物なのだ。言い換えれば、奴隷船上で民族の誕生が起こっていたのである。[15]

やがてエクィアーノは、奴隷船では、恐怖がその機構の一部として使われていることに気づく。白人たちは「様子といい、行いといい、僕の感じでは、なんとも野蛮だった。それまで知っている人間の間では、あれほどの残虐行為は見たことがなかった」というほどのことが、船上では日常的に起こっていた。抵抗したり、食事を拒んだり、舷側から海に飛び込もうとしたりした、「あわれなアフリカ人」は、鞭打たれ、ナイフで傷つけられた。エクィアーノ自身も食べ物を拒否したために、数回にわたり鞭打たれている。また彼が記しているところによれば、恐怖に曝されたのは、奴隷たちばかりではなかった。ある日、彼と仲間たちが主甲板に上がっていた間の出来事だが、船長が一人の白人水夫を「前檣の近くで、太いロープで滅多打ちにし、水夫はそのために死んでしまった。船長たちは、野獣を始末するかのように、その男を舷側から海に投げ捨てた」。これが奴隷たちの目の前で行われたのは偶然ではない。乗組員への暴力は恐怖を増幅させるのにうってつけであった。「これを見て、彼らへの怖れはいや増した。同じ目にあわされるかもしれない、と覚悟をしたのだった。」

下甲板で交わされた会話をまとめた部分は、奴隷船で過ごした日々についてのエクィアーノの記録のなかでも、いちばん貴重な箇所のひとつである。まだ幼く、また内陸の出身であった彼は、乗船者のなかでも、ヨーロッパ人やその流儀についての知識がもっとも乏しかった部類にはいる。様々な文化圏からやってきた一群のなかで、どうにか意思の疎通を図ろうと、彼は「鎖につながれた哀れな人間たち」のなかから、

「自分の故郷」の仲間を探し出した。人食いを怖れていた彼にとって、「何をされるのか」というのが、何より知りたいことであった。大人たちが、「教えてくれてわかったのは、僕らはこの白人たちの国に連れていかれて、働かされるということだった」。この答えで、エクィアーノは安心したようで、次のように説明している。「働かされる以上のことはないのだとしたら、僕の状況もそれほど絶望的というわけではないのだ」

とはいえ、野蛮なヨーロッパ人への恐れは消えはせず、新たな疑問が湧いてきた。エクィアーノは男たちに「この人たちには、国なんてなくて、この穴みたいなところ」、つまり船に住んでいるのではないかと尋ねた。「そんなことはない。ずっと遠い国から来たのだ」というのが答えであった。よく飲み込めずに、幼い少年は聞いた。「なぜいままで、僕たちの国では、誰もあの人たちのことを聞いたことがなかったの。」「とてもとても遠くに住んでいるからさ。」そう聞いて、女の人はどこにいるの、とエクィアーノは詰めよった。「女もあの人たちみたいなの。」大人たちの答えは、そうだよ、でも「国に残してきているんだ」というものだった。

次に聞いたのは、船について、驚きと恐怖の源泉であった船そのものについての質問だった。目にしたものに驚嘆するばかりのエクィアーノは、この乗り物がどうやって動いているのかと聞いてみた。この点については、大人たちにも答えられないことがあったが、エクィアーノが仕組みを理解しようと船をよく観察していた様子がうかがえる。「それはわからないなあ、と言われた。けれど、見たところでは、ロープを使ってマストに服を着せると、この乗り物は動き出す。そして白人たちは、船の動きを止めたくなると、水に呪文だか魔法だかをかけるのだ。」エクィアーノは確信をこめて書いている。「船についてはただただ驚くばかりで、この人たちは精霊なのだと本気で考えていた。」ある日、甲板にいて、満帆の船がこちらに向かって来るのを目にするにいたって、船の驚異は最高潮に達した。エクィアーノも、ほかの全員も、呆気に取られて立ち尽くすばかりであった。「近づくにつれて、船はどんどん大きくなったから、驚きはなおさらであった。」近づいてきた船がついに錨をおろすと、「僕と故郷の仲間たちは、船が止まるのを目にし、たまげて言葉も出なかった。そして魔法のなせる業に違いないと思ったのだった」。

中間航路

エクィアーノの中間航路は、残虐行為、いや増す苦しみ、そして死の連続となった。[16] 船出に際し、「船をどうやって操っているのかを見せないように」、奴隷たちはみな下甲板に閉じ込められたが、これが最初の大打撃であった。船が海岸に停泊している間も、エクィアーノは様々な不快を訴えていたが、その全てが突如としてさらにひどくなったのである。全員が甲板の下に閉じ込められ、その居住区の「詰め込み具合といったら、寝返りさえうてないほどだった」。すし詰めにされた奴隷たちには、棺のなかの死体同様のスペースしかなかった。手首、足首、そして首の皮膚が、「腹立たしい鎖」とこすれて、擦りむけた。ものすごい暑さ、劣悪な換気、「おびただしい汗」、そして船酔いに苦しんだ。室内の臭いは、最初から「忌まわし」かったが、汗、嘔吐物、血、そして排泄物で一杯の「用便桶」のために「ほとんど息もできないほど」で、「まさに殺人的」なものとなった。恐怖に駆られた者の叫びが、死にゆく者のうめきと混じり、不協和音を醸すのだった。[17]

悪天候のために、何日も続けて下甲板に閉じ込められることもあり、そういう折、船友たちが息絶えていくのを、エクィアーノはたびたび目にしている。「かくして、仲間たちは、彼らを買った人々の、言わせてもらえば、無節操な強欲の犠牲となったのである。」船は亡くなった人たちの彷徨える霊でいっぱいだった。生きている者たちは、死者をきちんと埋葬してやることも、供え物をしてやることも叶わなかったのだ。劣悪な状態のなかで「多くの命が奪われた」そのほとんどは、「血屎」、つまり赤痢であったと思われる。ビアフラ湾は、奴隷供給地のなかでも、もっとも死亡率が高かった場所だが、《オグデン》は奴隷を集めるのに八カ月をも要し、それで事態はさらに悪化したのであった。エクィアーノ自身もやがて体調を崩し、自分も死んでしまうだろうと考えた。「これで僕の苦しみも終わるのだ」、と死への願いがよみがえってきている。また、舷側から海へ投げ捨てられた死者たちを思い、次のように記してもいる。「海の底の住人となった人々のほうが、その多くが僕よりも断然幸せだと考えたものだ。彼らが享受している自由がうらやましく、彼らと入れ替われたら、とよく思った。」エクィアーノは、海に飛び込んで自殺した者たちは、まだ生きている、幸せに自由に生きていて、船に乗せられた者たちといまも心を通わせあっている、と考えていた。[18]

彼の命は、恐怖と死への願望を前にしても、頑として屈しなかった。エクィアーノは、生き延びるために、仲間の奴隷たちとの意思疎通を続けた。女性たちの助けが大きかった。イボだったかそうでなかったかはわからないが、女たちはエクィアーノの体を洗ってやったりして、母親のように彼の面倒を見てくれた。子どもだったので、鎖につながれることもなく、また体調も崩していたから、「ほとんどいつも甲板」で過ごすことができた。そこで彼は、激しさを増していく、懲罰と抵抗の応報を目撃した。奴隷たちはあらゆる手段を使って抵抗し、それにともなって乗組員もますます残忍になっていった。腹をすかせた仲間が魚を獲って食べようとして、そのために激しく鞭打たれるのも目にした。それから間もなくのある日のこと、「海は静かで、適度な風が吹いていた」。エクィアーノの目の前で、三人の捕囚が乗組員の手を逃れ、舷側から身を投げ、身投げ防止の網も越えて、海に飛び込んだ。乗組員たちの行動は素早かった。下にいる者たちの間で自殺がエスカレートしないように動くとともに（そうしなければ、きっと後に続く者が出ただろうとエクィアーノは思った）、飛び込んだ者たちを回収するためにボートを下ろした。「船上は、大騒ぎ、大混乱。これほどのものははじめてだった。」乗組員は必死だったが、反逆者のうち二人は、首尾よく溺れて、命を絶った。三人目は捕まって、甲板に上げられ、「奴隷となるより死を選ぼうとした」ことに対して、凄まじい鞭打ちに処せられた。エクィアーノは、奴隷たちの間で抵抗の文化が形成されていく様子を、このように記したのであった。

船のつくりと操作にかんして、水夫たちからできるだけ学ぶというのが、エクィアーノ自身の抵抗の重要な戦略だった。長い目でみると、彼は後年水夫として働き、賃金をため、二十四歳で自由を買ったのであるから、これこそが彼の自由への道筋だったのだ。彼は自分のことを、船の上で「いちばん活動的な」一人だったと書いている。十八世紀の航海の世界での言い回しでは、船の仕事に精出したということだ。働く水夫たちを観察していくなかでも、彼らが四分儀を使うのが、なんとも面白く、また不思議でならなかった。「僕はよく、船乗りたちが、四分儀を使って何かを検討しているのを、息を呑んで見ていたものだが、その意味はわからなかった。」水夫たちは、この賢い男の子の好奇心に目をとめた。そして、ある日、水夫のひとりが種明かしをしてやろうと決めたのだった。「僕はますます呆気にとられるばかりだった。そして以前にもまして、自分は別世界におり、周りのものすべてが魔法のなせる業なのだ、と確信を深めた。」そこはたしかに別世界であった。船乗りの世界、それは自律的なひとつの社会であり、習得可能な魔法を有していた。エクィアーノの修行はすでに始まっていたのだった。[19]

バルバドス

やがて、もうひとつの別世界が地平線上に姿を現した。陸が見えてくると、乗組員たちは「叫び声をあげまくり」、いかにも「嬉しい様子」を見せた。しかし、エクィアーノも、他の奴隷たちも、この歓喜に加わることはなかった。何をどう考えたものか、見当さえつかなかった。彼らの目の前に広がっていたのは、バルバドス、歴史に残る砂糖革命の中心、英国植民地システムという王冠を飾る宝石ともいうべき場所であった。そしてそこはまた、世界のなかでも屈指の、つまりは、最も残忍な、奴隷制社会であった。船に積まれていた奴隷たちの大半にとって、この小さな島の農園こそが最終的な目的地だったのである。[20]

繁忙をきわめるブリッジタウンの港、林立するマストのなかに、スノー船が錨を下ろすと、エクィアーノや甲板の下の仲間たちは、また新たな一連の恐怖に曝された。夜の闇のなか、奇妙な新たな一団が船に乗り込んできて、奴隷たちはみな、検分のために主甲板に上げられたのである。商人、農園主など、これから奴隷を買おうとしている人々は、すぐに、エクィアーノと彼の船友たちを入念に調べはじめた。「跳びはねたりもさせられた」、とエクィアーノの回想にはある。「彼らは陸を指差し、僕たちはあそこへ行くのだと示した。」そして彼らは、捕囚たちを売りさばくために、「別々の荷」へと分けたのだった。

その間中、エクィアーノも他の者たちも、「様子を見ていて、この醜悪な男たちに食われてしまうのだと考えた。僕たちの目には、彼らはほんとうに醜く映った」。ほどなく全員下に戻されたが、彼らは新たな恐怖にとり憑かれていた。エクィアーノは次のように説明している。「僕たちは、怖くてぶるぶる震えた。心配のあまりの苦しげな泣き声ばかりが、夜通し続きそうだった。」どのくらい泣き声が続いていたのかは定かではないが、船を訪れていた白人たちは、「僕たちをなだめるために、もうずっとここにいる奴隷たちを、陸から」呼び寄せることにした。バルバドスの農園社会の古参たちは、「僕たちに、食われるわけではなく、労働するのだ。まもなく陸に上がるが、そこには故郷の人々がたくさんいる、と教えてくれた」。この作戦は功を奏したようである。「そう聞かされて僕らはずいぶん安心した。そしてたしかに、すぐに陸に上げられた。すると、あらゆる言葉を話すアフリカ出身者たちが僕らのところにやってきたのだ。」

ほどなくエクィアーノも、他の者たちも、上陸させられた。彼の言葉を借りれば、「商人の家の中庭」へと連れていかれ、「そこに、性別も年齢も関係なく、羊の大群のようにひとつに集められた」。性別と年齢によって分けられていた船での生活の後だったので、これは少々妙な感じがした。新しい状況に投げ込まれ、これからどうなるのか不安に苛まれながらも、ブリッジタウンの町の様子を目にしたエクィアーノは、新たな驚きに満たされた。家々の背は高く、階層に分かれていて、アフリカではそんなもの見たこともなかった。「もっとびっくりしたのは」と、エクィアーノが書いているのは、「馬に乗った人々だった。いったいどういうことなのかわからなかった。この人たちは、魔法をやまほど知っているのだ、としか考えられなかった」[21]。けれど、船友たちのなかには、これを見ても全く驚かない人たちもいた。遠い地方、おそらく北のサヴァンナのほうの出身の「囚われの仲間」が数人、ここの馬を見て、「彼らの故郷の馬とおなじ種類だ」と言っていたのである。他の人たちも、そのとおりだと言い、誰かが、自分たちの馬のほうが、「僕の目の前の馬よりも大きい」(22)と付け加えた。

二、三日後、ついに競売が行われた。「争奪」であった。商人たちは人間の商品を中庭に並べ、ドラムを打ち鳴らして、開始を告げた。と、同時に、買い手たちが自分の狙う奴隷を手にいれようと、狂ったように殺到したのである。アフリカ人たちは、そのときの「叫び声と大騒ぎ」に怯えてしまい、自分たちの運命もここまで、欲に駆られた買い手たちの手にかかってしまうのだと考えた。まだ人食いを怖れている者もいた。その怖れは正しかったのだ。というのも、買われた者たちの大半は、生きながら喰われることとなったのだから——バルバドスの砂糖製造労働という化け物によって。

三度目の別れが迫っていた。アフリカの海岸に船が停泊していた間、そして中間航路の間に、船上で人々の間に絆が育まれていたことが見てとれる。エクィアーノは、別れの様子をずばりと書いている。「親戚も友人も引き離されてしまった。そして多くは生涯二度と会うことはなかった。」彼はまた、幾組かの兄弟の悲しい運命についても回想している。同じ男性用船室に入れられていた彼らは、別々のグループに分けられ、別の主人に売られることとなったのだった。「別れを泣いて悲しむ人たちの様子を目にし、泣き声を聞いて、心が張り裂けそうだった。」夫と妻、親と子、兄弟と姉妹、みな引き離されてしまったのである。

しかし別れを前にして、叫び、嘆いたのは、血縁の者たちだけではなかった。「大事な友と仲間たち」も同様であった。彼らはすでに一度、自らの血族とは別れ、船で「苦しみと悲しみを」ひとつにしてきたのだ。なかには、中間航路が始まる前に、すでに八カ月をともにしていた者たちもいた。彼らは「奴隷となり、意気消沈」しているなかで、お互いを励ましあってきたのだ。エクィアーノの表現では、彼らは、ともに泣き、抵抗し、そして生き延びようとしながら「ともにあるというわずかな慰め」を分かち合ってきたのだ。捕囚たちはいま、「それぞれの行き先」へと出発せざるをえず、船上で生まれ育った新たな共同体は粉々に砕かれていった。エクィアーノは深い悲しみをこめて記している。船上で育まれた「優しい思いやりのすべて」が、強欲、贅沢、そして「富への欲望」の犠牲となっていくのだ、と(23)。

長い道のり

エクィアーノ他、数名の船友たちの中間航路の旅は、バルバドスでは終わらなかった。これら数名は、「あまりにやつれていたので、売り物にならなかったのだ」。中間航路のために心身ともに痛手を受けて、健康を害していたのだろう——やせ細っていたり、病気にかかっていたり、ふさぎこんでいたりの状態だった。すべてに当てはまる者もいた。これではすぐに死んでしまうだろうと、はじかれたのだった。彼らは「売れ残り」となったのである。島に二、三日滞在した後、今度は前より小型の船に積まれた。スループ船の、おそらく《ナンシー》と思われる。船長はリチャード・ウォリス、ヴァージニアのヨーク川へ向かう船であった。二度目の航海は、最初のものよりずっと楽だった。奴隷船に較べれば、乗せられていた奴隷の数もずっと少なく、張り詰めた暴力的な雰囲気も薄らぎ、食事もよかった。船長は、奴隷たちを北で売るために、肥らせたかったのだ。エクィアーノは次のように書いている。「この航海では、アフリカから来たときより、扱いはましだったし、米も豚もたっぷり与えられた。」けれどすべてが良かったわけではない。バルバドスで売られた船友の喪失がこたえていた。「僕に残されていたわずかな慰めは、故郷の人たちと言葉を交わすことだったのに、それさえ完全になくなってしまった。僕のからだを洗ってくれ、何かと世話をやいてくれた女の人たちもいなくなった。みんな別々のところに行ってしまい、その後、誰とも会うことはなかった。」誰かにまた再会できていたら、船の経験で育んだ絆は、蘇り、再生していたことだろう。(24)

スループ船に乗せられたアフリカ人の仲間は、エクィアーノと言葉は違っていたが、少年は彼らと新たな絆を作りあげていったようだ。しかし、この絆もまた、ヴァージニア上陸とともに打ち砕かれてしまう。「仲間たちはついにそれぞれ別のところに連れていかれ、僕ひとりが残された」のである。またすべてのつながりを奪われ、一緒に売られていった者たちが羨ましいとさえ思ったエクィアーノは、その気持ちを述べている。「惨めなことこのうえなかった。自分は、仲間の誰よりもひどい目にあっていると思った。なぜなら、彼らはお互いに話ができるが、僕には、話をしてわかりあえる人間が、誰ひとりいなかったのだ。」こんななかで、死にたいという願望が蘇ってきた。「一日中、嘆き悲しみ落ち着かず、そしてなにより、死を願った。」

寄る辺ない孤独はしばらく続いたが、マイケル・ヘンリー・パスカルという、もと海軍軍人で、現在は商業船の船長をしている人物が、イングランドの友人への土産にしようと、少年を買い上げた。エクィアーノは、《インダストリアス・ビー》に乗せられた。「立派な大型船で、タバコその他の荷を積んで、まさに船出しようとしていた。」中間航路は終わりのない航海のように思われたが、少なくとも今回乗せられた遠洋船は、奴隷の輸送を目的とした船ではなかった。当然、日々はずっと楽になった。「帆のうえに眠れたし、まともな食べ物も十分にもらえた。そして乗船している人たちはみな」、少なくとも最初のうちは、「親切だった。これまで知っていた白い人たちとは全く逆だった」。この人たちは、やっぱり悪霊ではないのかもしれない。これまで、白い人間はすべて「白人」という恐怖のカテゴリーに入っていたが、それが少しずつ変わりはじめていた。「だから僕は、全員が全員、おなじ気質ではないのだな、と考えるようになった。」彼はまた、英語を話しはじめ、乗組員と言葉を交わし、船の仕組みをさらに学んでいった。

この航海で、エクィアーノの身に起こったいちばん重要なことは、新しい船友の発見である。リチャード・ベーカーという、十五歳ぐらいの少年と友達になったのだ。ベーカーは、アメリカの奴隷農園主の息子（彼自身も奴隷を所有していた）だった。教養があり、「とても性格がよくて」、さらに「偏見を超越した優れた精神」の持ち主であった。ベーカーは、このアフリカの少年に友情を差し出した。エクィアーノの説明によれば、「彼は僕をとても好いてくれ、気にかけてくれたから、僕も彼のことがとても好きになった」。二人は離れがたい仲となり、ベーカーは通訳役をつとめて、エクィアーノに役に立つことをいろいろ教えてくれた。

特別待遇の船客であったベーカーは、船長と一緒に食事をしていた。しかし、航海が長引き、食料が乏しくなってくると、パスカル船長は食事のときに、エクィアーノを殺して食べないといけなくなるかも、などと怖い冗談を口にするようになった。またエクィアーノ自身に同じことを言うこともあったし、その時には、「黒人は食ってもうまくないそうだから」、まずベーカーを殺して、「それから僕だ」とも付け加えた。またパスカルは、エクィアーノに、アフリカの彼の故郷の人々は人食いをするのかとも尋ね、少年はパニックにかられて、とんでもない、と答えたのだった。

こんなやりとりのために、エクィアーノのなかに奴隷船の恐怖が蘇ってきた。船長が、全員に食料の切り詰めを申し渡して以降は、特に恐怖が増した。エクィアーノの記憶によると、「航海の最後のころには、一週間にパンは一ポンド半、肉もだいたい同じ量、水は一日一パイントの割り当てになった」。食料の足しにと、魚を釣ったりもしたが、食料がぎりぎりなのに変わりはなかった。あの冗談が不吉な予兆として迫ってきた。「僕はそれを本気にしていて、怖くて仕方なく、いつ殺されるかと思っていた。」友人の船友たち、ベーカーのことも心配でならなかった。ベーカーが船長や一等航海士に呼ばれるたび、エクィアーノは、「ベーカーが殺されるのではないかと、中を覗いたものだった」。

エクィアーノは、自然界を統べているのは、超自然的な精霊の力であると信じていたから、船の周囲の波が渦巻き高くなってくると、恐怖はひとしおであった。「海の支配者が怒っているのだ」とエクィアーノは考えた。「神をなだめるために、僕は生贄にされるだろうと思っていた。」またその後、ある日の暮れ方に、乗組員の数名が船の周りにハナゴンドウクジラを見つけた。エクィアーノは、それは海の精霊で、自分は生贄にされるのだろう、と考えた。航海の後半、エクィアーノのこころはいつも恐怖でいっぱいだった。船長の前に連れていかれると、「泣き、震えた」。しかし、ついに十三週間後に、《インダストリアス・ビー》の水夫たちの目が陸地を捉えた。「やっと岸について、船の誰もかれも、喜びにひたっているようだった」とエクィアーノはその時のことを思い出している。「けれど、僕ほど喜んだ者はいなかった。」奴隷船の恐怖は、中間航路から、イングランドのファルマスで三つ目の船を降りるまで、ずっとエクィアーノにつきまとっていたのであった。

黒と白の恐怖

エクィアーノはアフリカにおける拉致から、アメリカでの搾取労働までの道程をよく理解していた。彼自身や姉と同じく、何百万もの人間が「アフリカ商人の暴力、奴隷船のあの酸鼻をきわめる悪臭、ヨーロッパの植民地での慣らし期間、そして残虐で容赦ない奴隷監督の鞭と欲の犠牲となった」。彼は、身を切られるような別れを幾度も体験した。そのようななかで注目すべきは、彼が収奪にいかに対応し、他の人々といかに協力しあい、つながりを作っていったのかである。その過程は、アフリカでの村から海岸にいたる陸路の旅に始まり、奴隷船へ、そして海岸での停泊を経て、いくつかの航海から成る長い中間航路へと続くものであった[25]。

海岸までのつらい行軍の間、その途中までは、姉がエクィアーノの頼みの綱だった。彼女は家族と村との最後のつながりだったのである。また二度にわたり、アフリカ人家庭の一員ともなった。最初は族長で鍛冶師でもあった家で一カ月、次はティンマで、裕福な寡婦と息子の家庭で二カ月を過ごした。それぞれの家に着く前も、そしてまたそれぞれの家でしばらく過ごした後も、彼は売り買いされたが、一緒に旅をさせられた数知れぬアフリカ商人とも、また姉以外の捕囚たちとも、何らかの意義あるつながりを作った形跡はない。実際、売られたり買われたりの連続の旅であったから、つながりを作れるはずもなかった。彼はひとつの商品、奴隷として、徹底的に個体化されたのであった。

しかし、まだ、文化的な意味での疎外は始まっていなかった。海岸まではイボ語共同体だったのである。拉致されてから、「もう何日も旅をしてきたけれど」、まわりの人たちは「おなじ言葉を話している」と、エクィアーノは記している。ティンマでも同様であった。彼の説明によれば、「故郷を離れてからも、海岸に着くまでは、僕の言葉がわかる人間がいつも誰か見つかった」のだった。方言による違いはあったが、それは簡単に習得できた。また海岸に至るまでに、「二、三、他の言葉も覚えた」。また「アフリカ商人の暴力」に苦しんだのは確かではあるが、海岸までの旅の間、残忍な扱いはされなかったことを、エクィアーノは念押ししている。「人間の権利を踏みにじった、黒い肌の破壊者たちの名誉のために」読者に説明しておかねば、と感じていたのだろう。次のように書いているのである。「一度もひどい扱いはされなかったし、それは他の奴隷たちに対してもそうだった。必要なときには、逃げないように縛りはしたけれども。」

エクィアーノの場合も、他の多くの奴隷たちとおなじく、アフリカ人の支配からヨーロッパ人の支配への衝撃的な移行は、驚愕と恐怖の奴隷船へ積まれるとともに始まった。それは、疎外の極みといえる瞬間であり、死への願望が頂点に達した瞬間であった。死にたいという思いは、その後も長い間、彼につきまとい、折に触れて顔をのぞかせた。奴隷船のうえでは、何を考えるにも、理解するにも、あれかこれかの、極端に走りがちだったようだ。年若いエクィアーノには、船員たちは、悪霊であり、醜悪な「白人」であった。さらにおもしろいのは、彼を奴隷船へと運んできたアフリカ商人たちは「黒人」であったから、エクィアーノは突如として、彼らに対し親近感を感じはじめたのだった。主甲板で気絶したときに慰めようとしてくれたのも彼らだったし、それに彼らだけが、エクィアーノに残された故郷との最後のつながりだったのである。商人たちが船を去ってしまうと、「僕は絶望の淵につき落とされた」。「生まれ故郷に戻る」手段はもう何もなくなったのであった。二度と戻れぬ地点に立つエクィアーノには、アフリカの奴隷制が、馴染み深く、気楽なものに思え、なつかしくさえあった。「黒人」は自分とおなじ人々だったから。少なくとも黒人は自分を食べはしないだろうから。

奴隷船での航海の間中、エクィアーノは「白人」という一枚岩のカテゴリーでものを考えていた。それは、謎めいた暴力的支配への恐怖と、ほぼ同義語であった。彼は、奇妙な「白人」にかんする、同郷の人々との会話をいろいろと書き留めている。「白人」はどこから来たのか。なぜ自分は彼らのことを知らなかったのか。女もいるのか。そして、自分たちが乗せられているこれ（船のことだ）は、いったい何なのか。乗組員についての記述の多くは、鞭打ちや自殺防止などをはじめとする、見せしめのための暴力にまつわることである。彼らを形容するのにエクィアーノがもっともよく使ったのは、

「残忍な」という単語であった。奴隷船の船長には一度も言及しておらず、航海士たちにも触れていない。また、乗組員の間の序列の存在を意識しているとわかるのは一箇所のみ——白人水夫がロープで鞭打たれて死に、「畜生であるかのように」、つまり、動物の屍骸並みに、なんの儀式もなしに、船から投げ捨てられた時のことのみである。

しかし、エクィアーノの物語には、暴力とも残忍さとも無縁な、ヨーロッパ人とのやりとりも二、三含まれている。たとえば、彼を元気づけようとして、水夫が酒をくれたこと（結果、さらに具合が悪くなったのだが）があった。また別のときには、他の奴隷船の船員たちが船に乗り込んできたのだが、「初めて見る人たちのなかには、黒人と握手を交わす人もいた。そして、僕が思うには、手ぶりで、僕たちは彼らの国に行くのだと言っていたようだった。しかし僕たちには、彼らが言っていることはよくわからなかった」。それから、四分儀に興味をもったエクィアーノに説明をしてくれた水夫もいた。しかし、彼の「白人」という一括りの見方が崩れはじめるのは、奴隷船ではない《インダストリアス・ビー》に乗船してからのことである。エクィアーノは自分の本のはじめに聖書から、人種の違いを否定する、いたって革新的な言葉を引いている。曰く、すべての人間の「血はひとつである」。しかし、彼の初期の印象はその言葉とは全く相容れないものであったのである。

エクィアーノは、名も知らぬ人々の世界でどうにか生き抜いていくにあたって、特定の名を使ったり、あるいは使おうとしなかったりしているが、そこには、収奪され、関係を断ち切られてもなお、また新たな関係を築いていく過程がよく表れている。故郷からさらわれた瞬間から、ヴァージニアに着くまで、陸路と海路の一六カ月を語るにあたって、エクィアーノは、アフリカ人にしろ、ヨーロッパ人にしろ、ただの一人もその人間の名前で呼んでいない。ここで際立つのは、彼自身の孤独と完全な疎外である。父の名、母の名、そして姉の名すら、挙げていないのである。これは偶然ではないだろう。というのは、エクィアーノが、名づけを権力の行使として意識していたことがうかがえるからだ。名を奪うのが、すべてを剝ぎとる収奪の文化の一部であるように、新たな名を与えるのは、侵略と支配の行為となりえる。オラウダ・エクィアーノという親から与えられた名は、奴隷船上で奪われ、三五年後にその名をまた名乗るまで、長らく失われたままだった。「アフリカのスノー船では、マイケルと呼ばれていた」と書かれている。次の船、ヴァージニアに向かうスループ船では、また別の名をつけられ、今度はジェイコブと呼ばれた。そして最後に、《インダストリアス・ビー》では、新たな主人、パスカル船長から、グスタヴァス・ヴァサという四つめの名前を与えられた。エクィアーノは、少々誇らしげに、「そう呼ばれるのを拒否して、ジェイコブと呼ばれたい、とできるだけ上手く彼に告げた」と回想している。（なぜその名のほうを好んだかについては、言及していない。）しかしパスカル船長は新しい名前に固執し、少年のほうでは、その名で呼ばれても「返事をしなかった」。エクィアーノによれば、抵抗したために、「何度も手錠をかけられた」。このようにして、それでついに、言うことをきいたのだった。このようにして、彼は暴力によって自分自身の名を奪われ、おなじく暴力によって新しい名を与えられたのだった。(26)

エクィアーノは仲間の奴隷たち――「あらゆる種類の人々がともに鎖につながれている、黒人たちの群れ」――が、階級も、民族も、そして性別もばらばらの寄せ集めで、それが一纏めに奴隷船に積まれているのに気づいていた。生き延びるために、その中で意思の疎通を図り、自分をわかってもらおうと、人々が懸命に努める様を見てとった。エクィアーノにとってのその努力は、彼を奴隷船に連れてきた黒人商人とのやりとりから始まった。さらに、下甲板の男性居住区のなかに、「自分の故郷の人」を発見した。バルバドスでは、イボ語話者のみならず、「あらゆる違った言葉を話すアフリカの人々」と出会った。彼らは、奴隷主たちが、新たにやってきた「潮水ニグロ」（着いたばかりの奴隷はそう呼ばれていた）をなだめるためによこした人々だった。ヴァージニアへの航海の間は、故郷の人々がいなくなり、イボ語をしゃべる者が誰もいないのを嘆いた。「誰も僕に話してくれる人間は」いなかった。しかし、同時に、彼は自分自身の言語を話さない人々とも意思疎通を図っている。「アフリカでも遠くの地域」から来た人間とも話が通じたと述べているし、またいろいろな船の水夫たちから学んで、英語も身につけたという。英語が使えるようになると、それで他のアフリカ人、特に海岸部出身の人々と意思疎通がとりやすくなった。さらに、新たな言語、つまり行動となって現れる抵抗の言語が形成されてゆく様も目撃した。乗組員を出し抜いて、舷側から海に飛び込んだ三人の奴隷などが、その一例だ。これもまた、奴隷船上での連帯と絆を強めるのに、一役買ったのだった。

互いを「船友」と呼び交わした人々の間では、はかない絆から、新たな血族が生まれた。エクィアーノ自身はこの言葉は使ってはいないが、彼もまた、互いを結びつける原則を、はっきりと体現している。そして彼の場合、驚くべきは、仲間のアフリカ人ではなく、アメリカ人の船友、リチャード・ベーカーに対して絆を感じるようになったのである。彼と同じ十代の少年と、エクィアーノは親友になったのだった。二人は狭い船室を分け合い、船の暮らしにつきものの他人には言いにくい困難をともにした。「彼と僕は、船で多くの困難を一緒に乗り越えた。そしてあまりにつらいときには、お互いの腕のなかで夜を過ごしたのである。」奴隷船に乗せられたすべての人間が、これとまったく同じ体験をしたことだろう。このようにして、故郷から根扱ぎにされたアフリカ人たちは、奴隷船の下甲板に、自分たちの手で、事実上の互助的な社会を、そしてときには「民族共同体」をさえ作りあげたのであった。エクィアーノは、多くの「同胞」と同じく、少しずつイボの格言、「イグウェブケ」、すなわち「数は力なり[28]」の新しい意味を理解するようになっていったのである。

第五章　ジェイムズ・フィールド・スタンフィールドと浮かぶ地下牢

奴隷貿易のドラマを伝えるのに、ジェイムズ・フィールド・スタンフィールドほどの適任者は、十八世紀を通じても他にいないだろう。まず彼には奴隷船での航海の経験がある。一七七四年から七六年にかけて、リヴァプールからベニン、ジャマイカを往復したが、その航海は凄惨なものであったという。また、奴隷海岸内陸部の貿易基地で八カ月間を過ごしている。学も文才もあり、やがて作家としてそれなりの名声を手にした。そして、特筆すべきは、役者としての活躍で、人間性の勝利と悲劇を追及する作品を全国で上演した。スタンフィールドが、はじまったばかりの奴隷制廃止運動に後押しされて、奴隷貿易の恐怖についての著作を思いたったのは、一七八〇年代の後半であるが、その時点で彼は、ユニークな才能と経験の両方を手にしていたのであった。[1]

スタンフィールドは、当事者の立場から奴隷貿易の実態を暴いた、最初の一人である。彼の『奴隷貿易航海考――トーマス・クラークソン師への手紙』は一七八八年五月、ロンドンで、奴隷貿易廃止実行協会によって出版された。[2] 同じ年に、アメリカでは、七回に分けて、『プロヴィデンス・ガゼット・アンド・カントリー・ジャーナル』に掲載されている。それぞれ、発行地の奴隷制廃止論者が掲載に動いたものと思われる。[3] 翌年には、自分自身の奴隷船での経験に基づいた、『奴隷貿易の旅、三部詩』を執筆。[4] そして一七九五年にも、『フリーメイソンズ・マガジン、ジェネラル・コンプリート・ライブラリー』に短めの詩を発表した。この詩には、正式な題名はないが、「一七七六年、アフリカの海岸にて」と記されている。[5] これらの作品群は、スタンフィールド自身の奴隷船での経験を劇的に表現したものである。「奴隷貿易の旅という演目」が上演された劇場は大西洋、舞台は奴隷船の甲板であった。[6] 一七八九年、『ジェントルマンズ・マガジン』は、『奴隷貿易の旅』を取り上げ、前作の『航海考』と同様、「奴隷貿易廃止の舞台装置にまたひとつ新たなものが加わった」と評した。[7] ぴったりの比喩ではないか。

スタンフィールドはまた、平水夫の視点から奴隷貿易を語った最初の人物でもある。彼自身、その点が何より重要だと考えていた。「あちら側を見えなくする幕が……あまりに長い間、この貿易の実態を覆い隠してきたこと」、そして「利害のある人々が、巧妙に影響力を行使し、あらゆる手を使って」、重要な情報を「公の目に触れないようにしてきたこと」に対して、強い怒りを覚えていた。苦い皮肉とともに彼は次のように問いかけている。

そういう情報は誰から手に入れられるだろうか。ほんとうの証拠を出せるのはどんな人々だろうか。慈愛深い奴隷商人が進み出て、自身の欲が生んだ、強奪、殺人、破壊の長い目録を差し出すだろうか。こころ優しい奴隷船の船長が、死亡者名簿を出してきて、――今度ばかりは正義の念に駆られ、あの「万能」の病名を訂正するだろうか――赤痢、赤痢、赤痢、そう書いておけば、献身的な（いや、呪われたというほうがいいかもしれない）乗組員たちが、命を落としたほんとうの理由、船の人員が減っていったほんとうの理由は問われずに済んできたのである。下級航海士が、勇敢にも、昇進を考えるなどくだらないと思い定め、船主や代理人たちの思惑も介せず、自分たちの生活の実態を毅然として語ろうとするだろうか。自分たちも、劣悪な環境でこき使われ、奴隷同然であると。あるいは、その目で見たおぞましい光景、実際に目撃した野蛮な行い、そして嫌々ながらではあったかもしれないが、自らも加担してしまった残酷な所業を暴いたりするだろうか。

否、というのがスタンフィールドの答えだ。利害関係がある人間が、真実を語るとは信じられないではないか。「真実を、ありのまま、歪めずに語れるのは」、唯一、平水夫だけだ。彼らもまた、船長や航海士と同じく、当事者として奴隷貿易に関わった人々なのだ。問題があるとしたら、それは、彼らが語ろうにも、「生き残りがあまりに少ない」ということであった。多くの者が、奴隷船での航海中に、命を落としたり、遺棄されたりしたのである。スタンフィールドは、そういった死者や行方不明者を代表して語るのを、自らの使命とした。彼の著作は、「奴隷貿易の航海の全貌がつながるように」構成され、奴隷貿易と、それに参加した平水夫たちの真実の経験を劇的に伝えている。生身の人間の売買について詩をものしたのは、数十人にのぼるが、スタンフィールドが「非人間的な貿易の暗い迷路」と呼ぶ旅を実際に体験したのは、その中のほんの一握りにすぎない。スタンフィールドはその一人である。そして、奴隷船と奴隷貿易についての彼の描写は、水夫の手になる記録の最高峰といえるのである。[8]

イングランドの船乗りたるもの

スタンフィールドが船乗りになったのは、反逆ゆえのことらしい。一七四九年か一七五〇年に、アイルランドのダブリンに生まれ、一七六〇年代末には、将来聖職につくべく、フランスで勉強に勤しんでいた。その頃に、世俗への目覚めを経験したのである。「まず科学によって、目が開かれた」と、彼は記している。[9]スタンフィールドは、自然界と哲学が差し出す悦びと美を求めた。感情豊かで、時代を先取りしたロマン主義者であった。活力溢れ自由、身軽なこの若者は、船乗りになった。あらゆる意味で聖職者とは正反対の職業を選んだわけである。不敬、自由思想、官能と行動が幅をきかせる船乗りの世界では、敬神の精神、教義、禁欲、そして瞑想などは微塵と散った。世界の様々な地域を訪れ、船乗りとしての経験は、生涯彼の存在の核でありつづけた。一七九五年に、役者仲間のひとりがスタンフィールドを次のように評している。「根っからの船乗り、船乗りの鑑。勇敢で、そしてその勇敢さは、優れた才と理解力に裏打ちされたものである」。人生最後の肖像画のなかでも、スタンフィールドは、胴着の下に、船乗り用のセーターを着ている。スタンフィールド自身より有名になった息子、画家で、その名もクラークソン・スタンフィールド（トーマス・クラークソンに因んでの命名である）が描いた一枚である。[10]

スタンフィールドは、船乗りを辞めてまもなくの、一七七七年、マンチェスターで役者としての一歩を踏み出したようだ。当時の役者の例に漏れず、スタンフィールドの生活も絶えず困窮していた。実入りはよくなかったし、不安定だった。そのうえ、彼はやがて二度の結婚で、十人の子どもを儲け、その家族を扶養せねばならなくなったから、「慢性的な金欠」生活には拍車がかかった。スタンフィールドはしかし、陽気なたちの男だった。生き生きとした知性、独立独歩の精神、そして独特な風貌（醜男ぶりは極めつきだった）で知られていた。スコットランド人画家、デヴィッド・ロバーツは、年がいってからのスタンフィールドと親しくなった人物だが、彼のことを「熱情溢れる、心温かなアイルランドの男」と呼んでいる。アイルランド人であり、船乗りであったスタンフィールドは、物語を語っては人を楽しませ、陽気に歌を歌って聞かせた。そのうちの何曲かは自ら作曲したものだった。[11]

奴隷貿易の航海に出るころには、スタンフィールドはすでに船乗りとしての経験も十分で、航海の知識も身につけていた。数年の「船乗り生活」を経て、「ヨーロッパのほとんどの地域、そして、西インドと北アメリカ」にもすでに航海の経験があった。航海のさなかも、そして船を降りてからも、スタンフィールドは仲間の船乗りたちと語りあい、自分の奴隷船の体験と、他の船乗りたちの体験とを比較した。その結果、航海士たちの行いや、貿易の進め方は、どの奴隷船においてもほぼ同じだとの結論に達した。少々、扱いが他よりよかったり、悪かったりはあった。「しかし、航海士らの水夫への扱いに、節度が保たれていた奴隷船は、たった一隻の例外をのぞいては、他になかった。」[12]

スタンフィールドは下っ端の水夫ではあったが、水夫の典型からははずれていた。他の船乗りたちに較べると、教育があったし（ラテン語を解した）、いくばくかの金も持っていた（リヴァプールではコーヒーハウスに宿泊していた）。しかし、船上では上級船員ではなかった。つまり船長と食事をともにする船員ではなかったのである。大西洋横断の終盤には、人がどんどん死んでいったために、航海士に昇格させられ、医者の資格なしに船医も兼ねたが、彼の見方が水夫の目線から動くことはなかった。仲間の尊敬と信頼を集め、水夫たちから、航海の間の「ちょっとした会計」記録——水夫たちの金や支出のことだ——をつけてくれ、船長から騙されないように守ってくれと頼まれていた。船の名簿では、スタンフィールドの名の横には何の職名も技能の記載もなく、他の水夫たちと同様の記載がされている。[13]

スタンフィールドは一七七四年九月七日に、リヴァプールからベニンへと出発した。乗船したのは、デヴィッド・ウィルソン船長の《イーグル》であった。ガタガタの老朽船で、「海上基地」、すなわち、奴隷貿易の交易所として「海岸に置いてくる」ことになっていた。[14] 一七七四年十一月に到着するやいなや、《イーグル》の船員は次々に病に倒れ、命を落としていった。しかし、スタンフィールドは内陸部の「ガトー（ガト）」へ行ったために、これを免れた。「海岸から何マイルも離れた、奥地へと」入った場所にある、奴隷貿易の基地に、一七七五年の六月末まで八カ月間、滞在したのである。[15] その間に、新しい船、《トゥルー・ブルー》が到着した。上陸した船長のジョン・ウェブスターは、二隻の船の船主である貿易商のサミュエル・サンディーズに託された仕事を行った。それが済むと、ウィルソンが船長として《トゥルー・ブルー》を引きつぎ、新たに十五名の船員を雇い入れた。スタンフィールドもその中のひとりであった。そうして船は、囚われ人を積み込んで、ジャマイカへと帆を向けた。中間航路で、乗組員の半数以上（八名）が死亡した。十二月、ウィルソン船長はジャマイカで百九十名の奴隷を売り、リヴァプールへの帰途に着いた。到着したのは、一七七六年四月十二日であった。スタンフィールドはおそらく船の荷降ろしを手伝ったのだろう。最後の給金の受け取り日が一七七六年四月十五日になっている。《イーグル》の乗組員で、元の港に生きて帰ったのは四名、ウィルソン船長、大工のヘンリー・フーシャ、乗組員のロバート・ウッドワード、そしてスタンフィールドであった。(16)

鎖のはじまり

スタンフィールドにとって、奴隷貿易航海のドラマのはじまりは、アフリカの海岸でも、奴隷船のうえでもなかった。それは、貿易商たちのやりとりやコーヒーハウスといった、紳士然とした背景のなかで始まるのであった。つまり、端的にいえば、奴隷商人と彼らの金が航海を始動させるのだ——船と積荷を買い、船長と乗組員を雇う金を集めるのがすべての始まりなのである。リヴァプールから、西アフリカへ、そして西インドへと伸びる鎖の最初の輪は、この時鍛造される、とスタンフィールドは考えていた。この鎖の比喩を、彼は著作全体を通して使っている。

情け無用の商人たちの、真夜中会談、
黒い計画あたためて、ついに手打ちとあいなって、
巨大な鎖、ひとつ目の輪はこれにて完成
鎖が動く、苦痛の世界が震え出す

彼は、無情な計画実行への衝動は、「飽くなき金銭欲」と二次的な原因の一群（妄想、悪癖、節度のなさ、愚かさ、プライド）から生まれる、と考えていた。この港町のほんの数人の欲と、大西洋全体の多くの人間が舐めた辛酸との関係に、最初から注目していたのである。(17)

スタンフィールドは貿易商人の資本が、様々な労働を始動させる様を、そして、リヴァプールの港の労働者たちによって、鎖の新たな輪が打ち出されていく様を、観察した。「鉄床《かなとこ》の音に、遠い海原が揺れる／重い響きの一打ちごと、呪われた鎖が編まれてゆく。」騒然たるなかで、船が修理され、装備が整えられ、積み荷が集められる一方、貿易商、船長、そして高級船員たちは、アフリカへと船を走らせる「ネプチューンの息子たち」の獲得に乗り出してゆく。「なによりむずかしいのは」と、スタンフィールドは記している。「奴隷貿易の航海に足るだけの人員を集めることだった。」

ジェイムズ・スタンフィールドは船乗りというものをよく知っていた。何年も彼らと暮らし、ともに働いた。船乗りが何をどう考え、どう行動するのかも熟知していたし、彼らの人生観、習慣、長所、短所、風変わりなところも理解していた。船乗りたちは、奴隷貿易を好んではいなかった。また、ほとんどの者は「陽気」なたちで、港で踊り、飲み、騒ぐチャンスがあると、「後先考えなくなる」こともしばしばだった。長い航海から戻ったばかりで、いろいろと不自由した直

後だと、特にその傾向が強かった。ポケットに金を詰め込んだ彼らは、「六週間貴族」となった。いや、そんなに長くもたない者も多かった。港近くの飲み屋に群がり、苦労して稼いだ賃金を湯水のように使い、大騒ぎをして、後でどうなろうと構わないといった調子にもなった。その様子には、「考えもなし、疑いもなしの放蕩者、というイングランドの水夫の特徴」がよく現れている。スタンフィールドはまた、奴隷貿易商や船長が、このどんちゃん騒ぎをうまく利用して、船に乗せる水夫を獲得することも知っていた。彼は、雇用主側の手口や、港での奴隷貿易労働力市場の仕組みを詳しく説明している。港の薄暗い酒場から、市の監獄、そして沖に停泊している奴隷船へと、スタンフィールドの解説は、手提げランプのごとく、それぞれの様子を照らしだしていくのである。

スタンフィールドの説明を見てみよう。航海の準備を整えている奴隷船があるといつも、貿易商、船の船長、貿易商の事務所の所員、そしてクリンプと呼ばれる悪徳周旋業者が、リヴァプールの街を「片時も休まず」うろつき回った。彼らは、水夫をひとり、またひとりと、強引に酒場に連れ込んだ。酒場の主人は彼らの回し者で、音楽、女、酒が水夫らを待ち受けていた。スタンフィールド自身も、ある通りを歩いていたところ、その一つの通りだけで「三度も酒場に引きずりこまれた」ことがあったという。いったん中に入ると、その道のプロたちが、愛想よく、友達めかして、群がってくる。次から次にラムとジンが振る舞われる。水夫を泥酔させて、借金を作らせるのが目的だ。この二つこそが、奴隷船の人員確保手段の要であった。

水夫たちは、延々と自堕落な酒盛りを続けた後に、泥酔したまま――スタンフィールド自身もそうかもしれない――奴隷貿易商や船長と、「合意項目」、すなわち賃金契約を交わした。その多くは、経験に乏しい若者だったが、なかには事情がわかっているはずの古株もいた。スタンフィールドははっきりと書いている。「このような手口にはひっかからない、それぐらいの知恵はあると過信して、クリンプと酒場に入っていく水夫たちをたくさん知っている。彼らは、商人なんか出し抜いて一晩楽しませてもらう、と意気揚々で、どんな策略にもひっかかりはしないと決心も固い。」しかし、いったん酔っ払ってしまうと、「その人間の狙いなど十分にわかっているはずの男と契約を交わし、その恐ろしさを知っているはずの状況に陥ってしまうのである」。それは危険なゲームであった。ゲームに負けた船乗りたちは、往々にして、自らの命で負けを支払うことになったのだった。

お祭り騒ぎが、深夜へ、さらには翌朝へと続くにつれ、酒場の主人は、壁にチョークで印をつけて、どんどん増えてゆく船乗りのツケを記録していく。リヴァプールでは「印四つで一シリング」と言われていた。酔いが回ってくると、勘定がどんどん湧いてきて、やがてツケは、実際に飲んだ分もでっちあげの分も合わせて、膨れ上がっていく。契約書にサインするのを拒んだ者たちも、いまや新たな事態に遭遇しているのである。酒場の主人は、酔っ払ってツケが嵩んだ船乗りたちに、取引を持ちかける。奴隷船に乗り組むのに同意すれば、前払いの分でツケを払ってもよいというのである。この取引に応じなければ、巡査が呼ばれ、監獄に入れられることとなる。スタンフィールドは、このやり口を韻文に歌っている。貿易商は、

疑いもせぬ水夫らを、言葉巧みに意のままに
そうして蜘蛛の巣たぐりよせ、
餌食をしかと締め上げる
でっちあげたる借金で、ついにお上に突き出すと、
監獄が水夫らの顔覗き込む

取引に応じて、船に乗り込む者たちがいる一方で、監獄を選ぶ者たちもいた。しかし一旦、監獄に着くと次のように悟るのである。「その場所からは、奴隷船以外の船には乗れはしない。他の船なら「自分から」働かせて欲しいという船乗りに事欠かないのだ。それに、船長たちは「監獄ツバメ」たちを当然ながら嫌がった」。水夫たちは、

いまとなっては易き暮らしは届かぬ彼方
正義も望めぬ、救いも望めぬ――
扉はひとつ、暗い道へと続くのみ。
みじめな住まいを吹き飛ばすのは不吉な定め
奴隷商売、黒い悪霊、鉄の扉を持ち上げる
そうら、にやりと亡霊の笑み、
ギニアの岸を指している。

監獄を後にする哀れな餌食には、とスタンフィールドは書いている。「近づいてくる運命が、恐怖とともに身に迫る」抜け目のない商人によって、彼の足は鎖につながれたのである。

様々な人々があの手この手にひっかかり、船に乗るはめとなった。まず、酔っ払って借金をしてしまい、陸の監獄のかわりに海の上の監獄に行く取引をせざるをえなくなった者たちがいる。この多くは「向こう見ずな若者」で、「疑いを知らぬ」類だったが、クリンプなど出し抜いてやるつもりで、結局は自分がしてやられた者もいた。また、スタンフィールドによれば「わずかながら自ら進んで災いのなかに飛び込んでいった」人間もいたという。こちらは、「悪い友達」にそそのかされてとか、「身に覚えのない不名誉」から逃れるた

めにとか、あるいは明らかに法に触れてとか、事情はいろいろだった。また、あれやこれやの不運に遭い、「嘆き悲しむのにも倦み、忍耐もつきた」者もいた。失恋し、「望みのない情熱がやぶれて」、という男もいた。スタンフィールドはこの最後の例として、ラッセルという名の友人を詩に歌っている。「こころは無邪気――優しいたちで、／残忍さなどかけらもない。」この男は「風に運ばれ、風より激しい情熱に吹き飛ばされて」、奴隷船へとやってきたのである。熱帯へと向かうなか、彼はいま「火炎地帯の熱と戦っている」のだ。奴隷貿易に従事した船乗りも、他の船の者たちと大きな違いはなかったが、違いがあるとすれば、彼らのほうが、少々世間知らずで、何か切羽つまった事情を抱えたはぐれ者が多かった点だろうか。スタンフィールド自身の動機については、「一七七六年、アフリカの海岸にて」（実際の滞在は一七七五年である）という詩に、手がかりがある。彼は自分の「向こう見ずな若さ」と「青年特有の熱情」、そしていかに自分が「ご多分にもれず海へと急いだか」に触れている。これらは、彼自身がクリンプの罠にはまる原因となった、なんらかの行いを示唆しているのかもしれない。しかし同時に、彼はアフリカへ積極的な関心があったとも書いている。「豊穣な風景」、「自然の美」、そして「観察」への興味などという言葉が見受けられるのだ。「時代が注目している地域」に、「知の宝庫」と「知恵の宝」を探そうともしていたのである。[18]

《イーグル》に三二名が乗り組み、船出のときがやってきた。水夫たちの家族や友人が見送りのためにドックに集まっていた。船出ならば、浮かれたムードになってもよいはずが、スタンフィールドによると、「甲板には別れを交わす人々／どの顔にも悲しみの影が濃くさしている」といった具合であった。見送りなどない者たちもいた。監獄から連れてこられた者たちは、これからどこに行くのか知らされる機会もなかっただろう。いや、機会があったにしても、「友人たちに、自分の行き先がどこかなど漏らしはしなかったのではないか」というのが、スタンフィールドの考えである。人によっては、明らかに、奴隷貿易の船に乗るのを恥と感じ、誰にもそれを知られたくなかったのだ。このように事情はそれぞれであっただろうが、いずれにしても別れのときはやってくる。岸から、「魂の底から搾り出したような叫びが三回、空をつんざいた」。船乗りたちがこれに応える。「狂おしい応答の歓声が、三回、あたりにこだました。」

ひとたび海に出れば、船乗りたちの全意識は船とその仕事に注がれる。

持ち場にかまえ、精を出すのは従順なる者の群れ
方向綱を調整し、横静索をぴんと張れ、

ばたつく帆足索、ぐいと引く腕、力をこめる
巨大な機械をしかと進める

「巨大な機械」はいま、黄金海岸へ、ベニン湾へとむかっていく。船乗りたちが騙され、ひどい目にあったからこそ、始まった航海ではあるが、それでもこの瞬間の船は美しい。

新しい帆、塗ったばかりの船体、いろどりも鮮やかに、旗幟はためかせ、海風を切って進んでいく。しかし、スタンフィールドにとっては、その全てが背後にある悪を隠蔽するものであった。

見よ、輝ける波のうえ、軽やかに船は走る、
誇らしく、その衣に風を受け、美しくその身を飾る、
飾りきらきら翻し、狡猾は化粧で隠し
見えぬ破滅は、おおらかな笑みに包みこみ
まぶしい彩、絢爛に調い
誇らしく騙るは、堅気の商い
花魁の輝きもて隠すのは
毒のもくろみ、そして死の罠

荒れ狂う暴力

航海のはじまりはごく尋常だ、とスタンフィールドは思った。「船乗りたちの扱いも普通であったし、食事も十分に与えられた。簡単にいえば、船長や航海士たちの態度は、他の船とほぼ変わらなかった。」スタンフィールドは奴隷貿易以外に携わる様々な船に乗ったことがあったので、比較することができたのだった。しかし、陸地が見えなくなると、微妙な変化が起こったのに気づく。「船は、船員が船からの逃亡を考えなくなり、司法の正義の裁きが及ばない地点までやってきたのである。」そこまで来ると、船長や航海士たちは鞭打ちを口にし始めた。実際に鞭で打たれる者はいなかったが、それは、船が老朽船だったために、リスボンで修理する可能性があったからだろう、とスタンフィールドは考えた。このため、航海士らは節度を保っていたのだ[19]。

港での修理の必要がないと決まり、船がリスボンのはるか南まで進むと、すべてが変わった。まもなく、水夫たちの食べ物と水の量が減らされたのだ。「灼熱地帯で、一日一リットル弱とは！」と、スタンフィールドは抗議の叫びをあげている。塩漬けのものを食べて、朝から晩まではげしい労働をするのではたまらない。水夫たちは自分の汗をなめるようになった。スタンフィールドは、夜の間に船の鶏小屋の屋根に露がたまるのを発見して、毎朝、これをすすった。しかし、この「甘い秘密」を味わえたのも、他の者たちに見つかってしまうまでのことであった。あまりに喉が渇くので、一日分

の水をもらうやすぐに飲み干してしまい、次の二四時間ずっと、「狂おしい渇き」に苦しむ者もいたという。もちろん、この間も船長は、ワインも、ビールも、水もふんだんに飲んでいた。

水が不足した原因のひとつを、スタンフィールドは次のように説明している。「貿易品を積めるだけ積み、必需品を載せるスペースは二の次だったのである。」人間より儲けが大事という古典的な例である。「船には可能なかぎり隅々まで奴隷と交換する品々を積みこむ。まず考えるべきはそれで、労力と工夫のすべてがその一点に注がれる。船乗りの命など何の価値もないので、考慮の対象にもならない。」スタンフィールドの言葉を借りれば、「欲にまかせて品々を積み込み」、その結果、船乗りたちがハンモックを吊るしたり、夜具をひろげたりする場所もなかった。男たちは、綱や木箱のうえに「そのまま寝る」しかなかったという。熱帯に入ると、甲板で眠ったから、「健康に悪い夜露にしとどに」濡れてしまうのだった。

それから、殴られたり、鞭打たれたり、と、様々な暴力がはじまった。カナリア諸島を過ぎたあたりであった。スタンフィールドは、船長が次のような「暴力的な命令」を航海士に与えるのを漏れ聞いている。「これは奴隷船だ。船乗りたちに口答えをさせてはならん。君らの物言いがきつかったとしても、問題外だ。かりに、挑んできたら、殴りたおせ。」暴力は伝染病のようにまたたくまに広がった。スタンフィールドは、暴力を振るわれた船の樽職人の例を挙げている。「働きもので、悪気がなくて、ほんとにいいヤツだった」という。一等航海士に冗談っぽい話し方をしただけで、殴りたおされてしまったのだ。船長に苦情を聞いてもらおうと、船室に這っていこうとしたが、その間にさらに、二回、三回、四回とやられてしまった。やっとのことで、「船乗りが数人、(職人と航海士の)間に入って、職人を急いで遠くにやった」。仕事でささいなミスをするだけで鞭打たれたし、一度など、水夫が三人一緒に横静索に縛り付けられたこともあった。航海士たちは、鞭で打ったあと、傷口にほんとうに塩をすりこみさえした——あの悪名高い、九本の紐がついた、九尾猫鞭で打ち、ざっくりと切れた、暗赤色の傷に、「ピックル」と呼ばれていた海水液をたらすのである。彼らはなんのためらいもなく、また「権威の乱用に対して報復されるのではないかという恐れ」もなく、暴力をふるった。航海が進んでいくにつれ、とスタンフィールドは記している。「荒れ狂う暴力の／暗黒の力、一時《いっとき》ごとにいや増す。」[20]

悪魔の残虐

アフリカの海岸に到達すると、また一連の新たな変化が訪れた。船、乗組員、船長そして、取引相手のアフリカ側の人々、すべてに起こる変化をスタンフィールドは書き留めている。

まず船自体のかたちが変わる。水夫たちの手によって主甲板に「家が建てられる」からである。船首から、ほぼメインマストの付近まで、植物で屋根を編んで日よけを作るのであるが、これは、熱帯の日射しをさえぎるだけでなく、増え続ける購入済奴隷の逃亡をふせぐためのものでもあった。これを作るには、水夫たちは河口で水につかって作業をしなければならなかった。上半身裸になり、焼けつく日差しに曝されながら、日よけの材料の木や竹を切るのである。「腰まで汚泥のなかだ。蛇、ヒル、ミミズ、毒のある爬虫類、そして蚊の群れ。無数の虫が肌をさす。一歩ごとに足がすべる。そして航海士たちは、水夫たちを情け容赦なく働かせ、ひとときの休みもなく重労働が続くのだ。」スタンフィールドの考えでは、この労働も水夫たちの死亡率を上げた原因であったが、それだけなく、そもそも日よけの建造物自体が問題であった。奴隷たちを分断するために船内に作られた隔壁とともに、この日よけは、船内の空気の循環をさまたげ、船上のすべての人間の健康を損なったのだ[21]。

水夫たちの健康状態が悪化してきたために、船の仕事の現場には、もうひとつの新たな要素が船長によって導入された。黄金海岸で、ファンティの人々を雇い入れたのである。彼らは「頑健、活発、労働意欲が高く、勇気もあった」――そして土地の気候にも、病気にも耐性があったのである。「この人々の多くが」とスタンフィールドは書いている。「子どものころから、海岸に出入りするヨーロッパの船舶の上で、育ったといってもよい。ヨーロッパの言語を学び、船乗りの仕事についてもよく知っていた。特に奴隷貿易にかんする事柄については熟知していた。」ファンティの雇用は決して珍しくはなかった。船長は、ファンティの王、およびケープ・コースト城塞その他のイングランドの総督と、書面の契約を結んだうえで、労働者を雇用したのである。スタンフィールドは、奴隷貿易はこの労働力がなくては成り立たないと考えていた。「あわれな水夫たちが病に倒れると、彼らに替わって、この頑健な現地の人々が、きびきびと船の仕事を進めるのだった。さんざん虐待され、まともに食事も与えられなかったイングランドの船員たちには、とてもできないことで、船長は可能な限りファンティたちを厚遇した。」アフリカの海岸に到着してから出発するまで、そして時には、大西洋横断の航海が終わるまで、実に雑多な人々が船を動かしていたのであった。

スタンフィールドの考えでは、アフリカの海岸に到着してからの最大の変化は、奴隷船の船長の変わりようであった。その変貌ぶりを次のように述べてている。「どう説明しようもないのだが、ほんとうのことなのだ。海岸が目に入ってきた瞬間に、残虐な悪魔が奴隷船の船長に取り憑いたのだ。」詩のなかでも、同じことが寓意的に歌われている。大魔王、残虐が、その悪魔の使いを船に送る。「いますぐに、と闇の王が言う、飛べ／波越えて船進むその場所へ。」そうして、悪魔は飛んでくるのだ。

その目を船長へしかと向け
眼下へと、猛る稲妻のごと、降りてゆき
血塗られた王座を据える心臓へ

アフリカへと向かう間の船長を、暴力的というならば、いまでは、はっきり悪魔のようだといえるだろう。残忍な悪魔に心が支配されてしまったのだ。この変化を端的に表す例に、スタンフィールドは事欠かなかった。彼が乗っていた船を訪れた、ある船長のことを語っている。この人物の残虐さは伝説のごとく知れ渡っていたという。なんという理由もなしに、自分の水夫たちを鞭打ち、見習いの少年をいじめ抜き、とにかく「苦痛を与えるのが悦楽であったのだ」。

「誇り高きベニン」にて

スタンフィールドが書いたパンフレットの紙幅の大半は、奴隷船で働く平水夫の経験の記述に費やされてはいるが、そこにはアフリカ、奴隷商人、船に運ばれてきた奴隷たちについての考察も含まれており、さらに、詩においては、そういった事柄を詳密に綴っている。彼の言葉は経験に根ざしたものである。それも奴隷船上の経験だけではない。スタンフィールドは船を降り、ベニンの奴隷貿易基地で八カ月を過ごしているのである。その結果、アフリカとその地の人々にかんして彼が至った結論の基調は、当時盛んに流通していた、奴隷貿易擁護のプロパガンダと真っ向から対立する。「ベニン王国の人たちほど、幸せそうな人々には、かつて会ったことがない。」ここの人々は、「安寧かつ、豊かに暮らしており」、大規模な製造業に従事し、特に布の製造が盛んである。奴隷貿易を別にすれば、彼らの社会では、あらゆることが「友愛、静謐、そして原始的な自主独立」の気を帯びていた。[22]

スタンフィールドは奴隷貿易を破壊的な力と捉えていた。なんといっても彼の詩の尋常ならざる特徴のひとつは、奴隷貿易をアフリカ側の視点から理解しようとしている点である。奴隷船がアフリカの海岸に到着したその時から、詩人の視点は、船から「原始の森」へ、そしてニジェール川へと移っていく。そこから、この大陸を護る女神が、目の前で繰り広げられる光景を眺めているのである。奴隷をつなぐ鎖が、ついにリヴァプールから到着してしまった今、スタンフィールドは問いかける。

まだ許すのか、残虐の手を、
飽くなき欲もて、この土地を刈り取った手を
不安に戦く君、見えるだろうか、容赦なきあの鎖が
人消えた広野に、いまだ恐怖を撒いているのが

スタンフィールドも見てとっていたように、西アフリカの海岸地域では、間断ない戦い、奴隷狩り、大西洋の向こうへの強制移住、そして恐怖に駆られての内陸部への自主移動などのため、人口が減少した場所が少なくなかった。アフリカの女神は、奴隷商人たちが、「血塗られた岸辺に、残忍な群れとなり」、「持てる鎖のすべてを」もって、押し寄せるのを見ているしかない。ここでは事態が逆転している。つまり、野蛮なのはヨーロッパ人のほうであり、鎖を手に岸辺に押し寄せ、アフリカの人々を捕らえようとしているのである。このように事態を把握したスタンフィールドは、水夫という存在の――ということは彼自身の――二重性を認識せざるをえなかった。詩のなかのこの時点まで、奴隷貿易の犠牲者であったのが、いまでは必然的に、加害者としての姿が立ち現れてくるのである。彼は「ヨーロッパからの来訪者によってもたらされた悲惨」を包み隠さず語る。たとえばこのように記している。「ヨーロッパの青白き息子たち、暴力の舳先を向け／取り出すは、恐怖の品々、恐ろしき道具。」スタンフィールドはまた、「白い盗人」、「血を商う闇商人」、そして「暴虐の白人」が誰なのかをはっきりさせている。「買われた悲しき人々」、「血を金で買う白い商人」にも触れている。この暴虐に水夫たちも加担したのだった。

またたく間に、「強欲が、無垢の土地を襲う／あわれな土地を呑みこんでゆく、洪水のように」。白い肌、黒い肌の商人たちの手によって、アフリカの人々は捕らえられ、家族と共同体から引き離され、鎖につながれた。

おお、なんと、我らが土地は、絶望に身をまかせ
なす術もなくやられるがまま、奴隷の枷をかけられて

彼らはどのような経緯で、枷をかけられることとなったのだろうか。「呪われた鎖」につながれたのだろうか。船に運ばれてきた奴隷たちの大半は、「だまされたり、力ずくで連れてこられたり」して拉致されてきた、というのがスタンフィールドの結論である。奴隷貿易推進派が常に言ってきたような「戦争捕虜」ではなかった。彼はベニンで「何度も聞いてみたが、戦争があったとは一度も耳にしなかった」。奴隷たちは、バジェカ王率いる「ジョー人」などによって、船に輸

送された。彼らは、土地から土地へと移動する、独立した略奪者集団で、「略奪に最適と思われる場所に、小屋を建てるのである」。彼ら自身は一人の奴隷も買わず、多くを奴隷商人に売ったのだった。まもなく奴隷船に乗せられる運命の男について、水夫詩人は次のように書いている。「青年は一日の仕事からの帰りだった／茂みで捕まった、悪党の罠に落ちた。」

奴隷貿易のためにアフリカで人々がどんな目にあっているのか、それを読者にリアルに感じさせようと、スタンフィールドは、アビエダという名の女性の身の上を詩に語った。彼女がどのように「すべての肉親のつながり」を絶たれ、船まで連れていかれたのかを書いているのである。彼女が、実在するのかフィクションなのか、あるいは二つを混ぜたものなのかはわからない。どちらにせよ、スタンフィールドは彼女を描くことによって、奴隷貿易廃止運動において注目を集めはじめていたテーマ——船上での奴隷女性への虐待と彼女たちの苦しみ——をはっきりと示し、それを多くの人々に伝えたのであった。(23)

捕まって奴隷船へと連れてこられたアビエダのそれまでの人生を、スタンフィールドは牧歌的な言葉で回想する。美しい、「陽気な娘」で、「クアモという若者」と恋をしていた。クアモは、奴隷を商う「油断ならない白人たち」から、彼女を守っていた。アビエダが捕まったのは、待ち望んだ二人の婚礼の日であった。

突然に襲いかかる略奪者、忌まわしい叫びをあげ、
たけり狂い、震える餌食を捕らえ
海岸へ、あわれな娘は運ばれて

彼女を救おうとしたクアモは、戦って命を落とした。アビエダは絶望に暮れた。船へと上げられると、マストに鎖でつながれ、鞭打たれた。スタンフィールドはその理由は述べていない。鞭が振り下ろされるたび、アビエダが苦痛にうなると、船上の他の女性たち、「悲しき仲間たち」は、アビエダを哀れみ、苦しみを分かつべく、アフリカの伝統的なコール＆レスポンスで、声をそろえて叫んだ。間もなく、「彼女の生気ない顔に、死のしるし黄疸の色がしのびこみ」、ついに最期のときが訪れた。「はげしい痙攣と、吐き出される今際《いまわ》の息／その一息の終わりには蒼白の死が座していた。」この描き方を見ると、スタンフィールドは、誰かが死ぬのを実際に、それも一度ならず、目にしたと思われるのである。(24)

一方、乗組員たちはというと、アフリカの海岸での滞在が長引くにつれて、その惨状はますますひどくなっていった。しばらく船を離れていたスタンフィールドが戻ってくると、

二等航海士が「薬簞笥のうえに仰向けに寝ていた。簞笥の端から頭が垂れていたので、髪は甲板掃除をしている始末。そこにたまった塵芥で固まっていた」。航海士はまもなく息を引きとったが、誰も気づかなかった。船尾のほうは、さらに凄惨で衝撃的だった。何人もの乗員が処置なしの状態でのびていた。「あとは死を待つばかり。苦痛を和らげる手立てもなく、水も食事も与えられず、世話をしている者もいなかった。ただ横たわり、弱々しい声を絞って、水をくれと訴えていた。しかし誰ひとりとして、哀れな病人を振り向きもしないのだ。」スタンフィールドは、「彼らと陰惨な一夜をともにし」、もう一晩ここで過ごせば自分も同じ運命だと確信した。死者のひとりは、おそらく彼の友人（「ラッセル」）だったのではないだろうか。詩には、次のように描かれている。「肌は土気色に」、「化膿した傷口は悪臭を放ち」、「体は麻痺し」、そうして「汚穢と血」にまみれて息絶えた。ラッセルが最後に口にしたのは、愛するマリアのことだった。彼の遺体は、「水の墓地」に投げ込まれた。「敬すべき亡骸は無惨に遺棄された。」

スタンフィールドは、エクィアーノが驚愕と恐怖と表したもの、魔界のごとき、この巨大な奴隷船に積み込まれた、「震える客人の各々」の感覚を捉えようともしている。

胸は絶望にひきさかれ、驚きいや増す
えじきとされし者、巨大なる機械へと進めば
知りたる言葉では名づけえぬ不可解なる眺めに
驚愕、苦悶とあい混じり、体を震わす
うえに、したに、これすべて目に入るものは
恐怖の使者に他ならぬ

ひとりずつ、囚われ人は、浮かぶ牢獄に「詰め込まれていく」。下甲板の「饐えた臭い」と「戦慄の闇」へと。そしてついに船は「帆を高々と揚げ、荒れ果てた岸を後にする」のである。

中間航路

さて、スタンフィールドたち、《イーグル》の生き残りは、《トゥルー・ブルー》に乗りこみ、ジャマイカへと船出した。下甲板には「枷をはめられた受難者たち」が詰め込まれていた。あの悪名たかい「中間航路」の始まりである。水夫詩人はその旅を「ほんとうの色合い」でもって、描きだそうと懸命であった。来る数週間、船はこれまでにもまして、凄絶な恐怖の部屋となってゆく。スタンフィールドは次のような言葉でこの部分の記述を始めている。「この忌まわしい旅は、暴力、容赦ない労働、病と死の、途切れなき絵巻物のようで

あった。今回も、行きの航海とおなじく、鞭打ちが最大の娯楽であった。」[25]

ウィルソン船長は中間航路の間、病に伏していたが、しかしスタンフィールドが見るところ、それゆえになおいっそう残虐の度合いが増したようだった。木製の王国の君主は弱ってはいたが、乗組員に自分を運ばせて、船の中を動きまわった。常に「トレード・ナイフ」を手元に置いておいて、気に触った者に投げつけた。ひとり、またひとりと、乗組員がナイフの犠牲になっていった。新しい二等航海士は、船長から甲板に叩きつけられて、頭をざっくりとやられ、その数日後に死んだ。また、料理人はあるとき肉を焦がしてしまって、船長の怒りを買い、ほどなく「焼き串で滅多打ちにされた」。彼が死んだのは、その翌日か、翌々日であった。

船員たちは、たとえ体調が悪くなっても労働を強いられ、それがもとで命を落とすこともあった。甲板長は、立てないほど調子が悪くなると、下甲板から持ってきた食物桶にくくりつけられ、無理やり船の操縦をさせられた。しかし、あまりに衰弱していて、操縦などできるはずもなかった。まもなく死亡し、彼の「亡骸は、例によって、海へと投げ捨てられた。シャツ以外、身を包むものもなしに」。翌日、「彼の遺体が船の脇に浮かんでいるのが発見された。そうしてその後何時間も、すぐ近くに浮いていた――なんとも恐ろしい眺めであった。その哀れな遺体は、我々の残虐に対して、天に復讐を叫んでいるのではないか、と皆が思ったようだった」。また別の病気の水夫で、ハンモックから這い出て、格子のうえに倒れていた者もいた。翌日目にしたものをスタンフィールドは次のように記している。「少し思いだしただけで、震えがくる。」男は「まだ生きていたけれど、血だらけだった――豚にかかとをかじられて、骨が出ていた。豚にかじられた以外にも、いろいろやられていたが、その有様はあまりに凄まじく言葉にできない」。

傷のほとんどは人の手によるもので、船長はそういった様子を眺めるのをことのほか楽しんでいたようである。体が衰弱していた船長は、誰かを鞭打つ際には、その人間を自分のベッドの柱に縛りつけさせ、やられる人間の顔を正面から見られるようにした。「情け容赦ない鞭に肉が裂け、苦痛の悲鳴をあげるのを悦んでいた。これが船長お気に入りの罰し方で、頻繁に行われた。」奴隷が加わったいま、船長は暴力をふるうことのできる相手が増えたのだった。スタンフィールドの見るところ、乗員も奴隷も同じ恐怖のシステムに囚われていた。

白であれ黒であれ――自由であれ、囚われであれ
二つの別なく、悪党の手に倒れ

老人の威厳、女の柔弱
法の力、情の力、何ものも血染めの腕をとどめえぬ

事実、水夫も奴隷も区別なくやられたのだった。「鞭打ちという、あのお気に入りの技が、あわれなニグロ、そして船員にも、絶えず振るわれた。」人種も、年齢も、性別も、法も、そして人間としての節度にもおかまいなしに、鞭打ちが行使されたのである。

　ある点においては奴隷のほうが乗員よりましな扱いを受けていたと、スタンフィールドも、多くの水夫同様に、そう考えていた。中間航路の間、奴隷を食べさせ生かしておくことには、少なくとも船長の利害が関わっていたのだから。彼は書いている。「この航海の目的から考えると、健康や食事の面では、奴隷たちのほうが、乗員より、ずっとましな待遇に値したのである。」しかしこう書いた後、すぐに次のように断っている。「しかし、気まぐれで短気な我らが暴君の怒りのたがが、いったん外れると、誰であろうが残虐に曝されるのである。」奴隷貿易擁護派は、船長は「積荷」を大切に扱うはずだ、「利害」が関わっているのだからというのを、常套句としていたが、スタンフィールドはそれにも異を唱えた。「内から湧きあがるもの、それは奴隷貿易というものの中枢から養分を吸っているようなのだが、その抑えがたい力が、すべての制止をふりきるのである。」残虐なる悪魔はいつも理性的な計算を打ち負かし、凌駕するのである。

　船にはいまや「悲しい積荷」が満載されているのであった。スタンフィールドは、船内に詰め込まれた奴隷たちの夜の光景を力強く描きだしている。

動けぬほどに詰め込まれ、悪臭放つ哀れなる人の群れ、
鎖につながれ吹き出る汗、うだる部屋を臭気で満たす。
考え抜かれたやり口で、詰め込まれたその苦しみ、
横たわる人々の汗の煙、その胸に吸う瘴気。
固い板のうえ、肌潤すは傷口の血のり
足かせにこすれる関節、やがて皮膚が裂け
冷酷なる寝板へ沈み込む、残虐なる運命のまま
日々を這う——恐ろしき言葉、地獄の航路！

スタンフィールドは奴隷船に満ちる音にも意識を向けていた——「長いうめき声」、「突然にひびく苦痛のわめき」、泣き声、死の歌、「恐怖の叫びと絶望の咆哮！」。ここに挙げたのは、すべて深夜に響く音である。病は、奴隷たちの経験の最たるものであった。「汚染された空気」を吸い、「伝染病」の只中で過ごし、発熱した者たちが、「不潔な甲板のそここに臥せっていた」。スタンフィールドは、奴隷貿易廃止論者

の医師、アレクザンダー・ファルコンブリッジに続いて、奴隷船は「まるで屠殺場、血、汚穢、苦痛、病」と述べているのである。

この暗黒の現実に対してのひとりひとりの奴隷の反応は、悲しみのあまりの諦めから、火と燃える怒りまで、実に様々であった様子を、スタンフィールドは写しとっている。

見よ、あそこの哀れなるもの（憂鬱に沈む！）
眼には悲しみ、貌に絶望
別の男は――ほら――血走った目は怒りに燃える
白い暴君に、憤怒の火焔を放つ！

中間航路のもうひとつの恐怖の場面は次のように描かれている。朝になって、格子が開けられ、船内の暗闇に十六時間も閉じ込められていた奴隷たちが出てくるところである。スタンフィールドにとって、その開口部は、「異臭放つ洞」、いや、怪物の口とさえいうべきものだった。船内から、「げえぷげえぷ口が開く、異臭そして、ぞっとする湯気／梁を覆い、熱い霧濃く立ちこめ」、「二人ずつ、つながれ」、「うなだれた人々」が上がってくる。中でも二人の男性が、スタンフィールドの注意を引いた。彼らは「つながれた鎖を傷口に喰い込ませたまま、身動きもできないでいた」。二人を船内から出すには、持ち上げなくてはならなかった。ひとりが前の晩のうちに死んでいたのである。もうひとりはまだ息があった。鎖がはずされると、死んだ男は「海へと委ねられる」。亡骸は「海の怪物が容赦なく貪る」。鮫もまた、奴隷船の恐怖の一角を成すものであった。スタンフィールドはその事実をよく承知していた。

また一日がはじまり、「白い虐待者の手で索莫たる食事がつくられる」。食事を拒めば、「一振り、また一振り、と、際限なく鞭が荒れ狂う」。鞭の痛みのために、気絶する者もいる。打たれてもなお食べようとしない者がいると、誰もが怖れるスペクルム・オリス（強制的に食物を流しこむ道具）が甲板に持ち出される。

それからだ。見よ、悪業の責め道具
開けるものかと必死の顎へと、押し込む冷酷
残忍な道具は、力ずく
嫌がる喉に、忌わしき食物を流しこむ

二人の女性奴隷がこの暴力を目撃し、これに抗議した。「船のなかで最も美しい」部類に属する二人だった。互いを腕のなかに包みこみ、「船尾から海へと飛び込んだ」。その様子は胸を刺すものであった。彼女たちが沈んでゆくなか、他の女

たちは「同情の限りを込めて泣き叫び、多くは二人に続こうとした」。大量自殺を防ぐため、女たちはすぐさま船内に閉じ込められた。

スタンフィールドはまた、ある夜の出来事を回想している。その夜、下甲板の奴隷たちは、すでに「すし詰め状態で、苦痛を訴えていた」。そこにボート一艘分の奴隷が運ばれてきて、場所をつくるように命じられた。その結果、隙間もないほどとなり、「大騒ぎ」となった。女性居住区では、食物桶をひっくり返した者がいた。次の朝、その女性奴隷は船長のベッドの柱に縛られていた。「顔を船長のほうに向けさせられると」、鞭打ちが命じられた。鞭打ちの執行者（スタンフィールドはそれが水夫だったか、奴隷だったかは言及していない）は、女を哀れに思い「躊躇して」、船長の命令ほど激しくは打たなかった。すると、今度はその者が縛り上げられ、「猛烈な鞭を浴びた」のだった。間もなく、女の鞭打ちがまた始められた。スタンフィールドは、この女の傷の手当てをした。医師の資格はなかったが、船の医者が死んだ後に医療担当となっていたのである。

極めつきとして、スタンフィールドは、船長による少女強姦としか思えぬことに言及している。しかし、詳しく述べはせずに、「年の頃は八つか九つの、不運な女の子の奴隷に船長がしたこと」という言い方をした。彼はその犯罪の名をはっきりと記すことはできなかったのだ――「私には言葉にすることができない。」しかし、「黙って見過ごすには、あまりに非道、あまりに惨い」と力説してもいるのである。その行為もまた、奴隷貿易の日常である「暴虐と非道」の一例だと、彼は考えたのだった。

暗黒の船はカリブのプランテーションへと波を分けて進んでいった。そして、水夫たちは衰弱し続け、さらに多くが命を落とした。その結果、船を動かすにはさらにもう一度、労働力の再編成が必要となった。スタンフィールドの説明を見てみよう。「乗組員が次々と倒れていくなか、わずかな生き残りに過重な労働がかかってくるようになった――中間航路もその終わりに近づくと、奴隷たちを鎖につないでおくというのが土台無理な話となった。」船長は、かなりの数の男性奴隷の鎖をはずすように命じ、甲板に上げて、船の仕事を教えこんだ。というのも、「白い男たちは力つき、ロープ一本まともに引けなくなっていたのだ」。病みやつれた水夫たちの甲板からの指示に従って、ロープや帆を「引っぱったり、引き上げたりし」たのは、奴隷たちだったのである。奴隷船はこのようにして、そこに着けばすぐに売られることとなっている人々の手によって、目的地へと向かっていったのだった。

戦慄の叫びひとつ

新世界に着くと、船はさらにもう一度その姿を変える。これは「争奪」と呼ばれるものを執り行うためである。奴隷を船上で売りさばくのだ。主甲板は、キャンヴァス地の帆やタールを塗ったカーテンでぐるりと囲まれ、内部は暗く、テントの中のようになる。「陰鬱な船にいま、非道を隠すべく、／経帷子のごと引かれた帆布、空を締め出す。」奴隷たちはきれいにされて――髭を剃られ、オイルを塗られ、傷口は目立たぬようにされ――甲板に並べられたが、次に何が起こるのか見当がつかない様子である。彼らは、物理的にも比喩的にも、暗闇の中だった。整列させられ、震えながら、「口も利けず、まるで死人のようだった」。合図が出されると、買い手たちはものすごい勢いで、我先に船に殺到し、自分が買いたい奴隷めがけて縄――大西洋を横断する鎖――を投げた。

さて縄がかかると、神をも畏れぬ鎖をはじめ、
首吊り執行人の責め道具一式抱え、
猛烈な勢いで、押し寄せる鬼畜ども、
貪るごとく押さえ込む、震える餌食を

売られるのはこれで二度目だが、船上での売買の間、囚われの人々は驚愕で凍りついていた。実際、そうなるのも致し方なかった。叫び声が天をつらぬき、「傷ついた目」から涙が流れた。恐慌をきたした者が数人、帆布の開いたところから海に飛び込んだかと思うと、急激な恐怖の発作で落命した者もいた。

見よ、あちらの、恐怖に打たれ気絶する人の山を！
頭から海に飛び込む一団！
（激しく水打ち、命の火は消える）
叫び倒れる娘よ
――震えて――そして息絶える

それから、船の捕囚たちはあちこちに散っていく。艀に積み込まれ、一隻、また一隻と運ばれていく。スタンフィールドにはわかっていた。これは、また再びの別離の瞬間であり、今回は、船のうえで奴隷たちの間に育まれた絆が、アフリカの海岸での停泊中、そして中間航路の間に結ばれた絆が断ち切られるのだ、と。縄がぎゅっと締められ、連れ去られてゆく奴隷たちは、家族、友人、仲間と離れまいと必死でがんばったが、虚しかった。泣き叫ぶ声は鎮まらず、ますます大きくなっていくばかりであった。

戦慄の叫びひとつ、天をも震わす
友との別れに、哀れなる者ら泣き叫ぶ
恐慌来たし、呪いの声をかぎりに絶叫するは
引き離された子どもを呼ぶ、狂おしき母
四囲はこれただ阿鼻叫喚
艀から船へと響く狂おしき唱和

奴隷たちはまた「仲間」から、つまり今度は、船友から「切り離される」。奴隷船の旅は、「底なしの恐怖」から生じる「半狂乱の喧騒」の只中で終わりを迎えるのである。(26)

現実への啓発

ジェイムズ・フィールド・スタンフィールドの奴隷貿易についての記述は、一七八八年五月の時点で活字になっていた他のどんなものより、ずっと詳しく、おぞましく、そしてある意味ではドラマチックだった。「身の毛もよだつ場面」に向けられる彼の視線——下甲板から引きずり出され鎖につながれた男の火のような眼、汚穢まみれで固まった航海士の髪——には、現実の光景を彷彿とさせる力がある。『マンスリー・レビュー』の評者は『奴隷貿易航海考』について、スタンフィールドは「この残酷物語の一分々々を観察し、複雑極まる惨状のひとつひとつの苦しみを、これを見よ、と我々の眼前につき出す」と述べている。そう、奴隷船とその中の人々、そして彼らの苦しみをリアルなものとするのが、スタンフィールドの劇的な戦略であったのだ。(27)

スタンフィールドは奴隷船そのものを、つまりドラマが現実に繰り広げられた舞台であった奴隷船を、航海のどの時点で何をしているのか、あるいは誰の立場から見たものかによって、様々に言い表している。船出のときは「それは美しく」、やがて船乗りたちの「巨大な機械」となり、そして最終的には水夫にとって、とりわけ奴隷たちにとって「浮かぶ牢獄」となった。船上のほとんど全員が、なんらかの意味での囚われ人であり、ひとつの社会制度と化した恐怖と死のシステムの犠牲者であった。奴隷船までは、リヴァプールの監獄から巡査に連れられて歩いてきたにしろ、アフリカの内陸部から鎖で数珠繫ぎにされて収奪者とともに歩いてきたにしろ、全ての者が大西洋を横断する鎖に縛られていた。もちろん奴隷船で最悪の経験をしたのは奴隷たちである。そこは彼らにとっては「恐怖の道具」の展示室のようなものだった。手枷、足枷、首輪、錠前、鎖、九尾猫鞭、スペクルム・オリスが、彼らを待っていた。下甲板は「浮かぶ牢獄」であり、ハッチは悪臭放つ怪物の口であった。奴隷船という獄舎で、人々は生きたまま喰われていったのだった。

スタンフィールドのドラマの登場人物を見ていくと、まず

「慈悲深い」奴隷商人がいる。彼の強欲が、残虐、破壊、そして殺人を引き起こすのである。実際、殺しは織り込み済みであった。商人は利益が出るように、「死者リスト」に載る数を計算していたのだから。次に登場するのが、「人間味あふれる」奴隷船の船長、浮かぶ監獄の看守である。残忍、非道、極悪、暴虐と様々な貌を見せつつ、拷問し、強姦し、殺める船長の奥底には悪魔が住んでいた。彼には「容赦なき残忍の／暗黒の力」が備わっていた。船の航海士たちは、実は気高く勇敢な人間だったかもしれないが、現実には一方では暴力の代理人であり、他方では暴力の犠牲者であった。彼らもまた、看病もされず、慰めもなく、死んでいった。スタンフィールドは、彼らに対しては寛容で、中には暴力と残虐を「いやいやながら執行した」者もいた、と捉えていた。

　スタンフィールドの描く船乗りたちは、ほぼ一様に、気のいい水夫である。無鉄砲、無分別の飲んだくれ、しかし同時に、正直で、働き者の善人であった。乗組員の多くは、陸の監獄から海上の監獄へと無理やり連れて来られたわけだから、奴隷貿易の残虐に対して上の者ほどの責任はない。とはいっても、彼らもまた、監獄の番人として、残忍な「恐怖の道具」の使い手として、そしてなんといっても「白人」として、奴隷貿易に加担していたのである。ものを読む人ならきっと、海の守り人であり、英国の誇りの象徴である船乗りには理解を示すだろう。そう踏んだスタンフィールドは、クラークソン他の奴隷貿易廃止論者たちと同じく、人種と国家のカードを使ったのである。

　アフリカの人々の描き方も様々である。「ジョー人」のような黒人の奴隷商人は、白人の商人と同じく、紛うことない無慈悲な略奪者として示されている。ファンティの人々は、船の仕事に従事し、奴隷貿易にも欠くべからざる存在であったが、力強く、勇敢である。略奪とは対照的に、船で労働しているという事実が、彼らに威厳を与えているのかもしれない。ベニンでの自身の経験から、スタンフィールドは自由なアフリカ人は、「友愛、静謐、そして原始的な自主独立精神」に満ちている、と述べている。アビエダは捕まるまでは「幸せな娘」であった。このような人々は、ヨーロッパの野蛮人が侵入し、村を破壊し、彼らを奴隷とするまでは、多かれ少なかれ、エデンの園でのように「高貴な野蛮人」として生きていたのである。船に積み込まれた「足枷をかけられた群れ」は、時に抵抗を示したとはいえ、犠牲者以外の何ものでもない。船内では、ただただ苦しむばかりであった。主甲板に上げられると、苦しみに耐える以外にもできることがあった。時折、奴隷女性たちが、力を合わせ、毅然として頭を挙げたのも、その一例である。ジャマイカで売られていくときには、誰もが打ちひしがれ、恐怖に凍りつき、まるで死人のようであった。

スタンフィールドが航海中にアフリカの人間を個人として知るようになったことを示唆する記述はないし（アビエダは例外かもしれない）、誰かを逃がそうとしたこともないようである。彼は、浮かぶ牢獄における自身を無力な存在と感じていたようだ。それは、実際の航海中もそうだったし、後から振り返った際にも変わりはない。もちろん船上でも、個々の人間に同情や思いやりを示すことはあっただろう。たとえば、ウィルソン船長に鞭打たれた女性奴隷の治療をした際などである。船を離れてからは、救わねばという気持ちをはっきり示している。そして、奴隷貿易での経験には嫌悪を感じてはいたが、社会運動に突き動かされてはじめて、目的を自覚して反対の立場を取り、積極的に動くようになった、と述べた。彼はまた同時代に流通していた人種差別的なステレオタイプに抗し、奴隷貿易について書く際には人種というカテゴリーを揺るがす書き方をした。たとえば、人間はみな「ひとつの血族」であるといった具合である。

スタンフィールドの筆によって、世間はついに、生身の人間が経験した奴隷船の姿を知ることとなった。それは、奴隷貿易についての抽象的な知識をはるかに越え、現実をつきつけ、貿易廃止の決め手となった。実際、スタンフィールド自身もそのために努力した。彼は次のように書いている。「ひとめでもよいから、「実際に」見てみるがよい――「一分」でもよいから、中間航路をわたる奴隷の船室に身をおいてみるがいい。「ロバートソン」の筆より、英国議員の雄弁をすべて合わせたより、ずっと人間性の大義に資するだろう。」人々の目をほんとうに開かせたのは、スコットランドの哲学者でも、国会議員でもなく、「巨大な機械」、奴隷船のうえ、「恐怖の道具」のただなかでの船乗りと奴隷の出会いだったのである。[28]

第六章　ジョン・ニュートンと平安の王国

十八世紀、海洋を航海する船の船長は、限りない権力を持つ存在であった。ジョン・ニュートンも、奴隷船の船長としての最初の航海がはじまってまもなく、次のように妻のメアリーに書き送っている。

船上での僕がどのようかというと、故郷にいる多くの人たちから羨まれるような立場にいるのかもしれません。ギニアに着いてからも同じです。僕はこの小さな領地で、ヨーロッパのどんな君主より絶対的な存在なのです（生死は意のままにはなりませんが）。誰かに来いといえば来るし、別の誰かに行けといえば、走って行きます。ひとりに何かするように命令すると、まあ、三、四人がこぞってやろうとします。僕が下がっていいと許可を出すまで、誰ひとり食事の時間にはなりません。いや、十二時だとか、八時だとかも、僕に聞こえるところでは、誰ひとり口にはしようともしません。最初にそう口に出してもいいだろうと僕が思うまではね。僕が船を離れるとなると、随行に大騒ぎで、留守の間は、細心の注意をしています。僕が戻ったとき、迎えがないとか、きちんと用意ができていないなんてことがないようにね。真夜中まで戻らないような場合は、もう一度僕に拝謁するまでは、誰ひとり目を閉じようなどと思ってはならないのです（こういう具合なので、必要がない限り、帰りが遅くならないようにしていますが）。このようなしきたりそれ自体を、僕がよいものとは思っていないのは、書き方でわかってもらえると思います。けれど、これは、古くからの動かしがたい慣習で、守る理由もそれなりにあるのです。というのも、厳しい規律なしでは、平水夫連中は手におえなくなるからです。

船という領土においては、人々の労働も生存も、そして時を決めるのさえも、船長の意のままであった。奴隷船の船長は、絶対的な力を行使していた。多数の平水夫だけでなく、百、二百という数のアフリカ人捕囚をも統制していくのには、それが必要だったのである。(1)

ジョン・ニュートンはもう長いこと、アフリカ奴隷貿易の歴史における最も有名な船長として知られている。一七四八年から一七五四年の間に四回の航海を経験、一度は航海士として、残りは船長としての航海である。しかし彼の名声は、その後の仕事ゆえのものだ。ニュートンはその後、イギリス国教会内の福音主義派の牧師として活躍し、世間に知られるようになり、あの有名な「アメイジング・グレイス」をはじめとして、多くの賛美歌をつくった。そして晩年には自らの過去を公に否定し、奴隷貿易廃止の大義に身を捧げたのである。彼は一七八八年に、『アフリカ奴隷貿易を考える』というパンフレットを出版し、そのなかで貿易のおぞましさを鮮烈に描き出した。さらに一七八九年、一七九〇年には、庶民院の委員会で、同様の証言を行った。そして自分は己の過ちを悟った罪人であると言明したのである。(2)

ニュートンは、自らがかかわった奴隷貿易について、他に例を見ない豊富な記録を残した。彼は、まずは水夫、つまり自分自身「奴隷」として、それから航海士として、そして最終的には船長として貿易を経験しているのである。彼は実に多くを書いた。船長の常としてつけていた航海日誌には、日々の仕事、風向き、天気などが詳細に記されている。しかし、それだけに留まらなかった。たいへんに筆まめな人でもあった。奴隷貿易の航海中、妻のメアリーに一二七通、そして国教会の聖職者デヴィッド・ジェニングズにもかなりの数の手紙を書き送っているのである。また最後の航海の際には、信仰日記もつけていた。後に聖職者となり、キリスト教者として、自らの人生を振りかえるにあたっては、そこから倫理的な教訓を引き出した。一七六三年、魂の来し方を綴った自伝の中で一連の手紙を書いた際にも、一七八〇年代の末に、興隆する奴隷貿易廃止運動に参加した際にも、この日記が役に立った。おそらく、四世紀にわたる奴隷貿易の歴史において、奴隷船の甲板のうえで彼ほどさかんにペンを走らせた者も、そしてまたそこで繰り広げられたことについて彼ほど多くを書き残した者も、他にはいないだろう。(3)

ジョン・ニュートンは彼が支配する木製の世界で、絶大なる力をふるった。奴隷船上の日々の営みを指図し、オラウダ・エクィアーノやジェイムズ・フィールド・スタンフィールドのような人々の運命をその手に握っていた。彼は、水夫にも、奴隷にも、「厳しい規律」を課し、水夫や奴隷はそれに抵抗しただろう。抵抗に対しては、自分の支配力を維持し、見せつけるために、様々に対処しただろうし、暴力で応えることもしばしばであったろう。彼の権力と立場は、エクィアーノにとっては恐怖、スタンフィールドにとっては嫌悪、そして船長その人にとっては秩序と映る類のものであった。ニュートンは、自分が感じた希望と怖れ、省察と行動、そして多くの人間関係を、注意深く回想し、詳細に描き出すことによって、奴隷船船長の人生を自ら分析してみせたのであった。

反逆の船乗りから敬虔なる船長へ

ジョン・ニュートンはいろいろな意味で、なるべくして船長になったといえるだろう。父親も（地中海貿易の）船長で、彼は船上の振る舞いを家庭にまで持ち込んだ人だった。息子は次のように回想している。「父はいつも近よりがたい態度を崩さなかったし、物腰も厳格だったから、僕はそういう父に畏怖を覚え、快活にはなれなかった。」父のニュートンは、息子がごく幼いころから、やがて海で指揮をとる人物になるように、教育をはじめた。若きニュートンは、十八世紀の言葉でいうと、「海に出るべく仕込まれた」のだった――彼は十一歳で見習いとして船に送られた。仕事を覚え、経験を積み、船長へと登りつめていくように、というわけだ。一七三六年から一七四二年の間に数回の航海を重ね、一七四三年には英国海軍の《ハリッジ》に徴募された。乗船に際し、十八歳の若者は父の計らいで将校見習いへと昇格した。王立海軍の一員となり、船長の庇護のもと、彼は航海の世界で出世の道を歩み出したかに見えた[4]。

しかし若きニュートンは型破りの反逆児となり、船長室に至るまでにずいぶんな回り道をすることとなった。後年自ら回想しているとおり、船乗りの世界で暮らし働いてきた彼は、「平水夫たちと交わり、芳しからぬ手本に囲まれて」、すぐに彼らの反権威的な価値観と行動を吸収したのだった。彼は教会の権威を否定し、放蕩に身を委ねる反逆児となったのである。この当時を振り返って、ニュートンは、万人は平等、権威など糞食らえ、と激しい思いを抱いていたと述べている。「あの頃は何人にも権威を認めないことを、このうえなく誇らしく感じていました[5]。」

一度など、水夫たちの逃亡を防ぐために、船長に命じられて彼らと一緒に上陸したのに、彼自身が逃亡してしまったことがあった。逃亡は長くは続かなかった。捕らえられ、二日間牢屋に入れられ、船に送り返された。船では鉄の手枷をはめられ、「乗組員全員の前で服を剥がれ、鞭打たれた」。また、将校見習いから平水夫に格下げとなった。「自分自身が船の最下層の者たちと同じになり、船の全員からの侮辱に曝される番となったのだ」とニュートンは記している。（彼は将校見習い然とした偉そうな態度を、あまりに平然と続けていたので、皆から悪口雑言を浴びせられたのだった。）恩を仇で返された海軍の船長は、この手に負えない水夫に懲罰を与えるべく、五年の航海に出る東インドの船に乗せようと考えた。船長の計画を知ったニュートンは、まずは自殺を思ったが、それはやめて船長を殺害しようと決心する。「彼の命を奪うべく実際に計画も練りました。」後年のニュートンの告白である。

船長の命が助かったのは、たまたま水平線上に現れた奴隷船のおかげであろう。その奴隷船には、船長に対して反乱を企てた者が数名いたものと思われる。奴隷船の船長は、当時の慣行どおり、その者たちを海軍の船に引き取ってもらい、代わりに数名の水兵をもらいうけたいと考えていたのである。東インドへの航海に出されそうになっていたニュートンは、それから逃れるため、渡りに船と交換に名乗りをあげたのだった。海軍の船長は、申し出どおりニュートンを手放したが、よい厄介払いだと思っていたに違いない。こうしてニュートンは、反逆を好む自らの性格と、海上での奴隷船との偶然の出会いとの二つが組み合わさって、奴隷貿易の世界に足を踏み入れることとなったのであった。

蓋を開けてみると、奴隷船の船長はニュートンの父の知己であったが、そういうつながりがあろうが、これが新たな出発であろうが、ニュートンの振る舞いは変わらなかった、「僕には災難を招く才があったようだ。面倒をおこし、敵をつくるしか能がないたぐいの才能とでもいったらいいだろうか。たとえば、船長に侮辱されたと思いこんで、仕返しに歌を作った。船長の行動や人格、そして船のことをバカにした歌で、それを乗組員全員に教えたりした。」ニュートンや彼の兄弟水夫たちに笑われ、船長がおもしろいわけはなかった。しかし、船長自身はまもなく亡くなってしまったので、これは大事には至らなかった。ところが困ったことに、船長に代わって船の指揮をとることとなった一等航海士も、船長同様に、ニュートンを嫌っており、機会さえあればすぐにでもニュートンを海軍の船に戻すつもりだと言い出したのだ。ニュートンは、そんなことになったら大変だと、またもや、ほとんど着の身着のまま、船から逃げ出した。上陸したのは、シエラレオネ海岸のシェルブロ川河口にある、プランテン島であった。

ニュートンは現地の白人商人のもとで働きだした。雇い主は、アフリカ商人と奴隷船との仲介を仕事としていた。ニュートンは新しい雇い主とも揉め、過酷な状況でこき使われることとなる。さらに雇い主のアフリカ人妻とも衝突して、状況はさらにひどくなった。彼女によって、ニュートンは事実上奴隷の身とされたのである。鎖につながれ、食事もろくに与えられず、殴打されたり、悪口雑言を浴びせられたりした。全裸に近い体は熱帯の太陽に痛めつけられたが、このようななかでも、ニュートンはユークリッド幾何学の鍛錬を続け、「長い枝でもって、砂のうえに図式を書いていた」。いつ果てるとも知れない日々であったが、ニュートンは一年ばかりの間、草の根と、見知らぬ人間が恵んでくれた食べ物で命をつないだ。「時には奴隷たちでさえ、与えられたわずかな食事から、(見られてはまずいので) こっそりと食べ物を運んできてくれたりした。」彼はこの親切を覚えていたのだろうか。後年、エゼキエル書十六章から引用して、自分のことを「追放され、自らの血の海に横たわる者」と書いている。このような目にあって、「心身ともに壊れてしまった」という記述もある。自分は「奴隷」で、「呪われた人間のなかでも、その最底辺に落とされた」者と考えていたのであった。(6)

ニュートンはやがてこの商人から逃れ、キッタムで同じような商売をしている商人のもとで働き始めた。状況はずっとましになり、十分満足だとさえ感じるようになった。アフリカの文化に適応できたのが大きかった。ニュートンは自分の変化を次のように説明している。

このあたりでよく使われる面白い言い回しがある。あの白人は黒くなった、という表現だ。肌の色の変化を意味しているわけではなく、気質の変化を指してそう言うのである。私も、そういう人間を何人か知っている。三十、四十を越えてからアフリカに住み着き、それから原住民の気性、習慣、儀式に馴染んでいって、イングランドよりここがよくなってしまうのだ。さらには、盲目的なニグロが信じている、まやかしの呪文だの、黒魔術だの、お守りだの、予言だのに騙されてしまい、ニグロのなかの賢い者たちより、彼らのほうがそういったものをよほど信奉しているのである。私も幾分か、得体の知れないものに惹かれていった (ひょっとすると、そのうち全面降服していたかもしれない)。私は現地の人間と親しく接するようになった。もし神が私を見守って導いてくださらなかったら、彼らのなかで暮らし、みじめに死んでいったかもしれない。

「親しく接するようになった」が意味するのは、おそらくアフリカ人「妻」のことで、複数の妻がいた可能性もある。しかしこれは一時的なことであった。黒くなったこの白人はまもなく道を引き返すのである。

一七四七年、奴隷商人に雇われるのも三人目となっていたが、二月のある日、ニュートンは《グレイハウンド》という船に出会った。その船長は上陸してきて、驚くべきことを尋ねた。この取引所で、誰かジョン・ニュートンという人間を見た者はいないだろうか、というのである。この船長もまた、ニュートンの父の知り合いだった。実に顔の広い父であったのだ。ニュートンは、遠くにいる、厳格な家父長を怖れていたから、おそらくリヴァプールには戻りたくはなかっただろう。しかし、船長は彼に知らないとは言わせなかった。船長は一計を案じ、このニュートンという人物、実は遺産を相続したので、イングランドに戻って相続の手続きをしないといけないのだ、と告げたのであった。それを聞いたニュートンは名乗りを上げ、イングランドに戻る気になる。しかし、いったん船に乗り込むや、またもや彼の反抗的な振る舞いがはじまった。トラブルを起こして喜ぶ、神の名を乱用する新しい罵り言葉をつくる、「福音の歴史」を嘲る、「不敬と冒瀆」万歳の態度を示す、といった調子であった。船長は、彼をヨナと呼ぶようになった。航海にふりかかるすべての厄災の源という意味である。

故郷へと向かう航海の途中のことであった。「熟睡していた」ニュートンは、「激しい揺れで目が醒めた。荒れ狂う海が船に襲いかかっていた」。水をかぶり、ただ驚いていると、上のほうから、船が沈んでいるという叫びが聞こえた。どうにかこうにか主甲板によじ登ったその時、仲間の一人が船外へ流されてしまった。船の片側の肋材が吹き飛ばされて、海水がどっと船の内部に流れ込んできた。水の勢いで樽が裂け、動物も船の舷へと流される。ニュートン他数名の乗組員でポンプを動かし、他の者たちは、バケツや桶で水を搔き出し、また、漏れてくる水を止めようと、自分の服や寝具を板の継ぎ目につめた。幸い船の積み荷は軽く、蜜蠟や木材など、どちらも水よりも軽いものだった。とはいえ、嵐のさなかにはそんなことが救いになるとは思われなかった。ニュートンは必死でポンプを動かし、仲間たちを元気づけようとしたが、船倉に水がたまっていくにしたがい、諦めムードが広がっていった。数時間の後、ニュートンは船長のもとに行き、言った。「これでだめだったら、後は神がお守りくださるでしょう。」その言葉に自分自身驚き、そしてポンプのところへと戻った。そこでは皆、海に流されないように、自分の体をロープで船体につないでいた。九時間もがんばり、力尽きて、ニュートンはベッドに倒れ込んだ。「再度起き上がれるのかどうかもわからなかったが、もうどうでもよいという気持ちだった。」やがて彼はゆっくりと祈り始めた。改心の時がすぐそこまで来ていた。ついに、風も波もおさまった。生き残れたのは「神の御業の奇跡的な介入のおかげだ」、とニュートンは考えた。生き残った乗組員たちは、アイルランドで船を降り、そこからリヴァプールへと戻った。リヴァプールに戻ってきたニュートンは一文無し、友達もなく、次の仕事の当てもなかった。しかし、新たな信仰を得て、二度とアフリカには戻らないと心を決めていた[7]。

しかしその決心はすぐに試練に曝されることとなる。ジョゼフ・マネスティーという、これもまた父親の知己の貿易商が、奴隷船の船長の仕事を持ってきたのである。奴隷船の経験はこれといってなかったので、自分には経験も知識も足りないと考えたニュートンは、儲かる仕事とはいえ、ためらった。そこで、まず、リチャード・ジャクソン船長の《ブラウンロー》の一等航海士として、航海に出てみることにしたのだった。ニュートンは航海の記録をつけていたが、他の個人的な書き物と違って、その記録は残っていない。しかし、その他の証拠から、ニュートンがいろいろな試練にあったのは確かである。「あちこちを大型ボートで回り、奴隷を買い付ける」のが、アフリカの海岸での一等航海士の主な仕事であった。雨季には、五日も六日もボートの上で過ごさねばならず、「寝ても、醒めても、一筋の乾いた土地さえなしという」こともある。上陸中に数名の水夫が毒にあたるのを目撃し、「ボートに乗っていた六人を熱病で失い、葬った」。一度ならず、ボートが強い波に揺れ、船外に放り出され、「(泳げなかったために)引き上げられたときには死にかけていた」こともあった。溺れた乗組員もいた。さらには、船上で、奴隷の大きな反乱が起こり、少なからぬ死者が出て、サウスカロライナのチャールストンに着く頃には、奴隷たちのかなりの数を失っていたのだった。二一八人中、死者六二人、二八・四パーセントという高い死亡率であった。しかし、ニュートンは挫けなかったようで、一七四九年十二月一日に、《ブラウンロー》がリヴァプールに入港するとすぐに、マネスティー所有の《デューク・オブ・アーガイル》の指揮をとるべく準備を始めたのである。船長としての初航海の幕が開こうとしていた。二十四歳の若さではあったが、そもそも海の血筋に生まれていたし、今や苦労の末に、奴隷貿易の経験も身につけていたのである。(8)

最初の航海、一七五〇—五一年

ニュートンはまずマネスティーとの契約をすませ、積み荷の確保を始めると、次に乗組員を雇い入れた。名前のリストは作ったが、個々人についてはほとんど何も書き残してはいない。しかし、乗組員たちの全体像のようなものは浮かび上がってくる。ニュートンの記録によると、乗組員のなかには彼自身とおなじく、「ごく若いころから航海に出るように生まれ育った」者たちもいたようだ。しかし、ニュートンはそれに続いて、「近頃では堅実な暮らしの親たちは、子供が船乗りになるなど、とんでもないと考えるようになっている」と書き足している。つまり、良い家の子息で、船長になるために修業中というような若者は、ほとんどいなかったということである。むしろ、ニュートンがいうように、「国家の屑やカス」、貧しく行き場のない者たちであった。牢屋から出てきたとか、いろいろな事情で、陸海軍や、工場や、両親のもとから逃げてきたとかも多かった。運に見放された者、「まだ若いのに何かの悪癖で身を滅ぼした」者もいて、アルー中などはものの数には入らなかった。まったく航海の経験がない者も数名いたし、とにかく「人格、知性ともにまともな」人間など皆無に近かったのである。少しましな人物がやって来ても、奴隷船上で生活をともにしなければならないゴロツキどもに嫌気がさしてやめてしまう、とニュートンは憂鬱な調子で書き留めているのである。このように荒らくれの乗組員たちに言うことをきかせるのに、船長はその時間と知恵の多くを費やすことになるのであった。(9)

ニュートンは《デューク・オブ・アーガイル》に必要な人員を揃えるため、少年も含めて、二九人の男たちを雇い入れた。医者、航海士三名、甲板長、大工、砲手、桶職人、仕立屋、賄い方、コック。そして「使える水夫」が一一名、未熟練の「ただの水夫」三名、見習いの少年三名。さらには、余興のためにヴァイオリン弾きまで雇った。もちろん、これは、当時遠回しに「ダンス」と呼ばれた、奴隷の運動のためにも必要だったのだろう。

一七五〇年八月十一日正午、碇を上げよ、とのニュートンの命令のもと、《デューク・オブ・アーガイル》はリヴァプールを船出し、アフリカのウィンドワード海岸へ、そして西インド諸島のアンティグアへの航海を開始した。船はスノー、つまり、二本マストで、積量一〇〇トンほどの中型船、一〇門の大砲を積み、乗組員は三〇名とかなりの人数であった。

船の建造は一七二九年と古い船であったが、奴隷船として航海に出るのはこれでまだ二回目だった。貿易商マネスティーは、小さめの船にしては多数の奴隷の買い入れと輸送を目論んでいた——二五〇名を予定していたから、一トンあたり二・五人となる。これを知らされたニュートンが即座に割り出したのが、三〇名という乗組員の数であったのである。三〇名であれば、乗組員と奴隷との割合は、一対八。ニュートンは、当時の平均の一対十より、それぐらいが望ましいと考えたのだった。(10)

往路、十週間の航海の間に、《デューク・オブ・アーガイル》はれっきとした奴隷船へと変貌していった。大工、砲手、甲板長といった乗組員が、奴隷を管理統制するために必要なものを着々と用意していったのである。九月二十五日のニュートンの記録には次のようにある。「大工が女部屋の格子を建て始めた。」大工は、船倉をいくつもの部屋にしきり、隔壁をたてて、男性用、女性用、男の子用と別々の居住区を作っていった。主鎖の近くに女性用の洗面所を作り、それから下甲板に、船の脇から内部へと一八〇センチほど張り出すように、横板を取り付けた。ニュートンの船では、上下の甲板間の高さは一五〇センチほどであったから、横板の上と下に収容される奴隷たちに与えられたスペースの高さはほぼ七〇センチ強。十一月十九日、ニュートンは少しほっとした調子で（というのも、すでに奴隷の乗船が始まっていたから）、「バリカドが完成した」と書いている。

この間、砲手は船の火器の用意に忙しかった。砲架や旋回砲のための装弾を作らねばならないのである。また小火器の掃除と装塡も必要で、一挺々々正常に作動するか確認していく。捨てるしかない銃も二、三見つかり、ニュートンは、「何の役にも立たない代物で、こんなひどい銃にお目にかかったことはない」と苦情を呈している。甲板長はといえば、奴隷の逃亡や自殺を防止するための網の取り付けである。十二月七日には、大工と砲手の共同作業が行われた。「本日、ラッパ銃を旋回できるようにバリカドに取り付けた。主甲板に置いた可動砲二つとこれとで、奴隷が反乱など考えないための脅しとして十分だといいのだが。」これらの火器は、歯向かってくる者に上から発砲するため、高いところに据えられたのであった(11)。

ニュートンがはじめて乗組員の問題行動に本格的に対処する必要が生じたのは、十月二十四日のことだった。《ハリファックス》のエリス船長を訪問して船に戻ってくると、自分の留守中、甲板長が「かなり荒れて」、乗組員の数名を虐待し、「船の仕事に支障をきたした」というのである。ニュートンはすぐさま甲板長を「手枷足枷につないだ。二度と同じことをしないよう脅しておくためであった。奴隷を積んでから、この男が騒ぎを起こしては困ると思ったのだ」。ニュートンはこのように、反抗が広がっていくことに対して、はじめて懸念を表明しているのである。三日も経つと、甲板長も十分に灸を据えられたようである。「甲板長が謝罪し、態度を改めると約束すると」、ニュートンは彼の拘束を解いた。脅しのために手を打ったのは初めてであったが、これはほんの始まりにすぎなかった。

それから一週間後、また厄介事が起こる。今度はバナナ諸島まで出かけていた水夫の一行が、予定どおりに船に戻って来ずに、フランスのスクーナー船で酒を飲み、酔っぱらってしまったのだ。あげくに陸にあがって喧嘩をはじめ、そこから動けなくなってしまった。潮流が強いので、泥酔状態では、まともにボートの櫂を漕げないのだった。ニュートンは、素面の水夫を迎えに出さざるをえなかった。こんなぐあいであったから、ニュートンは「紳士方のうち二名にはたっぷり鞭を加えた。ひとりは（ウィリアム・リーズ）、ボートでの振舞いといい、昨夜、見張りの当番を拒み、甲板長を脅した件といい、目にあまるので、鉄の枷につないだ」。リーズはニュートンにたてついて、あんたのもとで働くなどまっぴらだと悪態をついた。アンティグアまで鎖につながれていたほうがました、と言うのである。三日間甲板につながれると、考えが変わったようである。鎖を解いてくれと、船長に懇願し、態度を改めると約束したのだった。ニュートンは申し出を受け入れたが、この御しがたい水夫との衝突のドラマは、これで終わりではなかった。

《デューク・オブ・アーガイル》がバナナ諸島を離れる準備に入ると、リーズは陸に隠れて逃亡を計った。発見されたときには、また酔って暴力的になっており、ニュートンはリーズの身柄を確保するのに、ブランデー一ガロンを払って数名の現地人を雇わなくてはならなかった。数日後、アフリカ人貿易商の一団が船を訪れた。その中に自分を捕まえるのに力を貸した男を見つけたリーズは憎しみに燃え、大工の掛矢をつかんで、その男の頭めがけて投げつけた。掛矢は頭にはあたらずにすんだが、胸をかすめた。ニュートンは、その男に、謝罪としてレースのついた帽子を進呈するはめになったのだった。リーズについては、再度枷をはめ、甲板に鎖でつないだ。リーズの生意気な仲間で、トム・クリードとトム・トゥルーというふるった名前〔信念と真実〕の二名も一緒だった。結局、この三名と、もう一人、オーウェン・カヴァナーという手に負えない水夫の計四名は、軍艦《サプライズ》に引き渡され、代わりに四名の水夫をその軍艦からもらったのだった。

すぐに奴隷の買い入れが始まった。ウィンドワード海岸には、奴隷船の到着に先立って多数の奴隷を揃えておくための要塞がなかったため、ニュートンは自分の船を交易所として、黒人商人を船に迎え、陸から「荷」を運ぶためにボートやヨールを送りだした。買い入れは容易には進まないだろうと、早い時点で忠告された。十月二十三日に、《コーンウォール》のダンカン船長と会ったのである。ダンカン船長は、すでに六カ月間この地にいたが、どうにか手に入れた奴隷はわずか五十名だったのだ。

忙しなく、ばたばたと売り買いが始まり、《デューク・オブ・アーガイル》からは、ボートやカヌーが絶え間なく出て行っては、戻ってきた。陸の商人たちは、夜間の訪問を知らせるには、大きな火を焚いた。ニュートンは、チャーラの王やウィリアム・アンサー・セタラクー王子など、高位の王族たちの訪問も受けた。王子はイングランド訪問から黄金海岸に戻ったばかりで、ニュートン船長のもとに一晩滞在した。すべてが、「大いに気に入った」とニュートンは書いている。「王子は見識高く、物腰丁寧で、このあたりにいる白人で、彼に匹敵するような人物には滅多にお目にかかれない。」船を訪れるのはほとんどが、サミュエル・スキナーとか、「イエロー・ウィル」とか、英語名を持った商人たちだった。その中の最重要人物が、混血の商人、ヘンリー・タッカーである。彼は、船上で幾晩も歓待を受け、奴隷を届ける約束と交換に、「鉄棒」（交易の主要通貨であった）をごっそり持っていくこととなるのである。交易用の積み荷の相当量をタッカーに渡した際に、ニュートンは次のように嘆いている。「これをもって、彼に金を貸したとは言えないだろう。というのも、こちらから頼み込んで持っていってもらったのだから。」タッカーを取引相手とする最大の利点は、他の商人たちと比べて、信用できるということだ、とニュートンは考えていた。「商人たちは誰も彼も、彼をのぞいては悪党だ」と、ニュートンは記している。彼はこれらの商人たちに頼るしかなく、彼らのご機嫌をとらなくてはならなかったが、それが嫌でたまらなかった。三月二十七日にはさらに次のように書いている。「買い入れが遅々として進まず、季節的な期限も近づいてきて、おかげで、情けないことにあの商人たちにすがらざるをえなくなってしまった。彼らの振る舞いを嫌い蔑むのには、まっとうな理由があるのだが。」ニュートンはまた、滞在が長くなればなるほど、死者の数も増えるだろうと考えていたから、嫌でも「（できるときには）、商人たちのご機嫌をとり、彼らの都合に合わせて取引をせざるをえなかった。陸のやつらは、滅多に急いでなどいないのだから」。苛立ちは募り、感嘆符とともに「忍耐！」の一言を書き加えている。

取引そのものも、常に緊張をはらんでいた。ニュートン呼ぶところの「戦いのごとき平和」のうちに行われていたのであった。ニュートンはさらに続けてこう書いている。「取引の際、我々は火器を携え、相手方は長いナイフで武装していた。」かつて略奪された経験から、アフリカの商人たちは用心深くなっていた。やられたらやり返すのが当たり前、どちらの側も相手を欺くのは当然であった。ニュートンがある黒人商人の不正行為を責めたところ、返ってきたのは憤然とした返事だった。「俺を白人だとでも思っているのか。」[12]これにはニュートンも驚いたかもしれない。

奴隷の買い付けを始めたニュートンは、最初はマネスティーの指示どおり、注意深く選んで買っていた。バンス島で七人を見せられた際には、中の三人だけしか買わなかった。そのすぐ後には、「乳房が垂れ下がっていた」ので、二名の「乳房が縦長だったので、いらないと断った」女奴隷もいた。女奴隷を拒否し、さらに四名を年をとりすぎているからと買わなかった。だがすぐに、現実はダンカン船長の経験どおりであると悟ることとなる。取引ははかどらず、値段は高かった。シエラレオネからその南のマナまでの間は、奴隷船は一隻も停泊していなかった。「一帯は戦いのただなかにあった」のである。戦争があれば、最終的には奴隷が出るのだが、当面の収穫は皆無であった。このような状態であったので、ニュートンは「質」が良くないと思った奴隷でも買わざるをえなかった。一七五一年一月七日には、「息がとても臭かった」が、女奴隷を一名買った。気は進まなかったが、やがて子どもも、以前よりたくさん買うようになった。自分が買った人々がどういう経緯で奴隷となったのかについては、日誌にはほとんど何も記されていない。しかし、後年書いているところによれば、戦争捕虜あり、囚人あり、またすでにアフリカで奴隷として生まれて売られた者あり、単に拉致された者あり、と様々であったという。奴隷たちのほとんどは、奥地からウィンドワード海岸まで長い距離を移動させられてきたに違いないと、ニュートンは考えていた。おそらく、奴隷たちの体には、つらい旅の痕跡があったのであろう。

三月はじめ、奇妙なチャンスが訪れた。成人奴隷を買わないか、ともちかけられ、それも驚くほどの数だったのである。ニュートンはすぐに、この奴隷たちは、最近フランスの奴隷船で反乱を起こした奴隷たちではないか、と疑った。彼の疑いはあたっていた。この奴隷たちは、さほど遠くない場所に停泊していた船で蜂起、船長と乗組員を殺害して脱走したものの、陸でまた商人につかまり、再度売られていたのであった。危ない反逆者たちを買って、自分の船に乗せるのか。別の奴隷船の船長の不運を利用するのか。答えはイエスだ。ニュートンは人数の多いロットを二つ買ったが、それには「船を乗っ取った主犯格」も含まれていた。「奴隷たちはもともとフランス船のもので、人の不幸のおかげだと思うと、申し訳なく感じた。」しかし、「いまはそのことについては考えない、語らない」。そうでなくては「自分の仕事が台無しになるし、不幸に見舞われた側のためになるわけでもないのだから」。ニュートンは、できるだけ多くの奴隷を手にいれようと腹を決めたのだった。フランス人船長は、ヘンリー・タッカーが金を払い、船長を捕まえていた現地人から貰い受けていた。ニュートンは、後にタッカーから、船長が存命であると知らされ、気が楽になりはしたが、それでも乗組員六名が殺害され、さらに三名が船外に投げ出されていたのであった。このようにして、ニュートンの船は、反乱の成功まであと一歩という経験をもつ者たちを乗せることとなったのである。

船上の奴隷たちの数が増えるにつれ、奴隷たちの監視がかつてないほど重要な仕事となっていったが、同時に、日々さらなる奴隷の買い入れも続いていたし、航海に必要な食料の備蓄、奴隷の食事の世話、居住区の掃除などもおろそかにはできなかった。奴隷の買い入れがはじまってまだ間もない、十二月十八日に、ニュートンは次のように書いている。「男性奴隷（三六名のうち）一二名を船に乗せ、今日は鎖と見張りで一日が始まった」。船に運びこまれてくる奴隷たちは「敵」であった。ニュートンも乗組員も、鎖から逃れ自由を取り戻すためなら、奴隷たちは何だってやるに違いない、と思っていた。男性奴隷たちは通常どおり、二人ずつ鎖で繋がれ、武装した見張りが定期的に甲板の見回りをした。ニュートンはまた、小火器を頻繁に発砲し始めた。発砲するのは全員が甲板に出る食事時が多かったが、武器の威力を見せつけて脅し、恐怖心を植え付けるためである。発砲を終えた銃は、掃除をし、また弾をつめ、次の予定時刻にちゃんと使えるようにしておかねばならない。いや、悪くすると、予定外のこともあるかもしれないのだ。逃亡を防ぐために張り巡らせている網を修理する、バリカドの上に忍び返しを取り付ける、奴隷居住区を定期的に点検して武器を隠していないか調べる、などの仕事もあった。五月六日の夕刻の船長の記録には、「男のほうの部屋で、ナイフが二本、小石の袋一つが見つかった」とある。男性奴隷たちは不機嫌に押し黙り、多くは、航海の間中ずっとその調子であった。「太陽が照りつける昼も、霧で濡れる夜も」、常に緊張が満ちていた[13]。

ニュートンは奴隷たちを下甲板に拘禁していたが、そこで彼らが呼吸する空気は、ほとんど堪え難いほど、「暑く、汚なかった」。夜中、暗闇のなか人を掻き分けて、「用便桶」まで到達するのも一苦労だった。奴隷たちは、そこで用を足すのであるが、鎖で繋がれている者どうしで、あるいは誰かが誰かに踏まれて、はげしい喧嘩が始まるのである。時には、桶そのものがひっくり返って、ぞっとする状況がさらにひどくなったりもした。また奴隷たちの体の皮膚は擦り剝けてしまった。絶え間ない船の揺れで、鎖にこすれたり、下甲板の目の荒い床板の上をあちこちころげまわったりするからである。天気のよい日には毎日、格子を外し、奴隷たちを甲板に上げて、「外気にあて」、食事をさせ、「ダンスをさせる」のだったが、その際に、ニュートンと乗組員たちは、生きた奴隷につながれたままの死人を見つけることもあった。死者は船の脇から海へ捨てられ、生きている者たちは、枷に鎖を通されて、甲板に一定間隔で固定されている輪付きボルトにつながれるのだった。こういったことが行われる甲板の上で、奴隷たちは日に二度の食事を与えられた。食事は、ソラマメ、エンドウ豆、米に、少しばかりの塩漬け肉を混ぜたものであった[14]。

長引きそうな海岸での停泊と、中間航路のため、ニュートンは食料の備蓄にも励んだ。嵐が起これば樽に雨水をため、それに加えて、機会があるごとに水を買い入れた。米も次から次と買ったが、海岸をまもなく離れるという四月には、特に大量に買い入れた。備蓄用のスペースを確保し、また膨んでいく「貨物」に食事を出しやすくするために、船のかまどは船体中央部に移された。水夫たちに命じて、奴隷の部屋を掃除させ、排泄物や埃をきれいにさせた。そうしておいて

から、下甲板を「タール、タバコ、硫黄」を使って燻し、奴隷たちの生活スペースを消毒し、悪臭を中和したりもした。(15)

まもなく、船に新たな敵がいることが判明した。《デューク・オブ・アーガイル》はネズミの巣となっていたのである。ニュートンは、「ネズミのために帆が相当やられてしまった。ネズミに圧倒されているところだ」と記している。リヴァプールを出航する際には猫を買ってきたのだが、すでに死んでしまっていた。新たな猫が手にはいるなら金は惜しまなかっただろう。乗組員にネズミに齧られた帆の繕いを始めさせたが、やられる速度に修繕が追いつかないことがわかった。ネズミたちはすぐに、船にとっての新たな脅威となった。「やつらが貪り食うものが船には山とあった」のである。貪欲な生き物は、船の太索にも齧りついたし、「寝ている隙を襲って、人間にまで食いつく」のだった。

始末におえない乗組員に睨みをきかせて働かせるのも、相変わらずの一仕事であった。ニュートンに楯突いた四人と交換に、軍艦《サプライズ》から乗ってきた水夫のなかにウィル・ラップワースというのがいたが、この男が、船長室に入り込み、ブランデーの小樽から酒を盗み出した。ニュートンは罰として、この水夫を枷につなぎ、自分の九尾猫鞭で「たっぷり十二回」打ち据えたのだった。彼はまた、三等航海士のジョン・ハミルトンが以前にも奴隷貿易の経験があり、その時に思わぬことをしでかしていると聞き及んだ。「前回の旅で、マウント岬より南のどこかで、人を撃った」というのだ。航海士は、ちょうどまさにその地域での取引のために、出かけたところだった。ニュートンは復讐を怖れた。そのあたりの住人は、やられたらやり返すというので知られていたのである。

ニュートンは、水夫について、同じ海岸に停泊している他の船の船長たちと情報交換を行っていた。自分の船と同じマネスティー氏所有の姉妹船、《アドリントン》についてのニュースはずっと気になっていたようである。セストス川でアフリカ人の襲撃を受け、ロングボートが船から「切り離され」、「航海士ともう一人が殺害された」というのである。また《プリンス・ヘンリー》のジャスパー船長には、「人手をまわしてもらえないか」と請うている。（未熟練の新米水夫を満額賃金でとしか言ってもらえず、断った。）ペンバートン、フリーマン、そしてウェインライトの三船長は、脱走した乗組員にヨール船を持っていかれたということも聞き及んだ。ニュートンは、「三隻も続けて、海賊のような乗組員を乗せるとは、奇妙なことだ」と思ったようだ。アフリカの海岸での水夫たちの労働と生活が、この奇妙さと何らかの関係があるのではとは、立ち止まって考えることはなかったのである。

奴隷や水夫の反抗のニュースより、さらに悩ましかったのは健康問題であった。万人が知るとおり、アフリカの熱帯地域は、ヨーロッパの人間にとっては致命的であったから、マネスティーやニュートンが《デューク・オブ・アーガイル》の準備に際してそうしたように、貿易商も船長も、最初からかなりの数の乗組員を調達した。ニュートンも数年の後に述べているとおり、航海の計画を立てるにあたっては、寿命を全うせずして命を落とす者の数を冷徹に計算してはいたが、病気蔓延の危険は、航海の間中、心配の種であったのだ。まず例外なく、船に積み込まれる奴隷の数が増えるとともに、水夫の数は減り、体力も弱ってくるのである。

乗組員の間に死者が出始めたのは十二月十日、《デューク・オブ・アーガイル》が海岸に到着して間もなくのことである。エドワード・ローソンという水夫が、高熱を出して亡くなり、すぐさま埋葬された。「きわめて遺憾なことであった。」それから一カ月後、ボートで買い付けに出かけていた乗組員たちが、米、象牙、カムウッド、それに奴隷十一人を買い入れて戻ってきた。すでに一名が死亡、陸で埋葬されていた。他の四人もひどく具合が悪く、彼らが買った女奴隷たちが、船に戻るボートを漕いできたという始末であった。「神経性の熱」で一人がすぐに死亡し、船の他の者たちも病に倒れた。医者と数名の奴隷も含まれていた。ニュートンは迅速に動き、近くに停泊していた奴隷船から医者を連れてきた。やってきた医者はできるだけの手は打ったが、効果は無いに等しかった。程なく、一等航海士のジョン・ブリッドソンが死亡。その病は、ニュートンによれば「これほど激しい熱病ははじめて見た」というほどのものだった。元気な乗組員はたったの二、三名で、この人数で、遺体を葬るのにできるだけのことをしたのであった。

一月九日には、奴隷に死者が出始めた。ニュートンによると、最初の死亡者は「りっぱな女奴隷、11番」で、「嗜眠性の変調を来たし、この症状に陥ると回復は稀であった」。（乗組員が死んだ場合は、名前で呼ばれ、埋葬されたが、奴隷の場合には、船に積まれた際に与えられた番号で呼ばれ、またその遺体は船から投げ捨てられて、待ち構える鮫の餌食となった。）病が広がるのを怖れ、ニュートンは水夫たちに命じて、居住区を徹底的に掃除させ、二時間にわたって船を燻し、甲板を酢で洗った。しかし、下甲板での死の行進は続いた。「男性奴隷、6番」「27番」の少年、「33番」の成人男性、すべて「下痢」が原因で、「我々の薬では太刀打ちできなかった」。海岸での停泊が長引き、雨季が迫るにつれて、さらに一ダースほどが病気に罹った。１００番、79番、92番が死んだが、この最後の三名の少女を、ニュートンは陸の黒人商人に引き渡していた。回復させようとしたのではなく、「厄介払い」のためであった。おそらく、船長は静かに病に耐えてくれないものかと思っていたが、そうはいかなかったのだろう。いまや《デューク・オブ・アーガイル》は、「病に取り憑かれ、沈鬱な様相を」呈していた。状況は極めてきびしく、礼拝をとりやめざるをえないほどだった。しかし五月はじめには、どうにか落ち着いた。ニュートンは「この航海のための買い入れは終了だ」と書いた。十日後、彼はアンティグアに向けて碇を上げ、旅の最も危険な時期は過ぎた、と胸をなで下ろしたのだった。

アフリカの海岸を後にして間もなく、ニュートンは、フランスの奴隷船で反乱を起こした奴隷たちを買った決断を後悔したことだろう。五月二十六日の夕刻、ある若い男性奴隷が大きな網通し針を、格子の下の男性奴隷たちに渡したのである。この奴隷は「大きな潰瘍があり、また態度もよかったので、それまでずっと枷をはめられずにいたのであった」。針を手にした奴隷たちは、それを使って足枷をはずした。「音のしない道具だったから」、素早く、静かに枷をはずし、二十名ほどが拘束を解いた。計画の実施から発覚までは、さほどの時間はなかったようだ。水夫のひとりが、若い奴隷が網通し針を下甲板に渡すのを目撃した、とニュートンの記録にはある（しかし、なぜそれが一時間もの間報告されなかったかは謎である）。ニュートンはすぐさま、反逆者全員を再び枷につないだ。翌日、「反乱の首謀者六人を罰した」が、何をしたかは記していない。九尾猫鞭で打ち、親指締めで拷問したのは、まず間違いないだろう。また、大工に命じて、奴隷たちが壊した下甲板後方の隔壁も修繕させた。

ニュートンは、自分と乗組員たちが生き残れたのは、「神の摂理の恵み」であると考えた。「彼らの計画は実に綿密で」と彼は書いている。「あと一時間気づかなかったら、相当の被害を被り困ったことになっていたに違いない。」事件のタイミングについても運がよかったと感じていた。「彼らが蜂起を考えたのが、海岸での停泊中でなくて、ほんとうに助かったと思っている。というのも、停泊中は、いちばん役に立つ七、八人は船を留守にしているし、残りの者もいろいろと忙しいからだ。」抵抗がそれで終わったわけではないのはよく承知していた。奴隷たちは、「相変わらずむっつりと不機嫌に黙りこんでおり、きっと頭のなかではよからぬことを企んで、実現の機会がないかと窺っているはずだ」。見せしめに全員の前で罰を与え（罰が何であったかはわからないが）、定期的な銃の発砲もしているわけだから、「神の助け」のもと、「もういい加減に、奴隷たちを完全に威圧できたのではないか」とニュートンは願った。「逆らえば恐怖を」が当時の鉄則であった。

それから二週間後、またニュートンをぎくりとさせることが起こった。男性奴隷の数人が「何らかの方法で甲板のバケツ桶の水に毒を入れたのである」。彼らが桶の水に垂らしたのは「呪術用の何か」か「お守り」で、悪意に満ちた呪いをかけたのは確かだった。「それを飲んだ者全員を殺害する」つもりだったのだろう、とニュートンは考えた。迷信深い異教徒を嗤い、怖れは嘲りへと変わった。「我々に死の呪いをかけるのが関の山だとすれば、どうせたいした危害は加えられないだろう。しかし、危害を加える意図がないわけではないのだ。」

《デューク・オブ・アーガイル》はさらに数名の水夫と奴隷を失ったが、ついに、一七五一年七月三日にアンティグアに到着、中間航路の旅を終えた。ニュートンは、自分がカリブ海へと運んだ一四六名の売却については、日誌では一言も触れていない。事務的な調子で、新たな荷を積み、「満載の状態で」リヴァプールへの帰途についたと記しているのみである。帰りの航海中には、友人であったロバート・アーサー医師を失い、またハリケーンにも見舞われた。水夫たちは、船が沈まぬように必死でポンプを動かし続けた。一七五一年、十月七日にリヴァプール到着。日誌の最後には「ただ神にのみ栄光あれ」と記されている。

船主にとっても、船長にとっても、この航海は失敗であった。乗組員は四分の一（三〇名中七名）、奴隷はだいたい六人に一人（一六四名中二八名）という死者の数であった。もしマネスティーの希望どおり、二五〇名の奴隷を積めていたら、死者の数はもっと増えていたにちがいない。ニュートンが後に説明しているとおり、奴隷船の最大の目標は「荷を満載する」ことなのである。彼の船はそうできなかった。この航海が利益を出せなかった一番の理由は、目標数と実際に積めた数の差であった。奴隷船船長としてのキャリアの、心もとない始まりであった。[16]

第二の航海、一七五二―五三年

ジョン・ニュートンが、自分の新しい船《アフリカン》を初めて見たのは、「杭のうえ」、つまり、リヴァプールの、フィッシャー造船所の船台で建造中のことだった。しかし、進水のときが来ると、その賑わいのなかに彼の姿はなかった。浮かれている場合ではない、と思ったのだ。最初の航海から次の船出までの数カ月の間に、ニュートンは、深い信仰に目覚め、人生が一変していたのである。毎日の信仰日記をつけはじめたが、それには三つの目的があった。「自分の罪と愚行を、深く悟る」、「精神をひろげる」、そして「全人類に対して、平安と慈悲の心で向かえるようになる」、この三つである。過去の自分に後戻りするのを怖れ、様々な誓いもたてた。日に二回祈りを捧げ、聖書を研究し、安息日を徹底的に守り、人々の見本となり、そして「イエス・キリストの御旗に仕えるよき戦士」となろうと、自分で決めたのだった。これまでの過ちを十分に自覚するようになったニュートンは、ゆえに「破滅」を怖れ、今回の航海の成功を熱心に祈ったのである。[17]

一七五二年、六月三十日、《アフリカン》はリヴァプールを船出した。《デューク・オブ・アーガイル》とおなじく、新しい船も、さほど積載量の大きくないスノーで、一〇〇トンであった。ニュートンの航海は利益すら挙げられなかったが、マネスティーの奴隷貿易は順調に儲かっていたようである。船主から船長への指示は、ウィンドワード海岸（シエラレオネ、リオ・ヌニェス、ケープ・メスラド、ケープ・パル）で二五〇名を買うのは前回と同じ、それを今回はセントキッツへ運べというものだった。乗組員は二七名と、前回より若干少なかったが、仕事の分担はほぼ同じだった。引き続き乗船したのは、司厨長のジョゼフ・フェローズと見習いのロバート・クロッパーの二名のみであった。[18]

行きの航海は実に静かで、十一月十一日に激しい雷雨に見舞われ、乗組員二名が気絶したことを除けば、これといった事件もなく順調であった。ニュートンは船の仕事より、聖書、ラテン語、フランス語、古典、そして数学の勉強に精力を注いだようだ。これが間違いであったとわかるのは、まだ後のことである。信仰日記を怠らず、毎回じっくりと取り組み、日々の生活は、信仰の研究、運動そして休息とに注意深く整えた。ニュートンは、海での生活は、「目覚めた魂」にとって善きもの、「他の人間の野卑な不品行を抑えられれば」、特に善きものになると考えた。シエラレオネへの到着について書いているのは、到着よりずっと後の八月十三日、木曜であるが、次のようにある。「全員元気で、航海中ひとつの事故もなく、なんの不都合にも見舞われなかった。」彼は自分の船を「平安の王国」と呼んだのだった。[19]

ニュートンはすぐに、水夫たちの「下卑た不品行」の抑制に熱を入れるようになった。つまり、彼らの人となりを矯正し、魂を救おうと心を砕いたのだ。「ほとんどの水夫らの、物を考えない無知、あまりに過酷な状況」、放蕩、神への冒瀆、無神経、そして彼らが直面する様々の危険、特にアフリカへの航海で出会う危険についてよく考えてもみた。奴隷貿易のように「羽振りのよい事業」で、多くの生命と魂が奪われているとは、と記している。日曜には日に二回の祈りの時間を義務づけることとし、また聖日には厳しく戒律を守らせた。しかし、彼の水夫たちはこのやり方を歓迎しなかったようである。信仰深い船長の記録のどこにも、水夫たちの誰かをどうにかできたということを示唆する記述は見当たらないのである。[20]

「目にあまる不品行」は相も変わらず続いただけではなく、ますますひどくなっていった。船長が敬虔なる勤行に励んでいるうちに、数人の水夫が反乱の計画を練っていたのである。

信徒集会など、いい加減にしてほしいというわけだ。十一月十五日、水夫のひとり、ウィリアム・クーニーという男が船長に言うには、リチャード・スワインから回状に署名するようにそそのかされたとのことであった。それは反乱を煽動する書状で、署名した者たちは互いに忠誠と秘密を誓い、船を乗っ取って海賊に転じる計画であったようだ。ニュートンは驚愕した。「このような危険からは全く安全だと考えていた。というのも、航海の間中、全員とてもおとなしかったし、不平不満を聞いた記憶もなかったのだ。」ニュートンがあまりに心ここにあらずで、乗組員たちのつぶやきに気づかなかったのだろうか。彼は突然、「極めて難しい状況」にいることを悟ったのであった。彼と彼に従う乗組員たちは、「奴隷に対しても、回状に連座した紳士たちに対しても、一時も用心を怠れなかった」。さらに厄介だったのは、「未だに、誰が一味で、誰がそうでないのか分からないのだ」と、ニュートンは説明している[21]。

二人目の通告者、水夫のジョン・サドラーは、シェバールにボートを着けて作業をしている際に、数名が計画について話しているのを遠くから聞いた、中にはスワインとジョン・フォレスターがいた、と報告した。どちらかが、「誰かがやらなきゃなんない」と言うと、もう一方は、自分が話せば船の残りの者たちは間違いなくこちらにつく、と答えた」。またサドラーは別の折にも、フォレスターが「取り違えようがない言葉で」、「医師のウェルシュは始末する、あるいは生かしておくだけは生かしておくか」と話していたのも聞いたという。そして最後に、次のように言って、のっぴきならぬ証言を締めくくった。二、三日前、ヨール船で仕事をしているときに、「スワインが、自分とそこにいた全員を、仲間になるように説得しようとした」。

ニュートンを救ったのは、病の流行だった。彼はそう考えたようだ。「それから三日もしないうちに（十一月十二日が始まりだった）船に病気が広まったおかげだったと考えるのが妥当だろう。そのために実行にうつすばかりとなっていたあの恐ろしい企みが阻止され、ボートが船に戻れなくなるという想定外の出来事のゆえに、企みが明るみに出たのだ。」フォレスターと、計画に関わっていたもう一人の水夫、ピーター・マクドナルドとが病に倒れ、またボートで船を離れていたスワインの戻りが遅くなったため、陰謀の遂行が遅れ、その間に、クーニーの通告によって計画はニュートンの知るところとなったのである。船に戻ったスワインはすぐさま捕らえられ、船長は彼を二重の鎖につないだ。フォレスターも、健康が回復すると、同じ処遇が待っていた。マクドナルドは、回復していれば二人に続いていただろうが、「臥せっている間中、うわごとを言い、狂乱状態で」、結局事切れた[22]。

反乱を企んだ者たちをいかに罰するか、乗組員全員に対する自分の権威をいかに回復するか、ニュートンは迷った。そして、スワインとフォレスターを鞭打ちにするのはよしておこうと決めたようである。二人の協力者が誰なのかわかっておらず、不満分子を刺激したくなかったのも、そう決断した理由のひとつであったろう。厳罰には処さないとは決めたものの、「しかし、この件を黙って見逃すわけにもいかない。このような企みを助長してはならないからだ」。そこで彼は、首謀者どもを船から下ろすと決め、手筈を整え始めた。《アール・オブ・ハリファックス》のダニエル・トムソン船長に、スワインとフォレスターを引き取り、最初に出会った軍艦に引き渡してもらえないだろうか、と懇請した。トムソンの船は「大きく、空だった」（つまり、奴隷を積んでいなかった）のである。トムソンはあまり乗り気ではなかったが、ニュートンはどうにか彼を説得し、二人を引き取ってもらったのだった。(23)

「神の摂理が目に見えるかたちで介入して」、救われた。ニュートンはそう結論づけ、「この救いの意味を考えねばならない」と決意した。神に感謝を捧げ、「暗黒の災い」から自分を守ってくれたことに、特別の祈りを唱えた。事態を収拾した後に日誌に記したように、アポカリプスはそこまでやって来ていたのだった。スワインとフォレスターを船から追い出し、一息ついた時、彼は次のように書いている。「やつらを船から下ろしてほっとしている。おとなしく鎖につながれてはいたが、一時も油断はならなかった。我々があのように割れていたのでは、奴隷たちがやがて問題を起こさないとも限らない。そして、ひょっとすると極端な場合には、両者が手を組む可能性もあったかもしれない。」ひとつの「黒い企み」は、次の企みにつながりかねないし、どうかすると、黒と白との共謀となるかもしれないのである。(24)

スワインとフォレスターを厄介払いしてからまだ日が浅いうちに、ニュートンは怖れが現実のものとなったことを知る。自ら下甲板に行ったらしいのだが、そこで「男部屋の奴隷のうち二名が、足枷をはずそうとしているのを見つけて驚いたのである」。すぐさま、男部屋の捜索と、船を自由に動き回れる「少年」の何人かの尋問が開始された。「ナイフ、石、弾丸、その他いろいろ、そして冷たがね」が見つかった。その後、ニュートンは徹底した調査に取りかかった。少年の数名が男たちに道具を渡したのだろうと考え、彼らを枷につないで、拷問を始め、「すべて告白するように」迫った。親指締めにかけ、「少々」締め上げもした。最終的に首謀者の男八名と、彼らに「道具」を渡した少年四人を特定し、翌日、男性奴隷の「取り調べ」が行われた。親指締めの締め具合は、「少々」どころではなかっただろう。六名を、おそらく九尾猫鞭で罰し、「四名には首枷をつけた」。この鉄製の装具をつけられると、動くことも、体を休めることもほぼできなくなるのである。乗組員はわずか二〇名、それも数名はまだ若い見習いで、これでは「手薄」だと怖れたニュートンは、白いのに続いて、今度は黒い首謀者を船から出そうと決めたのであった。彼らも《アール・オブ・ハリファックス》の船上へと送られた。

再び「神の摂理」の介入によって救われ、ニュートンは感謝の祈りを信仰日誌に記した。

おお、わたしの神、常にお見守りくださる慈愛深き神。神よ、恩寵を与えたまえ。変わらぬ慈悲を恵みたまえ、我をしてあなたのみに仕えさせたまえ。このような災いが次々と突然に降り掛かかるなか、長きにわたるあなたの並々ならぬご加護だけが、これからもわたしを災いから守り下さるもの。常に心の準備を整えさせたまえ。御許に参ると自身で悟るより早く、不意の一撃にて、わたしをお召しになるのが思し召しであれば、それがわたしの道。心大きく乱すことなく、恩寵を力とし、仲介を信じ、わが救い主としかと結ばれますように。喜んで、わたしの魂をあなたの慈悲深き御手のもとに差し出し、すぐさまに死から永遠の命へと進みゆけますように。アーメン。

彼の祈りは、奴隷貿易に死がつきものである事実を見つめている。奴隷貿易に携わる以上どうしようもないことであり、神にそれを変えてくれとは頼んではいない。そうではなくて、むしろ自分が死と直面できるよう、力を貸してほしいと言っているのである。これが、奴隷反乱の危機を経験したニュートンの、魂の修行であった。

年の暮れまでには、ニュートンは船に秩序をとり戻し、自分の統率力への自信も蘇っていた。十二月三十一日、信仰日記に、健康と「朗らかな精神状態」への感謝を綴っている。元旦には、過去を振り返って、自分自身の神への罪を思い起こしている。一つ一つ数えあげるにはあまりにも数が多かった。また数々の恵みを——健康、友人、雇い主の善意、そして妻のことを考えた。そして最後に、救われたことについて詳しく書いている。「あのまったく見えていなかった悪から守られたのは特筆すべきこと。自分の部下たちが画策していた企みは絶妙のタイミングで発覚したし、その後の奴隷たちの計画についても同じだった。」このことは日記に書くだけではなく、「心に刻みたい」とニュートンは考えた。そうすれば、「何事もない時にも、感謝の念を呼び覚ましてくれるし、精神の背骨を伸ばしてくれるだろう。また他の危険が迫ったら、神への信頼を思い出させてくれるだろう」。彼の心は「穏やかに満たされていた」。しかし、それが長くは続かないこともわかっていた。彼を取り巻く危険はあまりに大きかったのだ。(25)

一月三十一日の午後、ウィリアム・クーニー、仲間の企みをニュートンに話した例の通告者が、「奴隷をひとり連れ出して、後甲板から丸見えのところで、その女を獣のごとく犯した」。レイプされた女は、83番としかわかっていないが、妊娠中であった。ニュートンはクーニーを鎖につなぎ、日誌に次のように書いている。「船上でこのたぐいのことが起こったのが、これが初めてであるとよいのだが。できうるならば、いかにしても黙らせておきたい。」「黙らせておきたい」というのが何を意味していたのかは定かではない。この手の事件については、そっとしておきたいということなのか。クーニーのような加害者の船乗りを黙らせたいのか。またあるいは、奴隷たちが、何が起きたかを知ったら、激しい抗議の声があがると予期していたのだろうか。ニュートンの最後の言葉からは、彼が財産に傷がつくのを心配しているのがうかがえる。「あの女に何か起こったら、責めはクーニーに負わせるつもりだ。女は身重だったのだから。」

この事件からまもなく、ニュートンは奇妙な、不安をかき立てる夢をみた。さそりに刺され、その痛みを和らげる「オイル」を見知らぬ人から与えられたのである。その人は彼に「夢はこれから起こる何かの前兆」だが、怖れる必要はない、彼には何の災いも降りかかりはしないから、と告げた。夢は何を物語っているのか。さそりは誰のことなのか、刺し傷とは何か、そして痛みを和らげて助けてくれた人物は誰なのか。問題は、水夫たちか、反乱か、通告者のクーニーか。奴隷たちか、反乱を企んでいるのか、少年たちが盗みをしているのか。考えた結果、刺し傷は、ブライアンという名の金持ちの黒人商人だろうとの結論に達した。ブライアンは、ニュートンが「岸にあがったとき、自分の女のひとりと寝た」、と難癖をつけてきていたのだった。ニュートンは今では、取引のために岸に出かけるのを怖れていた。岸では、「雇われの武装軍団が待ちかまえているだろうし、彼らは、あからさまに武器を使って復讐できないときのために、常に毒を用意しているのであった」。ニュートンは、別の船の船長、自分の船の一等航海士と医師の同席のもと、潔白を宣言する書状をしたため、海岸の商人のもとにそれを届けさせた。その後、ロングボートを四トンの米と交換で売り払い、海岸を離れたのだった。

ニュートンは、人間の積み荷を集めるのに、八カ月半という、予定をはるかに超える時間をシエラレオネの海岸で過ごした。その間にもう一度、病の流行に見舞われたが、最初の航海のときほどまめには死者の記録をとっていない。慣れてきたせいかもしれないし、死亡者の記録を残して、後で雇い主に見られるのが嫌だったのかもしれない。どちらにしても、自分の取引は、そのときに海岸にいた他の船長たちの誰より上手くいったと感じていたし、奴隷たちの健康が回復して機嫌もよくなるにつれて、彼の状況もましになってきた。「過去数カ月は、反乱を起こそうと必死の奴隷たちに対して、常に気を張ってきた」し、「すごく静かにしているときに限って、機会を狙っている」というのは、ニュートンも承知していた。しかし、奴隷たちの様子が変化し、「機嫌」がよくなってさえきたのに気づいたのである。「彼らは、鉄輪と鎖につながれた奴隷というより、ひとつの大家族の子どもたちのようになってきた。そしてあらゆる面で、白人の乗組員よりずっと、規律を守り、親切で思いやりがあるのである。」ニュートンはこれを喜んだが、絶えざる用心を変えるほどではなかった。彼と乗組員たちは、「慣習と分別が示唆するとおり」警戒は続けたのであった。ニュートンは、自分自身の無力さを肝に銘じるように聖書を引用している。「主より他に町を守る者なし、見張りは見守れど、努めは空しい。」これはすべての船についての真実だ、「そして奴隷船の場合はいっそうそうなのだ」とニュートンは自分の考えを述べているのである。

セントキッツ島が近づいて来ると、ニュートンは《アフリカン》の乗組員に命じて、人間という商品を売るための準備にとりかからせた。「奴隷の額をきれいに刈り上げ」たりするのである。ニュートンには心配もあった。売れ行きが悪ければ、さらにジャマイカかヴァージニアまで行かねばならないかと心配していた。海岸での滞在も長かったし、中間航路にも平均以上の時間がかかっているのだと、六月三日の日誌に記している。「航海があまりに長かったから、男性奴隷たちの我慢も限界に達している。さらにまた一航海となれば、耐えきれないに違いない。」しかし実際には、彼の心配は杞憂であった。セントキッツで、男性、女性、子ども、一六七名全員が売れたのである。帰りの航海は特に変わったこともなく、ニュートンは一七五三年八月二十九日にリヴァプールに戻った。

今回もまた、雇い主の期待に沿う結果は挙げられなかった。とはいえ、前回よりはましではあった。奴隷の数は二五〇名の予定であったが、実際に積んだのは二〇七名、死亡率は前回より高かった。四〇名を失っていたから、全体の一九・三パーセントにあたる。水夫については、死者は（二七名中）わずか一名で、ずっとよい結果だった。しかし、こちらのほうは、マネスティー氏にとっては何の利益にもならないのである。逃亡した四名、航海の途中で船から下ろした三名分は、リヴァプールへの帰りの給金を払う必要はなかったから、節約にはなった。ウィンドワード海岸での奴隷貿易は「やり尽くされている」と、ニュートンは再度嘆いたのだった。

第三の航海、一七五三―五四年

八週間の間に次の航海の準備を急いで済ませ、一七五三年十月二十三日、ニュートンは奴隷船の船長としての三度目の航海に出発した。引き続きマネスティーに《アフリカン》の船長として雇われ、もう一度、ウィンドワード海岸とセントキッツへ向かうのだった。今回は前回より少し多く、三〇名を雇い入れた。第一回目の航海と同じ数だが、おそらく病気や奴隷蜂起を思いだしてのことであろう。仕事の割り振りは、友人一点をのぞき前回と同じであった。今回ニュートンは、ジョブ・ルイスという名のベテラン船乗りだったが、ここのところ運に見放されていて、をひとり船に乗せたのである。

「副長を買って出た」のだ。乗組員のうち、前回も乗船していたのは四名、一等航海士のアレクザンダー・ウェルシュ、二等航海士のジェイムズ・ビリンジ、そして見習いのロバート・クロッパーとジョナサン・アイルランドである。前者二名は取引の歩合を受け取る権利を持っていたから、後者二名は他に選択肢がなかったからであろう。平水夫で、再度の乗船者がひとりもいないのはいかにも、である。全員参加の祈りの時間のためではないだろうか[26]。

この航海でもニュートンは、一日の過ごし方をきっちりと決めてそれを守った。早くに起き、甲板を散歩、聖書を二、三章読み、それから朝食。日曜には、乗組員全員参加の祈りを十一時に催した。午後四時に軽い食事をとり、その後、二回目の「聖書研究」と散歩。このスケジュールの合間に仕事をしたわけだが、彼が様々に書き残したものから見ると、現世の事柄への関心は確実に薄れていき、神への勤めにますます心を注ぐようになったようだ。自分の内面についてさらに多くを語るようになる一方、船の日々の仕事にはあまり触れなくなっているのである。仕事にかんしては楽観的に構えていた。航海の早い時期に、彼は「みな健康で、士気も高い」と記し、目的地にすぐに着くようにとの願いを述べている。一七五三年十二月三日、アフリカの海岸に到着。自然の災いにも、人為的な災難にも遭わず、無事な到着であった。

時には乗組員に対して懲罰であたらねばならなかったが、前回経験した、反乱未遂のような深刻な事態とは無縁であった。十二月二十一日、大工の扱いに苦慮する事態が発生した。ニュートンが船を留守にしていた間、他の上官からの命令に従わず、反抗的な態度をとっていたのであるが、どうしても必要なバリカドはまだ完成していなかったのである。ニュートンは九尾猫鞭で二ダースばかりの鞭打ちを与えたものの、

「枷につなぐわけにはいかなかった」と書いている。二日後の記録には、「大工はバリカドの作業にかかっている」とある。またその後、海岸部に停泊中には脱走にも対処せねばならなかった。ボートで働いていた乗組員のひとりが、チャチューゴに上陸した際に逃げ出したのである。リヴァプールから乗船したマヌエル・アントニオという、ポルトガル人水夫であった。手荒な扱いを受けていると申し立てていたのだが、航海士たちの証言では（真実とはいえない可能性もあるのだが）、「その男は誰からも一度も殴られたことなどない」とのことであった。「ナイフと煙草をボートから盗みだそうとしているのを見とがめられたので、逃げたのであろう」というのが、ニュートンの考えであった。(27)

海岸に到着するとまもなく、ニュートンの耳に現地のニュースが届いた。《レースホース》は水や食料の供給を断たれ、《アドヴェンチャー》は反乱が起きて「のっとられ」、《グレイハウンド》はキタムで乗組員三名を殺害されたというのである。取引は遅々として進まず、商人たちの「あくどさ」がいかばかりかも聞かされた。奴隷の買いつけにつきものの、「喧噪、灼熱の暑さ、銃の煙、そして取引」などのすべてに、ニュートンはすぐに嫌気がさした。ジョブ・ルイスとの衝突もあった。ニュートンはキリスト教の力で乗組員をよい方向に導こうと願っているのに、ルイスの不品行が邪魔をするからであった。船の内と外と、両方からの攻撃を怖れたためだろう、ニュートンは、ジャクソンという船長と相互協力の約束をかわしている。二人はかつて航海をともにしたことがあったようだ。「忌々しい金がらみの事柄」も、彼の心を悩ませ始めていた――この航海もまた失敗に終わるのだろうか、との懸念が出てきたのだ。妻のメアリーへの手紙には、次のように書いて自分を慰めている。「ひょっとしたら、僕たちは金持ちにはなれないかもしれません――どうしてもだめかもしれません。でも豊かな愛に恵まれています。」もちろん、このようなごたくを並べても、マネスティーが感心するわけではないだろう。(28)

ニュートンは、再び他人の災難を有効利用するしかないと決断した。十二月三十日、《レースホース》を、ススの人々から買い受けたのである。彼らが襲撃して乗っ取った船であった。積載量四五トンの小型船ではあったが、銅の船体被覆は新しかった。一三〇ポンドという手頃な値で買い取り、友人のジョブ・ルイスを船長として乗船させた。再艤装の必要があり、それに三週間を要した。二月二十一日、大きな問題が起こる。ルイス船長が死亡したのである。ニュートンは彼の服を航海士たちに分け与え、一等航海士のアレクザンダー・ウェルシュを船長に格上げした。《レースホース》の購入が、マネスティーの利益となるように、と願ったニュートンではあるが、計画はそもそも自分自身のためだった。つまり、乗組員数人をその船に送って、本船は滞在を四カ月で切り上げ、危険なアフリカの海岸を早めに離れて、命拾いをしようというのであった。奴隷の数はたった八七名であったが、後は《レースホース》に集めさせることにしたのである。[29]

一七五四年四月八日、《アフリカン》が海岸を離れた翌日、ニュートンは、船長たちの間に流通する伝聞について、そして自分自身について思いを巡らせている。「今回、海岸の状況は、多くの者にとって、実に惨憺たるものだった。一年の間に、これほど多くが死に、消え、破滅したのは聞いたことがないと思う。しかし、私自身は健康そのもので過ごし、また白人も黒人も、一人も死なせなかった。」(ルイスのことは、別の船での出来事であり、よって自分の責任ではないと考えた。)しかし、中間航路は始まったばかりで、十日後には、そのように述べるにはまだ早かったと気づく。激しい熱病に倒れ、重体となったのである。熱は高く、目まで痛むほどで、ニュートンは死を覚悟した。「どことも知れぬ大洋の真ん中、友を遠く離れて」の死に恐れ戦いたが、「永遠の命に備えよう」と心を決めた。彼は祈り、そしてメアリーに別れの手紙をしたためた。

結局ニュートンが罹ったのは、「最も危険な類い」の熱病ではなかったようで、これまで目にしてきた、水夫や奴隷たちとおなじ痛みや幻覚には襲われずに済んだ。しかし八日から十日の間は、衰弱しきっていたし、熱が引いてからも一カ月ほどは、「ふらふらして力が入らない」感じで過ごし、五月二十一日、セントキッツに到着したときでさえ、同じような状態が続いていた。回復にそれほどの時間がかかったのは、ひとつには、「自分が病気になる前に、具合が悪くなった船員たちに」自分の食料(食べ物および酒)を気前よく与えてしまっていたからだろうと、ニュートンは考えた。

セントキッツからの航海は何事もなく終わり、ニュートンは一七五四年八月七日にリヴァプールに戻った。三度目の航海は、これまでで最短、かつ様々な意味において最も楽なものであったが、利益の面で成功かどうかは彼にはわからなかった。その点については、明らかに疑っていたようである。三回も続けて、利潤としてはあやふやな航海だったわけだが、彼は成功の基準を別のところに求めた。「一度も大きな事故なく、アフリカの航海を成し遂げる」ことができた、と、誇らしげに宣言しているのである。彼はリヴァプール中の教会を回って神の恵みに感謝を捧げ、行く先々で、水夫も奴隷も一人も失わなかった事実を言挙げした。「これは町の大きな話題となった。」「前例がないからだと思う」と、ニュートンは説明している。当然ながら、彼はそれを「神の摂理」の徴と捉えた。[30]

航海の成果に疑いを抱いていたか、誇らしく感じていたか、あるいはその両方であったか、いずれにしても、ニュートンは再びマネスティーに雇われて、新しい奴隷船《ビー》の指揮をとる運びとなった。しかし、出発まで二日となって、彼のキャリアと人生に、思いがけない急転回が訪れる。後に彼は次のように書いている。「病によって私を止めるのが、神の御心にかなうことだったのだ。」卒中の発作に倒れたのである。「激しい痙攣に襲われ、即死の危険性もあった。実際、一時間ほどは、息をしている以外に、生きている証拠はなかったほどであった。」彼は医師の助言に従い、船長の職を辞し、奴隷貿易からも完全に引退した——自ら選択して辞めたわけではないのである、それは覚えておかねばならないだろう。その後、彼はリヴァプールの潮流監視官の職を得る。奴隷貿易への批判の言葉を書くのは、まだまだ何年も先、そして、明確に反対の立場をとるのは、三十年以上も先のことである。

道に迷い、そして見いだされ

ジョン・ニュートンは、奴隷船船長という自分の役割を神から与えられたものと考えていた。彼は、「神の摂理がわたしの仕事としてお選びになったのだから、全体としては満足している」、と記している。それでも時には次のように祈ることもあった。「神が、おひまの折にでも、わたしをもう少し人間的な仕事に就けてやろうとのお気持ちになられるとよいのだが。そしてできれば、その仕事では、神の僕《しもべ》と神の教えとに触れる機会が頻繁にありますように。また、このように長く故郷に戻れないのは、いつも、いつも忍びがたいので、そのつらさから解放されますように。」しかし、奴隷船の仕事そのものの非人間性は、彼ができれば他の仕事を望む三つの理由として挙げているもののうちのひとつに過ぎないのである。一七五二年八月、シエラレオネの海岸から、デヴィッド・ジェニングズに宛てて、ニュートンは、自分について、かつては道に迷い、「卑劣で不幸な背教者であったが」、いまでは、キリストの僕たる奴隷船船長として、神に「見いだされた」と述べている。彼が「アメージング・グレイス」の歌詞を書くのは、まだずっと後、一七七三年のことであるが、この手紙の言葉はその歌詞に対して、凄まじいひねりを加えている。[31]

奴隷船での生活において、彼の信仰は二重の役割を果たしていた。一方では、防護幕として機能し、自分が実際に行っている非人間的な営みを認識できなくした。現実には、殺人的な奴隷貿易を遂行する命令を出しながらも、船長室に座り、「人類同胞に善を為そう」と誓いをたてることが可能だったのだから。もう一方では、彼の信仰ゆえに、奴隷船につきものの残忍さが、ゼロにはならないにしても、かなり制限された。ニュートンは、《ハリッジ》の水夫としてむごい罰を受けた経験や、プランテン島で奴隷として凄惨な目にあった経験を決して忘れないように、と自らを戒めた。二度目の航海で、自分の指揮に対して反乱を企てた水夫たちにも、ひどい扱いをしないようにと努めている。水夫たちに対しては、キリスト教ならではの父親的温情主義でもって接する部分もあったのである。しかし、明らかに奴隷に対しては違っていた。おそらく、ニュートンは、大方の十八世紀の奴隷船の船長ほど残忍ではなかっただろうが、それでもやはり、水夫たちは彼に反旗を翻し、奴隷たちは反乱を企てた。対するニュートンが使ったのは、鎖と、鞭、そして拷問道具――要するに恐怖でもってあたったのであった。[32]

一七五三年七月十三日、船長室の蠟燭の光のもと、妻への手紙を綴りながら、ニュートンは、自分の人生を、特に一七四五年、プランテン島の商人の奴隷とされていた時のことを振り返っている。その島で、彼は「鎖に繋がれ、病に倒れ、最低最悪の状態で」伏していたのだった。たった八年という短い間に、そこからずいぶんと遠くまでやってきたものだ。今の自分には、妻があり、それなりの地位と財産もあり、そしてキリスト教者としての誇りもある。「こう言うしかない」、と彼は説明する。神が「私をエジプトの地より、囚われの家より連れ出してくださった。アフリカの海岸での奴隷の苦役と飢えから解放してくださり、今のようにしてくださったのだ」。まさにその彼の今はといえば、木製の小さな世界に、八七名の男と女と子どもたちとともにあり、その人々を中間航路の向こうへと、さらなる囚われの身の上へと運んでいこうとしていたのであった。ニュートンは、エジプトは脱出したのかもしれないが、ファラオに仕える身となっていた。その二つの類似は、彼には見えていなかった。[33]

第七章　船長の創る地獄

家族、友人、大切な者たちが、リヴァプールの埠頭に集い、奴隷船《ブラウンロー》の乗組員たちに見送りの言葉を送っていた。乗組員のなかには、一等航海士のジョン・ニュートンの顔もある。彼らがこれから向かうのは、アフリカのウィンドワード海岸、一七四八年はじめのことである。リヴァプールの奴隷貿易は急速な成長のさなかで、町の人々に機会と危険とを等しく差し出していた。「達者で」という言葉には、字義どおりの願いが込められていた。船主や船長は、日曜礼拝の場所に、予定されている航海の告知を出し、会衆に乗組員一人一人の名を挙げて、安全で実り多い航海を祈ってくれるように、と頼むこともあったという。ゆえに、埠頭にいる誰もが、これが、手を振っている乗組員との最後になるかもしれないとわかっていたのだ。船長から見習いの少年まで、乗組員なら誰もがおなじだった。「誰かれ構わず」死の手を伸ばし、そして、いつ襲ってくるかの予想もつかない。それが海なのだ。特に奴隷貿易においては、事故にしろ、病にしろ、そして誰かの故意にしろ、いつ何時死が降りかかってくるかわからない。そのような長い危険な航海への旅立ちは、いつも強く感情を揺さぶるものであった(1)。

《ブラウンロー》の後甲板には、リチャード・ジャクソン船長が立っていた。傍目には、その場に集った者たちの気持ちなどには露とも動かされぬように見えた。彼は、しかし、船が埠頭を離れるその瞬間に、底知れぬ変化が待ち構えていることを、強烈に意識していたのであった。彼と乗組員は、陸の世界に、長い、一年かそれ以上にもおよぶ別れを告げ、家族、教会、地域社会、そして行政といった社会機構の手がほとんど届かぬ場所をめぐる旅へと船出しようとしているのである。ニュートンは、その時の宗教的な雰囲気に対して侮蔑を感じていたのか、後年になってから次のように回想している。「その場にふさわしい面持ちで」、ジャクソン船長は埠頭に立つ人々に別れを告げると、ひとり呟いた。「さてここからが俺の地獄だ」、と。

船長の権力は絶大なものだった。急速に拡大する国際的資本主義経済において、その要ともいえる位置を占めていたからである。彼らの権力は海事上の習慣に由来するものであったが、のみならず、法律や社会的地勢もそれを支えていた。世界の市場を結びつける航海の間、船長には、乗組員の「服従と規律」維持のための体罰の使用が、国家によって認められていた。船長の権威に逆らえば、裁判所において、反乱あるいは暴動と見なされ、両者は絞首刑が適用されうるものであった。社会の統治機構からはるかに離れ、地理的に隔絶されているがゆえに、船長の権力は肥大し、正当化されたのである。(2)

そういったタイプの船長をいちばんよく具現しているのが、リチャード・ジャクソンのような、奴隷船の船長といえるだろう。他の船長たちとおなじく、ジャクソンはまず職人であった――熟練の技を持ち、高度な機械を使いこなす経験豊かな匠であった。船の仕組みについての技術的な知識、自然界――すなわち、風、潮の干満、潮流、さらには陸地、海、空――についての知識、そして多種多様な人々をいかに処するかという世間知も有していた。世界の果ての市場で、多文化状況を相手に貿易商として活躍した。金でかき集められた、雑多な、そして往々にして反抗的な乗組員のボスとして、まとめ役も務めた。船長はまた、施設長であり、看守であり、奴隷主であり、何百人という捕囚を、ひとつの大陸から、別の大陸へと、茫洋たる大海を越えて輸送した。このように多くの役割をうまくやってのけるには、船長には統率能力が備わっていなくてはならなかった――自らを律し、船を統べ、莫大な物品を管理し、彼の下で働く者たちと捕囚とを命に従わせる力がなくてはならなかったのである。(3)

船への道程

「クロー、気をつけてくれよ。」こう命じたのは、リヴァプールの貿易商、ウィリアム・アスピナルである。一七九八年七月、彼が雇った片目の船長、ヒュー・クローは大型船いっぱいの奴隷を買うべく、ボニーへ出発しようとしていた。クローはすでに、アフリカへ五回の航海経験があったが、まだまだこれから長きにわたり、奴隷船の船長として活躍し、成功を収めることとなる。さらに五回、アフリカへと航海し、一八〇七年に奴隷貿易が廃止される直前、貿易最後の航海のひとつの指揮もとった。クローは、奴隷貿易に従事した自分の人生の回想録を残しており、彼の死後、一八三〇年、友人たちの手によって出版された。そのなかで、彼は自分がどのような生まれで、そこからどのようにして奴隷船の船長室に到達したのかを語っている。(4)

クローは、一七六五年、マン島北部の海岸、ラムジーに生まれた。マン島は、リヴァプールの北東八〇マイルのアイルランド海に位置し、当時隆盛を極めていた港町の磁力圏にある。彼は幼少時に「右舷側の目」の視力を失ったが、それでもその頃から船乗りになりたいと思っていた。父親は、波止場近くで職人をしており、まっとうな人物だった。「港町で育ったので」と、クローは説明している。「自然と船乗りの人生に引かれるようになった。」

父の采配でホワイトヘイブンの船大工の見習いとなったクローは、そこで二年半働き、いくばくかの教育も受けた後、十七歳で初めての航海に出た。石炭を運ぶ船であった。すぐにもっと遠くへ、そして様々な場所へと航海に出るようになり、次の四年間に、アイルランド、バルバドス、ジャマイカ、チャールストン、ニューファンドランド、そしてノルウェー等々を訪れた。船酔いや、揚水機の過酷な労働や、ハリケーン、さらには仲間の水夫たちからの虐待も経験したし、すんでのところで溺れ死に、という目にもあった（仲間の水夫たちに助けられた）。また、飲んだくれの無能な船長に対しての反乱にも（同輩の水夫たちと）加わった。さて、クローは、このような五回の航海で、見習い期間を終え、有能な船員となったのである。彼は、その片目でもって、大きなチャンスを虎視眈々と狙っていた。航海術を学び、四分儀を手に入れ、ついに海の世界のヒエラルキーを登り始めたのである。

奴隷貿易に対しては、彼は最初から「偏見」を持っていた。というより、彼自身はそのように言っている。しかし、結局は一七九〇年十月、黄金海岸へ向かう《プリンス》に一等航海士として乗らないかという誘いに応じたのである。クローは航海士として、さらに四回アフリカへの航海を経験した。その後、アスピナルによってはじめて船長として登用されたのである。海に出てから十六年、その半分を奴隷船で過ごした三十三歳のクローは、三〇〇トンの船《メアリー》の指揮をとることとなったのだった。(5)

一七九八年にアスピナルが雇ったこの船長、クローは、目の数と、過酷な仕事におけるサバイバル能力にかけては異色の存在だったが、その出自という意味では奴隷船船長の典型と言ってよい。奴隷船の船長となった者の大半は、クローとおなじく、何か一つ大きな決断の結果ではなく、いくつもの小さな決断を積み重ねてそうなったのである。海の近くで育ち、「船乗りになるべく成長」し、何かの巡り合わせで奴隷船に乗りこみ（自分の選択ではないかもしれない）、最初の航海を乗り切って、ゆっくりと船の仕事の階段を登りはじめ、経験を積み、船長や貿易商に名を知られるようになり、そして最後に自分自身の船の指揮をとるというところに到達するのである。歴史家、スティーブン・ベイラントによれば、一七八五年から一八〇七年の間に、リヴァプールとブリストルから出航した、イギリスの奴隷船船長の八〇パーセントは、何らかの商売にかかわる家に生まれているという。貿易商の父を持つ者も、二、三いることはいるが、それにしても資力の乏しい貿易商である。ジョン・ニュートンのように、父親が一般の船の船長という者もいるし、また、リヴァプールのノーブル一家やレース一家、ロードアイランドのドゥウルフ一家のように、代々奴隷船の船長という者もいる。しかし、大半は、クローのように、波止場近辺の様々な職人の息子たちなのである。家族の知り合いの縁で、船長室に収まることも多々あったが、しかしその前に船乗りとしての経験を十分に積むのが常であった。平均として、船長となる年齢は、リヴァプールで三十歳、ブリストルでは三十一歳だった。ロードアイランドの奴隷貿易においても、船長への道は似たようなものだったが、アメリカの場合は、奴隷船専門の船長はあまり多くはない。歴史家、ジェイ・カウトリーの調査では、アフリカへの航海の回数は、平均で二・二回だが、しかし、このグループにおいても、五回以上航海した船長が五十名いるという。イギリスの奴隷貿易に従事する数家族をよく知るある人物は、次のように書いている。「奴隷貿易というのは、きわめて危険な仕事だったから、船長たちは通常、四回目の航海を終えたあたりから、これだけ元気で生きて帰ってきたのだから、自分は強運を手にしていると考えるようになるのである。」「強運を手にしている」というのは的を射た言葉だ。というのも、四回以上も航海を乗り切れば、いくばくかの財産を「手にして」いる可能性が高いからだ。それは、自分と同じような生まれの者には、本来なら望みようもないような財産である。奴隷貿易の船長は危険ではあるが、実入りのよい仕事であり、需要はいくらでもあったのである。(6)

貿易商の資本

船長は通常、航海費用を賄う船主である貿易商によって任命された。複数の貿易商が組む場合もあった。一旦、契約が成立すると、船長は、雇われの身にして、事業代理人となる。複雑でリスクの高い、そして惨憺たる結果の可能性も秘めた貿易に投資された、莫大な財産に責任を負い、すぐに、投資家たちの目の届かない、つまりコントロールの利かない彼方へと行ってしまうのである。リヴァプールの貿易商、デヴィッド・トゥーヒの言葉が、この実情をよく言い表している。彼は、一七八二年、《ブレイズ》のヘンリー・ムア船長に宛てた手紙に次のように書いているのである。君は「莫大な資産を管理しているのだから」と、説明は続く。「とにかく慎重には慎重を期して事を進めてほしい。どんな些細な行動にも十分に気をつけるように。」例を挙げると、奴隷船とその貨物の価値は、一万ポンドから一万二〇〇〇ポンド、現在の通貨に換算するとほぼ一六〇万ドルから二〇〇万ドルであった。船長の権力は、まず何よりも、資本家とのつながりによっていたのである。(7)

一方、船長が提供するのは、基本的には二種類のものである。より一般的なものとしては、海での経験、航海術と海事についての知識、そして水夫と船を統べてきたこれまでのキャリアである。この仕事に特化したものとしては、奴隷貿易の経験が挙げられる。前者は必ず必要とされたが、後者はそうではなかった。とはいえ、商人たちの奴隷貿易にかんしての知識はまちまちだったから、経験のある船長は大歓迎された。なかには、デヴィッド・トゥーヒのように、自ら奴隷船船長を経験し、資本をため、投資家階級へと成り上がった者も存在した。こういう商人らは、奴隷船上で何が行われるのかを正確にわかっており、豊富な実際的知識を生かして事業にあたった。しかし、奴隷貿易に従事していた貿易商の大半は、奴隷船に乗ったことも、アフリカに行ったことも、中間航路を経験したこともなかったのである。こういう人々も奴隷貿易の可能性とリスクは承知していたし、自分たちが参入しようとしている大西洋市場について、ある程度の知識は持っていた。が、その多くは、実際の奴隷船上でのこととなると、はっきりとはわかっていなかったようである。ニューポートの貿易商、ジェイコブ・リベラとアーロン・ロペスが、一七七二年、ウィリアム・イングリッシュ船長に対して、自分たちの経験不足をはっきりと述べている言葉がある。「わたしたちは、ウィンドワード海岸での貿易については、これといって言えることはない。」奴隷貿易にかんして、知っておくべきことのほとんどは、経験によってしか学習できないものであったのだ。トーマス・レイランドという商人は、五回の航海の経験を持つベテラン船長、チャールズ・ワットに次のように書き送っている。「君のコンゴでの長い経験を信頼している」と。「奴隷船の船主たちは、経験豊かで、信頼でき、彼らの財産を「しっかり管理してくれる」船長に船を任せたいと望むのが常であった」。(8)

商人たちは自分らが雇った船長に、様々な指示を書いた手紙を送っているが、その手紙を読むと実情がよくわかる。そこには船長がどのように事を進めるべきかが記されている——航海の日程と行く先、そして自分の事業代理人としていかにビジネスを行うか、といった事柄である。手紙が千差万別なのは、地域ごとに、それぞれビジネスのやり方が違っていたことにもよるだろうし、手紙の書き手と、受け取り手である船長との、経験や性格の違いにもよるだろう。自分自身、奴隷船船長の経験がある商人の手紙は、往々にして長く、指示も細かい。貿易商が経験の少ない船長に指示を与える手紙も、また同様である。過去にも同じ船長を雇ったことがあり、船長の知識や品行を信頼している場合には、手紙はたいてい短くなる。しかし、すべてを概観してみて際立ってくるのは、類似性の方である。つまり、奴隷貿易という事業の立ち上げ方、実際のビジネスの進め方は、ほぼ似通っていたことがわかるのである。(9)

これらの手紙には、奴隷貿易を行ううえでの一般的な知識がまとめられているとともに、投資家たちの意識の底にある怖れが表明されてもいる。彼らは、「航海を台無しにし、破滅させる」三つのことを、特に何度も繰り返しているのである――つまり、事故、水夫や奴隷による暴動や反乱、そして歯止めの利かない高い死亡率の三つだ。一八〇三年、トーマス・レイランドは、《エンタープライズ》の船長、シーザー・ローソンに、「暴動、反乱、そして火災に」気をつけてくれ、と忠告している。彼はまた、貿易商の例にもれず、奴隷貿易での「黒人、ヨーロッパ人、双方の高い死亡率」についても心配していた。(10)

ほとんどの手紙には、往路については、出航する港――例えば、イングランドのブリストル、ロードアイランドのブリストル、というように――と、アフリカの行き先が最低一つ、そして、西インド諸島か北アメリカの港へ向かう中間航路、さらに復路が指示されていた。また、船長が奴隷を購入する際、特定の者から買うように、と指示することもあった。アフリカ人のこともあれば、ヨーロッパ人のこともあり、たとえば、バラの王や、王立アフリカ会社のベテラン社員プランケットなどの名が挙がっている。また時には、ジャマイカやヴァージニアで、「積み荷」の売却を任せる代理人の名前を挙げることもあった。もちろん、船長は刻々変化する大西洋の両側の市場に対応していかねばならなかったから、指示以外のことが起こるのは了解済みである。ある貿易商が記しているように、多くは「時と場合に応じての、慎重な判断に」委ねられたのである。(11)

アフリカ貿易では様々な物品が取引された。貿易商たちの船長への指示によれば、交換のための商品としては、織物、金物製品（ナイフ、梳、真鍮の鍋）、銃、およびその他の工業製品、仕入れるのは象牙あるいは「歯」であった。それなら、ある人物の表現どおり、「死なれてダメになる心配」がないからである。黄金（特に十八世紀のはじめ）、カムウッド（染料用）、ビーワックス、ヤシ油、あるいはメレゲッタ胡椒を持ち帰るようにという者もいた。また、「珍品」を含めた、雑多なものを集めるよう、指示された船長もいる。しかし、何といっても、十八世紀を通じての主要商品は、人間であった。(12)

ほとんどの商人は、若者を買うようにと指示した。この指示を与えていない者たちもいるが、それは当然のことと考えていたのだろう。ハンフリー・モーリスが買おうとしたのは、十二歳から二十五歳までで、男二人に女一人の割合、これは当時の標準であった。トーマス・レイランドは、男性を中心としたが、異なる割合で――半分は「十五歳から二十五歳の元気盛りの男性ニグロ」、八分の三は「十歳から十五歳までの少年」、そして八分の一を「十歳から十八歳までの女」――全員、「体格よく、胸回りがしっかりしていて、活力があり、肉体的損傷のない者」という注文であった。一方、ジェイムズ・ラロッシュという人物は、十歳から十四歳の少女、「色が黒く、美しい」のを、と望んだ。一七一七年、南海会社のある役人は、「全員処女を」という、ぞっとする要望を伝えている。アフリカの海岸での停泊期間に耐え、「生きて航海を終えられる」可能性が最も高いのは、体力のある健康な若者であったのだ。逆に、「老人、胸のたれさがった女性」、ヘルニアや足の不自由な者は避けるように、と船長に指示することもあった。(13)

航海士の賃金にかんしては、貿易商が指示したが、水夫たちはその埒外で、彼らは通常、船長と直接契約を交わし、賃金も船長が決めた。航海士、医者、そして船長その人に対する支払いは、賃金だけでなく、歩合や賃金以外の権利も関係してくるので、ずっと複雑だ。一七七六年、貿易商のグループが、スノー船《アフリカ》の船長、トーマス・ベーカーに宛てた手紙に認められた指示に、そのような取り決めの詳細の例がある。ベーカーの月々の賃金は五ポンド、これに、輸送して売却した奴隷百人につき、四人分の歩合がつく。一人あたりの値段は、全体の平均額とされた。さらに、七名の「権利」奴隷が船長の取り分として与えられた。購入のための金は投資家持ちで、船長は自分の好きなように、市場価格でこれを売却してよいのだった。他の航海士たちにも（賃金は月四ポンドが普通だった）、賃金以外に次のような支払いがなされた。一等航海士のウィリアム・レンダルには、「権利」奴隷二名。二等航海士のピーター・バーチには同一名。トーマス・スティーブンス医師にも同一名と、さらに彼には、トバゴに無事に届けた奴隷一名ごとに、一シリングの「人頭金」が与えられた。これは、医者が「売却地まで、彼らの面倒をよく見るようにする」ためのものであった。(14)実際には、ベーカーの船は、奴隷を積み込む前に座礁して廃船となったのだが、かりに計画どおりに運んでいれば、彼は月五ポンドの賃金を十二カ月分、奴隷十名分にあたる金額（二五〇名の奴隷で、一名二八ポンド）、さらに同額で七名分を手にしていたことになる。つまり、この航海で、約五三六ポンド、現在の通貨に換算すると、一〇万ドルほどを稼いでいたことになるのだ。同じ船で、平水夫ならば、二四ポンド、つまり四五〇〇ドルの稼ぎであった。もう少し大きな船になると（航海の期間も長くなるが）、一七七四年のロバート・ボストック（七七四ポンド）や一七五四年はじめのリチャード・チャドウィック（九九三ポンド）の例のように、船長の収入は七五〇ポンドから一〇〇〇ポンドにもなった[15]。ジェイムズ・ペニー船長という人物は、一七八三年から八四年にかけてのある航海で、一四名の水夫と一三四名の奴隷を失ったが、それでも一九四〇ポンド、現在の額にして三四万二〇〇〇ドルを上回る金を手にしている[16]。

航海士らには、「権利」奴隷や「投機」奴隷（自分の金で買うが輸送費はただ）からの上がりがあり、その収入は平水夫たちとは比べ物にならなかったから、彼らと一線を画していたのは、明らかである。そして、結局は、そこが重要な点なのだった[17]。このような賃金契約によって、船長（および航海士）自身の利益は、航海の成果と航海に投資した貿易商たちの利益とに、しっかりと結びつけられていた。言い換えれば、船上の彼ら全員、特に船長は、自分の取り分が航海の成果に左右されることになっていたのである。貿易商たちは、指揮官たる船長を、事業のリスクを負うパートナーとすることによって、自分の利益が関わっていればこその厳しい規律を期待できたのであった。たとえば、一七七一年、マシュー・ストロングは、リチャード・スミス船長に次のように説明している。「質のよい健康な積み荷を運べば、わたしたちの利益にもなるし、君の利益にもなる[18]。」

次の大きな課題は、航海をどう取り仕切るか——いかに船と乗組員の秩序を維持するかであった。この点についての指示は一般的なもので、船を清潔に保ち、修繕を怠らず、問題なく航行できる状態にしておくこと（「船底の手入れもするように」）、必要十分な食料の備蓄をすること、水夫と奴隷に気を配り、規律を守らせることなどであった。貿易商たちはまた、船長に対して、アフリカの海岸での滞在期間中は、（自分の雇っている）他の船長たちと協力するように、また、機会があるごとに最新の状況を手紙で知らせるように、と命じるのが慣例であった[19]。

船主のなかには、航海の細部までを取り仕切ろうとする者も若干いた。たとえば、リヴァプールの貿易商、ジェイムズ・クレメンズなどがそのひとりで、彼は一七五〇年代に、アンゴラへの航海を三回経験しており、物事の進め方について一家言持っていたのであった。クレメンズは、一七六七年、ウィリアム・スピアーズ船長に対して、事細かな指示を書き送っている。スピアーズ自身も経験豊かな船長で、このときは、アンゴラ、そしてバルバドスへと向かう予定の《レンジャー》の用意をしていたところであった。クレメンズは、これこれのやり方で、船を「掃除」し、「脱臭」して、下甲板をからっと乾燥させ、奴隷たちにとってより健康的な状態にしておくように、との要請を出している。新鮮な空気と換気が極めて重要だと考えていたので、なぜ格子の近くにボートやヨールを置いて、空気の流れを妨げてはならないか、またそれだけではなく、どうやって「舵取り用のトップマストの帆」を使って、下にある男性用スペースに風を送り込むのかも説明している。夕方には奴隷たちの身体を洗うように、さらには、「毎朝、お互いに布で体を摩擦させ、血行を促進させて、むくみを防止する」ように、との要請もあった。食事についてもやり方を指定した。というのも、アンゴラの奴隷たちは、「故郷では食べる量がかなり少ないのが普通」なので、過度に食事を与えてはならないのである。反乱抑止のために、「常に武装した白人を数人置くこと」。反乱が危険だからというのはもちろんだが、反乱を起こそうとして失敗すると、「その後、奴隷たちは失敗を嘆いて、二度と心が落ち着かない」からである。メランコリー状態に陥って、やせ衰える者も出てきたりするので、まず反乱そのものが起こらないようにするに越したことはないのだ。クレメンズはまた、乗組員の「態度がよければ」、時折、ブランデーや煙草を与え、「彼らを君や船につなぎとめるがいい」とも述べている。火のつく怖れがあるブランデーの樽のそばに、火を持ち込まないこと。スピアーズに、そう警告もしている。「船倉にブランデーを取りに行くのに、どのような理由があっても、いかなる火も持ち込んではならない。」以上に加え、さらにいろいろ述べたうえで、後はスピアーズの慎重な判断にまかせる、と寛大な同意を与えたのだった。[20]

貿易商は、あらゆる種類の事故を怖れた。何より怖かったのは座礁であったが、指示を与える際には、防止可能と思える類いの事故に専心した。木製の船の場合、特に危険なのは火である。「何にもまして」と、トーマス・レイランドは書いている。「火に注意せよ。結果、何が起こるか、最悪にひどい事態が考えられるからだ。」火のついたろうそくの取り扱いには細心の注意を払わねばならない。デヴィッド・トゥーヒは次のように記している。「火薬とブランデーには注意のこと。両方とも、致命的な事故のもととなる。」事故なのか、抵抗を試みる捕囚の企みなのか、奴隷船は、ふっとぶことで知られていた。[21]

その次の大きな心配事は、水夫や奴隷による抵抗である。水夫らによる横領、逃亡、そして反乱はよくあることだった。船長たちは、貨物、特にラムやブランデーは厳重に管理して、水夫に勝手に飲まれないように、と強く言われていた。ジェイムズ・クレメンズがはっきりと指示を出しているように、仕事の割り振りにも慎重を期さねばならなかった。「奴隷の買いつけのボートには、不満分子や、問題を起こす酔っぱらいを決して乗船させないように。」こういう輩には、二重の危険性があった。もし、水夫たちが、ロングボートやヨールごと逃亡すると、船長は働き手を失うだけでなく、奴隷を集めるのに欠かせない舟まで失ってしまうのだ。最大の懸念はもちろん、反乱が起きて、水夫に船を乗っ取られることであった。十八世紀を通じて、そのような反乱が数知れず起きており、あらゆる貿易商にとっての心配の種であった[22]。

奴隷たちの自殺や反乱もまた、怖いもののひとつだった。一七二五年、アイザック・ホブハウスと共同事業主たちは、奴隷は「反乱を起こしたり、海に飛び込んだりする怖れがあるので」、ネットや鎖でこれを防ぐべし、と助言している。また、ハンフリー・モーリスは、一七三〇年、ジェレミア・ピアース船長に次のように述べている。「航海の間中、起こりうる最悪の事態に備えるのが望ましい。特に、船に積んだニグロの反乱に対しては油断を怠らず、守りを固めるように。」船主は、決して警戒を解かず、武装した見張りを目につく場所に常駐させよと、その必要性を間断なく説いた。名前はわかっていないが、あるニューイングランドの船主が、一七五九年にウィリアム・エラリー船長に書き送った言葉が残っている。「あなたには銃があり、配下の人間がいるわけですから、まちがいなく、それを必要に応じてうまく使ってくれるでしょう[23]。」

適切な規律の維持こそが、事業を成功させる要であった。貿易商たちは、船長たるもの、妥当な方法で乗組員と奴隷とを統べているはずだし、見せしめとしての暴力——それは、船の生活の一部と見なされていた——は妥当な方法のうちである、と考えていた。また彼らは、暴力はいとも簡単に残虐行為となり、それが火種となって、水夫の反乱や奴隷の暴動が起き、破滅的な結果をもたらす可能性があることも承知していた。ゆえに、商人たちは、秩序と虐待の境界、ヒュー・クローの言葉では、厳格と残酷の境界をはっきりさせ、前者を推奨し、後者を禁じようと努めたのである。ハンフリー・モーリスは自分の船長に、いつも次のように言っていた。「ニグロたちに気を配り、思いやりをもって扱ってほしい。航海士や水夫たちからも、ちゃんと扱われるようにしてほしい[24]。」

奴隷の扱いは微妙な問題であった。どの貿易商も、自分たちにとって望ましい、なんとも据わりの悪いバランスについて述べている。奴隷の扱いには思いやりをもってあたるべし、が、過度になる必要はない。「安全が許す限り、寛大に接するように」、というわけである。また次のように言っている者もいる。「買い入れて、中間航路を輸送する間、奴隷に対しては、人間性の要求と安全の必要に従う範囲で、よく面倒をみて手厚く処さねばならないのは、君ももちろんわかっていると思う。」この一節は、船主が奴隷船を走らせるには恐怖が欠かせないと認めるところに、船主が最も近づいた表現であるといってよい。いかようにも解釈できる指示ではないか。[25]

奴隷を虐待すれば船長を処罰すると警告したのは、リヴァプールのロバート・ボストック、ただ一人しかいないようである。奴隷貿易廃止の運動が、英国および大西洋世界に広がった後の一七九一年、ボストックは《ベス》のジェイムズ・フレイヤー船長に、こう書き送った。「特にお願いしたいのは、奴隷を人間として扱うこと。彼らを殴打したり、また航海士や水夫が彼らを虐待したりするようなことが絶対にないように。もし、君が奴隷にひどい扱いをしたとか、もしくは航海士の誰かにそうさせたとかいう証拠があがれば、その際には権利奴隷と歩合とを失うだろう。」船長の収入は、歩合と権利奴隷からの利益があってこそのものだから、この警告は深刻であった。しかし、ボストックにしろ、他の貿易商にしろ、奴隷の虐待に対して、実際に船長を罰したという証拠はない。[26]

なんといっても、貿易商が最も怖れたのは、奴隷が死ぬことだった。事故、反乱や暴動でという場合もあったが、もっとも数が多いのは病気の流行によるものである。水夫も、奴隷も、航海士も、そして船長その人も、この慢性的な危険に曝されていたのである。ブリストルのスノー船《アフリカ》の船主たちは、一七七四年、ジョージ・メリック船長に書き送っている。「君にもしものことがあった場合には、もちろんそのようなことがないように、神が守ってくださると願ってはいるが、一等航海士のジョン・マシューズ氏が船の指揮をとり、彼が君の後をついで、我々の命令と指示とを遂行することとなる。」一八〇一年から七年の間を例にとると、船長の七人に一人は航海中に命を落としている。ゆえに、貿易商たちは、彼に替わる航海士を一人、時には二人用意しておかねばならなかったのだ。船上の権力は、脆かったがゆえに、いっそう情け容赦ないものとなったのである。[27]

西アフリカは「水夫の墓場」として知られていたから、貿易商たちは、しばしばその健康を配慮する必要について触れている。熱帯での飲酒は、若年での死亡につながると考えられていたので、水夫に酒を飲ませないようにとの助言をしているのである。また、水夫たちの面倒もきちんと見てやるように、「特に病気になったり、体調不良のときには気をつけてやり、また、虐待したり、熱い気候のなかで働かせ過ぎたりしないように」、とも述べている。水夫の死亡率と奴隷の死亡率との連動を理解している商人もいたようである。「白人の健康管理もよろしく頼む。乗組員が健康であれば、ニグロの世話も行き届くから。[28]」

捕囚らの健康は、さらに重要であった。トーマス・スターク《ママ》は、一七〇〇年にジェイムズ・ウェストモア船長宛の手紙で、この点をはっきりと述べている。「航海の成功はひとえに、君がニグロの面倒をよくみて、彼らの命を保っておけるかどうかにかかっている。」ジョゼフとジョシュア・グラフトンという二人のアメリカの貿易商も、一七八五年に、同じことを言っている。「奴隷の健康に、君の航海、ほぼ全体の成否がかかっているのだ。」また、船長に次のような指示を与えた船主グループさえいた。船には必ず、羊か山羊を飼っておき、奴隷が病気になったら、それで「羊汁」を作って彼らに与えよ、水夫がちゃんと手ずから食べさせるように、というのである。時代が下るにつれ、貿易商たちは、海岸での滞在が長引けば長引くほど、死者がたくさん出るということを、はっきりと意識し始めた。一七九〇年、ロバート・ボストックは、サミュエル・ギャンブル船長に、滞在と中間航路が短ければ、大した数の死者は出ない、と書き送っている。早め死亡率を下げるために、船に奴隷を満載できなくても、早めに海岸を離れるほうがいいと助言している商人も、なかにはいるほどである。たとえば、ブリストルの投資グループは、一七七四年に次のように書いている。「もし病気と死のリスクが高くなってきたら、満載数の半分の奴隷を積んでいれば、長居は無用だから、出発できるときに出発するように。」[29]

貿易商たちは航海の細部を取り仕切ろうとはしたものの、結局、すべてが船長の判断と分別にかかっていることは承知していた。ジョゼフとジョシュア・グラフトンが、一七八五年の手紙に書いているとおりなのである。「航海中のことについては、君の判断と慎重な運営手腕にまかせたい。いかなる場合にも、我々のためにベストを尽くしてくれると信じている。」これは必然だった。海上においては船長に大きな権限が与えられるのが、海の世界の「慣習」で、契約自体がそのように構成されていたし、また、アフリカ貿易は予測不能かつ、ヨーロッパやアメリカの港の遥か彼方で行われるため、船長にまかせざるをえなかったのである。いかに綿密に取引の計画を立てたとしても、予想もしていなかった新たな展開という岩にぶつかってしまうかもしれなかった。たとえば、貿易商モリスは、長年にわたって奴隷船をウイダーに送り交易をしてきた。ところが、一七二七年四月、スネルグレイヴ船長から届いた手紙によると、ダホメーの王が勢力を拡大し、以前からの商人たちを征服してしまったというのである。さてどうすればいいのか。あるいは、乗組員が反乱を起こしたとか、奴隷が蜂起して惨憺たる状況だとか、スネルグレイヴ船長から知らせがあるかもしれない。さてどうすればいいのか。船長が決断するよりないのだった。[30]

「ギニア支度」

船医、トーマス・ボールトンが、一七六八年に出版した、

この絵は 17 世紀末の黄金海岸を行き交う船を描いたものである．ここに示されているとおり，アフリカでの収奪と奴隷化から，新世界での搾取へといたる長い旅の過程のうち，岸から船までは，カヌーがよく使用された．

1719 年，海賊に捕まった「ブラック・バート」・ロバーツは奴隷船の航海士であった．ロバーツは海賊に加わり，ほどなく「海賊の黄金期」のもっとも悪名高い船長となった．奴隷貿易も混乱をきたし，議会が動いて西アフリカでの海洋パトロールが強化された．1722 年，ロバーツは海軍のパトロール船の 1 隻との闘いに破れ，殺害される．多人種から成る 52 名の乗組員たちは，ケープ・コースト城塞にて絞首刑となった．

18世紀初頭のロンドンを代表する奴隷貿易商，ハンフリー・モーリスは，社会を動かす大物の1人であった．英国銀行の総裁（組織のトップである）を務め，国会議員でもあった．これはデヴィッド・ル・マーチャンドによる，象牙で彫られた彫像で，象牙はおそらくアフリカからのものであろう．

ヘンリー・ローレンスは，18世紀半ばの英国領北アメリカを代表する奴隷貿易商である．奴隷貿易で築いた財産で，サウスカロライナおよび初期アメリカの社会と政治の最高レベルまで上りつめた．1777年には大陸会議の議長となった．

大西洋を渡る奴隷船の後には鮫がついてきた．船上で死に，船縁から海に放り投げられる水夫，そして多数の奴隷の遺体を貪りくうのであった．奴隷船の船長たちは，自らの恐怖の統治の補強材料として，意識的に鮫を利用した．

船員の経験がある画家，ニコラス・ポコックが描いた，1760年のシデナム・ティーストが所有するブリストルの造船所である．3隻の遠洋船が見えるが，奴隷船の可能性もある．それぞれ建造段階は異なっており，船の回りでは職人や労働者が多数立ち働いている．なかの2人は明らかにアフリカ系である．

リヴァプールは英国最大の奴隷貿易港で，18世紀末には世界最大の規模を誇るようになっていた．リヴァプールの貿易商らは，このような3本マストの大型船を何10隻も航行させていた．この絵は，海洋画を専門とする画家ウィリアム・ジャクソンの1780年の作である．

奴隷船として一般的だったのは，スループ（上）やスクーナー（右）といった小型の船舶である．特に北アメリカの貿易商にはこれらが人気であった．また，ブリガンティン（下，スノー，あるいはスナウとも呼ばれる）のような，やや大型の２本マストの船舶も使われた．

バリカドという隔壁は，反乱の際に，乗組員たちがその向こう側へと逃げ，そこから火器を使って秩序の回復を計るためにも使われた．19 世紀初頭のフランスの奴隷船を描いたこの絵では，バリカドが低過ぎ，継ぎ目もゆるく，脆弱すぎて，現実とはかけ離れているが，しかし奴隷船上で，男性と女性がどのように分けられていたかは伺うことができる．

セネガンビア地域のイマームであった，ヨブ・ベン・ソロモンは，1730年，アフリカ人商人に捕らえられ，奴隷として売られた．最終的には，エリート然とした物腰と学識で，ただ者でないことがわかり，解放されて，王立アフリカ会社によって故郷に還された．その後，ソロモンの方では，会社の商売上のさまざまな事柄に力添えをした．

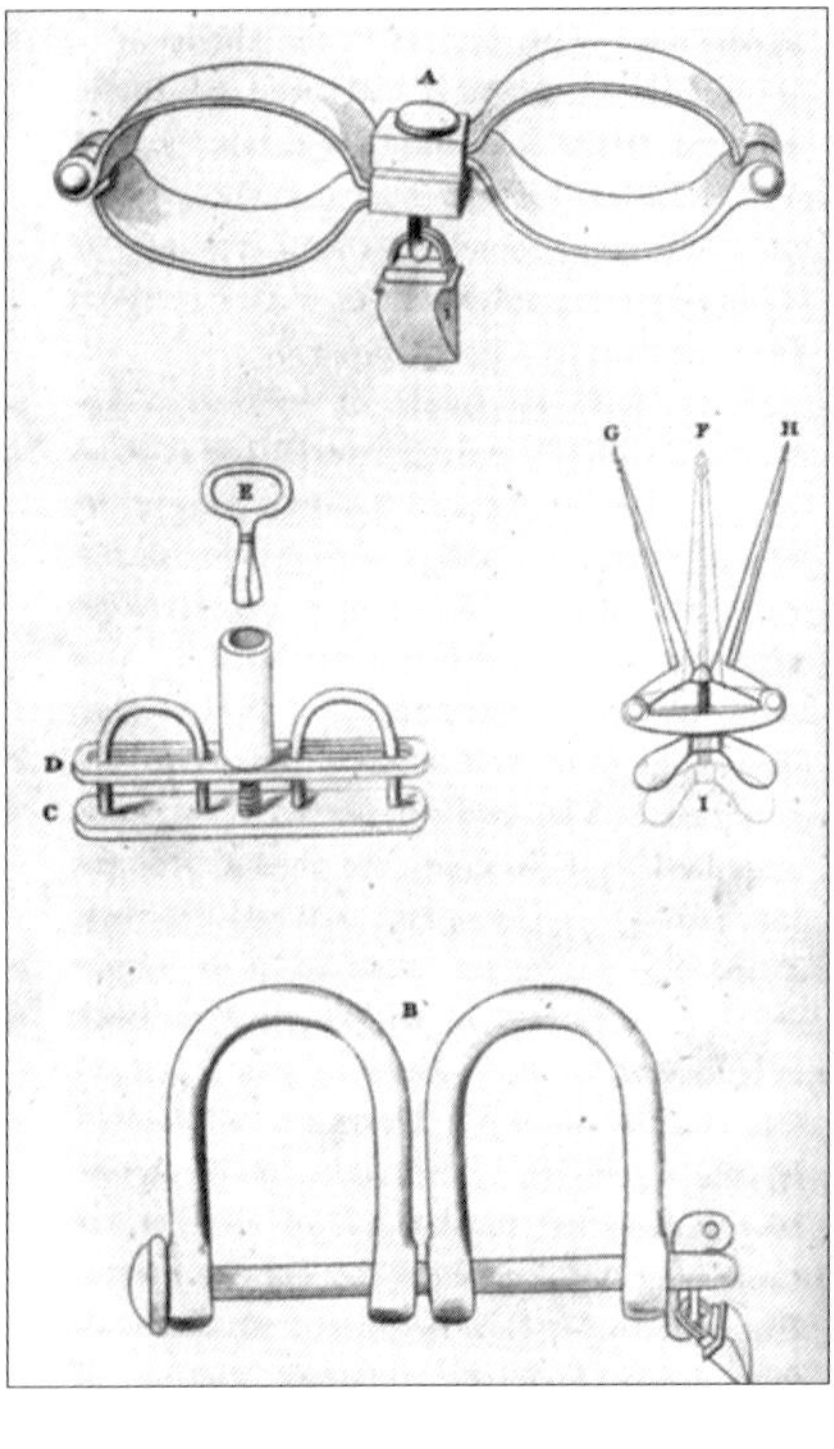

奴隷船には，捕囚の手首を拘束する手枷と，足首を拘束する足枷が積まれているのが常であった．船長たちは，反抗的な奴隷の拷問には親指締め（中段左）を，食事を拒む者には喉をこじ開け，粥を流し込むために，スペクルム・オリス（中段右）を使用した．

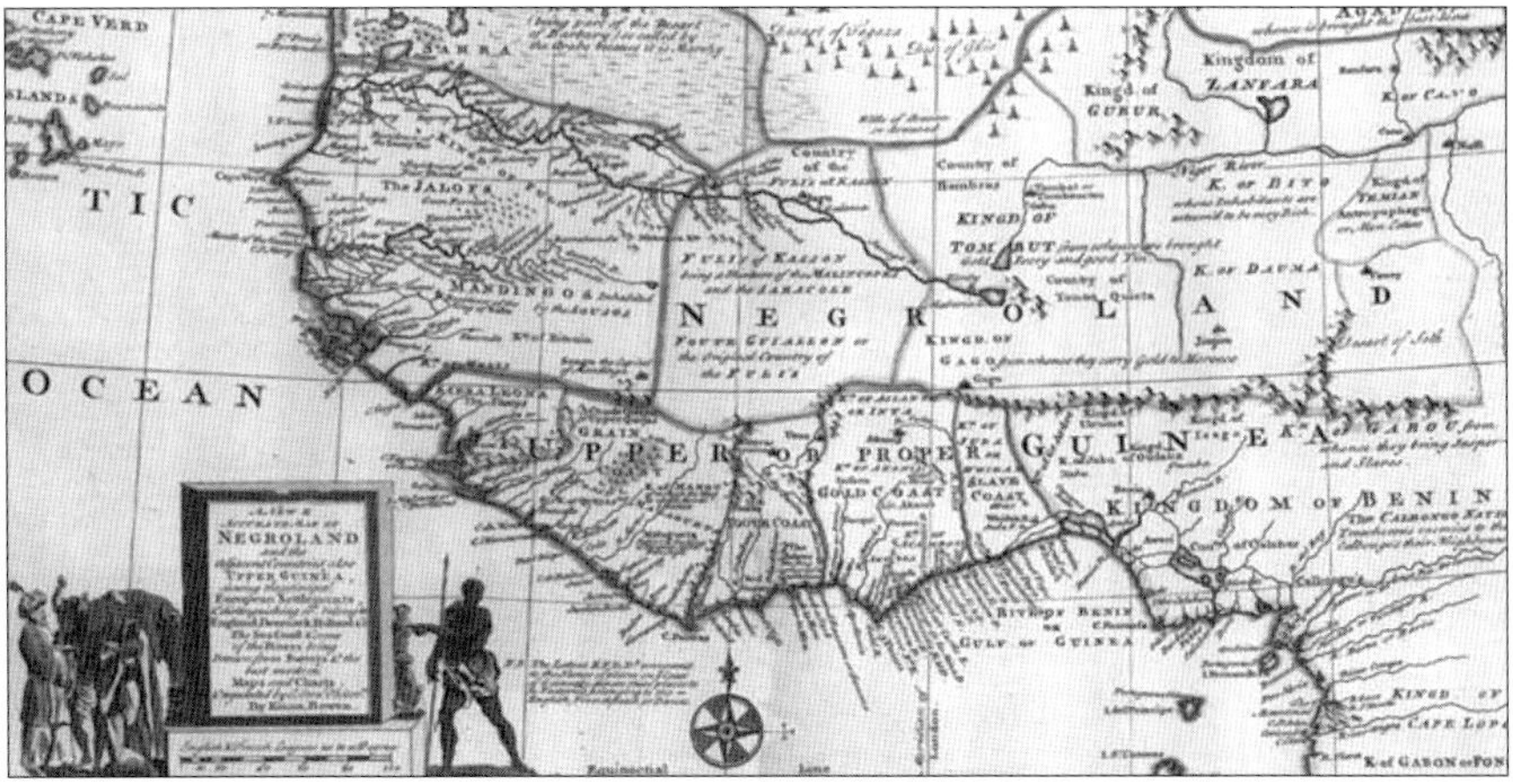

1747 年，地図製作者のエマニュエル・ボーエンは，アフリカにおける主要奴隷捕獲地域を指して通常用いられた「ギニア」に並べて，より人種的意味合いがはっきりと出ている「ニグロランド」という言葉を付け加えた．大西洋奴隷貿易が，いかに人間のヒエラルキーにかんする新たな考え方を作り出していったかがよくわかる．

黄金海岸，アマノブの取引所要塞の歴史には，黄金と奴隷をめぐる帝国間の苛烈なライバル関係が刻まれている．オランダ，スウェーデン，デンマーク，そしてアマノブ自身が，順に支配し，最終的には英国のものとなった．18世紀後半，英国はここを，保有する6つの主要要塞の1つとした．

ダホメーは「奴隷海岸」の要所に位置する王国で，地域の名は，その軍隊の奴隷捕獲力に一部由来するという．この絵では，その軍隊が宗教的行進を執り行っている最中である．背景には，7隻のヨーロッパ船の姿が見えるが，大規模な奴隷取引がはじまるのを待ち構えているのは間違いないだろう．

コンゴ地域，ロアンゴのヴィリ王国は，アフリカ最大の奴隷供給地のひとつであった．前景に見える奴隷捕獲集団が，囚われの人々を，海岸へ，数知れぬ奴隷船へと運んだのである．18 世紀だけでも，100 万人がロアンゴを海岸へと旅していったと考えられている．

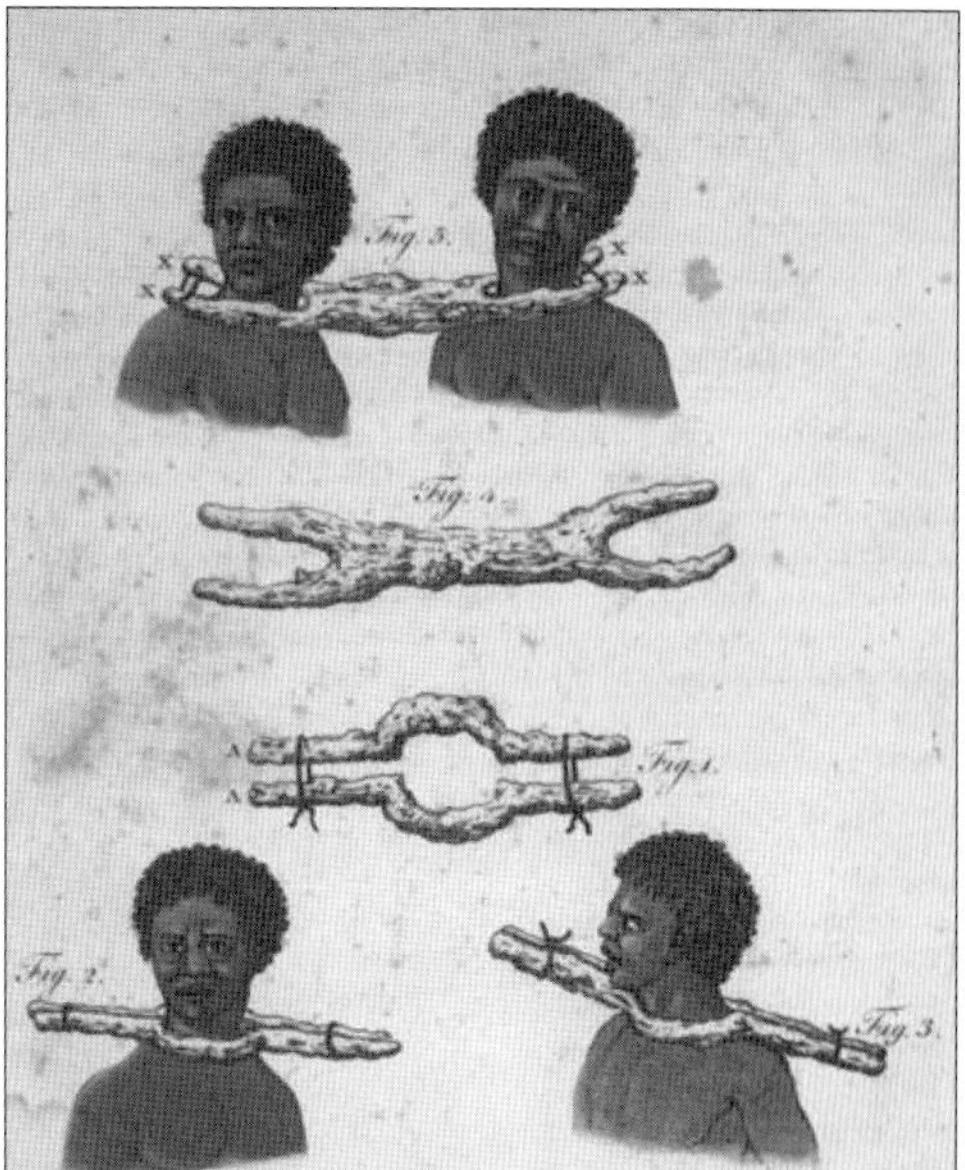

18 世紀，西アフリカに現れるギニア船の数が増加するにつれ，奴隷の捕獲地域は内陸へ，内陸へと広がっていき，結果，海岸への行進はどんどん長くなった．これらの拘束具は，アフリカ人商人が，囚われの一団の自由を奪い，人々を奴隷船へと行進させる助けとなった．

オラウダ・エクィアーノ，またの名をグスタヴァス・ヴァサは，18世紀奴隷貿易における「声なき者たちの声」であった．アフリカ人の視点，すなわち奴隷船の「驚異と恐怖」を経験した11歳の少年の視点から書かれた彼の著作は，奴隷貿易廃止運動において最も影響を与えたものだった．

ジェイムズ・フィールド・スタンフィールドは1774年，奴隷船《イーグル》に乗船して，ベニンへと向かった．1780年代末に奴隷貿易廃止運動が立ち上がると，スタンフィールドは平水夫から見た奴隷貿易の実体を明らかにした著作を発表．船を実際に動かしていた人々が経験した恐怖を描いた．

ジョン・ニュートンは，1748年から1754年にかけて4回の奴隷船航海を経験した．1回は航海士として，3回は船長として．後年，福音派の牧師となり，あの有名な賛美歌「アメージング・グレイス」を書き，最後には，かつて自らが生活の糧を得ていた人間の取引に対し，断固として反対の立場を表明するにいたった．

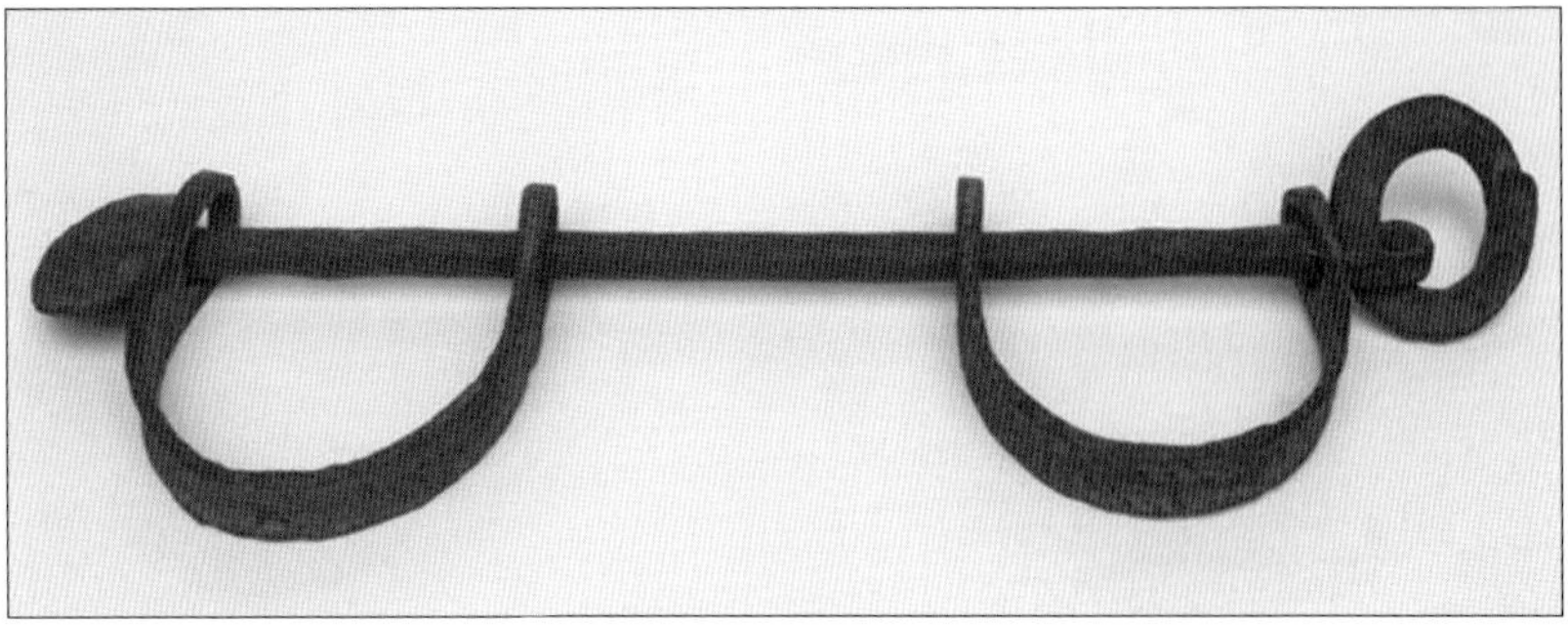

奴隷船は浮かぶ牢獄であった．そこでは，囚人の数が看守の数をはるかに上回り，割合は 10 対 1，時にはそれ以上のこともあった．ゆえに男性捕囚（女性でも反抗的な者）には，抵抗能力を制限するため枷がつけられた．

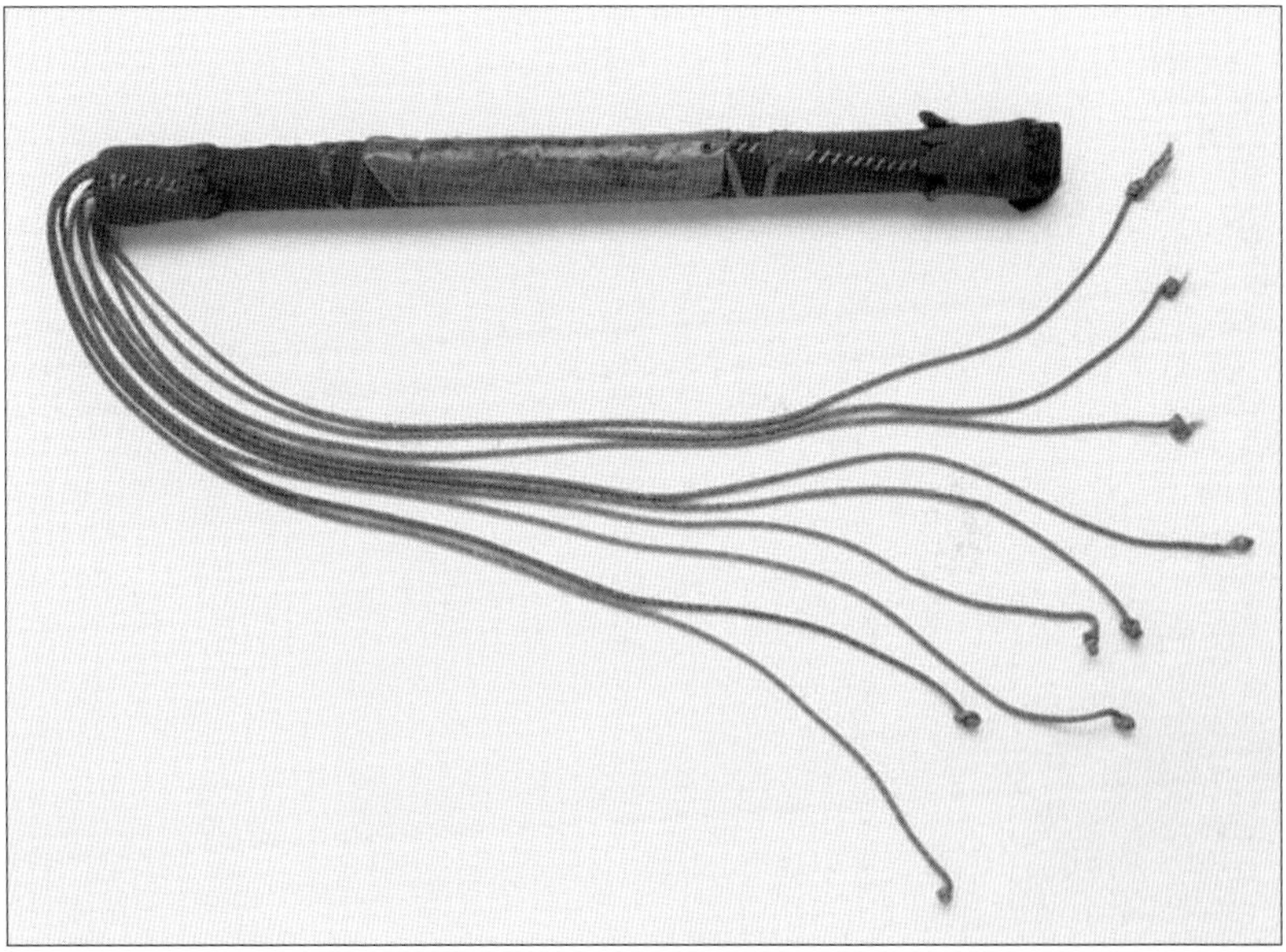

甲板上で人々を移動させる，下甲板に「詰め込む」，そして，食事の拒否から反乱の試みまで，あらゆる逸脱行為を罰するなど，この「猫」ムチは様々に使用された．結び目のついた 9 本の尾は，鞭打たれている者の皮膚を引裂き，最大の苦痛を与えるために考案された．

エドワード・キンバー船長は，裸で踊るのを拒んだ15歳の少女を鞭打って殺害したといわれている．裁判にかけられたが，無罪放免となった．嫌疑がかけられた殺人が実際にはなかったと証明されたからではなく，殺人を報告した乗組員2人が，船長に恨みを抱いていたとわかったからであった．

船長も船医も，同様に，船上の奴隷の健康には運動が欠かせないと考えていた．そこで，男性捕囚も女性捕囚も，毎日甲板の上でダンスをさせられた．音楽がつくこともあったが，この絵の左右にいる航海士がやっているように，奴隷たちを動かすのには，鞭が使われることのほうが多かった．

「《アルバトロス》が捕獲した《アルバロス》の奴隷デッキ」(1845) は，奴隷船の下甲板を実際に目にした者が描いた，貴重な1枚である．英国王立海軍のフランシス・メイネル大尉の手によるもので，彼の船，《アルバトロス》が，ブラジルあるいはポルトガルの奴隷船を捕獲し，乗せられていた300名の奴隷を解放した後に描かれた．

「死にいくニグロ」は，ジョン・ビックネルとトーマス・デイによって1773年に書かれたある詩につけられたイラストである．2人は海での自殺についての，ロンドンの新聞記事を読んだ後，この詩を書いた．この絵は，奴隷たちの抵抗が，奴隷船から帝国の大都市へと伝わり，広がりつつあった反奴隷制の世論に影響を与えていく様を物語っている．

奴隷反乱を描いたこの絵は，仰向けに整然と並べられたアフリカ人捕囚たちの肉体が描かれた，あの有名な奴隷船《ブルックス》の図版とは，きわめて対照的である．ここには正反対の様子，抵抗と無秩序が描かれている．乗組員たちは，バリカドの後ろに退却し，そこから反乱者たちにマスケット銃を浴びせている．海に飛び込む者の姿も見える．

19世紀のブラジルの奴隷市場を描いたこの絵からは，奴隷たちが奴隷船をよく観察していた様がわかる．左手の，背中を向けている少年（詳細は右の図）が，壁に落書きをしているが，それは奴隷船の絵である．おそらく，いま市場にいる彼と仲間の人々を乗せ，大西洋を渡ってきたまさにその船に違いない．

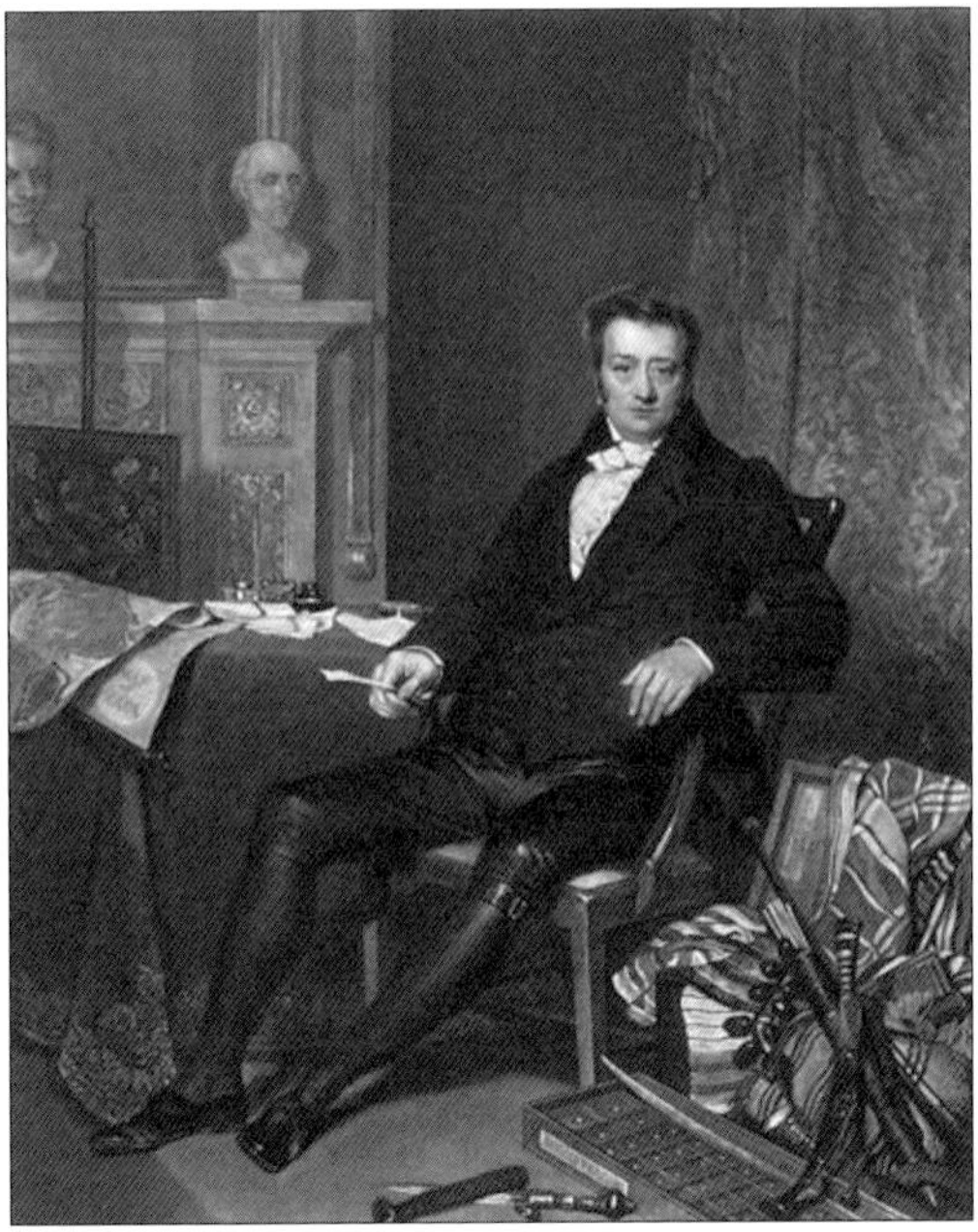

トーマス・クラークソンは1787年，奴隷貿易に反対するための証拠を収集すべく，ブリストルとリヴァプールに赴いた．その意図を知った奴隷貿易商や船長は，クラークソンとは話そうとしなかった．そこで彼は，権威に不満を持つ平水夫たちに目をつけた．その多くが貿易の犠牲者であり，奴隷船の実態を，暴力に満ちた細部にわたって教えてくれたのだった．

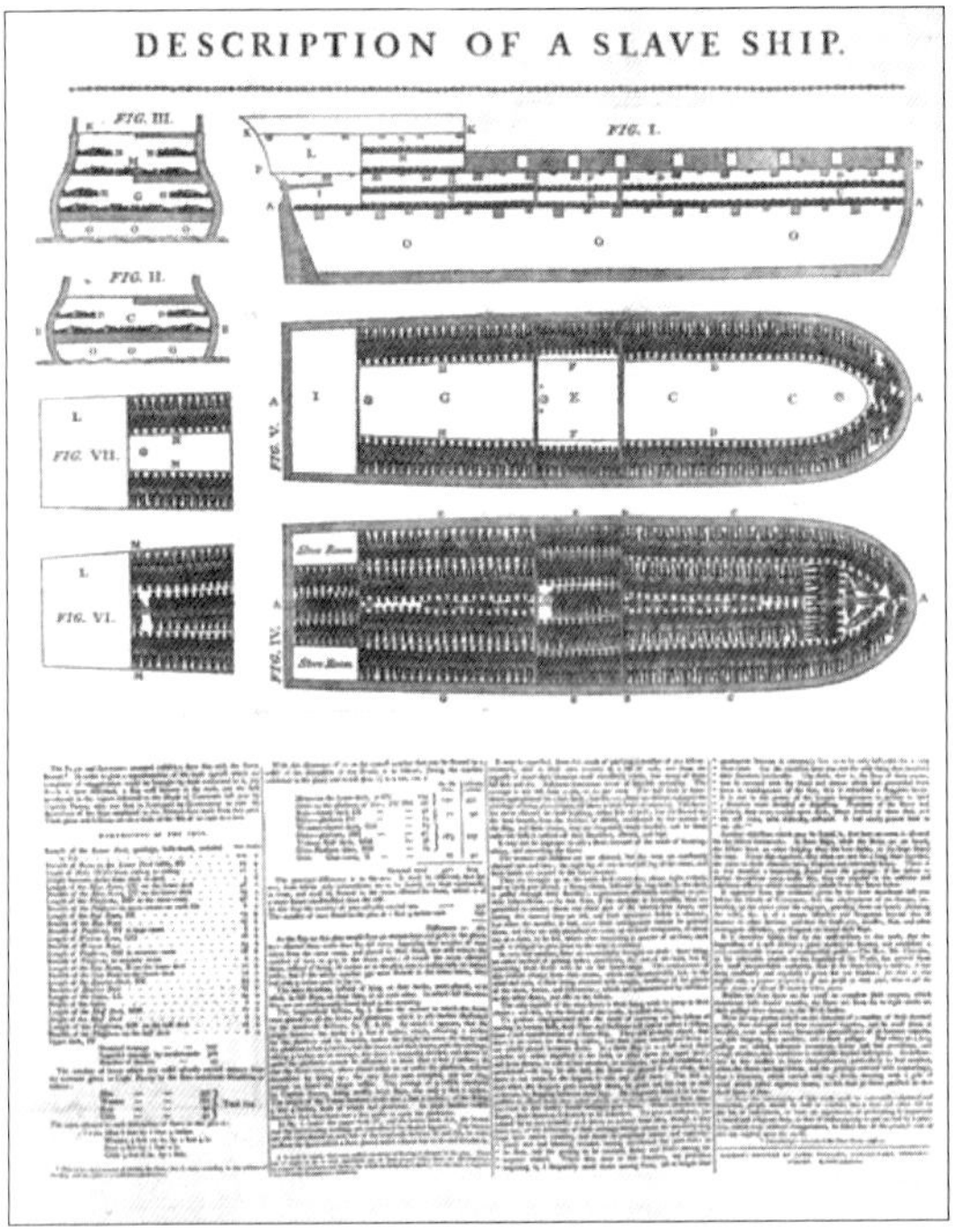

奴隷貿易廃止推進協会は，実在の奴隷船，リヴァプールの《ブルックス》の計測図を使用した．これに，クラークソンの調査で明らかになった，あらゆる奴隷船上で繰り広げられる悪夢のような現実が付け加えられた．そしてブロードサイドが発行され，それは奴隷貿易反対のための，最も強力な宣伝材料となった．

『水夫のさよなら、あるいはギニア支度、三幕喜劇』という戯曲がある。彼自身、まもなく奴隷船《ディライト》で旅立つ予定であったから、自分の経験に基づいて執筆したのだろう。彼の船は、一七六九年七月に、ケープ・マウントに向けてリヴァプールを出発した。一七六八年の時点で、奴隷船の事業について、ユーモラスに思えたのが何であったにしろ、いまとなっては、もはやそうは思えなくなっていた。一七六九年十二月、ボールトンは、奴隷たちがすさまじい反乱を起こし、仲間の乗組員九人が殺害されるのを、船の大檣楼に座って見ていたのである。《スキレル》のトーマス・フィッシャー船長の介入のおかげで、ボールトンは命拾いをし、この出来事を手紙に書くことができた。そしてその手紙は、一七七〇年七月九日の『ニューポート・マーキュリー』に掲載された。彼の語りは、字義どおりの「上から下を見下ろした歴史」であった。(31)

『水夫のさよなら』は、彼の手紙とは異なる種類の、上からの歴史といえるだろう。ボールトンは、高級船員の目から、船長や航海士がどうやって奴隷船の航海のための水夫たちを集めるかを観察しているのである。しかし、水夫を集める前に、航海士たち、特に一等航海士、そして場合によっては二等航海士、さらに（ボールトン自身のような）船医を、いかにして雇い入れるかについての、十分な説明はここにはない。少数の高級船員の集団は船の要であり、船上における船長の権力を支える、社会基盤ともいえるものであった。船長が高級船員に求める一般的な人材としては、海の伝統に詳しく、またそれを重んじる人物、奴隷貿易に通じていれば、なおさら望ましかった。自分が信頼をおける人物が欲しかったから、以前に航海を共にした経験があり、仕事ぶりが優秀な者を雇うケースが多かった。高級船員においては忠誠心が何より重要であったから、時には家族を船に乗せる場合もあった。高級船員たちは、いったん雇用されると、船長の補佐として、水夫の調達という困難な仕事にもあたった。おそらく、ボールトン自身も人集めに関与し、その経験が彼の戯曲の材料となったと思われる。ボールトンは喜劇のなかに、この死の貿易にまつわる、欠くべからざる真実を捉えているのである。

芝居は、シャープ船長、「（マージー）川に浮かぶ船の親方」と、彼の航海士のウィル・ウィフとの、水夫探しの場面から始まる。スノー船はもう八日間も川に停泊したままで、船長は、「ひとりの水夫も見つからない」と、機嫌が悪い。そこにウィフがよい知らせを持ってくる。朝の五時から、人集めに奔走し、やっと、がっしりしたのを二人見つけた、ひょっとしたら三人目も、というのである。自分の宿の女主人、コブウェブ（クモの巣）夫人に金を渡して、酔っぱらった水夫を三人、面倒をみさせているのだった。船長は、一日よく働いてくれた、と満足げであったが、「釣り針に新しい餌をつけて、もう一釣り」してこなきゃな、と付け加える。そしてちょっとしたアドバイスで締めくくる。「水夫に、酒瓶、グラス、そして涙を見せてやれ。そうすりゃ、すぐさま片足は海のなかさ。」奴隷船の水夫を集めるには、グロッグ、すなわち「命の酒、水夫の魂」が絶対に必要だったのである。

ボールトンは、進んで水夫になる場合と、無理やりならされる場合との、両方のケースを、どちらともできる限りよくわかるように描いた。これは彼自身が高級船員だったことを考えると、驚くにはあたらない。船長や航海士たちが、どうやって水夫たちを説得し、船に乗せたかは、次のように説明されている。彼らはパブに出かけていって水夫を見つけ、彼らの機嫌をとり、一緒にグロッグを飲み、歌をうたう。ウィフは、自分たちの航海の経験を大げさに話してきかせる。ウィフは、自分は「船乗りになるべく育ち」、「いつだって、水夫の仲間だ」と声を大にして言っている。船がまだ出航できない理由はただひとつ、人間味のある幹部船員が見つからず、彼も船長も困っている。「いや、いや、俺の航海士は、二人とも、人間としていいやつじゃないといかん」というわけなのだ。「水夫兄弟」に、「鞭を使うような幹部船員」（水夫長の籐の鞭のことだ）はいらない。シャープ船長は「俺は船乗りとして育った」と言い、自分は平等主義で、率直な男、序列や特権など好きじゃない、とも付け加える。「君らにとって、俺はミスターでも、キャプテンでもない。ジャック・シャープと呼んでくれ。ただのひとりの水夫さ。他の呼び方がいいと言ったら、ののしってくれ――海でも陸でも同じ俺だ。」船長たちは、色よい約束を山積みにしてみせた。船についてはどうか。「航海史上、最高のスノー船。」向かうのは、「海岸でも、いちばん健康的な地域」で、航海は短く、賃金は高い。船長や航海士たちは、水夫の妻たちまで説得にかかり、旦那さんには、手厚くさせてもらうし、安全にお還しすると約束するのであった。女房のひとり、モルは、万事承知の皮肉を込めて、次のように言う。「はいはい、奴隷船の船長が、みんなそんなに気性のいい奴だったら、連れていく人間に事欠くことはないだろうにね。」

船長や航海士たちは、世間知らずで、回転の鈍いのを食い物にした。田舎者じみた、ボブ・ブラッフという男が、「ギニアってのは、どんな場所なんで」と尋ねると、ウィフは、そこは、金がざくざく、働く必要のない、昔からよくいうユートピアみたいなもの、安楽の土地、と答えるのである。「いや、いや、やることといったら、魅力的な、柔らかーい女の膝に頭を乗せてさ、女が髪をいじってくれてさ。で、欲しいだけの金を手にしたら、ジャマイカへ出発だ。そこでマホガニーを手に入れて、金をしまっとくでっかい箱を作るってわけだ。ラムの川、砂糖の丘、ライムがたわわに実り、皇帝の飲み物の出来上がり――ギニアに行かない手はないな。」金とアフリカ女性を約束するのが、売り込みの鉄則だった。また大方の奴隷船は、仕事にあぶれ、田舎から出てきたばかりで、海の経験もなければ、ギニアの知識もない、陸の人間の二、三人は乗せていたのだった。

ボールトンは、無理やりの人集めの方も描いている。ピーター・パイプとジョー・チセルという友達どうしの水夫が、酔いつぶれ、気づいたら監獄に入れられていたという場面だ。監獄に入れたのは酒場の女将、金が払えなかったためである。二人とも、アフリカに行ったことはなかったが、監獄から出るには、ジャック・シャープのような奴隷船の船長と契約して、借金を払ってもらうしかないというのはわかっていた。パイプは、いつでも行くつもりだ、と宣言する。アフリカに行ったら、酒には近づかない、「干し魚みたいにカラカラ」でいくと誓うのだ。一方、チセルは、奴隷船は監獄よりひどいと思っていて、行くのをためらっている。チセルは、かわいそうなウィル・ウェッジの話をする。自分の乗った奴隷船の船長をゴロツキ呼ばわりして、左の目玉をえぐられたのだというのだ。そうこうしているうちに、シャープ船長が現れ、二人を貰い受ける。この場面はここで終わっているが、二人はどうも話に乗るつもりのようである。乗組員は、このように手っ取り早くかき集められ、アフリカへと送りだされたのである。

実在の水夫、サイラス・トールドとウィリアム・バタワースの二人の証言によると、船長が「海でも陸でも同じ」というのは嘘だという。港で水夫を集めている間は、愛想《あいそ》を振りまき、人あたりもよいのである。トールドの最初の航海は、《ロイヤル・ジョージ》で、船長はティモシー・タッカーという人物であった。「やつよりひどい悪漢など絶対にいない。だのに、陸では、聖人のような人となりで通しているのだ。」バタワースも、《ヒューディブラス》のジェンキン・エヴァンズ船長のもとで、同じような経験をしている。船長は、陸で人集めをしていたときには、「なにやかにやとへりくだり、礼儀正しく、丁寧だった」が、乗船したとたんに、「気難しく、怒りっぽくなり、そして暴君のように」なった。「極めつきの偽善者」なのだ。自分が支配する地獄ができあがるにつれ、船長は、劇的な変貌を遂げるのであった。[32]

暴君

船長は、餌と知恵を使って、乗組員を確保した。集められた水夫たちのなかには酔っぱらっている者もいたし、出航間近になって乗り込む者もいた。だが、この人集めを始める数カ月も前から、船長の仕事は実は始まっており、船主である貿易商たちのうちの一人とともに、航海の準備に精を出すのである。船長とともに働く人物は、投資家の集団を代表する「船の管財人」として仕事を遂行した。船は通常修理が必要だったので、船長は、職人集団を取り仕切らねばならなかった。船大工から、かしめ工、指物師、鍛冶屋、石工、釉薬工、さらには、マスト、滑車、ロープの職人、縫帆工、そして、索具職人、ボート工、桶職人、塗装工、家具職人、と、多種多様である。最終的に、すべてがきちんとできあがるよう取りはからうのは、船長の責任であった。それから食料納入業者がいる――牛肉は肉屋、ビスケットはパン屋、ビールは醸造業者といった具合である。そして何より重要な水がある。また、船医の医療用具と薬、奴隷を威嚇するための、砲手のピストル、マスケット銃、そして小型の大砲などが揃っているかも確認せねばならなかった。捕囚のための金属製品、つまり、手枷、足枷、首輪に鎖、さらには、九尾猫鞭、スペクルム・オリス、親指締め、また、貨物を船に積み上げ、貯蔵しておくために必要な道具といったものの手配もあった。乗組員の一人一人の会計帳簿もつけ始めねばならなかった。前払い金をつけ、賃金の一部を細君や家族に渡し、また水夫らが航海中に購入した物品の記録もつけておかなくてはならない。船長がこのような種々の手配をしている間、航海士や乗組員たちは、帆、帆柱、ロープ類、そして錨などの準備を進め、航海に向けて、すべてを整然と整えるのである。船が海へと出ていく頃には、船長は船のすべて――技術的な側面、貨物、食料に水――と、船上の経済・社会機構とを完全に掌握しているのである。船上の世界は船長のものなのだ(33)。

航海が始まったその瞬間から、船長は船の日々の仕事とそれを行う人々に対して、絶対的な力を行使するようになる。幹部船員たちに権限を振り分け、彼らは各々、船上の様々な仕事に采配をふるうわけだが、しかし誰が頂点にあるのかを疑う者は、一人としていなかった。船長はまた、自分の権力の聖域、つまり船長室を整え、占有した。船長はそこで眠り、別途調理される質のよい食事を取った――食事は船医や航海士とともにするのが慣例だった。航海の計画を立て、種々の記録をつけた。航海日誌、航海中の食料や水の消費量や買い足しを記録した帳簿、様々な商人たちとの貸し借り、貨物の売り買いなどである。許可なくしては、誰も船長室に足を踏み入れることはできなかったし、そもそも幹部船員たち以外は近づきもできなかった。船長室はまた、奴隷女性の身体に対して彼が権力を行使する場所でもあった。「妻」や「お気に入り」を選んで、彼女たちを自分の部屋に置き、性的な快楽を提供させるのが慣習であったのだ。たとえば、一七九五年、《チャールストン》では、船長と幹部船員の全員が、三人ないし四人の「妻」を持っており、新世界到着後には、

「高値」で売りさばいたという。船長室で何が行われているのかは、乗組員にとっては、多少謎に包まれていたが、それは意図があってのことであった。船長の大半は、「分離支配」と呼ばれるようになったやり方を進んでとった。乗組員や奴隷と過度に親しくなっては、権威がそがれるだけなのである。権威を高めるには、距離、堅苦しさ、厳しい物腰が必要とされたのだ。(34)

権威の確立こそは、船長にとって火急の課題であった。船長の権威は、海の世界の伝統ではあったものの、個々の船長の経験と知識にかかっている部分も大きかった。航海術に長けている船長は、まず尊敬を集めたが、アフリカ経験があればなお一層尊敬された。水夫と取り交わした賃金契約では、服従が約束されていたから、それも彼らを掌握する要素とはなった。契約に反すれば、賃金を失ったり、船長や国によって処罰されたり、あるいはその両方の目にあうという結果となるかもしれなかったのである。十八世紀を通じて、遠洋航海の船上での船長の権力は、船長その人のものであり、情け容赦なく、また彼の意のままに行使された。船長は自分の水夫たちをよく知っており、小さな社会に君臨する存在であったのだ。しかし、誰もが知っていたように、奴隷船の船長はまた別ものだった。奴隷船では、いつ爆発するとも知れぬ緊張が、常に大きく渦巻いていたから、船長は航海のはじめから、自らの権力を極限まで行使することもしばしばだったのだ。乗組員に対しては、陸が見えなくなったその時から、この権力の行使が始まるのであった。

奴隷船船長の多くが、船の指揮をとるにあたって、支配的なスタイルをとったが、それはあるひとつの言葉でまとめることができるだろう。すなわち、「暴君」という一言である。彼らは、尊大にどなり散らし、威張り散らし、そして弱い立場の者を痛めつけた。このタイプのよい見本が、伝説のトーマス・ブリー（暴君）・ロバーツで、一七五〇年から六八年の間に、リヴァプールから九回の航海に出た。リヴァプールの作家、「ディッキー・サム」は、一八八四年、様々な記録や人々の言い伝えを使って、自分の町の奴隷貿易の歴史を書いたが、その彼によると、ロバーツは「生まれつきの暴君」であったという。それは彼の「天性の一部」であった。しかし生まれつきや天性がどうあれ、奴隷貿易が彼をより一層残忍な人間にしたのだろう。奴隷船の船長というのは、みな「怖れ知らずで、大胆、無情」だったのだ。十九世紀になると、このようなスタイルを指して、「バコウ」（威張りちらす奴）という言葉が使われるようになった。「バコウ」スタイルの船長や航海士とは、船の規律が通常要請する程度を遥かに越えた、締めつけをする男たちであった。これもまた、意図的にそのようにしていたのだった。(35)

船長が自分の力を見せつけるのに使った方法のひとつに、乗組員全体、あるいはもっと広く行われたのは、その一部を痛めつけるというのがあった。航海の早い段階で、自分の力を生々しく誇示しておこうとする船長もいた。彼らは、（幹部をのぞく）乗組員全員に、私物箱を持って甲板に集まるようにと命じる。そうして、盗まれた物を探すという名目で、水夫の箱を叩き割って壊したり、燃やしたりするのだが、その主眼は、自分の力が水夫の生活全てに及ぶのだ、と象徴的に示すことにあった。(36) 乗組員のなかでも、立場の弱いものが、いたぶりのターゲットとされ、乗組員全体に脅しをかける媒介として使われた。見習いの少年、コック、黒人水夫などがその対象となった。(37) 時に、この苛めが殺人（あるいは自殺）につながることもあったし、報復として、船長が無惨に殺される場合もあった。たとえば、一七八八年には、ジョン・コナー船長が、乗組員によって殺害されている。船長のやり方は、いつも「残酷なほど厳しい」のが特徴だったという。(38)

特定の個人がいたぶられることがないにしても、奴隷船においては、暴力による秩序維持は常識であった。「懲らしめの道具」として最も重要だったのは、「九尾猫鞭」で、易々と拷問道具となった。船医のアレクザンダー・ファルコンブリッジは、それを次のように描写している。「ハンドルというか、柄というか、その部分は、外回り九センチ半ほどのロープでできていて、全体の長さは約四五センチ、その先が九つの枝というか、尾のように分かれていて、材料は測定線に使うロープ、九つの尾それぞれに、三つか、それ以上の結び目がある。」この猫鞭は、毎日の仕事や船上の生活一般における、些細な反抗や規律違反に対しても使われたし、ここぞ、という見せしめにも使用された。水夫も奴隷も等しく、猫鞭の餌食となった。（船長によって、奴隷の前で水夫を鞭打つのを躊躇する者、わざと奴隷の前でやったり、時には奴隷に命じて水夫を鞭打たせたりする者、といろいろであった。）猫鞭が手放せなくなり、寝る時も一緒という幹部船員もいたという。九本の尾と、尾それぞれにつけた三つの結び目（時には針金が中に織り込まれていた）というつくりは、犠牲者の肌を裂くためのものである。しかし、折檻の道具はこの猫鞭だけではなかった。奴隷船には、船長や航海士たちが、武器としてすぐに使える物がふんだんに積まれていた。やす、ナイフ、フォーク、索止めのピン、マーリンスパイク、そしてポンプボルトなどである。船長は、反抗的な水夫に手枷足枷をつけたり、極端な場合には、首輪――これは通常、もっとも反抗的な奴隷にだけ使用されるものだ――につないだりするのも、ためらわなかった。乗組員を掌握するためになら、船長は恐怖を煽るあらゆる技術を使ったのであった。(39)

船長の力を見せつけるには、また別のやり方もあった。アフリカの海岸への航海および中間航路の間に、船員たちに「支給制限」と呼ばれるものを課すという手である。海の状況が悪ければ、航海にかかる時間が長くなるが、食料の補給はむつかしいので、節約する必要があるというのが、船長の説明だった。あるいは、「肥えさせるために雇ったわけじゃない」と、あっさり言ってのける船長もいた。水夫たちは、これに大いに憤慨し、船長が自分たちの食料をケチって、経費を節約し、自分と船主の利益を増やそうとしていると考えた。水夫用の食品はそもそも品がよくなかったので、当然ながら航海中に腐敗が進んでいった。塩漬け牛肉は溶け、ビスケットはネズミや害虫に喰われ放題で、ひとりでに動き出すことさえあった。水は特に対立の素となったが、船が熱帯に入るとなお一層であった。水の消費を抑えるのに、実に多くの奴隷船の船長が使った奇妙なやり方がある。水の樽と銃身を大檣楼に据え、それを水飲み設備としたのだ。水夫たちは、一口水を飲むのにも、マストの天辺まで登らなければならなかったのである。[40]

乗組員に個人的な必需品を売るというのも、船内の経済機構を牛耳る船長のもう一つの切り札であった。(上着、ズボン、ジャケット、帽子などの)「水夫が身につけるもの一式」、ナイフ、煙草、ブランデーといった品を、航海中に、だいたいは高値で売りつけるのである。値段が高いので、賃金に食い込み、これも水夫たちの大不評を買った。長い危険な航海が終わってみれば、賃金ゼロという者もいたし、「ブリストル行き」と呼ばれる事態となる者も二、三いたのである。つまり、出発した港に帰ってきたはいいが、航海中に買った物の代金が、受け取るべき賃金を上回っているのだ。この借金は働いて返済するしかなく、船長にとって、次の奴隷貿易航海のための、便利な労働力供給源となったのであった。[41]

商人

奴隷船がアフリカの海岸に到着すると、船長は、海の男というより商人となり、現地のヨーロッパ人商人、アフリカ人商人との、積み荷の売り買いが始まる。「要塞取引」にしても、「ボート取引」にしても、知識と経験が必要とされた。特に後者において、またアフリカ人商人との直接取引においては、知識と経験が貴重だった。特定の地域で、決まった人間と以前に取引をしたことがあれば、大きな強みとなった。十八世紀を通じて、海岸部のどこに行っても、通訳は見つかったし、もちろんアフリカ商人たちも、ピジン英語やクレオール英語を話した。それでも、アフリカの言語を一つ、二つ操れれば、取引の幅がぐっと広がるのであった。このような状況であったから、やはり奴隷貿易「育ち」で、若いときにアフリカの言語を学んだ船長たちのほうが、ぐっと有利なのだ。ヒュー・クローは、スタートは遅かったものの、水夫、航海士、そして船長としてビアフラ湾を何度も訪れ、イボ語を話せるのが自慢だった。快活な性格で、取引相手の商人たちの人気者となったようである。というより、クロー自身が回想録でそのような印象を与えようとしているというべきだろうか。

取引関係において権威を確立するのは、容易い仕事ではなかった。そこで、船長たちは、自分が率いる武装船の圧倒的な力に頼ることもあった。岸近くに船を停泊できる地域では、取引相手の村に向かって、大砲を一、二発打ち、現地の商人たちに、もっと奴隷を連れてくるように、安値で差し出すように、と促したりしたのである。一七六〇年代に、ヘンリー・エリソンという水夫が国会で行った証言によると、ガンビア川沿いにある取引相手の町に、奴隷船船長が七、八名協力して、同時に「真っ赤に燃える」のを打ち込み、数軒の家が燃えたのを目撃したが、これは奴隷の値段を下げさせるためであったという。一七九三年六月、カメルーンでも同様のことが起こっている。ジェイムズ・マックゴーリー船長が、黒人商人のカヌーに大砲を発射し、一名が死亡した。自分の船がいっぱいになるまで、他の船には奴隷を売るな、というのが船長のメッセージであった。しかし、強調しておかねばならないが、これらは例外的なケースである。船長の大半は、アフリカ人商人との関係を慎重につくり上げた。一度限りでなく、次の航海のことも考えれば、なおさらそのようにした。取引は大方、信用と同意に基づいて行われたのである。[42]

取引を始めるにあたり、船長はまず水夫たちに命じて、船倉に積んでいた様々な高価な工業製品を甲板に上げさせる。人間貨物と交換される品々である。奴隷船の主甲板が取引の場と変わり、船長は「ボス」の役割を演じる。対等な相手として、もうひとりの「ボス」、時には地元の「王」と取引をするのである。「王」に対しては税金が支払われる。また、政治のトップに君臨する相手に対しても、個々の商人に対しても、船に奴隷を連れてきてもらうために、「ダシー」や「コメイ」（贈り物や挨拶金）を供与した。食べ物や酒を贈り、有力な商人たちは、しばしば泊まりがけで招待した。こうして、延々と続く複雑な取引の交渉が始まり、下甲板は、アメリカスへと運ぶ奴隷でゆっくりとうまっていくのである。商売の代理人としての船長の役割を、驚くほど詳しく記録した文書がある。一七五九年から六〇年にかけて、ボニーへの航海に出た、《モリー》のウィリアム・ジェンキンズが残したものである。[43]

ジェンキンズはまず、ブリストルを出航する前に船主たちが船に積み、いま、取引のために《モリー》の甲板に並べられた品々を記録している。積み荷は、武器と弾薬、布、金属および金属製品、酒、そして、帽子やビーズといった製品であった。最も多かったのは、マスケット銃（六百梃）、らっぱ銃、火打石、そして火薬である。他の品々を、価値が高いほうから低いほうへと並べると、イングランドやインドでつくられた反物（ニカニー、ロモール、そしてチェローなど）、鉄の棒や銅線、ナイフや鉄鍋、そしてその他雑多なもの、といったところである。相当数の酒瓶や「キャグ」と呼ばれる小さな樽、さらには「樽詰めのブランデー、一八八五ガロン」も積まれていた。(44)

ジェンキンズがつけた記録のなかで、もっとも注目に値するのは、アフリカ人商人との取引の詳細についての部分である。取引相手の頂点は、ボニーの王で、ジェンキンズは彼に税金と、燃料用木材と水の代金とを支払っている。商人ひとりひとりも、名前とともに記録されている。「ヨーク公」、「ブラック・トム」、「クジョー」、「国会紳士」、「ガローズ」、そしてその他七五名には、ダシーを払った。これらの商人たちは、二つの主要ネットワークにつらなる人々であり、ひとつは王の系統、もうひとつはジョン・メンドスという大商人の系統だった。しかしダシーを手にした八〇名のうちの五八名は、ひとりの奴隷も《モリー》に連れてきていない。特に目を惹くひとつが、「ボニーの王――信用貸し」という書き付けだ。この後に、また来たときに供給してもらう奴隷の約束として王に与えた品々が記録されている。明らかにジェンキンズは、取引関係を築き、維持しようと考えていたのだった。(45)

商人が一度に船に連れてくる奴隷の数は、一人か二人、あるいは三人がせいぜいだったから、買いつけの大方は小さな取引だった。二〇人以上を供給したのは、わずかに三名、一〇人以上の商人も六名いたが、取引一回あたりの数は二、三人であった。最大の取引相手はジェミー・シャープで、船への来訪は七回、二八名の奴隷を売った。奴隷を連れてきた者でダシーを受け取っていたものは二四名、残りの二五名にはダシーは支払われてはいなかった。しかし、ダシーの供与があった商人は、二一六名、すなわちジェンキンズが最終的に買った奴隷二八六人の四分の三を供給しているのである。奴隷を売った全商人のうち、一五名を除けば、残りの者は一回のみの取引で、一人連れてきただけなのであった。そしてこの一五名が二六七人、すなわち全体の九三・三パーセントを供給した。《モリー》にもっとも足しげく通ったのは、ティエボという名の男で、一一回も奴隷を売りに来ている。全体としては、ジェンキンズ船長は、奴隷を買い入れるのに一六〇回もの取引を行い、それが功を奏して、平均よりずっと早く、わずか三カ月で船をいっぱいにできたのだった。最終的に、男性一二五人、女性一一四人、少年二一人、少女二六人を積み込んだ。船長は取引を成功裏に終えることができたのであるから、コネクションづくりに投資した甲斐はあったのである。二八六人もの御しがたい囚人を船に積んだいま、船長を待ち受けているのは新たな挑戦であった。

兄弟船長

奴隷船の船長たちは、お互いのあいだにも関係を作っていった。特にアフリカの海岸で奴隷の買い入れをしている数カ月の間の関係は密であった。アフリカの様々な積み出し地点で、彼らは定期的に会合を持った。誰かの船で、二、三人から数人で食事を共にしたり、時には陸でアフリカ人商人も交えて会ったりして、その際には自分の船での単独支配を越えて、役にたつ知識や情報を共有したのである。王立アフリカ会社の検査官、ウィリアム・スミスが書き残したところによれば、一七二六年、ガンビア川流域の奴隷船の船長たちは、「毎日、互いを訪ねあった」そうだ。多くの船が停泊している場所では、どこでも同じであった。彼らはライバルどうしではあったが――誰もが、自分の取引を、素早く有利に進め、奴隷を満載して、すみやかに新世界へと船出したがっていた――共通の利益を認識し、それに従って行動したのである。(46)

ジョン・ニュートンも、他の船長たちを頻繁に訪ね、連絡を取り合った。そうして、取引の状況、奴隷の入手可能性や値段、危険や事故のニュースなど、あらゆる種類の有用な情報を交換したのである。ある船長に、自分の船の反抗的な水夫や、言うことをきかない奴隷を引き取ってほしいと頼んだこともあるし、別の船長には、船医を貸してほしいと依頼したこともある。仲間との「からかい」にもつきあっているが、この中身のほとんどはおそらく、性的な軽口の叩き合いだった。ニュートンは、たった一人の女性、妻のメアリーに奴隷のように身を捧げているのを他の者たちにからかわれた。彼は、「百人に対して奴隷となっている者もいる」と言って、やり返した。もちろん、その百人のうちの何人かは、海岸で買った女たちである。奴隷船の船長たちは、いとも気安く、自分らの商売用語を普段の会話にも使ったようである。

船長たちが交換した情報のなかには、生死にかかわるものもあったに違いない。彼らの話には惨事のことが繰りかえし出てきた――現地のアフリカ人たちから「艫綱を切られた」奴隷船、血なまぐさい反乱、船員の行方不明、爆発に座礁などである。一八〇七年、ウィンドワード海岸のストリート船長からの報告を見れば、船長間の情報交換の重要性がわかるだろう。そこには、十三の奴隷船の名、それらがいつ必要なだけの「奴隷を積み込み」、海岸を離れたかが列挙されている。船長たちが、米を買い入れるのに苦労しているとも書いている。米は中間航路の間、奴隷たちに食べさせる必需品だったのである。奴隷取引所に停泊していた奴隷船が二隻、潮の逆流で被害を受けた様子も伝えている。また、《ハインド》での反乱およびマックブライド船長殺害計画、同船の死亡率の高さや、《バイアム》の水夫の集団脱走なども、報告されている。[47]

船長たちの集まりでの最大の話題は、仕事にかんすることだった——おそらく、まず何よりの関心事は奴隷の入手可能性と値段だったが、黒人商人との関係（誰が信用でき、誰が信用できないか）や商人が欲しがる交易品などについても情報を交換しあった。彼らはまた、お互いに助け合い、それが、自分の雇い主の貿易商や船主の利益を損じない限りは、熟練技術者（大工や船医）、備蓄品（医薬品）、食料、交易品などの貸し借りをした。こういった集まりに君臨したのは、地域をもっともよく知る船長である。水夫のウィリアム・バタワースが、ある慣習について書いているが、カヌー・ハウスに取引に行く際に、集まったなかでいちばん「年長」（最も経験がある、という意味である）の船長が、他の舟を先導してカラバー川を上ったというのである。[48]

幹部船員、水夫、そして奴隷についてのメモを見比べるというのも、船長たちがよく行っていたことである。この情報交換を通じて、売り出し中の幹部船員の評判が上がったり、下がったりした。船長たちは、技術があり信頼できて、将来雇いたいと思う者たち、また願い下げの者たちに、注意していたのだった。船医とその資格も話題のひとつで、船長たちはよく不満をもらしあった。医者が奴隷の死を防げないと、船長はそれをすぐに医者の落ち度として責め、船長と医者との間に、相当に深刻な対立関係が生じる場合もあったようだ。通常、医者のほうが船長より教育があり、また、なかには「進んだ考えの」医者もいたのである。[49]

水夫と奴隷についての会話は、もっぱら、彼らの反抗的態度と健康状態についてであった。船長たちの集まりには、船員のブラックリストづくりが欠かせなかったし、また、機会を見て、近くの軍艦に反抗的な水夫を引き渡そうとの決断が下されるのも定番であった。処罰についてのメモを比較し合い、お互いに、新考案の拷問を推奨した。アフリカ人奴隷についての会話も似通ったものであったが、こちらのほうでは、様々な民族集団や、船に乗せたときの反応も話題となった。その語られ方は、疑いなく人種差別的な言辞に彩られていた。海岸に停泊中の奴隷船船長のあいだには、同業者間の不文律が存在していた。乗組員、そして特に奴隷の問題については、国籍に関係なく互いに助け合うこと、なかでも反乱が起こった際には救援に向かうことである。[50]

奴隷船船長の集団は、アフリカの海岸地方において、ときに一種の政府として機能した。ある地域で、すべての船にとっての問題にあたらねばならないときには、誰かが協議会を招集し、近隣の船長全員が出席したのである。戦闘の戦略を練るのに集まる海軍の将校よろしく、奴隷船の船長たちも、皆で熟議して、最良の策を決定した。一七二一年、ウィリアム・スネルグレイヴが要請したように、失敗に終わった反乱の首謀者の運命が、ここで決定されることもあった。その際の評決は次のようなものだった。すべての船をまわりに集め、奴隷全員を甲板にあげて、罪人を空中に吊り上げ、全員に見えるように、その状態で射殺すべし。もって、恐怖の教えを叩きこむべし。問題の奴隷は、反乱の失敗後もスネルグレイヴにたてついていた。値段を考えれば自分は処刑されたりしない、と確信していたのである。しかし、それは間違いだった。スネルグレイヴも仲間の船長たちも、アフリカ人が「白い人間」を殺したらどんな目にあうのか、はっきりわからせなくては、と決意は固かったのである。ヒュー・クローの場合は、航海士の扱いについて、ボニーの全船長の協議の会を招集した。この航海士は、頻繁に泥酔、乗組員をたきつけて反乱を起こそうとしており、船長は命の心配をしていたのである。船には乗せておくが（リヴァプールの「良い」家の出身だったから）、仕事からは外す、との決定が下された。[51]

船長たちはまた、仲間うちで、どんな取引のごまかしをしたかを自慢しあった——水を足して酒を薄める、火薬樽の栓をあけ中身を抜いてまた栓をする、反物の巻きの中央をごっそり切り取ってしまう、といったように、「ありとあらゆる方法で、取引するものの数、重量、大きさ、そして質などをごまかしたのである」。ニュートンの回想によれば、「この商売では、ごまかしの達人は、重宝な賢い人間と思われていた」という。それは、取引の技であったのだ。まとめて言えば、船長たちは同志であり、共通の利益と仲間意識を持っていた。彼らの会合は、有産階級白人男性の互助会であったといえるだろう。[52]

看守

西アフリカ海岸での、長期間にわたる、遅々とした奴隷の買い入れは、「戦争にも似た平和」のうちに行われた。奴隷たちは、買い入れが終了するまで、六カ月かそれ以上を奴隷船上で過ごし、さらに六週間から十週間ほどの中間航路を耐えた。奴隷たちが、意思疎通をし、協力して反抗に立ち上がる可能性を最小化するために、異なる文化や言語グループの人々を一緒にして、「貨物」の多様化を図る船長もいたが、しかし、それは困難でコストが嵩んだし、結局のところ非現実的だった。奴隷貿易の競争の激しさやアフリカ側の体制を考えると、船長たちは、自分が買う奴隷を選ぶことなど、まずできなかったのだ。手に入るものを買うしか、なかったのである。買い入れは延々と続くのであったが、船長も、また乗組員の一人一人も、船に運ばれて来た人々は自らの意に反して捕らわれ、逃げるためなら何でもやるだろうということは、重々承知していた。船長の支配は、まず何よりも、残忍な力の行使に依っていたのである。

囚われの身となった人間と船長との最初のコンタクトは、検分と買い入れの時である。その場所は、要塞、取引所、海岸の村、船の上、と様々であった。その際、船長と船医は、雇い主が定めた基準に従い、その人間の年齢、健康状態、労働能力を査定した。また、奴隷の「出身地の徴」、つまり西アフリカの個々の文化集団に特有の儀式的な傷痕を「読み」、経験に基づいて、その奴隷がどのような行動をとるか、ステレオタイプ的な予想を立てた――船長たちの経験則では、イボは自殺に走りやすいので、見張っておく必要がある、コロマンティは反乱の危険性が高いので、鎖につなぐべし、アンゴラはおとなしいからその必要はなし、といった具合である。これに関連して、態度についても予想した――つまり個々の奴隷が、船の支配体制に協力するか、反抗するかの見通しである。船長は、このような査定の結果、ある奴隷を買うと決断したら、商人に交換する品の組み合わせを提示し、交渉の末に、取引成立となるのである。その瞬間から、男性であれ、女性であれ、少年であれ、少女であれ、その囚われの人間は、船長にとっては番号となる。最初に買われたのが、1番、そして、船に「奴隷が満載され」、アメリカスへの航海が始まるまで、買い入れは続くのである。

船の日々の仕事に船長がどの程度関わるかは、人によって様々であった。船長の権限をそれぞれに割り振ってしまうと、ほとんどの船長は、現場とは距離をおいた。姿を現すのも、ごく限られた機会で、それも後甲板を行ったり来たりするのが見えるだけである。男性奴隷のところに入っていく船長もいたが、しかし、それは時折のことで、かならずしっかりと護衛をつけていった。どのような状況下でも、下甲板の奴隷たちのあいだには一度たりとも足を踏み入れない、という船長もごく少数存在した。一七二二年、《フェレール・ギャリー》のフランシス・メサーヴィー船長は、その理由を、身をもって知ることとなった。船長仲間のスネルグレイヴによれば、メサーヴィーは「船の奴隷たちに対する、度を越した世話と親切」という罪を犯したのだという。たとえば、食事の用意を手伝ったり、自ら食事を与えたりしたのである。スネルグレイヴは書いている。「それは考えがなさ過ぎる、と彼に言わざるをえなかった。時折、自ら出むいて、物事がどうなっているのかを確かめるのは、指揮官として適切な行動だ。しかしそれには、時を選ばねばならないし、相当数の武装した白人を連れていかねばならない。さもないと、奴隷たちは、自分たちの勢力下に入ってきた船長に対し、反乱を企てようという気になりかねないのだ。」メサーヴィーは明らかにこの忠告には耳を貸さなかったようだ。というのも、それからすぐ、食事中の男性奴隷たちの間を歩いているときに、「彼らに押さえつけられたのである。そうして、奴隷たちは、茹でた米を食べる小さな桶でもって、船長の頭を強打したのだった。」これを端緒に、彼らが前々から計画していた反乱の火蓋が切って下ろされた。反乱後までを含めると、射殺、溺死（船から海へ飛び込んだのだ）、あるいはハンガーストライキ（最初の大量処刑の後に、食事を拒絶した）などで、八〇人のアフリカ人が殺されたり、自ら命を断ったりした。奴隷の日常へのかかわりについては、船長は慎重であるべきだ。それが、スネルグレイヴにとっての、この事件の教訓であった。奴隷たちは、船のヒエラルキーを観察しており、機会さえあれば、その頂点にいる権力者を倒そうとするに決まっているからだった。「彼らはいつだって、船の最高責任者を狙う。誰がその人間なのかは、周囲の者が敬意を払う様子からすぐにわかるのだ。」船の上では誰がボスなのかを割り出すのは、決して難しくはなかったのである。(53)

新たな奴隷の一団が船にやってくるたび、船長と乗組員は、その中の誰が、自分たちが「管理者」あるいは「信任奴隷」と呼ぶ役割を担えるか、注意深く観察した。(54)これは、信用できそうで、船上の秩序維持を手伝わせることができそうなアフリカ人のことである。捕獲者に対して友好的に見える奴隷、なかでも同郷の者たちの間に影響力がある者に、話を持ちかけるのだ。「管理者」は「残りの者たちに言うことをきかせる」ために選ばれたといってもよい。英語がわかる者は、同郷の者たちや、またひょっとするとその他の人々の間でも、通訳として使うことができた。女性たちは料理人に、場合によっては船長の料理人（これにはまず間違いなく、他の仕事も含まれていただろう）に選ばれることもあった。洋服の仕立て人という、船の仕事の一部を与えられた者もいた。しかし、最も重要なのは、奴隷たちを管理し、秩序の維持を手伝わせる者たちであった。船長（あるいは航海士）はまた、船を自由に行き来することのできた少年奴隷たちに、心付けを渡して、男性奴隷たちをスパイし、陰謀の計画を報告するように仕向けた。(55)

船の管理を手伝わせるのに、奴隷をどのように使うか、その一例をウィリアム・スネルグレイヴが説明している。明らかにダホメーの王に近い人物で、ひょっとしたら妻の一人だったかもしれない、ある年長の女の話である。その女は王の寵愛を失い、死刑の宣告を受けた。彼女は、王命により、手を縛られたまま、鮫の待つ海に、カヌーから投げ出された。どういうわけか、女はこの試練を生き残り、傷ひとつ負わずに、スネルグレイヴの水夫たちによって救助され、船に連れてこられた。スネルグレイヴは、このことが王に知れたら、報復されるかもしれないと怖れ、女の存在を隠しておいたようである。この「分別のある」女性は、自分は年齢が年齢なので、奴隷としては「役に立たない」とわかっており、命を救ってくれたスネルグレイヴに感謝して、航海の間、彼の助けになるなら、自分でできることは何でもしたのだった。地位が高い人物だったので、乗船していた多くの奴隷たちにもその存在は知られていた。彼女は自分の影響力を使って、「白人」は聞かされているほどひどい人たちではない、と奴隷たちに言ってきかせた。また、奴隷たちを慰めて、「心を穏やかに」してやった。彼女は「女性奴隷に対して」、特別な力を持っていた、とスネルグレイヴは書いている。「通常、女たちは、うるさく騒ぎ立てるので、我々にとっていちばん厄介な存在なのだ。」その女たちが「この女性のおかげで、おとなしく、行儀よくしていた。こんなことは、かつての航海では、一度たりとなかった」。スネルグレイヴも感謝のしるしとして、彼女のために、アンティグアのチャールズ・ダンバーという、「寛大なよい」主人を見つけてやった。奴隷のなかから協力者を見つけるという戦略は、船の秩序を保つのに役に立ったのである。(56)

もうひとつ、別種の協力者選択、あるいは取引は、自主的なものではなく、ある意味では、船上におけるアフリカ人女性のレイプや性的虐待と区別がつかないものであった。船長や幹部船員たちは、奴隷女性の間から「お気に入り」を選び、彼女たちを下甲板から船長室へと連れてくるのだった（航海士たちがそうするのは、船長ほどの頻度ではなかった）。「お気に入り」になると、生活空間が広くなり、食事の量や質もよくなる。自由に動き回れるし、また場合によっては、規律もさほど厳しくなくなった。ジョン・フォックスのスクーナー奴隷船に載っていた、ある女奴隷のケースは、その一例である。彼女はアフリカ人たちにはアムバと呼ばれ、船長や他のヨーロッパ人たちにはベッツィーと呼ばれていた。また、（混血の）ジョン・ティトゥル船長との特別な関係を利用して船で権力を振るおうとした、あるアフリカ人女性にたいして、トーマス・ボールトンは苦言を呈している。彼は、「ディジア、アフリカの貴婦人」について次のように書いている。

船長は、黒い魅力にぞっこんで
船長二号に女をご指名。
彼女ときたらすべてに厳しく、
水瓶にまで鍵かけた。
その地位に女おわしますかぎり、
渇きたる者、誰ひとりとて、水一滴飲むべからず。

船長は現在のお気に入りに飽きるたび、彼女たちを「高位」から下ろし、船長室のドアのすぐ外で替わりを調達した。たいていの奴隷船では、船長室は女性部屋に隣り合っていたのである。(57)

船長らはまた、奴隷が何かの役に立ったと思った場合には、褒美を出した。一八〇六年、フランスの私掠船に教われた際、ヒュー・クローは数名の奴隷に手ほどきをして、船の大砲を撃たせた。その褒美として、奴隷には「各々、軽装用ズボン、シャツ、そして帽子が配られた」。彼らは「この恩恵に浴したのが大変自慢のようで」、奴隷というより、乗組員に似てきたのである。かなりの数の船長が、奴隷の船上での仕事に対して、見返りを与えている。たとえば、下甲板の居住区域をこすり洗いした場合には、煙草やブランデーをやる、といった具合である。報賞としては、他に、ビーズや、食料の上乗せ、男性の場合は、鎖からはずすというのもあったようだ。一七〇四年に、ある船で奴隷の反乱が起きた際、船長が桶板でなぐり倒されようとしていたのを、十七歳の男性奴隷が庇い、そのために腕を折るということがあった。ヴァージニアに到着すると、船長はこの奴隷を自由の身として、恩に報いた。奴隷たちが歓迎する報賞を与えるというのも、奴隷船の秩序を保つのに必要な、船長の力の重要な一部分であった。しかし、この部分をあまり強調しすぎてはならないだろう。特別待遇を受けたのは、かなり限られた数の者にすぎず、どの船においても、奴隷の大半は残忍な力と絶望的な恐怖によって支配されていたのであった。(58)

奴隷船を統べる機構の土台となったのは、見せしめの懲罰と呼ばれたもの、そしてそれに期待された抑制効果であった。水夫たちの間に船長の権力を確立し維持するのに、折檻の道具が役立つのであれば、それらは奴隷に対しては、より決定的な意味を持っていた。奴隷が甲板に出ているとき、特に食事時間には、常に猫鞭がブンブン振り回されていた。航海士や甲板長は、命令――さっさと動け、きちんと並べ、ちゃんと食え――に従わせるために鞭を使用したのである。食事を拒めば、猫鞭での長い鞭打ちが待っているわけで、実際のところ、そうでもしなければ、食べ物を受けつけない者がたくさんいたのだった。それでもまだ、相当数の者が食事を拒み、そうなると、もう一つの恐怖の道具が持ち出されることとなる。スペクルム・オリスである。下甲板そのものが、反抗的な者への見せしめとして使用されることもあった。その一例を、一七六八年に乗客として奴隷船に乗ったある人物が書き留めている。「船長は、何日も誰一人として甲板に上げないことがあった。彼が言うには、汗をかかせて気力をそぐためだそうだ。」やっと船長が奴隷たちを主甲板に出してやると、彼らは反抗して暴れ出した。事態を収束させると、船長は

「バルバドスに着くまで、誰にも太陽は拝ませんぞ」と、開口一番に宣言したのだった。[59]

反乱が失敗に終わった後に船長が下す、より一般的な懲罰といえば、鞭打ち、拷問、そして最大の恐怖を与えるのを目的に、主甲板で行う反乱者たちの処刑であった。この時に限っては、船長は遠い存在であることを止め、自らの力を、ここぞとばかりに見せつけ、最大限の効果をあげるのである。このように、全員の前で見せしめに処罰を与える際には、反乱者を拷問し、彼らに同情する者に恐怖を与えるため、船長自らが鞭をふるい、親指締めを締め上げるのが普通であった。もう一つ、好んで使われた道具が、「拷問者」と呼ばれていたものだ。これは、料理人用の大きなフォークで、これを白くなるまで熱く熱して、反乱者の皮膚に当てた。奴隷たちの抵抗への意志ほど、船長の無情な力を生々しく引き出すものはなかったのである。[60]

貿易の野蛮なる精神

リチャード・ジャクソン船長が船出に際し、自分の船《ブラウンロー》上で、これがわたしの地獄だ、と呟いたのであれば、彼は自らを悪魔に模していたということだ。実際、船上の多くの者が、彼をそのように見なすようになった。一等航海士のジョン・ニュートンもその一人であったが、彼がジャクソンについての記憶を語るのは、自分を聖人として生まれ変わらせてからのことである。しかし、自分が支配する浮かぶ地獄を語るジャクソンの声からは、彼自身や、ニュートンをも含む、奴隷船船長一般についての、きわめて重要な何かが浮かび上がってくる。何をどう考えてみても、彼らの力の源泉は、人間を支配するのに暴力と苦痛を使ったことにある。一言でいえば、恐怖を礎としていたのである。だからこそ、意図的に苦痛を与える場として、地獄というのが絶好かつ有用な喩えであったのであり、また、最終的には、奴隷貿易廃止論者たちが、自分たちの運動を広めていくなかで、奴隷船の船長を悪魔的な存在に易々と仕立て上げることができたのである。奴隷船の主人のすべてが悪魔だったわけではない。しかし、そのほとんどが、それぞれ自らの裡に悪魔を住まわせていた。これは個々の人間の性格や人柄の瑕疵ではない。それは、奴隷貿易という仕事、そしてその仕事が仕える大きな経済システムの要請であったのだ。[61]

ニュートンは晩年には、この事実を理解するようになっていた。彼は、多くの奴隷船に、水夫、航海士、船長、そして乗客として乗船し、数多くの船長の体験知から学び、また彼らのやり方をその目で見てきたのである。この仕事に従事するなかにも、「正直で人間的な者」はいる、とニュートンは主張する。「アフリカ船の指揮官で、分別があり、尊敬に値する人間を何人かは知っている。彼らの船では、懲罰も適正で、規律が守られている。しかし、そうではない人々が絶対的多数だ。」ジャクソンを含む、その「絶対的多数」においては、残忍さこそが、船長の力の定義となり、それは奴隷船船長一般の文化に浸透していたのであった。(62)

ニュートンは、残忍さがあらゆる色彩をまとうのを目撃した――様々な色合いの紫、青、赤が大半だった。船長は、病気の水夫を怠慢といって責め、鞭打ち、打たれた水夫は命を落とした。また、水夫を拷問にかけるのは、長い単調な航海の間の船長の気晴らしであった。「水夫たち、少なくとも自分の気に入らない水夫たちを、いかにして最大限みじめな目にあわせるか、それが、船長の余暇の主な研究であり、道楽のようだった。」もちろん奴隷の場合、恐怖はさらに誰かれの区別なく襲いかかった。船長は女性奴隷に対しては、有無を言わさぬ性的な恐怖政治をしいた。男性奴隷も、曝される恐怖の種類は異なるものの、程度には変わりはなかった。ニュートンは「情け容赦ない鞭打ち」を目にしている。「鞭打ちは、哀れな犠牲者がうめく力さえなくなり、生きているかどうかもわからなくなるまで続けられたのであった。」彼はまた、奴隷が親指締めの拷問を受け、何時間も、いや何日も苦痛に喘ぐのも目撃した。知り合いのある船長などは、「どうすれば、死を可能なかぎり耐えがたいものにできるのかを、少なからぬ興味を持って研究していた」という。

ニュートンは、パンフレット『アフリカ奴隷貿易を考える』の読者に対しても、証言台に立った下院の特別委員会に対しても、奴隷船上の恐怖のすべてを、ありのままに語る気にはなれなかった。しかし、一七八八年七月、奴隷貿易廃止論者のリチャード・フィリップスにあてた私信では違っている。ここでは、はっきりと、自分が語っているのは、一緒に航海をしたある船長だと言っているのである。おそらく、リチャード・ジャクソン、一七四八年から四九年にかけて《ブラウンロー》を率いた、あの地獄の主人のことだろう。ニュートンは、船長自身から、残虐行為の詳細を「頻繁に」聞かされた、という(船長が「誇らしく」思っていたらしいことに注目してほしい)。奴隷たちの反乱が失敗に終わった後、ジャクソンは死刑を言い渡し、それから処刑の方法を定めた。第一グループは、

ばらばらにする。すなわち、斧を使って、まずは足首から先を切り落とし、次に膝から下、大腿部。同様に、手首から先、肘から先、肩から下。こうして、枝をすべて切り落とした木の幹のように胴体だけにする。そして最後に、首をはねる。この間、他の奴隷たちは、主甲板に鎖でつながれ、震えている。船長は、そのただ中に、自

分が切り落とした、血がしたたたる手足の部分や頭部を投げていく。

恐怖はまだ十分とはいえないので、ジャクソン船長は第二グループの処刑にとりかかる。

頭部の上半分に、小さく柔らかい編み縄を巻きつける。これは水夫たちにポイントと呼ばれている。ゆるめに巻いて、隙間に短いレバーを入れる。船長はこのレバーを回して、ポイントをどんどんきつく締め上げていく。しまいには、目玉が飛び出してくる。この拷問に満足してから、船長は彼らの首を切り落とすのである。

ニュートンは、単にこの処刑の話を聞いただけなのか、その目で見たのか、あるいはひょっとすると自ら参加したのか、それははっきりしない。しかし話に聞いただけにしては、記憶が鮮明すぎるように思われる。ニュートンが綴っているのは、《ブラウンロー》で起こったことなのではないだろうか。実際、《ブラウンロー》では、奴隷が反乱を起こし、鎮圧された後に、残虐きわまりない処罰に処せられている。奴隷船においては、安全が人間性を踏みにじる。もし、ニュートンがこのような残酷な処罰の実行に関わっていたとするならば──船の一等航海士であれば、当然、関わっただろうし、それは、おそらく処刑執行人としてではないか、と思われる──自ら行ったことを、知っているだけのことと、都合よく混同したのはこの時かぎりではないだろう。『アフリカ奴隷貿易を考える』において、彼は、親指締めが使われるのを「見た」、「おそろしい装置で、情け容赦ない手がスクリューをまわすと、堪え難い苦痛を与えるのである」と書いているのである。狭義の字義通りの意味でとれば、これも真実ではあるだろう。ニュートンはたしかに親指締めが使われるのを見たのだろう。なぜなら、彼自身がその装置を使ったからだ。それも子どもたちに対して。それ以下のことではないだろう。ニュートンはメアリーに、自分は「この小さな領分において は、絶対的な存在である（生死をのぞいては）」と、書き送っている。しかし、ニュートンの語るジャクソン船長の話から、はっきりとわかるように、地獄の主であるということは、生殺与奪の権をその手に握っているということなのであった。

なぜ、暴力や残忍さ、そして恐怖が奴隷貿易につきものなのか、ニュートンの持論は次のようなものである。彼の説明によると、奴隷船の船長は、全員ではないにしても、その大半が残忍──キリスト教的な表現をすれば「無情」──で、その残忍さは、奴隷貿易を経験したことのない人間には、まず理解できないぐらいだ、という。「残酷な精神、それは容易には生まれぬものではあるが、アフリカの奴隷船においては、船上で力を行使する人間全員（例外もこの目で見てはきたが）に、船長から下々にいたるまでの皆に、しみ込んでいる」と、彼は書いている。「それは、奴隷貿易そのものの精神で、伝染病を運ぶ空気のように、広く人々を蝕み、逃れうる者はほとんどいない。」奴隷船のうえでは、暴力と苦痛があまりに当たり前になっており、「仕事」自体――人間の「積み荷」を折檻し、言うことをきかせることを意味する――が、「倫理感を拭い去り、優しさも人間らしさも備えた人格から心を奪い、鋼のごとく硬くさせ、何に対しても無感覚にさせてしまう」類いのものなのだ。このように、奴隷貿易というものは、それにかかわる幹部船員の間にも、水夫たちの間にも、無情で暴力的な倫理的無感覚を生み出し、またそれを再生産していくのである。

なかでも、もっとも残酷無情な精神が宿るのは船長、木製の世界の支配者、「絶対の命」を下す男である。奴隷貿易とともに「成長した」者たちの場合は、知識の獲得と心の硬化は同時に進んでいく。ニュートンの解説によれば、「船長の多くは、奴隷貿易とともに成長している。何段階かの見習い、平水夫、航海士を経て、船長となり、その間徐々に、貿易の知識とともに、残忍な性質を獲得していくのである」。残忍さの習得は、貿易そのものを学ぶにあたっての欠かせぬ一部であった。ボーエンという船長もそのように悟っている。彼は、「リヴァプールで」人間貿易の「洗礼を受けた」航海士の暴力があまりにひどいので、それをやめさせようとしたのだった。ボーエンは、その航海士は「治癒不可能」であると見て、船から下ろし、自らもその航海一度きりで、奴隷船の船長をやめた。ニュートンもまた、このような恐怖のシステムの一部であった。恐怖は、水夫にも奴隷にも等しく用いられた。そして、このシステムは、情け容赦ない暴力をふるうだけでなく、暴力を賛美したのであった。[63]

貿易に従事した多くの人々の言葉にも、ニュートンの見解と同様のことが見てとれる。ニュートンの船の幹部船員について、水夫のウィリアム・バタワースは「鍛冶の神、キュクロープスの仕業かもしれない、彼らの無情な心は」と語っている。サイラス・トールドという水夫は、一七三四年にボストンでのキリスト教への帰依によって奴隷貿易から「救済」された人物であるが、彼の認識によれば、船長の残忍さと恐怖は、船長個人の属性ではなく、システム全体の問題なのだ、という。彼は自分自身についても、驚くべき正直さで語っている。「わたしなども（船長の地位に昇進していたら）、船長連のなかでも、もっとも悪名高い、一級の野蛮人となっていたのではないだろうか。」また、ウィリアム・レイという人物も、「アフリカ人」として一七八七年から八八年に経験した奴隷貿易について、同じ指摘をしている。船長として「数名が残忍な行為に及ぶ」というのは、問題ではないのだった。問題はむしろ、「システム全体の残忍さ」にあった。《ブラウンロー》に乗り込むリチャード・ジャクソンの地獄の意味とは、とどのつまりこのことだったのである。[64]

第八章　水夫たちの巨大な機械

一七七五年八月のある日、まだ暗い午前五時、リヴァプールの通りを二人の男が歩いている。二人はバイオリンの音を求めて耳を澄ました。一人は奴隷船の船長、もう一人はおそらく船医であろう。彼らは、「働き手を探していたのだった」。奴隷船でアフリカのケープ・マウントに向かい、そこで人間の積み荷を載せ、アメリカの農園へと大西洋を渡るための「働き手」である。やがて探していた音が聞こえてきて、二人はその音が流れてくる場所をつきとめた。そして、「当然ながら、こんな時間に、あんな場所で、まだ起きているのは水夫以外にありえない」と考えた。彼らは探しものを見つけたのだった。(1)

奴隷船の水夫集めには不都合なタイミングで、それは彼らも重々承知だった。奴隷貿易商により賃金の切り下げが行われ、リヴァプールでは緊張が高まっていたのだ。間もなく、彼らが歩いている通りには、憤慨した水夫たちが何千人と繰り出してくるだろう。それでも乗組員を集めなくてはならないことに変わりはない。ドアを開け、建物のなかに足を踏み入れた二人は、先を急ぐようにバイオリンがキィキィ鳴っているほうへと向かった。この家の女主人を見つけたが、眠りこけている。いや、酔いつぶれているのかも、あるいは殴られて失神しているのかもしれず、椅子に座ったまま、「頭のかぶり物はどこへやら、目のまわりは石炭で塗ったように真っ黒で、額の片側には大きなたんこぶ、そうして、左右の鼻孔から垂れた鼻血が固まって顔の下半分が汚れている」。女のすぐ近く、ひっくり返ったテーブルの脇には、亭主と思しき男が倒れていて、あたりには、空になった酒器やら、ブリキの四分の一パイント・コップやら、一パイント壜などが散乱している。男もまた、ひどい有様だ。かつらは近くの煙突の後ろに吹っ飛び、コートは脱げ、手には壊れたパイプ、靴下は足首のところまでずり下がり、青あざになったむこうずねが見えている。船長たちはこの二人をやり過ごし、音楽のほうへと急いだ。もっとも、「聞こえているのを音楽と呼べるなら」、の話である。階段を数段登り、上に着くと、「半開きのドアが、覗いてみろと誘っていた」(2)。

目に入ってきたのは、盲目のバイオリン弾き、そして水夫が一人、「シャツとズボンだけの姿で、スキップしながら部屋中を跳ね回っている様子」であった。踊り回る水夫は、すぐには二人に気づかなかったが、「部屋をぐるぐる回っているうちに」、ついに動きをとめ、彼らに目をあてて、睨みつけた。粗野な激しい口調で何の用だと聞いてきた。外科医の説明によれば、「全部言ってしまうのは、危険だろうから」――つまり、自分たちが奴隷船の乗組員を集めているということだ――船で働いてくれる者がいないかと思ってね、とだけ「控えめにほのめかし」、船の行き先については触れないでおいたという。

水夫は「悪罵を浴びせ」、訪問者を、馬鹿じゃねえのかとなじった。船乗りのことをなにも知らねえな、と彼は説明した。「バイオリン弾きを雇って、一晩中踊って、昼間好きなだけ眠れるっていうのに、海に行くと思うかよ。」ありえねえ、金に困って仕方なくじゃなきゃ、航海には出ねえし、まだポケットに一五シリングある。もっとも、その金もすぐになくなっちまうだろう。「多分、今日中にな。だがな、でもそれが何だってんだ。」まだ踊りの残りがあるからな。

船長と外科医は、水夫の言葉をじっと聞いていたが、男の「理屈を反駁できない」と考えたようだ。そこで二人は、踵を返して、帰ろうとした。しかし、水夫のほうから「ちょっと、旦那がた」と呼び止めてきた。男は、「下にいるあの、目のまわり黒あざの売女がな、明日にも俺を追い出そうとたくらんでやがる」と言う。つまり女は、男の厄介払いの策をめぐらしているのである。男を巡査に引き渡し、借金を理由に監獄に送りこんでもらうのだ。そうしておいて、リヴァプールの酒場の主人の例にもれず、彼女もまた、男をこれから出航する奴隷船に売り、借金のかたとして、賃金の二、三カ月分にあたる前払い金を回収するつもりなのである。旦那たちが明日また来てくれれば、「アバズレに一泡吹かせて」、あいつが汚い手を使う前に町にオサラバしてもいい、と水夫は言うのであった。さらに男は、「お前さんたち、行き先を聞くのを忘れてた」とついに聞いてきた。しかし、いや、まあどうでもいい、と自分の言葉を打ち消したのだった。そして男はその日の予定に戻って、わめいた。「しっかり弾けよ、めくら野郎。」

ここにいるのは、あまりに典型的な、といってもよい、陽気な水夫――踊り、飲み騒ぎ、乱暴な言葉をはく「転がる石」、明日は明日の風が吹く、というタイプである。しかし、この男は同時に、独立独歩の精神の持ち主であり、自分の懐が許す限り、何よりも自由を大切にしている。そしてまた、いわゆる上の奴らや将来の雇い主に対しては、軽蔑してかかっている。彼はアフリカに行くのだろうか。ひょっとしたら行くかもしれない、可能性は残している。男は、船の仕事でどこに連れて行かれるか、それは自分にはどうでもいいことだ、と示唆している。コスモポリタンの諦念とともに。彼が寝床を求める動機は、基本的には経済的なものである。プロレタリアートである彼は、賃金に依存せざるをえないのだ。懐が空になれば海に戻るのである。

このような出会いが繰り広げられたのは、往々にして戦争の文脈、つまり、二つの別々の、しかし関連のある戦いの文脈においてであった。最初の戦いは、国家間のもので、戦争は十八世紀にはありふれた出来事だった。アメリカ植民地との戦いもあったし、スペインやフランスとは、一七〇〇年から一八〇七年までの期間のほぼ半分の年数は、市場、通商、そして帝国の領土をめぐって交戦状態にあった。一七七五年のリヴァプールで、奴隷船の乗組員を勧誘する船長らが、くだんの踊る水夫と言葉を交わしたときには、すでにアメリカ独立戦争へと発展する戦いが始まっていたのである。英国は、軍隊労働力の動員に大々的に乗り出そうとしていた。

この動員は、第二の、過去から綿々と続く、そしてより不定形な戦いを激化させた。それは、海の労働力をめぐる階級間の戦いで、一方には王室の役人、為政者、貿易商、船長や幹部船員らがおり、もう一方には水夫たちがいる。第一の集団は、自分たちの、軍艦、商業船、私掠船に必要な船員を確保しようと骨折っており、水夫を雇う権利をめぐって、お互いどうし争うことも珍しくはなかった。しかし集団全体としての敵は水夫たちであった。彼らは、暴力や誘いの罠、強制徴募隊や誘拐斡旋業者、そして高い賃金やよりよい労働環境など、様々な手を使った。一方、海の男は、彼の労働力をめぐるこの戦いにおいて、自身の自律と利益とのために戦ったのであった。

踊る水夫は、奴隷船に乗ったのだろうか。外科医は、その点には触れていない。しかし、彼のような人間が、何千人と奴隷船に乗り込んだのは明らかである。来る年も来る年も、貿易商と船長は、あの手この手を使って、数多くの西アフリカ行きの船に必要な数だけの働き手を探し出した。新世界に三五〇万の奴隷を運ぶのに雇われた船乗りの数は、全体で三五万に上ると思われる。このうちの三〇パーセントが幹部船員と熟練労働者で、彼らは賃金以外の利益を手にできたので、平水夫に比べて航海の回数が多い。このグループの人々がそれぞれ三回ずつ航海しているとすると、海の熟練高級船員の中核を成すのは、およそ三万五〇〇〇人。平水夫（見習いや、田舎から出て来た新人も含めて）の航海回数が一人一回か二回（平均で一・五回）であれば、その数は二一万ほどであったろう。

貿易商や船長は、どうやって人を集めたのだろうか。どうやって、海の労働力をめぐる戦いに勝利を収めたのだろうか、つまり少なくとも、奴隷貿易の経済的目的を達成するのに必要な人数を確保するだけの勝利を手にしたのだろうか。労働環境は過酷、賃金がよいわけでもなく、食事は粗末で、命の危険は大きい（事故、行き過ぎた懲罰、奴隷の反乱、あるいは病など）といった仕事に、いかにして何千人もの働き手を獲得したのだろうか。この章では、奴隷貿易において水夫という集団が携わった仕事とその経験を見ていく。それにより、前にも紹介した水夫詩人のジェイムズ・フィールド・スタンフィールドの人生とその作品が、より大きな文脈に置かれることとなるだろう。この章で語られるのは、戦争、金、階級、暴力、人種、そして死にまつわる話である。水夫たちにとっては、海に浮かぶ労働の場であり、スタンフィールドが「巨大な機械」と呼んだものには、そのすべてが絡んでいたのだった。(3)

港から船へ

例の船医が海の労働力をめぐる戦い全体を見渡して、奴隷船の人員集めについて下した結論は、スタンフィールドのそれと響き合うものだ。「船の人員を集める苦労」は、「厄介な航海のなかでも、いちばん厄介な部分」だと、彼は考えていた。水夫らは奴隷貿易を嫌っていた。拘束期間が長いのも、上級船員たちから「ひどい扱いを受ける」のもまっぴらだったのである。あの持ち金一五シリングの踊る水夫と同様、懐に小銭が残っているあいだは「絶対に航海には出ない。特にアフリカには行きたがらない」。金を使い果たし、町の宿屋の主人への借金がたまってはじめて、つまり、監獄に入れられるか、監獄行きが免れないといった事態にいたってはじめて、アフリカ行きの航海に首を縦にふるのであって、それは、「自由の代償として」仕方なく、にすぎない。このような成り行きであってさえ、水夫は「自由の身になったというより、むしろ、ある拘束と別の拘束とを取り替えた、と感じていたようだ。なにせ、彼らは監獄から船の上へと追い立てられ、アフリカの海岸に着くまで、いや、大方の者にとっては西インド諸島に着くまでは、陸に上がることはまず望めなかったからだ」。奴隷貿易推進派の船医も、奴隷貿易などまっぴらの水夫も、奴隷船での仕事は、監獄の刑期のようなものだ、という点では意見は一致していたのである。(4)

なぜ奴隷船に乗るにいたったかについては、多数の水夫たちが説明を提供してくれている。自ら進んで選択したなかの一人に、ウィリアム・バタワースがいる。彼は子どもの頃、英国海軍の制服に身を包んだ従兄を目にし、その時その場で、将来は水夫になるのだと決めた。一七八六年、家出してリヴァプールへと向かい、クリンプと出会うも、ベテラン水夫から奴隷貿易の船はやめておけと忠告される。バタワースは、この男の言うことを一言として反駁できなかった。そこで、彼は無敵の無知をもって、こう尋ねたのである。「他の人たちだって、命や財産を賭けているのだから、なぜ僕がそうしちゃいけないんですか。」こうして彼は契約にサインした。(5)

ウィリアム・リチャードソンという水夫の場合を見てみよう。二十二歳の彼は、すでにシールズとロンドンを結ぶ石炭船で二十回の航海経験があったが、ある時、テムズ川に浮かぶ「立派な船」を見て、恋に落ち、船の行く先などかまわずに、上船したという。(6) ジョン・リチャードソンの場合は、泥酔しては、騒ぎを起こし、監獄に放り込まれる、というのを繰り返していたために、英国海軍の見習い将校の地位を剝奪された。そして、水夫の私物箱も服も持たずに、奴隷船に現れ、自分で交渉してその船に乗り組むことになったのだった。(7)

自分で選んだわけではないが、奴隷船で働くことになった水夫たちを見てみよう。サイラス・トールドは十四歳で水夫見習いとなった。最初の船長の船で、西インド諸島へ三回航海したが、その後《ロイヤル・ジョージ》のティモシー・タッカー船長に引き渡されてしまった。アフリカへ向かう船であった。(8) トーマス・トンプソンの場合は、西インド行きの船と契約したのに、「騙されてアフリカに連れてゆかれた」ことがあるという。(9) また彼は、宿屋の借金のため、主人に「首根っこを押さえられて」、監獄にぶちこまれ、否応なく、アフリカ行きの船に乗せられてしまったという経験もしている。船の船長は暴力的で最低の男だった。(10) ヘンリー・エリソンは、奴隷船の航海を十回経験しているが、彼の考えでは、自ら進んで奴隷貿易に入っていった者もなかにはいるが、「圧倒的多数は、やむを得ず奴隷船に乗り込んだ」という。他に仕事がなく窮乏しての者、借金を作り監獄から逃れたかった者などである。そういう人間をエリソンは山ほど知っており、みな「立派な船乗り」だったそうだ。(11)

奴隷貿易に従事した水夫たちの出自は様々で、孤児院や監獄で生まれた者から、堅実な労働者階級出身の者、中流家庭出身の者までいた。しかし、集団として見れば、十八世紀の英国およびアメリカにおける最も貧しい労働者グループとして広く知られており、後者より、前者の出身のほうがずっと多かった。ジョン・ニュートンも、奴隷貿易で働く船乗りたちを、「国家の屑とカス」、「監獄や営巣」のゴミと言い表している。それに続けて、次のように書いている。大多数は「若いころからその世界で成長するのが一般的で」あるが(トールドのように)、「親や親方に我慢できなくなって」(バタワースの場合はこれだ)、という者もいるし、「悪習のため早々に身を滅ぼしてしまった」男たち（リチャードソンはこれにあたる）もいた。[12] ヒュー・クローも大方この観察に同意している。自分の船で働く「白い奴隷」は、基本的に「社会の滓のカス」だ、という。監獄からやって来た者も少なくない。未経験者も少々いて、彼らは海の言葉を二つ三つ覚えて、経験のないのを偽って船に乗ってくる。そしてごくわずかだが、紳士階級の子弟で身を持ち崩したのもいた。[13] 奴隷貿易商のジェイムズ・ペニーによれば、リヴァプールの船の新米水夫のなかには、都市部のプロレタリアート、すなわちマンチェスターのような「近隣の工場地域から来た怠け者たち」も含まれていた。[14]

奴隷貿易推進派の人々は、奴隷船に乗り込む未経験者の数を強調した。人によっては、乗組員の半数か、それ以上が、海を知らない人間だと主張している。[15] たしかに、奴隷船の登録名簿には未経験者も載ってはいるが、その数は多くはない。一七七五年、《スウィフト》のウィリアム・シートン船長の航海では、たった二名である。一七八〇―八一年、戦時で労働力需要が頂点に達し、未経験者が最も歓迎されたと思われるときにでも、たとえば《ホーク》を見ると、その全四一名の乗組員中、三名にすぎない。[16] 未経験のまま海の仕事を始めた人々は、航海を重ねるにつれて序列を登っていく。低賃金での「半人前」、「四分の三人前」を経て、それから一人前に働ける船乗りになっていくのであった。[17]

ジェイムズ・フィールド・スタンフィールドは、自ら選んで奴隷船に乗った人々の数を過小評価しているようだ。もっとも選択といっても、それは必要や強制と二人三脚の選択ではある。クリンプは、船乗りを奴隷船の船長に「売る」だけではなく、ウィリアム・バタワースの場合のように、本人の同意のもとに船長へと届けもした。トーマス・トンプソンの場合は、宿屋の主人に監獄に入れられたが、その段階で、奴隷船に乗ることに「同意」している。奴隷船上に寝床を見つけた貧しい水夫にとっては、選択というのは常に必要によって条件づけられているものだったのだ。平時の賃金は月四〇シリング、戦時には六〇シリング、場合によっては七〇シリングとなり、平時であれ戦時であれ、他の仕事よりは二〇から二五パーセント高かった。また航海の間の食事は（質については疑わしいとはいえ）ただで保証されていた。さらに、奴隷貿易商の多くは、水夫の賃金の一部を妻や母親に渡るように手配して、彼らが後にした港町に暮らす家族の者は、毎月金を受け取ることができた。通常は禁じられていたものの、持ち金が少しばかりあれば、個人として儲けるチャンスもあった――ナイフやレースの帽子といった英国製品を持っていき、アフリカで（鸚鵡や小さな象牙などの）より価値の高いものと交換するのである。[18]

奴隷貿易が提供する何よりのものは、即金での支払いだった——二、三カ月分の賃金を前払いで貰えたのである。これが、船乗りたちを、好きでもない仕事に加わらせる鍵だったのだ。平水夫で、（一七六〇年当時）四から六ポンド、つまり、現在の基準で千から千五百ドルを手にすることができた。これは、貧乏人にとってはなかなかの大金で、時勢が厳しいなか、養わねばならない家族がいる場合は、特に魅力的だった。手にした金で、仲間たちと大酒を飲んで乱痴気騒ぎということもあった。この点は、一七八八年、国会の公聴会で、リヴァプールの税徴収人からも指摘されている。水夫というのは、「考えなしの生き物」で、頭にあるのは、明日ではなく、今日だけであるから、「出航前の」前払いに「釣られて、非常に多くの者が、史上最も危険な航海へと引きずり込まれていったのである」。あまりに典型的な説明ではあるが、しかしこの税徴収人の言葉は、根本的な真実を言い当てている。他に生計の術を持たないプロレタリアートである水夫が、何より欲しく、そして何より必要だったのは、代償が高くつくとしても、すぐ手に入る現金であったのだ(19)。

奴隷貿易は出世の階段を登る機会も提供した。もちろんそれは、歴史家のエマ・クリストファーが強調しているように、限られた範囲のものではあった。どのような職業においても、有能で野心のある者は階段を登っていくものだが、自分より上にいる者たちが死んだり、病に倒れたりすれば、そのチャンスはより多くなる。奴隷貿易では、死や病が日常茶飯であった。サイラス・トールドは見習いとして三回の航海を経た後に、いきなり砲手に出世した。ヘンリー・エリソンの場合は、見習いから始め、十回以上の航海を経て、徐々に上がっていった。一七九〇年に、彼は次のような証言をしている。「わたしのついた最高ランクは砲手です——航海士になるための学はありませんから。」彼は、貧者とある程度の教育を受けている者とを隔てる壁にぶつかったのである。航海術と簿記を身につけるには教育が欠かせなかったのだった(20)。

奴隷船の乗組員は「世界中」からやってきた「混成チーム」だった。その多く、おそらく大半の者は、広義の英国人——イングランド、スコットランド、ウェールズ、アイルランド、および英国植民地の出身——であったが、ヨーロッパ大陸出身者、アフリカ人、アジア人（特にインド人水夫）もかなりの数乗っていた。たとえば、《ブルース・グローヴ》には三一名の乗組員がいたが、それにはスウェーデン人四名、ポルトガル人一名、東インド人（インド人水夫）一名、そしてお決まりの黒人コックが含まれていた。アメリカ船の《タタール》の、出航記録に記載されている乗組員数はより少なく、一四名であるが、しかし混成ぶりは変わらない。乗組員の出身は、アメリカの海岸部（マサチューセッツからサウスカロライナまで)、デンマーク、フランス、プロシア、シシリー、そしてスウェーデンといった具合である。さらに桶屋は、サン・ドマング、つまり革命後の新しい共和国ハイチ出身の「自由黒人」、コックはアフリカのウィンドワード海岸のリオ・ポンガス生まれであった。そこが船の行き先であったのだ。[21]

《タタール》のコックのように、アフリカの沿岸地方から奴隷船に乗り込む者も多かったし、その多くは、ファンティやクルのように、すでに海での経験があった。海岸に停泊中の奴隷船上で、短期間「奴隷の世話係(グルメット)」として働いたことのある者もいたし、大西洋を渡ったことのある人間もいたのである。《ホーク》を見てみよう。船長はジョン・スメイル、リヴァプールで乗組員を集め、一七八〇—八一年にかけて、黄金海岸、カメルーン川、そしてセントルシアと航海をしたが、その賃金帳には、アクウェイ、ランスロット・アビイ、クジョー、クァシェイ、リヴァプール、ジョー・ディクといった名が並んでおり、これらは全員、船で賃金を稼いだ「ファンティの人々」である。その中の四人は、アフリカの海岸で、金で前金を受け取っていた。奴隷船にはまた、ヨーロッパやアメリカの港から上船した、自由の身のアフリカ系船員もいた。彼らの場合、他にあまり雇い口がなく、門戸が開かれ、働けた仕事のひとつが、船乗りだったのだろう。ジェイムズ・フィールド・スタンフィールドは、こういった人々の動機や、自分より貧しい水夫にとっての金銭の魅力を、あまり理解していなかったのかもしれない。それで、選択の果たした役割を過小評価してしまったのだろう。もちろん、その選択は多くの者にとって、必然的に大きな制限つきのものではあった。[22]

平《ひら》水夫の文化

どんな水夫にとっても、奴隷船に乗るというのは、社会に深く根をはった階級関係のなかでの成り行きであった。彼は、貿易商あるいは船長との契約に署名し、賃金と引き換えに航海での労働を約束する。署名は、単なる×印の場合もあっただろう。その後、十カ月から十四カ月にわたって、船の社会が彼を待っているのである。アフリカへ、アメリカへと航海し、その過程で様々な種類の仕事をこなしていく。食べるのも眠るのも、暮らしは厳しい序列と過酷な規律のもとに置かれる。彼は船という、階級に引き裂かれた世界の縮図の一部となるのである。[23]

奴隷船に乗船するときからすでに、一人々々の水夫は、どこにも属さぬただの個人としてやってくるわけではない。ほとんどの場合、その職業に特有の強烈な文化の一員としてやってくるのである。サミュエル・ロビンソンが、一八〇〇年から一八〇四年にかけて、見習い水夫として、二度奴隷船に乗った際に発見したとおりである。彼が学んだのは、水夫たちには、独特の話し方（海の言葉や比喩が多用される）、歩き方（揺れる甲板でバランスをとるために大きな歩幅で歩く）、そして世間に対する見方や振る舞い方があるということだった。そのすべての基には、彼らの仕事がある。協力を要する危険な仕事だ。水夫は自らの命を守るために、お互いに助け合わねばならず、彼らの態度や人間関係にはこの基本的な事実が反映されている。ロビンソンは、水夫たちは、「仲間と船に強い愛着を持つようになる」と、記している。結束は、水夫という仕事で最も大切なものであり、「一心同体」が彼らのお気に入りの言葉だった。

ロビンソンはさらに、水夫たちは、仕事にも強い愛着を抱いている、船乗りこそ、気概ある男にとって唯一の仕事だからだ、と書いている。その文化の外からやってきた人間は、手荒い扱いを受ける可能性があったし、実際にそうだっただろう。水夫たちは、陸の人間を馬鹿にしており、特に兵士への侮蔑は悪名高く、突然喧嘩をふっかけたりもした。このようなことを考えると、アフリカ出身者、特に内陸部からやってきた者にとっては、船のうえはかなり厳しかっただろう。見習い水夫や未経験者は、悪ふざけの餌食となり、平手打ちで小突き回されるのが常だったし、時には虐待を受けもした。

しかし、時が経つにつれ、新参者たちも仕事を覚え、また新入りの儀式を経て仲間となり、遠洋航海の船乗りの世界に組み込まれていくのである。新入りの儀式としては、たとえば、最初の航海で、北回帰線あるいは赤道を「越える」際の、ネプチューン王からの洗礼というのがあった。エマ・クリストファーによると、水夫たちは、国籍も、文化も、人種も、様々に異なる労働者たちを集団に組み込むため、「架空の血縁関係」を実践したのであった。混成チームの乗組員たちは、仕事においてひとつになる。彼らは「水夫兄弟」となるのだった。

水夫となる学びは、すなわち、危険に果敢に立ち向かい、欠乏とともに生きる学びである。ゆえに水夫の文化を眺めてみると、その中核にあるのは、肉体と精神のタフさなのだ。ロビンソンも次のように記している。「船乗りが、集団としてみれば、愉快で向こう見ずな連中だというのはよく知られていることだ。彼らは、何事につけ物事のよい面を見たがり、万一の事態など考えたがらない。他の人々なら、まず気持ちが砕けて動けなくなってしまうような、欠乏や疲労をものともせず、耐えるのを厭わない。そして、彼らにとっての快適は、辛苦の偽装にすぎないのである。」危険と苦しみを共にして、水夫たちは一つになり、そこに相互援助の倫理が生まれる。ロビンソンにとって、船乗りたちは「親切で、心が広く、寛大だった」。これは単に、モラルとしての態度ではなく、生命の危険を等しく分け合うのが全員のためとの前提に基づく、生き残るための戦略だった。持っているものは、どんなにわずかでも分け合う、そうすれば自分が何もないときに、誰かが分けてくれるだろう、というわけなのだ。こういった考え方であるから、当然次のようになる、とロビンソンは書いている。「富への欲望はあさましいもので、最低の恥知らず以外、誰もそんなことは歯牙にもかけない。」

この文化には、抵抗の精神が深く根を張っており、ロビンソンが描く食事時の様子はその一端をよく捉えている。彼の船に乗っていた水夫たちに、肉とパンがくばられる際の描写である。ロビンソンは、「感謝を表す」のが当然だろうと思っていたのだが、水夫たちはそうはせず、「誰もが、我が目と肉体を呪い始め、人生、こんな目に遭うとはと、船も、船長も、船主も、みんなまとめて、まあ、どこかは言う必要もないだろうが、どこかに送ってくださいますように、と願いを口にするのだった」。こういった類いの態度は、航海の間中、様々なかたちの抵抗となって姿を現した。逃亡、反乱、海賊行為などである。船長の絶対的な権力に抗して、平水夫たちは、下からの力を示してみせたのである。彼らはまた、自分たちより下にいる者たちにも力を行使した。その者たちの存在は、水夫たちの職業文化の限界を定めるものであった。

船上の仕事

英国およびアメリカの港から西アフリカへと向かう往きの航海においては、水夫たちの仕事は、大方の遠洋航海の船での場合とほぼ同じであった。彼らは右舷側と左舷側との当直番に分けられ、小さめの船では、一方を船長が、他方を一等航海士が指揮した。大きめの船では、航海士たちが、それぞれの当直番の指揮をとった。朝の八時から夕方の六時までは、全員が甲板の上で働き、それ以降は翌朝まで、四時間働いて、四時間休む。交代は、航海士か甲板長が、船の鐘を鳴らすか、笛を吹くかして知らせた。休憩時間はほんのわずかだったが、天候が変われば、それさえあっけなくなくなってしまうのであった。帆を張り、船の進路を調節するために、全員が駆り出されるからである。ウィリアム・バタワースは「航海中は一度として、ぐっすり眠ったことがない」と、そのつらさを訴えている。[24]

それぞれの当直番は、さらに、五、六人の食事班に分けられ、一班ごとに航海士が、週単位で食料を割り振る。ある奴隷貿易商の一七二九年の記録によると、「(アフリカ)海岸行きの貿易船で働く水夫に通常与えられる食料は、次のとおりであった。パンは、一人一週間あたり五ポンド。肉は、塩漬け前の目方で四ポンドから五ポンドぐらいの塊を五人に一日一つ。後は豆と小麦だが、通常は一日あたり、豆半パイントと小麦粉半ポンドであった」。もし水夫の釣りの腕がよい場合には、これに魚が付け加わる。グロッグ、そして時折のブランデーも、週の食料割当の重要な部分で、酒をめぐって激しい言い争いとなることもあった。船長は時に配給制限を行い、各々の食事班に与える食料や飲料の量を減らしたが、これは当然、災いのもととなった。特に船長室での食事が以前と変わらないとなると、恨みを買うわけだが、いつもそうだったようだ。[25]

この時点での平水夫の仕事は、普通の船と変わりはない——畳帆、縮帆、舵取り——つまり、状況に応じて帆を拡げたり、畳んだりして、制御し（マストの天辺で行うことが多い）、操舵装置で船の動きを決めていくのである。通常二時間交代で、仕事のすべては当直班の責任者である航海士の指示のもとに進められた。自分の船では、水夫を決して遊ばせておかない、という船長が多かったから、仕事時間の間は働き詰めで、時には甲板を洗ったり、砥石で磨いたりした。また、紡ぎ糸や細いロープを組んでマットを編んだりもした。これは、据え付け装具を他のロープとの摩擦から守るために用いられた。センニット、つまり編み込みの索条を作るのも、水夫の仕事であった。そして、船がアフリカの海岸に近づくと、水夫らは船倉や下甲板に降り、交易品を手際よく運び上げるのであった。

しかし、奴隷船ならではという仕事もあった。武装した見張りをおくか否かが生死の問題となる船のうえでは、砲手による小火器の点検と掃除は欠くべからざるものであった。砲手はまた、らっぱ銃や旋回砲の手入れも行った。船内の武器を集め、弾薬を運ぶのは水夫の仕事であった。ネットを編むのも同様に水夫の役目で、これは奴隷の逃亡と、招かれざる商人の来訪を防ぐために用いられた。《ブラック・プリンス》のウィリアム・ミラー船長は、一七六四年の日誌に「みなは、ネット編みその他の仕事に従事した」と記している。売り物にする子安貝を数え、袋詰めするのもまた水夫の仕事だった。[26]

奴隷船がアフリカの海岸に着くや、水夫はただの水夫以上の存在へと変わる。もちろん、船の仕事は以前とおなじく続いた。錨の上げ下げ、船の移動のための帆のセットなどで、船長が「沿岸航海」をする場合には、特に頻繁に行う必要があった。「沿岸航海」とは、数カ所で奴隷を買うやり方で、ウィンドワード海岸では一般的だった。船のメンテナンス、つまり、掃除、帆の修理、艤装の補修、備蓄の管理などの仕事もあった。ジェイムズ・フィールド・スタンフィールドが説明するとおり、彼らはこういった仕事と同時に、甲板の大部分を覆う屋根を、藁か帆布で作った。これは、熱帯の太陽を遮って日陰を確保するためでもあったし、船長が購入する捕囚らを拘束するためでもあった。実際に売り買いが始まると、今度はヨールやロングボートを漕ぐのも水夫たちの仕事となり、時には相当の長距離を、船から海岸へ、そして他の船へと行き来しながら、貿易用商品や、人や、食料（ヤム芋、とうもろこし、米、水）を運んだのである。取引の品が人間に変わるや――言い換えれば、船長が奴隷の買い入れを始めるや、ということだ――水夫の果たす役割は変化する。突如として、彼らは看守となるのである。そして、その先七カ月から十カ月以上（内訳としては、海岸で五カ月から七カ月以上、中間航路が二、三カ月）、船がアメリカの積み出し港に到着するまで、その役目に留まるのであった。

奴隷が積み込まれると、「見張り」は新しい意味を帯びる。船長は、奴隷を主甲板に出す際には、見えるところに常に見張りを置き、用心を怠らぬようにした。各々をピストルやマスケット銃で武装させ、また全員に短剣を持たせていたらしい。その刀の柄には紐がついているのが特徴で、水夫はこれを手首に巻いて、歯向かってくる奴隷に取られないようにしたのだった。[27] 航海のこの段階での最大の懸念は、逃亡と反乱であった。まだ船から海岸まではすぐの距離で、故郷に帰れるかもしれないという希望がこれを助長するのである（逃亡して、何十キロも内陸部の故郷に帰ろうとしても、実際にはたいていまた捕まって、売られるのであるが）。船長と船主の新たな財産である人間をしっかりと見張り管理するのが、今や水夫たちの一番の仕事となったのである。

船に積まれた男性奴隷の数が十人を超えたあたりから、その全員、そしてそれ以後連れて来られる者はひとり残らず、手枷と足枷をつけられることとなる。船長、航海士、それに兵器係や砲手の指示のもと、水夫たちは、必要な箇所に鋲を打ち込みながら、男たちを二人ずつ繋いでいく。一人の左手首と左足首とを、もう一人の右手首と右足首に繋ぐのである。以後、主甲板に男性奴隷を上げる際には、十人一グループにして、足枷に鎖を通し、それをリングボルトに固定するのである。また枷のチェックも、入念に、そして定期的に、少なくとも、朝と夜の一日二回は行わねばならなかった。[28] 通常、女性と子どもは、反抗しないかぎり、鎖に繋がれることはなかった。屋根が取り去られるとすぐに、バリカドへは人員が配置され、「銃眼」からマスケット銃が向けられることになる。高い位置に据えられた四ポンド砲には二人の水夫が配され、「万一事が起これば、主甲板を掃射すべく、マスケット弾が込められるのである」。[29]

船がいっぱいになってくると、下甲板、主甲板、両方での捕囚たちの日課を取り仕切るのも、水夫の仕事となる。船内においては、奴隷の「収容」補助を行った。つまり、海岸部での停泊期間と中間航路の間、一人一人が眠ったり座ったりする、船内の場所の割当をするのである。一等航海士と甲板長は、手に九尾猫鞭を持ち、この奴隷収容を監督する。女性奴隷の収容監督には、二等航海士と砲手があたった。水夫らは、彼らの指示のもと、奴隷をぎっしりと詰め込んでいく。「腕や足の位置を調整し、銘々に決まった場所を与えていくのである。」「自分の場所にさっさと入らない」者は、猫鞭で言うことを聞かせた。一七六七年、《カンタベリー》のオールド・カラバーへの航海に乗船した、ジョージ・ミラーは次のように回想している。「わたしは男性奴隷の係だった。収容された人と人との間には、棒一本の隙間もなかった。[30]」

日中、奴隷たちが主甲板に上げられると、水夫の一部は、奴隷の居住区の掃除のために下甲板に降りていく。奴隷たち自身で掃除を行うケースもあったが、水夫が行うほうが一般的で、この仕事を水夫たちはあからさまに嫌っていた。掃除と一言でいっても、やることはいろいろで、毎日行うものもあれば、そうでないものもあった。用足し桶の糞尿の始末、これは絶えずやらねばならなかった。アレクザンダー・ファルコンブリッジはこう書いている。「それぞれの部屋には、三つないし四つの大きなバケツが置かれている。バケツは円錐形で、底面径は六〇センチ、開口径は三〇センチ、深さが七〇センチほどである。ニグロらは、このバケツを使って用を足すのである。」甲板や柱についた汚れ、吐瀉物、そして膿を取り除くには、砂その他の研磨剤を用いてこすり洗いをした。一週間か二週間に一回は、掃除の後に、部屋の燻しも行った。これには様々なやり方があった。ウィリアム・リトルトン船長は、「酢のなかに真っ赤に熱した鉄棒を入れさせ」、部屋を閉め切って、その煙を木材に染み込ませた。水夫のサミュエル・ロビンソンの記述によれば、彼の船の下甲板は「隅々まで掃除が行き届き、週に二回は砂でこすり洗いが行われた。その後、火鉢で乾燥させて、酢と煙草の煙で燻すのであった。大きな用足し桶は蓋つきで、用を足すのに適正な距離に置かれていた[31]」。

水夫たちが嫌がったもう一つの仕事、それは下甲板の男性奴隷部屋での夜間の見張りであった。船長の全てがこれを課したわけではない。夜は鍵をかけ、翌朝またチェックするだけでよしとする船長もいた。しかし、夜間の見張りを実行していた船も多く、ウィリアム・バタワースが、その仕事がどのようであったか、詳細な記録を残している。《ヒューディブラス》で、ある時奴隷蜂起が起こった。蜂起は失敗に終わったが、船長のジェンキン・エヴァンズ船長は、「夜間、男性部屋に見張りを置く必要があるだろう、と考えた」。これを聞いたバタワースは怖じ気づいた。「なんとも嫌な仕事。ごめんこうむりたいお役目だ」と、彼は思った。しかし、船長の意志か運命のいたずらか、バタワースともう一人がこの役目に選ばれてしまったのだった。奴隷たちは「みな故郷の森に」、そして自分も「故郷の町にいて安全だったらよかったのに」、と、突然、そのような思いが湧いてきて、バタワースは身を隠して、仕事を逃れようとした。しかし、あえなく見つかり、四時間の間、下甲板へと送られたのであった。持ち場に着くと、彼の前に任務についていた男が、下甲板からの「梯子のいちばん上で」、「目に涙をためて、格子を握りしめている」ではないか。バタワースは恐怖におののいた。下に降りていくと、できるだけ奴隷たちから離れて座り、「最大限、彼らを尊重して遠くにいた」。コロマンティとイボの反乱の首謀者たちが、十人一組で鎖につながれていた。時間の経つのはあまりに遅く、その間中、彼らの枷の音がガンガンと耳に響いた。さらに恐ろしいことには、バタワースはまたすぐに、二回目の四時間の見張りを命じられ、この時には、「いまいましい罪人」の一人が、重い枷をつけられているにもかかわらず、自分のほうに近づいてきたので、追いやるのに、猫鞭を使用した、という。彼は、その鞭を「下甲板での権威の証」と呼んでいる。そうこうしているうちに、バタワースは眠気に襲われるのだが、うとうとしたりしたら八つ裂きにされてしまうだろうと、怖くてたまらなかった。味方を作ろうと、梯子の近くにいたイボの男に、恐る恐る話しかけてみた。そして翌日の見張りまでには、自分の身を守るにはそのやり方が効果的だと判断した。再度の反乱が計画されていたとは、露とも知らなかったのだ。間もなく、彼が「見張っていた」男たちのなかの二人が、大きなナイフを持っていたのが見つかった。バタワースは、標的にするだけの価値がないと思われていたのだろう。[32]

捕囚らが、先の尖った道具を持っていないか、毎日調べるのも、水夫の重要な仕事のひとつであった。武器として使えそうなものをチェックするのである。反乱を起こせばそれで乗組員を襲うだろうし、自殺に使う可能性もある。暑くてすし詰めの、劣悪な環境の下甲板では、喧嘩も頻発したので、その際に、お互いを傷つけるかもしれない。船によっては、事を起こしそうな者の指の爪を短く切るということまでした。どの船でも、女性奴隷や子どもの監視は欠かせなかった。女性や子どもは、比較的自由に船のなかを動けたので、下甲板の男たちに格子越しに道具を渡すことがあったのである。また、生活スペース、病気、衛生、あるいは文化の違いなどが原因で、摩擦が生じ、喧嘩が始まると、それを止めるため、水夫たちは下甲板へと送られた。奴隷商人のロバート・ノリスは、自分の人間性を自慢して（アイロニーの感覚はいっさい抜きで）、「強者が弱者を虐げないよう」、そういう配慮が必要なのだ、と説明している。[33]

天気のよい時には、毎朝八時ごろになると、水夫らの一部が武装して定位置につく。他の者たちは、下甲板から奴隷たちを上にあげ、男をバリカドの前方に、女と子どもを後方に連れていく。男たちを甲板に鎖でつなぎ、それから、朝の洗面を手伝う。洗面が終わると、奴隷たちを整列させ、医者が奴隷たちを見て回る。医者は体調不良の訴えを聞き、病気の兆候を探す。十時ごろには、水夫たちが朝食を配り始める。通常、食事は、奴隷たちの出身地に応じた、アフリカの食べ物であった。セネガンビアとウィンドワード海岸出身の者には米、黄金海岸はとうもろこし、ベニン湾とビアフラ湾はヤム芋、といった案配である。小さなコップ一杯の水も配られる。食事が終わると、食事用のボウル（「クルーズ」と呼ばれた）とスプーンを集め、今度は体全体を洗う用意だ。そして正午になると、水夫たちは午後の活動に取りかかる。なかでも特に重要なのが、「ダンス」と呼ばれていたものであった。

奴隷の健康を維持するには運動が役に立つということについては、医者も奴隷商人も考えを同じくしていた。ゆえに、アフリカ人たちは、午後になると毎日ダンスをさせられた（歌を歌わせる船も多かった）。実際に何をしていたかは、アフリカの楽器にあわせて、ある程度自分たちが好きなように踊れる場合（これは女性のほうに多かった）から、無理やり踊らされて、鎖の音が陰鬱に響くだけという場合（このケースは男性のほうに多かった）まで、様々であった。運動に参加するのを拒む者、膨れっ面をする者もいて、そういう態度をとると、一等航海士か甲板長から鞭が飛んで来るのだった。

食事についても同じことが言えるだろう。奴隷のなかには、食べ物を拒む者もいた。抵抗の証としてのこともあったし、病や気うつが理由のこともあったが、このような場合には暴力で強制した。好んで使われたのはやはりいつもの猫鞭で、鞭をふるうのは航海士であった。しかし、常に言うことを聞かせられたわけではないとの、多くの記録が残っている。鞭打たれてもなお食事を拒む者も多く、その場合には、熱した炭など他の強制手段が用いられ、最終的にはスペクルム・オリスが持ち出されるのだった。水夫たちは、このような拷問を手伝いはしたが、中心的な役割を果たすことはなかった。

午後には、男性にも女性にもパンが配られ、時には煙草やブランデーも振る舞われた。女性や少女にビーズを与える船もあり、女たちはそれで装飾品を作った。午後の食事の時間は、だいたい四時ごろで、通常はヨーロッパの食べ物が出された――ソラマメかエンドウマメに、塩漬けの肉か魚である。料理人の多くが作ったのが、「ダバダブ」、つまり、米を、少量の塩漬け肉、こしょう、ヤシ油と一緒に煮たスープ状のものであった。四時か六時の間に、一日の終わりとなり、男たちは下甲板に連れ戻され、閉じ込められるのである。女子どもは、もう少し長く甲板に留まることができたが、やがて彼

女らもまた、暗い下甲板の寝床へと連れていかれ、十二時間から十四時間を暗闇のなかで過ごすのであった。(34)

「ダンス」と食事の場面を見ると、奴隷船についてのより大きな真実が浮かびあがってくる。決定的な暴力の手段を持っていたのは、上級船員のみだったということだ。アイザック・ウィルソンは、彼の船で奴隷に懲罰を下せるのは、船長と医者だけだったと回想している。他にも同様の報告は少なくない。アレクザンダー・ファルコンブリッジによれば、九尾猫鞭を使えたのは、船長、一等航海士、そして医者（彼自身だ）だけだったという。平水夫が猫鞭をふるうことはまずなかった。例外は次の二つの場合、下甲板に降りて行く際と、反乱の失敗直後に容赦なく懲らしめる際であった。(35)

船が目的の港に近づくと、奴隷を売る用意にとりかかるのが、水夫の最後の仕事である。これは、エマ・クリストファーが強調しているように、一種の商品製造であった。水夫たちは、アフリカ人捕囚を、売れる商品へと創りかえていくのである。まずは、到着の十日前に、男性奴隷の手首、足首の枷をはずし、すり傷を癒す。丁寧に体を洗い、毛を剃り（ひげ、時には頭髪も）、硝酸銀棒を使って傷を隠す。白髪は抜いたり、黒く染めたりした。そして最後に、体にヤシ油を擂り込むのである。これらすべては、商品としての価値を創り出し、高めるためのプロセスであった。水夫らの労働のおかげで、まもなく、船一隻分の高価な商品が、売り出しを待つばかりとなるのである。(36)

水夫、奴隷、そして暴力

「ディッキー・サム」と名乗るリヴァプールの物書きは、奴隷船の暴力的な現実を次のように書いている。「船長が水夫を虐げ、水夫が奴隷を責め苛み、奴隷の心は絶望で粉々に砕ける。」この一文には、重要な真実が現れている。暴力は、船長から航海士へ、水夫へ、そして奴隷たちへと、滝のごとく下へ下へと流れていったのであった。自らも殴られ、虐げられた水夫たちは、彼らの監視と支配のもとにある、さらに惨めで無力な捕囚たちを、自分らの苦しみのはけ口とした。様々な船の実態は、おおむね船長次第であった。船の運営についての船長の裁量権は絶大で、自分の好きにできたからである。見せしめの暴力を遂行するにあたっては、船長と航海士が中心的な役割を担っていたが、船上の世界で、戦いの最前線にいたのは水夫たちだ。この点は強調しておかなくてはならないだろう。というのは、ジェイムズ・フィールド・スタンフィールドが描いた奴隷航海のドラマにおいては、水夫と奴隷との境界が曖昧にされがちだからである。(37)

奴隷船上で最も広く深く浸透していた暴力は、実は記録に残される機会がいちばん少なかったタイプのものであった

――日常生活での、手荒い、時に残酷な扱いである。《ヤング・ヒーロー》に医師として乗船した、エクロイド・クラクストンが、船長のモリヌーは奴隷をきちんと扱ったが、水夫たちはそうではなかったという記録を残している。病気になった奴隷の一団を甲板に上げて、帆で被ってやった時のことである。帆はあっという間に、「血と粘液で」汚れてしまったが、「体から出てきてしまうものは奴隷にはどうしようもない」。しかし、水夫たちは、その帆を洗わねばならないので、烈火のごとく怒り出し、「人のやることとは思えぬほどひどく」彼らを殴った。病気の奴隷らはこれに怖れをなして、以後「用便桶まで這っていき、そこでいきみ続けるのだった」。このせいで、「脱腸になってしまい、それは治療不能であった」と、医者は書いている。これは、数限りない日々の恐怖のほんの一例にすぎないだろう[38]。

乗組員の暴力が最も激しく炸裂するのは、奴隷たちが反乱を企て失敗した直後であった。首謀者は主甲板に引きずり出され、奴隷全員の目の前で、船長と航海士から惨たらしく罰せられるのである。航海士は自分が鞭打つのに疲れると、猫鞭を水夫に渡して続けさせた。水夫たちはまた、反乱奴隷たちの皮膚を短剣の先で突いて、責め苦を与えたという事実もある。さらには、恐ろしいやり方での実際の刑の執行まで、水夫が行ったという例も、二、三、報告されている。このように水夫は、単に囚われの奴隷たちの見張りと世話をするだけではなく、逃げようとする者たちに対しては容赦のない罰を与える役もしていたのである。

一七八一年、《ゾング》での出来事は、乗組員の手による暴力の最悪の例である。これを見ると、奴隷船の「仕事」には、時にあからさまな殺人までもが含まれていたことがわかる。《ゾング》の船長はルーク・コリングウッド、乗組員一七名と、四七〇名というすし詰めの「貨物」とともに、西アフリカからジャマイカへと向かっていた。船ではすぐに病気が蔓延した。すでに、アフリカ人六〇名、乗組員七名の犠牲者が出ていた。「航海の破綻」を怖れたコリングウッドは、乗組員を呼び集め、次のように告げた。「自然死の奴隷は、船主の損失になる。しかし、生きたまま海に投げ込めば、保険会社の損失となる。」航海には保険がかけられていたのである。乗組員のなかにも、航海士のジェイムズ・ケルサルのように、これに反対した者もいたものの、結局はコリングウッドの命令どおり、その日の夕刻、乗組員は五四名の奴隷の手を縛り、船から投げ捨てたのである。二日後にはさらに四二名、それから間もなくまた二六名が海に投げ込まれた。この恐ろしい光景を見ていた奴隷たちの中の一〇名が、自分から海に飛び込んで自殺し、これで死者の数は一三二名に上ったのである。事後、コリングウッドは自分の行動の理由を、飲み水の不足のためと偽ったが、乗組員にも奴隷にも配給制限は行われていなかったし、実際港に戻った船にはまだ四二〇ガロンの水が残っていたのだ。この件が、裁判となったのは、保険業者が支払いを拒否し、船主がこれを訴えたからである。裁判は、奴隷貿易の残酷さを大々的に世に知らせ、奴隷制廃止論者たちのターニング・ポイントとなった。ちょうど、オラウダ・エクィアーノやグランヴィル・シャープらが、社会一般に広がってゆく運動を立ち上げている時だった。おそらく、この事件は、四〇〇年にわたる奴隷貿易の歴史においても、もっとも残酷極まる出来事だろう。そして、これは、生きた人間を船から投げ捨てよ、という命令を水夫たちが受け入れたがゆえに、可能となったのである。[39]

一七八八年、ロンドンで出版された『アフリカ奴隷貿易を考える』において、聖職者となったジョン・ニュートンは、乗組員が奴隷にふるった暴力のなかでも、もっとも看過できぬ重大な側面の一つに注意を喚起した。背筋も凍る場面を、彼は次のように描いている。

> 船に上げられた女性や少女たちは、裸で震え、恐怖におののいていた。おそらく、寒さ、疲労、そして空腹で消耗しきっていただろうが、そんな彼女たちは往々にして、白い野蛮人らの淫らな乱暴に曝された。哀れな者たちは、耳に聞こえる言葉はわからずとも、それを喋っている男たちの目つきや様子だけで十分に察しはついた。男たちは腹のなかで犠牲者たちを山分けし、機会が来るまでとっておくのであった。抵抗や拒絶が全く無駄な場所では、相手の同意を求めることさえ、滅多に考慮されもしなかったのだ。

そうして彼はここで筆を止め、「これは大演説をふるう話題ではない」と言いきった。奴隷船上での出来事の「非道ぶり」が、当時「ここではほとんど知られていなかった」のに、それ以上書かなかったのである。彼をはじめとする奴隷貿易廃止論者たちが、この手の話題を、公に議論するにはあまりにデリケートだ、と考えた可能性はあるし、尻込みしてしまった可能性もある。彼らは、水夫たちを奴隷貿易の犠牲者として、民衆の同情の対象にしようとしており、この実態は計画と食い違ってしまうからである。水夫を、「白い野蛮人」、性の搾取者、連続レイプ犯として描くのは、得策ではなかったのだ。しかし、やはりこれは、奴隷貿易に従事した水夫の実態の一端であった。アフリカ女性の体が楽しみ放題だというのがそもそもの動機で、奴隷船の航海契約をした水夫がいたことも、十分に考えられるのである。トーマス・ボールトンが、『水夫のさよなら、あるいはギニア支度』の中で仄めかしたのも、このことなのである。ボールトンは、水夫集めをしている航海士に、見込みのありそうな男に向かって、サインすれば「かわいいアフリカの女の子」が待っている、と、話させている。ロードアイランドの奴隷船、ワントン船長の《フリー・ラブ》に乗船した現実の水夫は、何を考えただろうか。[40]

奴隷貿易商は、この問題を軽く見せようと最善をつくし、船の「規律がとれて」いれば、乗組員が女性奴隷に乱暴することはない、と強調した。議会の調査委員会の委員の一人が、ロバート・ノリスに次の質問をしている。「白人男性と黒人女性の間に性的関係が生じないよう、何らかの対策はとられているのですか。」ノリスは、短く、船長らしく答えた。「通常、一等航海士から、その旨の命令が出されています。」質問者は、奴隷貿易の擁護派であったので、この答えでは弱すぎると考え、性的暴力の余地はないのだ、と皆に確実に知ってもらえるように、さらに続けた。「かりに、イギリスの水夫が黒人女性に暴力を働いたら、船長により厳罰に処されるのではないですか。」ノリスの答えは次のとおりだ。「もちろん厳しく咎めます。」さらに、ジョン・ノックスが、これに補足として、通常、契約そのものに、航海中に「悪徳」を犯した水夫は一カ月分の賃金を没収される旨が盛り込まれている、と述べた。[41]

貿易商の言い分のとおり、「規律が守られている」ケースもないわけではなかったが、ニュートンによれば（彼の奴隷貿易の知識は早い時期のものによってはいるが）、やはりそれはあまり一般的ではなかったという。乗組員について、彼はこう書いている。「船上では、ある程度彼らを抑制できたし、実際に規律が守られる船もあるにはあった。しかし、そのようなケースが一般的かというと、全くそうではない。」全ては船長にかかっており、もしそうしようと思えば、船長には黒人女性を守る力があった。ニュートンの知己の船長のなかには、自分が適切な規律と考えているものを遵守させていた人々もいた。しかし、そういった人々は間違いなく少数派であった。「船によっては、いや、大方の船がそうだったが、この点に関しては野放しに近かった。」乗組員は、船の仕事さえまともにやっていれば、「他の面では、ほぼ何でもしたいようにできたのだろう」。ウィリアム・レイ師もまた、奴隷貿易の航海中には、「性的乱交」や、野蛮このうえない「淫らな光景」が繰り広げられた、と述べている。道徳が問われることはついぞなかった、と聖職者ふたりは嘆いているのである。[42]

ここには船上の階級問題も絡んでくる。奴隷船での生活にくわしい人々の意見は、航海士らは奴隷女性をいくらでも好きなようにできたが、平水夫たちはそうではなかった、という点で一致しているのである。アレクザンダー・ファルコンブリッジは書いている。「船によっては、平水夫は、同意が得られた黒人女性との性交しか許されていなかった。」一方、航海士は「欲望の赴くままに女たちを楽しむことができたため、時に非道な罪を犯し、人間性を汚した」。リー師もこれに同意している。「船長と航海士は、思うがままに欲望を満たしたが、平水夫は、ニグロ女性を航海の間自分のものにしたければ、同意を取り付けねばならなかった。」このように書いた二人も、何をもって「同意」というのか、立ち止まって考えることはなかった。女性たちには、身を守る術もなく、権利もなかったのである。ニュートンの言葉を使えば、「自分を狙って来た者の無法な欲望の餌食となるしかなく、それを阻止するものもなかったのである」。

　しかし僅かな記録からは、アフリカ人女性が、水夫との間に、ある程度の同意を伴う関係を結んだケースの存在も垣間見える。それはおそらく、最悪の状況を少しでもよくしようとして、女性がとった方法だったのではないだろうか。つまり、他の男たちから身を守るため、一人の男と戦略的な関係を結んだのである。自分の保護者の地位が船の中で高ければ高いほど、確実に守ってもらえるので望ましい。また、水夫はある女性を自分の女と決めると、食べ物を分けてやっただろうから、商人や船長の出費も抑えられた。しかしこのような関係が、船がアメリカの港に着き、奴隷の売買が始まると、悲劇的な結末を迎えることもあった、とリーの記録は示唆している。彼はこう述べている。「ニグロ女性は、売買の時が来て、これまで一緒にいた水夫から引き離されると」、時に「自殺を」しようとすることもあった。「また、船から下ろそうとすると、海に飛び込もうとすることもあった。[43]」

　ジョン・ニュートンが描き出した変化の過程——船長の心の硬化——が、水夫たちにはあまり当てはまらないと考える理由はない。実のところ、その変化は水夫たちのほうにより強く作用したのではないだろうか。というのも、彼らのほうが、航海の間、二カ月から十カ月にわたって、奴隷たちの近くに暮らし、日々、直接に奴隷たちと関わっていたからである。複数の船長が、水夫たちを抑える必要がある、彼らと彼らの管轄である奴隷たちとの関係に介入する必要があるという言葉を残しているのである。ウィリアム・スネルグレイヴは、「奴隷をプランテーションへと運ぶ船上での、水夫による虐待」こそが、切羽詰まった奴隷たちの反乱の原因である、と確信していた。英国海軍のジョン・サミュエル・スミス大佐の証言によれば、一七九一年に、奴隷貿易の水夫を海軍に強制徴募しようとしたが、非常に苦労したという。水夫らは病に罹っており、潰瘍を発症していたので、船の他の乗組員にうつる危険があったのである。結局、徴用できたのは二名だったが、その二名も、「人とは思えぬ残忍な男たちだったので、水夫としては優れていたものの、船から下ろさざるをえなかった」[44]。

死者の名簿

西アフリカの海岸で平水夫たちが遭遇する堡礁は、尋常ならざるものだった。それは病の堡礁で、成分は病原菌。一帯は「白人の墓場」であった。十八世紀に西アフリカへと旅立ったヨーロッパ人は、ほとんどが船乗りであったが、その半数が一年以内に命を落としている。高い死亡率の最大の原因は、マラリアや黄熱病といった、ともに蚊によって媒介される「熱病」であった。船底にたまった汚水は蚊の繁殖にもってこいで、奴隷船のなかでも、この二つの熱病が広まった。他の死因としては、赤痢、天然痘、事故、殺人などが挙げられ、壊血病で死ぬことも時折あった。病気が蔓延し（熱病の免疫はなかった）、労働も日常生活も過酷（きつい労働、粗末な食事、そして無情な規律）であったから、奴隷船の乗組員の死亡率は、往々にして奴隷より高かったのである。もちろん、奴隷とは死因は異なるし、航海の時系列のどこで死亡するかも違ってはいた（海岸停泊中と、航海の早い段階での方が多かった）。また、地域によっても違いがあり、黄金海岸は比較的状況がよいのに対し、ベニン湾やビアフラ湾では死者が続出した。庶民院の委員会が、一七八四年から一七九〇年の間に、ブリストルとリヴァプールから出航した三五〇隻の奴隷船を調査したところ、乗組員の死亡率は二一・六パーセントで、この数は、同時期のトーマス・クラークソンの計算とも、現代の研究結果とも合致している。一七八〇年から一八〇七年までに、英国の奴隷貿易に従事した船乗りのうち、およそ二万人が死亡したことになるのである。アフリカ人の捕囚にとっても、そして水夫にとっても、奴隷船上での数カ月間は、それ自体が生き延びるための闘いであった[45]。

奴隷貿易の歴史は、戦慄の物語で満ちている。乗組員の死亡率は高く、病と死のために船の維持管理がままならず、惨事とまではいかないまでも、失敗に終わる航海も多かった。一七二一年、ある船長は、病に罹った水夫たちを「歩く幽霊」と評している。また世紀の後半、別の船長の航海日誌には、自分の水夫たちの「みじめに憔悴しきった様子」が記されていて、「蘇った死者」を彷彿とさせる、とある。もちろん実際にあるのは大方死のみで、蘇ることはないのである。一七七〇年、ロードアイランドのプロヴィデンスに、デヴィッド・ハリソン船長がガンビア川からの知らせを届けた。それによると《エリザベス》というブリック船で、「乗組員全員」が死亡し、船が幽霊船と化したまま停泊しているというのであった。一七九六年、ボルチモアのクック船長は、「黒人ひとりと少年ひとりをのぞいて、すべての乗組員を失った」。航海を生業とする家族全体がやられることもあった。一八〇一年、ロードアイランド植民地バーリントンのジョサイア・ボーエンがアフリカの海岸で命を落とした際、新聞は、父親はこの五年間で五人の息子を失くした、と伝えたのだった。[46] 評者たちは、奴隷船は、あらゆる種類の致命的な病に苦しむ人々であふれている、と述べ、それを「浮かぶ隔離病棟」とか、「海の隔離病棟」とか呼んだが、彼らは単に奴隷だけを念頭にそう言っていたわけではなかったのである。[47]

ブリストルの貿易商協会に、水夫やその家族らが提出した請願書がある。協会所属の会社の船で五年以上働いた者たちのためのものだが、そこからは負傷者や死者たちの陰惨な肖像が浮かび上がってくる。「重症の壊血病」を病んで、左足の指を失ったジョン・フィールディング。足に潰瘍ができて、右足を切断したベンジャミン・ウィリアムズ。ウィリアム・ヴィクターは両足を骨折。（ヴァージニアで、奴隷の売り立てのために組み立てていた）テントの枠が彼の上に倒れてきたのである。ジョン・スミスとコーネリウス・カラハンは「当時、奴隷の間にはやっていた眼病がうつって、視力を失った」。障害を負った者たちは、それでも幸運なほうだった。主甲板から船倉に落ちて死んだジョン・グレンヴィル。「アフリカ海岸でカヌーが転覆し」行方不明になったリチャード・ルース。ウィリアム・デイヴィスと他六名は、ロングボートの転覆により死亡した。ジェイムズ・ハーディングはアフリカ商人に毒を盛られ、またジョージ・ハンコックは「奴隷の反乱」により殺害されたのだった。[48]

船上の暮らしがあまりに過酷なために、自殺に追い込まれることも稀ではなく、特に船長や航海士からの虐待は自殺につながりやすかった。サイラス・トールドが書き残しているところでは、トーマス・タッカー船長は、コックのジョン・バンディーを、鞭打ったり、ある時は顔をナイフで刺したりして虐待しており、あわれなバンディーは、「絶望して」生きているのが「耐えられなくなった」という。船から身を投げてしまうつもりだ、と仄めかすバンディーを、船の仲間は止めようとしたが、ある朝、午前八時、「海へと飛び込んでしまった」のだった。《ブルース・グローヴ》に乗っていた十五歳の少年、トーマス・ジレットの場合は、航海士に虐待され、「生きているのが嫌になった」と言い残し、まもなく舷から消えた。一七六二年、《ブリトン》に乗船したパディーという名のアイルランド人少年のようなケースもあった。お茶の湯を時間どおりに沸かしそこねたため、航海士から鞭打ちで懲らしめるぞ、と脅され、海に飛び込んで溺れてしまったのである。[49]

乗組員の健康状態は、アフリカの海岸到着から崩れ始め、中間航路を進むにつれ、さらに悪化したが、そのため、まさに字義通りの、生死に関わる矛盾が生じたのだった。つまり、こういうことだ。船に乗ってくる奴隷の数が増えていく、まさにそれに従って、乗組員らは病に倒れ、弱り、死んでいくので、船を航行させ、同時に奴隷反乱を防ぐには、あまりに乏しい人員しか残らない事態となるのである。ある奴隷船に乗船していた人物が、これについて次の観察を残している。「我々は、水夫の死をニグロに知られないようにしていた。遺体は夜中に海に投じた。八人も死んで手薄になったのを見られ、蜂起しようという気を起こされないためだ。残りも、僕を除いては全員体調を崩していて、全員で十二名しかいない。それだけしか残っていないのだ。」このような状況においては、バリカドの利点のひとつが、男性奴隷に甲板の様子が見えず、向こう側でまだ何人が生き残って働いているのか、その数が知られないということであった。[50]

水夫が死んだ時の葬式は、ごく簡素なものであったろう。海の男たちは、仰々しい儀式はまっぴらな「構わない人々」だったから。水夫がアフリカの海岸で亡くなれば、船長は陸地に埋葬してやろうと努めるのが普通だった（たとえば、ボニーの奴隷貿易港には、川岸に水夫のための墓地があった）。海上であれば、遺体をハンモックか、キャンバス地の古い布に包み、錘として砲弾をつけて海に沈めた。けれど、この質素な埋葬さえなかなかできなかったのだ。主に、鮫のためである。鮫たちが、遺体が沈まないうちにバラバラに喰いちぎってしまうのである。このように、墓標もない墓を終の住処とせざるをえないどころか、「海のさかなの餌」となってしまう者たちも多かったのだ。なんとも惨めな命の終わりではないか。[51]

このような男たちが、死後に何かを残すことはまずない。平水夫のジョージ・グローヴァーが、その命を終えたのは、一七八三年、十一月十三日、ピーター・ポター船長の《エセックス》船上で、死因は不明である。ポターは、グローヴァーがこの世に残した僅かな品の目録を作らせた。水夫の慣習に従って、遺品は「マストのところで」船の仲間に売られ、売り上げは夫を失くした妻や家族に届けられるのである。グローヴァーの所持品のなかでもっとも値打ちのあったのは上着で、一三シリング六ペンスで売れた。それからズボンが二本あったが、そのうちの一本は「何の価値もなかった」。他には、シャツが二枚（一枚は格子柄、もう一枚はフランネル製）、靴、長靴下、ズボン下、留め金、かばん、それに役に立たなくなった帽子があった。シャツの片方、靴、帽子は、航海中に船長から高く買ったものだ。結局、グローヴァーの船上での所持品すべてを合わせても、一ポンド半に満たなかったが、この額にしても、実際の価値よりずっと高く見積もられたものであった。残された家族を助けるため、品物の価値より余計に払ってやるのが習わしだったのだ。他の水夫たちにしても、その死後に残したのは、グローヴァーより若干多いか少ないか、といった程度である。「鸚鵡を残して、桶屋が面倒をみていた」というケースもあった[52]。《エセックス》のような船がリヴァプールに戻ってくると、「沈鬱なセレモニー」が執り行われた。出航時の乗組員の家族や友人が船の着く波止場に集まり、船上の誰かが「死者の名簿」を読み上げるのを聞いたのであった[53]。

造反と脱走

一七四九年、黄金海岸沖、《アンテロープ》の船長トーマス・サンダーソンは、水夫たちに甲板に出よ、との命を下した。一部の者たちはこれを拒否。船長に従う者たちは、さらに次の命にも応じ、船内に残った五名を確保した。こうして、エドワード・サトル、マイケル・シンプソン、ジョン・ターナー、ウィリアム・パーキンズ、そしてニコラス・バーンズが、枷につながれた。サンダーソンは、五名を船に置いておきたくなかったため、近くに停泊していた別の商業船に彼らを移した。間もなく、他にも三名の乗組員が、ロングボートを盗んで、脱走した[54]。

サンダーソン船長は困り果てた。というのも、問題は乗組員の造反騒ぎだけではなかったのだ。船倉には相当数の奴隷を拘束していたのに、乗組員の三分の一を失ってしまったのである。そこで船長は、造反した五名をもう一度船に戻したが、彼らはまたも仕事を拒み、今度は、自分らの意図を船長にはっきりとわからせるために、短剣で武装したのだった。サンダーソンは怯まずに、錨を上げろと指示を出した。すると、ジョン・ターナーは、「揚錨機に梃棒を入れて、錨を上げようなんてする奴がいたら、ぶちのめすからな、と脅しにかかったのである」。ここでサンダーソンは、別の奴隷船の船長、ホルムズに救援を要請。船に乗り込んできたホルムズは、乗組員を厳しく責めた。造反者らは、ホルムズに対しても、海に投げこむぞ、と挑んだ。ここに至って、サンダーソンも、もはや乗組員が自分の言うことを聞くとは思ってはならない、と感じたようで、あるオランダ人船長に助けを求め、その船の船員たちがサンダーソンのもとへ派遣された。騒動は抑えられ、造反者は再度枷につながれた。

人手不足のままのアンダーソンは、捕らえた男たちをまた解放した。おそらくは、命令に従うという約束をさせたのだろう。しかし、そんな誓いは、まもなく海岸の霧と化してしまう。造反者たちは、今度は梃棒を振り上げ、サンダーソンに「降伏して、囚人となれ」と迫ったのである。船は乗っ取られ、世界がひっくり返った。サンダーソン、医者、その他数名が鎖に繋がれたが、危害は加えないとの保証はされていた。やがて、造反した水夫らは、船長とその支持者たちを、食料を積んだボートに乗せて、海岸へと送った。敗者たちは、すぐに奴隷船《スピードウェル》のジョゼフ・ベラミー船長に救助され、ベラミーは、仲間の船長の窮地を救うべく動いた。彼はすぐさま《アンテロープ》の後を追ったのである。造反者たちは、結局はまた捕らえられ、三度、枷につながれることとなったのだった。

船の奪還後、サンダーソンが船に戻って発見したのは、多数の空の酒瓶だけではなかった。それよりずっと不穏だったのは、火薬が用意されていたことだった（自衛のためだったのか、船の破壊のためだったのか、それについては、サンダーソンは語っていない）。また貴重な積み荷、つまり「インドもの」（木綿生地）が開けられて、「船の女奴隷に」配られていたこともわかった。誰かが、鎖につながれた男たちに、船をどうするつもりだったのかと聞くと、なかの一人、おそらく「ターナー船長」（そう呼ばれていたようだ）が、次のように答えた。「ブラジルに行こうという者もいたし、ユースタティウス島で、彼らを下ろそうという者もいた。」彼ら、というのは船倉の奴隷のことである。造反は、束の間の解放にすぎなかった。

医者つきの航海士、ウィリアム・スティールの裁判での証言で、造反の原因が明らかになった。まずなんといっても、サンダーソンは海の慣習をないがしろにしたではないか、というのが複数の水夫の言い分だった。水夫たちの一番の不満の種は、彼らの当然の権利、グロッグ酒を飲ませなかったことであった。二名の水夫が、「他の船では、船長が水夫たちに強い酒をふるまうのが普通であるのに、そうしない」サンダーソンに不満を持ち、自分らで事を解決することにしたのである。二名は、貯蔵庫に侵入。酒を見つけて酒精で精神をリフレッシュ、酔ったあげくに、サンダーソン船長と喧嘩沙汰となった。次に原因として挙がったのは、「船長の振る舞いのおかげで、船での生活はつらく、日々不安だった」というものだが、水夫たちは明らかに暴力を振るわれていたと思われる。サンダーソンから、ギニア海岸沿いにさらに東へと進むと言い渡されるに及んでは、「甲板から」大変な「不満の声」が上がった。水夫らが「言うには、航海の前半、船長からひどい扱いを受けてきたため、東の風上へ行くという命令には従えなかったそうだ。他の船から遠く離れれば、もっとひどい目にあわされる、と考えたのだった」。他の船というのは、同じ地域で貿易に従事していた船のことだ。一隻だけになれば、船長の暴君ぶりがエスカレートするだろう、というのである。三番目の理由は、より具体的（おそらく第二の理由を具体的に説明するものだろう）で、船長が甲板長に加えた殴打だった。この時は、乗組員数名が「じいさんを殴るなんで（甲板長はかなりの年配であった）」、と船長に抗議した。その結果、怒鳴り合いとなり、乗組員は船長に「悪口雑言」を浴びせた。この衝突が起こったのが、おそらく最初のストライキの前夜のこと、その時点で我慢の限界を越えていたのだろう。(55)

他の事例と比較してみると、怪我もせずに生き延びたサンダーソン船長は、運がよかったといえるだろう。(56) 一七二一年、《エンデヴァー》のジョン・ロー船長は、造反者たちによって鞭打ちを受けたし、むごたらしく殺された船長も少なくない。その原因は、通常《アンテロープ》と同じであった。(57) 一七一九年、《アビントン》の造反者の一人は、「くそったれが。生きててもこんななら、縛り首になったほうがましだ」(58)と、自分たちの労働環境を、そう表現した。一七三四年、《バクストン》の水夫らは、ジェイムズ・ビアード船長の首を斧ではねた。事が終わった後、平水夫の一人、トーマス・ウィリアムズは安堵のため息をついて、次のように言ったという。「ついにやったぞ。もっと前にやっておけばよかった」と。それから二年以上も後のことだが、《パール・ギャリー》では、神経戦が繰り広げられていた。ユースタス・ハードウィック船長とその支持者たちに対し、憤懣やるかたない水夫たちは、ビアード船長の運命を覚えているか、と尋ね、同じことがまた起こるぞ、と脅しをかけたのだった。(59) さらには一七三七年、《テュークスベリー》では、水夫のなかの「若い者ら」が船長の顔に斧をぶちこんで、海に放り投げた。造反者のひとり、ジョン・ケネリーは「まともにラムをもらわないとな」と言い放ち、ジョン・リアーデンは、これで船長も「俺たち六人に手は出せねえな」と得意気であった。彼らは捕まって、ケープ・コースト城塞に連行され、そこで裁判にかけられて、刑を言い渡された。反逆者のうち二名は、貿易商たちのもとでの七年の年季奉公となり、他の五名は要塞の海門にて絞首刑に処せられた。(60)

造反者から海賊に転じるケースもあり、特に一七一〇年代、二〇年代には、「ブラック・バート」ロバーツのような奴隷貿易の水夫あがりが、あちこちの海に出没しては、強奪を繰り返して、大西洋の貿易システムに揺さぶりをかけた。海賊に対しては、残忍な処刑をもって臨み、海軍のパトロールをさらに強化するという、血を血で洗う撲滅作戦が展開されてきたものの、それでもアフリカの海岸地域では、反逆者から海賊に転じる者が時折現れるのであった。一七六六年、アノマブの奴隷貿易港の役人から、貿易商たちへ次のような通告が出されている。「海岸地域は海賊の巣窟となっているが、なかでも、ハイドという頭が率いる、銅張りのスクーナー船は、乗員三四名、回転砲や小火器で抜かりなく武装している」彼らは、一二隻から一四隻の小型船を乗っ取り、「一二〇〇ポンド相当の貨物、五〇オンスの砂金を船に積んでいる。」一七六九年、《ブラック・プリンス》で反乱を成功させた水夫たちは、「黒旗を掲げ」、船名を《リバティー》と変えたのだった。(61)

水夫らは、反乱を起こしたり、海賊に転じたりに加え、別のかたちでも抵抗を示した。最も一般的だったのが、逃亡である。エマ・クリストファーによれば、アフリカの海岸地域では、逃亡は茶飯事であったという。しかし、水夫にしろ、奴隷にしろ、船から逃げたところで自由の身となるのは難しかった。逃亡者は、ほとんどの場合、アフリカ人奴隷商人や彼らの協力者たちに捕らえられ、船長のもとへと連れ戻されたのである（手数料が支払われていた）。また、西アフリカの海では、船の回りを鮫がゆっくりと回遊していたから、逃げたいと思ってもなかなか実行はできなかった。とはいえ、船長という怪物から逃れ、新たな怪物と戦おうと決断する者も、やはりいたのである。逃亡に歯止めをかけたもう一つの要因は、水夫たち自身の判断である。ある水夫の法廷での証言によれば、ボニーで、仲間と一緒に船長から「逃げるつもりだったが」、「人食い人種が住む蛮地」(62)だったので、逃げるのは止めたというのである。

航海の終わり

奴隷船の水夫にとって、航海の終わりは次の四つのいずれかである。死。抵抗（逃亡あるいは造反であるが、その結果は、自由の身になる場合から絞首刑となる場合まで様々であった）。中間航路の後、荷下ろし港で合法的にであれ、違法にであれ雇い止め。あるいは、出航した港に戻っての雇用終了。

中間航路が終わると、船長の多くがある問題を抱えることになる。たとえば、三五〇名の奴隷を運ぶのに三五名の乗員を必要とする二〇〇トンの船の場合、奴隷を下ろし、出航した港へ積み荷の砂糖を運ぶだけであれば、一六名の乗員で足りるのである。さらに安上がりにしようと思えば、もっと少ない人数でも間にあったし、実際にそう選択する船長も多かった。それでは、突然、人数過剰となった乗組員はどうなるのか。すでに死亡した者もいれば、船長や船の暮らしはもうたくさんだと、相当の賃金を放棄してでも、喜んで船を棄てる者もいる。しかし、船員の多くは、苦労して稼いだ金をふいにしたくはなかったし、出て来た港に戻り、家族のもとへ、自分の故郷へ帰りたいと望んだ。そこで、奴隷船の船長は、余剰人員対策として、ある作戦に出るのであった。(63)

中間航路が終わりに近づき、（売却に備えて）奴隷の待遇がよくなってくる頃になると、船長は、乗組員たち、あるいはその一部に対して、極めて過酷な扱いを始める。港に到着したら、その中から脱走者が出れば好都合だと考え、我慢の限界まで苛め抜くのだった。船長全員ではないにしろ、慣行として知られるほど、相当数の者がこのようなことをしていたのである。あの海軍の英雄、イギリス帝国の救世主、「バス最高勲位ナイト、白色艦隊大将にしてイングランド海軍中将」のロドニー卿自らが、一七九〇年、奴隷船について、国会で次のように証言している。西インドにおいて、「奴隷船の船長の多くが、乗組員を厄介払いしようとして、彼らに過酷な扱いをしているものと思われる[64]」。

これは計画的な行動であり、実際、航海が終わる前に余剰の乗組員を処分するよう、貿易商がはっきりと指示を出すこともあった。一七八四年、マイルズ・バーバーはジェイムズ・ペニー船長に、次のように書き送っている。「もし可能なら、セントキッツか、セント・トーマスで、外国人の船員を二、三名雇い、現在の乗組員で使い物にならない者たちは下船させてほしい。」バーバーは、これが違法であることは承知していたので、航海士たちに「このことを口にしないように」命じるよう、ペニー船長へ助言をしている。水夫をお払い箱にするようにとの、貿易商からの言葉がない場合にも、船長たちは仕事の慣例として、そのように動いた。フランシス・ポープ船長は、一七四〇年、エイブラハム・レッドウッドというロードアイランドの貿易商に宛てた手紙に、「乗員の数はなるべく少なくするつもりです。あなたの利益になりますから」、と書いている。人件費を切り詰めれば、航海がそれだけ増益となるというのは、奴隷貿易推進派のシェフィールド卿でさえも、認めざるをえなかった事実であった。しかし、もちろんそれ以外の理由もあったようだ。奴隷船での過酷な労働と、いつ爆発するかもしれない緊張を考えれば、船長が反抗的な「無法者」を船から下ろしたいと思ったとしてもおかしくはない。また、もう一つ計算に入れられたのは、乗組員のかなりの数が、場合によってはその大多数が、奴隷を運び終えた頃には、もはや船の仕事ができないほど健康状態が悪くなっているという事情であった。マラリア、眼炎、「ギニア虫」（通常は足に寄生して、かなりの大きさになる寄生虫）、そして、特に「いちご腫」という、伝染性のアフリカの皮膚病をはじめとする、様々な潰瘍などに、やられていたのであった[65]。

病に冒された水夫らは、見るも哀れな様で、西インドに到着する。ヘンリー・エリソンという水夫が、バルバドスで目にしたのは、「困窮した奴隷船の乗組員であった。生活必需品にも事欠き、脚は潰瘍でやられ、チックル（チガーズ）に喰われ、指の腐食が進んでいる。助けてくれる者も、宿を貸してくれる者もいない」ジャマイカでも、港の人間模様は似たようなもので、船乗りたちが、「波止場その他の場所に、潰瘍だらけで、為す術もなく横たわっていた」彼らは「膝のお皿から足首まで」潰瘍にやられており、そんな状態では乗せてくれる船もない。この哀れな者たちのなかには、エリソンの知り合いもいた。彼らは「ひどい扱いを受けたあげく」、賃金ももらえず放り出されたのであった。エリソンは自分の船から、彼らのもとに食料を運んでやった。この人々には、様々な名前がついていて、「波止場の主」とか、「ゴミ船親方」とか、または港がないところでは、「浜の骨細工師」とか呼ばれていた。波止場にころがる空の砂糖樽に這いずり込んで、そこを終の住処とすることもあった[66]。

こういった水夫たちは、健康を損なっているために満額で売れない「くず奴隷」に相当するが、違う点がひとつある。当然ながら、「白人」は売ることができなかったのだ。ということは、つまり、この尾羽打枯らした水夫たちは、誰にとっても何の価値もなく、これまで数カ月にわたって彼らを働かせてきた者たちにとっては、マイナスでしかなかったのである。売れはしないが、棄てることなら、無理やり船から下ろすことなら可能だった。奴隷が届けられたアメリカスの港の波止場には、ほぼ例外なく、乞食となった、貧しい、病んだ水夫たちの姿があったのである。

これは大きな問題となり、様々な植民地や港湾都市の自治体が対策を講じ、水夫専門の病院を建てるところもあった。バルバドスのブリッジ・タウンの救貧院は、奴隷船の水夫でいっぱいだった。ドミニカやグレナダの浜や波止場にも、彼らの姿があった。一七八四年、チャールストンで出された報告書によると、「アフリカ船に乗っていた水夫六〇名以上が、この町に遺棄された。多くは亡くなり、市の経費で埋葬された」という。ジャマイカでは、すでに一七五九年に、「損傷を受け」、障害を負った水夫に対処するための法律が作られ、後年さらに更新された。一七九一年には、「キングストンの病院に収容されている患者の多くが、奴隷船の船乗りである」との記録が残されている。「足が不自由で、潰瘍に冒された、病んだ船乗り」が遺棄されるのは、「キングストンにとって」大変な「迷惑で、経費もかかるので」、ジャマイカ議会は船主が病人を港に置いていかないよう、保証金を払わせる法律を通したのであった[67]。

自身も波止場の主となった経験を持つ二人の船乗りが、自分たちの窮状を次のように語っている。ウィリアム・バタワースは、甲板への昇降口から落ちて足を切断したが、ジャマイカに着くと、船長の命令で船から下ろされた、という。「衰弱し、不具の身となり、そしてほとんど金もなく、見知らぬ場所で、流浪するはめになってしまった」と、その時の思いを綴っている。ジェイムズ・タウンも同じような状況に陥ったことがある。「サウスカロライナのチャールズタウンに、他の二名とともに、取り残されてしまった。金もなく、友人もいなかった。二人はそこで死んだ。」[68]

リヴァプール、一七七五年の暴動

水夫たちは、ちょうど《ダービー》の艤装を終え、船はアンゴラそしてジャマイカへの航海へと、船出を待つばかりとなった。ルーク・マン船長が彼らを雇い入れたのは一カ月前、月三〇シリングの約束だった。しかし、八月二十五日の今になって、二〇シリングしか払わない、「他にいくらでも替わりはいるから」と言い出した。港には、仕事にあぶれた者たちがいくらでもいたのである。決定を下したのは船主で、特に地元のトーマス・イエイツの指示であったようだ。《ダービー》の乗組員は激怒した。すぐさま、艤装をぶった切り、グルグルにからまった縄の山を主甲板のうえに投げ出した。[69]

巡査が呼ばれ、九人の水夫が逮捕された。彼らは治安判事のもとに連行されて、牢獄に放り込まれた。そうこうするうちに、水夫たちの実力行使と投獄の話は波止場をかけめぐり、二千とも三千ともいわれる数（数には諸説ある）の水夫が、梃棒や梶棒――水夫が暴徒と化す際の昔からの武器だ――を手にして立ち上がり、仲間の男の解放を求めてウォーター通りのオールド・タワーまで行進を始めた。水夫たちは牢屋の事務所の窓を割り、内部に侵入。そこで書類や記録類を破壊した。看守は条件つきで降伏し、八名を解放、これで試練が終わってくれれば、と切に願ったのだった。暴徒らは歓声を上げ、解放された仲間を連れ去るも、一人仲間を後に残してきたことに気づき、とって返した。その男を発見して、解放し、また、暴徒らに協力したとして捕まっていた女ひとりも自由の身にしてやった。その後、水夫らは深夜まで波止場を練り歩き、勝利の喜びを声高く叫んでは、住民を恐怖で戦慄させた。そうして、すぐに、波止場に停泊していた船の艤装を、可能な限り、切って回りはじめたのである。[70]

《ダービー》上での仕事をめぐる実力行使からはじまった事件は、ストライキに、そしてついには都市の動乱へと発展する。八月二十六日、二十七日の、土日は静かであったが、しかし貿易商たちの賃金カットの動きが続いているのに刺激された水夫らは、両日ともに、ひそかに波止場じゅうの船の艤装を切り、マストを下ろして回った。かくして、活力溢れる港町の船は航行不能に陥ったのである。月曜の朝早く、水夫らは船から船を回り、ストライキへの参加を呼びかけた。拒む者は、無理やり船から下ろされた。その様子を、水夫のトーマス・コケットが次のように説明している。「男たちは全ての船に乗り来んで、全員を連れていった。」ストライキは拡大し、港からいつもの賑わいは消え失せた。その後、水夫たちは、街を見下ろす本拠地、ノース・レイディーズ・ウォークに集結、貿易取引所に赴き、貿易商たちに賃金についての苦情を提出して、是正を要求しようとの決定を下した。男たちは怒りに燃えてはいたが、穏やかに事を進めるつもりで、丸腰で出かけて行った。しかし上手くいかなかった。取引所を後にする際、おそらく誰かが、翌日戻ってきて、取引所をぶち壊すと脅したのだろう。貿易商たちは、この脅しの言葉に震え上がった。再度の、そして今度はより暴力的な対立を怖れ、彼らは取引所の鎧戸を下ろし、周りにバリケードをめぐらせた。また、防衛のための人を募り、志願して来た者たちに武器を与えた。なかには「非常に優れた」紳士もいたという。さらに、建物を守るため、金を払って一二〇名の人員も雇ったのだった[71]。

八月二十九日、火曜の正午、さらに数を増した水夫たちが、今回は「叫び、歓声をあげながら」対決姿勢で戻ってきた。まだ交渉で事態を打開するのに異存はなかったのだが、またもや苦情は聞き入れられなかった。徐々に不安を募らせる当局は、暴動条例を読み上げて、解散を要請。水夫らはこれを拒否して、取引所の周りをぐるりと取り囲み、さらに脅しをかけた。窓に向かって、棒やレンガを投げる者も出始めた。ジョン・フィッシャーという水夫が、堂々たる建物のガラスを火かき棒でぶち割った。緊張が高まるなか、取引所のなかから、抗議の群衆に向かって誰かが発砲した。貿易商のトーマス・ラドクリフか、波止場監視人のトーマス・エリスであったろうと思われる。これに続いて、次々と銃声がとどろき、数名の水夫が銃弾に倒れた。居合わせた目撃者は、「負傷者の叫びと呻きにぞっとした」と回想している。現場は混乱を極め、どのぐらいの被害が出ているのか、誰にも正確にはわからない。少なく見積もって二人、多く見積もれば七人の水夫が命を落とし、負傷者は最小で一五名、最大で四〇名というところだろうか。銃撃の後、誰もがわかっていたのは、水夫たちは必ず反撃に出るということだった。家々は鎧戸を閉め、人々は自分の身を守る用意をした。金持ちたちは、貴重品を隠し、子どもたちを家から避難させた。奴隷貿易商のトーマス・スタニフォースは、銀器を干し草置き場に隠したという[72]。

水曜の朝には、一〇〇〇人にも上る水夫が街に繰り出した。帽子には赤いリボンを巻いていた。銃器店や武器倉庫に押し入り、一カ所からはマスケット銃を三〇〇挺、別のところからは火薬、さらに三番目のところからラッパ銃とピストルを奪った。しかし、彼らの計画では、こんな武器の数では足りなかった。そこで、馬をどこかから調達して、波止場に連れていき、その馬を使って船の大砲を丘のうえへと運び上げ、取引所に狙いを定めたのである[73]。まもなく、街の石畳の通りには「剣と大砲のとどろき」が響き渡った。ジョージ・オリヴァーを先頭に、水夫たちの大集団が行進していく。オリヴァーが掲げる「血染めの旗」は、譲歩の余地はない、手加減はしないとのメッセージであった。最後まで闘い抜くつもりなのだった。正午には、デイル通りと、カースル通りに大砲が据えられ、これで戦略十分、取引所を南北両方向から狙えるようになった。その後、水夫たちは「一日の大半を」費やして、大砲と銃で、その建物に砲火を浴びせたのである。「ガチョウを狙え」との叫び声が響いた。怒りに燃える男たちは、「リヴァー鳥」の石像に大砲やマスケット銃の狙いを定める。鳥は、リヴァプールという強大な自治体の、そして町そのものの象徴でもあった。その石像が粉砕されたのだ。次々と浴びせられる砲火の衝撃はあまりに激しく、「界隈の建物には、ほとんど窓ガラスが残っていなかった」。爆撃は絶え間なく続き、やがて取引所は包囲されたも同然の状態になった。ある報告によると、さらに四名の死者が出たという。[74]

権力、ビジネス、特権の中枢部に、弾丸が雨あられと降るなか、街は恐怖に包まれた。商人たちは通りの角に立ちつくし、「顔に恐怖の色を滲ませて」、攻撃を眺めていた。ある人物が驚くべき率直さで次のように書いている。「僕が臆病者だというのは、それは本当だ。だが、これには誰だって怖じ気づくと思う。」町の実力者たちは、自分たちでは水夫の怒りから町を守るのは不可能だと悟り、救援を要請した。二人の紳士がマンチェスターに急行、すぐさま軍隊に来てもらわなければ、「リヴァプールは灰と化し、住民はみな殺しにされる」と説明したのである。もちろんこれは、ペンブルック卿率いる英国竜騎兵隊を動かすための誇張であった。町を統治する側が守りの態勢を整えるなか、水夫らはまた新たな攻撃を拡大させていった。午後の後半は、家々を回り、取引所で殺害された仲間の埋葬に使いたい、と、場合によっては銃口を向けて、金を「請求」しては、財産のある人々を恐怖におののかせたのだ。また他の一団は、隊列を組み、太鼓を打ち鳴らし、旗を振りながら、狙いを定めた奴隷貿易商の家へと行進した。目撃者のひとりが次のように述べている。「彼らは「船旗を振って行進していた。相当数の水夫が、ラッパ銃、マスケット銃などの火器、その他様々な武器を手にしていた。[75]」

彼らが最初に向かった貿易商は、トーマス・ラドクリフである。一昨日、最初の一発を撃った人物だと思われていた。住まいは、取引所の北東、ホワイトチャペルのフロッグ・レインである。その家に到着すると、一団が内部へと侵入、ラドクリフの家財を通りに投げ出し始めた。目撃者によれば、彼らは高価な家具を外に持ち出し、たたき壊していたとのことである。タンスの引き出しは引き抜かれ、ぎっしりつまった高級素材の服は、「ビリビリに引き裂かれた」。陶磁器は叩き割られ、羊皮紙の書類は破られた。「羽毛のベッド、枕、その他が投げ出され、引き裂かれ、中身の羽毛が宙に舞った。」使用人用のベッドには、羽毛ではなく、まぐさが詰められていた。これは驚きの発見であり、リヴァプールの底辺の人々にとって、忘れられない屈辱であった。もちろん、全てが破壊されたわけではない。暴徒のなかの女性たち、水夫の「あばずれ」と呼ばれていた女性たちが、持ち去ったものもあった。(76)

次の目的地はレインフォード・ガーデン、ウィリアム・ジェイムズの家である。ジェイムズは、アフリカ貿易商の重鎮のひとりで、一時期は二九隻もの奴隷貿易船を所有していた。彼はなぜか前もって群衆が何をするつもりか知っていたようで、貴重品はすでに地方の屋敷に運び出していた。攻撃に備えて家の守りも固めていたが、こちらは努力も空しかった。水夫のひとりが、鎧戸を打ち壊し、窓を割り、群衆に呼びかけた。「行くぞ! 家をぶっこわせ。」家にまだ誰かがいて、抵抗した場合に備えて、ジョゼフ・ブラックをはじめとする面々が、建物に向かって銃の狙いを定めた。海の男たちが家に突入すると、家具(ベッド、椅子、机)、寝具、衣服、真鍮製品、陶磁器、銀のスプーンなどが通りへと投げ出された。ここでもまた、金という特権は足蹴にされ、通りにぶち撒かれたのである。損害は一〇〇〇ポンド(二〇〇七年のドル換算で一七万七〇〇〇ドル)以上に上った。暴徒らは、他に二つのものを見つけた――ひとつは、ワインとラムのつまったセラー、これを壊さないことについては誰もが大賛成であった。もうひとつは、大型振り子時計の中の「小さな黒人の男の子」で、そこに隠れていたのだった。もちろん、無傷で放免された。(77)

さらに二人の貿易商の家が襲われたが、こちらはさほど壊滅的な目にはあわなかったようだ。ひとりは、《ダービー》(事の発端となった船だ)の所有者、トーマス・イエイツで、クリーヴランド・スクエアーに住んでいた。もうひとりは、ジョン・シモンズで、彼の家はセントポール・スクエアーにあった。襲われた四軒とも、水夫らが家に着いたときには、貿易商たちはすでに家にはいなかった。貿易商のトーマス・ミドルトンによれば、もし在宅していれば殺されていただろう、とのことである。水夫たちは、「奴隷貿易商全員のところに行くぞ」と不吉な予告を出していた。「大胆不敵に、怒り」の鉄槌を振るい続ける決意だったのだ。(78)

今こそ積年の恨みをはらす時だった。相手は貿易商だけではなかった。奴隷船の船長、ヘンリー・ビリンジの次のような証言もある。「この人は奴隷船の船長よ、とある女が言い、それを聞いた」水夫のトーマス・ピアソンに、棍棒で殴られた、というのだ。《ベニン》のトーマス・ブランデル船長は、暴徒となった水夫の一団を見て、彼らと「出くわさないように、ハノーヴァー通りへと方角を変えた」。《フェレット》のアントニー・テイラー船長は、「命をもらう、と暴徒から脅されていたので、表に出るのが怖くて」、身を隠した。しかし、ある目撃者は、恐怖におののきながらも、次のように認めざるをえなかった。「暴徒たちは、恨みを抱く相手以外は、誰に対しても丁寧だった。」[79]

木曜の朝、貿易商たちはオリーブの枝を振り、ノース・レイディーズ・ウォークに交渉のための代表を派遣し、この抗議を止めれば仕事をやる、と提案した。水夫らは、しかし死者の埋葬に忙しく、提案に耳を傾ける余裕などなかった。そのような中でも代表は、蜂起のリーダーであるロンドン出身の水夫ジョージ・ヒルと、ごくわずかな時間であるが、どうにか言葉を交わしたようだ。ヒルは船の砲手であったと思われる。さも大事そうに自分の大砲の話をして、それを「古女房」と呼んでいた。彼は訪問者たちに、提案に興味はない、「自分は水夫だから鋤の使い方はわからない」と告げた。自分たちには、なんといっても、まだやり残した仕事がある、と感じていたのだ。「取引所をぶち壊すまでは満足できない、それ以外に気が収まらない」と、「罵りの言葉を浴びせた」。仲間をきちんと埋葬し終えると、水夫たちは、さらに大きな大砲を取引所に向けて据えた。「なんとしても、粉々にしてやるつもりだ。」この言葉を聞いて、貿易商たちから派遣された一団はその場を去った。[80]

一方、ペンブルック卿の連隊は、雨のなか、夜を徹してマンチェスターからの行軍を続けた。連隊に同行した人物によれば、リヴァプールに着いたのは木曜の午後四時ごろ、町の「堅気の」人々が鎧戸を下ろした窓の向こうから覗き見ていて、まもなく、彼らの到着を歓声をあげて歓迎した、という。水夫たちは、最後の決着をつけるために集結していた。しかし、騎兵隊によって、あっという間に隊を崩され、混乱のなか退却を余儀なくされた。連隊は五〇名を捕まえ、ランカスターの牢獄に投獄。金曜の朝までに、暴動は収まった。後に竜騎兵隊は、「町と海運業を、迫り来る破壊から救った」と喝采を受けた。しかし、水夫たちは、全ての船、船長、貿易商を襲ったわけではない。そうではなくて、奴隷貿易に関係する者たちだけを攻撃したのだった。[81]

踊る水夫、ふたたび

ところであの踊っていた水夫は、リヴァプールの暴動に参加したのだろうか。「騒動」が始まろうとしている頃、彼はすでに「お偉方」を罵っていたし、自分は誰にも指図は受けない、と胸を張っていた。この男が仲間の水夫とともに、階級の憎しみを剝き出しにしているところ――艤装を断ち切り、取引所に大砲の弾をぶち込み、憎っくき奴隷貿易商の高級家財を壊しては、通りにぶちまける――は、想像に難くない。彼も、「ストライキ」と呼ばれる近代の実力行使の創造に加わっていたかもしれない。この言葉は、船の帆を「ストライク」する、つまり、降ろす、という水夫たちの戦闘的な行為に対して、まさにこの歴史的瞬間に、使用されるようになったのである。この男もまた、蜂起に力を貸したのかもしれない。それは十八世紀も終わりの大西洋世界最大の都市蜂起のひとつにして、立ち上がった人々が、経済を牛耳る者たちと自治体に対し大砲を使用した数少ない例のひとつであった。

それとも、この水夫は、別の行動をとって、バイオリンで踊り明かした次の日、船長と船医に会い、奴隷船に、「巨大な機械」に乗り込む契約をしたのだろうか。船に乗ったとしたら、そこで彼は、重なりあいつつも、相入れない二つのコミュニティーに身を置いたことだろう。ひとつは垂直の、そしてもうひとつは水平の人間関係である。第一のものは、労働ヒエラルキーの頂上から底辺まで、全乗組員を結ぶ、経済活動上の企業共同体、「我らみな、この船のうえ」という言い回しに要約される関係だ。第二のものは、階級の共同体で、ここでの彼は、ほかの平水夫とともに、船長や航海士らとは、対抗関係にある（二等航海士やその他の熟練労働者らは、中間的存在だが、通常、二極のどちらかに傾いている）。アフリカへと向かう行きの航海が始まると、船長はいや増す権力でもって水夫たちを服従させる。この期間に、緊張が走り、船上の世界での主要な対抗関係が生じるのは、主に高級船員と水夫たちとの関係においてであった。

船がアフリカの海岸に到着し、多数の奴隷が乗船してくると、全てが変わる。今や、水夫たちは、アフリカの捕囚たちの強制ダンスを見張る立場となるのである。水夫は、看守ともなり、何百という数のアフリカ人を、彼らの意に反し、暴力をもって閉じ込めておく役目を果たす。どのような事情で船に乗ることになったのかとか、どれほど船長を憎んでいたかとかは、突如としてどうでもよいことになるのである。出港した港で、あるいは往きの航海中に生じた対立も、忘れさられていく。恐怖という名の新たな社会の接着剤が、船長から雑用係の小僧まで、乗組員すべてを結びつけるのだ。自分たちより、はるかに数が多く、潜在的に強大な力を持つ船上の捕囚に対し、一致団結して警戒し、事にあたり、協力しあわねばならない。そこに全員の命がかかっているのである。水夫と船長との距離が縮まるにつれ、企業共同体はより堅固になり、階級共同体は、姿を消すわけではないものの、弱体化していく。より深い対立が船を支配し、それとともに新しい戒律が導入される。それは「人種」と呼ばれることとなる。

また、水夫の個々の文化背景や民族の意味も薄れていく。船上、そしてアフリカの海岸においては、「巨大な機械」が、人種というカテゴリーとアイデンティティの産出を助長し、水夫はみな「白人」となるからだ。船の乗組員は、実際には混成で、「有色」人種で「明らかに白人でない」人々も含まれていたのだが、それでも彼らは「白人」と呼ばれた。それが、アフリカ人であれ、ヨーロッパ人であれ、奴隷貿易にかかわるすべての者にとっての習わしであったのだ。「白人」という身分は、奴隷労働市場に売られはしないという保証であり、それによって水夫は、貿易商と彼の資本のため、奴隷を暴力で服従させる者となるのである。ウィリアム・スネルグレイヴの指摘どおり、「面倒を起こすな、白人に逆らうな」というのが、奴隷船の教訓であった。さもなければ、「厳しい罰」が、場合によっては処刑が待っているのである。しかし、このような身分だからといって、水夫自身が、船長や航海士からの暴力や懲罰を受けないという保証にはならなかったし、船上でのその他の待遇を保証されていたわけでもなかった。(82)

船上で最初に生じる、船長と乗組員との間の対抗関係は、アフリカの海岸および中間航路の間は二次的なものとなる。そこで水夫たちは「白さの報酬」を手にし始めるのだが、しかし新たな状況への不満も出てくるのである。船上では、奴隷たちのほうが自分らよりよい扱いを受けている——これが自分たちに都合よく表現され、必ずしも真実とはいえないものであることは、強調しておかねばならない——と、水夫たちは苦々しい不満を口にしている。寝床についても同様であった。アフリカ人捕囚が船に積まれると、自分たちは寝る場所がなくなるというのである。健康管理にも不満があった。一七八八年から八九年にかけて、ウィンドワード海岸に停泊していた奴隷船《アルビオン》のある水夫が、軍艦《アドヴェンチャー》に乗船してきて、奴隷船の「医者は、自分は奴隷の世話をするだけの報酬しかもらっていないのだから、と言って、船乗りが病気になっても診てくれない」と申し立てたこともあった。最も大きな不満の声があがったのは、食べ物についてであった。奴隷の食べ物のほうが、新鮮で、量も多かったのだが、サミュエル・ロビンソンによると、もし水夫が、「奴隷に食事を配りながら、自分も一口頂戴しているのを見つかれば」、厳しく罰せられたという。時には、「奴隷に食糧を分けてくれ、と、懇願しなければならなかった」と苦境を語った水夫もいる。いわゆる自由の身の労働者たちの扱いは、奴隷以下であったというのだ。奴隷たちは、利益を生む貴重な財産であり、貿易商にとっても船長にとっても、奴隷のほうがよほど重要だった。さらに中間航路においてさえ、航海も終盤となり、水夫たちがいなくてもよい余剰労働力となると、彼らの「白い肌の特権」がひっくり返されることもあったのである。彼らは、虐待され、船から降ろされ、たいていは病で衰弱した状態で置き去りにされ、助けてくれる者さえなかった。すさまじい階級の復活である。[83]

水夫は、自分たちより大きく、そして重要な、二人の踊り手に挟まれた、第三の登場人物であった。片方には、貿易商とその資本、そしてそれらが属する階級、もう片方にはアフリカ人捕囚とその労働力、そして奴隷たちが属することになる形成過程の階級があった。水夫たちは、中間的な立場を維持し、危険な労働の現場で自分たちの搾取に歯止めをかけるべく闘った。一七七五年のリヴァプールの例のように、賃金カットに抗議したこともある。しかし、奴隷貿易そのものに反対して打って出ることはなかった。水夫たちの抗議は、システム内部での、よりよい賃金を求めてのものだった。水夫がラディカルに動き、連帯精神を実行に移すといっても、そこが越えられぬ限界であったのだ。[84]その矛盾に満ちた立場をよく表す悲劇が、一七六三年、ギニア海岸から北アメリカに到着した奴隷船の船上で起こった。悲劇の主人公は、酒に酔っていたし、おそらく正気ではなかったと思われる。ある水夫が「泥酔して、服を脱ぎ始め、奴隷たちに分け与えた。それから、両腕でニグロの男の子を抱え、こう言った。「これから俺にも召使ができるんだ」そして、その子とともに川に飛び込み、二人とも溺れ死んでしまった。[85]」

第九章　捕囚から船友へ

その男は食事を拒み続けていた。ずっと具合が悪く、「骨と皮だけに」なってしまっていた。自ら命を絶つ決断をしたのは明らかだった。ティモシー・タッカー船長は怒りに駆られるとともに、船上の二〇〇名余の捕囚たちが、この男の例に続くのではないかと怖れてもいた。一七二七年、バルバドスへ向かって大西洋を横断していた《ロイヤル・ジョージ》上での出来事である。船長は、黒人のキャビンボーイのロビンに、鞭を持ってこいと命じた。九尾猫鞭ではなく、もっと大きな鞭、馬用の鞭である。船長はその男を縛りあげ、鞭打った。その船に見習い水夫として乗船していたサイラス・トールドは、後年この男について語り、「首から足首まで全身傷だらけで、血まみれだった」と、述べている。男は鞭打たれながらも、抵抗もせず、一言も発さなかった。これが船長のさらなる怒りを買い、船長は男の故郷の言葉で、「ティケラヴーするぞ」、つまり、殺すぞ、と脅した。それに対して、男は「アドーマ」、そうすればいい、と答えた。(1)

船長は、「見る者の胸もつぶれるほどの苦痛に喘ぐ」男をその場に残し、食事をしに立ち去った。トールドは思った。そのがっつきぶりといったら、「ブタのようだ」と。タッカー船長は食事を済ませると、また男を懲らしめにかかった。今回は、もう一人のキャビンボーイ、ジョン・ラッドを呼びつけ、船室から弾を込めたピストルを二挺持ってこさせた。それからタッカー船長とジョン・ラッドは主甲板へ向かい、ハンガーストライキを続ける、名前もわからぬ男に近づいていく。男は、左舷の船縁《ふなべり》に背中を預け座っていた。タッカーは「にたり、と残忍な笑み」を浮かべ、男にピストルを向け、食べないなら殺すぞ、と繰り返した。男は前回と同じく、「アドーマ」とだけ答えた。船長は銃口を男の額にあて、引き金をひいた。男は「瞬時に、片手を額に、もう一方の手を頭の後ろにあてて、頭を覆い」、船長の顔を正面から見据えた。傷口からは、「樽からほとばしる酒のごとく」血が吹き出たが、男は倒れなかった。憤怒にかられた船長は、ののしりの言葉を吐き、キャビンボーイに向かって叫んだ。「これじゃあ、くたばらん。」そうして、もう一挺のピストルを男の耳にあてて、発砲した。「それでも男は倒れない。」その様子を見ていたトールドも、ほかの者たちも、ただただ、あっけにとられていた。とうとう船長はキャビンボーイに命じて、心臓を打ちぬかせた。「男はついに事切れて、倒れた。」

この「尋常ならざる殺人」を目にした男性捕囚たちは、「船の乗組員を皆殺しにせずにはおかない」と、復讐の怒りに燃えて立ち上がった。乗組員はみな、その場から慌てて逃げ出し、バリカドの向こう側に退いた。そこで体勢を立て直し、旋回銃を構えて、主甲板に弾の雨を降らせた。反乱者たちは、四方八方に逃げ惑った。弾から逃れようと下甲板に飛び込む者もいれば、海に飛び込む者もいた。乗組員たちは主甲板の支配権を取り戻すと、ボートに乗り込み、水に飛び込んだ者らを救おうとしたが、「海が荒れていた」うえ、奴隷たちは自ら溺れようとしたので、救出できたのはわずか一、二名であった。正確な数は不明だが、死者はかなりの数にのぼった。このように、ひとりの抵抗が、集団の反乱の呼び水となり、ある形の抵抗が、また別の形の抵抗を引き起こすのであった。食物の拒否が、ある種の殉教となり、反乱を呼び起こし、反乱が失敗に終わると、今度は集団自殺へと進むのである。(2)

奴隷船上ではこのような場面が次から次に繰り返された。ここには支配と抵抗の弁証法が集約されている。一方にあるのは、船長がひとりの奴隷に行使する極度の暴力で、船長はその恐怖が他の捕囚を支配するのに役立つだろう、と考えている。これに対し奴隷の側も、個人として、また集団として、暴力と恐怖とに徹底して対抗するのである。

この奴隷側の対応を考えると、ひとつの疑問が浮かんでくる。奴隷船に放りこまれた、民族の異なる何百という数のアフリカ人たちは、集団として行動する術をどのように学んだのだろうか。奴隷たちは最初に船に積まれるときから、新たな秩序へ社会化されていく。つまり、暴力に曝され、健康診断をされ、数として扱われ、鎖につながれ、下甲板に「積まれる」。さらに、食事や「ダンス」から労働まで、船上での日々の様々な決まり事がある。これは、労働力としての身体を、モノ化し、支配し、集団から切り離して個別化するための秩序である。一方で、囚われの人々も、互いに意思疎通をはかり、個人としても、集団としても、この社会化に抗う。つまり、どの奴隷船上でも、上からは文化の剝奪、下からは文化の創造が進行していたのである。死の影のなか、奴隷船で大西洋を越えるという、途方もない旅を経験した何百万もの人々は、新たな生のかたちを創り出したのだ——新たな言語、表現手段、抵抗、そして新たな共同体の意識などである。

アフリカン・アメリカンの汎アフリカ的な文化、そして創造的であるがゆえに不滅の文化は、このような航海時代の経験に根を持っているのである。(3)

船上へ

乗船してくる奴隷たちは、すでに海岸で医者と船長（あるいは航海士）から検分を受けている場合もあれば、主甲板に立たされた際に初めて身体検査を受ける場合もあった。これは、アフリカでの貿易の場所や、取引の形態によって違っていた。また、捕囚たちの健康状態も実に様々で、これは、どのようにして囚われの身となったのか、どのくらいの距離をどういう状態で旅してきたかによっていた。病気の者、傷を負っている者、憔悴している者、なかにはまだショック状態であったり、「鬱」が始まっていたりの者もいた。とはいえ、正常の範囲内、少なくとも回復が見込める状態ではあったはずだ。そうでないなら、奴隷商人が買うわけがないのだから。

剝奪のプロセスは、まず衣服から始まる。黒人、白人両方の商人から、暴力で脅され、着衣をはぎ取られるのである。すぐそれに続いて、名前が奪われ、何者であったかも無意味とされ、文化までもが、ある程度収奪されてしまう。いや、新しい支配者たちが、そう望んだと言ったほうがいいかもしれない。服を脱がせることについては、様々な商人や船長が、表向きの理由を挙げている。「健康維持」のため――つまり、ノミやシラミがついたり、病気に罹ったりする確率を下げるため、というのである。女性たちは、服をはぎ取られると、反射的にしゃがみこみ、性器を隠そうとすることがあった（その数は確かではないが、腰に巻く小さな布を与える船長も少なくなかったようだ）。おそらく、健康維持に負けず劣らず重要だったのが――こちらの理由は、滅多に言及されなかったのだが――奴隷が何らかの武器を隠しておけるような場所を持たせたくないということであったろう。(4)

精神状態にもかなりのばらつきがあった。たとえば、船の乗組員に「それ以上はないほどの驚愕」の眼差しを向けている女性がいた。この二七歳の女性は、海岸まで何百マイルも旅してきたらしい。これまで白人を見たことがなく、好奇心で溢れんばかりであったのだ。奴隷商人のジョン・マシューズは、さらに「大胆な性格」の男について書いており、この男は、「白人を驚いて見てはいたが、怖がってはいなかった」。彼は、白人の肌をじっくり観察し、次に自分の肌、それから白人の髪、その後自分の髪、と目をあてては、「その違いに幾度も笑いだした。彼にとっては間違いなく、白人の不格好な様子がおかしかったのだ」。一方でマシューズは、大多数の人々は恐怖に打ちひしがれ、「気力を失い、感覚も麻痺したようになって」乗船してくる、そしてしばらくはその状態を抜け出せない、とも記している。このような人々は、「白人が自分たちを買ったのは、神への生け贄とするためか、食料として食べるためだ」と考えていたのであった。(5)

カニバリズムは、奴隷貿易という名の戦争が繰り広げられるにあたって、頻繁に使用された言葉のひとつである。ヨーロッパ側は長きにわたり、アフリカ人は野蛮な人食い人種であるから、キリスト教ヨーロッパの、「進んだ」生活と考え方に触れさせて、文明化させなくてはならないとの言説でもって、奴隷貿易を、そしてより広義には奴隷制度を正当化してきた。アフリカ側も同様に、翼のある家でやってきた奇妙な青白い人間は人食い人種で、自分たちの肉を喰い、血を飲み干そうとしているのだと、多くの者が信じていた。アフリカの特権階級の間では、自分の奴隷にいうことを聞かせるために、奴隷貿易を利用する者もおり、それがこの思い込みを強化したようである。「アフリカの奴隷主や僧侶らは、自分たちの奴隷にほぼ次のように教えこんでいた。「今のように態度が悪ければ、ヨーロッパ人ならおまえらを殺して食べてしまう」と。このように教えることによって、奴隷たちは、ヨーロッパ人に売られるのを恐れ、よく言うことをきくようになったのであった。」ともあれ、膨大な数の人間が、エクィアーノとおなじく、生きたまま食われるのだ、と恐れおののきつつ、船に乗せられたようである。この思い込みの強さは、地域によって強弱があった。海岸部の人々より、内陸部の人々のほうが、また、アカンより、イボのほうが、これを信じがちであった。そして食われることへの恐れは、ハンガーストライキから、自殺、そして蜂起まで、あらゆる抵抗を引き起こす、強力な要因となっていくのである。(6)

奴隷船上での支配のおぞましい象徴として、もっともよく知られているのは、おそらく、手枷、足枷、首輪、そして鎖といった、拘束のための金物類であろう。奴隷とされた人々の多くは、乗船時にすでに手や足を縛られてはいた。特に、いわゆる手強い男性（身体的に屈強な成人）はそうだったが、それでも、アフリカ流の蔦の類いからヨーロッパの金属技術への移行は、特別な恐怖を引き起こすものであった。手枷は、手錠から丸い締め金まで、様々なかたちがあった。足枷は、ビルボーという名でも呼ばれたが、これは真っすぐな金棒を、二つのU字型の金具に通したものである。金棒の一方の端には、それが抜けないように、穴より大きな平たいストッパーがついており、もう一方の方から輪を通すようになっている。こちら側には鍵をつけるか、より一般的には、輪をハンマー留めした。そして、捕囚二人ごとに、その輪に鎖を通してつなげることもあった。激しく反抗する奴隷を懲らしめるには、拘束具の最たるものが使用された。奴隷の首を大きな金属製の首輪で拘束し、動くのも、横になるのも、休息するのも困難にさせるのである。動きを制限し、潜在的な抵抗をコントロールするのが狙いであった。

男性には全員、手首には手枷を、足には足枷をつける、女性と子どもは鎖にはつながない、というのが一般的な決まりだった。しかし拘束具の実際の使い方は船長によって様々であった。アフリカ人捕囚の民族集団によって、拘束するかしないかが、異なる船長もいた（ファンティ、イビビオは拘束するが、チャンバ、アンゴラはしない。後者は蜂起の恐れが少ないと考えられていた）。アシャンティについては、船に乗せられた経緯によって、鎖につなぐかどうかが決定された。また、アフリカの海岸を離れてしまえば、男性奴隷さえ鎖からはずしてやるのが自分のやり方だ、と断固として言う船長がいたかと思えば、同様に経験を積んだ船長で、そんなことはありえないと考える者たちもいた。手枷か足枷、そのどちらかしか使わないケースもあった。ある船長は、奴隷たちが船上の運命と「折り合いがつき、落ち着いた」様子になったら、男性奴隷たちも鎖からはずしたと語っている。女性も、反抗的であれば拘束された。必要と判断されれば、すぐさま鎖につながれたのだった。(7)

鉄製の拘束具は肉体を痛めつけた。ほんのわずかに動くだけでも、苦痛を引き起こす場合もあった。下甲板で用を足すのには、樽のところまで行かねばならなかったが、それには同じ枷につながれているもう一人も一緒に、人の山の間をぬけていくわけで、それだけでくたびれ果てたし、運動のためといって、主甲板で強制的に「ダンス」をさせられるのは拷問に近かった。一七八〇年代末、若き日のジョン・ライランドは、シーザーという名のアフリカ人老人と（イングランドで）知り合いになったが、この老人には奴隷船上での拘束具の傷跡がまだ残っていたという。老人の足首の皮膚は縫い合わせたようにでこぼこしていた。そうなってしまったのは、一緒につながれていたのが言葉の通じない男で、動きを合わせるのが、きわめて難しかったのも大きな原因であったという。この男が病気になり、突然痙攣したり、身悶えたりしたため、二人とも皮膚が金属とこすれ、剝けてしまったのだった。枷をはめられた経験は、永久に忘れられない、と、シーザーはライランドに説明したという。「あの鉄が俺たちの魂に食い込んでいるんだ！」(8)

奴隷貿易の初期段階においては、ヨーロッパ人たちは奴隷を管理するのに、その体に焼き印を押した。ヨーロッパ人の所有者を示す印を、通常、肩、胸の上部、太腿などに焼きつけたのである。焼き印が最も頻繁に行われたのは、実際に売り買いをする貿易商が、王立アフリカ会社や南海会社のような、大規模な特許会社に雇われている場合であった。船長に対して自分の権利奴隷に焼き印を押すように命じる貿易商もいた。権利奴隷が死亡した場合、損失が分かるようにするためである。しかし時の経過とともに、焼き印はあまり行われなくなっていったようだ。一八〇〇年代はじめになると、焼き印への言及はほとんど見当たらなくなっているのである。(9)

やがて、人間を動産へと変えるための、より「合理的」な方法が生まれてきた。十八世紀には、奴隷船上の全ての捕囚を、顔のないただの数字に還元するというやり方がとられるようになり、十八世紀を通じてこれが一般的になってきたのである。買った奴隷に、ひとりずつ番号をふるのである。時には、新しい名前をつけることもあったが、番号をふるほうがずっと一般的かつ機能的だったようだ。船長も船医も、奴隷の死亡に際して、航海日誌や日記に、男性「33番」、少年「27番」、女性「11番」、あるいは少女「92番」と言及しているのである。航海の公式記録によれば、一人一人の奴隷は、名を持たぬ、帳簿上の数にすぎなかった。船長は乗船してきた生きた人間の数をかぞえる。そして船医は海に投げ入れる死者の数をかぞえたのであった。(10)

労働

船上では、相当数の奴隷たちが、船の生活に欠かせない様々な種類の仕事に従事していた。もっとも一般的だったのは、広義の「日常生活」にかかわる仕事で、船上の日々の再生産労働の一翼を担っていた。女たちの多くは、食事の用意に携わっていたようだ。彼女たちがこなした仕事は、慣れ親しんできたものであったといえる。つまり、米を洗う、ヤム芋を粉にする、トウモロコシを挽くといった仕事だ。船のコックの替わりとして、あるいはコックの助手として、調理を担当し、船上の何百人もの食事を用意したのである。ごく稀には、女性奴隷(信用できると判断された者に限る)が、船長の食事として供する質のよい素材の調理をすることもあった。また男性も女性も、甲板の洗浄と清掃、奴隷居室のこすり洗いと消毒を行った。乗組員の服を洗ったり、繕ったりを担当する者たちもいた。こういった仕事に対しては「報酬」が与えられた――少量のブランデー、煙草、あるいは余分の食料などであった。(11)

これ以外の労働は、危機的な状況の結果生じることが多かった。嵐や船の破損に際して、アフリカ人が動員されてポンプを動かすこともあった。一七三七年、《メアリー》のジョン・ローリンソン船長は、「ニグロたちを枷からはずし、ポンプで船から水を汲み出すのを手伝わせた」。一七九七年、《チャールズ・タウン》のチャールズ・ハリス船長も同様のことをさせている。後者について、冒険家のムンゴ・パークは次のような報告を残している。「ゆえに、ニグロのなかの最も役にたつのを枷からはずして、この仕事をさせなければならなかった。彼らは、往々にして限界を越えて働かされた。」彼らの力次第で、転覆するか港にたどり着けるかの違いが生じたという可能性も高いだろう。[12]

戦時においては、敵国の私掠船からの襲撃に備えて、男性奴隷の一部を選び、ナイフ、剣、槍、小火器、あるいは大砲の使い方を教える船長もいた。一七四一年、スノー船《シーフラワー》のエドワーズ船長は、スペインの私掠船と対峙していた。船員はわずか七名、それにキャビンボーイが一人、しかし一五九名の奴隷たちがいた。降伏するぐらいなら、と、彼は小型武器の箱を開け、「火打石銃、ピストル、そして短剣などを、一部の奴隷たちの手に握らせた」。彼らは「自分たちのやり方で、鉄砲を撃ち、剣をふるい、私掠船に発砲し、それは必死に闘った。私掠船の海賊たちは二度にわたって、船に乗り移ろうとしたが、彼らの勇気のおかげで船も積み荷も救われたのだった」。その「積み荷」とは、なんと彼ら自身のことなのだ！　私掠船は、略奪物を手に入れることも、船に損傷を加えることもなく、退散せざるをえなかった。ピーター・ウィットフィールド・ブランカー船長は貴族院での証言で、一七七九年の航海の際、中間航路の間、毎晩多くの奴隷たちを訓練していた、と述べている。「少なくとも、一五〇名の奴隷に、銃、帆、そして小型武器を扱わせていた。戦闘要員が二二名。それぞれの檣楼に一〇名ずつ。彼らは檣楼をねぐらとし、英国王船のトップマンとして帆を操る訓練を受けていた。[13]」

最後に男性および少年奴隷がもっとも頻繁に携わった労働について触れておこう。それは船を走らせる補助である。これは、往々にして、必要に迫られてのことであった。一八〇三―〇四年の《マーキュリー》の航海では、一〇名の水夫が逃亡、「黒人奴隷がその替わりをした」。しかし、奴隷を水夫として働かせることとなるのは、通常、逃亡よりも、病気や死亡のためであった。一七六〇年、《テーティス》では、乗組員二二名のうち一九名が病に倒れ、船は「奴隷の助けを借りて帆を張り、奴隷なしには航行はまず無理だった」と大工が記録している。この大工もまた、眼の「不調」を患い、徐々に目が見えなくなっていった。奴隷なしには、目的地の港まで決してたどり着けなかっただろう。数多くの船長が、そう語っている。[14]

アフリカの少年たちは、船上で水夫とともに働き、実際、仕事を覚えて水夫になった者もいた。そのなかには、市場価値を高めるため訓練された、船長の権利奴隷たちもいた。ある船長は、その少年たちは「マストの天辺にも上れたし、水夫とともに働き、船の一員と考えられていた」、と述べている。これは誇張ではあるが、ある種の真実も含んでおり、それを裏打ちする他の人々の言葉もある。一七七〇年代のはじめ《ネプチューン》に乗船していた、航海士のジョン・アシュレー・ホールによると、自分の船の近くを《ベンソン》という奴隷船が通った際に「見えたのは、船上で帆を操っている白人はたった二人、あとは黒人の少年たち、つまり奴隷だった」という。一八〇五年、《エリザ》という船では、トム、ピーター、そしてジャックという三名の「小僧」たちが、船を走らせる手伝いをしていたが、彼らはその仕事だけに留まらず、他の奴隷たちと話して、自分たちが知り得たことを乗組員に報告していたという。(15)

喧嘩

暴力こそ、奴隷船の心臓部に宿るものである。大砲で武装した船そのものが、戦いと帝国建設の道具であったし、そして何より、船上のほぼ全員が、何らかの暴力によってそこに運ばれてきていた。さらに、奴隷船上でのあらゆることに、実際の暴力か、暴力の脅しがついてまわった。ゆえに、奴隷船に積まれた奴隷たちの間で喧嘩が起こったとしても驚くにはあたらないし、彼らは恐れ、怒り、強度のストレスに曝されていたはずであるから、喧嘩は起こって当然であったろう。アフリカ人の間での喧嘩の原因は、なんといっても、生活環境に由来する偶発的なもので、奴隷としての過酷な拘束状況、特に、暑くて、すし詰めの、悪臭漂う下甲板の状況から生じていた。しかし、船上のもめ事に、文化的な要因が絡むこともあったようだ。

悪臭漂う、劣悪な状況の下甲板では、喧嘩の種がつきることはなかった。特に夜中に、見張りなしで閉じ込められているときには喧嘩が頻発した。その大半は、捕囚らが用を足すために、ぎっしりと横たわる仲間の体を乗り越えて、用便桶まで行こうとして起こるのだった。喧嘩がいちばんひどかったのは男性の部屋で、それは単に男のほうが喧嘩っ早いからだけではなく、男たちには手枷足枷がつけられていて、用便桶にたどりつくのに、とても難儀したからである。一七九〇年、奴隷貿易の調査にあたった庶民院の委員会メンバーのひとりが、アレクザンダー・ファルコンブリッジ医師に次のように尋ねている。「一緒に枷につながれている奴隷たちが喧嘩するのを見たことはありますか。」医師は答えて、「はい、奴隷船では、どの船でもよく起こることだと思います」と述べた。そして、実際にそうだった。下甲板の男たちの間では、「喧嘩が絶えなかった」のである。(16)

用を足さねばならなくなると、繋がれている相手も一緒に移動しなくてはならず、相手のほうでは動きたくない場合もあり、このこと自体が喧嘩の火種となった。相手が応じてくれれば、二人は、すし詰めの人々の体の間をすり抜けていくわけだが、船の揺れもあって、これが一苦労であった。どうしても、誰かを踏みつけたり、誰かのうえに倒れたりしてしまい、やられたほうは「どすん」と来られて頭に来て、「悪気なくやってしまった者」を殴ったりもした。すると、他の誰かが、殴られたほうを守ろうと、殴り返す。すし詰めのなかでは、殴り合いはあっという間にエスカレートしていき、ちょっとした諍いが、水夫のウィリアム・バタワースの言葉を借りれば「戦い」の様相を呈し始めるのであった[17]。

しかし、下甲板で病気が蔓延した際のいろいろに比べれば、このような問題も些事に思えてくる。特に赤痢その他の、下痢を引き起こす病気の場合がひどかった。具合が悪くなった者は、急な下痢に用便桶までたどりつけないこともある。また衰弱のため桶まで行こうとすらできないこともある。桶が遠いとなおさらだ。病人が、寝ている場所で「用を足してしまう」と、大変な事態となった。このようなケース、そして実際には下甲板の不潔な環境全体が、西アフリカの人々にとっては、堪え難い苦痛であった。彼らは、清潔さを自慢にしていることで知られていたのだ。ゆえに、喧嘩が絶えなかったのである[18]。

諍いのもうひとつの要因は文化的なもので、奴隷船の船長はみな、この点にかんしてジレンマを抱えていた。ジェイムズ・ボーエンの観察によれば、「民族が異なる者たちを」一緒に鎖につなぐと、「いざこざや喧嘩」が頻発した、という。動きを合わせようとせずに、一方が「もう一人を引っ張ってしまい」、それで諍いが生じるのであった。互いの言葉が理解できない者たちは一緒に繋がない、と言っている船長もいた。しかし、これは危険を孕んでいた。同じ民族の者どうしを繋げば、二人が協力しあって、陰謀を企てる危険を冒すこととなり、民族が異なる者どうしを繋げば、喧嘩、騒動、負傷の危険を冒すこととなる。どうすべきなのか。ボーエンは、彼自身の言葉がほんとうなら、喧嘩を防ぐほうを選んだ。しかし、異なる選択をした船長もいただろう[19]。

この点で、十八世紀後半に特に問題となったのは、ファンティとチャンバで、ともに黄金海岸の出身であった。沿岸部のファンティは長きにわたり、英国の奴隷貿易のパートナーであったが、それでも、罪を犯し有罪となった者は、奴隷船送りとなることがあった。チャンバ（時にダンコと誤表記される）は、内陸部のより牧歌的な集団で、自分たちが奴隷船に乗せられてしまうのは、人さらいのファンティの陰謀のためだ、と考えていた。「彼らは、ファンティこそが、自分らの不運の大本だと思っていた」と、ある奴隷船の船長の記録にはある。「自分たちを故郷から根こぎにした張本人はファンティだ」と思っていたのである。この二つの集団の人々が同じ船に乗り合わせると、激しくいがみ合った。ファンティはよく反乱を企てる集団であったが、その際、チャンバの人々は、「復讐を果たすかのように、常に乗組員の側につき、反乱を抑え、ファンティを服従させる手助けをしたのだった」。つまり、彼らにとっては、ファンティのほうがヨーロッパ人乗組員より憎い敵だったのだ。ファンティが何かを望めば、チャンバはその正反対を望んだのだった[20]。

時には奴隷どうしの喧嘩のために、大けがや障害を負う者が出た。死者が出ることさえあった。一七一四年、《フロリダ》では、食事の際に、「派手な喧嘩が起こり、お互いに嚙み付き合って、その結果死者が出た」。《サンダウン》でも、同様の事態が起こったようだ。一七九四年、サミュエル・ギャンブル船長は四月四日の航海日誌に、次のように記している。「午後六時、他の奴隷に嚙まれて、壊疽を起こし始めていた指を、医師が切断。午後五時、10番はこの世を去った。」ニュー・カラバーで取引をしていたある船長は、そこで追加購入した奴隷の「残酷、残忍」な性質について触れている。彼らは、「常に諍っている。嚙みつくわ、殴るわ、そしてときには首を絞め、無慈悲に殺し合う。この船でも数名が犠牲となった」。船上では、一人々々にとって全員が敵という、混沌とした凄まじい戦争が繰り広げられている、と、そのように考えていた船長もいたようである[21]。

喧嘩の大半は下甲板での出来事だったが、時には、主甲板で喧嘩が起こることもあった。たとえば、中間航路が長引いていたり、アフリカで十分な食料調達ができていなかったりで、船上の全員が食事を減らされている場合などである。腹をすかせた人々は、食べ物をめぐって争った。このような状況であったので、自分は人間らしく強者から弱者を守った、などと自慢する、奴隷船船長が出てくるのである。女性奴隷たちも、日中、主甲板で装飾品を作るのに与えられるビーズを取り合って、喧嘩をしたという。若い捕囚たちが、年上の者を嘲弄することもあった。「船上では、少年奴隷が成人男性を嘲ることは、珍しくなかった。成人は枷に繋がれていたから、嘲られても、追いかけて懲らしめるわけにはいかなかったのである[22]。」

死

奴隷船に乗せられたアフリカの人々の経験の中核、それは、病と死であった。捕囚たちが健康に生き延びるかどうかには、貿易商、船長、医者、その全員の実利がもろに関わっていたので、それぞれに努力はしたし、死亡率は十八世紀を通じて下がっていったが、それでも奴隷船では、病が蔓延し、奴隷たちは次々と命を落とした。船にやってきた時点で、すでに健康を害している者もいた。奴隷とされ、海岸まで歩かされる間の、栄養不良と情け容赦ない過酷な扱いのためである。健康状態がもっとも良好だったのは、黄金海岸出身者で、奴隷船上の死亡率も低かった。一方、ベニン湾やビアフラ湾出身者からは相当に多くの犠牲者が出た。また、死亡率が五パーセントから七パーセントという、比較的健康状態のよい航海であっても、捕囚たちはいろいろな意味でトラウマを負った。船上の、肌もふれあうほどの狭い空間で誰かが死ねば、その一部始終を目にせざるをえず、精神的なダメージも大きかったのだ。制御不能の壊滅的な疫病が起こることもしばしばで、ゆえに奴隷船は「海の癩病院」とか「浮かぶ棺」とか呼ばれていたのである。奴隷船《ブルックス》のあの有名な船内図は、何百もの遺体が整然と詰め込まれた巨大な棺桶のようだ、と形容されたし、実際のところ、棺桶そっくりであった。「ヤーラ、ヤーラ」（具合が悪い）、「キッケラブー、キッケラブー」（死にそうだ、死にそうだ）と、下甲板からは、か細い、かすかな苦痛の叫び声がたちのぼってくるのであった。[23]

「病の船」の恐怖は想像を絶する、と、誰もが口を揃えて、そう言った。病人は、布団もなしに、甲板の板のうえに直接横たわっていたから、船の揺れで肌がこすれ、尻から、肘から、そして肩から皮膚が擦り剝けていった。下甲板では、朝、目が覚めたら、一緒に枷につながれている相手が死体となっていた、ということもあった。「病室」を備えている船はほとんどなく、仮にあったとしても、あっという間に患者の数が収容可能数を超えたことだろう。ルイ・アサ－アサの記録によれば、彼の船では、病気になっても何の治療も与えられない者が多かったという。それにそもそも、治療など望まない者もいたことだろう。ジェイムズ・フレイザー船長は、「アフリカ人たちは、そういう性質なのか、薬を飲むのを嫌がった」と記している。船長のいう薬とは、西欧の薬である。病人の出た船の実態を、誰よりも鮮明に伝えているのが、アレクザンダー・ファルコンブリッジ医師で、高熱にやられた下甲板を訪れた際の様子を次のように書いている。「床は血と膿で被われ、何かに喩えるとしたら、屠殺場とでもいうしかない。悪臭と空気の悪さもまた屠殺場並みで、とても耐えられなかった。[24]」

一七八八年から九七年までの医師たちの日誌（貴族院に提出されたものである）を見ると、その書き方は、正確なもの、曖昧なもの、洞察に富むもの、といろいろではあるが、死の主な原因が明らかになる。最強の殺し屋は、赤痢（細菌性とアメーバ性）で、当時は「血屎」と呼ばれていた。第二の死因は、「熱」という総称でくくられるが、医師たちはそれをいくつかのタイプに分けている。「神経熱」、「消耗熱」、「肋膜熱」とか、あるいは「断続性」、「炎症性」、「腐敗性」、そして「悪性」といった具合である。マラリア（あの恐るべき熱帯性マラリア原虫によるもの、また、衰弱性のマラリアを引き起こす、三日熱マラリア原虫や卵形マラリア原虫によるもの）や黄熱病も、こういった「熱」のなかに含まれていた。西アフリカでは、こういった熱病に免疫を持っている者も多かったのだが、それでも熱病は第二の死因であった。その他の死因としては、はしか、天然痘、そしてインフルエンザなどがあり、頻度は低いとはいえ、流行すると船中がやられた[25]。壊血病は、十八世紀の間に、ビタミンC不足が原因であるとわかってきたが、船長が新鮮な食料や柑橘類を調達しない、あるいはできない場合、船上でしばしば猛威をふるった。もうひとつ、死をもたらす要因が脱水である。地獄のような下甲板では、十分に水分を摂取できなかったため、熱帯地域において、脱水は実に危険だったのだ。また頻度は高くはないが、時には、鬱病（「慢性メランコリー」）、感染症（「壊疽」）、発作（「癲癇」）、心臓発作（「心筋機能の衰え」）で、さらに数は少ないものの、寄生虫（「虫」）で死者が出る場合もあった。日誌には、「炎症」、「ひきつけ」、そして「譫妄」など、あまりはっきり何とはわからない書き込みも見受けられる。最後に、船上の生活から生じる（つまり、医学的なものではないという意味）死因を挙げれば、「ふさぎ込み」、「飛び込み」、「首つり」、そして「反乱」などがある。奴隷船のほとんどでは、ここに挙げたもののうちのいくつかが起こったし、最悪の組み合わせを経験した船もある。たとえば、一七八四年、《コント・デュ・ノール》は、赤痢、はしか、そして壊血病という致命的な組み合わせに見舞われ、その間、毎日六、七名が死亡、合計で一三六名の犠牲者を出した。死因についての最後の言及は医師ではなく、奴隷制廃止論者のJ・フィルモアの言葉によう。なかには、「心が砕けて」死ぬ者もいると、フィルモアは示唆している[26]。

　果てもなく繰り返される悲惨な死、そして遺体は船縁から海に投げ捨てられる、それも下では鮫が待っている、というぞんざいな扱いに、アフリカの人々がどんな意味づけをしたのか、我々にはただ推し量るしかない。しかし、西アフリカ社会出身の多くは、病や死をもたらすのは悪霊であると信じていたわけだから、奴隷船での死や遺体の扱いが、文化的にどれだけ由々しきことであったか、ある程度は理解できるだろう。ウィンドワード海岸をよく知るある人物が記したところによれば、死はいつも「悪意に満ちた敵」の仕業と考えられたという。シエラレオネに数年にわたって住んだ経験のあるニコラス・オーウェンは、その地域のアフリカ人は、「あらゆる死は、魔女か悪魔が運んでくるもの以外のなにものでもない」と考えていた、と所見を述べている。さて、奴隷船のうえの「悪意に満ちた敵」が誰であるかは容易に想像がつくのだが、それが特定できたところで、なかなか得心のいく結論は導きだせなかっただろう。さらにこれに加えて、死をいかなる儀式によって取り扱うのかについての、西アフリカの通念の全てがないがしろにされた。遺体をどのように埋葬するか、どんな埋葬品とともに葬るか、精霊をいかに次の世界に送りだすか、全てが踏みにじられたのであった。もちろん、船上のアフリカ人は、様々に民族が異なっていたから、これら全てにおいて一致するわけではない。しかし重要なのは、捕囚と幽閉によって、慣習に従い死を悼み、幕引きをすることが阻まれてしまったという点なのだ。船の医者が、奴隷を生かしておくためにいかに善処したとしても、奴隷船上で経験する恐怖の核にあったのが、死と病であることは疑う余地もないであろう。(27)

バベルの建設

西アフリカは世界でも最も多くの言語が存在する地域であり、奴隷船に連れてこられた人々が多くの言語を携えてやってきた事実は古くから知られていた。ヨーロッパ、そしてアメリカの奴隷貿易商もこのことを知っており、自分たちにとって有利だと見ていた。リチャード・シムソンが十七世紀末に書いた航海日誌には、この点がはっきりと記されている。「ギニア貿易に従事する者は、ニグロたちをおとなしくさせておくためにとる手段として、ギニアの様々な地域から、言語の異なる者たちを選んだ。こうすれば、お互いに意思疎通ができず、協力して行動できないからだ。実際、奴隷たちは互いを理解できず、力を合わせることも不可能だった。」王立アフリカ会社の検査官、ウィリアム・スミスも同じように考えていた。セネガンビア地域は、言葉の「数が多く、また大きく異なっているので」、「川のこちら側とあちら側では、互いに理解できない」「(奴隷船には)、それぞれを少数ずつ乗せれば、企みが成功する確率より、バベルの塔が完成する確率のほうが高くなるだろう」「これはヨーロッパ側にとっては、少なからぬ喜びである」と、彼は書いているのである。逆に考えれば、貿易商たちは、同じ地域、同じ言語の者たちを多数乗せた場合の、奴隷間の協力や反乱を怖れていたということになる。(28)

実際、どの奴隷船上にも、複数のアフリカの文化や言語が混在しており、捕囚たちにとっては、それを理解できるかどうかは大きな問題であっただろう。《エリザベス》で起こった反乱について、ウィリアム・スネルグレイヴ船長は、ウィンドワード海岸の者は反乱に加わらなかったが、それは黄金海岸出身の首謀者たちの言葉を解さなかったからに違いない、としている。誰一人としてその人間と会話が成立しない捕囚が船に連れてこられるという、極端な場合さえあったようである。滅多に起こらないケースではあったが、しかし、実際に起こった場合には、エクロイド・クラクストン医師が次に説明するように、悲劇的な結果をもたらした。「誰にも理解できない言葉を話す者が一名いた。すこぶる哀れな状況で、男はいつも打ちひしがれていた――狂気に陥ったのはこのためだ、とわたしは確信している。[29]」

しかし最近の研究では、強調点が変化して、西アフリカの人々は複数言語を理解し、意思疎通がとれていた、少なくとも大きな文化圏に属する人々の間ではそうであった、と考えられるようになってきており、そうなると、奴隷船上の言語的分断は、これまで考えられていたほど激しくはなかったことになる。貿易が行われるようになってから、時の経過とともに、かなりの広範囲に通用する、コミュニケーションの方法が編み出されたと考えられるのである。特に、西アフリカの海岸線と、大陸内部へと伸びる河川流域がこれにあたる。アフリカ内コミュニケーションにおいて、なかでも重要なのが、ある人物が「航海言語」と呼んだものであった。[30]

航海言語には様々なピジンも含まれ、これにより、異なる言語話者の間の交易が可能になった。西アフリカでもっともよく使用されたのが、英語やポルトガル語を土台としたピジンであった。他には、マンデ語、ファンティ語、イボ語といったアフリカ言語も、共通語として使われた。ジェイムズ・リグビー船長によれば、ウィンドワード海岸のマウント岬からパルマス岬まで、約二五〇マイルに及ぶ範囲の海岸地域の人々は、生活や労働の場面で、互いの意思疎通ができたとのことである。黄金海岸に住んでいた宣教師、トーマス・トンプソンは、小さな、「教区程度の広さ」の言語域について触れるとともに、広範な地域、たとえばアポロニア岬からヴォルタ川まで三〇〇マイルにもわたる地域の人々を繋ぐ、航海言語の存在についても言及している。一七九〇年代のシエラレオネの人々は彼らの間の共通言語を持っていたが、同時に、「英語、フランス語、オランダ語、あるいはポルトガル語なども、けっこう流暢に」話したという。一七七〇年代に、ウィリアム・マッキントッシュ船長は次のような発見をしている。彼がガラムで買い付けた奴隷は、もともとセネガルの内陸部の出身だが、「黄金海岸で購入した奴隷の言葉を完全に理解していた」のであった。この二つの集団は、互いに離れた内陸部から来ていたから、互いに理解可能な言語をもともと持っていたわけではないのである。[31]

アフリカの人々はまた、奴隷船上で英語を身につけて、互いのコミュニケーションをはかった。ほとんどの場合、言語の習得は水夫との会話を通して行われた。彼らが覚えた言葉には、日常生活の言葉も、船の仕事にかかわる技術的な言葉も含まれていた。水夫とともに働いた少年らにとっては、後者も欠かせぬものだったのではないか。しかし、誰にとっても、英語の習得は火急の問題であったろう。一七八四年、ウィンドワード海岸出身のケープ・マウント・ジャックという捕囚が、《エミリア》に連れてこられたが、その時は「ほとんど英語は喋れなかった」。しかし、やがて「多くを覚え」、英語で自分が誘拐された話を語った。この英語も、もうひとつの航海言語で、英語圏の植民地に向かう人々にとっては、これからますます重要になっていく言語であった[32]。

奴隷船上の公式言語が様々であったからといって、それで、意思疎通の可能性がなくなったわけではなかった。実情は全く違っていた。ウィリアム・バタワースやサミュエル・ロビンソンといった水夫たちは、「身振り手振り」で捕囚らと話したと回想しているし、アフリカ人たちどうしも同じやり方で話をしていたことだろう。それに、どんな船においても、重要な表現の形式がいろいろあったのだ。歌や踊り（強制ではなく、自分たちの選択によるものであれば）、ドラム（船は木造であったから、船全体が巨大な打楽器であった）、そして物語などである。その様子を観察していた者たちは、アフリカ人の「素晴らしい」、「驚くべき」記憶力について触れている。これはもちろん、口承伝統、そして女性たちによる「イソップ物語ばり」の語りのことである。イソップもまたアフリカの人間であった。もうひとつ表現として重要だったのがドラマで、奴隷船の主甲板を舞台に演じられ、船上の多くの者にとってセラピー的な意味を持っていた。あの悪名高い《ブルックス》の、一七八三年から四年にかけての航海に乗船していた、トーマス・トロッター医師は次のように書いている。「わたしの船の少年たち数人が、一種のゲームをして遊ぶのだが、それを彼らは奴隷狩りとか森の闘いとか呼んでいる。」このドラマにおいて、少年たちは、略奪者が自分や家族を捕まえた際のトラウマを再現していたのである。トロッターの記述は続く。「わたしの目の前で、あらゆる動きを、つまり、跳躍、包囲、攻撃、撤退をはじめとして、森での闘いに用いられるあらゆる身の動きを、演じてみせた。」トロッターが、船の女性奴隷たちに、この芝居について尋ねると、「悲しみを激しく爆発させるだけであった」という。奴隷船上では、このように、収奪と奴隷化のドラマが演じられ、人々はそれについて語り、嘆き、そしてその体験を記憶に留めたのであった[33]。

下甲板での意思疎通

下甲板の奴隷たちがいかにして意思疎通をはかったか、それをもっともよく伝えているのが、船員のウィリアム・バタワースの《ヒューディブラス》の航海についての記述である。一七八六年から八七年にかけての航海で、船はリヴァプールを出航、オールド・カラバーを経て、バルバドスとグレナダへと向かった。ジェンキン・エヴァンズ船長が最初に買い入れたのは一五〇名、バタワースの記録によれば、「十四の異なる部族あるいは民族共同体が含まれていた」という。中間航路の開始時には、最終的に三六〇名になっており、そこにいくつの文化集団が存在していたかは、はっきりしてはいないが、多数を占めていたのがイボだったのは確かだ。当時、ビアフラ湾で貿易を行った船では、まずほとんどがそうだったのである。(34)

バタワースは、下甲板において、互いに壁で隔てられた人々が、どのようにコミュニケーションをとったのか、次のように説明している。ある反乱が失敗に終わった時のことである。この反乱では男性奴隷が「船の面々を殺害し、船を乗っ取ろう」と立ち上がったのに、女性たちの支援が得られなかったのだが、それを非難する怒りの叫びが船中に響いた、という。男たちは、船の前方の下甲板に閉じ込められ、頭上の格子のうえ、主甲板では武装した見張りが、行ったり来たりしていた。その状況のなか、男たちは、女たちに向かって、「自由を取り戻そうとした自分たちを助けなかった」お前らは、腰抜けの裏切り者だ、と叫んでいたのである。女たちも怒鳴り返す。「企みはすでにばれていて、失敗だと思ったのさ」と。船長に問いただされたときには、女たちは計画については何も知らない、と答えていたのだが、この深夜の会話から推測すると、そうではなかったようだ。甲板にいた乗組員は、激しい応酬の一部始終を聞いていたのだった。中には、内容を理解できる者もいて、エヴァンズ船長も、ビアフラ湾にすでに二回航海した経験があったから、そのひとりであったろう。いまひとつわからない部分については、ブリストルという名のアフリカ人少年が補った。この少年は地域の様々な言葉の全てを理解していて、船の通訳の役目を果たしていたのである。

船長や乗組員に何が知れ、何が知れていないのか、それには躊躇せず、数名の男たちが再度の反乱を計画した。女たちにも計画をもちかけ、彼女らは、今回は面目を回復しようと腹を決めていたようである。連絡は、「少年たちを使って行われた。それで、船の端と端とで叫び合わずとも済むようになった」。少年たちは、隔壁の間の居住区を、あっちに走り、こっちに走りして、男性側から女性側へ、そしてまた男性側へと、囁かれたメッセージを伝えた。時折、秘匿の掟を破り、大きな声を上げる者もいた。この顕著な例が、「甲板長ベス」と呼ばれていた猛烈な女で、バタワースの目には、「言葉のあらゆる意味において、アマゾン」と映った。彼女はエヴァンズ船長から、「部族の女のまとめ役」に任命されていて、水夫の服を与えられていた。さて、今や反乱の計画は隔壁を破り、主甲板に上がってこようとしていた。ベスをはじめとする女たちが、料理用具——フォーク、ナイフ、斧——で武装して、反乱の口火を切ることになっていた。しかし、ブリストルの協力もあって、計画は実行に移される前に潰された。首謀者の男たちは鞭打ちとなり、甲板長ベスと女奴隷四名は、「頭を冷やせ」と、濡れたキャンヴァス地の帆にグルグル巻きにされて、甲板に放り出された。

バタワースは、他にもいくつかの重要な意思疎通の方法について書き残している。特に、自分が見張りをしていて、つぶさに観察していた女性奴隷たちには詳しかった。女たちに「ひろく尊敬され」、特に「同郷の者たち」に慕われていたある女のことを、次のように述べている。彼女は「語り部」であった――「雄弁に語り」、「歌を歌った。」「幽囚の身となった仲間をなぐさめ、楽に過ごせるようにしてやる」のが、彼女の主な勤めのひとつだった。彼女がどの文化集団に属していたかは不明だが、バタワースが女の言葉をわからなかったことから判断すると、イボではないようだ。しかし、彼女は様々な民族から成る聞き手を魅了しており、航海の途中で亡くなった時には、仲間の女奴隷たちの、朗々たる嘆きの叫びが、いつまでも響き渡っていたという。

この女の語りと歌を聞くのに、《ヒューディブラス》の女奴隷らは、後甲板のうえで円陣を組んだ。「いつも、彼女を中心に、いちばん年若い者から年長者へと、幾重かの円ができる。」歌い手は、内円の中心に立ち、というか、跪き、「ゆっくりとした、悲哀のこもった曲」を歌う。故郷から連れ去られ、奴隷の身となった悲しみを伝えているに違いない。「声の調子、雰囲気、そして立ち現れてくる情感」から判断すると、「歌は、遠い友や、もはや帰ることのできぬ故郷を歌っているのだろう」、とバタワースはまとめている。女はまた、語り部でもあった。その一部は、記憶している物語、おそらく叙事詩の詠唱であった、とバタワースは考えている。こういった語りは、「感情を揺り動かした」。物語と状況によって、「ある想像や気分が呼び起こされ、喜びと嘆き、快楽と苦痛が喚起されるのであった」。語り部を取り巻く女や少女は、コール＆レスポンスという、アフリカの伝統的なスタイルで、語りに深く関わる。「一定の文の終わりで、ある種のコーラス」でもって、語りに参加するのである。それは深い分かち合いの場であり、「全体が厳粛な雰囲気に包まれた」。実に感動的で、言葉を解さない若いイギリス人でさえ、強く心を動かされた。彼は自分でも驚いたことに、「思わず同情の涙を流していた」のである。女たちの集まりは、「悲哀に満ち」、いろいろ考えさせられた、とバタワースは述べている。

彼はまた、情報がいかに早く、それも爆発的な勢いで、下甲板の一部分から船全体に拡散していくかについても説明している。たとえば、船医のディキンソンが、ある女奴隷に、バルバドスに停泊した後も、まだ二カ月以上はかかる長い航海が待っているのだ、と話したことがあった。ちょうど、八週間にわたるつらい大西洋横断が終わったところであった。そう聞かされた女は、航海の苦しみがまだ長引くのかと激怒し、一緒に幽閉されている他の女たちに、その情報と自分の怒りを伝えた。あっという間に、とバタワースは書いている。「まるで、一方の端で着火した火薬に火がつくように、それは少年の部屋を駆け抜け、男性の部屋にまで達し、船全体がくすぶった不満の大きな弾倉と化した。」「下からざわめきが立ちのぼってくるのが」聞こえ、「恐ろしい爆発」が起こるのではないか、とバタワースは気が気ではなかった。エヴァンズ船長も同様で、すぐさまディキンソン医師を呼び、下甲板の奴隷たち、男も女も全員を甲板に上げ、誰の目にも明らかな集会を招集した。そして船長は、その場に集まった者たち（つまり乗船していた全員ということになる）に、医師のいったことは間違いで、間もなくグレナダに到着すると説明したのである。医師を叱責し、全員に謝罪させた。全ては、怒りのざわめきを収め、船の秩序を取り戻すためであった。

歌

バタワースの記録にも明らかなように、奴隷船上にいつも響いている音のひとつに、歌があった。水夫たちも、時に楽器を弾き歌いはしたが、より頻繁に響く歌声は、アフリカ人たちのもので、彼らは昼に夜に歌ったのだった。強制されてのこともあったが、「歌いたくて」歌うこともあった。歌には全員が参加したようだ。奴隷船の船長だったある人物の説明によると、男たちが「自分たちの故郷の歌」、つまり故郷で歌っていた歌や、故郷についての歌を歌うと、「少年らは踊りで仲間を楽しませた」。奴隷船上の歌で、中心的役割を担ったのは女性であった、と、バタワースのものも含め、あらゆる記録がそう伝えている。(35)

歌は、意思疎通を阻まれていた人々の間の、欠くべからざるコミュニケーションの手段であった。主甲板のバリカドは、男と女とを隔て、彼らは互いの顔を見ることはできなかったが、それとて音は遮れず、互いの声を聞き、会話を交わすことは可能だったのである。一七六〇年代、七〇年代にアフリカに四回の航海をした、ジャンヴェリンという名の航海士は、あるインタビューで次のように語っている。「彼らはよく歌を歌っていました。男たちと、女たちは、互いに相手に応えていましたが、何についての歌なのかは、私にはわかりません。」(36)

そう、もちろん重要なのはその点なのである。囚われの人々は、アフリカの言語で歌うことで、ヨーロッパ人の船長や船乗りの多くには理解不能のコミュニケーションを手に入れたのだ。歌はまた、血縁者や、同じ村の出身者、そして同郷の者を探し出したり、船に乗っている人々の文化集団を割り出したりする手段ともなった。さらに、現在の状況、待遇、抵抗、そして出来事、さらには船の向かっている先などの重要な情報を伝える方法でもあった。つまり歌は、知識を共有するための土台をつくり出し、集団としてのアイデンティティを固める手段だったのである。

しかし、乗組員のなかに、人々が歌っている言葉を解す者がいることもあったし、歌詞の大まかな意味、あるいは特定の意味を誰かに訳させることもあった。これにあたるのが、一七八〇年代末に航海に参加した二人の船医のケースである。一人の行き先はガボン、もう一人はボニーであった。二人は、強制されての歌についての記録を残しており、それによると、歌の内容も調子も様々であったという。アフリカのドラムが打ち鳴らされ、九尾猫鞭の音が響くなか、奴隷たちは、決まった歌詞を歌わねばならなかった。「メッセ、メッセ、マックァリーデ」――つまり「白人さんのところでよい暮らし、よい食事」という意味である。奴隷たちは、「自分たちをこんなに厚遇してくれる我々を誉め称え」なくてはならなかったのである、と、医者のひとりが皮肉を込めて説明している。また別の船の奴隷たちは、賞賛の歌ではなく、抗議の歌を歌ったという。「マダー！　マダー！　イエラ！　イエラ！　ベミーニ！　ベミーニ！　マダー！　オウフェラ！」「みんな病気だ、じきに命も果てるだろう」というのが、この歌詞の意味である。医者はさらに次のように述べている。「彼らはまた、殴られるのが怖い、食べ物が足りない、特に故郷の食べ物がない、と歌で訴えたし、二度と故郷に戻れないことについての歌も歌った。」[37]

しかしながら、歌のすべてが抗議とは限らなかった。歌にはいろいろな目的があったのである。一七一三年、オールド・カラバー沖に停泊していた《アンヌ》の奴隷たちは、船長のウィリアム・スネルグレイヴを讃えて、歌を歌ったという。女奴隷の子どもがアフリカの王によって生け贄とされるところを、船長が救出したからである。また、《ヒューディブラス》の奴隷たちは、自分たちの抗議の「つぶやき」が功を奏して、船長が謝罪し、航海の長さと目的地についてはっきりと説明した際には、「喜びの歌」を歌った。歌は夜中も続き、「マクァラーラーの地」での暮らしへの希望が歌われることもあったようだ。英国海軍の副提督、リチャード・エドワーズも同様のことを記している。奴隷船が西インドの港に着くと、「奴隷たちは、いつも陽気に歌うのである――ゆえに、船上のニグロたちの踊りと歌で、奴隷船が着いた、とわかるのだった」。何が奴隷たちを陽気にさせていたのか、それについては、副提督は何も述べていない[38]。陽気な歌は例外だったようである。夜の下甲板をはじめとして、捕囚たち、特に女性たちが自分たちだけでいるときには、「嘆き」の歌――つまり、それを耳にした者がみな、そのように呼んだのだ――を歌うほうが普通だった。悲しい、哀調こもる歌は、失ったものについて、奪われ、囚われ、孤独の淵に落とされたことについての歌で、歌いながら皆で涙することもしばしばであった。「自分たちだけになると、なんとも甘やかに、そして悲しげに歌う者もいた」と、ジョン・ライランドは回想している。女たちは、家族、友人、故郷の人々から引き離されたことを歌った。歌は「哀愁に満ち、生まれ故郷から連れ去られた嘆きと悲しみを伝えていた」。トーマス・クラークソンは、奴隷船のマストにつながれ、ゆっくりと狂気に陥っていった女たちの歌について記している。「女たちは、歌を歌い、失われた親族や友人に呼びかけ、故郷に別れを告げ、生まれ故郷の大地での何不自由ない暮らし、そこで過ごした幸せな日々を語るのだった。そうかと思えば、歌いもしなければ、話もせず、ただ憂鬱に沈み込み、止めどなくこぼれる涙に、嘆きを注ぐだけのときもあった。また、踊り、叫び、怒りに震えるときもあった。暗鬱たる奴隷船の船内では、このような気の滅入る光景をどうしても目にせざるをえなかったのである。」[39]

こういった歌には、過去を呼び起こそうとする側面があり、グリオのスタイルを踏襲していた。水夫のデヴィッド・ヘンダーソンは、「受難の歴史と、現在の苦難」についての歌を聞いている。医師のジェイムズ・アーノルドもまた、女たちが「これまでの人生、そして友と故郷との別離を」歌うのを聞いた。アーノルドはさらに続けて、ジョゼフ・ウィリアムズ船長にはこういった抗議の歌の意味がわかっており、「極めて不快」に思っていた、と記している。船長は、歌を使って過去を呼び起こした女を咎め、「ひどい」鞭打ちに処したという。鞭打たれた傷が癒えるのに、二週間から三週間もかかることもよくあった。記憶を失うまいとする女たちの闘いは、社会的なものすべてを根こそぎにされた状況のなかで、自分たちが何者であるか、その歴史を保持しようとする試みだったのだ。そしてそれは、船上で自発的に育った対抗文化の核心であった。[40]

抵抗――食事を拒む

アフリカ人捕囚は、収奪と奴隷化の経験を共有した。暴力に曝され、何もかもを集団で行う奴隷船での暮らしを分かち合うことで、共同体形成の可能性が生まれ、また、船上での実践――労働、コミュニケーション、そして歌など――が、共同体誕生の実現を助けたと考えると、集団アイデンティティの創出という協同プロジェクトにとって、抵抗ほど重要なものはない。抵抗は、それ自体が新たな言語であった。食事の拒否、船からの身投げ、反乱蜂起といった、実際の行動によって語る言語である。文化背景にかかわらず誰もが理解できる万人に共通の言語であり、自らは積極的な抵抗をしなかった者たちでさえ、その意味は理解していた。抵抗の行為は、事の大小にかかわらず、その一つ一つが、奴隷であることを拒み、社会的な存在としての死に抗うものであった。抵抗により、何かを生み出し、違う未来を志向したのである。一人の拒絶は、人々を束ね、共闘へと団結させたのだった。(41)

大西洋奴隷貿易は、様々な意味において、四百年続いたハンガーストライキであった。海をまたいだ人身売買は、十五世紀初頭に始まり、十九世紀末に終わりを迎えたが、その間ずっと、奴隷とされたアフリカ人は、与えられた食べ物を拒み続けてきたのである。船に乗せられた奴隷の中には、「憂鬱に沈みこみ」、打ちひしがれたまま、何を言われても、命じられても、食事の指示も含め、一切に反応しなくなる者たちがいた。また、病気にかかり、食べたくても食べられない者たちもいた。しかし、精神を病んだにしろ、肉体を病んだにしろ、その一部の者たちは、意識的に食物を拒否したのだった。心身ともに健康な者たちの多くもそうだ。食事を拒むという行為は、奴隷たちにとっていくつかの重要な意味を帯びていた。船長が貿易商から命じられた任務の第一は、新世界の港に、できるだけ多くのアフリカ人を、生かして、そして健康な状態で届けることであったから、理由はなんであれ、食べ物を拒む者は、利益を脅かし、権威にたてつく存在となったのである。ゆえに、食べ物の拒否こそが、第一の、そして最も効果的な抵抗行為であり、その他の抵抗へのきっかけとなった。また、それは駆け引きの手段ともなった。ひどい扱いをすれば、ハンガーストライキに出られるからである。さらには、船上で、「我々」対「やつら」という、抵抗の文化が育つのに一役買った。ハンガーストライキは次のようなメッセージを伝えていた。モノにはならない。労働力にもならない。生きたまま食べられてなるものか。

一八〇一年、ジョン・ライランドの船、《リバティー》では、数名の奴隷が食べ物を拒んでいた。見張り役の航海士はまず、食べないなら船から投げ捨てるぞ、と怒鳴った。そして次には猫鞭で脅した。これは効果があったようだ、と航海士は考えた。「奴隷たちは、少しばかりの米を口に運び、食べるふりをした。しかし航海士が目を離すや、食べたものを海に吐き出すのだった。」水夫のジェイムズ・モーリーも、奴隷たちが食べるふりをするのを目撃している。「絞め殺される寸前まで」、食べ物を飲み込まずに口のなかに入れておくというのである。航海士らは、「膨れっ面の、くそ忌々しい黒……」と、奴隷たちを呪った。猫鞭、親指締め、(口を開けさせるための)「ボラスナイフ」や棒、あるいは言うことを聞かない喉に食べ物を流し込むための「スペクルム・オリス」や「へら」などを使い、無理やりに食べさせようともした。[42]

食事を拒む者は、船長の権威に真っ向から挑戦をつきつけることとなる。誰かがやれば、それが手本となって広がり、惨憺たる結果をもたらすからである。一七九一年、庶民院の奴隷貿易調査委員会での、アイザック・パーカーという水夫の証言を見れば、このことが恐ろしいほどはっきりとわかる。一七六五年、《ブラック・ジョーク》に乗せられていた幼児が、「機嫌が悪くなり、ものを食べなくなった」という。母親もいたのだが、母乳も飲まなければ、米とパーム油を混ぜた通常の食事も口にしなかった。船長のトーマス・マーシャルは猫鞭で子どもを打ったが、囚われの男たちが、これをバリカドの隙間から見ていた。彼らの抗議の「つぶやきは、大変な音」となった。それでも子どもは食べようとはせず、船長は来る日も来る日も、猫鞭を振るったり、マンゴーの丸太を使ってみたりした。長さが五〇センチほど、重さが五キロほどのもので、それを、紐で子どもの首にくくりつけたのである。「船長が最後に子どもを取り上げ、鞭打ったときには」と、パーカーは説明している。子どもが甲板に「手から落ちるにまかせ」、「ちくしょうめ……食べんか、食べんと殺すぞ」と呟いていた。一時間もしないうちに、子どもは息をひきとった。船長は、残虐の留めとして、母親に小さな遺体を海に投げ捨てるように命じた。母親が拒むと、彼女を殴った。最後には、母親も従わざるをえなかったが、その後、「激しい悲しみに暮れていたようで、何時間も泣いていた」。食べ物を拒んだのは、わずか九カ月の赤ん坊であった。これほどに幼い反逆者さえ、《ブラック・ジョーク》では容赦されなかったのである。[43]

マーシャルのような船長が恐れたのは、抵抗の伝染だったが、一七三〇年に高等海事裁判所に提出された事件は、その好例であろう。《シティ・オブ・ロンドン》（南海会社所有の船だった）のジェイムズ・ケトル船長が、水夫のエドワード・フェンティマンを、奴隷に対しての暴力が度を越していると して訴えたのである。フェンティマンが、ある女奴隷（名前は不詳）を殴ったところ、他の全員——船には三七七名が積まれていた——が、食事を拒んだ。このため、フェンティマンはケトル船長から殴られることになった。船長は裁判所で、この出来事はより大きな問題の一例である、と説明した。その問題とは、「ニグロの性質や気質のことだ。奴隷船では、奴隷の誰かが殴られたり、虐待されたりすると、他の全員がそれを恨むということが頻繁に起こる。彼らはむっつりとふさぎ込み、食事を摂らなくなり、多くが衰弱して、結局死んでしまうのである」。[44]

T・オーブリー医師の言葉は、ケトル船長の主張を裏付けるとともに、それを一般論へと引き上げている。彼は、奴隷船船医のためのハンドブックにおいて、奴隷を暴力的に扱って虐待すれば、往々にして奴隷たちが食物を拒む結果になると、説明しているのである。いったん食べなくなると、「食欲を失い、病気になることもある。原因は、ひとつには絶食、また、もうひとつには、自分たちがひどい扱いを受けるのに対する嘆きである」。さらに生々しい説明が続く。そして、抵抗すると心に決めたが最後、「医者がどう努力しても、彼らを生かしておくことはできないのである。まっとうなやり方をしようが、ひどい手を使おうが、絶対に何も食べようとはしないのだ。なぜなら、ひどい扱いをされるより死を選ぶと決めているからだ」。オーブリーはもちろん、食べさせるための、様々な暴力的な手段についても触れている。しかし、彼の見るところ、そのような手段を使ったところで抵抗は続くし、一切何も口にしないという意志の前では、最終的には役に立たないという。ケトルと同様、オーブリーのケースからも、ハンガーストライキが、あらゆる奴隷船上で繰り広げられた激しい闘いにおける、ひとつの戦略であったことは明白なのである。(45)

サイラス・トールドが語る、《ロイヤル・ジョージ》でのハンガーストライキは、反乱へと直接つながり、それが失敗に終わるや、集団自殺になだれこんだ。それとは逆の過程を辿る抵抗もあり、反乱の失敗の後には、ハンガーストライキが頻繁した。一七二一年、《フェレール・ギャリー》の反乱では、立ち上がった捕囚のうち「ほぼ八〇名」が殺されたり、溺れたりした。ウィリアム・スネルグレイヴ船長の記録によると、生き残りのほとんどが、「極度の鬱状態に陥り、何名かは、断固として何も食べようとせずに餓死してしまった」という。また、船の名は不明だが、一七八一年、ボニー川に停泊中の船での反乱では、傷を負った首謀者のうち三名が、「餓死を選んだ」。彼らは、脅され、それから殴られたが、「どのような恐怖を与えても無駄であった。いったん心を決めてからは、どんな食物も口にせず、死に至ったのであった」。また一七八三年、《ワスプ》で、二度の反乱が起こった時も同様であった。女性奴隷たちが船長を捕らえ、船から突き落とそうとした一度目の蜂起のあとに、一二名が怪我と絶食のために死んだ。二回目の反乱はより規模が大きく、五五名ものアフリカ人が、「怪我をしたり、塩水を飲んだり、失望のために憤死したり、食べ物を拒んだりして」絶命したのであった。(46)

甲板からの身投げ

自発的な飢餓の選択より、抵抗としてさらに劇的だったのは、おそらく、甲板からの身投げだろう。アフリカの港に停泊中に、逃げようとして飛び込む者もいたし、また、新世界の農園での奴隷労働に身をやつすより、自ら命を絶ちたいと、その手段として断食より溺死を選ぶ者もいた。これは広く実践されていた抵抗であり、奴隷貿易の運営者たちの間では絶食同様に広く恐れられていた。貿易商は、船長への公式、非公式の指示において、身投げについての警告を与えた。船長はこれに応じ、船体を囲む網をはりめぐらせた。また、男性奴隷を甲板にあげるときには必ずボルトに鎖でつなぎ、同時に怠りなく見張らせた。それでも奴隷がどうにかして飛び込んだときには、すぐさまボート数艘の緊急救出隊を出し、捕まえて再び船に載せるのだった。

女性奴隷は、男性よりずっと自由に船上を動き回れたので、この飛び込みという抵抗においては、女性たちが重要な役割を果たした。一七一四年、《フロリダ》がオールド・カラバーを出航するや、四人の女性が海に飛び込んだ。うち一名は身重の女性だった。乗組員の一人の記録によれば、「女たちは泳ぎのうまいのを見せつけ、こちらを巻いた」。乗組員たちはすぐに後を追ったが、捕まえられたのは、「他の者たちほど敏捷に動けなかった」身重の一人だけだった。また、一七三二年、黄金海岸のアノマブでのこと、ジェイムズ・ホッグ船長は、真夜中に女性が六名、船から飛び降りたのを発見、後にそのことを思い返して、乗組員が迅速に動いたので、残りの者たちが後に続くのをどうにか阻止できたのだ、と確信した。海岸地域出身の奴隷の多くは泳ぎの達人ではあったが、彼らにとっても、このような逃亡は大変危険なものだった。海から連れ戻され——船から飛び込んだ者のほとんどが捕まった——再度船に上げられると、厳罰が待っていたし、場合によっては、(他の者への見せしめのために)殺されることもあった。たとえ岸まで辿りついたとしても、アフリカ人捕獲者につかまり、奴隷船に戻される確率が高かった。そしてなんといっても、多くの者が飛び込んだ、海岸に近い水域は、鮫だらけだったのだ。ヒュー・クロー船長の回想では、自分の船の一隻から海に飛び込んだ二人のイボの女性は、あっという間に鮫にズタズタにされたというのである。[47]

自由のためにと思い決め、熟考の末に飛び込むのではなく、ある特定の出来事に反応して、思わず海に飛び込んだ捕囚たちもいた。一七八六年のこと、仲間の遺体を船の医者が人体解剖のために切り開いたのを見た六名が、「怒りのあまりか、恐れ戦いてか」、揃って「海に飛び込み、すぐに溺れ死んだ」。その二年前、「争奪」(ジャマイカでは、波止場の船の上で、意図的に壮絶な奴隷の売り立てをすることがあった)の最中に、四、五〇名が海に飛び込んだ。一七三七年、セントキッツに入港した《プリンス・オブ・オレンジ》では、鎖から外されるや百名もが船から飛び降りた。うち三三名が水夫の助けを拒み、溺れ死んだ。その者たちは、「なんとしても死ぬつもりで、海の底へとまっすぐに沈んでいった」。ジャフェット・バード船長によれば、奴隷たちと出身地が同じ者が船に乗り込んできて、「冗談で」お前たちは白人から目を潰されて、食べられるのだ、と言ったのが、この集団身投げの原因だったという。[48]

身を投げた奴隷たちは、着水が叶うや、はっきりと喜びを表現した。それは、このような自殺という名の逃亡の性格を、如実に語るもののひとつであろう。水夫のアイザック・ウィルソンは、ある奴隷が海に飛び込み、「逃げおおせたのを勝ち誇るかのように、沈んでいった」のを覚えている、と回想している。また別のアフリカ人男性は、下甲板の用便桶を空けるのに、船にめぐらされた飛び込み防止網が緩められているのを知って、水夫たちから逃げ、「その穴から、海へとまっしぐらに飛び込んだ」。後を追ってきた水夫らに捕まりそうになると、男は水のなかに潜り、今度は少し離れた場所から顔を出し、捕獲者たちの手から逃れたのだった。その時のことを思い出して、船医は次のように述べている。「彼はこの間ずっと、私には言葉にできない身振り手振りをしてみせた。いずれも、我々から逃れた喜びを表していた。」そして男は沈んでいき、「再び彼を見ることはなかった」。一七四二年、《ナソー》で、流血の反乱が鎮圧された後、船長は負傷した奴隷を甲板に上げた。その船にキャビンボーイとして乗っていた者の記憶によれば、傷が深く回復が疑わしい者はみな、「海に飛び込むつもり」のようで、実際多くが身を投げたが、「見たところ嬉々として」死んでいったという。あの悪名高い、《ゾング》でも同様のことが起こった。ルーク・コリングウッド船長が命じて海に捨てたのは一二二名の病気の奴隷だったが、他にも一〇名が自ら飛び込んだのだった。[49]

自死の方法は、ハンガーストライキと身投げだけに留まらなかった。「死にたい」ゆえに、病気になっても薬を拒む者たちもいた。《エリザベス》の一七八八―九年の航海では、女性がふたり、首を吊る方法を見つけ出し、縊死した。固い角のある道具、鋭利な物体、あるいは自らの爪で、喉をかっ切る者もいた。トンプソンという名の水夫の記録は以下のとおりである。「自分が知る限り、強風が吹くと、（下甲板に閉じ込められた）奴隷たちはみなそろって風下へと急いだものだ。船を転覆させようとしていたのだ。いまのような状況を続けるより、あるいは見知らぬ土地で奴隷になるより、溺れ死ぬほうがいいと考えてのことだ。」[50]

きわめて稀ではあったが、しかし最も劇的な集団自殺としては、船ごとの爆破というのもあった。一七七三年一月、《ニュー・ブリタニア》の下甲板の男性奴隷たちは、自由に動けた少年たちに密かに道具を持ってこさせ、それを使って隔壁を切断して銃器室に侵入、武器を手に入れ、一時間以上にわたって乗組員と交戦し、双方にかなりの犠牲を出した。乗組員には勝てない、と悟るや、「彼らは火薬庫に火を放ち、船ごと吹き飛ばし」、乗っていたほぼ全員が死亡、犠牲者は三百名にのぼった。一七八五年十月、ジェイムズ・チャールズ船長は、ガンビアの奴隷がオランダの奴隷船上で乗っ取りに成功した（船長と乗組員は殺害された）と聞くや、その船を追いかけることにした。反乱者たちを降伏させれば、自分の財産にできるというのが、小さからぬ動機であった。三時間追跡を続けた後、一戦を交えたものの事は決まらず、そこで乗組員の一団が、火災を起こしている反乱者らの船に乗り込もうと申し出た。船乗り十名と航海士一人が船に乗り込み、甲板で巧みに闘い、「反乱者たちを船倉に追いつめた」。闘いはなおも続いたが、誰かが船を爆破したらしく、凄まじい爆発とともに、船上の全員が非業の死を遂げた。残骸の一部は、チャールズ船長の《アフリカ》の甲板にも降ってきたそうである。[51]

自殺は、血染めの赤い糸のように、奴隷貿易の記録を貫いているが、その頻度を確定するのは困難だ。しかし、一七八八年にドルベン法、つまり奴隷運搬法が通った後、奴隷船の船医は必ず日誌をつけなければならなくなったので、一定の期間であれば、日誌がひとつの手段となるだろう。一七八八年から一七九八年の間、八六隻の船の船医が、自分の管理下にあった全てのアフリカ人の死亡原因を日誌につけているが、そこでは自殺がかなり大きく浮かびあがってくるのである。二五名が、何らかの自死と思えるものを記録している。船から身を投げた者が一名以上いた船が八隻。他に三隻で、反乱の後に「行方不明」（明らかに海への飛び込みだ）の奴隷が出ている。さらに三隻、特定はしていないが自殺者を経験した船がある。他に一二隻では、「死亡」、「溺死」、「鬱」、そして「堕胎」などの理由が挙げられている。サンプルとして取り上げた船のほぼ三分の一が、自殺の目撃証言を残しているわけだが、しかしこれにしても、実際より相当に少ない可能性が高いのである。というのも、この時期には、奴隷貿易の非人間性をめぐって議論が沸騰していたため、医者たちは自分の利益のためにも、自殺者を報告しなかったのだ。[52] 自殺数が少なめに報告されたり、隠蔽されたりしたもう一つの理由に、一七八五年のトリニティー開廷期〔五月―六月〕に、マンスフィールド判事によって下された英国裁判所での判決がある。保険会社は、反乱で死んだ奴隷に対しては補償金を支払わなければならないが、無念、絶食、あるいは絶望などが理由で死んだ奴隷への保証は行わない、というものであった。より具体的に言えば、「海に身投げして死亡した者に対しては、補償金の支払いはない」とされたのであった。[53]

蜂起

下甲板にぎっしりと詰め込まれた何百もの肉体は、潜在的エネルギーの塊だった。雨で気温の低くなった中を奴隷船が航行していくと、いつも、そのエネルギーの発散が実際に目に見えたという。下甲板に閉じ込められた、熱のこもった肉体の集合から立ちのぼる蒸気が、格子を越えて、乗組員が働く主甲板へと上がってくるのである。一七六〇年代末に、《ナイチンゲール》に乗っていた、水夫のヘンリー・エリソンは、「まるで炉の前にいるように、格子の向こうから蒸気が上がってくるのを」見たという。下甲板のこの人間溶鉱炉は、往々にして爆発し、本格的な蜂起となった。奴隷貿易という奇妙な戦争、その戦闘が、はっきりと目に見えるかたちで、船上で繰り広げられることとなるのである。[54]

しかし、奴隷船上での蜂起は、巧まずして自然に起こるものではない。それはむしろ、緻密な努力の積み重ねの成果なのだ。つまり、用心深く意思疎通をはかり、細部にいたるまでの計画を立て、そして正確に実行に移す。そうしてはじめて可能となるのだ。どんな蜂起にしろ、成功か否かにかかわらず、蜂起そのものが刮目すべき達成であった。奴隷船では、あらゆることが、奴隷の蜂起を防ぐように組み上げられていたのだから。貿易商、船長、航海士、そして乗組員、すべてのものが、蜂起について考え、憂慮し、蜂起を阻止すべく様々な手を打った。捕囚らは、ほんのわずかのチャンスさえあれば、憤怒のうちに立ち上がり、自分たちを滅ぼすだろう。一人々々が心のうちでそう思っていたし、全体としてもそのように考えていた。奴隷船を走らせている側にとって、悪夢の最たるものが蜂起であったのは間違いない。それは、一瞬の爆発のうちに、利益も命も吹き飛ばしてしまいかねないのである。

苦しみを共有していると認識し、ともに解決を探ろうとした人々が、意思疎通をはかるところから、集団での行動が始まる。はじめは、おそらく二人とか三人とかの小さなグループでの話だ。下甲板の、悪臭漂う、湿った空気のなか、船長や乗組員に聞こえないよう、夜半に、コンスパイア（共謀）という言葉の字義どおりに（つまり、ともに息をするがごとく）、言葉を交わすのだった。下甲板は通常すし詰め状態ではあったが、それでも動き回ることは可能だった。足枷や手枷をはめられていてさえ、動けはした。そうして、やがて反乱者となる者たちは、下甲板をあちこちと動き、仲間を見つけ、話し合った。計画が出来上がると、共謀の核となる者たちの間で、「血の誓い」が交わされることもあった。「互いの血を数滴吸って交わす、ともに闘う誓い」であった。その後に、他の人々を組織するわけだが、危険な矛盾は十分に承知していただろう。つまり、計画に加わる人数が多ければ多いほど成功の可能性も高いが、同時に、誰かが密告する危険性も大きくなるのだった。ゆえに、多くの場合、少人数の、腹が据わった闘志に燃える者だけで事を進めるほうが好まれた。いったん事が始まれば、他の者も加わるだろう、と賭けるのである。首謀者たちは、慎重に事を運び、反乱を起こすのに最適な瞬間を待った。[55]

奴隷貿易に従事する者は、誰もが、反乱を起こすのはたいていアフリカ人男性だと考えていた。その読みは正しく、ゆえに男たちは、下甲板でも主甲板でも、常時枷をはめられ、鎖でつながれていたのである。しかし、女や子どもも、重要な役割を果たしていた。男らよりずっと自由に船を動き回れたから、その役割はなおさら重要なものだったのだ。実際、女性たちが、反乱を指揮したこともあった。たとえば、一七八五年、《ワスプ》では、女たちが船長のリチャード・ボーエンを捕らえ、海に投げ棄てようとした。《ユニティー》(一七六九―七一年)の奴隷たちは、《トーマス》(一七九七年)の場合とおなじく、「女らの働きで」立ち上がった。女たちはまた、船上の権力者の近くにおり、自由に船の中を動き回れたので、それを利用して、船長や航海士の暗殺を計画したり、下甲板の男たちに道具を渡したりもした。ガンビアに停泊していた《ニュー・ブリタニア》では、子どもらが、下甲板の男たちに「大工道具のあれこれを渡し、男たちはそれで下甲板の天井を破り、銃、照準器、そして火薬などを手に入れたのだった」。[56]

反乱を起こすにあたって極めて重要だったのが、参加者が過去に積んだ経験であった。一部の男たち(たとえばゴラの人々)、そして、女たちの若干名(ダホメーの出身者)は、かつての戦士で、そういう人々は、これまでの人生において、戦争に必要な勇気、規律、そして技術を身につけていた。彼ら、彼女らは、いかに接近戦を闘うか、いかに統制のとれた動きをするか、いかに退却せずに持ちこたえるか、等々の訓練を受けていただろう。ヨーロッパ人についての貴重な知識を持っている者もいて、彼らのやり方を知っており、船のことまでわかっていることさえあった。水夫ウィリアム・バタワースが、数名の奴隷について次のように書いている。「カラバーや近隣の町に暮らしていたため、英語を覚え、とても上手く話す者たちがいる。また、ちょっとした悪事を働いて自由を奪われた者もいて、彼らはどんな危険を冒しても、自由を取り戻したいと思っており、他の者たちの心に不満の種を蒔き続けている。他の者は、彼らのように罪人ではないが、男も女も、悪事を働いた者たち同様に、不運な奴隷たちだ。」このように経験豊富な、港町出身の男女は、自分らを捕らえた人間の行動を、そして船の構造までをも、他の奴隷たちにはできないやり方で、読み解くことができた。港町の住人のなかでも特別な存在だったのは、船乗り経験者である。彼らは外洋航海船のあれこれの技術を身につけており、反乱を起こすに際して、最も貴重な存在であったろう。ウィンドワード海岸のクルや、黄金海岸のファンティなどは、ヨーロッパの船や航海術について特に詳しいことで、知られていた。もちろん、その他、海岸や河川地域の人々で、同様の知識を持っている者も多数存在していた。このような理由で、海岸部の出身とわかっている奴隷は、奴隷船の船長から、船の安全にとって特に危険な存在であると見なされていたのだった。[57]

一七五三年三月にガンビア川に停泊していた《トーマス》の捕囚たちは、明らかにヨーロッパ製の武器についての知識を持っていた。八七名の奴隷全員が、「自分で枷をはずし」、甲板に現れ、一等航海士を海へ投げ捨てた。これに驚いた乗組員は、小火器を発砲、奴隷たちを下甲板へと追い戻した。しかし、捕囚のなかに、乗組員の火器がきちんと作動していないのに気づいた者がいて、奴隷たちはそうと知るや、「木片や、板切れを」手に、甲板に引き返し、乗組員と一戦を交えた。その時の乗組員の数はわずか八名、ロングボートへと追いつめられ、そのボートで脱出した。「スループ船は、奴隷たちのものとなった」――いや、彼らは瞬時にして、もはや奴隷ではなくなったのだった。他の奴隷船の船長が二人してスループ船を取り返しに来ると、彼らは激しく応戦した。「奴隷たちは、敵に対して旋回銃を使い、様々な小火器を発砲した。使い慣れている様子であった。」手に入りさえすれば、火器をこのように使いこなした例は珍しくはなかったのである。[58]

扱いにくく、また反乱をおこすことで広く知られていた文化集団もあった。セネガンビア地域出身の奴隷は、奴隷となるのをことのほか嫌う、それで船のうえでは危険な存在となる、との複数の観察記録が残っている。ウィリアム・スミスという名の王立アフリカ会社の社員によれば、「ガンビア人は、元来の怠け者で労働が大嫌い。奴隷になるのはとても耐えられない。そこで、自由になるためなら、何だってするのだ。とはいえ、必死に何かをすることはない」というのである。黄金海岸のファンティは、反乱も含めて、「あらゆる危険かつ有害な企み」をいつ実行に移すか気が抜けない。トーマス・トロッター医師は一七八〇年代の自分の経験に基づいて、そのように記している。アレクザンダー・ファルコンブリッジもこれに同意している。すなわち、黄金海岸出身者は、「とても大胆で意志堅固。船上においては、他の地域の者たちより、頻繁に反乱を起こす」というのである。ビアフラ湾のイビビオは、「クアウ」、またアメリカでは「モコ」としても知られているが、ヒュー・クロー船長によれば、彼らは「どの部族にもまして、捨て身でむかってくる」。「奴隷たちが、何らかの悪さを企んだり、反乱を起こしたりする際には、いつもその先頭にいた。」十八世紀末の記述である。イビビオは多くの乗組員を殺害し、船を爆破することでも知られていた。「この部族の女たちは」と、クローは書き添えている。「男にも負けない激しさで、復讐心に燃えている。」実際、イビビオは危険すぎると思われていたらしく、船長たちは「できるだけ彼らを積まないよう」、気をつけていたという。船に乗せた場合は、「甲板と甲板の間に、彼ら専用の部屋を別に用意せざるをえなかった」。反乱の危険があるというので、別の居住区を与えられていたのは、イビビオのみであった。船長たちは、隔離によって反乱を防ごうとしたのである。(59)

反乱への参加を促す主な伝達系統としては、女性、少年、そして文化集団などがあったが、それぞれは、その内部に分断の可能性も秘めていた。男性集団、あるいは女性集団のどちらかが反乱に立ち上がっても、一方がそれに応じないというケースも多々あった。もちろん、そういう反乱は、乗組員にとってはずっと鎮圧しやすかった。たとえば、一七八五年、《ワスプ》の女たちが、ボーエン船長を襲った際、男たちは立ち上がろうとしなかったし、また、一七八六年の《ヒューディブラス》の場合は、女たちが男たちと行動をともにしなかった。少年らは、男性奴隷たちに、鋭利な道具を渡すだけでなく、下甲板で進んでいる計画を乗組員に漏らすこともあったと知られている。さらに、ある民族集団が反乱を起こす気になっても、船の他の集団にとっては、彼らの戦闘的なやり方が必ずしも好ましいとは限らなかった。イビビオとイボは「生かしておけぬ敵どうし」と呼ばれていたし、チャンバはファンティを忌み嫌っていた。一七五二年に起こったある反乱の最中には、イボとコロマンティの反乱者が仲間内で闘いを始めてしまった。しかし、このようなケースにおいて、分裂の原因が、それまでのいきさつなのか、意思疎通や準備段階での失敗なのか、あるいは最終的に反乱を望んでいたかどうかの違いなのか、常にはっきりしているわけではない。(60)

反乱を起こすには、船をよく理解していなくてはならなかった。だから、当然、人々が囁きあったことのひとつは、船倉、下甲板、主甲板、船長室、銃器室について知っていること、そしてその知識に基づいてどのように事を進めればよいのかであった。ヨーロッパ人と彼らのテクノロジーにかんして、特に三種の知識が必要で、それらは蜂起の三つの段階に関連しているということも割り出した。どうやって鎖から自由になるか、乗組員と闘う武器をいかに手に入れるか、そして成功した場合の船の操縦法である。反乱が頓挫したり、敗北に終わったりするのは、この三つの段階のいずれかであることが多かったのであった。

手枷、足枷、そして鎖という鉄の技術は、大方その目的に対して有効であった。何世紀にもわたって、奴隷やその他の囚人たちに使われてきたことから考えても、それは明白である。しかし、下甲板の男性捕囚らは必ず、枷から自由になる方法を見つけ出したというのも、また明白な事実である。枷のはめ方がゆるい場合には、何か滑りをよくするものを使い、手足をさかんによじって、枷から抜け出る。また、釘、楊枝、木の細い破片、その他の道具を用いて鍵をはずす場合もあったし、鋭利な道具で鉄枷そのものを壊す場合もあった（のこぎり、手斧、ナイフ、金槌、のみ、鉈、あるいは斧といった道具は、女性か少年かが下甲板へと渡したのだろう）。枷を外そうとしている間は、気づかれないよう、道具を静かに使わねばならず、それがまた一苦労であった。鎖がはずれれば、次はしっかりとはめられた格子を突破しなければならない。夜間は施錠されるのが常であった。誰かが乗組員を騙して、夜の間に格子を開けさせられれば、それもよし、そうでなければ、朝、格子が開けられるときに不意打ちをかけるのがベストという場合が多かった。[61]

次は、爆発するエネルギーが下甲板から解き放たれる番である。その爆発音が、恐怖におののく乗組員の耳に、「尋常ならざる叫び」、「数度にわたる恐ろしい悲鳴」となって届くのだ。悲鳴はおそらく、「乗組員が殺される」際に上げたものだろう。朝の静寂を、アフリカの闘いの叫びが貫く。あっという間の猛攻撃。重要なのは怒りである。驚愕した乗組員は、反乱の手から逃れようと脱出用ロングボートに走っていくだろう。それまでの間、船の前方は、取っ組み合いの闘いに飲み込まれる。そしてもし、相当数の奴隷が枷をはずすのに成功していたとしたら、反乱者たちは見張り役の乗組員の数を圧倒的に凌ぐだろう。しかし、乗組員には短剣があり、反乱者たちには、甲板から拾いあげたもの以外には武器はなかった。彼らが手にできたのは、索止栓、板、オールが一、二本といったところだったろう。男たちと一緒に、女たちも立ち上がったとすれば、バリカドの後ろ、船の後方でも闘いが始まったことだろう。そちらでは、釣り道具や、コックの手斧など、前方よりよい武器が手に入る可能性もあった。しかし、実際には、月明かりの甲板に躍り出てみれば自分たちのグループだけ、ということが多かった。「彼らには、甲板から拾った雑多なもの以外には、火器も、その他の武器もなかった。[62]」

乗組員は全員が甲板に駆けつけ、反乱の鎮圧にかかる。ピストルやマスケット銃を手に取り、バリカドに陣取って、覗き穴から男たちに発砲する。バリカドの最上部の旋回銃にも要員を配置し、これで、甲板への掃射が可能となる。ここが事を左右する瞬間である。反乱者たちが、成功への望みをつなぐのであれば、バリカドを破壊し、まずは銃器室に突入しなければならない。しかしそれは、男たちの居住区からもっとも遠いところ、すなわち船長室近くの船尾部分に位置し、回りには警備の乗組員が陣取っている。ゆえに、バリカドの小さなドアを破って突破するか、壁をはがすか、反乱者たちは多くの場合、そのどちらかを試みる。バリカドの高さは二・五メートルから三・五メートル強、上には忍び返しがついていた。もしどうにかバリカドを突破するか、登って越えるかでき、そしてもし、闘って銃器室までたどり着いて中に入ることができ、さらにもし、ヨーロッパの火器の使用法を知っていれば（軍隊経験のあるアフリカ人の多くにはその知識があった）、一七五〇年、《アン》におけるような結果を手にする可能性もあった。「ニグロらは武器と火薬を手に入れ、午前三時ごろ、蜂起、白人たちを襲う。隠れた二人を除いた乗組員全員に重傷を負わせた。陸地までの短い距離を船を操り、ロペス岬の南側に上陸、自由の身となったのである。」(63)

闘いが繰り広げられるなか、反乱者たちは、事前の計画を行動に移していく。乗組員はどうしたのか。たいていの場合、答えは簡単明瞭だった。殺すのである。船の名前は定かではないが、ブリストルを一七三二年に出航した船での選択もまさにそれだったようである。「蜂起した」奴隷たちは、「全乗組員を殺害、船長の首をはね、腕と足を切り落とした」。しかし、乗組員を片付けても、もうひとつの問題のため、事はスムーズには運ばなかった――つまり、アフリカ人のなかに船の操縦法を知る者がいるかどうかの問題である。いったん船が海に出さえすれば、その知識の欠如は、蜂起に対する最良の堡塁のひとつだ、とヨーロッパ側は考えていた。一七三五年、ジョン・アトキンズが次のように記している。「ニグロの航海術についての無知は安全装置である、と一般に思われている。」ゆえに、反乱者たちは時に、アフリカに戻る航海を手伝わせるため、数名の乗組員を生かしておくこともあったのである。(64)

奴隷船での蜂起は、通常、以下の三つのうち、いずれかの結果に終わった。第一のケースの典型が、一七二九年、ギャリー船《クレア》での反乱である。奴隷らは、黄金海岸沖、まだ五五キロほどの海上で「蜂起。火薬と火器を使いこなし」、船長および乗組員は、脱出用ロングボートへと追われ、猛る反乱者たちから逃走し、船は反乱者のものとなった。蜂起を成功させた者たちが、船を操縦したのか、あるいは漂流するにまかせて岸に着いたのかははっきりしないものの、どちらにしろ、彼らはケープ・コースト城塞からほど遠くない場所に上陸し、自由を取り戻した。さらに劇的なのが、一七四九年、ウィンドワード海岸沖での蜂起である。奴隷たちは枷の鍵をはずし、甲板からはぎ取った大きな板を手にして、乗組員と激突した。二時間の後、彼らを圧倒し、乗組員は船長室へと撤退して、内側から鍵をかけた。翌日、奴隷たちが後甲板の板をはずすと、乗組員のうち五名が逃れようとして海に飛び込んだが、彼らは、アフリカ人のなかに火器の使い方を知っている者がいることを、身をもって知ることとなった。海のなかで、弾を浴びせられ、殺されたのである。勝利をつかんだ反乱者らは、その後、残りの乗組員に降伏を命じ、従わねば船を吹き飛ばすと脅した。船はまもなく陸に乗り上げ、勝利者たちは船を後にする前に、積み荷その他を略奪した。陸に上がった者のなかには、奴隷船で強いられた裸体ではなく、乗組員の服を身につけていた者もいたのだった。[65]

反乱は時に、両者ともに破滅という結果をもたらした。一七八五年に大西洋を漂流していたのを発見された「幽霊船」は、おそらくそのケースであったと思われる。その名前不詳のスクーナー船は、一年前にロードアイランド植民地ニューポートの乗組員を乗せて、アフリカの海岸へと向かったものだった。いまや、帆もなく、乗組員もおらず、乗っていたのは一五名のアフリカ人のみで、彼らも「ひどく衰弱し、哀れな状態であった」。「相当長く、海を漂っていた」ようだ、というのが発見者の見解であった。奴隷たちが船上で蜂起し、「反乱を起こして、船長と乗組員を殺害」、「反乱の最中あるいは反乱後に、黒人の多くも死亡した」のだろう、というのである。おそらく、誰も船の操縦法を知らず、徐々に飢え死にしていったものと思われた。[66]

船上での反乱の最も一般的な結末は、なんといっても奴隷側の敗北であった。そして敗北の後には、拷問の責め苦と恐怖とが待っていた。反乱の首謀者格は、他の者たちへの見せしめとされた。鞭打たれる、刺される、ナイフで切られる、カミソリで切られる、ちぎれるほどに引っ張られる、骨を折られる、手足を切断される、そして首をはねられる、と、奴隷船船長の常軌を逸した想像力の赴くままにやられたのである。闘いは、この残酷極まる拷問の間も続いた。反乱者たちは、鞭打たれても頑として叫び声ひとつ上げず、平然として死に赴いたのであった。これで悪名高かったのが、コロマンティで、彼らは「懲罰を、そして死そのものさえをも」見下していたのだった。敗れた者たちの切断された体の一部が、残りの者たちに配られることもあった。反乱を起こそうなどとした者たちがどうなるのか、忘れさせないためである。奴隷船というのは、人間を支配すべく見事に組織された要塞であった。そのことが、繰り返し、繰り返し、証明された、ということだ。そもそもの仕組みからして、囚われの人々が船を乗っ取り、自由へと船出するなど、至難の業なのであった。[67]

なぜ奴隷が反乱を起こすのか。奴隷とされていること自体が一番の理由である。船に乗せられたアフリカ人自身の説明からも、この見立てが事実であると裏付けられている。ジェイムズ・タウンという水夫は、ウィンドワード海岸で奴隷取引に最もよく使われていた言葉に「英語と同じくらい精通」しており、奴隷たちとの会話から、彼らの嘆き悲しみを知ることとなった。一七九一年に国会議員から、奴隷船上で反乱を起こそうとした例を知っているかと問われ、はい、と答えている。続けて、「なぜ反乱を起こすのか、聞いてみたことはあるか」と問われると、次のように答えた。「自分はこんなふうに聞きました。自分たちを奴隷にし、故郷から遠くへ連れ去ってどうしようというのか。妻も子どももいるから、家族と一緒にいたいのだ。」船上で反乱が起こりやすくなる、他の要素としては、海岸への近さ（いったん船が外洋に出てしまうと、航海についての心配がある）、健康状態の悪化、あるいは乗組員の警戒のたるみなども考えられた。奴隷貿易が拡大するにつれ、アフリカでの戦闘経験のある捕囚も増え、これも反乱の可能性を高めただろう。[68]

奴隷船上での反乱が、貿易の遂行に実質的な影響を及ぼしたことが、歴史家のデヴィッド・リチャードソンの研究で明らかになっている。一七三一年、『ボストン・ニューズレター』の記者が記しているとおり、損失、運輸コストの上昇、投資家の投資意欲の低下などをもたらしたのだ。「あちら（黄金海岸）への前回の航海では、ニグロが蜂起し、他にも不首尾が数々あり、貿易商の利潤は著しく減少した。」リチャードソンの計算では、奴隷船の十隻に一隻は蜂起を経験、蜂起一回の平均の死者はほぼ二五名、そうすると、全体では十万もの貴重な奴隷が蜂起により死亡したこととなるのである。また、死亡以外の経済的影響（経費の上昇、需要の低下）も生じ、アメリカへの「奴隷の輸送は大幅に減少した」。その数は、奴隷貿易の歴史全体では一〇〇万、一六九八年から一八〇七年までの期間では六〇万と考えられる。[69]

蜂起は新聞を読む市民にも影響を与えた。新聞は、大西洋の両側で、流血の奴隷蜂起を間断なく報じ続けた。奴隷貿易反対派は、記事と同時掲載で、あるいは記事そのものの中で、囚われの人々が見せた「命がけの決意と驚嘆すべきヒロイズム」に触れながら、下甲板からの闘争を世間に知らしめたのである。反対派は、彼らは「失われた自由」、自らの自然権利を取り戻そうとしているのである、と繰り返し主張した。さらに一七八七年以降、英国および米国で、奴隷貿易をめぐって公の論争に火がつくと、廃止派は、奴隷貿易関係者の、船は環境も待遇も良いとの言い分をくつがえすものとして、奴隷の抵抗をたびたび引き合いに出した。もし、奴隷船が、貿易商や船長がいうようなものであれば、いったい誰が、食事を拒否して餓死を選んだり、海に飛び込んだり、あるいは、

失敗を承知し、死を覚悟のうえで蜂起したりするだろうか。(70)

トーマス・クラークソンは、「奴隷船の船倉や甲板でたびたび繰り広げられた、素晴らしく英雄的な場面」について書いている。こういった行動は、とてつもなく偉大で高貴なので、「彼らの行動の輝かしさの前には、ギリシアやローマの誉れ高き人々さえも往々にして霞んでしまう」。クラークソンはさらに次のように続けている。

しかし、一方の運命ともう一方の運命のいかに異なっていることか。前者の行動が、実に多くの人々から許すべからざるものと見なされ、拷問と死をもって罰せられるのに対し、後者は公の栄誉を与えられてきた。前者の行いについては、それらを忘却の淵に追いやるべく、可能ならば、その痕跡すら残らないようにするために、多大な精力が傾けられる。対して、後者の行いは、来るべき時代の規範として入念に記録されてきたのである。(71)

英雄的行為、拷問、死についての、そしてギリシア史やローマ史の間断なき美化についての、クラークソンの言葉は正しい。しかし、反乱者の遺産についての彼の言葉は間違っていた。蜂起は、船上の奴隷たちにとてつもない大きな影響を与えた。計画への関与の度合いは異なっていても、誰もが影響を受けたのだ。奴隷となることをよしとしない人々の闘いが始まり、以後何百年も続いたのだ。彼らは殉教者として、人々の間で語り継がれ、下甲板で、港で、そして奴隷農園で、人々の記憶に長く残った。反乱者たちは記憶され、闘いは続いたのであった。(72)

故郷、ギニアへ還る

死の受け止め方と、様々な抵抗への衝動とには、西アフリカ地域に共通する魂についての考え方が関係している。十八世紀初頭から奴隷貿易の廃止まで、奴隷たちの大半は、死ねば生まれ故郷に還るのだ、と信じていたようなのだ。このため、彼ら彼女らは「気丈かつ平然と、死を迎えることができた」。この信念は特にビアフラ湾出身の人々に顕著であったようだが、セネガンビア、ウィンドワード海岸、そして黄金海岸でも同じように考えられていた。そして、その信念は、中間航路の後も長く生き続けた。北アメリカや西インドにおけるアフリカ系の人々の葬式では、しばしば喜びが溢れ出たし、ときには恍惚感が漂うことさえあった。それは、死者が「ギニアの故郷へ還るからなのだ」。(73)

十八世紀のはじめ、名前は定かではないが、ある人物が自分の船で死んでいった者たちについて、次のような観察を残している。「彼らの考えでは、死ねば、自分の故郷に還るのだという。それで食べ物を拒む者が出てくるのだった。故郷へ還る一番の早道として、物を食べずに痩せ衰えるのである。」一七六〇年代に、奴隷船上で、自ら餓死を選んだ、オールド・カラバー出身の女性は、死の前日、仲間の女たちに「友達のところにいくのだ」と語った。世紀後半のジョゼフ・ホーキンズの記録によれば、イバウは死んだのち「自分の故郷に戻り、心配からも苦痛からも解放されて、ずっとそこで暮らすと信じていた」。奴隷貿易廃止論者たちも、魂の移動が信じられていたことを知っていた。トーマス・クラークソンもこう説明している。「死が彼らを抑圧者の手から解放するやいなや、すぐさまに故郷の草原に運ばれていくのだ。アフリカ人たちは一様に、そう思っていました。もう一度、故郷で暮らし、愛おしい同胞と目見《まみ》え、新しい人生は最後まで平穏と喜びのうちに過ぎていく、というのです。恐ろしいことには、この考え方が非常に強く作用していたため、自ら命を絶つという極端に走る者もいたのです。」誰かが息を引き取ると、仲間のアフリカ人たちは、「幸せな故郷に行ったのだ」と言ったものだった。(74)

あるヨーロッパ人の観察によると、彼の奴隷船に乗っていた様々な捕囚たちと話したところ、大半の者が、これを「信じきっていたので、彼らは今のままの肉体で、同じ土地に暮らすのだと思うことができたのだ」。中には、以前と全く同じ生活に戻るのだと考えていた者もいたし、さらには「なつかしい家」に戻るのだと思っていた者さえいた。また「生者には明かされない、この広大な大陸のどこか」に還る、と考えていた人々(「他より少し知的な」アフリカ人と称された)もいた。彼らは、「アフリカの天国」で、何を恐れることもなく、人生を楽しみ、豊かに暮らす、というのである。イスラム教徒の奴隷は、「ある定め」について触れた。それは、「真のムスリムすべてが受け継ぐもの」であるという。しかし、死後の世界に誰と行くのか、つまり、「以前の妻と子どもとともに」なのか、あるいは「青い目の処女とともに」なのかについては、ムスリムたちは異なった考えを持っていたようである。奴隷たちの話を集めたある人物は、人類学的なアプローチをしても何もわからない、と述べた。「このことについてのアフリカ人の考えは、闇につつまれ、理解しがたく、我々が関心を払うには値しない。」(75)

貿易商や船長は、そういうわけにはいかなかった。彼らは、この信念に多大なる関心をよせ、熟考のうえ、様々な策を講じたのだった。自殺を防ぐためにネットを張り巡らせたり、強制的に物を食べさせる道具を用意したりしただけではなく、考え抜かれた恐ろしい手も使ったのだった。アフリカ人の多くは、現在の肉体のまま、故郷に還るのだ、と考えていた。

そこで船長は、「予防策」として、死体をバラバラにし、見ている者たちを恐怖に突き落とした。最初の死者が出ると、奴隷全員を甲板に上げ、全員が見ている前で、死んだ奴隷の頭を大工に切り落とさせた船長もいた。船長は死体を海に投げ捨て、「奴隷たちに、どうしても故郷に帰るというのなら、頭なしで帰ることになる、と仄めかしたのだった」彼は死者が出るたびに、この身の毛もよだつ儀式を繰り返した。ウィリアム・スネルグレイヴ船長も同じことを考えた。反乱を首謀したとして処刑された奴隷の首をはねた後、船長はこう説明している。「この最後の部分は、同じように歯向かう者は、同じ目に遭う、とニグロたちにわからせるためにやった。黒人たちは、殺されても、死体をバラバラにされなければ、船から捨てられた後に、再び故郷に戻れると信じていたからだ。」このために、「罪人が徹底的に切り刻まれて」しまうことも多々あった、とヒュー・クローは述べている。大西洋における資本主義経済の揺籃期、奴隷船の船長は多くの役割を果たしたが、そこにもう一つの顔が加えられねばならないだろう。テロリストという役である。[76]

「故郷、ギニアに帰るのだ」という断固たる思いを考慮に入れると、船を奪うのは、必ずしも、反乱の最終的な目的ではなかったかもしれない。トーマス・クラークソンの説明のとおり、多くの場合、その目的は集団自殺であった。囚われの者たちが、「乗組員に対して立ち上がろうと決めるのは、そうすれば自分たちの望みどおりに死ねると願ってだった。そして死ねるだけでなく、同時に圧制者の何人かでも滅ぼせれば、という希望も抱くのであった」。これを目的として反乱を起こした側の視点から考えると、ずっと多くの反乱を成功として数えねばならないだろう。死と魂の帰還によって、反乱者たちは、収奪、奴隷化、異郷への拉致を覆したのであった。[77]

絆をつくる

収奪と奴隷化の暴力は、奴隷船に力ずくで乗せられた人々の人生をかたちづくっていた血縁関係の構造を破壊した。これは、人の人生を深部からズタズタにして、方向を見失わせるような体験ではあったが、囚われの人々は、それをただ受動的に耐え忍んだわけではなかった。残された親族関係を維持するために、あらゆる手をつくしたし、また同じく重要なことに、船上で新たな絆の形成に乗り出したのだった。船へと至る、枷につながれての行進、「奴隷房」、奴隷取引所、要塞といった早い段階ではまだだったとしても、船に積まれた時からそれは始まるのだった。たとえば、オラウダ・エクィアーノは、「同郷の人々」と新たな絆を結んだ。その言葉が指すのは、彼と同じイボのことだったかもしれないし、同じ船で出会ったアフリカの人々すべてだったのかもしれないない。人類学者はこれを「仮想血縁」と呼んだが、奴隷船の下甲板では、極小の互助社会が、次々と、間断なく形成され続けたのであった。こうやって絆を結んだ人々は、自分たちを船友（シップメイト）と呼んだ。

　奴隷船上には血縁関係が実際に存在したし、また珍しくもなかった。これが血縁関係について強調しておかねばならない第一の点である。多くの証言にあるとおり、奴隷船のうえで、夫と妻、両親と子ども、兄弟姉妹や、核家族や拡大家族のメンバーが会う、ということがよくあったのである。これは、アフリカで最も一般的だった奴隷獲得の手段ゆえであった。つまり、ある村全体への「大襲撃」だが、これは通常、真夜中に火を放つため、家族、一族、ときには共同体自体が、襲撃してきた敵によって一掃され、海岸に輸送され、「戦争捕虜」としてまとめて売られることとなったのである。ジョン・ソーントンが記しているように、「奴隷船に積まれた人々全員が、同じ文化を有しているということもありえたし、それどころか一緒に育った仲間だったということもありえたのである」[78]。

　血縁者の奴隷船上での出会いはよくあることだった。あるイボの男性で、（エクィアーノの父親のような）身分の高い「アンブランシェ風」の人物は、同じ船の主甲板で、「面立ちも肌の色もよく似た」女性、つまり自分の姉妹と出会った。二人は、「驚き、黙ったまま立っていた」が、この上なく愛おしそうにお互いを見やり、そして「互いの腕のなかへ飛び込んだ」また、「非常に賢く、聡明な」十五歳の少女の例もある。彼女が、奴隷船に乗せられてから三カ月後「顔立ちが自分とそっくりな少女」、すなわち、八歳の妹が船に運ばれてきたのだった。「二人の少女はすぐさま抱き合い、一緒に下に降りていった。」奴隷船のうえでは、兄弟姉妹、夫と妻といった「血縁者の出会い」が繰り返された。「それも、別々に乗せられてくるのである。」兄弟どうし、姉妹どうしは、食事をともにした。しかし、男性と女性とは分けられていたから、血縁者どうし誰でもが、そう簡単にコンタクトをとれたわけではなかった。たとえば、夫妻の場合は、「甲板を行き来できた少年」が彼らの間の連絡係となったのだった[79]。

　現存する記録を見ただけでは知り得ない方法で、親族的な特徴は、実際の家族から、食事班へ、労働の仲間へ、友人へ、同郷の男女へ、そして下甲板全体へと、ゆっくりと拡大していった。この過程で核となったのは、ジョン・マシューズの説明どおり、多くの西アフリカ文化に共通する、加成性とでもいうべき性質である。シエラレオネの人々は、驚くほど「易々と、新しい縁をつくりあげる」、とマシューズは書いている。ジェイムズ・ボーエン船長も、奴隷たちが絆を結んでいく過程について書いている。彼の船のアフリカ人の間には、多くの「親族」が見受けられた。船長ははっきりと記しているが、これは、伝統的な親戚関係ではなく、新たに形成された関係であるという。こういった人々は、「互いに強い愛着を抱くようになり、今では離れがたく、航海の間、同じ食べ物を分け合い、同じ寝床で眠るのである」。つまるところ、彼ら、彼女らは、同じ暴力、恐怖、困難な状況に耐え、ともに抵抗し、共同体をつくり、奴隷船の下甲板で生き抜くのである。人々は「新たな絆をつくりあげる」船友となるのである。(80)

医師のトーマス・ウィンターボトムという人物が、この言葉の重要性を説明している。彼は一七九〇年代のはじめ、シエラレオネ植民地で医師として働き、アフリカ、船上、そして新世界での親族関係を観察した。彼の記録によれば、ある一定の年齢になると、男性の名前の前にはパパ、あるいは父という敬称が、女性の名前の前には、ママあるいは母という敬称がつけられる。「西インドの奴隷たちも、このようにしていた」と彼は書いている。次に彼は、船がいかに中継ぎの役割を果たしたかを示している。「特筆に値するのは、同じ船で西インドへと渡った、この不運な人々が、互いに対して、強く濃やかな親愛の情をずっと抱き続けることである。夫婦となることは滅多にないので、この人々にとって、「船友」という言葉は、兄弟、姉妹とほぼ同じ意味を持っているのである。」大西洋の植民地では、どこでも同じ現象が見られた。オランダ植民地では、同じ船でやってきた人々は、互いに「シビ」あるいは「シピ」と呼び合った。ポルトガル領ブラジルにおいては、航海で親族となった者を指す言葉は、「マルンゴ」である。カリブのフレンチ・クレオールでは、「バティマン」という。そして、ヴァージニアから、バルバドス、ジャマイカその他では、「シップメイト」なのである。このような「親族の絆」は、同じ船で渡ってきた者が、その子どもたちに、自分の「船友」を、「おじさん」、「おばさん」と呼ぶように教えて、さらに広がっていったのだった。中間航路の間に起こる、船上の人々の関係の変化について、船員のウィリアム・バタワースは、「航海が始まって二、三週間の間にいかに多くが変わることか」と記している。(81)

そのような絆の強さを物語るのが、航海が終わり、売られてバラバラに引き離される際、船友らが示す激しい不安と苦しみである。動揺の最大の原因はもちろん、その先の農園で待ち構える未知なるものへの恐怖ではあったが、奴隷船のうえで、苦悶とぎりぎりの希望のうちに築いたものを失うことも、動揺を引き起こす要因のひとつだった。一七八八年から一七九二年にかけての奴隷貿易にかんする庶民院の公聴会で、医師のアレクザンダー・ファルコンブリッジと、船員のヘンリー・エリソンが、ある議員から次のような質問を受けている。「あなたの船の奴隷が西インドで売られるにあたって、非常につらそうにしていた例を知っていますか。」二人は、はい、と同意し、「互いに引き離されるのを悲しんでいるようでした」と答えた。ファルコンブリッジは四回、また、より経験の長いエリソンは十回、そのような奴隷売買を目撃したという。彼らは二人あわせると、四千人のアフリカ人が船から下ろされ売られるのを見ているのである。彼らが言及したのは、本来の血縁だけではない。どの売買でも、実際に血がつながっているのは、僅かな数であったろう。むしろ、「お互いに引き裂かれるのを悲しんだ」と、言っているのは、それぞれの船の奴隷全体についてなのである。(82)

この観察に深みを加える他の証言もある。医師のトーマス・トロッターが記したところによれば、彼の船の人々は、「別れに際し、それがどんなにつらいか言葉をつくし、友人を求めて泣いた」という。トロッターは続けて書いている。「この時引き離されたなかには、幾組かの夫と妻がいた」が、「様々に近さが異なる親族関係にある人も、多数含まれていた」――言い換えると、最も近い親族から拡大親族まで、さらには同じ村の者、同じ土地の者、新たな船友までのことであった。集団売り立て（「争奪」）の際に、「血縁や友情で結ばれた者たち」を一緒にしてやろうとした、ボーエン船長のような例もあるが、彼の計画は上手くいかなかった。仲間となった者たちはバラバラにされ、「叫ぶ者、愕然とする者」、気を失う者さえいた。おそらく、二度と会うことはないだろう、と船長は思った。最後の売り立てで引き離された「同じ土地出身の」三人の少女の例を見てみよう。三人を乗せていたのは、一八〇四年、サウスカロライナのチャールストンに着いた船であった。三人のなかの一人の、「苦悩の叫びがあたりを貫いた」。彼女は「二人の友達から別れる、恐怖と絶望に耐えられなかったのだ」。二人の友人は少女をじっと見つめ、少女も二人を見つめた。ついに三人は、お互いの腕のなかに身を投げ出し、筆舌につくせぬ悲しみの叫びをあげた――彼女たちは抱き合ったまま、すすり泣き、叫び、互いの涙で身を濡らした」。最後に引き離されるとき、少女の一人は、「お守りがついたビーズのネックレスを自分の首からはずし、それにキスをして、友達にかけてやった」。(83)

一七六六年から一七八〇年にかけて、奴隷船の航海を九回も経験したベテラン、トーマス・キング船長が語った話からは、船上で共同体が形成される、もうひとつの例がうかがえる。キング船長は、ある集団の「宗教司祭」が捕囚として船に乗せられてきていて、その人物が反乱に立ち上がるよう励ましていたのを、何度か見たというのである。このような宗教的指導者は、他の者たちを促して「そういった企てをたて、船をどこかに上陸させ、そこで自分たちの小さな共同体をつくろうと考えていた」。このように、船のうえで、新たな共同体が形成されたのであった。それは、アフリカのアダムとイブが船に乗ったときに始まり、農園の共同体で、逃亡奴隷（マルーン）の共同体で、教会の共同体、そして都市の共同体においても続いていった。抵抗の断固たる力を受け、錬金術を施されたごとくに、鎖は共同体の絆へと姿を変えたのだ。謎に満ちた奴隷船は、自分たちが「黒人」であると、はじめて発見した人々にとって、創造的な抵抗の場となった。奴隷船上で死にも等しい受難をくぐった共同体は、息をのむような力の弁証法のもと、屈することなく、しなやかに生命を肯定し続ける、アフリカン・アメリカンの、そして汎アフリカ的な文化を生み出したのだった(84)。

第十章　奴隷船《ブルックス》の長い旅

一七八〇年代末ともなると、すでに何千という奴隷船が大西洋を渡っていた。そうして、何百万人もの奴隷を新世界のプランテーションに届け、きわめて強力な新大西洋資本主義経済の誕生に貢献した。しかし突然、一七八八年から八九年にかけて、すべての奴隷船が、奴隷貿易廃止派によって本国に呼び戻された。もちろん現実にではなく、言ってみればそのような状況が訪れたのだ。奴隷船上で行われてきたことは倫理的に言い訳がつかない、と認識した廃止派が、その暴力の実態を各船の母港で明らかにすべく、イングランドではロンドン、リヴァプール、そしてブリストル、合衆国ではボストン、ニューヨーク、そしてフィラデルフィアなどで動きはじめたのである。奴隷貿易反対の人々は、奴隷船を大都市の世論形成層にとって現実のものとし、長いこと市民社会の手の届かないところを航行していた船を、世論の厳しい注視のもとに連れ戻し、そして願わくば、新たな法の管理下に置くべく、精力的な運動を開始したのだった。[1]

奴隷船を人々にリアルに感じさせるには、様々な方法——たとえば、パンフレット、演説、講演、そして詩など——が採られたが、最も効果的だったのは、まず間違いなく視覚に訴えるやり方だった。廃止論者たちは、奴隷船の図像を描いて世間に発表し、これが、それまでの社会運動が展開してきたどんなプロパガンダより大きな効果を上げたのである。その当時も、そして現代においても、最もよく知られているのが、一七八八年十一月に、ウィリアム・エルフォードと奴隷貿易廃止推進協会のプリマス支部が作成、出版した、奴隷船《ブルックス》の図像である。その後、《ブルックス》の図像は、大西洋の両側で、繰り返し描かれ、印刷され、十八世紀、十九世紀の大西洋奴隷貿易の残酷さと、またそれに抗する多様な闘いを典型的に表すものとなった。トーマス・クラークソンは、廃止運動を振り返って、その図像を「目にした者の胸には、瞬時に恐怖が刻まれた」と、説明している。それを見ると、「他のどんな方法によるよりも、（アフリカの人々が）

輸送される際の恐怖が、ずっとよくわかった。その図像は、人々に我々の大義の正しさを印象づけるのに、大いに貢献してくれた」[2]。

《ブルックス》の図像作成は、英国、合衆国、そして奴隷貿易が行われているあらゆる場所の人々を教育し、揺り動かし、そして行動に参加させるためのより大きな戦略の一部だった。一七八七年、マンチェスターの急進派、トーマス・クーパーはとるべき作戦についてこう述べている。「誰もが一般論としては奴隷貿易に否定的である。全体としては我々の大義に賛同してはいるが、しかし、こういった人々に実際に何らかの行動をとらせるには、この取引がいかに非道かを具体的に示すものを提示しなくてはならない。」運動を築き上げるには、奴隷貿易についての、具体的で、目に見える、そして人の心に訴える情報が必須だった。そして誇張があってはならなかった。必要とされたのは、「誇張しようもない悲惨を物語り、何百万もの人々の心に届くもの」であった。「法は、この悲惨な状況を緩和するどころか、悪化させ、しかもそれにお墨付きを与えていること、そして、強欲と抑圧がこの状況を引き起こし、継続させてきたことを伝えねばならなかったのである。クーパーは次のように結論づけている。示すべきは、「ある特定の惨苦とそれに付随する状況で、人々に哀れみを引き起こし」、行動を促すように「よく考えて選ばねばならない」。彼は、廃止運動においてもっとも成功した仕事の指針を、このように言い表しているのである[3]。

《ブルックス》は、廃止論者たちの他のいかなる発見にもまして、奴隷貿易の悲惨と非道を、あますところなくはっきりと世に示した。彼らの運動の結果、暴力、残忍、非人間的状況、そして身の毛もよだつような死が繰り広げられる場所としての奴隷船のイメージが、広く世間に浸透した。奴隷船そのものが残虐の場であり、巨大で、複雑で、高度なテクノロジーを用いた拷問具であるということが、ぞっとする、具体的な詳細によって示されたのである。彼らは、奴隷貿易を広く世論の俎上にのせることで、何百万ものアフリカ人を運んだ船はまた、別のものをも積んでいた事実を論証した。それは自らの滅びの種であった[4]。

なぜ《ブルックス》だったのか

《ブルックス》の悪名への航海は、ある単純な記録から始まった。書いたのは王立海軍のパレー大佐という人物で、数隻の奴隷船の積量と内測寸法を計測するため、リヴァプールに派遣されたのだった。記録には次のようにある。「ブルックスという船――積載量二九七トン、ニグロ用の複数の居住区は全体で三八八平方メートル、それから計算すると運べる数は、実際の数（六〇九）の半分である。一人あたりの割当面積は、長さが一七〇センチ弱、幅は四五センチほど。もう半分の箇所では、長さが一五〇センチ、幅が三三センチのところと、長さが一八〇センチ、幅が二五センチのところがある。」パレー大佐は二六隻の船を検分し、そのうち九隻の計測をした。計測をしたなかでは、三隻が《ブルックス》より大きく、五隻が小さかった。いちばん最近の航海で運んだ奴隷の数で、それぞれの船の床面積を割ると、《ブルックス》は奴隷一人あたりの割当面積が二番目に狭かった。それ以外の点においては、《ブルックス》は奴隷船のほぼ典型であった。[5]

プリマスとロンドンの奴隷貿易廃止推進協会がパレーの計測リストを手に入れると、廃止派は、そのプロパガンダの目玉として《ブルックス》を使うようになった。リストはおそらく、ウィリアム・ピット首相から手にいれたのだろう。そもそもパレーをリヴァプールに派遣したのはピットだったのである。ブロードサイド〔片面刷りの大判印刷物〕の初版につけた文章で、エルフォードは《ブルックス》を「巨大な船」と紹介、船について部分的な説明を提供した。ロンドンの委員会は、プリマス支部の出したブロードサイドをいけると判断し、クラークソンの言葉でいえば、「奴隷輸送の実態を如実に伝えるつもりならば、貿易に従事してきた一隻を選び、その具体的な寸法を示す」必要があると考えた。この流れでいうと、《ブルックス》には三つの利点があった。それは偶然にも、パレーのリストの最初の船であり、意図的に選んだものではない。また、計測にかんして貿易廃止反対派から、「誇張であるとの苦情」も出ていない。そして最後に、「その船は奴隷貿易においてよく知られた」一隻だったのである。[6]

《ブルックス》の建造は一七八一年、船の名は、リヴァプールの奴隷貿易商で、この船を発注した最初の船主、ジョゼフ・ブルックス・ジュニアにちなんでつけられた。積載量二九七トンと、奴隷船であることを考えても、当時としては大型の船だった（平均は約二〇〇トンであった）。パレー大佐の報告書にあるとおり、それは「奴隷船」として建造された。その証拠に、船の側面に、十四の小窓というか、空気孔が開けられていて、それらは奴隷を積む下甲板の換気のためと思われる。（他の「積み荷」——おそらく、家畜と囚人を別にすれば——なら、そのような換気は必要としない。）《ブルックス》は奴隷船としては長命で、ほぼ四半世紀に渡って、十回の航海を成功させた。代々の船長は合わせて五一六三名の奴隷を買い入れ、そのうち四五五九名を新世界に届けた。死亡率は一一・七パーセント、これは四世紀の間続いた奴隷貿易の平均値（一二・一パーセント）に近い数字で、当時としては高いほうだった（一七七五年から一八〇〇年までの間のイギリス船での死亡率平均は七・九五パーセントであった）。《ブルックス》は、ドルベン法（一七八八年）以前は、種々の図表に示されるよりずっと多数の奴隷を輸送していたのだ。一七八一―八三年には六六六名、一七八三―八四年は六三八名、一七八五―八六年には驚くことに七四〇名、そしてパレー大佐の検分直前の一七八六―八七年の航海では六〇九名であった。(7)

最初の図像――プリマス

エルフォードとプリマス委員会が作成したブロードサイドのいちばん上には、二九四名のアフリカ人奴隷をぎっしりと積んだ《ブルックス》の図がある。彼らは四つの居住区に整然と並べられ、それぞれの区域には、左から（つまり船尾から）「少女の部屋」、「女性の部屋」、「少年の部屋」、そして「男性の部屋」と書いてある。一人一人鮮明に描かれていて、着衣は腰布のみだ。男たちは足首を鎖でつながれている。ブロードサイドは五〇×七六センチ、船が占める面積はその四分の一以下だ。図のすぐ下には「一トンあたり一名のアフリカ船、ニグロ積載時の下甲板図」という題がついている。題の中央部分にもう一つの図像があり、楕円形のなかに、鎖につながれた奴隷が懇願する姿が描かれており、彼は手を挙げて、「わたしは人間ではないのか。兄弟ではないのか」と問いかけている。楕円形の左には手枷が、右には鞭、つまり九尾猫鞭が配置されている。後に奴隷貿易廃止推進協会にとって最も重要な象徴となった船は、まずはこのように使われたのであった。(8)

図像と題名の下に、二段組みの説明文（八段落）があり、これが印刷面の四分の三を占めている。文章は次のように始まる。「上の図は、積載量二九七トンのアフリカ船で、奴隷を積んだ下甲板である。一トンあたり一名の比率には若干達していない。」次の段落は、一人に割り当てられる面積の説明である。男性には一八三センチ×四一センチ、少年は一五二センチ×三六センチ、女性は一七八センチ×四一センチ、そして少女が一五二センチ×三六センチ。甲板間の高さは一七三センチであった。次の段落では、船上での集団生活の状況が簡潔に語られている。男性がどのように足枷をかけられているか、奴隷たちが食事のために甲板に上げられる際の様子はどのようなものか、などについてだ。その後、ドルベン法を紹介して、船の積載量に応じて輸送できる奴隷の数が制限されたことに言及し、それから再度、積載の問題と、奴隷たちが耐え忍ぶ「数知れぬ悲惨」が語られる。奴隷たちは、親族と生まれた土地から引き離され、「報酬も、希望もない奴隷制の過酷な労働」のあげくに、早すぎる死を迎えるのだ。

そして次に、現在の廃止運動は、奴隷貿易のみに関するもので、奴隷解放を目指すものではないとの説明が続く。一部でそう言われているようだが、それは間違いで、「個人の財

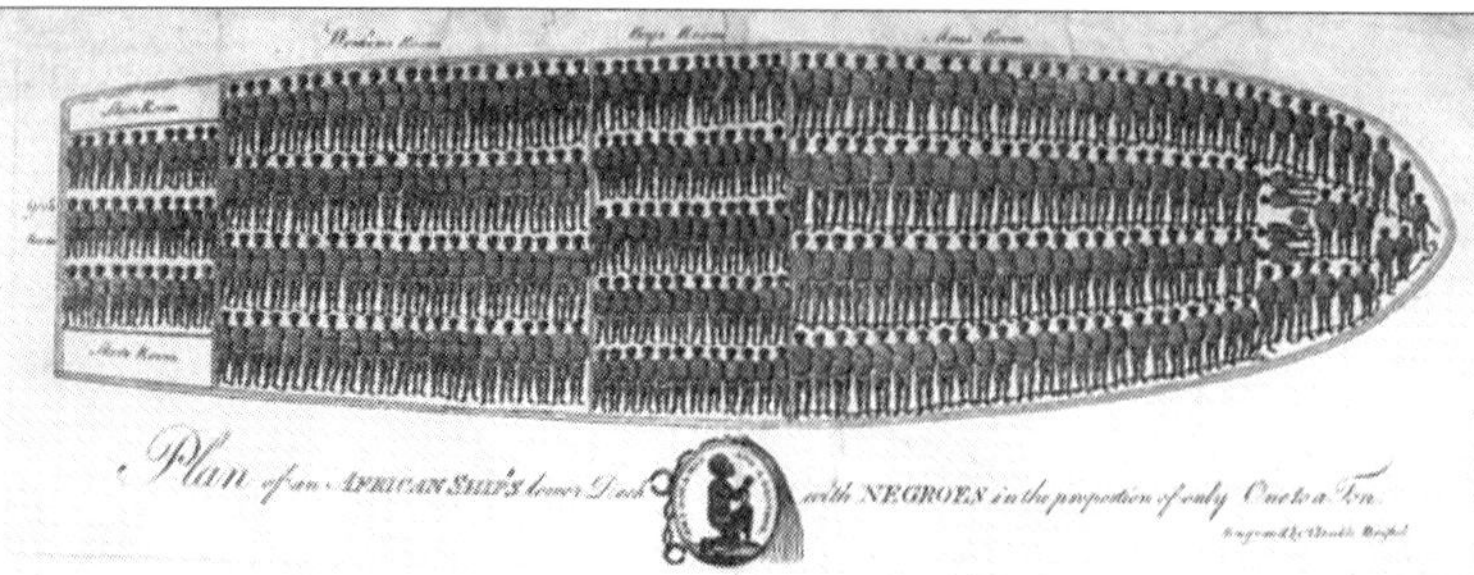
Plan of an AFRICAN SHIP'S lower Deck with NEGROES in the proportion of only One to a Ton.

THE above Plate represents the lower deck of an African Ship of 297 tons burthen, with the Slaves stowed on it, in the proportion of not quite one to a ton.

In the Men's apartment, the space allowed to each is six feet in length, by sixteen inches in breadth.—The Boys are each allowed five feet by fourteen inches.—The Women, five feet ten inches, by sixteen inches; and the Girls, four feet by one foot each.—The perpendicular height between the Decks, is five feet eight inches.

The Men are fastened together two and two, by handcuffs on their wrists, and by irons rivetted on their legs.—They are brought up on the main deck every day, about eight o'clock, and as each pair ascend, a strong chain, fastened by ring-bolts to the deck, is passed through their Shackles; a precaution absolutely necessary to prevent insurrections.—In this state, if the weather is favourable, they are permitted to remain about one-third part of the twenty four hours, and during this interval they are fed, and their apartment below is cleaned; but when the weather is bad, even these indulgences cannot be granted them, and they are only permitted to come up in small companies, of about ten at a time, to be fed, where after remaining a quarter of an hour, each mess is obliged to give place to the next in rotation.

It may perhaps be conceived, from the crouded state in which the Slaves appear in the Plate, that an unusual and exaggerated instance has been produced; this, however, is so far from being the case, that no ship, if her intended cargo can be procured, ever carries a less number than one to a ton, and the usual practice has been to carry nearly double that number: The Bill which was passed during the last Session of Parliament, only restricts the carriage, to five Slaves for three tons; and the Brooks, of Liverpool, a capital ship, from which the above sketch was proportioned, did, in one voyage, actually carry 609 Slaves, which is more than double the number that appear in the plate.——The mode of stowing them was as follows—Platforms, or wide shelves were erected, between the decks, extending so far from the sides towards the middle of the vessel, as to be capable of containing four additional rows of Slaves, by which means the perpendicular height between each tier, after allowing for the beams and platforms, was reduced to two feet six inches; so that they could not even sit in an erect posture; besides which, in the Men's apartment, instead of four rows, five were stowed, by placing the heads of one between the thighs of another.—All the horrors of this situation are still multiplied in the smaller vessels.—The Kitty, of 137 tons, had only one foot ten inches, and the Venus, of 146 tons, only one foot nine inches perpendicular height above each layer.

The above mode of carrying the Slaves, however, is only one, among a thousand other miseries, which those unhappy and devoted creatures suffer from this disgraceful Traffick of the Human Species; which in every part of its progress, exhibits scenes that strike us with horror and indignation.—If we regard the first stage of it on the Continent of Africa, we find that a hundred thousand Slaves are annually produced there for exportation, the greatest part of whom consists of innocent persons, torn from their dearest friends and connections, sometimes by force, and sometimes by treachery. Of these, experience has shewn, that five and forty thousand perish, either in the dreadful mode of conveyance before described, or within two years after their arrival at the plantations, before they are seasoned to the climate.—Those who unhappily survive these hardships, are destined like beasts of burthen, to exhaust their lives in the unremitting labours of a Slavery, without recompence, and without hope.

The *Inhumanity* of this Trade, indeed, is so notorious, and so universally admitted, that even the advocates for the continuance of it, have rested all their arguments on the political inexpediency of its abolition; and in order to strengthen a weak cause, have either maliciously or ignorantly confounded together the emancipation of the negroes already in Slavery, with the abolition of the Trade; and thus many well-meaning people have become enemies to the cause, by the apprehensions that private property will be materially injured by the success of it.—To such, it becomes a necessary information, that liberating the Slaves forms no part of the present system; and so far will the prohibition of a future trade be from injuring private property, that the value of every Slave will be very considerably increased, from the moment that event takes place, and a more kind and tender treatment will immediately be insured to them by their Masters, from the necessity every Planter will then be under to keep up his stock, by natural means; a practice which some humane inhabitants of the Islands have pursued with the greatest success, and upon whose estates no new Negroes have been purchased for a number of years, the death vacancies having been supplied by young ones, born and bred in their own Plantations.—Thus then the value of private property will not only suffer no diminution, but will be very considerably inhanced by the abolition of the Trade.—It now only remains to see how the Public and the Slave Merchants will be affected by it.

It is said by the well-wishers to this Trade, that the suppression of it will destroy a great nursery for seamen, and annihilate a very considerable source of commercial profit.—In answer to these objections, Mr. Clarkson, in his admirable treatise on the impolicy of the Trade, lays down two positions, which he has proved from the most incontestible authority.—First, that so far from being a Nursery, it has been constantly and regularly a Grave for our Seamen; for that in this Traffick only, more Men perish in ONE Year, than in all the other Trades of Great-Britain, in TWO Years: And, secondly, that the balance of the trade, from its extreme precariousness and uncertainty, is so notoriously against the Merchants, that if all the vessels, employed in it were the property of one Man, he would infallibly, at the end of their voyages, find himself a loser.

As then the *Cruelty* and *Inhumanity* of this Trade must be universally admitted and lamented, and as the policy or impolicy of its abolition is a question which the wisdom of the Legislature must ultimately decide upon, and which it can only be enabled to form a just estimate of, by the most thorough investigation of all its relations and dependencies; it becomes the indispensible duty of every friend to humanity, however his speculations may have led him to conclude on the political tendency of the measure, to stand forward, and to assist the Committees, either by producing such facts as he may himself be acquainted with, or by subscribing, to enable them to procure and transmit to the Legislature, such evidence as will tend to throw the necessary lights on the subject.—And people would do well to consider that it does not often fall to the lot of individuals, to have an opportunity of performing so important a moral and religious duty, as that of endeavouring to put an end to a practice, which may, without exaggeration, be stiled one of the greatest evils at this day existing upon the earth.

By the Plymouth Committee,

W. Elford, Chairman.

《ブルックス》，オリジナルのプリマス版，ブリストルで複製された産」が損なわれる心配はない。むしろその逆で、奴隷貿易が廃止されれば、現在所有している奴隷の処遇がよくなるだろう。「その結果、貿易の廃止によって個人財産の価値は下がるどころか、ぐっと高くなるという望ましい状況になるだろう。」

最後から二番目の短い段落は、貿易擁護派の「奴隷貿易を抑制すれば、水夫養成に絶好の場が台無しになり、また商業利潤の源泉が消滅してしまう」という主張に対する反駁である。トーマス・クラークソンの調査によって、奴隷貿易は水夫にとって「養成所」ではなく、むしろ墓場であるとの事実が明らかになったばかりだったのだ。また貿易商にとっても、不安定で予知不可能な要素が多い奴隷貿易は、危険な投資だったし、ときには大打撃をもたらしたのだった。

メッセージの最後は、行動への呼びかけだ。現在進行中の国会における奴隷貿易の調査に触れ、市民に「一歩前に出て」、適切な情報を提供するように要請している。「これについて必要な光を投げかける」情報、つまり《ブルックス》その他の奴隷船の下甲板の闇を照らす情報を求めているのである。終わりに、始まったばかりの運動の活力と担い手について述べている。「皆さんにこのように考えていただきたい。地上に現存する最大の邪悪のひとつ、誇張なしにそういってよいことが行われているのです。それに終止符を打つために努力する。これほど重要な倫理的義務、宗教的義務を果たす機会が訪れるというのは、そうそう誰にでも起こることではありません。」プリマス委員会は、次の決定を下した。「アフリカ貿易船の奴隷積載法を描いた図像に説明をつけ、一五〇〇部無料で配布し、その効果を発揮してもらおう。」[9]

中継点──フィラデルフィアとニューヨーク

フィラデルフィアとニューヨークで作成された《ブルックス》の最初期の版は、図像、文章ともにプリマス版をモデルとしていた。最初に世に出たのは一七八九年五月、マシュー・ケアリーによって『アメリカン・ミュージアム』に掲載され、その後、ブロードサイドとして二五〇〇部が印刷された。ケアリーは、図像と文章、両方のレイアウトを変え、長方形の印刷物の上部に《ブルックス》を配置、オリジナルの題は図像の上に置き、そして下には「奴隷貿易についての見解」と入れた。また全体の大きさを、だいたい三三センチ×四〇センチに縮小したが、それはおそらく最初が雑誌掲載だったためであろう。ニューヨークの印刷業者、サミュエル・ウッドは、フィラデルフィア版の文章とプリマス版のレイアウトを採用した。こちらは、ケアリーの版より大きく、約四八センチ×六〇センチ、それでもプリマスのオリジナル版よりは小さかった。[10]

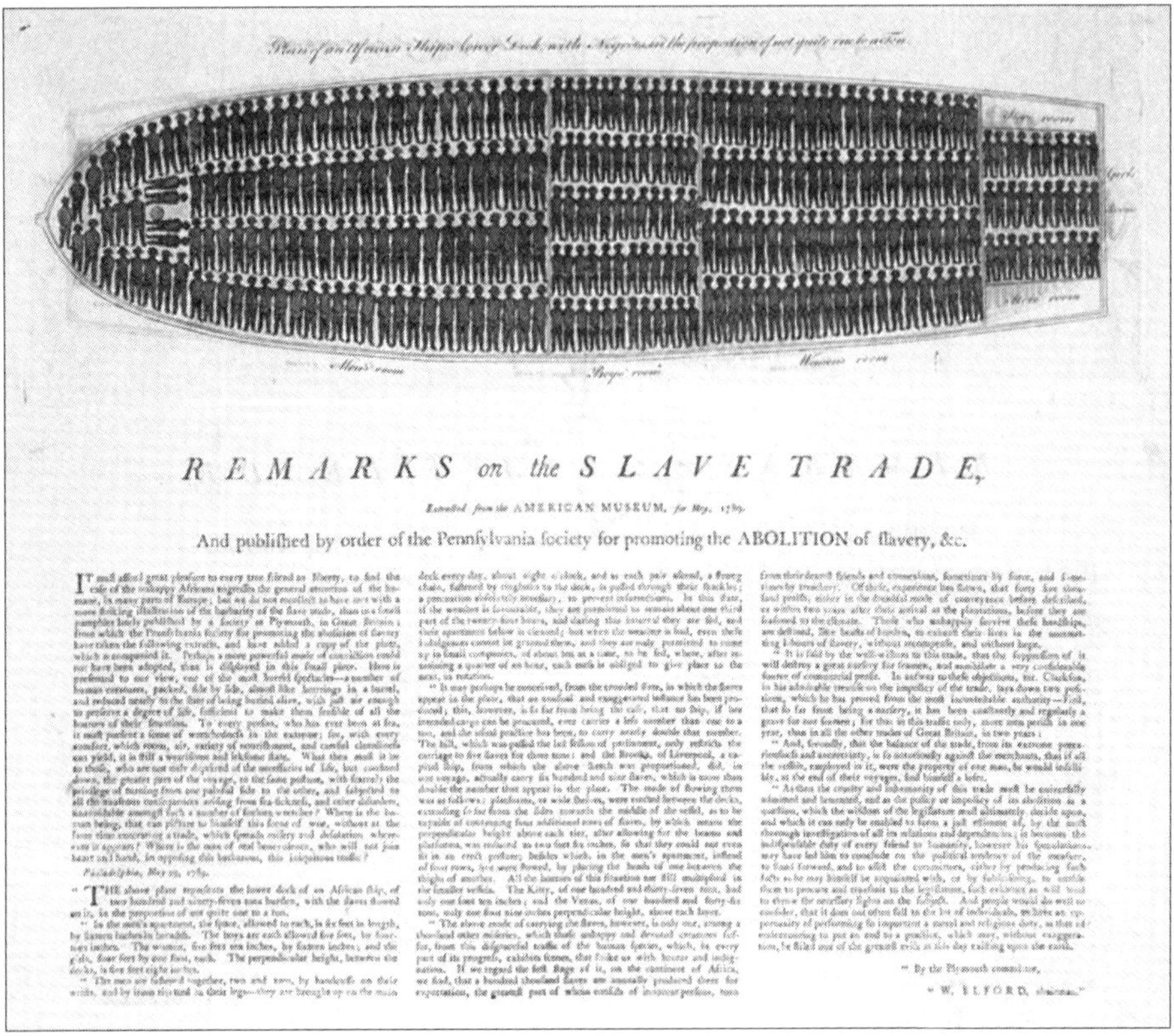

REMARKS on the SLAVE TRADE,

Extracted from the AMERICAN MUSEUM, for May, 1789.

And published by order of the Pennsylvania society for promoting the ABOLITION of slavery, &c.

" By the Plymouth committee,

" W. ELFORD, chairman."

《ブルックス》，フィラデルフィア版

合衆国側は文章に三つの大きな変更を加えた。二つの削除と一つの加筆で、これにより、プリマス版との違いがはっきりし、そしてよりラディカルなものとなった。まず、ケアリーは跪く奴隷の姿をカットし、また、貿易廃止運動は奴隷解放を意味するわけではなく、貿易廃止は個人財産に損害を与えるどころかその価値を高める、と説明した部分を丸ごと削除した。そのうえで彼は、文頭に新しい段落を付け加え、この印刷物は、「ペンシルヴェニア協会が奴隷制度廃止の促進を目指して」出すものだと、明確に打ち出したのである。ここにきて、奴隷制度そのものを攻撃するためのブロードサイドとなったのだ。

　新しく付け加えられた段落は、《ブルックス》の「不幸なアフリカ人」に対する読者の一体感を強めることを念頭に置いて書かれていた。「いま我々の目の前にあるのは、この世で最も残酷な光景のひとつである。数多くの人間が、樽のなかのニシンのごとく、ぎっしりと並べられ、生きながら埋葬されるにも等しい状態に置かれている。空気が足りず、感じられるのは投げ込まれた状況の恐ろしさだけという、生死の縁ぎりぎりのところに置かれている。」大西洋を越える航海は、それ自体、過酷なものであった。一七八四年、アイルランドからフィラデルフィアへの強制移住を体験したケアリーも、身をもってその過酷さを知っていただろう。しかし、図に描かれた「寄る辺なき哀れな人々」は、比較にならぬほどの苦しみを忍んでいたのだった。すし詰めにされ、拘束され、立ち上がることも、寝返りをうつこともままならず、船酔いと病に苦しんでいたのである。ケアリーは、船の図像について、「奴隷貿易の野蛮さを、これほどはっきりと印象づけるものは他に記憶にない」と書いている。(11)

「改良版」図像――ロンドン

トーマス・クラークソンは、『英国議会による、アフリカ奴隷貿易廃止――その興隆、進展と成果の歴史』（一八〇八年）で、《ブルックス》について次のように述べている。「この案を最初に出したのは、プリマスの委員会であった。しかし、ロンドン委員会の手によって改良されたのである。」改良の結果、図像も文章も、劇的に変化するとともに量が増え、ブロードサイドには「奴隷船の平図面および断面図」との、より正確なタイトルがつけられた。この題名は、後にさらに有名な「奴隷船詳細図」へと進化する。ロンドンでの改良を見ると、奴隷船が見たところどのようなものか、どのように使われているのかについての理解が深まり、実際的になってきた事実がうかがえる。それは、図像作成を仕切り、新しい文章を書いたと思われるクラークソンその人の知識を反映している。彼は、《ブルックス》に対し、あらゆる側面において経験に根ざした科学的アプローチを採った。その目的は客観的であること、と宣言された。つまり、「奴隷船に関わる者たち」にも反駁できない、船についての「事実」をつきつけるのである。(12)

プリマス版では、《ブルックス》の下甲板の図がひとつだけだったのが、今度のものには、七つの図が刷られていた――船全体の縦割図、下甲板を上から見た図が二枚、ひとつは下甲板上に人を並べたところ、もうひとつは下甲板から七六センチほどの高さのところに作られた台に並べたところである。そして船の船尾付近の半甲板の同様の図が二つ、さらに甲板と台との縦構造を横に切り取って示した図が二つである。図の下の文章の量は、二段組み一二〇〇語から、四段組み二四〇〇語へと、倍になった。印刷物全体のサイズは大きいままで――ほぼ五〇センチ×七一センチ――船の図が占める割合が、全体の三分の二に増えた。この《ブルックス》には、ドルベン法で許可された、四八二名の、男性、女性、少

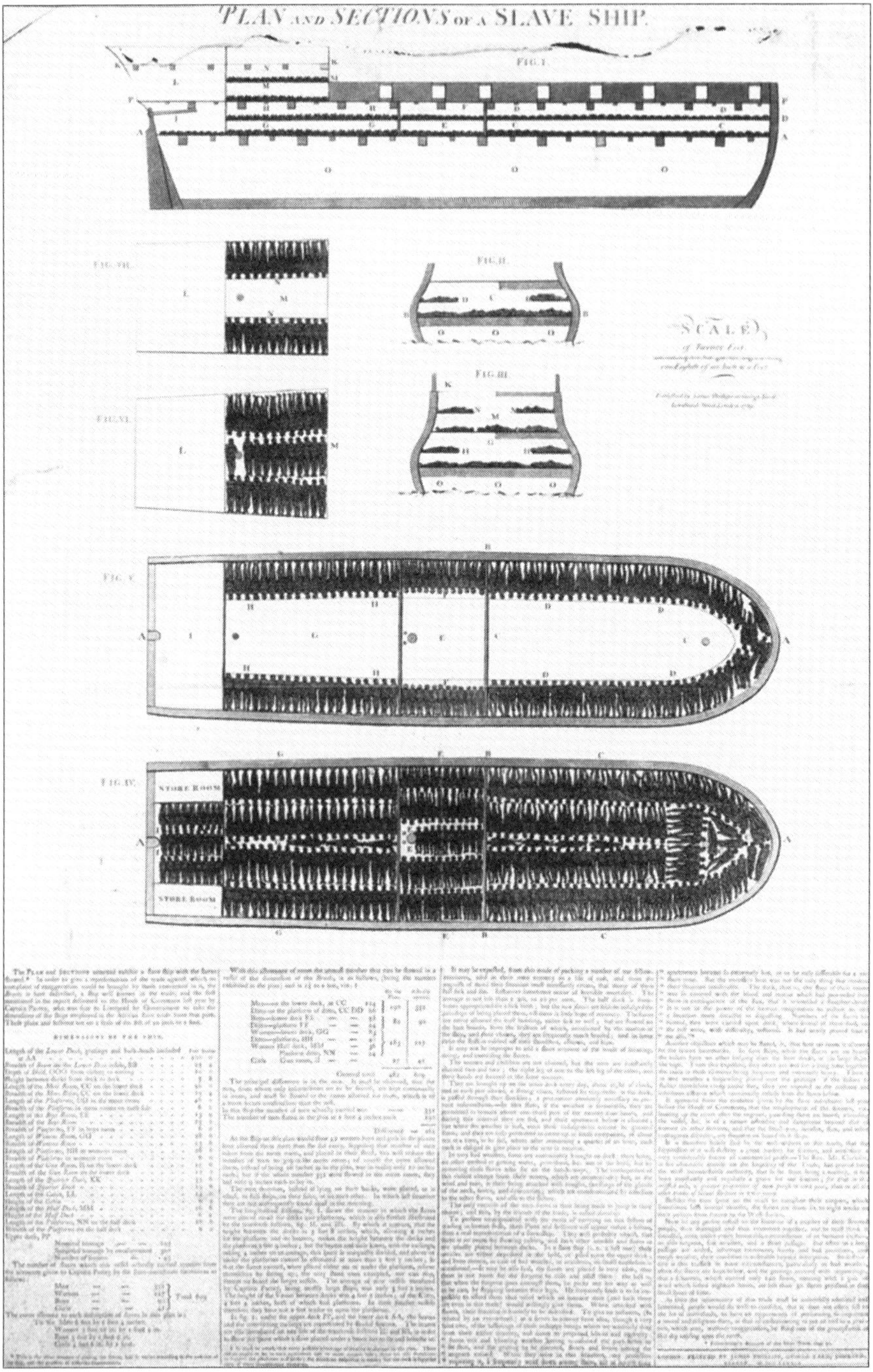
PLAN AND SECTIONS OF A SLAVE SHIP.
FIG. I.
FIG. II.
FIG. III.
FIG. IV.
FIG. V.
FIG. VI.
FIG. VII.
SCALE
STORE ROOM
STORE ROOM

《ブルックス》, ロンドン版

年、少女が積まれている。一人一人が、該当する居住区に注意深く詰め込まれているのである。[13]

《ブルックス》の新しい図像は、歴史上の特定の瞬間と変容の過程の産物である。十八世紀末から十九世紀はじめにかけて、イングランドの船舶建造は、職人仕事から近代産業へと変わろうとしていた。船大工の神秘的な技が分析され、新しい科学的法則を尊ぶ人々によって「改良」されつつあったのだ。ロンドン委員会が出した、《ブルックス》の各部の図面は、文化批評家のマーカス・ウッドの指摘どおり、「新時代の」スタイルで描かれている。たとえば、「船舶設計技術改良協会」などと共通するスタイルだ。同協会は、公共の利益となる新しい造船科学のための国際協力体制を整えるべく、ちょうど同時期に結成されたものであった。[14]

経験と科学的態度の重視は、大幅に加筆された文章にも現れており、前半部では、《ブルックス》上の人体積載という現実の問題が扱われている。パレー大佐の船についての報告が、詳細まで正確に伝えられた。以下のような数字が紹介されているのである。すなわち、図にした七つの部分の長さ、幅、高さについてパレーが計測した二五の数値、トン数（名目で二九七トン、実測で三二〇トン）、雇用されていた水夫の数（四五）、最新の航海で運ばれた奴隷の数（六〇九）、そして、その内訳、男性（三五一）、女性（一二七）、少年（九〇）、少女（四一）などである。それぞれのグループでの一人あたりのスペースも具体的に示され、続いて船の各部に何名が積載可能かを計算したうえで、この理論上の数と実際の数が比較された。その後に、デッキの高さと頭上スペースについて、細かな検討が加えられ、梁（部分的な縦梁）と台があるので、実際の高さは約七六センチで、成人が立ち上がるだけのスペースもないことが示された。また、この図には四八二名しか描かれておらず、積載の最少人数であることが強調された。《ブルックス》には、実際には六〇九名が積まれていて、それぞれの居住区には、「用便桶」や、「台やデッキを支える柱」のスペースさえなかった。庶民院で証言した、パレーやリヴァプール代表が見たところでも、実際よりも図でのほうが、一人当たりのスペースも大きかった。ゆえに、この図は控えめなものなのである。[15]

ロンドン版の文章の後半部分では、話題は、船上スペースの各集団への割り当てから、船上の奴隷たちの経験へと移っていき（《ブルックス》そのものについての客観的な議論からは離れて）、「我らが同胞」の苦しみを自分のものとして感じるように、と読者を促す。彼らの体は傷だらけ。船が揺れると、鎖と甲板の板との摩擦で皮膚が剝けてしまう、という。船上での毎日の生活（食事、「戸外の運動」、そして「ダンス」）や、病、そして死についての簡潔な記述もある。死亡率の考察にかんしては、統計およびアレクザンダー・ファルコンブリッジ医師がその目で見た証言が使われた。医師は、下甲板の恐怖を鮮明に描いているが、特に病気が蔓延した際には、船の甲板はまるで「屠殺場」のようだったそうだ。ファルコンブリッジは、「これ以上に恐ろしい、ぞっとする光景を思い描くのは、人間の想像力の限界を越えている」と、説明している。(16)

最後の段では、水夫の状況が問題とされた。スペースが足りない奴隷船上では、彼らには寝る場所も与えられていない。下甲板からの悪臭に絶えず悩まされている。水夫らはその多くが病に倒れ、死んでいく。ゆえに、奴隷貿易は、水夫を育てる場所ではなく、「彼らが絶え間なく命を落とす、水夫の墓場」なのである。ロンドン版のテクストも、フィラデルフィア、ニューヨークの再版とおなじく、「個人財産」保護についての段落は削除した。そして、これを目にした人々に、奴隷貿易という悪の廃絶のため、行動に移るように、と促す最後の一文を残したのである。(17)

「第一級の航海情報」

一七八七年六月、ロンドン奴隷貿易廃止推進協会の結成から、まだ一カ月にもならないクラークソンと彼の仲間は、ある悩みを抱えていた。奴隷貿易を廃止するのだという彼らの決意はたしかに固いとはいえ、貿易についてさほどの知識がなかったのである。クラークソンは、ケンブリッジで奴隷制をテーマに修士論文を書いていたものの、資料の数は限られており、世間の人々や国会議員を教育するほどのものではなかった。伝え聞くところでは、国会の公聴会は、「証拠がなければ話にならない」ということであった。委員会は六月十二日に、クラークソンがブリストル、リヴァプールその他の場所に出かけ、「奴隷貿易についての情報を収集する」ことを決議した。(18)

クラークソンは証拠集めの作戦を立てた。歴史学者、さらにいうなら、社会史家として事に当たろうと決めたのだ。彼は、ブリストルやリヴァプールの貿易商会館や税関に赴き、そこで、船の乗組員名簿などの歴史記録をじっくり調査して、死亡率を割り出した。二万人もの水夫の名前をもとに、彼らがどうなったかを明らかにした。同意書や賃金契約といった記録を、印刷物となったものも、そうでないものも集めて、航海に雇われた人々の待遇を調査した。最も重要だったのは、港を歩き、人々に話を聞いて回ったことだった。彼は、口承の歴史に基づくアプローチをとり、これが図らずも、下からの歴史を浮かび上がらせたのであった。

クラークソンが港めぐりを開始したのは、一七八七年六月二十五日である。最初に赴いたのはブリストルであった。その街に入るや、絶望の瞬間が訪れた。自分が何を相手に闘おうとしているかを、突如として悟ったのである。これから自分が立ち向かっていかねばならない、私欲第一の金持ちたちの権力に対する恐怖に捕らえられた。証拠を集めようとすれば、迫害に会うだろう。「生きて仕事を終われるだろうか」とさえ思った。ロンドンの運動仲間にも同じように考えた者が少なからずいたのは間違いない。クラークソンのブリストル入りから二、三週の間、彼らは自分の友人たちに手紙を書いて、クラークソンがまだ無事でいるか、問い合わせていたのである。(19)

クラークソンはまず、クェーカー教徒やその他の協力者たちを探した。ブリストル滞在中、頼れる人々である。しかし、ほんとうに話を聞きたかったのは、信頼できて「社会的信用もある」証人たち、つまり奴隷貿易を直接知っている貿易商や船長であった。しかし、そういう人々は、クラークソンの意図を知るや、彼を遠ざけた。道ですれちがっても、クラークソンの回想によれば、まるで彼が「オオカミか、虎か、何か危険な猛獣であるかのように」、道の反対側に渡ってしまうのである。また船主や貿易商は、自分たちが雇っている者に、クラークソンと話をするのを禁じた。やがて彼は、この方面からの証拠集めは諦め「ざるをえなく」なったのである。こうなると、具体的な経験と知識をもっている人々で、彼が話を聞き出せるのはもう一つの集団しかなかった。平水夫たちであった。(20)

奴隷貿易の水夫との最初の出会いを、クラークソンは自身の日記に記している。七月三日、エイボン川を渡っているときのことであった。船首に「アフリカ」の文字があるボートを見た。クラークソンは水夫たちに声をかけ、奴隷船《アフリカ》の者たちか、と聞くと、そうだ、との答えが返ってきた。続けて、水夫たちの死亡率が高いそうだが、アフリカに行くのは怖くないかと尋ねてみる。彼らの答えは、運命に身を任せるコスモポリタンの心性を顕わにしていた。ある人物の説明はこうだ。「アフリカで死ぬのが定めなら、どうしたってそうなるしな、そうじゃないなら、行ったところで死にはしないさ。あっちで生きるのが定めなら、あっちで暮らすさ。他のどこでも同じことさ。」彼らの会話は《ブラザーズ》という奴隷船の話に進んでいった。キングズロードに置かれていて、出航の準備は整っている。出発が遅れているのは、「残忍な悪党」、ヒューレット船長が乗組員確保に手こずっているからだ、というのである。大人数の集団で契約をした者たちがいたのだが、新しい船長の性格を見極めると、すぐに船から出て行ったのだ。クラークソンはこの情報に注目した。おそらく、自分の奴隷貿易についての学びが新しい段階に入ったと、心に留めたのではないだろうか。(21)

クラークソンは後に、この出会いがいかに意味深かったかを思い起こし、次のように述べている。

僕は、《アフリカ》の憐れな男たちに出会って自分が感じたことを、言い表す術をしらない。人数は七人――全員が若く、二二、三歳、屈強な男たちだ――皆が水夫だった。彼らほど素晴らしい男を見たことはない――幾人かは死ぬ定めなのだと考えたときの僕の感情は、きっと誰も表現できないだろう。今どんなに元気盛んでも、二度と故郷を見ることがないなんて。また、このように高貴な男たちが命を落とせば、英国旗の栄光がどれほど翳ることだろう、とも考えた。力強く、たくましく、そして度胸もよく、またやる気もある、こんな男たちのおかげで、僕らは、敵国、フランスの海軍をものともせずにやっていけるのだ。

「国の柱たち」との出会いで呼び起こされた、いくばくかの同性愛的エロティシズム、そして愛国的な感情でもって、クラークソンはこの後、水夫と彼らの経験を奴隷貿易廃止運動の中心に据えるようになった。証拠と情報を求め、また奴隷船の下甲板を照らし出す光を求め、彼はますます水夫たちを頼りにするようになっていったのである。

クラークソンはほどなく、最初の情報提供者、黒人水夫のジョン・ディーンに出会う。その傷だらけの背中は、奴隷船で働いていたときに受けた責め苦の陰惨な証拠であった。またトンプソンという、アイルランド人のパブの主人にも出会った。トンプソンは、真夜中から午前三時ごろまで、マーシュ通りのあちこちを、クラークソンを連れて歩き、水夫のたまり場に案内した。どこでも「音楽が鳴り響き、水夫たちは踊り、騒ぎ、泥酔し、罰あたりの罵り合いに精出していた」。びっこの水夫、盲目の水夫にも会ったし、潰瘍病みや熱病にかかった水夫にも会った。やがて、《トーマス》の一等航海士が、ウィリアム・ラインズという水夫を殺害したことを知るに及ぶ。クラークソンは乗組員たちを訪ねてまわり、十分な証拠を集めて、航海士を逮捕させ、市長裁判所に告発した。裁判所で、クラークソンを待っていたのは、出席した「奴隷貿易商たち」の「ぞっとするような怖い眼差し」だけだった。ブリストルの中産階級で奴隷貿易に反対だった人々は、このようなむき出しの敵愾心に怖じ気づき、「公に一歩を踏み出すのを怖がった」。しかし、水夫たちは、反対派のもとに大挙して、「自分たちが見た様々の残虐な場面」を詳しく語った。クラークソンは、ついに、「奴隷貿易の恐怖を、身をもって知っている」人々を発見したのだった。[22]

クラークソンは、港に帰ってきた、奴隷船《アルフレッド》に、トーマスという名の男が乗っていて、エドワード・

ロープ船長の手にかかってひどい負傷を負わされたとの話を聞きつけた。ずいぶん長いこと探して、とある下宿屋でトーマスを発見、なんとも無惨な有様であった。傷が痛まないように、足にも体にもフランネルが巻かれていた。うわごとを言っていて、クラークソンが誰かなどわからない。知らない人間がやってきたので、恐ろしくなって動揺している。弁護士がやってきたのだろうか。クラークソンの記録によると、トーマスは彼に「ロープ船長の代理でやってきたのか」と、繰り返し尋ねた、という。自分を消しに来たのか。クラークソンは「違う、君の味方になって、ロープ船長を罰するために来たのだ」と答えた。しかし、トーマスには伝わらなかった――それはひどく錯乱していたからかもしれないし、紳士が自分の味方をするなど考えられなかったからかもしれない。トーマス自身から話を聞くことは叶わなかったので、クラークソンは水夫仲間の話を繋ぎ合わせていった。トーマスは、ロープからあまりに頻繁に鞭打たれていたので、鮫だらけの海に飛び込み、自殺を図った。仲間に救助されたものの、船長は彼を甲板に鎖でつなぎ、また鞭打ちが続いた、ということであった。クラークソンの訪問から間もなく、トーマスは亡くなったが、虐待されたあげくに正気を失ったこの医療助手の姿は、「昼となく、夜となく」クラークソンにつきまとった。このような出会いによって、「僕の中に義憤の炎」が生まれたのだった。[23]

リヴァプール――ジョゼフ・ブルックス・ジュニアと《ブルックス》の故郷だ――では、さらなる困難が待ち受けていた。ブリストルの四倍の数の奴隷船を抱えている港なのだから、当然のことではある。奴隷貿易の廃止運動をしている――ということは、この都市の「栄光」を破壊するということだ――男が町に入ってきて、夜な夜なキングズ・アームズで堂々と食事をしているという噂が広まると、興味津々の人々が、その男を見てやろう、話してみようと、宿に現れた。そのほとんどは、奴隷貿易商や船長たちだった。彼らはクラークソンと白熱の議論となったが、議論は瞬く間に罵りと脅しへと変質してしまうのだった。クラークソンにとって幸いだったのは、廃止に賛同するアレクザンダー・ファルコンブリッジ医師を味方に得たことである。「スポーツマンで決然たる面持ちの」医師は、奴隷貿易にかんしては四度の航海経験があり、廃止論を強靱なものとするのに一方ならぬ貢献をした。クラークソンの夜間外出に同行し、いつも「抜かりなく武器を携えていた」。クラークソンのもとには、すぐに町を出なければ死ぬことになるぞ、という匿名の手紙もしばしば届けられた。しかし彼は断固として町を離れなかっただけではなく、宿を変えることさえ拒んだ。「訪問者を怖がっている、男らしくない」と見られてはならない、大義に傷がつくと思ったのであった。[24]

いまや、クラークソンは、リヴァプールの奴隷貿易商や船長のほとんどから避けられるようになり、避けないのは彼を殺そうとする人々だった。荒れ模様の午後、八、九名の男たち（そのうちの二、三名はキングズ・アームズで見たことのある顔だった）に襲われ、埠頭の突端から海に突き落とされそうになった。しかし彼は、立ち止まらなかった、いや、むしろ以前より腹が据わったのである。クラークソンは、ほどなく、ピーター・グリーンという名の水夫殺害に関わった、貿易商、船長、そして一等航海士を告発するに十分と思えるだけの証拠を集めたが、リヴァプールの友人たちはこれからの展開に臆病風に吹かれ、「八つ裂きの目にあい、宿を燃やされる」に違いない、と彼に言うのだった。廃止論者のジェイムズ・カリ医師などは、クラークソンが、立派な市民より「最下層の水夫」の証言を重んじていると批判した。しかし、カリのような、「相応の地位のある」市民で奴隷制に反対している人々は、奴隷貿易商の力を怖れて、声をあげなかったのであり、まさにそれが問題だったのだ。ブリストルでも同じであった。[25]

一方、港の界隈にも、クラークソンの存在と彼の目的についての話は広まっていった。すると、水夫たちが、二人、三人と連れ立ってキングズ・アームズに現れ、自分たちが受けた虐待を語っていくようになったのである。クラークソンはこう書いている。「他には誰も僕に近寄ろうとはしないのに、誰も奴隷貿易の情報を持ってきてはくれないのに、この水夫たちは自分たちから進んで話をしにくる。賠償金を期待してにすぎないかもしれないが、苦情の申し立てをしてくれるのだ。」最終的に、クラークソンは水夫たちの告訴の手助けをして、ブリストルとリヴァプールで九件を成立させた。裁判所には誰一人として姿を見せなかったが、クラークソンは全ての訴訟で、虐待を受けた水夫やその家族に対する金銭補償を勝ち取った。この小さな勝利の数々を手にするため、クラークソンは自費で一九名の証人の生活の面倒を見た。全員が水夫だったから、有罪判決のための証拠を、大西洋の真ん中の船の上ではなく、すぐ身近に確保しておくためにそうしたのだった。水夫が被った暴力から考えても、奴隷貿易は、「徹頭徹尾、野蛮な一大システムに他ならない」というのが、クラークソンの結論であった。[26]

ブリストルとリヴァプールで水夫たちと接した自分自身の経験を、クラークソンは三人称を用いて次のようにまとめている。「法律とは何の関係もないある人間のところに、賠償を求めて欲しいという申し出が、三カ月で六三件もあった。この水夫たちはみな、それぞれの船の上級船員たちの暴力の犠牲者である。」彼らは二人を除いてはすべて奴隷船で働いていた人々だった。クラークソンは、話をしにきた者たちの、言葉だけでなく、体の状態にも心を動かされた。パンフレットの序文で、ジョン・ディーンをはじめとする水夫たちから集めた証拠を説明するのに、次のように書いている。「彼らのボロボロに傷ついた体を証拠として見てもらえるなら、私には視覚証拠もあるのである。[27]」

この後、クラークソンが廃止運動において行うほぼ全てが、こういった水夫たちとの経験によって形づくられていった。一七八八年七月出版の『アフリカ奴隷貿易、愚策の考察』においても、一七八九年四月の『奴隷貿易、規制と廃止――得策はどちらか』においても、水夫たちから得た知識や、彼らについての知識が、その大きな部分を占めている。しかし、この点において最も注目すべきは、海で働く男たちの二二のインタビューを集めた一冊であろう。タイトルを、『人々の語る奴隷貿易証言、その要旨――一七八八年秋の調査旅行にて収集』といい、一七八九年四月、ロンドン委員会が、「奴隷船の平面図および断面図」の準備を進めていたまさにその時に出版され、五月十一日に予定されていた奴隷貿易についての投票に先立ち、この二つが、国会議員全員に配布されたのである。インタビューを受けた者のうち一六名は自ら奴隷貿易に従事し、他の六名のほとんども、英国海軍の一員としてアフリカに赴くなど、ごく近いところで奴隷貿易を見ていた。奴隷船で働いていた者の半数は、船のヒエラルキー底辺の人々、「前檣員」（平水夫）や「ボーイ」（見習い）。船長を務めた者が二名、航海士や熟練船員だったのが六名（もっともこのうちの三名は、下から上がって来た者である）であった。[28]

《ブルックス》の図像と文章とを、水夫のインタビューと並べてみると、実に様々なことが見えてくる。一七八七年六月、ロンドン委員会がそのためにクラークソンを調査の旅に出した情報が、ここに、ぞっとする細部にまでわたって示されているのである。次々とやってきた水夫たちは、クラークソンに奴隷船の甲板の様子を説明した――船倉、下甲板、主甲板。男性奴隷がどのように鎖で繋がれているのか。食事を与え、監視し、運動のために無理やり「ダンス」をさせる、そのやり方。体調不良、病、そして高い死亡率については、奴隷も水夫も同じ運命であることなどを、クラークソンに語ったのである。水夫たちはまた、奴隷貿易は水夫の「養成所」などではない、貿易擁護派はそのように主張しているが、むしろ水夫の墓場である、とも語った。《ブルックス》の図像につけられた文章で指摘されている事実の一つ一つが、このブロードサイドの企画、出版、流通の直後にクラークソンが行った、水夫たちへのインタビューにおいても確認されたが、それは極めて重要なことだったのである。[29]

奴隷貿易廃止運動の盛り上がりのなかで、このように水夫たちが同情の的として浮上してきたのは、なんとも残酷な皮肉ではある。貿易の現場で恐怖を執行したのは、多くの場合、水夫だったのだから。たしかに、クラークソンもロンドン委員会も、「傷ついたアフリカの人々」の窮状についても強く訴えてはいたが、彼らが集めていたのは奴隷船と中間航路についてのアフリカ側からの語りではなかった。その当時の、ロンドン、リヴァプール、ブリストルでなら、それも容易に集められたかもしれないのに、そうはしなかったのだ。つまるところ、奴隷の経験こそ究極の下からの語り（文字どおり下甲板からの）なのであり、実際にオラウダ・エクィアーノは、広く世間を動かした自伝、『アフリカ人、オラウダ・エクィアーノ、またの名をグスタヴァス・ヴァサの生涯の興味深い物語』（一七八九年）を出版するにあたり、アフリカの声の不在とその声を届ける必要性をよく理解していたように思われる。クラークソンと仲間の廃止論者たちは、水夫の過酷な運命を強調した。英国の政府と社会は、人種と国民の枠に基づいた訴えにならば応えるだろうと賭けたのだった。しかし、そうはいっても勝算の立たぬ賭けではあった。社会の底辺の水夫たちを情報源として使ったのだから、悪意に満ちた階級的な嘲りは免れなかった。一七九〇年三月、庶民院の公聴会において、水夫のアイザック・パーカーが紹介された際には、「委員会全体が笑った」と、ある傍聴者が書き残している。

奴隷制擁護派の議員は、議会での反対派の先鋒、ウィリアム・ウィルバーフォースを揶揄してこう言った。「船守りだか、船掃除屋だか、甲板磨きだかを連れてきて、こちら側の提督や名誉ある人々と競わせようというおつもりか。いい加減、証言などおやめになったらどうだ。」しかし、パーカーはこれに怯みもせず、短く簡潔な文で、あるひとつのことを語った。一七六四年、《ブラック・ジョーク》で、トーマス・マーシャル船長が、物を食べようとしない子どもの奴隷を、鞭打ち、拷問し、そして殺した様子を伝えたのである。他の多数の水夫と同じく、パーカーの真実の語りには力があった。彼の詳細な証言は、抽象的な倫理論による非難ではとうていなし得ない、奴隷貿易への告発となったのである。(30)

トーマス・クラークソン、いささか世間知らずで、中流階級出身、ケンブリッジで教育を受けた若き牧師は、奴隷船上で、そして奴隷貿易港の波止場で吹き荒れていた階級闘争に直面したのだった。怖れることなくその闘いに身を投じ、水夫たちの側で闘った。そうして、水夫らの信頼と、貿易廃止運動にとってこの上なく貴重な知識を勝ち得たのである。彼が出会ったのは、船からの脱走者、不具の者、反逆者、落ちこぼれ、良心に傷持つ人々——一言でいえば、奴隷貿易をその内側から知っており、身も凍るような物語を抱えている人々だった。クラークソンは彼らの話を使って、大方の人にとっては具体的には想像できない遠い世界の問題であった奴隷貿易を、実際に人間が関わっている、いま、ここの問題に変容させたのである。《ブルックス》の図像は、クラークソンが波止場で繰り広げた、ラディカルな調査取材があげた多くの成果のなかの、一つの輝かしい勝利といえよう。彼は自ら言うところの「第一級の航海情報」を運動内にもたらし、大きな効果を上げ、広く世間を揺り動かした。それこそが、運動の根幹を成す成果であった[31]。

《ブルックス》をめぐる議論

一七八八年から九二年にかけて、奴隷貿易をめぐり、支持派と反対派は熾烈な論争を戦わせたが、そこで中心的な役割を担ったのが奴隷船で、なかでも《ブルックス》には関心が集中した。水夫たちに取材したクラークソンの働きによって、労働者の経験が新たに世の中の知るところとなり、彼らの経験と知識は、別のものに生まれ変わった。クラークソンは、奴隷貿易に関わった水夫たちと、人身売買の調査をしていた国会議員たち、そして情報を求める大都市の人々を結びつけたのだった。市民たちも、自分たちの経験の埒外で起こっている恐ろしい出来事について、知りたくてたまらなかったのである。クラークソンが喧伝した水夫の物語はかたちを変え、新たに人々の語りやペンを通じて、大西洋の両側にひろまっていった。ウィリアム・ウィルバーフォースが演説をし、サミュエル・テイラー・コールリッジが講演で語り、ロバート・サウジーやハンナ・モアは詩を書いた。ジョゼフ・プリーストリーによる説教や、アイザック・クルックシャンクの風刺画もあった。そして、証言、統計、新聞記事、パンフレット、本なども次々と世に出た。奴隷船の図像と実態は、クラークソンの調査で明らかになったほぼ全ての事柄と同様に、遥かな場所へと広く伝わっていったのである。《ブルックス》の図版は版を重ね、何千枚もが流通した。パリ、エディンバラ、そしてグラスゴーへ、さらには大西洋を越えて、フィラデルフィア、ニューヨーク、チャールストン、そしてロードアイランドのニューポート、プロヴィデンスへと広まっていった。ロードアイランドでは新聞に次のような販売広告が掲載されたという。「奴隷船に積まれた同胞の苦しみを銅版画で。エレガントかつ、心に迫ります。」《ブルックス》は、時の中心イメージとなり、陳情強化期間には公共の場所にその図像がかけられたし、また大西洋の両側の家庭や居酒屋の壁をも飾っていたのだった[32]。

その奴隷船を見たウィリアム・ウィルバーフォースは、次のような忘れがたい言葉を残している。「これほど狭い空間に詰め込まれた、これほどの悲惨。人類がかつて想像しえなかったほどの悲惨。」この言葉は、奴隷貿易廃止運動を戦略的に進めていくには、何に着目し、何を為せばよいかをよく表している。廃止論者らは奴隷船の恐怖を続々と暴露していった——殴打、理由なき残酷、船長の横暴、病と死、つまり、クラークソンが水夫たちから聞き取ったテーマの全てが、世間に明らかにされたのである。反対派の決意は固かった。奴隷貿易が長きにわたって続けられてきたのは、貿易が大都市から遥かに離れた場所で遂行されていたからだとすれば、今度は逃れられぬやり方で、その筆舌につくしがたい残酷な現実を人々につきつけるのだ、と決めていた。(33)

攻撃をかわそうとする人々、たとえば、リヴァプール市から公式に派遣され、国会の公聴会の証言に立った人物などは、勇敢にも、奴隷船を安全で近代的、衛生的な機構として世間に提示した。元奴隷船船長で、貿易商となったロバート・ノリスは、枢密院と国会委員会に対して、奴隷たちの船室は清潔(フランキンセンスとライムの香油を使っている)、食べ物もよく、音楽、歌、ダンスもたっぷり、そして煙草やブランデーのような贅沢品まで与えている、女たちはビーズももらっている、と説明した。捕囚たちは、「清潔な板」の上で眠るが、これは「ベッドやハンモック」より健康によい。ノリス船長は、自分もマットレスをやめて、板だけにしたというのだ。ぎゅうぎゅう詰めにするのは問題ではない。というのも、奴隷らは「好んで、お互いくっついて眠るのだ」から。実のところ、彼らは「一緒にかたまっている」のを好むのである。頭上には「ゆとり十分の格子」が、また「船体には空気孔が並んでおり、新鮮な空気が循環するようになっている」。このようにノリスは、奴隷船を擁護するのにできるだけのことをしたわけだが、彼の説明は、廃止派の証人から出される身の毛もよだつ証拠とつきあわされると、なんとも馬鹿げて響いた。これを聞いたウィルバーフォースは、一七八九年五月十二日の有名な演説で、ノリスの言を嘲笑って次のように述べている。香油香る居室、素晴らしい食事、船上の楽しみ、とノリスは「すべてこれ、悦楽と贅沢で」あるかのごとく語っているが、このアフリカの人々は実際に「囚われの身となり歓喜しているのでしょうか(34)」。

奴隷船をめぐる論戦において、奴隷貿易擁護派は勝ち目がなくなっていったが、自分たちでもそう自覚していた。このことは、二つの基本的な事柄に如実に表れている。一つは、彼らが敵の用いる言葉をいかに早く取り入れたかである。自分たちも、「人間性」という言い回しを使って語るようになったのだ。奴隷を買うのは実は人間的な行為なのだ。なぜなら、買われなかった者たちは、野蛮なアフリカの捕獲者の手によって殺されてしまうのが常だから。英国の奴隷船は彼らの命を助けているのだ! さらに明白な敗北の徴は、戦略的撤退である。奴隷貿易擁護派を代表する人々は、奴隷船上の残虐行為の証拠を次から次に絶え間なく突きつけられ、弾劾に曝された。そこで彼らは、貿易の完全廃止を回避するために、「残虐行為」があったことを認め、積極的に規制の方針を受け入れたのである。その上で、すぐさま、長年好まれてきた経済的議論を持ち出した。人間の売買にはたしかに嘆かわしい側面はある。しかし、奴隷貿易のみならず、まさに大西洋の英国領における奴隷制の全システムが、グレート・ブリテン本国と帝国との経済的な利益を力強く支えてきたのではないか、というのである。商業、産業、そして雇用にとって、アフリカ貿易は欠かせないものだ。リヴァプール、ブリストル、ロンドン、そしてマンチェスターの貿易商や製造業者をはじめ、貿易に従事する労働者たちも、そう請願した。この貿易を廃止するなど――いや、多くの人々が廃止より懸念するのは、それを最大のライバル、フランスの手に渡してしまうことだが――とても考えられない。論戦を通じて、奴隷貿易擁護派が廃止派の奴隷船への攻撃を受けてたつのにもっとも有効なやり方は、主題をそらすことであった。[35]

国会論戦において、奴隷船一般の図像、なかでも《ブルックス》の図像はひときわ注目を集めた。オックスフォード大学の代表で穏健派の議員、ウィリアム・ドルベン卿は、テムズに停泊中の奴隷船に自ら乗船し、それによって人生が変わったのである。彼は、実際の体験によって、びっしりと詰め込まれた「同情すべき、不幸な犠牲者たち」の運命を俄に想像できるようになり、奴隷船への詰め込みを減じるキャンペーンの先頭に立ったのだった。チャールズ・ジェイムズ・フォックスは雄弁で知られた人物であったが、一七九一年四月、庶民院での演説の際、中間航路の現実を目にして言葉を失い、同僚議員たちに、「奴隷船の図像を」指し示し、「言葉ではとても表現できないものが目に映るでしょうから」と述べた。それから間もなくのこと、ウィンダム卿も同様に、この貿易によって生じた苦しみを表現しようとして、苦心した。「しかし、奴隷船のこの部分は、言葉ではとても表現できない。この点については、議論の余地もないのである」[36]

《ブルックス》は革命に揺れるパリにも衝撃を与えた。一七八九年、クラークソンは貿易廃止運動の組織づくりのため、六カ月間パリに滞在し、機会あるごとに図像を世間に広めようとした。シャルトルの司教は、奴隷船を目にした後、これを見た今となっては、奴隷貿易について「残酷すぎて信じられないというものは何もなくなった」と宣言したという。エクスの大司教は、初めてそれを目にした際、「恐怖に打たれて、ほとんど口がきけなかった」。フランス革命で雄弁を馳せたミラボー伯爵は、図像に釘付けになり、すぐさま木工職人を呼んで船の模型を作らせた。「小さな男や女も作らせ、奴隷であるとわかるよう黒く塗って、所定の場所に配置し

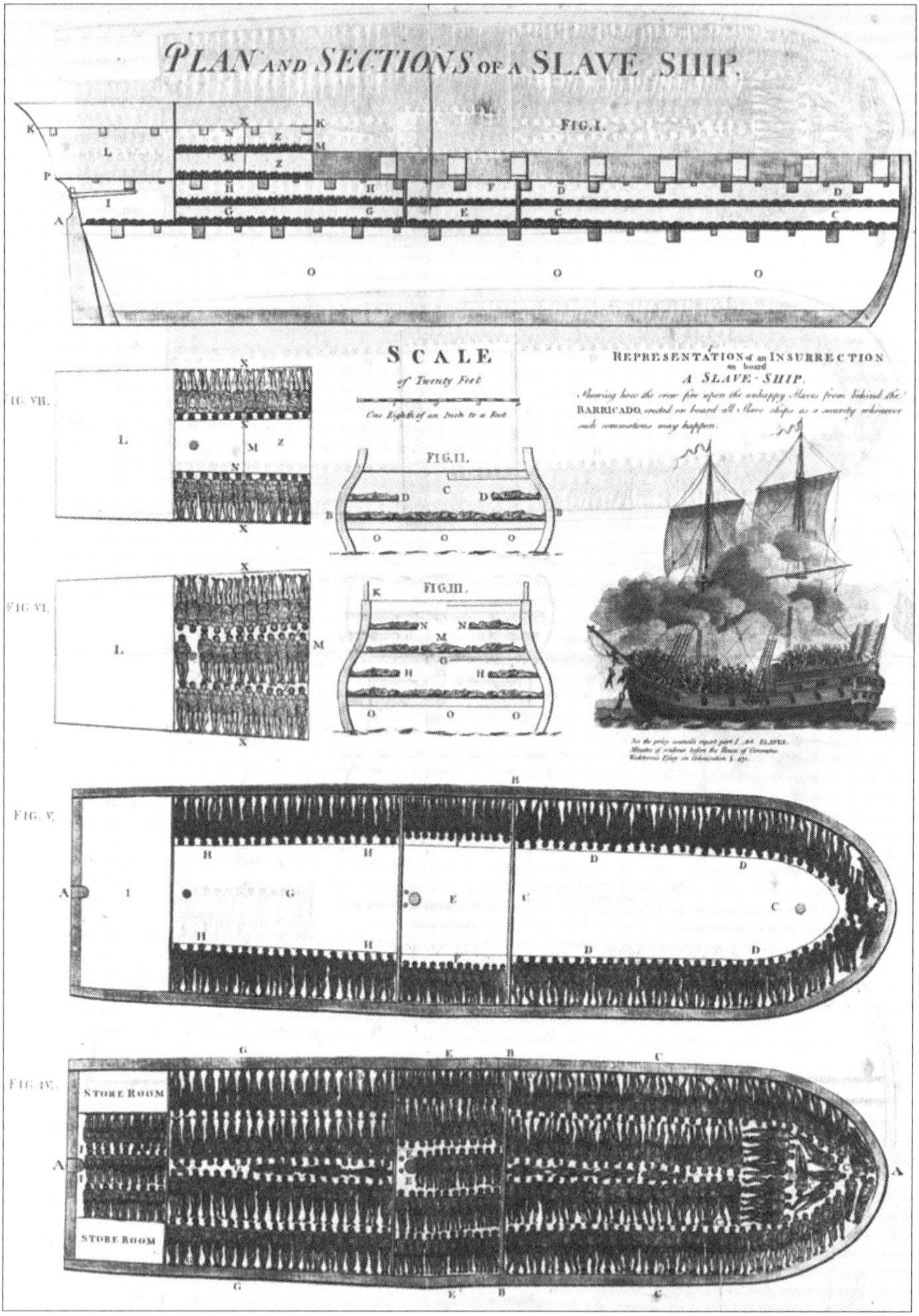

《ブルックス》，蜂起が描かれている

た。」彼は一メートルほどのミニチュアを自分のダイニング・ルームに置き、国民議会で奴隷貿易反対の演説をする際にそれを使おうと計画した。ルイ一六世も、突如として世間を騒がせている人身売買についてなにがしかの知識を得ようと、財務長官のジャック・ネッケルに、何か資料を持ってくるように依頼した。長官は、クラークソンの論文『アフリカ奴隷貿易、愚策の考察』と、「アフリカ人の作ったもの数点」を王に届けたが、奴隷船の図面は見せないことに決めた。「陛下の当時の精神状態では、衝撃が強すぎる」と考えたのであった。(37)

より広範な公開論争においては、急進的な貿易廃止派は、奴隷とされたアフリカの人々の苦しみを世間に知らせるだけでは満足しなかった。奴隷たちが船上で強いられた状況に対し、個人として、また集団として、いかに抵抗したかをつぶさに伝えた。廃止派の人々は、奴隷たちが立ち上がり、蜂起して、奪われた「自由」を取り戻すのは、人としての権利であると主張した。クラークソンは、さらに進んで、ハイチ革命を擁護し、自らを解放した彼の地の奴隷たちは、「人間の不変の権利を自分たちに証明するために」心血を注いだのだ、と述べた。《ブルックス》の図像には、実際に起こった蜂起や、蜂起の可能性についての文章が新たに加えられるようになった。プリマス、フィラデルフィア、そしてニューヨークで出されたブロードサイドにはそれぞれ一カ所ずつ、ロンドン版には二カ所、蜂起についての言葉があるのである。廃止論者たちは、視覚に訴えるプロパガンダにさらに手を加え、海上での奴隷蜂起のイメージをも取り込んだ。カール・バナード・ウォドストロムの『植民地化についての一考察――アフリカ西海岸の場合……二部立て』（ロンドン、一七九四年）のなかに、「奴隷船上での蜂起の図」と題された挿絵が登場し、そこには蜂起した奴隷たちにバリカドの後ろから発砲する乗組員の姿が描かれていた。この絵が、《ブルックス》の断面図に付け加えられたのである。(38)

新たなる論戦

一七九〇年、国の中央舞台たるウェストミンスターの議事堂において、奴隷船についての新たなるドラマが始まると、論戦における《ブルックス》の役割はさらに大きくなっていった。国会の公聴会に、トーマス・トロッター医師とクレメント・ノーブル船長、つまり一七八三年から八四年にかけて《ブルックス》での航海をともにした二人が登場し、衆目が集まったのである。医師はまだ若い人だった。海軍に勤務していたが、アメリカ独立戦争後に除隊して、奴隷船と契約し船に乗ったのだった。その恐怖の経験に戦慄を覚え、いまでは貿易に反対していた。(39) 船長は九回ものアフリカへの航海経験があった。二回は航海士として、七回は船長としてで、図面が出版される前に四度、《ブルックス》の船長を務めた。成功を収め、船を手に入れて、貿易商となっていた。彼は強力な貿易擁護派であった。(40)

《ブルックス》の図版に言葉で肉付けをするがごとく、トロッターは委員会に対して、下甲板の劣悪な状況を説明した。奴隷たちは、毎朝一等航海士によって一箇所に集められ、「船の言葉でいうと、スプーン詰め」にされた。所定の場所にいないと、暴力でもってその場所へと追い立てられる。最後には、ものすごい数の人間がすし詰め状態にされた。トロッターは毎日下甲板へと降りていったが、「誰かを踏まずに彼らの間を歩けなかった」。狭い場所に閉じ込められた奴隷たちはといえば、空気を求めて喘ぎ、「窒息の恐怖とともに」暮らしていた。トロッターの考えでは、なかには実際に窒息死した者もいるという。また彼は、《ブルックス》上で行われた「ダンス」についても言及している。足枷をつけられたまま、「立ちあがって、とにかく動けと命じられる」のだ。従わないと、「九尾猫鞭を振るわれて、強制される」。しかし、それでも多くは抵抗を続け、「このようなやり方で相当激しくやられても、頑として動こうとしなかった」。(41)

ノーブル船長にも一連の質問が投げかけられた。奴隷一名につきどのくらいのスペースが与えられていたのかとの質問が、おそらく《ブルックス》の図を見たことのある誰かから出されると、ノーブルはこう答えた。「スペースについては存じません。計ったこともありませんし、どれくらいの広さがあったのか計算したこともありません。横になるのに十分なだけは常にありましたし、それに三倍の広さを与えたところで、どのみち一緒に固まって寝るのです。部屋がまだ半分も埋まらないのに、いつもそうしていましたから。」下甲板の環境は良好だった、と船長は証言した。他の船長はそうしない者もいるだろうが、彼は自分でよく下甲板にも行っていたので、それは間違いない。たしかに、最初に船に乗せられたときには、ふさぎ込む者もいるが、「しかし、それはすぐに改善され、大方の者は、船に乗っている間、機嫌良く過ごしていました」。トロッターの言葉とは対照的に、船長によれば、男性奴隷は「ダンスが大変好きだった」という。二、三、不機嫌になる者もいて、その場合は、航海士が「動くように説得しなければならないこともあったでしょうが」。説得してもだめなときには、「好きにさせておきました」。(42)

支配権にかんしてトロッターは、水夫らもまた、アフリカ人捕囚と同様、暴君に虐げられていたと証言した。暴君の「人となりはまさに奴隷貿易にぴったり」であった。トロッターは、ノーブル船長が、以前の航海で、ある水夫用に自分が編み出した処罰について、船長仲間に自慢しているのを聞いたことがあるという。船長は、西インドで売りさばこうと、自分の金で（自分の商売として）アフリカでエキゾティックな小鳥を一ダース手に入れて運んでいた。その鳥が死に、船長はフィラデルフィア出身の反抗的な黒人水夫が殺したのではと疑った。そして、その男を鞭打ち、マストの一本に十二日間つなぎ、その間の食事は、その死んだ鳥を一日に一匹だけ（大きさはツバメからツグミの間といったところだ）、と命じた。ノーブルは自分の力を見せつけた逸話を、「敵の頭皮を剝ぐ先住民さえをも圧倒するように、勝ち誇り、満足気に」語っていた。話が終わると、仲間の船長たちは喝采した――「ユニークな処罰を考え出したことを褒めたてた」のである。トロッターは、この「やりたい放題の野蛮」に身の毛がよだった。トロッターは、自分が乗船した航海でも「無慈悲に鞭打たれた」水夫が数名いたこと、またノーブルの扱いがひどいので反乱が起きそうになったことも付け加えた。(43)

これに抗してノーブル船長は、自分は道理のわかった人間的な男であるといい、皆が幸せに過ごせるよう船を運営してきたと述べた。水夫も奴隷も大切にしてきたから、死亡率も非常に低い。トロッターとの航海では、水夫の死亡はわずか三名――一名が天然痘、一名は溺死、もう一名は「自然死」であった。奴隷については五八名の死者が出たが、唯一考えられるのは、トロッター医師が「甚だしく職務怠慢」で、「お洒落にあまりにも時間をかけた」からだ。（トロッターは伊達者だったのか？）ノーブルは、自分の奴隷で「罰を与えられた」ために死んだ者は一人もいないとも主張した。水夫を一人、「奴隷を虐待し、また自分に対しても反抗的だったので」罰した記憶はあるという。「その航海中に水夫を鞭打ったのはその時だけだったと思う。」自分は善良で親切な船長で、その証拠に、水夫たちは一つの航海が終わっても、彼の元での航海を望んで、いつも戻って来るのである。「反対のケースは一度も経験がありません」と、彼は自信たっぷりであった。(44)

しかし《ブルックス》の名簿は、ノーブル船長には不運なことに、トロッターが語る船長と乗組員との関係を裏付けるものであった。彼が船長をつとめた三回の航海では、一六二名の船員中、次の航海の契約をしたのはわずか一三名で、それも大半が航海士（彼らには特別の儲けの機会があった）、親族、他に選択肢のない見習いであった。国会の委員会を前にして船長は記憶を失った、というのはずいぶんと寛容な言い方で、嘘をついたのだというほうがずっと正確であろう。(45)

トロッターは《ブルックス》図解のずっと先まで進み、その証言によって、顔の見えなかった、生気ない囚われの人々に命を与えた。彼はクラークソンと同じ轍を歩み、人々の言葉を国会における委員会の場へと運んできたのである。船に乗せられてきた、男たち、女たち、そして子どもにも話をきいた――英語で話したこともあれば、手話（彼は「身振りと動き」と表現した）によることもあったし、時には通訳者を介してのこともあった。彼の説明では、「船に乗ってきた奴隷たちのほぼ全員に、なぜ奴隷の身となったのかを尋ねた」そうだ。《ブルックス》上には、主に二つの民族集団がおり、両者はアフリカにおいて長い間対立関係にあったという。それは海岸部のファンティと、彼が「ダンコ」と呼んでいた集団であるが、後者は実のところは内陸部のチャンバであった（「ダンコ」というのは「アホな奴」というファンティ語だった）。ノーブル船長は、黒人商人に「どんな手を使っても奴隷を連れてこい」と強く命じ、商人たちの奴隷売買権を疑いもせず、人々がいかにして奴隷となったかなど尋ねもしなかった。一方、トロッターは船長とは違って、なぜ彼らが船に乗せられることになったのかを尋ね、ほとんどの者が拉致されたということを知った。「戦争捕虜」と呼ばれていたのは、嘘だったのだ。彼らが絶望しているのは、家族と故郷から切り離されたからだということもわかった。夜になると、奴隷たちが「激しい苦しみを表す、メランコリーな叫びのような音」をたてるのを、よく耳にした。トロッターは、通訳を務めていた女性に、その理由を調べてくれるように依頼した。彼女の報告では、あのように感情も露わな叫び声があがるのは、再び故郷で愛する人々と一緒にいる夢を見ていたのに、目覚めてみれば自分は恐ろしい船の下甲板にいるのだと悟るだけ、そういう時なのだとのことであった。[46]

《ブルックス》についての医師の言葉は、一年半前に出版された船の図像に添えられた文章と同じ路線のものであった。重要なテーマは、水夫の扱い、さらに重要度が高いのが、奴隷の扱いだった。どんな枷をつけられ、どのように狭い場所に詰め込まれているのか。集団をどのように管理しているのか。奴隷たちはいかに生きのびるのか、あるいは命を落とすのか。二つが並行していたのは、偶然ではない。トロッターが庶民院の特別委員会に立った一七九〇年五月までには、貿易廃止派の運動によって、上記のようなテーマに世間の関心が集まり、奴隷貿易をめぐる言説の輪郭はすでに定められていたのである。運命の奇妙なめぐり合わせで、《ブルックス》の図像は、その船でかつて実際に起こったことについての公式証言をかたちづくる力となったのだ。トーマス・クラークソンと仲間の廃止論者たちは、「奴隷船の平面図および断面図」を国会中に配り、さらにウィリアム・ウィルバーフォースをはじめとする議員たちとともに、トロッターやノーブル、その他の証人たちに尋ねる一連の質問を考えた。自分たちがすでに知り得た知識に基づいて、詰め込み方、一人あたりのスペース、船上の日々の暮らし、そして水夫と奴隷の扱いなどについての質問を用意したのである。

反響

《ブルックス》の図像を見た者は、船の下甲板の「傷ついたアフリカ人」の身になり、彼らに同情を寄せずにはいられない。それが図像の力なのだ、とクラークソンは日頃から主張していた。その印刷物は「目にした者が、中間航路のアフリカ人たちの苦しみを理解できるよう、それも苦しみを自分のことのように感じ、彼らがそこで体験する悲惨についてすぐさま世間に訴えるよう、作られていた」。このようにして船の図像は、トーマス・クーパーの期待どおり、見た者を揺り動かし、奴隷貿易をめぐる論戦に参加させた。人々は何が戦われているのかについて、新たな、そしてより人間的な理解をもって、議論に加わっていった。その図は、輸送の現実がいかにむごいかを伝え、感情に訴えかけ、この問題を一人々々の記憶に刻んだのだった。「図像は、苦しむ人々への同情の涙を呼び、彼らの苦しみを心に植えつけた。」そうして、図像は「ひとつの言語となった。わかりやすく、同時に人を引きつけてやまない言葉であった」。クラークソンは、現代の研究者が奴隷廃止運動の「図像語彙」や「視覚アイデンティティ」について述べていることを、このように先取りしていたのである。[47]

種々の効果についてのクラークソンの判断は間違いなく正しかった。彼はブロードサイドの印刷物を手渡して回りながら、多くの人々に図像の話をした。その図像を、運動を組織する重要な道具として使うつもりであったから、それが人々をどのように動かすか、またそうやって生まれた感情や理解をいかに運動の基礎として使えるか、知る必要があったのだ。ゆえに、《ブルックス》の意味の解釈者として、クラークソンは最重要の人物である。しかし、図像について、これだけのことを述べ、正しく認識していたクラークソンでさえ、その力を一〇〇パーセント説明してはいない。理解はしていたが、ほとんど論じることのなかった、もう一つの側面をこの図像は持っていたのである。

プリマス版にもともとつけられていたタイトルは「アフリカ船下甲板図面、一トンにつきニグロ一名に限った場合」であった。比率、すなわち船の積載量一トンあたりの人数は、ドルベン法、別名奴隷輸送法をめぐる議論を特に意識しての言及である。法律が国王の裁可を受けたのは、一七八八年の七月、《ブルックス》の図像が作成される四カ月前のことだった。議論の焦点となったのは、奴隷貿易の利益である。《ブルックス》の図像と添えられた文章を解読するにあたっては、『証言実録』とだけではなく、『奴隷貿易、規制と廃止——得策はどちらか』ともつきあわせてみなくてはならない。

奴隷船図像の初版時に、クラークソンが執筆していたパンフレットである。

そのパンフレットの書き出しは、一七八八年の庶民院の委員会でリヴァプール奴隷貿易の利益を代表していた人物の発言である。「リヴァプール奴隷貿易商協会の法律顧問」ピゴット氏は、「一トンあたり一人というのは、実質上、貿易の廃止と同じことになるでしょう」と証言。他の代表者たちも、同じ主旨の発言を繰り返し、一大コーラスとなった。ロバト・ノリスは一トンあたり一人にしたら、「利益はないだろう」と付け加えた。奴隷貿易はすでに落ち目になっており、運搬する奴隷の数を規制などされたら、「そこに拍車がかかるだろう」と主張したのは、アレクザンダー・ダルジアルであった。ジェイムズ・ペニーの提言は次のとおりだ。「貿易が利益をあげるには」、一トンあたり二人以下では不可能でしょう、一トンに一人半とか一人とかでは、それは廃止と同じです。ジョン・タールトンは、「一トンあたり二人以下」では、貿易は完全に廃止に追い込まれる、そう言ってください、とリヴァプール貿易商協会から託されている（私個人としても全く同意見なのですが）、と説明した。ジョン・マシューズは、百トンの船の利益と損失を試算して、より詳細な計算を出してきた。一トンあたり二人半（七六一ポンド五シリング六ペンスの利益）、二人（一八〇ポンド三シリング六ペンスの利益）、一人半（二〇六ポンド一九シリング九ペンスの損失）、そして一人（五九〇ポンド一シリングの損失）といった具合だ。このようにリヴァプールの代表者たちは、規制に反対したが、ドルベン法の可決によって部分的敗北を喫した。法案では、二〇〇トンまでは三トンあたり五人、二〇〇トンを超える分については一トンあたり一人と決められたのである。貿易擁護派は、流れを止められないのであればそれに乗るしかないと、部分的改善と規制をすぐに受け入れ、完全廃止を回避したのだった。

《ブルックス》の図像は、単に奴隷貿易の批判に留まらず、規制後、人間的になったと思われていた貿易に対する批判でもあった。《ブルックス》が前回の航海でアフリカからアメリカへ運んだ奴隷の数は六〇九名だったが、図面に描かれたのは、ずっと少ない、少しは文明社会にふさわしいと思われる四八二名だったのだ。図像は、クラークソンのパンフレットと同様、奴隷貿易は、規制したとしてもなお恐ろしいものだということを示したのである。多くの人々がその図を見て、「規制そのものが、全くの野蛮ではないかと考えた」[48]と、クラークソンも記録している。

《ブルックス》の隠された意味を理解する鍵となるのが、「野蛮」の概念だ。マシュー・ケアリーは図像について「奴隷貿易の野蛮さをものの見事に表している」と述べた。シャルトルの司教は、《ブルックス》の絵を見れば、奴隷貿易の野蛮さについての様々な話の全てが本当だと思えるようになる、と考えた。こういった話の多くの出所は水夫たちで、自分たちが受けた扱いを野蛮だったと表現していた。クラークソンは彼らの話を聞いて、この人身売買は始まりから終わりまで一貫して野蛮なものだ、と結論づけた。奴隷貿易の「野蛮のもとを永久に断つには」廃止しかないのである。この暴力に満ちた、残酷な蛮行の遂行者は誰なのか。同じ問いを別の表現で言えば、この震駭すべき船を考え出したのは誰なのか。誰が計画したのか。こんなふうに船に人を詰め込むというのは、誰が考案したのか。《ブルックス》の図像は、「同情の涙」のみならず、倫理上の驚愕を引き起こしたのであった[49]。

《ブルックス》の図像が進化していくにつれ、これらの問いはより強力になっていった。プリマスの印刷物から、奴隷貿易廃止推進協会が描いた懇願する奴隷の姿が消え、それに添えられていた文章中の「同じ人間」という表現が消え、さらに文章や見出しまでもがどんどん削られ、そして最後にはゼロになり、《ブルックス》の図像を見ても、多くの人にはそれが奴隷貿易廃止派の宣伝物であるとはわからなかった。奴隷貿易商人に雇われている船舶設計者の作品だろうと思っても不思議ではない。この曖昧さが、奴隷廃止論者にとっては、大変役に立つものだったのだ。というのも、自分たちの敵を悪魔のような存在として示すことができたからだ。とどのつまり、誰が野蛮人なのか。アフリカ人たちでないことは確かだし、水夫たちでもない。彼らは現場のノウハウを持っていたにもかかわらず、奴隷貿易の二番目の犠牲者として立ち現れてくるのである。

暴力、残虐行為、拷問、そして恐怖を実際につかさどるのは、奴隷船の船長であった。水夫たちも、クラークソンに繰り返しそう語っている。「得策はどちらか」において、クラークソンは奴隷船の船長連中を「地上でもっとも唾棄すべき人々」と呼んだ。クレメント・ノーブル船長は、自分の船の「広さはわからない」、「計ったこともないし、(奴隷が)どれくらいのスペースを与えられているか計算したこともない」と言い放ってはいるが、《ブルックス》略図によってはっきりと示されたとおり、どうすれば狭い空間に数百もの人間を詰め込めるのかは知っていたのである。さほどきちんと順序立てて行ったのではなく、計算してというより経験知でやったのだろうが、それでも、実行したのは彼であり、暴力を用いて、利益をあげたのである。トーマス・トロッターによれば、船長こそ「野蛮」[50]の執行人であった。

船長の頭上には、しかし、もっと大きな、もっと暴力的な野蛮人がいた。彼の雇用主、貿易商である。クラークソンは彼らに決死の戦いを挑んだ。彼は「得策はどちらか」を、社会のあらゆる人々に向けて書いたが、そこに「奴隷貿易商」は入っていなかった。なんといっても、かつて自分を殺そうとした相手なのだ。この貿易商こそが、《ブルックス》の背後にいる、見えない実行者、生き地獄の創造主である。船を考案し、建造し、船上の社会を最終的に牛耳っていたのは貿易商であった。奴隷貿易を組織し、蛮行によって利益を得ていたのは、この人物だったのだ。[51]

貿易商が行使した暴力は二重の暴力だった。実際の暴力と概念の暴力である。グローバルな労働市場に向けた「奴隷」という商品を生産する機械として、奴隷船が機能するために、その二つは欠かせぬものだった。人を奴隷とするという具体的な暴力と、抽象的な暴力とは、手を携えて大きくなり、互いを強化しあった。捕らえられ、奴隷とされ、輸送され、搾取される人間の数が増えるとともに、貿易商たちは経験を積み、長期、短期の労働力需要を計算できるように、つまり奴隷船、プランテーション、市場、そして大西洋資本システム全体における労働力の流れを計測し、調整できるようになっていったのである。[52]

《ブルックス》図像の類い稀なるすごさは、両方の暴力を目に見えるかたちにし、そして批判し、邪悪な産業というイメージを浸透させた点にある。その図は、あるスコットランドの廃止論者が「経済原理の極み」と表現したものを示していた。そこでは、「船の一方の隅からもう一方の隅まで、人一人収容できるスペースも余っていない」。個々人としての存在を、意図的に、システマティックに消し去り、慎重な計画のもと、単なる肉体を大量生産していたことがうかがえる。その図は、船上の暴力と恐怖を描き出すと同時に、貿易商らが、残酷なロジックと冷酷かつ合理的な心性でもって事業を進めていたことも捉えていた。人間が所有物にされてしまう過程、労働から倫理的考慮がすべて剝ぎ取られ、労働力がモノに、商品に変えられてしまう過程が描き出されていたのである。経済が倫理的なものとしてではなく政治的なものとして捉えられるようになった、危険な移行期において、《ブルックス》はその変化から生じる悪夢を表現していたのである。ここに、新しい近代経済システムが、その恐ろしい素顔を露にした。ウォルター・ロドニーが言うごとく、腰布さえまとわぬ資本主義の姿を見せていたのである。《ブルックス》は、故なく「キャピタル・シップ」と呼ばれたわけではなかったのだ。船そのものが、資本（キャピタル）の集中であり、また、それは世界とそのあり方についての、資本主義的な前提や実践の担い手であったのだ。[53]

人間を所有物にしてしまうという暴力には、社会的人間としての死のみならず、肉体の死もつきものだった。奴隷はアメリカスで売らねばならなかったし、水夫は労働力として、また船の安全のためにも必要だったから、貿易商や船長は奴隷や水夫を死なせないように努力はしたものの、奴隷船の上では物理的な死も当然生じた。死なせないように、といいながら、貿易商は航海を計画する際には、その都度その都度死者を計算に入れていた。奴隷が死のうが、水夫が死のうが、それは単に事業を進めるうえで生じる、淡々と受け入れるべき事実に過ぎなかった。後代の軍事戦略家であればこのような死を「付帯的損害《コラテラル・ダメージ》」と呼ぶのだろう。貿易商と船長にとっては、貨物と労働力の「損失」であった。研究者らの指摘どおり、《ブルックス》が棺桶のようなかたちをしていたのは偶然ではなかったのである。(54)

　廃止論者のなかの急進派は、このような死を殺人と解釈した。《ゾング》の甲板から一二二名を生きたまま海に投げ捨てたのは、明らかに殺人であり、オラウダ・エクィアーノやグランヴィル・シャープといった廃止論者たちは、その事件を殺人として非難した。しかし、自由への賭けに失敗した後に、鞭打たれて死んだ人々についてはどうだろうか。自分の置かれた状況が死にも等しいと考えたゆえに死んだ人々については、どうなのだろうか。「社会的な殺人」とはいえるのではないだろうか。オットバー・クゴアノからJ・フィルモアにいたるまで、奴隷貿易を批判する数多くの人々が、こう確信していた――この奴隷貿易というのは、計算ずくの殺人である、と。ジョゼフ・ブルックス・ジュニアやクレメント・ノーブルのごとき商人や船長は、航海の度にこういった問題を実際に捌き、暴力、恐怖そして死にかんして「悪魔の計算」をやってのけたのだった。「奴隷船《ブルックス》の平面図および断面図」は、殺人をも物ともせぬ彼らの考え方と「インチ単位まで考え抜かれた」殺しの実践を、白日のもとに曝したのであった。(55)

最後の港

英国とアメリカの廃止論者らは、《ブルックス》の図版をはじめとして、人々に衝撃を与え、自分たちの主張に耳を傾けさせるのに使えるあらゆる手段を駆使して、奴隷貿易について国民の注意を喚起し、その実態を分からせた。大西洋の両側で、様々に異なる活動が展開されたが、それはほぼ同じ時期、つまり一七八七年から一八〇八年にかけてであった。活動家たちは、大西洋を越えて手段や目的を共有し、大いに協力しあって、最終的には公式廃止を実現させた。《ブルックス》のような船が、英国やアメリカの港からアフリカへと旅立ち、奴隷を集めて、アメリカスのプランテーション社会へと運ぶことは、もう法律で許されなくなったのである。

　苛烈な廃止運動は、一七九二年四月二日、五年を待たずしてクライマックスを迎えた。国会で夜通しの議論が戦わされ、運動史上最高の雄弁が飛び交ったのだ。最終的には、経験豊かなスコット・ヘンリー・ダンダスが、奴隷貿易「漸次」廃止を提案し、妥協が図られた。それから間もなく、奴隷制廃止をめぐる国際的文脈が変化した。フランスとサン・ドマングの革命が新たな局面へと突入し、イングランド内でも急進主義が浮上、支配者層が自分の身に恐怖を感じるようになったのだ。庶民院を通過した漸次廃止法案は、貴族院では度重なる抵抗にあった。一七九三年二月、フランスとの戦争が勃発すると、国家と帝国の利益が他の全ての問題に優先され、数年にわたって廃止論者とその大義は舞台後方へと退いた。クラークソンは、一七九四年、病に倒れる寸前に運動から引退した。このような状況ではあったが、廃止へ向けての小さな勝利は積み重ねられていった。たとえば、一七九九年の奴隷運搬法は、一七八八年のドルベン法による初めての規制をさらに推し進めた。一八〇六年になると、廃止運動は息を吹き返し、その年、国会では外国奴隷貿易法が可決され、新世界のスペインおよびオランダの植民地との英国の奴隷貿易が禁止された。これは奴隷貿易全廃への道を開くものであった。そして一八〇七年五月一日、ついに全廃が宣言された。(56)

合衆国での貿易廃止は、英国とは異なった展開をみせた。合衆国でまず問題にされたのは、貿易商による輸送ではなく、農園主による輸入と買い入れであった。一七七〇年代に、アンソニー・ベネゼットのようなクェーカー教徒が奴隷貿易反対の戦いを開始したが、それはちょうど、イギリスからのアメリカ独立運動によって自由というイデオロギーが形成された時期である。一七七四年、大陸会議は、英国からの輸入に反対の立場を宣言。もちろんそこには奴隷も含まれていた。貿易廃止派は、思いもよらない人々と同盟関係を結んだ。トーマス・ジェファーソンやジェイムズ・マディソンといったチェサピークの奴隷主たちで、そこでは奴隷が再生産されていたため、奴隷船による輸入は必要がなかっただけでなく、単に不経済であったのだ。ジェファーソンは、独立宣言の初期の草稿において、英国王ジョージ三世の奴隷貿易への関与を激しく非難したが、その文章はサウスカロライナやジョージアの独立派の怒りを買った。彼らにとって、奴隷労働力は必要なものであったのだ。一七八七年、憲法制定の際の議論で妥協が計られた。第一条九項で、一八〇八年までの奴隷貿易続行が認められたのである。廃止派は、なおも州レベルでの戦いを続け、一七八八年から八九年にわたって、ニューヨーク、マサチューセッツ、ロードアイランド、ペンシルヴェニア、コネティカット、そしてデラウェアの各州で、貿易を制限する条例を通した。同時に、イングランドの活動家との協力関係を拡大し、一七九〇年、議会での請願を開始した。一七九一年にはサン・ドマングで革命が勃発、恐怖に戦いたアメリカの奴隷主たちは奴隷船に対して港を封鎖した。その後も政治的な対立が長く続き、廃止法が通過したのは一八〇七年三月二日、一八〇八年の一月一日からついに実施の運びとなった。しかし、法を定めたところで、歯抜けに等しかった。つまりその後何十年も、違法貿易が続いたからである。とはいえ、ひとつの勝利ではあったのだ[57]。

奴隷貿易廃止をめぐる激しい舌戦、フランスやハイチで起こった世界を揺るがす革命、そして英国、アメリカをはじめとして大西洋をめぐる地域での、国内の大混乱やその混乱への反応――実に様々なことが起こったわけだが、現実の《ブルックス》は、この間も航海を続けていた。図像が世に出た後も、船はさらに七回、恐怖に満ちたアフリカへの航海を行っている。その最初が一七九一年、そして九二年、九六年、九七年、九九年、一八〇〇年と続き、最後が一八〇四年五月であった。すべて、母港のリヴァプールからの出航であった。最後の航海の船長はウィリアム・マードック、行く先はコンゴ―アンゴラ沿岸、五四名の乗組員で、三二二名の奴隷を運んだ。中間航路の航海を終えると、《ブルックス》は南大西洋へと入っていった。ここまでの犠牲者は、アフリカ人二名、水夫二名のみ。目的地はラプラタ川河口のモンテビデオで、そこで三二〇名を下ろした。こうして船は最後の航海を終えた。奴隷船としてはかなりの老朽船で、二三年にもわたって熱帯の海で相当の時間を過ごしてきたからには、船体はもうボロボロだったに違いない。すっかり有名になったこの船も、ついに廃船となり、その年の暮れに解体されたようだ。そのわずか三年後には、貿易そのものが廃止されることとなる。奴隷貿易と貿易への反対運動において、極めて大きな役割を果たしたこの船は、貿易商たちの目も、廃止論者たちの目も届かぬ遥かな場所で、静かに朽ちて終わりを迎えた。しかし、その船のイメージは、その後何十年も、大西洋をめぐる航海を続けた。そして奴隷貿易の恐怖を端的に伝え、奴隷制に対する世界的な闘いを推し進めるのに役立ったのである[58]。

エピローグ　終わりなき旅路

ジェイムズ・ドゥウルフ船長は、ニューイングランド切っての有力な奴隷貿易一族の一員であった。その彼が、黄金海岸への航海を終えて、ロードアイランドのニューポートにちょうど戻ってきたところだ。船の《ポリー》は二本マストの小型奴隷船であった。船長は一四二名のコロマンティの人々を捕囚とし、そのうちの一二一名を生きてキューバのハバナに届けた。一七九一年六月十五日、大陪審において、ドゥウルフ船長の水夫の一人、ジョン・クランストンによる「生きたまま船から投げ捨てられた黒人女性」についての証言が行われた。ドゥウルフ船長は殺人を犯したのだろうか。(1)

クランストンによると、女性は、

病に倒れ、天然痘と思われました。船長は、他の者たちにうつるのを怖れて、その女を主檣楼に上げるように命じました。女はそこで二日を過ごしました。二日後の夜、午前四時に見張りが呼ばれ、それからドゥウルフ船長は我々全員を船尾に集め――で、言いました――ここにこの奴隷をこのまま置いていたら――残りの者たちにうつってしまう――奴隷のほとんどがおじゃんだ、と。それから、その女を船縁《ふなべり》から海に放り込んでくれるか、と私たちに聞きました。わたしたちの答えはノーでした。そんなことはしたくなかったのです。それを聞くと、船長は、この女は海に放り込まねば、放り込むぞ、と言いながら、布にくるまれた女のところに走っていきました――トス・ゴートンとかいう男に、お前も来いと命じ――ゴートンは船長に従いました――それから、船長は女を椅子に縛りつけ、目と口に覆いをつけました。椅子には吊り紐がかけられて、そこに滑車装置がついていました。こうしてわたしたちは、その女を船の左舷から下ろしたのです。

ドゥウルフ船長は、奴隷という財産を失うのを怖れていただけではなく、明らかにその女に触れるのも怖がってもいた。だから、彼女を甲板から下ろすのに椅子を使ったのである。女を下ろす段になると、もう一人、ヘンリー・クラネンという水夫が加わり、船外に女を押し上げて、海へ投げ捨てた。こうして船長は女を死に至らしめたわけだが、クランストンをはじめとする水夫たちは「彼らを残して、その場を立ち去った[2]」。

問い――海に捨てられる際、女性が何か言ったり、物音を立てたりするのは聞こえませんでしたか。あるいは彼女がもがくのを見たりしませんでしたか。

答え――いいえ……口と目を覆われていましたから、それは無理です。女が音を立てないようにしたのです。それを聞いた他の奴隷に蜂起されないようにね。

問い――全てが終わってから、船長が何か言ったか覚えていますか。

答え――あんないい椅子を、もったいなかった、と、それだけです。……

問い――女性を海に捨てるのを、誰か止めようとしましたか。

答え――いいえ。船長に、関わりたくないとは言いましたが、それ以上は何も。

クランストンは最後に、自分も他の水夫たちも、天然痘が怖かったわけではない、むしろ免疫をつけるために、菌に曝されたほうがよかったのです、と言い添えた[3]。

港とその周辺地域は、このスキャンダルで持ち切りとなった。五紙以上の新聞が事件を報じ、世間では怒りの声があがった。七月初旬、大陪審はジェイムズ・ドゥウルフ船長を殺人罪で起訴、世間の強い非難がはっきりと示された[4]。

しかし狡猾なドゥウルフ船長は、水夫たち、廃止論者、そして当局などの一歩先を行っていた。起訴が迫っていると見て取った彼は、さっさとニューポートを去り、黄金海岸への航海にすでに出発していたのである。騒ぎが収まるのを待とうとの魂胆だった。一七九四年十月――問題が起こってから三年以上もたってから――船長は、《ポリー》の二人の乗組員、アイザック・ストックマンとヘンリー・クラネンによる宣誓証言を、ロードアイランドではなく、西インド諸島の奴隷貿易港、セント・ユースタティウスで行うよう手配したのだった[5]。

ストックマンとクラネンは、クランストンの出来事についての証言のほとんどを、その通りだと認めたものの、ああする以外、他に選択肢はなかった、と強調した。あの女をあのままにしておくのは危険だったのです。すでに乗組員の多くが病に倒れ、死んでいました。ああしていなければ、あれだけの数の、反抗的なコロマンティの捕囚を押さえておくことはできなかったでしょう。彼らは「蜂起で有名な民族」ですから。このように最悪の事態が起こりかねない状況だったので、「この忌まわしい選択をせざるをえなかったのです」。あの状況を乗り切るには、唯一の道だったのです[6]。

いずれにせよ、《ポリー》の乗組員が陥った「状況」の大方はドゥウルフ船長が作りだしたものだった。彼は船の所有者であり、船長であったわけで、利益を最大化するために乗組員の人数を少なくし、船医も乗せなかったのは、ドゥウルフ自身が決めたことなのである。「蜂起で有名な民族」を買ったのも、また彼の判断であった。そして、奴隷の二〇パーセント以上が死んだ場合しか保障金が出ない保険にサインしたのもドゥウルフだった。他の奴隷たちが死なないよう、一人を殺して利益を確保するという行動の金銭上の誘因となったのはこの条件だったのだ[7]。

その状況の他の側面については、ドゥウルフのせいではないと、はっきり言える。そこからは、大西洋資本主義を形成する機構としての奴隷船の寿命が、まもなくつきようとしていたことがうかがえるのである。最初の要因は、黄金海岸に起因するものだ。《ポリー》の船長も乗組員も、コロマンティの捕囚を怖れていた。彼らが、反乱を――奴隷船上でも、また新世界の奴隷社会においても――主導してきた長い歴史を持つ人々であったからだ。（一世代前には、ジャマイカでタッキーの反乱を起こしており、それは、大西洋世界における、最も血なまぐさい奴隷蜂起の一つであった。）もうひとつの要因は、英国やアメリカの、廃止運動の動きだ。少し前には《ゾング》事件もあった。一七八一年、ルーク・コリングウッド船長が一二二名の奴隷を海に投げ込めと水夫らに命じた事件である。奴隷貿易反対派は、これは殺人であるとの声を上げ、アフリカ人の捕囚を殺しておいて何の罪にも問われないなど、そんな権利は奴隷船の船長にはない、と主張した。ジョン・クランストンが勇敢にも大陪審での証言を行ったこと自体――一七八八年から九二年という、奴隷貿易廃止運動が最も盛り上がった時期であった――水夫たちの間にもいまや廃止運動の考え方が浸透してきたという証左ではなかろうか。水夫がいなければ、奴隷貿易は成立しないのだ。《ポリー》と、ロードアイランドの裁判所に見られるのは、やがて奴隷貿易を廃止に追い込むこととなる連携の萌芽である。つまり、抵抗するアフリカ人と船長に従わない水夫とが、奴隷制に反対する大都市の中産階級の活動家たちとつながっていくのである。この三者の連携により、大西洋の力の磁場に変化が生じ、奴隷船船長の権力は制限されていったのだった[8]。

とはいえ反対派の影響力はまだ十分ではなかった。ドゥウルフ船長は殺人罪には処せられなかった。ストックマンとクラネンの証言にも助けられ、一七九五年四月、セント・トーマスの判事は、ドゥウルフは殺人にかんしては無罪であるとの判決を出した——この裁判の証言では船長に不利な証言をする者は一人もいなかった。彼の一族の力も物を言っただろうし、裏では一族のメンバー数名が動いていたのだろう。というのも、大陪審での殺人罪差し戻しの後、何年にもわたって、ロードアイランド、ブリストルの保安官は、ドゥウルフを逮捕しようとしても、彼を見つけるのに大変苦労したようなのである。ブリストルの人口は一四〇六名にすぎず、そしてドゥウルフは、その土地の名家で、皆に顔の知れた一族の有力メンバーであったにもかかわらずである。ドゥウルフのほうでは、さして苦労もしなかったに違いない。五年経つと、彼は隠れようともしなくなった。アメリカでの起訴は公式には取り下げられることはなかったが、問題自体は不問に付された。ドゥウルフ一族の権勢が勝利を収めたのである。(9)

このドラマの主役三人のその後を見ると、奴隷貿易に関わった者たちの千差万別の人生が浮かびあがってくる。ジョン・クランストンは、波止場の世界へと消えた。永遠に名を知られることもないあの奴隷女性は、溺れ死んだ。ドゥウルフ船長がたいそう気に入っていた椅子に縛りつけられ、その紐をはずそうと、もがきながら死んだに違いない。彼女の仲間のコロマンティの捕囚たちは、一七九一年の初めにキューバのハバナに荷揚げされた。おそらく、彼らの短い人生は、砂糖の生産に費やされたことだろう。砂糖は血で作られている、と廃止論者たちは懸命に説いていた。ドゥウルフ船長が後に島に購入した三つの農園のいずれかに、売られた者もいたかもしれない。抵抗の伝統を引き継ぎ、実践してもいっただろう。(10)

ドゥウルフ船長は奴隷貿易で巨大な富を築き、闇の奥で成功を収めた。彼はこの事件の後も、貿易商兼船主（一人で全て出資したか、あるいは彼が第一出資者であった）として、二五回の航海に出資して儲けを上げるとともに、他の多くの航海へも投資した。投資に際しては、通常、兄弟のジョンと組んでいた。名家のドゥウルフ一族中、もっとも裕福というだけでなく、州で一番の金持ちとなった。ニューイングランド随一というわけではないにしても、大層な富であった。廃止論者らが、「抑圧の利潤」と非難したその富で、彼はマウント・ホープを建てた。ニューイングランドの最も壮麗な屋敷の一つである。そしてドゥウルフは、最後には合衆国上院議員となったのだった。(11)

「最も壮大なドラマ」再訪

一八〇七—八年に英国と合衆国で奴隷貿易が廃止されるまで

に、奴隷船はどれだけのことをしたのだろうか。それはアフリカから新世界へと、すでに九〇〇万の人間を運んでいた。(この後、さらに三〇〇万が運ばれることとなる。)世紀を通じて貿易が盛んだった十八世紀には、英国とアメリカの奴隷船だけで三〇〇万人もが運ばれた。輸送にともなって、目が眩むほどの人的被害を生んだ——アフリカで、船上で、そして新世界について一年以内に死亡した者は五〇〇万に上る。一七〇〇年から一八〇八年の間では、船へと連れていかれる途上で五〇万、船の上でさらに四〇万、そして船が港について間もなく二五万人ほどが命を落とした。貿易廃止時、大西洋の「プランテーション」機構では、ざっと見積もって三三〇万の奴隷が労働に従事していた。農園を所有していたのは、アメリカ人、英国人、デンマーク人、オランダ人、フランス人、ポルトガル人、そしてスペイン人と様々であった。奴隷のうちのほぼ一二〇万が合衆国、七〇万が英国領カリブ海植民地で働かされていた。彼らの生産は、凄まじいの一言につきる。一八〇七年の一年だけを見ても、砂糖一三万五〇〇〇トン強、ラム一万四〇〇〇キロリットル強、全て奴隷による生産である。また、タバコの生産量は七四〇〇トン強、綿花は三万三〇〇〇トン弱であり、これらもほとんどは奴隷労働によるものであった。一八一〇年の合衆国では、奴隷たちは四万二〇〇〇トン強の綿花、また三万八〇〇〇トン強のタバコのほとんどを生産し、さらに彼ら自身が三億一六〇〇万ドル相当の財産であった。ロビン・ブラックバーンの試算では、一八〇〇年までの新世界での奴隷による生産は、「二五億時間分の奴隷労働に値し」、その売り上げは「総額にして三五〇〇万ポンドを下らない」、つまり二〇〇七年のドル換算で三三億ドルに上るという。[12]

W・E・B・デュボイスの言葉どおり、奴隷貿易は「過去千年の人類史上、最も壮大なドラマ」であった——「一千万人の人々が、黒く美しき母なる大陸から、新たに発見された西のエルドラドへと運ばれた。それは地獄下りの旅」、果てなき労苦の地への旅であった。あの目隠しをされ、殺された女性にとっても、そして、彼女の船の仲間であったコロマンティの人々にとっても、間違いなく地獄への道行きであった。彼らは、他の何百万もの人々とおなじく、生まれた土地から引きはがされ、大西洋の向こうへと運ばれ、知らない人々のために、「エルドラド(黄金郷)」での労働を強制され、富を生産させられたのである。デュボイスの言及はもちろん、奴隷制における経験すべてに及ぶ。しかし、その地獄絵巻のなかでも、奴隷船が特別な一巻であることが彼にはわかっていた。それは、ジェイムズ・ドゥウルフやリチャード・ジャクソンのような船長たちも同じであろう。船を水に浮かぶ地獄へと変え、船上のあらゆる人間を、つまり水夫も奴隷も同様に、恐怖をもって支配したのは彼らなのである。ある船長は、「白い奴隷」も「黒い奴隷」も、という言い方をしており、彼の見方によれば、「両者の間には、肌の色を別にすれば、何の違いも認められなかった」のだった。恐怖の支配の道具としては、目隠し、椅子、そして滑車装置、九尾猫鞭、親指締め、スペクルム・オリス、短剣、ピストル、旋回銃、さらには鮫などが用いられた。なにより船そのものが、多くの点において、悪魔の機械、ひとつの巨大な拷問具であった[13]。

しかし、デュボイスが――そしてドゥウルフが――承知していたとおり、奴隷貿易のドラマは、船上の出来事を超え、さらに広範囲に及ぶものである。奴隷船は、大西洋において、急速な成長を見せていた資本と労働のシステムの要だったのだ。それは、複数の大陸の、資本主義社会と非資本主義社会における、囚われの労働者、自由労働者、両者の中間ともいえる労働者を結びつけた。奴隷船の旅は、英国やアメリカの港から始まる。貿易商が金を集め、船の建造や購入を行い、大西洋をまたぐ人々の動きを始動させ、事が展開し始めるのだ。出港地においてこれに関与するのは、投資家、銀行家、事務官、保険業者などである。また政府の役人も、税関職員から、商務省や議会の人々までが、大なり小なりの役を果たした。アフリカ海岸での取引に必要な、多様かつ高価な積み荷を集めるのに、貿易商＝資本家は、英国、アメリカ、ヨーロッパ、カリブ地域、そしてインドの製造業者と労働者を動かし、織物、金属製品、銃、ラム酒、その他の製品が生産された。船の建造には、造船工と、木工職人から縫帆職人までさまざまな職人の力が必要とされた。船倉に荷を積み込んだのは、力自慢の港湾荷役人夫たち、そしてもちろん、船を走らせ、大西洋をめぐる航海を司ったのは、船長と乗組員たちであった。

アフリカの海岸では、船長は貿易商の代理人として、現地の貿易商たちと取引を行った。要塞や奴隷交易所を運営するヨーロッパ人もいたが、その大多数はアフリカ人商人で、彼らこそが貿易を握っており、役人、手数料徴収人、監視官などが、彼らのもとで動いていた。地方レベルか、国レベルかは地域により様々であった。英国やアメリカの貿易商同様、アフリカ人商人もまた、様々な仕事をする人々を自分の影響力のもとに束ね、動かしていた。「奴隷以外」の商品の生産者、「奴隷」捕獲人――武装部隊、襲撃隊、人さらい軍団（奴隷捕獲の規模によって区別されていた）、そしてカヌーの漕ぎ手と港で働く人々などだ。カヌーの漕ぎ手や港で働く人々は、人にしろ、人以外のものにしろ、商品を船に上げるに際して、奴隷船の船長や水夫と直接の交渉を持った。また相当の数のアフリカ人が奴隷船の水夫となった。長く働く場合もあったし、短期間の場合もあった。

奴隷船が中間航路の旅を終え、アメリカの港につくと、船の所有者である英国やアメリカの貿易商＝資本家は、また新たな人脈を利用して、人間の積み荷の売却を行い、ここに利潤が生まれる。取引を仕切るのは、買う側のアメリカの商人たちで、植民地の役人は彼らの好きにさせていた。彼らは、奴隷船の船長と乗組員とを、現地の港の労働者（黒人も白人もいた）を介して、労働力に飢えた農園主たちに結びつけ、そして農園主たちは奴隷を手に入れたのである。奴隷の売却が終わると、船長は現地の農園で奴隷により生産された作物を買い入れ、帰りの荷として船に積むことが多かった（それが理想のパターンであった）。貿易商は奴隷船を使い、このように、遠く離れた流通のルートを通じて、大西洋資本主義の円環の原型を生み出し、形を整えていったのである。それは、ある者にとっては厖大な利益をもたらし、またある者にとっては恐怖と死を意味するものであった。

奴隷船は何百万という人々を奴隷制のもとへと届けただけではない。囚われの人々を、その制度に慣れさせるという役目も果たした。文字通りの準備としては、競売の前に乗組員が奴隷の体をきれいにするというのがあった。男性のひげを剃り、頭髪を整え、傷を焼灼剤で隠し、白髪を黒く染め、胸や背中にやし油を塗り込むのである。奴隷生活の規律に従わせるのも、また準備の一部であった。捕囚たちは、「白人の主人」とその無限の力と恐怖とを経験する。「監督」や、航海士、甲板長、水夫についても同様である。数のうえでは自分たちのほうが十倍かそれ以上いるのに、そこで秩序を保つために暴力が使われることも学ぶ。船上の奴隷たちはまた、集団で食事をし、兵舎をも凌ぐような状況に暮らす。背骨をきしませ、魂を殺す農園での労働は、まだ始まってはいないものの、多くの者が何らかの労働に従事していた。それは、日常生活に関わる労働から強制的な性労働にいたるまで、また船から水を出す作業から帆を張る仕事まで、実に様々であった。奴隷船での経験は、捕囚たちを奴隷の生活に慣らしていっただけでなく、奴隷状態への抵抗への準備ともなったことも述べておかねばならない。彼らは新たなサバイバルと助け合いの方法を編み出したのだ――これまでにない意思疎通法や、多様な民族が寄り集まったなかでの連帯が生まれた。船について、「白い人々」について、船友としてのお互いについて、新しい知識を集積していった。そして、おそらく最も重要なのは、奴隷船こそ、抵抗の文化の誕生、交渉と反乱から成る転覆実践の芽吹きの証人となったことであろう。

下からの和解

ジョン・クランストンがロードアイランドの大陪審で証言したとおり、彼の「水夫兄弟」の多くが、ドゥウルフ船長や彼と同じ階級の人々の富を築き上げるのに貢献した当の人々であったにもかかわらず、奴隷を運ぶ航海が終わると、それ以前とは異なる境遇に放りこまれた。チェサピークからチャールストン、ジャマイカのキングストン、そしてバルバドスのブリッジタウンにいたるまで、アメリカのほとんどの港のドックや波止場には、「波止場の主」、「ゴミ船親方」、そして「浜の骨細工師」などと呼ばれる人々が大勢住み着いていた。病に冒された、文無しの水夫たちで、みな、船長によって奴隷船から無理やりに下ろされたのである。彼らは仕事にもありつけなかった。病気がうつる怖れがあるので、誰も雇ってくれなかったのだ。奴隷船の賃金を払ってもらえなかったので、金もなかった。金がないので、食べ物もなければ、雨露を凌ぐねぐらさえない。彼らは港あたりをうろつき、家々のバルコニーの下や、貨物の積み降ろしのためのクレーンの下、鍵のかかっていない打ち捨てられた小屋や、空の砂糖樽の中などで眠った――とにかく雨風から身を守れるところならどこでもよかったのだ。

彼らは見るからに、悪夢のようだった。瘡やできもののある者、壊血病で歯茎に血がにじんでいる者。ギニア虫による重度の潰瘍を患っている者は、一、二メートルの長さまで成長した寄生虫が、膝からつま先にかけて、皮膚の下から脚を腐らせている。マラリアで体が震え、熱を出している者もいる。胴体がグロテスクに膨れ、つま先が腐っている者。盲目もいるが、これは、回旋線糸状虫という寄生虫の犠牲者である。流れの速い西アフリカの河川に棲息するブヨによって媒介される寄生虫だ。痩せさらばえ、痛めつけられた様子の人々、これは船長のおかげであろう。彼らはまるで「死人のように見えた」が、実際、死が迫っている者も多かった。少し元気な部類は、「他の海の男たちに、食べ物を一口恵んでくれ、と物乞いをしている」。ある経験豊かな船長は、この人々について、「自分の人生、あらゆる国で目にしたなかで、いちばん悲惨な光景」と述べた。こういった奴隷船から「捨てられた」水夫たちは、施しにすがり、命をつないでいた。彼らより健康な「水夫兄弟」たちは、食べ物を運び、面倒を見てやろうとしていた。とはいえ、してやれることには限りがあったのである。[14]

もう一つ、彼らに差し伸べられた助けの手があったが、それは予想もつかないところからのものだった。トンプソンという、王立海軍の士官の記録には、次のようにある。この哀れな水夫のなかには死んでしまう者もいたが、ニグロたちの情けで、彼らの小屋に連れていってもらう者もいた。トンプソンは、奴隷の小屋で今にも死にそうにして、臥せっている水夫を目撃した、という。同じパターンが、別の場所でも観察されている。ジェイムズという人物の説明では、「可哀想に思ったニグロの女性が世話をしてやって、やがて回復した者もいる」という。また、ヘンリー・エリソンという水夫は次のように記している。波止場の住人たちには、「ニグロが時折、親切心から自分の小屋に入れてやりでもしなければ」、なかなか濡れずにすむ場所は見つからない。病んだ水夫に救いの手を差し伸べた人々は、病人が罹っている西アフリカ特有の病気に覚えがあっただろうから、病人が何者であるかはわかっていただろう。ひょっとすると、病気の治し方も知っていたかもしれない。その水夫を個人的に知っていたこともありえる。[15]

憐れみは、食物とねぐらを与え、そして看病をしてやるだけに留まらなかった。それは、死後の世界にも及んだ。「飢えと病で、悲惨のうちに」死んだ水夫を、「慈悲の思いで葬ってやったのも、同じ人々である」と、ジェイムズは述べている。エリソンはキングストンで、「ニグロが水夫の亡骸を埋葬のためにスプリング・パスに運ぶのを」見た。また別の海軍士官、ニニアン・ジェフリーズなる人物も次のように書いている。「スプリング・パスはニグロたちの墓地であるが、そこでの彼らの祝日に出かけると、こういった波止場の住人の亡骸が運ばれてきて、隣接した場所に葬られるのをよく目にした。[16]」

この憐れみと慈悲は何を意味するのだろうか。捕囚として奴隷船を生き延びた人々は、船上では誰もがどれだけおぞましい経験をするか正確に知っており、そこをわかっていたがゆえに、自分たちの看守であった者たちにさえ、同情と憐れみを示し得たのだろうか。抑圧された者たちが、奴隷船上での自分たちの幽閉を司った当事者を人間として遇する。「船友」というのは、それほどに寛容で、懐の広い言葉ということなのだろうか。[17]

死の決算

最後は、また、人物についての語りで締めくくりたい。この本の終わりは、ジェイムズ・ドゥウルフ船長、水夫のジョン・クランストン、そしてあの、目隠しをされた、名も知れぬ、アフリカの女性の話にしたいと思う。それには三つの理由がある。第一に、この話には、「最も壮大なドラマ」の三人の主要登場人物が出てくる。それに、本が始まったところで終わるのは、つまり、名もわからぬアフリカ人女性の辛苦を最後に持ってくるのは妥当な終わり方だろう。第二に、ここには奴隷船上の恐怖の現実が総括されていると同時に、やがて奴隷船の最後をもたらすこととなる様々な力の集結も示唆されている。第三に、この話は、強調しておかねばならないある事実への注意を促す。奴隷船の甲板上でのドラマの展開、いや、その構造そのものが、船から遥かに離れた場所にいる人々の資本と権力によって決定されていた、という事実である。奴隷船上で、船長、水夫、そしてアフリカ人捕囚たちによって演じられたことは、もっと大きなドラマ、すなわち、この世界の資本主義の興隆と展開の一部だったのである。

ジェイムズ・ドゥウルフは、自ら貿易そのものに関わり、手を汚した――血で染めた、といったほうがより適切だろう――という点において、例外的な存在である。女に目隠しをし、海に放り込んだ、その両の手が、貿易商のテーブルで利潤を計算し、最後には合衆国上院で法律の作成に携わったのだ。確かにドゥウルフは、この点では、珍しい人物だ。こういう例は、彼一人だけではないにしろ、通常、奴隷船から最大の利益を得ていた人々は、物理的にも、心理的にも、船上での拷問、苦痛、臭気、そして死などから遠いところにいたのである。奴隷船とそれが支えるシステムから厖大な利益を刈りとっていたのは、なんといっても、貿易商、政府の役人、そして支配者階級の人々であった。ドゥウルフも、すぐに彼らの仲間入りをすることとなる。もう一度だけ奴隷船の航海をした後（殺人事件の後に当局から逃れるためであった）、経済の梯子を登り、奴隷船船長から、それよりは少々品の良い奴隷貿易商になったのである。大方の貿易商は、ハンフリー・モーリスやヘンリー・ローレンスのように、自分らの投資が引き起こす重大な人的帰結から、自身を切り離していた。彼らにとっての奴隷船は抽象にすぎず、考えるのは儲かるかどうか、全てを帳簿上の数字と損益収支に還元してしまうのであった。

そうではない別の考え方が必要だ、と、私もまた、いま世界で数を増しつつある多くの人々同様、強く信じている。ドゥウルフの、モーリスの、そしてローレンスの子孫たち――彼らの家族、階級、政府、そして彼らがその形成に一役買った社会――は、彼らが鎖につなぎ、奴隷とした人々の子孫に何を負っているだろうか。それは複雑な問いだ。しかしそれを問うのが正義の要請である――そして、奴隷制の遺産を乗り越えていくのであれば、その問いに答えなければならない。正義なくして、和解はありえない。

それは新たな問いではない。奴隷貿易に従事したヒュー・クロー船長は、貿易廃止後すぐに出版された回想録に、「イングランドがアフリカに加えた非道を償う」機会はあると記している。彼が考えていたのは、慈善活動と、アフリカとの「合法貿易」とでもいうべきもの――すなわち、人間以外の「商品」取引であった。彼が償いを考えていたなかに、自分をはじめとする奴隷船の船長がアメリカスへと運んだ人々は入っていなかった。しかし、奴隷船の船長でさえ、忌まわしい歴史の不正義を正すのに何かが為されるべきだ、と認めていたのである。もちろん、これが奴隷貿易だけでなく、奴隷制の経験すべてに及ぶのは言うまでもない。[18]

イギリスでも、合衆国でも、奴隷貿易と奴隷制が自分たちの歴史の重要な一部であると認めるについては、この三十年ばかりの間に大きな進歩があった。この進歩をもたらしたのは、なんといっても、一九六〇年代、七〇年代に大西洋の両側で起こった、人種や階級をめぐる正義を求める様々な市民運動であり、奴隷貿易と奴隷制の意味にかんしても新しい歴史と議論の必要性が叫ばれたのだった。学者、教師、ジャーナリスト、博物館員などをはじめとする人々が、このような運動からインスピレーションを受け、アフリカとアフリカン・アメリカンの過去の多くを取り戻し、新たな知識と社会意識を創り出した。それでもなお、両国ともに、この歴史のより暗く暴力的な側面をきちんと把握するには至っていない、と私には思える。現在も、その闇と暴力が続く理由のひとつはそこにある。暴力と恐怖こそが、大西洋経済と十七―十八世紀の複合的労働システム形成の核であった。しかし、奴隷貿易と奴隷制についての最良の歴史でさえ、その主題の核心に横たわる暴力と恐怖とを、最小化してしまう、いや、もっと言えば、消毒殺菌してしまう傾向があるのである。[19]

中間航路と奴隷貿易についての歴史研究の大半は、その主題の一つの側面だけに精力を傾けてきたと言えるだろう。多くの歴史家たちは、十八世紀の廃止論者たちを先達としたものの、彼らのプロパガンダや扇情的なやり方には信頼をおかず、中間航路の死亡率の割り出しに集中してきたのである。そして、死亡率イコール奴隷貿易の恐怖を表すものとなった。ゆえに、どれだけの人々が運ばれ、途中でどれだけが死亡したかの正確な数が、調査と議論の最重要問題となった――これが重要であることに私も異論はないが、しかしそのやり方では、すくいとれないものもある。この本の大きな目的のひとつは、死を恐怖のひとつの側面として扱い、それにより見方を拡げること、そして深遠なる人間のドラマが様々な船の上で繰り広げられるなか、恐怖こそが、奴隷船を地獄たらしめた決定的な特徴であったと言明することであった。死者の数は、抽象的な、そう、血とは無縁の統計によって答えられるかもしれない。しかし少数の者がいかに恐怖を作り出し、いかに多くの者が恐怖を体験したか――そして、いかに恐怖に抗したか――は、数字では語れない。

恐怖を強調したところで、償いの問題に対する答えが出やすくなるわけではないだろう。いずれにせよ、歴史家はその問題に答える立場にはない。搾取と無償労働の対価は計算可能だろうし、そうあるべきだ。過去も現在も、自分の労働に見合う公正な対価を受け取る権利は、全ての人にある。思うに、賠償の準備は整っている。しかし、正義を金銭の計算に還元することはできないし、解決策が提示されたところで、懸命に動けば、まだ可能だろう。暴力に満ちた、奴隷船の長い旅がついに終わり、「最も壮大なドラマ」が、まったく新たな意味合いで壮大なものになるかもしれない。

それがそもそも奴隷貿易を広めたゲームの規則で運用されるのであれば意味はない。恐怖の代償はいかなるものか。寿命を全うできなかった厖大な数の人間への賠償金はいくらになるのか。このようなことを検討するにも、人種差別の要素がついてまわる。階級抑圧と結びつく場合はなおさらである。人種差別と階級抑圧、それらは依然として私たちとともにある。[20]

結論をいうと、最終的にこのような問いへの答えを決定するのは、正義を求める社会運動、つまり、奴隷貿易、奴隷制、そしてそれらが生んだ人種差別によって最も苦しんだ人々の子孫が主導する社会運動であるべきだろう。その運動には、資本主義の暴力と恐怖に抗する、より広い闘いを繰り広げている人々も加わるだろう。興隆においても、また現在まで続く展開においても、資本主義の核には常に暴力と恐怖があった。だからこそ、カリブ海の港で、奴隷とされた人々が病んで死にゆく水夫の面倒をみてやっていたという、水夫の証言で締めくくろうと思ったのだ。水夫を看取る奴隷たちの考え方こそ、この本の調査の過程で出会った、最も寛大で懐の広い人間性の捉え方だった。自分たちも、食べ物も、住居も、健康もぎりぎりで、儀式や埋葬の場さえままならない。そういう人々による善行こそ、今までとは違う未来の可能性を示唆しているように思われる。このインスピレーションを胸に、

訳者後書き

今は過去からできている。だから過去はただの過去でなく、わたしたちの今を織りなす現実の一部だ。だけど人は忘れてしまう。忘れたがる。都合が悪い過去は書き換えられる。そもそも、自分の日常で手一杯で、現在が何からできているのか、百年、二百年、五百年のスパンで、考える余裕がない。筆舌につくせない、想像しはじめることすらむつかしい、人々の苦しみのうえに、わたしたちの今が創られている、ということ。今が大変であればあるほど、実は過去の苦しみを考えることが、今を変えるヒントになるのだけれど、物事はそんなふうにはなかなか回らない。

そんなふうには回らない世の中で、現在をつくる壮絶な過去を、つぶさに描き出すつらい仕事をやってのけるのが、並はずれた歴史家たちである。とてつもない忍耐と胆力のいる仕事だ。大西洋史家、マーカス・レディカーは、本書『奴隷船の歴史』（*The Slave Ship: A Human History*, 2007）において、「現代の意識の淵を航行する幽霊船」である「奴隷船」を、その力業で、わたしたちの前に曳航してきた。奴隷船は、いま、此処にある。

奴隷船は大西洋奴隷貿易の要であった。奴隷船が奴隷貿易を可能とし、その結果、新世界での奴隷労働が可能となり、アフリカから拉致されてきた人々とその子孫の血で生産された砂糖をはじめとする世界商品が、富を生んだ。これが、世界資本主義の誕生に欠かせないプロセスであった以上、大西洋世界から離れた場所に生まれ暮らしているわたしたちも、目の前の奴隷船を見ないわけにはいかない。（それにしても、グローバル化が世界の隅々にまで行きわたってしまった今、「離れた」というのは何を意味するのだろう。）

著者レディカーの、近世大西洋世界の船乗りや海賊についてのこれまでの仕事、彼が奴隷船についての研究をしようと決意するまでの経緯、そして本書への圧倒的な評価については、笠井俊和さんが行き届いた解説を書いてくださった。この解説は、情報量も豊富なのだが、レディカーに学んだ人ならでは、と思わせる表現も貴重である。終わり近くの次の一節には、深く頷かされた。「奴隷船での血が通っていないほど冷酷な所業を詳説するなかで、奴隷や水夫が犠牲となっていくさまだけでなく、彼らが見せた機知に富む抵抗もまた描かれていることにより、結果として本書は痛々しいまでに人間の血が通った一冊となっている。」

「痛々しいまでに人間の血が通った」歴史書、『奴隷船の歴史』の読後感は、優れた小説のそれのようだ。読み終わって、本を閉じた読者の意識のなかには、孔が穿たれるだろう。描かれた世界と、読者の日常とを接続する孔だ。本を閉じた後も、そこに描かれた人物の、声の、肌の、息の、思考の肌理の、すぐ近くに身を置いた感覚が残る。錯覚であるとわかっていても、不可能であると認識しても、それは奇妙なリアルさで読者の身のうちに棲みつく。

レディカーは、奴隷船をめぐる人々を、歴史研究の記述に許される範囲で、再現が可能なめいっぱいのところまで個人として描き出している。オラウダ・エクィアーノ、ジェイムズ・フィールド・スタンフィールド、ジョン・ニュートン、トーマス・クラークソンといった、自らの声を自らの表現で世間に届けた人々だけではない。貿易商、船長、水夫、そしてなにより奴隷たちを描く。これまで個人として歴史書に現れることが稀であった人々が描かれてはじめて、奴隷船の、ひいては世界資本主義の核をなす恐怖が、そしてまた、圧倒的な恐怖のなかにあっての抵抗の意味が、十分に示されるのだ。人がどれほど残忍に、冷酷になれるのか、そしてまた、どれほど寛容になれるのかが、こういった人々の行動や体験が史実からすくいとられることで浮かびあがる。

上からの残忍と冷酷、下からの寛容が、これ以上鮮やかに示されている例は他にないのではないか、という史実をレディカーは終章で紹介している。調査のどの段階で、彼はこの史実に出会ったのだろう。困難な調査の道半ばであったとしたら、その時、一冊の結びとするものを得た、自分の航海の終着点が見えた、と確信したのではないだろうか。わたしは、そう想像している。

「白い奴隷」である水夫は、「黒い奴隷」を大西洋の向こうに運ぶまでは、必要な「看守」である。しかし、運び終えれば、大西洋資本システムの代理人である船長にとって、余剰の水夫は無用のモノとなる。過酷な労働、船長による虐待、熱帯の病などで、働けなくなっている場合はなおさらである。そういう使いモノにならない「白い奴隷たち」は、賃金ももらえぬままに、カリブ海の港に捨てられることがままあったのだという。そして、病み、捨てられ、死にゆく水夫たちに、奴隷たちが救いの手をさしのべることがあったというのである。「憐れみは、食物とねぐらを与え、そして看病をしてやるだけ」に留まらず、水夫の亡骸を自分たちの墓地の隅に葬ってやることさえあった。「抑圧された者たちが、奴隷船上で自分たちの幽閉をつかさどった当事者を人間として遇する。「船友」というのは、それほどに寛容で、懐の広い言葉ということなのだろうか」、とレディカーは書いている。「船友」の原語はシップメイト。アフリカの各地から引きはがされた、民族の異なる人々、つまり元々の文化も言語も異なる人々が、その違いを越えて、奴隷船上で形成した強い絆で結ばれた仲間のことである。

奴隷貿易という大西洋をまたぐ鎖を始動させるのは、貿易商および貿易に投資する人々の欲と資本である。拉致されたアフリカ人、航海の途中に命を落とした水夫たちの悲惨から生まれる、莫大な利益を刈り取ったのも同じ人々だ。自らは奴隷船の野蛮を目にすることはない。様々の拷問、奴隷たちが詰め込まれたあまりに狭い船倉の耐えられぬ臭気、肌に食い込む鎖、剝けた皮膚の痛み、そして魂が抜けるほどの恐怖、それらを想像しえてもなお、この商売は可能だったのだろうか。利潤を求める人々にとっては、奴隷や水夫の奪われた人生は、損得のうえでの数字にすぎない。アフリカの様々な場所で拉致され、奴隷船に積まれた人々を、船長と乗組員は番号で呼んだ。奴隷船という労働力製造「工場」で、人を奴隷というモノへと加工する第一歩である。レディカーは、人を数字に変える力、人ひとりに一度しかない一つきりの人生を、代替可能な無数の数字の一つに変える力を、「抽象の暴力」と呼ぶ。わたしたちが暮らす、後期資本主義世界に充ちる様々な暴力の根も、そこに伸びているのは明らかだ。

奴隷貿易にかんする研究も、従来は数字に集中してきたのだという。「どれだけの人々が運ばれ、途中でどれだけが死亡したかの正確な数が、調査と議論の最重要問題」であった。レディカーはこれまでの研究の重要性は認めたうえで、それではすくいとれない歴史を描き出すことを自分の仕事としている。この後書きの少し前の部分で、レディカーは奴隷船にかかわった人々を個人として描いた、とわたしは表現した。しかし、自らの声をほとんど残していない人々を、フィクションであってはならない書き物が、いかに「個人として」再現するのだろうか。小説が登場人物の人生を語るようには、奴隷船で働いた水夫や、運ばれたアフリカ人の人生を語ることはできない。それでもレディカーは、船長や医者の記録、水夫の証言などの歴史資料に現れる僅かな記述から、声なき人々の声を聞きとり、個人の存在、実際に生きた人間の精神と肉体の存在を強く印象づける断片を、いくつも、いくつも積み重ねて、「人間の歴史」を書くことに成功している。筆の技であり、闘い行動する歴史家の気合いの成果でもあるだろう。その結果、奴隷貿易四百年の間に運ばれた一二四〇万の人々の、奪われた人生の存在が歴史の闇から立ち上がってくる。いや、その人々の多くには家族がいただろうから、人生を壊された人の数は、その何倍にも上るだろう。レディカーの記述を読んだ後には、これまでの研究によって割り出された数字が、新たな意味合いを帯びてざわめき出す。

歴史に現れる数字が新たな響きを持ったところで、ひとつの数列を紹介しよう。一六四五年、千五百→一六六〇年、三万→一六九〇年、六万。これは、カリブ海の英国領でいち早く、そして最も急激に（一六四〇年から五〇年にかけて）砂糖革命が起こったバルバドスの黒人人口、すなわち奴隷の数の推移である。増加の程度には度肝を抜かれる。大西洋を越える労働力の強制輸送は、本書に描き出されたほどの残虐をもってして、はじめて可能だった。しかし、資本の暴力は、その残虐をものともせず、次から次に、奴隷船を大西洋に送りだしたわけだ。

アフリカから拉致された人々とは比べられないものの、資本の側にいなかった白人たちもまた、吹き荒れる経済原理の嵐に翻弄された。砂糖に先行する作物であったタバコは、比較的小規模での生産と加工が可能だった。白人自営農は、ごく少数の白人年期奉公人や奴隷を使っている場合も、自ら畑で働くことが多かったし、タバコの加工はすべての過程を同じ人々でこなすことが可能だった。家族が食べていくことはできたが、資本を蓄積するには及ばなかった。一方、新たに登場した砂糖きびと砂糖の生産は、莫大な利潤を産むが、大きな作付面積で、多くの労働者を使って、大規模に行わねばならなかったから、資本をもたない自営農たちが参入するのは困難だった。土地の値段は、砂糖革命により、例えばバルバドスでは十倍になっていた。時をおなじくしてタバコの市場価格が下がる。その結果、彼らの多くは、根付こうとしていた土地を後にして、英国に戻らざるをえなかった。自営農より、はるかに貧しい白人の年期奉公人たちは、奴隷とともに働くのを忌避して、他の島に逃げたり、英国海軍に入ったりした。なかには、海賊になる者もあった。一六五〇年から八〇年という、カリブの海賊、バッカニアの黄金期は、砂糖革命が進行した時期と重なる。海賊は、船長の暴虐が吹き荒れる船の上だけでなく、資本の嵐が吹き荒れる島の上でも生まれていたのである。

レディカーは、本書の序章において、奴隷貿易についての文学による省察にも触れ、何人かの作家の名前を挙げている。トニ・モリスン、チャールズ・ジョンソン、バリー・アンズワース、フレッド・ダギアー、キャリル・フィリップス、マニュ・ハーブスタインらである。ここに挙げられた肌の色あいも様々な作家たちの、生まれた場所、育った場所、そしてその後に動いた場所は、奴隷貿易の広がりのままに、新世界、英国、南アフリカ共和国と、大西洋をぐるりと囲んでいる。その広がり自体が、奴隷貿易が大西洋世界のかたちをつくった大きな要素であったことを物語っているだろう。そして、祖先が奴隷船に載せられたかどうかにかかわらず、この作家たちもまた、ある種の「船友＝シップメイト」といえるだろう。

そういう「船友」の一人、アフリカン・アメリカン作家のアリス・ウォーカーは、笠井氏の解説にもあるとおり、本書を、アメリカ人、いや、全ての西欧の人間に与えられた「課題（ホームワーク）」であると評し、同じ書評で次のように述べている。「気持ちの準備ができていなかった。『奴隷船の歴史』にこれほどまでに心を揺さぶられるとは。この本を読むという体験を通じて、わたしは四世紀の間にわたり奴隷船に積まれたアフリカの祖先たちと、つながった。それは私自身を変える、そして決して切れることのない絆である。人々の勇気、英知、そして自尊心。自らを解き放つための、壮絶な闘い（そして残忍な枷につながれながらも、共同体をつくりあげた努力）、感動はあまりに深く、数日を、ベッドで過ごした。」

奴隷船上では多くのものが生まれた。負の遺産の最たるものが、絶対的なヒエラルキーを伴う「人種」概念であるが、同時にその抑圧に抗するものも誕生した。奴隷船の苦難をともにした人々、すなわち「船友」たちの間での、アフリカン・アメリカン文化の芽生えである。民族、文化、言語を異にする者たちは、サバイバルのために意思疎通をはかり、そのなかで抵抗と平等とをスピリットとする文化を育んだのである。

「船友」については、第九章に詳しい。奴隷蜂起は船上での抵抗の最も劇的な現れであり、「船友」が戦友として立ち上がった例である。「蜂起」のセクションは、実に印象深い描写ではじまる。「下甲板にぎっしりと詰め込まれた何百もの肉体は、潜在的エネルギーの塊だった。雨で気温の低くなった中を奴隷船が航行していくと、いつもそのエネルギーの発散が実際に目に見えたという。」

奴隷船は、人間をモノ化する、「機械」であり「工場」であったが、モノ化に抗する人間のエネルギーは時に蜂起となって爆発したのである。怒りと希望（「希望の女神には美しい双子の姉妹がいる。それは怒りだ」、と言ったのは誰だったか）の爆発であった奴隷蜂起はしかし、成功することは稀だった。希望が打ち砕かれた後には、「船友」らが集団自殺を選ぶこともあった、という。そしてまた、船上で育まれた絆は、船が新世界に着けば、断ち切られてしまう。人々は様々な農園に奴隷として売られていく。それでも確実なのは、船上で共同体が生まれ、奴隷となった人々は抵抗のスピリットの種を宿して、新世界に降りたったということである。それは「農園の共同体で、逃亡奴隷（マルーン）の共同体で、教会の共同体、そして都市の共同体においても続いていった」と、レディカーは書いている。

これだけでは、いささか理想的にすぎる記述かもしれない。

蒔かれた種が育つには、それなりの土壌が必要だ。新世界に運ばれた人々は、短すぎる人生を喜びのない労働にただ費やさざるをえなかった場合が圧倒的だったろうし、ぎりぎりの状況のなかでは、抵抗より従順が、平等の精神による助け合いより自己の利益が優先されることも当然少なくはなかっただろう。さらに、肌の色にまつわるヒエラルキーは新世界の黒人たちの間にも浸透し、特に混血が進むにつれて、より薄い肌の色が黒人の間でも切望されるという一面も生まれていく。だが、やはり、厳しい土壌においても、種は生き続けた。抵抗の文化は生き続けただけでなく、歴史を変えた。様々な場所での奴隷貿易廃止運動においても、奴隷制廃止の闘いにおいても、奴隷たちは、当事者として運動にかかわり、インスピレーションの源ともなった。現在にいたるまで形を変えつつ続く差別に抗う運動においても、アフリカン・ディアスポラの子孫たちは、肌の色を越える「戦友」とともに、「交渉と反乱からなる転覆実践」を進めてきた。

本書が刊行された二〇〇七年、十八世紀世界最大の貿易港であったリヴァプールに、「国際奴隷制博物館」が開館した。いうまでもなく、奴隷貿易廃止二〇〇年の記念事業の一貫であった。少なくとも英国においては、社会全体として奴隷貿易の歴史に向かい合おうという流れは始まったように思われる。開館当時の十頁ほどの案内書は、元奴隷のウィリアム・プレスコットという人物の、一九三七年の言葉で始まっている。「彼らはわたしたちが売られた者たちであることは忘れないがわたしたちが強かったことは忘れてしまうだろう。わたしたちが買われた者たちであることは忘れないが、わたしたちが勇敢だったことは忘れてしまうだろう。わたしたちは、それを覚えておこう。」終わりのセクションでは、強く勇敢だった人々の「遺産」について、「大西洋奴隷制のトラウマにもかかわらず、アフリカ系の人々は南北アメリカとヨーロッパの社会と文化の形成に寄与してきた」と記されている。その後二〇一三年に用意された『大西洋奴隷制入門』という一〇〇頁ほどの解説書は、この文章を受けるかのように、扉に入れた写真の「アフリカの子どもたちのうえに日が沈むことはない」との語句で始まる。「日が沈まぬ帝国」はもはや存在しないが、その帝国の港町から出航した奴隷船がアフリカから運んだ人々の子孫たちは、あたらしい世界のかたちを大西洋の両側で刻みつつあるのである。

その寄与は広範囲にわたり、複雑な歴史から生まれた人々の経験と慧眼に裏打ちされている。カリブ海の島々を含んで、大西洋の両側に散ったアフリカン・ディアスポラとその子孫たちの経験と慧眼の特質をひとまとめにすることなど到底できない。しかし、その人々の祖先が奴隷船と奴隷制を生き抜いたということ、そして、自らの「いまとここ」を見つめれば、大西洋世界五百年の歴史に出会わざるを得ないということだけは共通しているだろう。

レディカーも最後に書いているように、資本主義の暴力はいまも衰えてはいない。「国際奴隷制博物館」の最後の展示室は、キャンペーン・ゾーンとなっており、企画展として、現代の差別や搾取の問題を紹介し、具体的な行動への参加を促している。現代の奴隷制に囚われている人々の数は世界中で三千万弱に上るという。今年、二〇一六年二月に訪れた際には、「スマンガリ計画」というインドの綿製品縫製工場での年期労働が取り上げられていた。「スマンガリ」とは「幸せな結婚をして」との意味。三年から五年の年期明けのまとまった支払いを約束して貧しい少女たちを引き寄せている。法律では禁止されても、実際にはそれなしでは結婚できないダウリー（婚資）を稼ごうと、彼女たちはやってくるのである。しかし、三年から五年の年期明けに、約束の賃金を受け取っているのは全体の三五パーセントに満たないという。この雇用計画に対し改善を求める運動家の一人が語るヴィデオが流されていた。彼女が重視しているのは、当事者の語りだという。「統計の頁を見て、数字を見て、何千何百という数値を挙げることはできます。それだけでも衝撃を与えることはできるでしょう。あなたも、わたしも、その瞬間はショックを受ける。でもね、それからすぐ日常に戻っていく。けれど、誰かの話しを聞いたなら、そのストーリーはあなたの中に残る、生き続けるでしょう。少女たちは、自分たちの話しを聞いて、そして伝えて、と言います。耳を傾けてください。そして行動してください。」この翻訳が、この読書が、何かのきっかけになりますように。

歴史を専門とするわけではないわたしに、この本の翻訳をお任せくださり、長い翻訳の旅の水先案内をしてくださった、みすず書房の尾方邦雄さん、ほんとうにありがとうございました。解説を寄せてくださった笠井俊和さんにも御礼を。

普段の仕事では、ブラック・ブリティッシュの文学を中心に読んでいるわたしが、この本の翻訳に取り組んだのは、「混成の英国」のむこうにある大西洋世界への興味からでした。仕事を終えたいま、見えてきたものの大きさを前に途方に暮れる思いもあります。けれど、それを見せてくださった、著者、レディカーさんに、そして彼が「最大級の畏敬の念とともに、この本を捧げた」人々に、深く頭を下げ、感謝して筆を置きたいと思います。

二〇一六年五月

上野直子

解説——闘う歴史家レディカーの奴隷船研究

笠井俊和

二〇〇七年は、イギリスで奴隷貿易が公的に廃止されてから二〇〇周年にあたる。その年、本書『奴隷船の歴史』の原著である *The Slave Ship: A Human History* (New York: Viking-Penguin, and London: John Murray, 2007) が刊行されており、翌年には、アメリカ合衆国における奴隷貿易廃止二〇〇周年を控えていた。かつて、キング牧師が「我らの歴史の最も黒いページのひとつ」と呼んだ奴隷貿易については、アメリカでは公民権運動の時代を境に、国民の知識が深まってきていることは確かであり、歴史家による研究も豊富である。しかし、本書の著者マーカス・レディカーは、奴隷貿易の「より暗く暴力的な側面」、すなわち実際にその貿易に現場でかかわった人々の経験が、未だ世間には十分に知られていないことを憂慮していた。今なお奴隷貿易や奴隷制の名残が、人種差別や貧困、不平等といったかたちで影を落とすアメリカで、そのような過去が存在すらしなかったかのように振る舞う者が少なくないことも、彼の嘆くところであった。そこで、奴隷貿易廃止二〇〇周年を迎える今こそ、人々がこれまで明確に語られることのなかった歴史の闇と対峙すべきであると考え、レディカーは、奴隷船で展開された暴力と恐怖の真相を描き出すことを決意したのだった。

　マーカス・レディカーは、近世大西洋世界の船乗りや海賊を扱った研究を通じて、広くその名を知られるアメリカの歴史家で、現在はピッツバーグ大学で大西洋史特別教授を務めている。従来の歴史学で等閑に付されてきた大西洋の船乗りは、彼の研究によって、学界における市民権を得たといってよい。彼は船乗りを、貿易商や船長から搾取される立場にあり、支配階級が資本を蓄積するうえで必要な労働力となった最初期の賃金労働者階級であったと位置づけており、また、海賊行為は、その船乗りたちが見せたさまざまな抵抗の一手段であった（詳細については、マーカス・レディカー『海賊たちの黄金時代——アトランティック・ヒストリーの世界』［和田光弘・小島崇・森丈夫・笠井俊和訳、ミネルヴァ書房、二〇一四年］、および同書に載録の拙稿「解題　著者マーカス・レディカーと近世大西洋世界の船乗り」を参照)。そして、当時の船乗りのなかでも、最も悲惨な境遇に置かれていたのが奴隷船の水夫であった事実に鑑みれば――実際、水夫による反乱が起きた商船の多くが奴隷船であった――、レディカーが奴隷船を俎上に載せる研究に着手したのは、驚くことではないだろう。

奴隷船の水夫だけでなく、強制的に船に乗せられた黒人たちに関心を寄せたことも、レディカー自身が積み上げた経験からの自然な成り行きであった。一九五一年、ケンタッキー州で労働者の家庭に生まれた彼は、自身は白人であるものの、ヴァージニア州で暮らした時期、高校時代には人種の枠を超えて団結するバスケットボール・チームに加入し、その後勤めた工場では黒人の同僚たちと意気投合して、ともに汗を流した。その工場では、人種主義的な白人グループとの職場内での対立により、彼自身も暴力に晒されることが間々あり、かつて奴隷制とともに発展した南部の地で、彼はアメリカが抱える人種問題を、身を以て体験してきたのである。また、死刑制度の廃止を訴える運動家でもある彼は、死刑囚となった人々に面会すべく、在住するペンシルヴェニア州の死刑囚監房に通った一九九〇年代末にも、本書の執筆へと至るきっかけを得ている。当時、同州では黒人は全人口のわずか十二パーセントであったのに対し、死刑囚の過半数を黒人が占めていた。その現実に直面した彼は、時に冤罪によって市民が収監されてしまう恐怖の場である死刑囚監房が、人種問題と密接に結びついていることを実感したという。そして、人種と恐怖の結びつきが生まれたのが奴隷船の上だと思い至ったその歴史家にとって、奴隷船の研究へと針路をとることは必然であった。

ただし、奴隷船に向けて舵を切ってからの航程は、並大抵のものではなかった。レディカーは、奴隷船で暴力と恐怖に支配され、抵抗し続けた奴隷と水夫のために、いかにして正義を成すことができるのかを常に問い続けたし、奴隷船について調査を続けるべきかどうか逡巡した時期もあった。苦悩の末に彼は、船の上で起きていた真相をありのままに伝え、その犠牲となった人々に「寄り添う」ことを決意したが、それはすなわち、彼らが体験した恐怖に著者自身が向き合う精神力を保たねばならないことを意味していた。史料の閲覧に赴いた文書館では、時に流れ出る涙を禁じ得ず、また時には湧き上がる憤怒に耐え切れず文書館をあとにせざるを得なかったと、のちに彼は振り返っている。彼が本書に復元した奴隷船の悲惨さは、筆舌に尽くしがたいほどだったのである。奴隷船は、人を殺害することが目的でなかった点ではポーランドのアウシュヴィッツ収容所とは異なるものの、レディカー自身の言葉を借りれば、奴隷貿易は「アフリカン・ホロコースト」と呼びうる大罪にほかならなかった。

　こうして著者が苦心の末に完成させた本書（原著）には、アメリカ歴史学会（AHA）のジェイムズ・A・ローリー賞、アメリカ歴史家協会（OAH）のマール・カーティ社会史賞、そしてワシントン・カレッジ、ギルダー・レーマン研究所、マウント・ヴァーノン共催のジョージ・ワシントン図書賞が授与されている（いずれも二〇〇八年）。なかでも、これまで「建国の父」や彼らに準ずる指導者たちに関する研究に贈られていたワシントン図書賞の受賞は画期的なことであり、レディカー自身も驚いた出来事であった。というのも、本書はアメリカの「偉人」を取り上げた研究ではなく、彼らが「偉人」と見なされることを可能ならしめた人々、その犠牲になった人々を扱ったものなのである。レディカーは、彼自身が愛するベルトルト・ブレヒトの詩「労働者が歴史を読む」を下地にして、次のように述べている。

> アメリカを築いたのは誰であったか？……
> 書物は大統領の名であふれている。
> しかし、土地を拓き、荘園《マナー》を造り、農地を耕したのは、
> 大統領であったか？

ピューリッツァー賞作家のアリス・ウォーカーは、本書がアメリカ人に与えられた「課題《ホームワーク》」であると表現したが、建国期のアメリカに関する理解の浸透を目的とするワシントン図書賞の受賞が、ウォーカーのコメントが的確であることを裏付けていよう。なお、原著は日本語のほかにも七つの言語に翻訳され、そのなかにはヘブライ語さえ含まれており、レディカーの研究にはアメリカ国外からも熱い眼差しが注がれている。

　このレディカーによる奴隷船研究には、他の歴史家から、「大西洋史《アトランティック・ヒストリー》の骨頂」との賛辞も贈られている。大西洋史とは、大西洋を囲むヨーロッパ・アフリカ・南北アメリカの歴史を、各大陸間の相関関係から紐解くアプローチであり、昨今の欧米では近世・近代史を考察する枠組みの主流となっている。本書を読めば、大西洋を隔てて遠く離れたアフリカ大陸や、そのアフリカでの、あるいは奴隷船の上での黒人たちの経験が、アメリカの歴史の一部を成していることを、ありありと感じられるだろう。本書は、黒人たちの苦難の歴史を描いた「黒い大西洋史」の研究成果であるとともに、マルクス主義史観に立脚する「赤い大西洋史」にも分類しうる。レディカーによれば、大西洋史という枠組みが定着するためのひとつの起源は、C・L・R・ジェイムズやエリック・ウィリアムズなど、カリブ海のマルクス主義者による二〇世紀前半に出された研究であり、彼らはその当時において、一国

史観に捉われることなく環大西洋の視点から人種、労働、資本主義の歴史を追究した。「黒い大西洋史」は、その源流から多分に「赤」を帯びていたのであり、レディカー自身の歴史観も、マルクス主義史家たちの流れを汲むものである。

*

　さて、本書は、これまでに蓄積されてきた奴隷貿易研究とは一線を画し、奴隷船を中心に論じられている。奴隷船そのものというテーマは、従来の研究で十分に顧みられなかった対象であり、学界の暗い闇に停泊したままだった奴隷船を、レディカーは白日の下に晒したのである。ただし、より正確には、彼は奴隷船の構造などだけではなく、むしろそれ以上に、奴隷船およびその周辺を舞台とする史実に忠実な人々のストーリー、すなわち本書で彼のいう「ドラマ」を炙り出している。奴隷貿易を扱ったこれまでの研究は、貿易の規模や利益に着目したものが多く、また、その際に統計データを提示するものも少なくないが、本書の「序」にあるとおり、それらの研究は「抽象の暴力」の危険を孕んでいる。すなわち、データによって奴隷や船の数を抽象化することで、奴隷貿易にかかわったひとりひとりの生き様が覆い隠されてしまう。同じく、奴隷貿易を扱う研究が陥りがちな、奴隷たちを「黒人」と一括りにしてしまうこともまた、一種の暴力である。レディカーは、奴隷にされた人々の名前や民族を調べ上げ、たとえ名前が分からなくとも、その人物の性格や個性を史料から復元することで、その轍を踏まなかった。原著の副題が明確に示しているように、奴隷貿易とは数量的な商取引の歴史にとどまらぬ「人間の歴史」でなくてはならず、本書に描かれているのは、奴隷船に乗り／乗せられ、中間航路（ヨーロッパを出航した奴隷船が、アフリカ、アメリカを経由してヨーロッパに帰還する一連の航海で、アフリカからアメリカへの大西洋横断が航程の中間にあたるため、こう呼ばれる）を渡った人々の実体験なのである。

　レディカーは常々、資本主義社会の黎明期に大西洋を絶えず往来した帆船こそが「工場」と「機械」の先駆で、近代世界の到来に不可欠であったことを強調しており、その主張は本書でも提唱されている。とりわけ奴隷船はその最たるもので、工場と機械としての役割のみならず、戦争機構《ウォーマシン》ともなりうる強靭さを誇り、さらには動く監獄でもあった。アメリカ大陸のプランテーション――これもまた、見方によっては最初期の「工場」にして「機械」である――の労働力となる奴隷は、監獄たる奴隷船で、船長や水夫による暴力を伴う監視のもとで中間航路を渡った。水夫は賃金労働者として、機械たる奴隷船を自らの労働力で動かし、工場たる奴隷船で、新世界の労働力となる奴隷の「生産」を担ったわけである。その水夫はまた、船長や航海士による暴力と恐怖の支配を受ける立場、いわば「白い奴隷」であり、その意味では水夫にとっても奴隷船は監獄であった。レディカーは、奴隷船では往々にして奴隷よりも水夫の死亡率の方が高かったと述べている。その船に乗ってすらいない者たちの利益のために流された奴隷と水夫の血が、近代世界の礎となったのである。

さらに本書では、人種と恐怖とが邂逅した奴隷船において、そもそもアメリカ史における「人種」が創出されたことが語られる。生まれ育った土地から強制的に引き離されるまで、アフリカの人々は自らが属する民族にアイデンティティを見出していたであろうが、彼らは異なる民族とともに詰め込まれた奴隷船の上で、自分たちが「黒人」あるいは「アフリカ人」であることを認識した。一方、奴隷船の高級船員と水夫は、船内で前者が後者を搾取する関係にあったものの、彼らの何倍もの人数の奴隷が積み込まれた時点から、奴隷たちに恐怖を抱き、奴隷を監視するという共通の目的を持つことにより、階級を越えた「白人」意識が生まれた。さらに、奴隷船で「黒人」意識を抱いた人々が結束の必要性を感じ、新たな言語や歌といったコミュニケーション手段、「仮想血縁」などが生まれたりした変化こそが、アフリカン・アメリカン文化の萌芽だったのだとレディカーはいう。しかも彼らの結束は、多くの場合、自殺や蜂起など、抵抗というかたちで実践された。時には船内でのひとりによる抵抗が、波紋を呼び広がっていったのである。もちろん、その抵抗は必ずしも成功には至らなかったし、船がアメリカ大陸に着くと、方々へと売られる彼らの絆は断ち切られることになった。けれども、大勢の奴隷たちが労働を強いられるプランテーションで、彼らの抵抗の文化は再び築かれていくことになるだろう。

本書には、特にその終盤で、奴隷貿易の廃止へと至るドラマも展開され、それまでの船長、水夫、奴隷に加えて、貿易の廃止論者や読書人も演者となる。奴隷貿易廃止に関してレディカーは、たとえば映画『アメイジング・グレイス』（二〇〇六年、イギリス）で、廃止論者のウィリアム・ウィルバーフォースがまるで聖人のごとく描かれたように、一部の敬虔なキリスト教徒の「偉人」のみの功績となりがちな風潮を危惧している。ただしアメリカの学界では、公民権運動の時代から、労働者など一般民衆に着目する「下からの歴史」を実践するニューレフト史家やその影響を受けた下の世代の歴史家によって、奴隷貿易や奴隷制の廃止が、民間レベルのさまざまな社会運動の積み重ねによって実現されたことも証明されている。自らもニューレフト史家であり、それらの研究を歓迎するレディカーは、そのような社会運動の原動力として、実際に奴隷船に乗った水夫の経験と知識の重要性を付け加えている。本書に何度も登場する若き廃止論者トーマス・クラークソンも、実際に船に乗った水夫（黒人の水夫もいた）からの情報により、奴隷船の実態、すなわち奴隷や水夫の身に降りかかった非人道的な行為を知っていったのだった。奴隷貿易によって繁栄した港町では、水夫たちが廃止論者を「啓蒙」する傍らで、職人や陸上の肉体労働者も、ボイコットや請願によって奴隷貿易に反対した。船内で奴隷たちが見せた多彩な抵抗や、奴隷を鞭打つ立場にありながら、同時に船長から虐げられていた水夫たちによる抵抗は、奴隷貿易の廃止へと向かう潮流のなかで、確実に意味を持ち、実を結んだのである。レディカーは、奴隷船というまさにその現場で、死さえも恐れず抵抗した奴隷たちこそ、「最初の奴隷制廃止論者」と呼ぶにふさわしいのだと敬意を表している。

抑圧された人々の結束や抵抗の価値を高く評価する彼の歴史観には、むろん、反発の声がないわけではない。本書（原著）に対して、恐怖や苦難の真相が語られることを快く思わない一部の白人から、憤慨に満ちた反応があることは、レディカー自身も想定していたことであった。また、研究者からは、ないものねだりともいえる種々の要望から、より具体的な指摘——たとえば、彼が中心的に用いた諸史料が、反奴隷貿易の立場の者たちの手になるもの（書き手がそのような立場になってから書いたもの）で、その内容にバイアスがかかっている、との指摘——まで、さまざまなコメントが寄せられている。ただし、コメントの多くが、レディカーの労苦とその研究成果を称賛し、本書の完成を喜ぶものであったことは、いうまでもない。本書ほど強烈で、惹きつけられるノンフィクション作品には出会ったことがなかった、と認めた奴隷制研究の専門家さえいたことも紹介しておこう。

＊

なお、一連の研究を通じてレディカーは、奴隷たちの多様な抵抗が発想の宝庫であることを確信した一方で、奴隷船で反乱を成功させることがいかに困難であるかを痛感したという。そこで、有名な《アミスタッド》で一八三九年に奴隷反乱が成功した背景を追究すべく、彼は二〇一二年に、本書の姉妹編ともいえる *The Amistad Rebellion: An Atlantic Odyssey of Slavery and Freedom* (New York: Viking-Penguin, and London: Verso, 2012) を上梓している。同書では、民族を異にする黒人たちのアフリカでの経験の類似点や、反乱の中心となったメンデの協調性を実証しつつ、奴隷にされた人々が結束し、反乱を成功させたストーリーが、アフリカ側の背景から掘り起こされている。アメリカでの裁判に主眼が置かれる映画『アミスタッド』（一九九七年、アメリカ）とは異なる、黒人たちの出身地シエラレオネに端を発する反乱成功の真相である。また、翌二〇一三年には、レディカーは撮影クルーとともに実際にシエラレオネを訪れており、すでに現存していない可能性も指摘されていた奴隷貿易基地ロンボコの一部と思しき奴隷収容所の廃墟に辿り着いている。さらに、《アミスタッド》事件について現地で語り継がれている集団記憶を聞き取り調査し、事件の後にシエラレオネへと帰還した反徒の一人グラボー（帰還後は新たにジョニーという名を与えられていた）については、彼の故郷の村を探し当て、村人が持つグラボーに関する記憶に、レディカーの知る彼の半生を融合させることに成功した。この旅の様子は、ドキュメンタリー映画 *Ghosts of Amistad: In the Footsteps of the Rebels*（二〇一四年完成）となり、アメリカやヨーロッパ各地の学会やイベントで幾度も公開されており、二〇一五年には、年間の最も優れた歴史ドキュメンタリーとして、ＡＨＡのジョン・Ｅ・オコナー映画賞を受賞している。

このように、囚われた人々に心血を注ぎ続けるレディカーは、奴隷船が現代人の意識の淵を漂う幽霊船だと形容している。現代社会が人種・階級・奴隷制をめぐる問題に苛まれる時、背後には幽霊船となった奴隷船が見え隠れする。なんとなれば、今の世の中を築き上げた手段のひとつが、奴隷船に乗せられた人々に対して行使された暴力と恐怖だったのだから、と。包み隠すことなくその悲惨さが綴られた本書は、奴隷貿易を扱った数ある書物のなかで、おそらく最も残酷な内容のものであろう。だが、奴隷船での血が通っていないほど冷酷な所業を詳述するなかで、奴隷や水夫が犠牲となっていくさまだけでなく、彼らが見せた機知に富む抵抗もまた描かれていることにより、結果として本書は痛々しいまでに人間の血が通った一冊となっている。

レディカーは、本書を通じて、読者が奴隷貿易に関する正確な知識を持ち、その過去に目を逸らさず議論するようになるだけでなく、彼が本文の最後に明記したように、今なお抑圧されている人々に対して行動を促している。奴隷貿易に起因する社会問題が未解決で、戦争やテロリズムによって依然として暴力と恐怖が行使されている世の中で、本書を手にとった人々が、かつての奴隷たちの痛みに「寄り添う」とともに、彼らの勇気ある結束と抵抗から刺激を受け、正義や平等のために闘うきっかけを与えられれば、それはすなわちレディカーが望むところなのである。

索　引

ア行

カ行

サ行

タ行

ナ行

ハ行

マ行

ヤ行

ラ行

ワ行

原 注

略称一覧

An Account	Silas Told, *An Account of the Life, and Dealings of God with of the Life Silas Told, Late Preacher of the Gospel wherein is set forth The wonderful Display of Divine Providence towards him when at Sea; His various Sufferings abroad; Together with Many Instances of the Sovereign Grace of GOD, in the Conversion of several Malefactors under Sentence of Death, who were greatly blessed by his Ministry* (London: Gilbert and Plummer, 1785).
BL	British Library, London.
BCL	Bristol Central Library, Bristol, England.
BRO	Bristol Record Office, Bristol, England.
Clarkson, *History*	Thomas Clarkson, *The History of the Rise, Progress, and Accomplishment of the Abolition of the African Slave-Trade by the British Parliament (London, 1808), vols. 1–2.*
Donnan II	Elizabeth Donnan, ed., *Documents Illustrative of the History of the Slave Trade to America* (Washington, D.C.: Carnegie Institution of Washington, 1931), vol. II: *The Eighteenth Century.*
Donnan III	Elizabeth Donnan, ed., *Documents Illustrative of the History of the Slave Trade to America* (Washington, D.C.: Carnegie Institution of Washington, 1932), vol. III: *New England and the Middle Colonies.*
Donnan IV	Elizabeth Donnan, ed., *Documents Illustrative of the History of the Slave Trade to America* (Washington, D.C.: Carnegie Institution of Washington, 1935), vol. IV: *The Border Colonies and Southern Colonies.*
HCA	High Court of Admiralty.
HCSP	Sheila Lambert, ed., *House of Commons Sessional Papers of the Eighteenth Century* (Wilmington, Del.: Scholarly Resources, 1975), vols. 67–73, 82.
HLRO	House of Lords Record Office, Westminster.
HLSP	F. William Torrington, ed., *House of Lords Sessional Papers* (Dobbs Ferry, N.Y.: Oceana Publications, 1974), Session 1177998–1799, vols. 2–3.
LRO	Liverpool Record Office, Liverpool.
Memoirs of Crow	*Memoirs of the Late Captain Hugh Crow of Liverpool. Comprising a Narrative of his Life together with Descriptive Sketches of the Western Coast of Africa, particularly in Bonny, the Manners and Customs of the Inhabitants, the Production of the Soil, and the Trade of the Country, to which are added Anecdotes and Observations illustrative of the Negro Character, chiefly compiled from his own Manuscripts: with Authentic Additions from Recent Voyages and Approved Authors* (London: Longman, Rees, Orme, Brown, and Green, 1830; rpt. London: Frank Cass & Co., 1970).
MMM	Merseyside Maritime Museum, Liverpool.
NA	National Archives of the United Kingdom, Kew Gardens, London.

NMM	National Maritime Museum, Greenwich.
Substance	[Thomas Clarkson, ed.], *The Substance of the Evidence of Sundry Persons on the Slave-Trade Collected in the Course of a Tour Made in the Autumn of the Year 1788* (London, 1789).
PL	Records of the County Palantine of Lancaster.
Three Years	William Butterworth [Henry Schroder], *Three Years Adventures Adventures of a Minor, in England, Africa, and the West Indies, South Carolina and Georgia* (Leeds: Edward Barnes, 1822).
TSTD	David Eltis, Stephen D. Behrendt, David Richardson, and Herbert S. Klein, *The Trans-Atlantic Slave Trade: A Database on CD-ROM* (Cambridge: Cambridge University Press, 1999).

序

1）これは，ウィリアム・バタワースという水夫の記録に登場する，女性奴隷の話を参考に彼女の経験を再現してみたものだ．1786年，ビアフラ湾のオールド・カラバーに停泊中の《ヒューディブラス》に乗せられてきた女性である．細部については，カヌーで奴隷船に運ばれた捕囚たちの様子を描いた第一次資料からとってきた部分もある．イボの言葉は，ヒュー・クロー船長がボニー（同じ地域の別の港）への航海の間に収集した単語集からのものである．*Three Years Adventures,* 81–82, and *Memoirs of Crow,* 229–30. Robert Smith, "The Canoe in West African History," *Journal of African History* 11（1970）, 515–33. A "moon"という表現は，西アフリカで時間を計るのに広く用いられており，ほぼ英語の a "month"に相当する．

2）W. E. B. DuBois, *Black Reconstruction in America: An Essay toward a History of the Part Which Black Folk Played in the Attempt to Reconstruct Democracy in America, 1860–1880*（New York: Harcourt, Brace and Company, 1935）, 727. Peter Linebaugh は以下の著作において，デュボイスのこの言葉の重要性を強調している．"All the Atlantic Mountains Shook," *Labour / Le Travailleur* 19（1982）, 63–121. 本書の基本的な考え方の多くは，この論文と我々の共同研究から生まれた．Peter Linebaugh and Marcus Rediker, *The Many-Headed Hydra: Sailors, Slaves, Commoners, and the Hidden History of the Revolutionary Atlantic*（Boston: Beacon Press, 2000）.

3）これらの数字および本書のなかの同様の数字は，デヴィッド・エルティスの好意により，*TSTD* の最新版のものを使用させていただいた．データは最新ではあるが，まだ決定版ではない．大西洋奴隷貿易システムの起源と展開については，David Eltis, *The Rise of African Slavery in the Americas*（Cambridge: Cambridge University Press, 2000）, Robin Blackburn, *The Making of New World Slavery: From the Baroque to the Modern, 1492–1800*（London: Verso, 1997）. ジェローム・S・ハンドラーは，アフリカ人自身による証言が，ごく少ししか残っていないことを強調している．Jerome S. Handler, "Survivors of the Middle Passage: Life Histories of Enslaved Africans in British America," *Slavery and Abolition* 23（2002）, 25–56.

4）積み込まれる前に死亡した数の見積もりは様々で，その開きは大きい．アンゴラについて，ジョゼフ・ミラーは，捕囚の 25 パーセントが海岸への旅の途中で死亡，さらに 15 パーセントが海岸についてから死亡との数値を挙げている．Joseph Miller, *Way of Death: Merchant Capitalism and the Angolan Slave Trade, 1730–1830*（Madison: University of Wisconsin Press, 1988）, 384–85. パトリック・マニングの見積もりはずっと低く，5 パーセントから 25 パーセントである．（Patrick Manning, *The African Diaspora: A History Through Culture*（New York: Columbia University Press, 2010）. ポール・ラヴジョイは，さらに幅を狭め，9 パーセントから 15 パーセントとしている．Paul Lovejoy, *Transformations in Slavery: A History of Slavery in Africa*（Cambridge: Cambridge University Press, 2000）, 2nd edition, 63–64. ハーバート・S・クラインもまた同様に，海岸での死亡率は中間航路のそれを越えることはなかったであろうと述べている（つまり 12 パーセント以下ということである）．Herbert S. Klein, *The Atlantic Slave Trade*（Cambridge: Cambridge University Press, 1999）, 155.

5）Ottobah Cugoano, *Thoughts and Sentiments on the Evil of Slavery*（orig. publ. London, 1787; rpt. London: Penguin, 1999）, 46, 85.

6）マダガスカルを含む東アフリカも 1790 年代には数千人の奴隷を送り出したが，全体を通して見れば重要な貿易ゾーンのうちには入らない．

7）Dalby Thomas to Royal African Company, February 15, 1707, quoted in Jay Coughtry, *The Notorious Triangle: Rhode Island and the African Slave Trade, 1700–18807*（Philadelphia: Temple University Press,

1981), 43.

8) Richard H. Steckel and Richard A. Jensen, "New Evidence on the Causes of Slave and Crew Mortality in the Atlantic Slave Trade," *Journal of Economic History* 46 (1986), 57-77; Stephen D. Behrendt, "Crew Mortality in the Transatlantic Slave Trade in the Eighteenth Century," *Slavery and Abolition* 18 (1997), 49-71. ベニンについてのこの流行り歌は以下に引用されたものである． Marcus Rediker, *Between the Devil and the Deep Blue Sea: Merchant Seamen, Pirates, and the Anglo-American Maritime World, 1700-1750* (Cambridge: Cambridge University Press), 47. *TSTD* によれば，1700年から1725年の間の英国船の死亡率は12.1パーセントであったが，1775年から1800年の時期になると7.95パーセントまでに下がった．

9) Sidney W. Mintz and Richard Price, *The Birth of African-American Culture: An Anthropological Perspective* (orig. publ. 1976; Boston: Beacon Press, 1992). まだ数は多くはないが，アフリカとアメリカスとの文化的なつながりについて，以下のような独創的な著作がどんどん現れ始めている． John Thornton, *Africa and Africans in the Making of the Atlantic World, 1400-1800* (Cambridge: Cambridge University Press, 1992; 2nd edition, 1998); Judith A. Carney, *Black Rice: The African Origins of Rice Cultivation in the Americas* (Cambridge, Mass.: Harvard University Press, 2001); Linda M. Heywood, ed., *Central Africans and Cultural Transformations in the American Diaspora* (Cambridge: Cambridge University Press, 2002); James H. Sweet, *Recreating Africa: Culture, Kinship, and Religion in the African-Portuguese World, 1441-1770* (Chapel Hill : University of North Carolina Press, 2003); Toyin Falola and Matt D. Childs, eds., *The Yoruba Diaspora in the Atlantic World* (Bloomington: Indiana University Press, 2004); José C. Curto and Paul E. Lovejoy, eds., *Enslaving Connections: Changing Cultures of Africa and Brazil During the Era of Slavery* (Trenton, N.J.: Africa World Press, 2005); James Lorand Matory, *Black Atlantic Religion: Tradition, Transnationalism, and Matriarchy in the Afro-Brazilian Candomblé* (Princeton, N.J.: Princeton University Press, 2005).

10) *TSTD*, #15123, #20211.

11) Ralph Davis, *The Rise of the English Shipping Industry in the Seventeenth and Eighteenth Centuries* (London: Macmillan, 1962), 71, 73; D. P. Lamb, "Volume and Tonnage of the Liverpool Slave Trade, 1772-1807," in Roger Anstey and P. E. H. Hair, eds., *Liverpool, the African Slave Trade, and Abolition* (Chippenham, England: Antony Rowe for the Historical Society of Lancashire and Cheshire, 1976, rpt. 1989), 98-99. この先，奴隷船の歴史をトピック別，テーマ別に追っていけるのは，奴隷船が絶えず航行していたからである．

12) この軽視に対する例外的なものとして，以下を参照． George Francis Dow, *Slave Ships and Slaving* (Salem, Mass.: Marine Research Society, 1927) は語りと一次資料の組み合わせ． Patrick Villiers, *Traite des noirs et navires negriers au XVIII siècle* (Grenoble: Éditions des 4 Seigneurs, 1982) は，役にはたつが，包括的な研究とはいえない． Jean Boudriot, *Traite et Navire Negrier* (self-published, 1984) は《オーロール》という船1隻についての研究である．近年，Gail Swanson, *Slave Ship* Guerrero (West Conshohocken, P.A.: Infinity Publishing, 2005) が加わった．

13) Philip D. Curtin, *The African Slave Trade: A Census* (Madison: University of Wisconsin Press, 1969); Miller, *Way of Death;* Hugh Thomas, *The Slave Trade: The Story of the African Slave Trade, 1440-1870* (New York: Simon and Schuster, 1999); Robert Harms, *The Diligent: A Voyage Through the Worlds of the Slave Trade* (New York: Basic Books, 2002); Eltis, et al., *TSTD.* その他の重要な著作としては次のものがある．W. E. B. DuBois, *The Suppression of the African Slave-Trade in the United States of America, 1638-1870* (orig. publ. 1896; Mineola, N.Y.: Dover Publications, Inc., 1970); Basil Davidson, *The African Slave Trade* (Boston: Little, Brown, 1961); Daniel P. Mannix and Malcolm Cowley, *Black Cargoes: A History of the*

Atlantic Slave Trade, 1518–1865（London: Longmans, 1963）; James A. Rawley, *The Transatlantic Slave Trade: A History*（New York: W. W. Norton, 1981）; さらに最近のものとして，Anne C. Bailey, *African Voices of the Atlantic Slave Trade: Beyond the Silence and the Shame*（Boston: Beacon Press, 2005）.

14）Toni Morrison, *Beloved*（New York: Alfred A. Knopf, 1987）〔トニ・モリスン『ビラヴド（愛されし者）』吉田廸子訳，集英社，1990〕; Charles Johnson, *Middle Passage*（New York: Plume, 1991）〔チャールズ・ジョンソン『中間航路』宮本陽一郎訳，早川書房，1995〕; Barry Unsworth, *Sacred Hunger*（New York: W. W. Norton, 1993）; Fred D'Aguiar, *Feeding the Ghosts*（London: Chatto & Windus, 1997）; Caryl Phillips, *The Atlantic Sound*（New York: Alfred A. Knopf, 2000）; Manu Herbstein, *Ama: A Novel of the Atlantic Slave Trade*（Capetown: Picador Africa, 2005）.

15）新しい研究の大半は若手研究者によるものである．この本を書くにあたっても大いに参考にさせてもらった．Emma Christopher, *Slave Ship Sailors and their Captive Cargoes, 1730–1807*（New York: Cambridge University Press, 2005）; Stephanie E. Smallwood, *Saltwater Slavery: A Middle Passage from Africa to American Diaspora*（Cambridge, Mass: Harvard University Press, 2006）; Eric Robert Taylor, *If We Must Die: Shipboard Insurrections in the Era of the Atlantic Slave Trade*（Baton Rouge: Louisiana State University Press, 2006）; Vincent Brown, *The Reaper's Garden: Death and Power in the World of Atlantic Slavery*（Cambridge, Mass.: Harvard University Press, forthcoming）; Alexander Xavier Byrd, "Captives and Voyagers: Black Migrants Across the Eighteenth-Century World of Olaudah Equiano," Ph.D. dissertation, Duke University, 2001; Maurice Jackson, "'Ethiopia shall soon stretch her hands unto God': Anthony Benezet and the Atlantic Antislavery Revolution," Ph.D. dissertation, Georgetown University, 2001.

16）Seymour Drescher, "Whose Abolition? Popular Pressure and the Ending of the British Slave Trade," *Past & Present* 143（1994）, 136–66.

17）Unsworth, *Sacred Hunger*, 353. 2001年のフランシス・バーカー・メモリアル学会で発表されたマッケンサンの次の論文を使わせてもらっている．Gesa Mackenthun, "Body Counts: Violence and Its Occlusion in Writing the Atlantic Slave Trade." paper presented to the Francis Barker Memorial Conference, 2001.

18）Derek Sayer, *The Violence of Abstraction: The Analytic Foundations of Historical Materialism*（Oxford: Basil Blackwell, 1987）.

第1章　奴隷貿易における，生と死，そして恐怖

1）John Atkins, *A Voyage to Guinea, Brasil, and the West Indies; In His Majesty's Ships, the Swallow and Weymouth*（London, 1735; rpt. London: Frank Cass, 1970）, 41–42, 72–73.

2）*TSTD*, #16303.

3）Testimony of Henry Ellison, 1790, *HCSP*, 73:376. *TSTD*, #17707.

4）Testimony of Thomas Trotter, 1790, *HCSP*, 73:83, 88, 92; Testimony of Clement Noble, 1790, in ibid., 111, 114–15. トロッターは以下の著作において，船に載せられていた二大グループはファンティと「ダンコ」（つまり，チャンバのこと）であった，と述べている．ファンティは海岸部の人々であったから，チャンバと比べると英語を話す確率が高かったそうだ．*Observations on the Scurvy, with a Review of the Theories lately advanced on that Disease; and the Theories of Dr. Milman refuted from Practice*（London, 1785; Philadelphia, 1793）23, that Fante and "Dunco"（i.e., Chamba）.

5）*Three Years Adventures*, 80–81, 108–9, 111–12.

6）*TSTD*, #81890.

7) Samuel Robinson, *A Sailor Boy's Experience Aboard a Slave Ship in the Beginning off the Present Century* (orig. publ. Hamilton, Scotland: William Naismith, 1867; rpt. Wigtown, Scotland: G.C. Book Publishers Ltd., 1996); *TSTD*, #88216 (*Lady Neilson* or *Neelson*), #80928 (*Crescent*).

8) Captain Charles Johnson, *A General History of the Pyrates*, ed. Manuel Schonhorn (London, 1724, 1728; rpt. Columbia: University of South Carolina Press, 1972), 194–287; *TSTD*, #76602; Robert Norris, *Memoirs of the Reign of Bossa Ahádeee,, King of Dahomy, an Inland Country of Guiney, to which are added the Author's Journey to Abomey, the Capital, and a Short Account of the African Slave Trade* (orig. publ. London, 1789; rpt. London: Frank Cass and Company Limited, 1968), 67–68. ロバーツと同時代の海賊の背景については Marcus Rediker, *Villains of All Nations: Atlantic Pirates in the Golden Age* (Boston: Beacon Press, 2004)〔マーカス・レディカー『海賊たちの黄金時代』ミネルヴァ書房，2014〕.

9) Nicholas Owen, *Journal of a Slave-Dealer: A View of Some Remarkable Axedents in the Life of Nics. Owen on the Coast of Africa and America from the Year 1746 to the Year 1757*, ed. Eveline Martin (Boston: Houghton Mifflin, 1930). オーウェンはウィリアム・ブラウン船長の《プリンス・シャーバラ》にも１度乗船したことがある．*TSTD*, #36152.

10) Captain William Snelgrave, *A New Account of Some Parts of Guinea and the Slave Trade* (London, 1734; rpt. London: Frank Cass & Co., Ltd., 1971), introduction; *TSTD*, #25657.

11) Interview of Henry Ellison, *Substance*, 224–25; *TSTD*, #17686.

12) Testimony of James Fraser, 1790, *HCSP*, 71:5–58; Testimony of Alexander Falconbridge, 1790, *HCSP*, 72:293–344. バージェスによる引用は Clarkson, *History*, vol. I, 318.

13) フレイザーが船長になりたての頃は，次の航海に再乗船する乗組員の数はさほど多くはなかったが，1780年代終わり頃には３分の２という，普通では考えられない数の乗組員が再度乗船するようになっていた．"A Muster Roll for the Ship Alexander, James Fraser Master from Bristol to Africa and America," 1777–78; "A Muster Roll for the Ship Valiant, James Fraser Master from Africa and Jamaica," 1777–78; "A Muster Roll for the Ship Tartar, James Fraser Master from Bristol to Africa and America," 1780–81; "A Muster Roll for the Ship Emilia, James Fraser Master from Dominica," 1783–84; "A Muster Roll for the Ship Emilia, James Fraser Master from Jamaica," 1784–85; "A Muster Roll for the Ship Emilia, James Fraser Master from Jamaica," 1785–86; "A Muster Roll for the Ship Emilia, James Fraser Master from Africa," 1786–87; "A Muster Roll for the Ship Emilia, James Fraser Master from Africa," 1787–88; Muster Rolls, 1754–94, vols. 8 and 9, Society of Merchant Venturers Archives, Bristol Record Office; *TSTD*, #17888, #17895, #17902, #17920, #17933, #17952, #17967, #17990.

14) Anonymous, *A Short Account of the African Slave Trade, Collected from Local Knowledge* (Liverpool, 1788); Norris, *Memoirs of the Reign of Bossa Ahádee*, v; Testimony of Robert Norris, 1788, *HCSP*, 68:3–19; Testimony of Robert Norris, 1790, *HCSP*, 69:118–20, 202–3; "The Log of the *Unity*, 1769–1771," Earle Family Papers, D/EARLE/1/4, MMM; *TSTD*, #91567.

15) "List of the Slaves that Dyed on Board the Katharine Galley, John Dagge Commander," 1728, "Trading Accounts and Personal Papers of Humphry Morice," vol. 5; Humphry Morice to William Clinch, September 13, 1722, M7/7; Humphry Morice to Captain William Boyle, May 11, 1724, M7/10. Humphry Morice Papers, Bank of England Archives, London ; *TSTD*, #76558. モリスの記述部分については，ジェイムズ・A・ローリーの以下の著作に多くを負っている．James A. Rawley, "Humphry Morice: Foremost London Slave Merchant of his Time," *London: Metropolis of the Slave Trade* (Columbia and London: University of Missouri Press, 2003), 40–56. "Humphry Morice," *Dictionary of National Biography*, ed. Sidney Lee (London: Oxford University Press, 1921–22), 13: 941.

16) Basnett, Miller, and Mill to Humphry Morice, Kingston, November 9, 17222, f. 29–30, Correspondence of

Humphry Morice, Miscellaneous Letters and Papers,, Add.. Ms. 48590B, BL.

17）Henry Laurens to Hinson Todd, April 14, 1769, in George C. Rogers, David Chesnutt, and Peggy J. Clark, eds., *The Papers of Henry Laurens*（Columbia: University of South Carolina Press, 1978）, vol. 6, 438（first quotation）; vol. 1, 259（second quotation）. この段落は以下に依拠している． James A. Rawley, "Henry Laurens and the Atlantic Slave Trade," *London: Metropolis of the Slave Trade*, 82–97, and C. James Taylor, ed., "Laurens, Henry," *American National Biography Online,* February 2000, http://www.anb.org/articles/01/01-00495.html. Daniel C. Littlefield, *Rice and Slaves: Ethnicity and the Slave Trade in Colonial South Carolina*（Champaign-Urbana, Ill.: University of Illinois Press, 1981）; James A. McMillan, *The Final Victims: Foreign Slave Trade to North America, 1783–1810*（Columbia: University of South Carolina Press, 2004）.

18）1701 年から 1810 年の間に行われた奴隷貿易の航海は 1382 回，264,536 人の奴隷が，アメリカの植民地／合衆国に運ばれた．このうちの 761 回がカロライナの港へのものであり，151,647 人が運ばれた．その大半がチャールストンへ，であった．この数値は航海の回数としてはその 55 パーセント，奴隷の数としては 57 パーセントにあたる．計算は *TSTD*. に基づくものである．

19）ガンビア川の鮫については，Mungo Park, *Travels into the Interior of Africa, Performed Under the Direction and Patronage of the African Association, in the Years 1795, 1796, and 1797*, ed. Kate Ferguson Marsters（orig. publ. 1799; rpt. Durham, N.C., and London: Duke University Press, 2000）, 28; シエラレオネについては，John Matthews, *A Voyage to the River Sierra Leone, on the Coast of Africa, containing an Account of the Trade and Productions of the Country, and of the Civil and Religious Customs and Manners of the People; in a Series of Letters to a Friend in England*（London: B. White and Son, 1788）, 50; ボニー川については，Alexander Falconbridge, *An Account of the Slave Trade on the Coast of Africa*（London, 1788）, 51–52, 67; コンゴ川については，"A Battle Between a Tiger and an Alligator; Or, wonderful instance of Providential Preservation, described in a letter from the Captain of the Davenport Guineaman," *Connecticut Herald*, June 28, 1808. アフリカの鮫を概観するには，Henry W. Fowler, "The Marine Fishes of West Africa, Based on the Collection of the American Museum Congo Expedition, 1909–1915," *Bulletin of the American Museum of Natural History*（New York: American Museum of Natural History, 1936）, 70, 1:23–92. See also J. Cadenat and J. Blache, *Requins de Mediterranée et d'Atlantique (plus Particulièrement de la Côte Occidentale d'Afrique)*（Paris: Éditions de l'Office de la Recherche Scientifique et Technique Outre-Mer, 1981）. 英単語の'shark'の語源は，ジョン・ホーキンズ船長が 1560 年代に行った奴隷捕獲目的の航海にある． *Oxford English Dictionary*, s.v. "Shark," citing *Ballads & Broadsides*（1867）147, BL. José I. Castro, "On the Origins of the Spanish Word Tiburón and the English Word 'Shark,'" *Environmental Biology of Fishes* 65（2002）, 249–53.

20）"Natural History of the Shark, from Dr. Goldsmith and other eminent Writers," *Universal Magazine* 43（1778）, 231; Robinson, *A Sailor Boy's Experience*, 29–32; *Memoirs of Crow*, 264; William Smith, *A New Voyage to Guinea: Describing the Customs, Manners, Soil, Climate, Habits, Buildings, Education, Manual Arts, Agriculture, Trade, Employments, Languages, Ranks of Distinction, Habitations, Diversions, Marriages, and whatever else is memorable among the Inhabitants*（London, 1744; rpt. London: Frank Cass & Co. Ltd., 1967）, 239. Testimony of Fraser, *HCSP*, 71:24.

21）*An Account of the Life*, 40; Atkins, *A Voyage to Guinea*, 46. トールドは，この男性が奴隷であったか水夫であったかについては言及していない．しかし，乗組員の仕事が危険だという文脈で話をしているので，おそらく後者ではないかと思われる．Falconbridge, *Account of the Slave Trade*, 67. ファルコンブリッジは，アフリカ人たちは，死者を埋葬するのに「鮫が匂いを嗅ぎ付けないように海から離れたところに葬る」と記している．

22) Falconbridge, *Account of the Slave Trade,* 67; Smith, *New Voyage,* 239. "Voyage to Guinea, Antego, Bay of Campeachy, Cuba, Barbadoes, &cc."（1714-23）, Add. Ms. 39946, BL; [John Wells], "Journal of a Voyage to the Coast of Guinea, 1802," Add. Ms. 3,871, Cambridge University Library; Ship's Log, Vessel Unknown, 1777-78, Royal African Company, T70/1218, NA.

23) Willem Bosman, *A New and Accurate Description of the Coast of Guinea*（London,1705）, 282. 西アフリカの人々は鮫について幅広い知識を有し，独自の捉え方をしていた．ニュー・カラバーの人々は鮫を神聖なものと考えていたと言われている．しかし，すぐ近くのボニーやファンティの人々はそうではなく，彼らは鮫を「サムヤ」*samya* と呼んで食用とし，大好物だった．海岸部の他の多くの人々にとっても，鮫は食物であったようだ．奴隷貿易擁護派は，アフリカ人たち自身も社会規律維持のシステムのひとつとして鮫を使用していたという点を強調することが多かった．犯罪を犯して有罪となると，罪人を鮫だらけの海に投げ入れる地域があったというのである．そして「鮫の裁き」を生き延びた者は――実際にそういうケースもあった――無罪放免となった．Captain John Adams, *Sketches taken during Ten Voyages to Africa, Between the Years 1786 and 1800; including Observations on the Country between Cape Palmas and the River Congo; and Cursory Remarks on the Physical and Moral Character of the Inhabitants*（London, 1823; rpt. New York: Johnson Reprint Corporation, 1970）, 67; Thomas Winterbottom, *An Account of the Native Africans in the Neighbourhood of Sierra Leone, to which is added An Account of the Present State of Medicine among them*（London, 1803; rpt. London: Frank Cass & Co., 1969）, 256; "From a speech given by Mr. Shirley to legislature of Jamaica," *City Gazette and Daily Advertiser,* December 19, 1788; Testimony of Fraser, 1790, *HCSP*, 71:18; *Memoirs of Crow,* 36, 44, 84.

24) *Norwich Packet or, the Country Journal,* April 14, 1785; *Memoirs of Crow,* 266. 現在，世界中で 350 種類の鮫が確認されており，西アフリカの海にはその約 4 分の 1 が棲息している．奴隷船の回りに頻出した種類を 2 つ挙げると，牛鮫と虎鮫である．2 つとも，セネガルからアンゴラにかけてよくいる種類で，汽水あるいは淡水の湾，ラグーン，入り江，そして河川に多数棲息し，水が透明でも泥で濁っていても，さらにたった 90 センチほどと，水深が浅くても，水の状態を選ばず泳ぎ回ったし，港の桟橋や波止場など，人のいる場所のすぐ近くにまで入ってきた．両者ともに，ほとんどなんでも餌とした．1735 年，ジョン・アトキンズは，シエラレオネで出会った鮫について，次のように書いている．「手短かに言うと，その凄まじい食欲にとって餌にならないものはない．キャンバス，ロープ，骨，毛布，なんでもござれだ．」（Atkins, *A Voyage to Guinea,* 46.）いったん，船が餌の出所だと悟ると（時には数カ月にわたって），牛鮫や虎鮫は大西洋を渡りさえしただろう．しかし奴隷船は，遠洋を航行する，巨大な浮かぶ物体，ある種の「動く岩礁」であったから，当然遠洋種も回りに集まってきた．ヨシキリ鮫，クロトガリ鮫，アオ鮫，そしてヨゴレ鮫などで，これはより細身で，泳ぎが早く，人を食べることで知られていた．アメリカの沿岸水域では，捕食者の数がさらに増加した可能性がある．というのは，血の轍にさらに西大西洋の牛鮫や虎鮫が加わったからである．このように，同じ鮫が船の後をずっとついていったり，また次から次に新たな鮫が現れたりしたのだった．Leonard J. V. Compagno, comp., *Sharks of the World: An Annotated and Illustrated Catalogue of Sharks Known to Date*（Rome: United Nations Development Programme, 1984）, part 2, 478-81, 503-6.

25) *Connecticut Gazette,* January 30, 1789; *Memoirs of Crow,* 266. 1704 年，西インド諸島での鮫被害にかんしては，海軍の船から脱走した男が語ったものがある．*A narrative of the wonderful deliverance of Samuel Jennings, Esq.*（no place of publication, 1765）.

26) "Natural History of the Shark," 222-23, 231-33; Thomas Pennant, *British Zoology*（Chester: Eliza. Adams, 1768-70）, vol. III, 82-83.

第2章　奴隷船の進化

1) Thomas Gordon, *Principles of Naval Architecture, with Proposals for Improving the Form of Ships, to which are added, some Observations on the Structure and Carriages for the Purposes of Inland Commerce, Agriculture, &c.* (London, 1784), 23. Robin Blackburn, *The Making of New World Slavery: From the Baroque to the Modern, 1492–1800* (London: Verso, 1997), 376. 資本主義への移行については Maurice Dobb, *Studies in the Development of Capitalism* (New York: International Publishers, 1964); Immanuel Wallerstein, *The Modern World-System: Capitalist Agriculture and the Origins of the European World-Economy in the Sixteenth Century* (New York: Academic Press, 1974); Rodney Hilton, ed., *The Transition from Feudalism to Capitalism* (London: New Left Books, 1976); Eric Wolf, *Europe and the People Without History* (Berkeley: University of California Press, 1982).

2) Romola and R. C. Anderson, *The Sailing-Ship: Six Thousand Years of History* (orig. publ. 1926; New York: W. W. Norton, 1963), 129; Basil Greenhill, *The Evolution of the Wooden Ship* (New York: Facts on File, 1988), 67–76. 昨今，海洋考古学者による魅力的な著作が出てきている．奴隷船を海底から引き上げ，実際の奴隷船の世界のありようを分析しているのである．Madeleine Burnside and Rosemarie Robotham, *Spirits of the Passage: The Transatlantic Slave Trade in the Seventeenth Century* (New York: Simon & Schuster, 1997).《ヘンリエッタ・マリー》については，Leif Svalesen, *The Slave Ship Fredensborg* (Bloomington: Indiana University Press, 2000). この主題についての，ジェイン・ウェブスターによる概論がオンラインで入手できるので参考にされたい．Jane Webster, "Looking for the Material Culture of the Middle Passage," *Journal of Maritime Research* (2005), http://www.jmr.nmm.ac.uk/server/show/ConJmrArticle.209. 彼女自身の重要な著作も近く刊行予定である．

3) Carlo Cipolla, *Guns, Sails, and Empires: Technological Innovation and the Early Phases of European Expansion, 1400–1700* (New York: Pantheon Books, 1965).〔C. M. チポラ『大砲と帆船――ヨーロッパの世界制覇と技術革新』大谷隆昶訳，平凡社，1996〕

4) *Memoirs of Crow,* 137. 1807年のホリデー王のこの発言は，奴隷貿易が終焉を迎えようとしていることに怒りを覚えてのものである．大型船を持っているイングランドンの王は，「極悪人ども」を，例えば，オーストラリアのボタニー湾へ送ることができるが，ホリデー王にはいまやそれが叶わなくなったのである．

5) Philip Curtin, *The Rise and Fall of the Plantation Complex: Essays in Atlantic History* (Cambridge: Cambridge University Press, 1990), ch. 2.

6) C. L. R. James, *The Black Jacobins: Touissant L'Ouverture and the San Domingo Revolution* (orig. publ. 1938; New York: Vintage, 1989), 85–86; Blackburn, *Making of New World Slavery,* 350.

7) Samuel Martin, *An Essay on Plantership* (London, 1773).

8) Blackburn, *Making of New World Slavery,* 515. 資本主義の興隆への奴隷制の貢献については，現在でも激しい議論が交わされている．重要かつ，相対する見方としては，以下のようなものがある．Eric Williams, *Capitalism and Slavery* (Chapel Hill: University of North Carolina Press, 1944); Seymour Drescher, *Econocide: British Slavery in the Era of Abolition* (Pittsburgh: University of Pittsburgh Press, 1977); David Eltis and Stanley L. Engerman, "The Importance of Slavery and the Slave Trade to Industrializing Britain," *Journal off Economic History* 60 (2000), 123–44; Kenneth Morgan, *Slavery, Atlantic Trade and the British Economy, 1660–1800* (Cambridge: Cambridge University Press, 2001); Joseph Inikori, *Africans and the Industrial Revolution in England: A Study in International Trade and Economic Development* (Cambridge: Cambridge University Press, 2002)).

9)「浮かぶ工場」の背景については Conrad Gill, *Merchants and Mariners in the 18th Century* (London:

Edward Arnold, 1961), 91-97.

10) James Field Stanfield, *Observations on a Guinea Voyage, in a Series of Letters Addressed to the Rev. Thomas Clarkson* (London: James Phillips, 1788), 5. 以下はアフリカへと向う2隻の船の，積み荷の詳細なリストである．"Estimate of a Cargo for the *Hungerford* to New Calabar for 400 Negroes, May 1769" and "Estimate of a Cargo for 500 Negroes to Bynin, 1769," both D.M.15, Bristol University Library.

11) Marcus Rediker, *Between the Devil and the Deep Blue Sea: Merchant Seamen, Pirates, and the Anglo-American Maritime World, 1700-1750* (Cambridge: Cambridge University Press, 1987), ch. 2; Emma Christopher, *Slave Ship Sailors and Their Captive Cargoes, 1730-1807* (Cambridge: Cambridge University Press, 2006), ch. 5.

12) James Field Stanfield, *The Guinea Voyage, A Poem in Three Books* (London: James Phillips, 1789), 26; *An Apology for Slavery; or, Six Cogent Arguments against the Immediate Abolition of the Slave Trade* (London, 1792), 45.

13) Malachy Postlethwayt, *The African Trade, the Great Pillar and Support of the British Plantation Trade in America* (London, 1745), および同じ著者の *The National and Private Advantages of the African Trade Considered: Being an Enquiry, How Far It concerns the Trading Interests of Great Britain, Effectually to Support and Maintain the Forts and Settlements of Africa* (London, 1746).

14) 以下の著作はポッスルスウェイトの見解が1750年代，60年代にいかに変化したかを論じたものである．彼は奴隷貿易にかんして反対の態度をとり，「正当な取引」という言い回しで定着することになる見方を強調して，それによってトーマス・クラークソンのような廃止論者たちの議論の道を開いた．Christopher Leslie Brown, *Moral Capital: Foundations of British Abolitionism* (Chapel Hill: University of North Carolina Press, 2006), 272-74.

15) K. G. Davies, *The Royal African Company* (New York: Atheneum, 1970). 18世紀後半の，奴隷貿易港や交易所の概説については，"Transcripts of Official Reports and Letters Relating to the State of British Settlements on the Western Coast of Africa in 1765," King's MS #200, BL, "Sundry Books and Papers Relative to the Commerce to and from Africa delivered to the Secretary of State of the African and American Department by John Roberts, Governor of Cape Coast Castle, 13th December 1779," Egerton 1162A-B, BL. Eveline C. Martin, *The British West African Settlements, 1750-1821* (London: Longmans, 1927).

16) John Lord Sheffield, *Observations on the Project for Abolishing the Slave Trade, and on the Reasonableness of attempting some Practicable Mode of Relieving the Negroes* (orig. publ. London, 1790; 2nd edition London, 1791), 21; Roger Anstey, *The Atlantic Slave Trade and Abolition, 1760-1810* (London, 1975) ch. 2, esp. 48, 57; David Richardson, "Profits in the Liverpool Slave Trade: The Accounts of William Davenport, 1757-1784," in Roger Anstey and P. E. H. Hair, eds., *Liverpool, the African Slave Trade, and Abolition* (Chippenham, England: Antony Rowe for the Historical Society of Lancashire and Cheshire, 1976, rpt. 1989), 60-90; Herbert S. Klein, *The Atlantic Slave Trade* (Cambridge: Cambridge University Press, 1999), 98-100; Kenneth Morgan, "James Rogers and the Bristol Slave Trade," *Historical Research* 76 (2003), 189-216.

17) Joseph Manesty to John Bannister, August 2, 1745, John Bannister Letter-Book, no. 66, f. 2, Newport Historical Society, Newport, Rhode Island. この手紙は以下に複製されている．Donnan III, 137. On the *Chance, TSTD,* #90018.

18) マネスティーの奴隷貿易航海のひとつについて次のような詳細がわかっている．ジョン・パーキンスを船長とする《アドリントン》は，リヴァプールを出航し，1754年から55年にかけてアフリカ数カ所に寄港した．パーキンスはジャマイカ，キングストンのケイス&サウスウォース商会に，136名の奴隷を届けた（内訳は，男性50名，女性25名，少年38名，少女23名，

うち 2，3 名は「心身に異常をきたしていた」.）船長への手数料，医者への「人頭金」，そして代理人手数料を支払った後，マネスティーは 5,047 ポンドを受け取った（2007 年の換算では 100 万ドルに相当する）．もちろん彼はここから，交易のための積み荷代金，乗組員の給金（両者とも金額は不明）を支払っていただろう．"Sales of 136 Negroes being the Ship Adlington's Cargoe John Perkins Master, from Africa on acct of Joseph Manesty & Co. Merchts in Liverpool," Case & Southworth Papers, 1755, 380 MD 35, LRO.

19）Manesty to Bannister, june 14, 1747, Bannister Letter-Book, no. 66. マネスティーは《アドリントン》，《アフリカン》，《アンソン》，《ビー》，《チャンス》，《デューク・オブ・アーガイル》，《ジューン》，《パーフェクト》，そして《スペンサー》の筆頭船主であった．また《スワン》や《ザ・フォーチュン》といった船にも，ごく一部ではあったが所有権を有していた．1745 年から 58 年にかけて，19 の航海に投資している．*TSTD*,#90018, #90136–41, #90174, #90350, #90418–9, #90493–5, #90558, #90563, #90569,#90653, #90693. エリザベス・ドナンによれば，ジョン・バニスターはボストンの貿易商の血筋で，ニューポートに移ったのは 1733 年以降であるという．彼自身も，貿易商であり，公認海賊事業にも投資していた．自身が造船業者であったというより，貿易商と造船業者との仲立ちをしていたと思われる．バニスターも，ほどなく自分自身で奴隷貿易船を発注している．《ハードマン》は彼が 100 パーセント所有する船で，ジョゼフ・ヨワートを船長としたこのスノー船は 1749 年から 1754 年にかけて，リヴァプールから，アフリカと西インドへ，3 度航海をしている（*TSTD*, #90150–90152）.

20）Joseph Manesty to Joseph Harrison, from Liverpool, September 10, 1745, in Donnan III, 138.

21）ニューイングランドを代表する奴隷貿易商一族が，同様の奴隷船二隻を注文している．"Agreement between William and James D'Wolf and John, Joseph and Joseph Junr Kelly of Warren," January 8, 1797, Folder B-10, Ship's Accounts; and "Memorandum of an Agreement between John and James D'Wolf and builder William Barton," March 13, 1805, Folder B-3, *Orozimbo,* Captain Oliver Wilson; both in the James D'Wolf Papers, Bristol Historical Society, Bristol, Rhode Island.

22）M. K. Stammers, "'Guineamen': Some Technical Aspects of Slave Ships," *Transatlantic Slavery: Against Human Dignity*, ed. Anthony Tibbles（London: HMSO, 1994）, 40. 奴隷貿易廃止後，奴隷船はより小さく，速く，安くなったことは指摘しておかねばならない．海軍のパトロールに見つからぬため，またつかまらぬため，さらに，捕まった際のコストを下げるためである．船の縦横の揺れについては，ジョン・ゲラードの次の苦情を参考にされたい．「疲労と船の揺れで多くの奴隷が体調を崩し，現在はさらにひどい状況となった.」John Guerard to William Jolliffe, August 25, 1753, John Guerard letter book, 164–67, South Carolina Historical Society, Charleston.

23）これ以降，本書を通じて，船のトン数は，重さではなく積載量を指す．とはいえ，厳密な数値ではない．中世の「タン」は，フランスから英国へワインを運ぶ際の樽（容積はほぼ 40 立方フィートだった）を指していた．100 樽を運べる船が，100 トン船というわけである．しかし時が経つにつれ，トン数は他の意味も持つようになり，計算方法も国ごとに，あるいは，一国のなかでさえ，まちまちであった．英国では 1786 年に法案によって，「登録トン数」から「計量トン数」への移行が義務づけられた．本書では，トン数の標準化は一切行っておらず，第一次資料に報告された数字を挙げるということで統一している．この点についての概説としては Frederick C. Lane, "Tonnages, Medieval and Modern," *Economic History Review* 17（1964）, 213–33.

24）これらの船のうちの 1 隻が《アンソン》となった可能性がある．マサチューセッツのニューポートで建造され，その名は，1774 年から 45 年にかけて地球を半周し，スペインの財宝船を捕獲した提督の名にちなんだものである．あるいは，同じくマサチューセッツのスワンジーで建造の《スワン》かもしれない．*TSTD*, #90174, #90160–90162. その他の奴隷船の価格については

Ralph Inman to Peleg Clarke, Boston, May 11, 1772, in Donnan III, 257; Roderick Terry, ed., "Some Old Papers Relating to the Newport Slave Trade," *Bulletin of the Newport Historical Society* 62 (1927), 12–13; *Wilson v. Sandys,* Accounts for the Slave Ships *Barbados Packet, Meredith, Snow Juno, Saville,* and *Cavendish:* Liverpool, St. Christophers, Grenada, 1771, Chancery (C) 109/401, NA.

25) Manesty to Harrison, in Donnan III, 138.

26) J. H. Parry, *Trade and Dominion: The European Oversea Empires in the Eighteenth Century* (London: Weidenfeld and Nicolson, 1971), 12; Anderson and Anderson, *The Sailing-Ship,* 178; Joseph A. Goldenberg, *Shipbuilding in Colonial America* (Charlottesville: University of Virginia Press, 1976), 32–33; Stephen D. Behrendt, "Markets, Transaction Cycles, and Profits: Merchant Decision Making in the British Slave Trade," *William and Mary Quarterly* 3rd ser. 58 (2001), 171–204.

27) Ronald Stewart-Brown, *Liverpool Ships in the Eighteenth Century, including the King's Ships built there with Notes on the Principal Shipwrights* (Liverpool: University of Liverpool Press, 1932), 75.

28) David M. Williams, "The Shipping of the British Slave Trade in its Final Years, 1798–1807," *International Journal of Maritime History* 12 (2000), 1–25.

29) この項はゴールデンバーグの以下の著作に大幅に依拠している．*Shipbuilding in Colonial America,* 55–56, 89. 炉床および暖房用閉鎖炉については John Fletcher to Captain Peleg Clarke, London, October 16, 1771, Peleg Clarke Letter-Book, Newport Historical Society, no. 75 A.

30) William Sutherland, *The Shipbuilder's Assistant* (1711); idem, *Britain's Glory; or, Ship-Building Unvail'd, being a General Director for Building and Compleating the said Machines* (1729); John Hardingham, *The Accomplish'd Shipwright* (1706); Mungo Murray, *Elements of Naval Architecture* (1764); Fredrik Henrikaf Chapman, *Architecturia Mercatoria Navalis* (1768); Marmaduke Stalkartt, *Naval Architecture* (1787); William Hutchinson, *Treatise on Naval Architecture* (1794); David Steel, *The Elements and Practice of Rigging and Seamanship* (London, 1794); idem, *The Ship-Master's Assistant and Owner's Manual* (London, 1803); idem, *The Elements and Practice of Naval Architecture* (1805); Thomas Gordon, *Principles of Naval Architecture.* 18 世紀の英国領北アメリカでは，造船にかんする本の出版がなかったため，造船工たちはこれらの本を参考にし，ヨーロッパの設計に倣った．Howard I. Chapelle, *The Search for Speed Under Sail, 1700–1855* (New York: W. W. Norton, 1967), 6–8.

31) Chapelle, *Search for Speed,* 412–14.

32) William Falconer, *Universal Dictionary of the Marine* (London: T. Cadell, 1769; revised edition, 1784), s.v., "architecture (naval)"; *Rules and Orders of the Society for the Improvement of Naval Architecture* (London, 1791); *An Address to the Public, from the Society for the Improvement of Naval Architecture* (London, 1791); *Catalogue of Books on Naval Architecture* (London, 1791); *An Address to the Public, from the Society for the Improvement of Naval Architecture* (London, 1792); *Report of the Committee for Conducting the Experiments of the Society for the Improvement of Naval Architecture* (London, 1799), 1 (quotation).

33) "An Account of Men Belonging to the Snow Peggy the 13th of August 1748," Anthony Fox, Master, 1748–1749, Muster Rolls, vol. I (1748–1751), Society of Merchant Venturers Archives, BRO. *TSTD,* #77579. 背景については，Ralph Davis, *The Rise of the English Shipping Industry in the Seventeenth and Eighteenth Centuries* (London: Macmillan, 1962), chs. 6–7; Rediker, *Between the Devil and the Deep Blue Sea,* ch.2; Peter Earle, *Sailors: English Merchant Seamen, 1650–1775* (London: Methuen, 1998).

34) Barnaby Slush, *The Navy Royal: or a Sea-Cook Turn'd Projector* (London, 1709), viii. 船の乗組員全体の給与体系については，"A List of the Seamen on board Ship Christopher Ent'd 19 June 1791," in "Ship Christopher's Book, 4th Voyage," Rare Book, Manuscript and Special Collections Library, Duke University.

35) W.S. (William Snelgrave), "Instructions for a First Mate When in the Road at Whydah," n.d., Humphrey

Morice Papers, Bank of England Archive, London.

36）ロードアイランドの航海士トーマス・エルドレッドは次のように証言している.「アメリカからアフリカへ向かう船には，医者は乗っていないのが普通だった.」医者の替りに，「船には医療指示書があり，それに従って」薬を与えた．以下を参照のこと．Testimony of Thomas Eldred, 1789, *HCSP,* 69:166.

37）本段落および次の段落中の引用は以下からである．Clarkson, *History,* 1:327-30.《フライ》もこの小型船の一隻であったのではないだろうか．17トンで，船長はジェイムズ・ウォーカー，1787年8月7日にブリストルを出航し，シエラレオネへと向かった．そこで35名の捕囚を買い入れ，トルトーラへと送った．*TSTD,* #17783. 同名のロンドン船籍の大型船については *TSTD,* #81477.

38）船倉の捕囚たちにどれほどのスペースが与えられたかについては，Charles Garland and Herbert S. Klein, "The Allotment of Space for Slaves Aboard Eighteen-Century British Slave Ships," *William and Mary Quarterly* 3rd ser. 42（1985), 238-48.

39）*TSTD,* #90950, #3777, #4405, #36299, #36406.

40）Stewart-Brown, *Liverpool Ships in the Eighteenth Century,* 29, 127-29. *TSTD,* #83006. For examples of other major disasters, *TSTD,* #90157（*Marton,* with 420 captives, reported in the *Georgia Gazette,* December 3, 1766); #78101（*New Britannia,* with 330 captives, reported in *Connecticut Journal,* August 20, 1773); #82704（*Mercury,* with 245 captives, reported in *Enquirer,* September 26, 1804); #25648（*Independence,* with 200 captives, reported in the *American Mercury,* August 20, 1807).

41）Hayley and Hopkins to Aaron Lopez, London, July 20, 1774, in Donnan III, 291; Walter Minchinton, "Characteristics of British Slaving Vessels, 1698-1775," *Journal of Interdisciplinary History* 20（1989), 53-81. *TSTD* のデータによれば，18世紀の傾向として，最も大型だったのがオランダの奴隷船で，平均300トン，それに続くのがフランス船で平均247トンであった．北アメリカを出航する船の平均は100トンであった．スティーブン・D・ベイラントが重要な指摘をしている.「貿易商は，中央集権的な政治権力がなく，奴隷の供給も断続的な海岸部の市場には，小型の奴隷船を，中央集権化が進み，大規模な奴隷の積み出しを可能とする基盤が整っている港や潟のある場所には大型の奴隷船を送った.」ベイラントの以下の論文を参考にされたい．"Markets, Transaction Cycles, and Profits," 188.

42）*Newport Mercury,* January 7, 1765.

43）*Pennsylvania Gazette,* June 21, 1753. Falconer, *Universal Dictionary of the Marine,* s.v., "sloop."

44）*City Gazette and Daily Advertiser,* November 28, 1796; Falconer, *Universal Dictionary of the Marine,* s.v., "ship."

45）*South-Carolina State Gazette and Timothy's Daily Adviser,* May 7, 1800; Sir Jeremiah Fitzpatrick, M.D., *Suggestions on the Slave Trade, for the Consideration of the Legislature of Great Britain*（London: John Stockdale, 1797), 6, 17, 62. バークというのは別種の3本マストの船であるが，前マストとメインマストは横帆式なのに対して，後マストは，トップスルの無い縦帆式である．シップほど一般的ではなかった．

46）Reverend John Riland, *Memoirs of a West-India Planter, Published from an Original MS. With a Preface and Additional Details*（London: Hamilton, Adams & Co., 1827). ライランドは1778年にジャマイカに生まれ，若い時分はイギリスに送られて教育を受けた．アダム・ホックシルドによれば，この死後出版の本の編者たちは，貿易廃止派のザカリ・マコーリ（Zachary Macaulay）がある奴隷貿易の航海について書いた文章を，剽窃して収録した．マコーリの文章は，もともと1804年に『クリスチャン・オブザーヴァー』（*Christian Observer*）に掲載されたものだった．また，以下

の書籍にも再録された．Viscountess Knutsford, ed., *Life and Letters of Zachary Macaulay*（London: Edward Arnold, 1900）, 86–89. Adam Hochschild, *Bury the Chains: Prophets and Rebels in the Fight to Free an Empire's Slaves*（Boston: Houghton Mifflin, 2005）, 253–55, 398. 本記述部分に使われた証拠の出所は，1つではなく，2つの別々の航海と出典からのものである点に留意されたい．

47）《リバティー》という名の船を2隻見つけたが，いずれもライランドの活動時期と一致しない．最初の1隻の航海は1795年から96年にかけて，おそらくロンドンからアフリカへ出航（港は特定できない），それからバルバドスに向かった．2隻目は1806年から07年にかけての航海で，リヴァプールを出航して，アンゴラ，そしてセントキッツへと向かった．マコーリは1794年《アン・フィリッパ》でリヴァプールを出航し，シエラレオネ，キングストンへ，翌年95年に帰港．それぞれについて，さらに詳しい情報は *TSTD*, #82252, #82254, #80291.

48）奴隷船に乗船した時のライランドは，奴隷貿易にかんして，矛盾した態度をとっていた．廃止派の大義に共鳴しながらも，自ら認めているように，奴隷制には自分の利益が強くからんでいた．乗船するや，「自分の成功は，植民地の経済的繁栄にかかっている」と感じ始めており，「植民地の繁栄」には，当然奴隷貿易も含まれる．彼はまた，自分の航海が，「そのような冒険のきわめてよい見本であること」も，はっきりと意識していた．

49）ライランドの船のトン数は，1788年のドルベン法——積載量1トンにつき1.8名——によって制定された割合を用いて，積み込んだ奴隷の数から割り出した．マコーリの船（144トン）は244名のアフリカ人奴隷を積み，そのうちの225名をキングストンに届けた．

50）ウィリアム・ファルコナーの『世界海洋事典』によれば，格子とは「ハッチのための，一種の非密閉カバーで，木製の棒あるいは小角材を，直角に交差させ，棒と棒の間は正方形に開けたものである．船倉の居住区に上部から空気と光が届くように，こういう構造になっているのだが，海が荒れたり，天候が悪かったりして，甲板と甲板との間の開口部を閉めなくてはならないときもあるため，この構造物は必須のものであった」．

51）Falconer, *Universal Dictionary of the Marine,* s.v., “boat,” “long-boat, “yawl”; Stammers, “Guineamen,” 40.

52）トーマス・クラークソンの記したところによれば，「船尾は第一に武器収納箱が置かれている場所であり，第二には船の指揮系統がある場所である．ゆえに，船尾には，最も弱い（捕囚たち，往々にして小さな女の子たち）を積んだ」．以下を参照のこと．Clarkson to Comte de Mirabeau, November 17, 1789, ff. 3–4, Papers of Thomas Clarkson, Huntington Library, San Marino, California.「奴隷船あるいは軍艦に最適の鉄製ボイラー4基」の公開オークションについては，*South-Carolina State Gazette and Timothy's Daily Adviser,* June 14, 1799.「奴隷船用樽」にかんしては，William B. Weeden, *Economic and Social History of New England, 1620–1789*（New York: Hillary House Publishers, Ltd., 1963）, vol. II, 458.

53）船鞘の技法については，*Providence Gazette; and Country Journal,* July 7, 1770, and April 9, 1774.

54）*Newport Mercury,* March 25, 1809. わたしが見つけた限りでは，銅製船鞘についての最も早い言及は，1720年代の王立アフリカ会社の記録である．Ship's Book（unidentified）, 1722–24, Treasury（T）70/1227, NA.

55）リヴァプールから投函された，1791年8月15日づけのある手紙によれば，「今日，《カーナティック》という名のアフリカ貿易船がキングズ・ドック近くのスリップ（造船台）から進水．鞘には，銅葺きの新しい技術が用いられている．鞘板は，通常の火による伸ばしではなく，常温のままの打ち伸ばしである．機能的にきわめて優れていると期待できる」．以下を参照のこと．*City Gazette and Daily Advertiser,* October 26, 1791 and *TSTD,* #80733.

56）Falconer, *Universal Dictionary of the Marine,* s.v. “windsail.”

57）*Connecticut Centinel,* August 2, 1804.

58）*Providence Gazette; and Country Journal,* August, 5, 1790.
59）*Providence Gazette,* July 19, 1800.

第3章　アフリカン・パスから中間航路へ

1）ここから4段落の記述は以下の著作に依拠している．Joseph Hawkins, *A History of a Voyage to the Coast of Africa, and Travels into the Interior of that Country; containing Particular Descriptions of the Climate and Inhabitants, particulars concerning the Slave Trade*（Troy, N.Y.: Luther Pratt, 2nd edition, 1797）, 18–149. 若きホーキンズに財産はなかったものの，少々の教育は受けていた．彼は奴隷船《チャールストン》の1794年から95年にかけての航海に船荷監督人として乗船した．この時期のポンガス川流域の概説については，Bruce L. Mouser, "Trade, Coasters, and Conflict in the Rio Pongo from 1790 to 1808," *Journal of African History,* 14（1973）, 45–64.
2）ホーキンズはこの戦いにおける敵を「ガラ」と「エボ」と呼んでいる．ウィンドワード海岸内陸という場所から考えて，前者は「ゴラ」であろうと思われるが，後者は「イボ」ではない．「イボ」の土地は，その場所からは数百マイル東，現在のナイジェリアにあたるからである．わたしは，ジョージ・ピーター・マードックの次の著作中の情報に基づき，「エボ」は「イバウ」ではないか，といまのところ考えている．George Peter Murdock, *Africa: Its People and Their Culture History*（New York: MacGraw-Hill Book Company, 1959）, 91.
3）J. D. フェイジは，ホーキンズの記述の信憑性に疑問を呈している（最終的には否定はしていない）．J. D. Fage, "Hawkins' Hoax? A Sequel to 'Drake's Fake,'" *History in Africa* 18（1991）, 83–91. 最近になって，ホーキンズの話を裏付ける新たな証拠が出てきている．まず，フェイジはイバウの存在を知らなかったため，ウィンドワード海岸のイボなどという出鱈目をホーキンズが言っていると，誤って思いこんだようだ．第二に，《チャールストン》の出港が *City Gazette and Daily Advertiser* の1795年1月5日号に，また同年7月のその帰還も同誌で報告されている（1795年7月24日，同年8月5日，7日，15日）．さらに *Columbian Herald or the Southern Star* の1795年8月14日号には，「上物の奴隷」の売り出し広告が掲載された．これらの日付は，ホーキンズの記録と合致している．第三に，ホーキンズ自身がチャールストンの *City Gazette and Daily Advertiser* に，自分の本の広告を出している（1797年5月14日，15日．1797年，8月16日）．もしでっちあげの話であったら，広告を出すようなことはしなかったのではないだろうか．
4）中間航路を，1つの概念と捉え，ある場所での収奪ともう1つの場所での搾取とをリンクさせるという考え方を提示したのは以下の著作である．Peter Linebaugh and Marcus Rediker, *The Many-Headed Hydra: Sailors, Slaves, Commoners, and the Hidden History of the Revolutionary Atlantic*（Boston: Beacon Press, 2000）. また以下に収められた各論文は，この考え方を様々に展開させている．Marcus Rediker, Cassandra Pybus, and Emma Christopher, eds., *Many Middle Passages: Forced Migration and the Making of the Modern World*（Berkeley: University of California Press, 2007）.
5）この節および，続く6つの節（主要貿易地域についての箇所）は，以下のこの主題についての主要著作に依拠している．Walter Rodney, "The Guinea Coast," in J. D. Fage and Roland Olivier, eds., *The Cambridge History of Africa*（Cambridge: Cambridge University Press, 1975）, vol. 4, *From c. 1600 to c. 1790;* J. D. Fage, *A History of West Africa*（London: Cambridge University Press, 1969）, 4th edition; J. F. Ajayi and Michael Crowder, *History of West Africa*（London: Longman, 1971, 1974）, 2 vols.; Elizabeth Allo Isichei, *A History of African Societies to 1870*（Cambridge: Cambridge University Press, 1997）; John

Thornton, *Africa and Africans in the Making of the Atlantic World, 1400–1800* (Cambridge: Cambridge University Press, 1992; 2nd edition, 1998); Michael A. Gomez, *Exchanging Our Country Marks: The Transformation of African Identities in the Colonial and Antebellum South* (Chapel Hill: University of North Carolina Press, 1998); Paul E. Lovejoy, *Transformations in Slavery: A History of Slavery in Africa* (Cambridge: Cambridge University Press, 2000), 2nd edition; Christopher Ehret, *The Civilizations of Africa: A History to 1800* (Charlottesville: University of Virginia Press, 2002); Michael A. Gomez, *Reversing Sail: A History of the African Diaspora* (Cambridge: Cambridge University Press, 2005); and Patrick Manning, *The African Diaspora: A History Through Culture* (New York: Columbia University Press, forthcoming, 2008). 以下も大いに役立った. Herbert S. Klein, *The Middle Passage: Comparative Studies in the Atlantic Slave Trade* (Princeton: Princeton University Press, 1978); idem, *The Atlantic Slave Trade* (Cambridge: Cambridge University Press, 1999); Johannes Postma, *The Atlantic Slave Trade* (Westport, Conn.: Greenwood Press, 2003). 各地域に特化した研究については, これ以降の部分で挙げる.

6) Manning, *African Diaspora*; Eric Wolf, *Europe and the People Without History* (Berkeley: University of California Press, 1982), 206.

7) Walter Rodney, *A History of the Upper Guinea Coast, 1545–1800* (Oxford: Clarendon Press, 1970), 114.

8) *South Carolina Gazette,* August 3, 1784.

9) 現在の綴りでは, Ayub ibn Suleiman, ibn Ibrahim, or Ayuba Suleyman Dialllo となるだろうか.

10) Thomas Bluett, *Some Memoirs of the Life of Job, the Son of Solomon, the High Priest of Boonda in Africa, Who was a Slave about two years in Maryland; and afterwards being brought to England, was set free, and sent to his native Land in the year 1734* (London, 1734), 12–17, 44–48; Job ben Solomon to Mr. Smith, January 27, 1735–36, in Donnan II, 455; Francis Moore, *Travels into the Inland Parts of Africa* (London, 1738), 69, 204–9, 223–24. See also Arthur Pierce Middleton, "The Strange Story of Job Ben Solomon," *William and Mary Quarterly* 3rd series, 5 (1948), 342–50; Douglas Grant, *The Fortunate Slave: An Illustration of African Slavery in the Early Eighteenth Century* (London: Oxford University Press, 1968).

11) Richard Roberts, *Warriors, Merchants, and Slaves: The State and the Economy in the Middle Niger Valley, 1700–1914* (Stanford, Calif.: Stanford University Press, 1987), ch. 3.

12) Sylviane A. Diouf, *Servants of Allah: African Muslims Enslaved in the Americas* (New York: New York University Press, 1998), 164–66; Michael A. Gomez, *Black Crescent: The Experience and Legacy of African Muslims in the Americas* (Cambridge: Cambridge University Press, 2005), 68–70; James F. Searing, *West African Slavery and Atlantic Commerce: The Senegal River Valley, 1700–1860* (New York: Cambridge University Press, 1993); Boubacar Barry, *Senegambia and the Atlantic Slave Trade* (Cambridge: Cambridge University Press, 1998); Donald R. Wright, *The World and a Very Small Place in Africa* (London: ME Sharpe Inc., 2004).

13) Nicholas Owen, *Journal of a Slave-Dealer: A View of Some Remarkable Axedents in the Life of Nics. Owen on the Coast of Africa and America from the Year 1746 to the Year 1757,* ed. Eveline Martin (Boston: Houghton Mifflin, 1930), 76; John Newton, *Journal of a Slave Trader, 1750–1754,* ed. Bernard Martin and Mark Spurrell (London: Epworth Press, 1962), 43.

14) Walter Hawthorne, *Planting Rice and Harvesting Slaves: Transformations Along the Guinea-Bissau Coast, 1400–1900* ((Portsmouth, N.H.: Heinemann, 20003),, ch. 3; George E. Brooks, *Eurafricans in Western Africa: Commerce, Social Status,, Gender, and Religious Observance from the Sixteenth to the Eighteenth Century* (Athens: Ohio University Press, 2003), 178, 246–47; Rosalind Shaw, *Memories of the Slave Trade: Ritual and the Historical Imagination in Sierra Leone* (Chicago: University of Chicago Press, 2002); L. Day, "Afro-British Integration on the Sherbro Coast, 1665–1795," *Africana Research Bulletin* 12 (1983), 82–107;

Rodney, "The Rise of the Mulatto Traders" in *History of the Upper Guinea Coast.*

15) Accounts of Fort Commenda, October 23, 1714; "Diary and Accounts, Commenda Fort, In Charge of William Brainie, 1714-1718," in Donnan II, 186; David Henige, "John Kabes of Kommenda: An Early African Entrepreneur and State Builder," *Journal of African History* 13 (1977), 1-19. Henige は次のように書いている.「ケイブズは，王立アフリカ会社から給料をもらい，同社のために間違いなく役立つ仕事をしているので，その社員である．しかし彼は，同社に「仕える」身分ではないし，彼自身もそのようには思っていない」(10).

16) Yaw M. Boateng, *The Return: A Novel of the Slave Trade in Africa* (New York: Pantheon Books, 1977), vii.

17) Ray A. Kea, *Settlements, Trade, and Polities in the Seventeenth-Century Gold Coast* (Baltimore: Johns Hopkins University Press, 1982); Kwame Yeboa Daaku, *Trade and Politics on the Gold Coast: 1600-1720: A Study of the African Reaction to European Trade* (New York: Oxford University Press, 1970); Rebecca Shumway, "Between the Castle and the Golden Stool: Transformations in Fante Society, 1700-1807," Ph.D. dissertation, Emory University, 2004; William St. Clair, *The Grand Slave Emporium: Cape Coast Castle and the British Slave Trade* (London: Profile Books, 2006). 以下の２本の論文も参照のこと．Peter C. W. Gutkind, "Trade and Labor in Early Precolonial African History: The Canoemen of Southern Ghana," in Catherine Coquery-Vidrovitch and Paul E. Lovejoy, eds., *The Workers of the African Trade* (Beverly Hills: Sage, 1985), 25-50; "The Boatmen of Ghana: The Possibilities of a Pre-Colonial African Labor History," in Michael Hanagan and Charles Stephenson, eds., *Confrontation, Class Consciousness and the Labor Process* (New York: Greenwood Press, 1986), 123-66.

18) James Field Stanfield, *Observations on a Guinea Voyage, in a Series of Letters Addressed to the Rev. Thomas Clarkson* (London: James Phillips, 1788), 20; Interview of Henry Ellison, in *Substance,* 218-19; Testimony of Henry Ellison, 1790, in *HCSP*, 368-69, 383.

19) C. W. Newbury, *The Western Slave Coast and Its Rulers* (Oxford: Clarendon Press, 1961); Patrick Manning, *Slavery, Colonialism and Economic Growth in Dahomey, 1640-1960* (Cambridge: Cambridge University Press, 1982); Robin Law, *The Slave Coast of West Africa 1550-1750: The Impact of the Atlantic Slave Trade on an African Society* (Oxford: Clarendon Press, 1991); Robin Law, *The Oyo Empire, c.1600-c.1836: A West African Imperialism in the Era of the Atlantic Slave Trade* (Oxford: Clarendon Press, 1977); Robin Law and Kristin Mann, "West Africa in the Atlantic Community: The Case of the Slave Coast," *William and Mary Quarterly* 3rd series, 54 (1999), 307-34.

20) アンテラ・デュークの日記には２つのバージョンがある．１つはオリジナルのピジン英語のもの，もう１つは次に収録されている「現代英語版」である．C. Daryl Forde, ed., *Efik Traders of Old Calabar...; The Diary of Antera Duke, an Efik Slave-Trading Chief of the Eighteenth Century* (London,, 1956), 27-115. 以下の日付のものを参照されたい．1787年6月5日，1785年8月29日，1788年1月27日，1785年4月8日，1785年9月26日，1787年12月25日（クリスマスの日のパーティー 1786年10月9月，1786年10月5日，1785年5月26日，1785年10月23日，1785年5月21日，1785年1月30日，1786年8月9日，1785年6月27日．デュークは《ドブソン》のジョン・ポーター船長に奴隷を売った30人の奴隷商人のひとりであった．仕事をはじめてまもない1769年末から1770年のはじめのことである．彼が売ったのは，奴隷37人とヤム芋1000個で，銅貨4400枚，つまり鉄棒1100本，あるいは火薬550ケグに相当する．P. E. H. Hair, "Antera Duke of Old Calabar-A Little More About an African Entrepreneur," *History in Africa* 17 (1990), 359-65.

21) デュークが言及している20隻の船（全部で25回の航海）は奴隷貿易データベースで探せる．これらの航海で運ばれた実際の奴隷の数（8つのケースでは推測数）は10,285人で（しかし，

そのすべてがオールド・カラバーからではない），平均すると1隻につき411人となる．*TSTD*, #81258, #82312, #81407, #81841, #82233, #82326, #83268, #83708, #81353, #81559, #81560, #81583, #82362, #82543, #83063, #81913, #82327, #83168,#83169, #83178, #84050, #83365, #83709, #84018, #84019.

22）この地域の歴史上の重要な出来事については，以下の優れた研究がある．Randy J. Sparks, *The Two Princes of Calabar: An Eighteenth-Century Atlantic Odyssey*（Cambridge, Mass.: Harvard University Press, 2004）.

23）Robin Horton, "From Fishing Village to City-State: A Social History of New Calabar," in Mary Douglas and Phyllis M. Kaberry, eds., *Man in Africa*（London: 1969）, 37–61; A. J. H. Latham, *Old Calabar, 1600–1891: The Impact of the International Economy upon a Traditional Society*（Oxford: Clarendon Press, 1973）; David Northrup, *Trade Without Rulers: Pre-Colonial Economic Development in South-Eastern Nigeria*（Oxford: Clarendon, 1978）; Elizabeth Allo Isichei, *A History of the Igbo People*（New York: St. Martin's Press, 1976）; Douglas B. Chambers, "'My own nation': Igbo Exiles in the Diaspora," *Slavery and Abolition* 18（1997）, 72–97; David Northrup, "Igbo: Culture and Ethnicity in the Atlantic World," *Slavery and Abolition* 71（2000）; Douglas B. Chambers, "Ethnicity in the Diaspora: The Slave Trade and the Creation of African 'Nations' in the Americas," *Slavery and Abolition* 22（2001）, 25–39; Douglas B. Chambers, "The Significance of Igbo in the Night of Biafra Slave-Trade: A Rejoinder to Northrup's 'Myth Igbo,'" *Slavery and Abolition* 23（2002）, 101–20; Douglas B. Chambers, *Murder at Montpelier: Igbo African in Virginia*（Jackson: University of Mississippi Press, 2005）.

24）Robert Harms, *River of Wealth, River of Sorrow: The Central Zaire Basin in the Era of the Slave and Ivory Trade, 1500–1891*（New Haven: Yale University Press, 1981）, 7, 8, 27, 33, 35, 92.

25）David Birmingham, *Trade and Conflict in Angola: The Mbundu and Their Neighbors Under the Influence of the Portuguese, 1483–1790*（Oxford: Oxford University Press, 1966）; John K. Thornton, *The Kingdom of Kongo: Civil War and Transition, 1641–1718*（Madison: University of Wisconsin Press, 1983）; Harms, *River of Wealth, River of Sorrow*; Joseph Miller, *Way of Death: Merchant Capitalism and the Angolan Slave Trade, 1730–1830*（1988）; Herbert S. Klein, "The Portuguese Slave Trade from Angola in the Eighteenth Century," *Journal of Economic History* 32（1972）, 894–918.

26）Testimony of Robert Norris, 1789, in *HCSP* 69:38–39. See also John Thornton, *Africa and Africans*, 99–105.

27）"Anonymous Account of the Society and Trade of the Canary Islands and West Africa, with Observations on the Slave Trade"（n.d., but c. 1784）, Add. Ms. 59777B, f. 42v, BL; John Matthews, *A Voyage to the River Sierra Leone, on the Coast of Africa, containing an Account of the Trade and Productions of the Country, and of the Civil and Religious Customs and Manners of the People; in a Series of Letters to a Friend in England*（London: B. White and Son, 1788）, 85–86; John Atkins, *A Voyage to Guinea, Brazil, and the West Indies; In His Majesty's Ships, the Swallow and Weymouth*（London, 1735; rpt. London: Frank Cass, 1970）, 176; Testimony of Thomas Trotter, 1790, in *HCSP*, 73:83–84; Thomas Clarkson, *An Essay on the Slavery and Commerce of the Human Species, partiicculariy the University of Cambridge for the Year 1785, with Additions*（London, 1786; rpt. Miami, Fla.: Mnemosyne Publishing Co., 1969）, 45; Testimony of Henry Ellison, 1790, *HCSP*, 73:381. John Thornton, *Warfare in Atlantic Africa: 1500–1800*（London: Routledge, 1999）, 128. 西アフリカへの銃の輸入，特に1750年から1807年までの時期については以下を参考にされたい．J. E. Inikori, "The Import of Firearms into West Africa 1750–1807: A Quantitative Analysis," *Journal of African History* 18（1977）, 339–68 and W. A. Richards. "The Import of Firearms into West Africa in the Eighteenth Century," *Journal of African History* 21（1980）, 43–59.

28）Moore, *Travels into the Inland Parts of Africa,* 30; Rodney, *History of the Upper Guinea Coast,* 114.

29）Barry, *Senegambia and the Atlantic Slave Trade,* 6–7.

30）Atkins, *A Voyage to Guinea,*180; Bruce Mouser, ed., *A Slaving Voyage to Africa and Jamaica: The Log of the* Sandown, *1793–1794*（Bloomington: Indiana University Press, 2002）, 81–82; Thomas Clarkson, *Letters on the Slave-Trade and the State of the Natives in those Parts of Africa which are Contiguous to Fort St. Louis and Goree*（London, 1791）.

31）ロバート・ノリスの記録によると，「マヒー」は1750年代，60年代のダホメー王による奴隷捕獲に抗し，急峻で接近困難な山岳地域に逃げ，自衛したという．以下のノリスを参照のこと．*Memoirs of the Reign of Bossa Ahádee, King of Dahomy, an Inland Country of Guiney, to which are added the Author's Journey to Abomey, the Capital, and a Sort Account of the African Slave Trade*（orig. publ. London, 1789; rpt. London: Frank Cass and Company Limited, 1968）, 21–22. また次も参考になる．Ismail Rashid, "'A Devotion to the Idea of Liberty at Any Price': Rebellion and Antislavery in the Upper Guinea Coast in the Eighteenth and Nineteenth Centuries," in Sylviane A. Diouf, ed., *Fighting the Slave Trade: West African Strategies*（Athens: Ohio University Press, 2003）, 137, 142.

32）Alexander Falconbridge, *An Account of the Slave Trade on the Coast of Africa*（London, 1788）, 20. 子どもたちについては，Audra A. Diptee, "African Children in the British Slave Trade During the Late Eighteenth Century," *Slavery and Abolition* 27（2006）, 183–96, Paul E. Lovejoy, "The Children of Slavery-the Transatlantic Phase," ibid., 197–217.

33）Captain William Snelgrave, *A New Account of Some Parts of Guinea and the Slave Trade*（London, 1734; rpt. London: Frank Cass & Co., 1971）, 49; *Memoirs of Crow,* 199–200; Patrick Manning, "Primitive Art and Modern Times," *Radical History Review* 33（1985）, 165–81.

34）以下には「大掠奪」の模様が描かれている．Clarkson, *Letters on the Slave-Trade.* セネガンビア，ゴレの奴隷貿易港のフランス領事の副官であったジョフレ・ドゥ・ヴィルヌーヴとの会話に基づくものである．Letter II を見よ．

35）ルイ・アサ－アサが生まれたのは，明らかに英国および合衆国で奴隷貿易廃止運動が成功を収めて後のことなのだが，フランス船によって西アフリカから拉致された．この2つの要素のため，彼の人生は，我々が定めた調査範囲の外側にある．しかし彼が伝えることがらは，初期の英国および合衆国の貿易についての現存する証拠とよく一致しているし，なんにしろ，奴隷貿易をアフリカ側から語ったものはきわめて珍しく，短いが非常にヴィヴィッドな彼の語りはこの上なく貴重なものである．"Narrative of Louis Asa-Asa, a Captured African," in *The History of Mary Prince, a West Indian Slave, Related by Herself,* ed. Moira Ferguson（orig. publ. London and Edinburgh,, 18331; rpt. Ann Arbor: University of Michigan Press, 1993）, 121–24.

36）このアディンエの戦士は特定できなかった．

37）アサ－アサの人生を時系列に追っていくと，つじつまの合わない部分が多い．トーマス・プリンスの語るところでは，彼はシエラレオネから直接イングランドに来たものと思われるが，新世界のプランテーションで働いたこともあるかもしれない．彼はエジーで「友人や親戚」がアディンエに捕まって，奴隷として連れていかれた，と述べているが，さらに次のように「なぜそれがわかったかというと，後になって海の反対側で彼らと会ったのである」，と付け加えているのである．

38）*Narrative of the Most Remarkable Particulars in the Life of James Albert Ukawsaw Gronniosaw, African Prince, As related by Himself*（Bath, 1770）.

39）Mungo Park, *Travels into the Interior of Africa, Performed under the Direction and Patronage of the African Association, in the Years 1795, 1796, and 1797,* ed. Kate Ferguson Marsters（orig. publ. 1799; rpt. Durham,

N.C., and London: Duke University Press, 2000), 303.

40) John Newton, *Thoughts upon the African Slave Trade* (London, 1788), 23–24.

41) Testimony of Ellison, in *HCSP,* 73:381.

42) こうした経験の調査については，Henry Louis Gates, Jr., and Carl Pedersen, eds., *Black Imagination and the Middle Passage* (New York: Oxford University Press, 1999).

第4章　オラウダ・エクィアーノ――驚愕と恐怖と

1) Olaudah Equiano, *The Interesting Narrative of the Life of Olaudah Equiano, or Gustavus Vassa, the African. Written by Himself* (London, 1789), reprinted in *The Interesting Narrative and Other Writings* (New York: Penguin, 1995), ed. Vincent Carretta, 55–56 (hereafter cited, Equiano, *Interesting Narrative*)〔オラウダ・イクイアーノ『アフリカ人，イクイアーノの生涯の興味深い物語』久野陽一訳，研究社，2012〕. エクィアーノの伝記として James Walvin, *An African's Life: The Life and Times of Olaudah Equiano, 1745–1797* (London: Cassell, 1998), Vincent Carretta, *Equiano the African: Biography of a Self-Made Man* (Athens and London: University of Georgia Press, 2005). またナイジェリア史の大家による以下の論文も参照されたい. Adiele Afigbo, "Through a Glass Darkly: Eighteenth Century Igbo Society through Equiano's Narrative," in his *Ropes of Sand: Studies in Igbo History and Culture* (Ibadan: University Press Ltd., 1981), 145–86.

2) ポール・ラヴジョイやアレクザンダー・X・バードといった研究者は，エクィアーノが，言語も含め，イボの文化に精通していることから，彼は実際に自分が生まれたと言っている場所で生まれたのだろうと主張しているが，わたしもこれに賛成である. Carretta, *Equiano the African,* xi–xix; Alexander X. Byrd, "Eboe, Country, Nation, and Gustavus Vassa's *Interesting Narrative,*" *William and Mary* Quarterly 3rd ser. 63 (2006), 123–48; Paul Lovejoy, "Autobiography and Memory: Gustavus Vassa, alias Olaudah Equiano, the African," *Slavery and Abolition* 27 (2006), 317–47. バードは，仮にエクィアーノがサウスカロライナの生まれだとするなら，「天才的な耳」(143) をもってあれだけのことを学んだとしか考えられない，と述べている. エクィアーノがアフリカ的な思考法を用いていることについての，興味深い研究もある. Paul Edwards and Rosalind Shaw, "The Invisible *Chi* in Equiano's *Interesting Narrative,*" *Journal of Religion in Africa* 19 (1989) 146–56.

3) 奴隷経験と中間航路について書いたエクィアーノは，「何百万というアフリカン・ディアスポラの同胞のために声をあげたのだ」という，カレッタの主張に，異を唱えるものは少ないだろう. Carretta, *Equiano the African,* xix; Afigbo, "Through a Glass Darkly," 147. 次の著作は，中間航路と奴隷貿易にかんする，数少ないアフリカ側からの語りを論じており，有用である. Jerome S. Handler, "Survivors of the Middle Passage: Life Histories of Enslaved Africans in British America," *Slavery and Abolition* 23 (2002), 25–56. カレッタに従ってわたしは，エクィアーノの前半生の記述を真実として扱っている. 読者には，彼の語りが集団的な言い伝えの具現である可能性も念頭に置いていただきたい.

4) エクィアーノの生地としては3カ所が候補にあがっている. G・I・ジョーンズはイッカ北部のイボ地域を，アディエール・アフィグボはイボランド北部のンスケを，そしてキャサリン・オビアンジュー・アチョロヌ（その他にも数名）はイセケを挙げている. G. I. Jones, "Olaudah Equiano of the Niger Ibo," in Philip D. Curtin, ed., *Africa Remembered: Narratives by West Africans from the Era of the Slave Trade* (Madison: University of Wisconsin Press, 1967), 61; Afigbo, "Through a Glass Darkly," 156; and Catherine Obianju Acholonu, "The Home of Olaudah Equiano-A Linguistic and

Anthropological Survey," *Journal of Commonwealth Literature,* 22 (1987), 5-16.

5) ここの段落の引用は以下からのものである．Equiano, *Interesting Narrative,* 32-33, 35, 37, 38, 46. 次も参照のこと．Daryll Forde and G. I. Jones, *The Ibo and Ibibio-Speaking Peoples of South-Eastern Nigeria* (London: Oxford University Press, 1950), 37; G. I. Jones, *The Trading States of the Oil Rivers* (London: Oxford University Press, 1962); G. I. Jones, "Olaudah Equiano of the Niger Ibo," 64. エクィアーノが銃をよく知っていたことを考えると，彼自身が言っているようにヨーロッパ人や海が彼にとって未知のものだったというのは疑問である．

6) アロについては以下を．Kenneth Onwuka Dike and Felicia Ekejiuba, *The Aro of Southeastern Nigeria, 1650-1980* (Ibadan: University Press Ltd., 1990). 本段落のみならず，この節全体が以下に多くを負っている．Douglas B. Chambers, "'My own nation': Igbo Exiles in the Diaspora," *Slavery and Abolition* 18 (1997), 72-97; "Ethnicity in the Diaspora: The Slave Trade and the Creation of African 'Nations' in the Americas," *Slavery and Abolition* 22 (2001), 25-39; "The Significance of Igbo in the Bight of Biafra Slave-Trade: A Rejoinder to Northrup's 'Myth Igbo,'" *Slavery and Abolition* 23 (2002), 101-20; and *Murder at Montpelier: Igbo Africans in Virginia* (Jackson: University of Mississippi Press, 2005), especially ch. 2 and 3.

7) Afigbo, "Economic Foundations of Pre-Colonial Igbo Society," in *Ropes of Sand,* 123-44; John N. Oriji, *Traditions of Igbo Origin: A Study of Pre-Colonial Population Movements in Africa* (New York: Peter Lang, 1990), 4; Chambers, *Murder at Montpelier,* 39-40.

8) David Northrup, *Trade Without Rulers: Pre-Colonial Economic Development in South-Eastern Nigeria* (Oxford: Clarendon, 1978), 15; Chambers, *Murder at Montpelier,* 191; Afigbo, "Through a Glass Darkly," 179.

9) Chambers, "My own nation," 82; Chambers, *Murder at Montpelier,* 59-62.

10) Northrup, *Trade Without Rulers,* 65-76.

11) この段落の引用は以下からのものである．Equiano, *Interesting Narrative,* 46-54.

12) カレッタ (*Equiano the African,* 34) もラヴジョイ ("Autobiography and Memory") も，エクィアーノが乗ったのはおそらく《オグデン》であろう，と述べている．わたしも，そうではないかと考えている．航海の詳細については以下を．*TSTD,* #90473.

13) この項の引用は以下からのものである．Equiano, *Interesting Narrative,* 55-57. 船を見たエクィアーノの反応は，ジャック・クレマー (Jack Cremer) というイギリス人少年の反応ととてもよく似ている．クレマーは 1708 年，8 歳で海軍の船に乗せられた．「1 日，2 日前に知らされるということすらなく，いったい自分がどんな世界にいるのか見当もつかなかった．精霊の世界なのか，悪魔の世界なのか．全てが未知だった．言葉も，言い回しも．自分は眠っているか，夢を見ているかなのだろう．ちゃんと起きているはずがない，といつも思っていた．毎朝，船が目覚めるときには，恐ろしい騒音が轟き，夜はボートの中．いつもいったい何が起こっているのか，と怖かった」John Cremer, *Ramblin' Jack: The Journal of Captain John Cremer, 1700-1774,* ed. R. Reynall Bellamy (London: Jonathan Cape, 1936), 43. ウィリアム・バタワースもまた，10 代半ばではじめてリヴァプールの埠頭を見た際，「海軍船の途方もなく大きな装備」に「くらくらした」と，述べている．*Three Years Adventures,* 4.

14) Femi J. Kolapo, "The Igbo and Their Neighbours During the Era of thee Atlantic Slave Trade," *Slavery and Abolition* 25 (2004), 114-33; Chambers, "Ethnicity in the Diaspora," 26-27; Chambers, "Significance of Igbo," 108-9; David Northrup, "Igbo: Culture and Ethnicity in the Atlantic World," *Slavery and Abolition* 21 (2000), 12. 奴隷船研究の最近の大きな新発見によって，奴隷の捕獲は，以前考えられていたよりシステマティックに行われ，ゆえに，文化的な混交もさほどではなかった，ということが明らかになった．事情は逆で，アフリカの奴隷貿易港では，同じ文化集団の者たちが一団となっていたがゆえに，船上での意思疎通は，比較的容易であったという．この点については，

9章でも触れている．アフリカからアメリカへの文化の流れについての重要な著作としては以下のものがある．Michael A. Gomez, *Exchanging Our Country Marks: The Transformation of African Identities in the Colonial and Antebellum South*（Chapel Hill: University of North Carolina Press, 1998）; Philip D. Morgan, "The Cultural Implications of the Atlantic Slave Trade: African Regional Origins, American Destinations and New World Developments," *Slavery and Abolition* 18（1997）, 122–45; Gwendolyn Midlo Hall, *Slavery and African Ethnicities in the Americas: Restoring the Links*（Chapel Hill: University of North Carolina Press, 2005）.

15）Chinua Achebe, "Handicaps of Writing in a Second Language," *Spear Magazine*（1964）, cited in Lovejoy, "Autobiography and Memory." 次も参照のこと．Byrd, "Eboe, Country, Nation," 127, 132, 134, 137.「イボ」は「人々」や「森の住人」を意味するが，その意味についてより広範囲な研究としては以下のものがある．Oriji, *Traditions of Igbo Origins,* 2–4.「イボ」の民族的起源について次を参照されたい．Chambers, "My own nation," 91, and "Ethnicity on the Diaspora," 25–39.

16）船が港に停泊している間，そして大西洋を渡る間，それぞれにどれだけの数が死亡したかはわかっていない．はっきりしているのは，《オグデン》の船長は400名の「積み荷」を集めるつもりだったが，実際に届けたのは243名ということのみである．*TSTD,* #90473.

17）この項の引用は以下からのものである．Equiano, *Interesting Narrative,* 58–59.

18）Forde and Jones, *Ibo and Ibibio-Speaking Peoples,* 27; Afigbo, "Through a Glass Darkly," 181. イボは他のアフリカ人より，奴隷船上での自殺の頻度が高かったのかもしれない．マイケル・ゴメスは，イボは自殺の傾向があるという農園主たちのステレオタイプは，現実に根ざしていたのではないか，と論じている．以下を参照のこと．"A Quality of Anguish: The Igbo Response to Enslavement in the Americas," in Paul E. Lovejoy and David V. Trotman, eds., *Trans-Atlantic Dimensions of the African Diaspora*（London: Continuum, 2003）, 82–95.

19）1742年というエクィアーノの生年と，子供の頃の出来事については，ラヴジョイに従った．Lovejoy, "Autobiography and Memory."

20）この項の引用は以下からのものである．Equiano, *Interesting Narrative* 60–61.

21）主人を呪術師とみなすイボの傾向については，Chambers "My own nation," 86.

22）馬を見たことがなかったという事実は，中央イボランドの生まれであるというエクィアーノ自身の主張を裏付けるものである．北部では馬を飼っていたが，中央イボランドではツェツェバエのため，馬の飼育はできなかったのである．Forde and Jones, *Ibo and Ibibio-Speaking Peoples,*14, and Afigbo, "Through a Glass Darkly," 150.

23）前述したとおり，《オグデン》は人間の積み荷を集めるのに，海岸に8ヶ月停泊した．

24）この項の引用は以下からのものである．Equiano, *Interesting Narrative,* 62–67.《ナンシー》についてはCarretta, *Equiano the African,* 37.

25）Equiano, *Interesting Narrative,* 52. 大西洋奴隷貿易の世界は，ある意味，小さな世界である．大西洋の向こう，アメリカへと運ばれるエクィアーノが海岸に姿を見せたタイミングからいって，（もしジョン・ニュートンがもう少し東まで行っていれば）彼がエクィアーノを新世界へ運んだ船長となっていたかもしれない．さらに，エクィアーノは，1789年に回想録を書き上げる頃には，ジェイムズ・フィールド・スタンフィールドの『奴隷貿易航海考』をすでに読んでおり，ベニンの人々の特徴についてスタンフィールドから引用しているのである．また，奴隷貿易についての議論を熱心に追っていた，ニュートンとスタンフィールドの両者が，エクィアーノの魂の自伝を読んでいた可能性は高い．スタンフィールドとニュートンについては，5章と6章をお読みいただきたい．この節の引用は以下からのものである．*Interesting Narrative,* 51, 55, 56, 63, 64.

26) Afigbo, "Through a Glass Darkly," 152.

27) Sidney W. Mintz and Richard Price, *The Birth of African-American Culture: An Anthropological Perspective* (1976, 1992). チャンバーズはミンツやプライスには批判的であるが，18世紀ヴァージニアにおける，イボにとっての船友の重要性については自分の著作でも指摘している．*Murder at Montpelier,* 94.

28) Byrd, "Eboe, Country, Nation," 145–46; Afigbo, "Economic Foundations," 129.

第5章　ジェイムズ・フィールド・スタンフィールドと浮かぶ地下牢

1) James Field Stanfield, *Observations on a Guinea Voyage, in a Series of Letters Addressed to the Rev. Thomas Clarkson* (London: James Phillips, 1788). グリニッジの国立海洋博物館のピーテル・ファン・デル・メルヴェにお礼申し上げる．スタンフィールド一族についてのすばらしい調査の成果を使わせていただくとともに，様々な主題について行き届いた助言をいただいた．以下に紹介する氏の3つの著作を大いに参考にしている．"Stanfield, James Field (1749/50–1824)," *Oxford Dictionary of National Biography* (Oxford: Oxford University Press, 2004); "The Life and Theatrical Career of Clarkson Stanfield," Ph.D. dissertaion, University of Bristol, 1979; and "James Field Stanfield (1749/1750–1824): An Essay on Biography,"（本論文は1981年，シェフィールド市立ポリテクニークで開催された，地方文化にかんする学会で発表されたものであある．氏自身から提供を受けた．感謝申し上げる．）これは以下の著作に新たな情報を加えたものである．van der Merwe and R. Took, *The Spectacular Career of Clarkson Stanfield, 1793–1867; Seaman, Scene-painter, Royal Academician* (Sunderland Art Gallery exhibition catalog; Tyne and Wear Museums, Newcastle on Tyne, 1979).

2) クラークソンとロンドン協会は，『奴隷貿易航海考』の出版権料としてスタンフィールドに39.8.9ポンドを支払った．これはかなりの金額であり，スタンフィールドの航海の給金―― 20ヶ月の航海で，ひと月あたりほぼ40シリング――と等しい．スタンフィールドが貿易廃止派の人々にどのように接近したのかは，明らかではない．また廃止派が彼に執筆を薦めたのか，あるいは執筆中の彼を指導したのかもはっきりしていない．詩の方も，1年後に同協会から出版された．Clarkson, *History,* vol. 1, 498.

3) *Providence Gazette; and Country Journal,* September 13–November 8, 1788.

4) James Field Stanfield, *The Guinea Voyage, A Poem in Three Books* (London: James Phillips, 1789). 販売は，ロードアイランドその他の廃止派のグループが行った．以下を参照されたい．*Newport Mercury,* February 22, 1790, *Providence Gazette; Country Journal,* March 6, 1790.

5) J. F. Stanfield, "Written on the Coast of Africa in the year 1776," *Freemason's Magazine, or General Complete Library* 4 (1795), 273–74. これはスタンフィールドが実際に奴隷貿易に従事している間に，それについて書いた唯一のもののようである．『奴隷貿易航海考』と詩「奴隷貿易」は，それぞれ，この11年後と12年後に執筆された．すでに状況は変化しており，奴隷貿易廃止運動が興隆し，以前とは異なるトーンで奴隷貿易を語れるようになっていた．スタンフィールドは，航海の日記や記録はつけていなかったようで，すべて記憶を辿って書いた．しかし，彼の記憶力は演劇界で彼を知る人々によると「天才的」だったそうで，この点は言っておかねばならない．「学習速度は驚くべきだった」――つまり台詞を覚えるスピードのことである．以下を参照されたい．*Observations,* 36; Tate Wilkinson, *The Wandering Patentee; or, A History of the Yorkshire Theaters* (York, 1795), vol. III, 22.

6) *Guinea Voyage,* iii. 歴史家J・R・オールドフィールドによれば，スタンフィールドが「読者に衝

撃を与えようと目論んだのは明らかだ．彼の描写は，ものによっては，18 世紀の基準に照らしても極めて生々しい」．これに付け加えて，オールドフィールドは，『航海考』は単に扇情的なものではなく，奴隷貿易の本質に光をあてており，貴重であると述べている．オールドフィールド編集の以下の著作で再出版された『航海考』に，オールドフィールド自身が寄せた序をご覧いただきたい． John Oldfield, ed., *The British Transatlantic Slave Trade*（London: Pickering & Chatto, 2003）, vol. III: *The Abolitionist Struggle: Opponents of the Slave Trade,* 97–136.

7） *Gentleman's Magazine,* vol. 59（1789）, 933. 後年，スタンフィールドの *An Essay on the Study and Composition of Biography*（London, 1813）が出版された際，予約者リストには，トーマス・クラークソン，ジェイムズ・カリ，ウィリアム・ロスコー，グランヴィル・シャープといった奴隷制運動の名士の名が並んでいた．345–57.

8） *Observations,* 2, 3, 4; *Guinea Voyage,* 2. 奴隷貿易を題材に詩を書いたものは多いが，実際に奴隷貿易の航海を経験したのは，スタンフィールド，トーマス・ボールトン（Thomas Boulton），トーマス・ブラナガン（Thomas Branagan），そしてジョン・マージョリバンクス船長（John Marjoribanks）のみである．この点について論じている，ジェームズ・G・バスカーに謝辞を．以下の素晴らしいアンソロジーを参照されたい． James G. Basker, *Amazing Grace: An Anthology of Poems about Slavery, 1660–1810*（New Haven: Yale University Press, 2002）, 402. リヴァプールのエドワード・ラシュトン（Edward Rushton）も奴隷貿易航海の経験がある（彼は航海中に伝染性の眼病にかかり，視力を失った）．ラシュトンも反奴隷制の詩を書いているが，奴隷貿易そのものについてのものはない．以下をお読みいただきたい． *West-Indian Eclogues*（London, 1797）.

9） "Written on the Coast of Africa," 273; van der Merwe, "James Field Stanfield（1749/1750–1824）: An Essay on Biography," 2. スタンフィールドの孫，フィールド・スタンフィールド（Field Stanfield）（1844–1905）は未発表の家族の回想録に次のように記している．「彼はその段階で，ものの見方が変わり，学業に突然終止符を打った．実際，あまりの衝撃のため，一時は全ての勉強を放り出してしまった．すでに古典と数学においてかなり高度なところまで勉強を進めていたにもかかわらず，である．彼は学問の世界を後にして，海の男となり，ギニア海岸の奴隷貿易に水夫として身を投じたのである．」フィールド・スタンフィールドによる，父クラークソン・スタンフィールドの未完の回想録原稿第 1 フォリオを参照されたい．この原稿を見せてくれたピーテル・ファン・デル・メルヴェに感謝する．また，ライアム・チャンバーズ（Liam Chambers）には，この時期にフランスで学んだアイルランド人について，ご教示いただいた．

10） "Written on the Coast of Africa," 273; Wilkinson, *The Wandering Patentee,* vol. III, 22. 同時代人によるスタンフィールドにかんする伝記的情報をさらに知りたければ以下をお勧めするが，情報のすべてが正確とは限らない． "Notes, James Field Stanfield," *Notes and Queries,* 8th series 60（1897）, 301–2; Transcript of notes by John William Bell（1783–1864）on the facing title of the Sunderland Library copy of *The Guinea Voyage, A Poem in Three Books... to which are added Observations on a Voyage to the Coast of Africa, in a series of letters to Thomas Clarkson A.M. by James Field Stanfield, formerly a mariner in the African trade*（Edinburgh: J. Robertson, 1807）. スタンフィールドの知己 2 人が，スタンフィールドは奴隷貿易について庶民院で証言した，と述べているが，この点については，ピーテル・ファン・デル・メルヴェも私も，確認できなかった．最近になって，サンダーランドの歴史家ニール・シンクレア（Neil Sinclair）が，スタンフィールドが公聴会に関っていた証拠を発見した．証言をしたのではなく，奴隷貿易反対のための証拠を広める手助けをしたようだ．「J・E・S」の署名がある「奴隷貿易」と題されたビラを見ていただきたい． DV1/60/8/29, Durham County Record Office, Durham, England.

11） David Roberts, Manuscript Record Book, 1796–1864, f. 197, Yale Center for British Art, New Haven, copy

in the Guildhall Library, 以下に引用されている．van der Merwe, "James Field Stanfield (1749/1750–1824): An Essay on Biography," 1. スタンフィールドが作った歌については以下を参照のこと．"Patrick O'Neal, An Irish Song," *Weekly Visitant; Moral, Poetical, Humourous, &c* (1806), 383–84.

12) *Observations,* 21, 35, 11. スタンフィールドが目撃した乗組員の死亡率は例外的ではあったが，まったく前例がないわけではない．

13) *Observations,* 36.

14) 《ザ・イーグル》は，ほぼ30年以上も前に，アイルランドのゴールウェイで建造された．ゆえに，「浮かぶ交易所」としてはもういい加減に引退の時期になっていたのである．

15) ジョン・アダムズ船長は，「ガットー」を，約40マイル内陸に位置する，人口1万5千人の大貿易都市と描いている．船長の次の著作を参照のこと．*Sketches taken during Ten Voyages to Africa, Between the Years 1786 and 1800; including Observations on the Country between Cape Palmas and the River Congo; and Cursory Remarks on the Physical and Moral Character of the Inhabitants* (London, 1823; rpt. New York: Johnson Reprint Corporation, 1970), 29.

16) ウィルソン船長が税関に乗員点呼名簿を提出したのは1776年5月11日であった．以下を参照のこと．Board of Trade (BT) 98/36, Liverpool muster rolls, 1776, NA. スタンフィールドは，リヴァプールに生きて戻ったのは3名のみであるといっていたが，それは間違いである．この点についての調査では，クリストファー・マグラ (Christopher Magra) に助手をしてもらった．お礼申し上げる．次をご覧いただきたい．*Observations,* 5, 19, 26. 《トゥルー・ブルー》のより詳細な情報は *TSTD,* #91985.

17) *Observations,* 7, 6, 8, 9, 7; *Guinea Voyage,* 3–4, 5, 8, 6, 4, 5, 6, 7.

18) "Written on the Coast of Africa," 273.

19) この項の引用は以下からである．*Observations,* 10, 13, 14, 11, 12, 15; *Guinea Voyage,* 10.

20) 詩の中では，アフリカへの航海中，このように卑しめられ，虐げられた体験が度々歌われている．次の部分を読んでいただきたい．*Guinea Voyage,* 23–24.

21) この節での引用は以下からである．*Observations,* 15–16, 17–18, 23; *Guinea Voyage,* 19. 腋まで水に浸かって働く水夫の描写は，次の証言にも登場する．Testimony of James Arnold, 1789, in *HCSP,* 69:128.

22) この節の引用は以下からである．*Observations,* 21, 19, 20, 25; *Guinea Voyage,* 15, 13, 33, 14, 17, 30, 31, 17, 18, 26, iv, 3, 23, 19. ここには，クェーカー教徒，アンソニー・ベネゼットの影響が見てとれるだろう．ベネゼットの人生と思想については，以下が優れている．Maurice Jackson, "'Ethiopia shall soon stretch her hands unto God': Anthony Benezet and the Atlantic Antislavery Revolution," Ph.D. dissertation, Georgetown University, 2001.

23) アビエダの物語は以下の部分である．*Guinea Voyage,* 29–31. スタンフィールドはアビエダをある場所，つまりフォルモサ川と結びつけ，次のように書いている．「比類なき美しさ，その輝きは／フォルモサの深く，なかば澄んだ波を浴び」(29). クァムノはアカン／黄金海岸の名前，クァミノの異形であることも指摘しておこう．トーマス・クラークソンも，1789年11月13日に，ミラボー伯爵に宛てた手紙の中で，「アビエダ」というアフリカ人女性に触れている．Papers of Thomas Clarkson, Huntington Library, San Marino, California, f. 11. また，同じ手紙のなかで，奴隷船を「浮かぶ牢獄」と呼んでいるが，これはスタンフィールドが使った表現である．

24) van der Merwe, "James Field Stanfield (1749/1750–1824): An Essay on Biography," 3.

25) この節の引用は以下からである．*Observations,* 26, 27, 28–29, 30, 31, 32–33, 29; *Guinea Voyage,* iv, 19, 26, 21, 27, 28, 34, 16, 24, 32, 22.

26) この節の引用は以下からである．*Guinea Voyage,* 34, 35, vi.

27）*Monthly Review; or, Literary Journal,* vol. 81（1789）, 277–79.

28）*Observations,* 30. スタンフィールドがここで言及しているのは，奴隷貿易についての国会での議論，そしておそらく，貿易に反対していたスコットランドのプレスビテリアンの神学者にして歴史家のウィリアム・ロバートソン師（Reverend William Robertson）であろう．

第 6 章　ジョン・ニュートンと平安の王国

1）John Newton, *Letters to a Wife, Written during Three Voyages to Africa, from 1750 to 1754*（orig. publ. London, 1793; rpt. New York, 1794）, 61–62.

2）"Amazing Grace," in *The Works of the Reverend John Newton, Late Rector of the United Parishes of St. Mary Woolnoth and St. Mary Woolchurch-Haw, Lombard Street, London*（Edinburgh: Peter Brown and Thomas Nelson, 1828）, 538–39; John Newton, *Thoughts upon the African Slave Trade*（London, 1788）; Testimony of John Newton, 1789, in *HCSP,* 69: 12, 36, 60, 118; 73: 139–51. 牧師としてのニュートンの人生については，以下を参照されたい．D. Bruce Hindmarsh, *John Newton and the English Evangelical Tradition: Between the Conversions of Wesley and Wilberforce*（Oxford: Clarendon Press, 1996）. ニュートンの最も有名な賛美歌の歴史にかんしては，Steve Turner, *Amazing Grace: The Story of America's Most Beloved Song*（New York: Ecco Press, 2002）.

3）John Newton, *Journal of Slave Trader, 1750–1754,* ed. Bernard Martin and Mark Spurrell（London: Epworth Press, 1962）; Newton, *Letters to a Wife;* John Newton Letterbook（"A Series of Letters from Mr. — to Dr. J — [Dr. David Jennings]," 1750–1760, 920 MD 409, Liverpool Record Office; John Newton, Diaries, December 22, 1751–June 5, 1756, General Manuscripts C0199, Seeley G. Mudd Manuscript Library, Princeton University; Thomas Haweis, *An Authentic Narrative of Some Remarkable and Interesting Particulars in the Life of Mr. Newton, Communicated, in a Series of Letters to the Rev. Mr. Haweis, Rector of Aldwinkle, Northamptonshire*（orig. publ. London, 1764; rpt. Philadelphia, 1783）.

4）この節の引用は以下からである．*An Authentic Narrative,* 14, 22, 29, 33, 36–37, 41, 44, 43, 47, 56, 57, 58, 74, 76. その他の引用元については段落中に示しているとおりである．

5）John Newton to David Jennings, October 29, 1755; Newton Letter-book, f. 70.

6）Newton, *Thoughts upon the African Slave Trade,* 98.

7）Newton, *Letters to a Wife,* 21–22.

8）Newton, *Thoughts upon the African Slave Trade,* 101. 反乱の際に，乗組員 1 名，アフリカ人が 3 名ないし 4 名，殺害された．Testimony of Newton, *HCSP,* 73:144. この航海についてのさらなる情報は *TSTD,* #90350.

9）Newton to Jennings, August 29, 1752, Newton Letter-book, ff. 28–30. この節の引用は以下からである．Newton, *Journal of Slave Trader,* 2, 9–10, 12–15, 17–22, 24–25, 28–34, 37–38, 40, 42–43, 48–50, 52, 54–56, 59. その他の引用元については本節中に示しているとおりである．

10）*TSTD,* #90350.

11）食事中に旋回銃をいつでも使えるようにしておくことについては，以下にも例がある．"Voyage to Guinea, Antego, Bay of Campeachy, Cuba, Barbadoes, &c."（1714–23）, Add. Ms. 39946, f. 10, BL.

12）Newton, *Thoughts upon the African Slave Trade,* 106, 107.

13）Newton, *Letters to a Wife,* 29.

14）Newton, *Thoughts upon the African Slave Trade,* 110–11; Testimony of John Newton, *HCSP,* 69:118, 73:144, 145.

15）西アフリカ海岸での食料確保については Stephen D. Behrendt, “Markets, Transaction Cycles, and Profits: Merchant Decision Making in the British Slave Trade,” *William and Mary Quarterly* 3rd ser. 58（2001）, 171-204.

16）Newton, *Thoughts upon the African Slave Trade,* 110.

17）Newton, *Letters to a Wife,* 86; Entry for December 22, 1751, Newton Diaries, ff. 2, 5. この節の引用は以下からである．Newton, *Journal of Slave Trader,* 65, 69-72, 75-77, 80-81. その他の引用元については段落中に示しているとおりである．

18）*TSTD,* #90418. この航海での乗組員の労働も，基本的には前の航海と変わりはない．大工は隔壁と居住区，横棚，そしてバリカドを，そして砲手は小火器と旋回銃を担当．船に張り巡らす網は甲板長の責任であった．その他の乗組員は船の航行に必要な基本的な労働に従事した．

19）Newton, *Letters to a Wife,* 77, 71-72; Entry for August 13, 1752, Newton Diaries, f. 37; *An Authentic Narrative,* 85-86.

20）Entry for July 23, 1752, Newton Diaries, f. 23. ニュートンはこの頃に，国教会の神学者デヴィッド・ジェニングズ（David Jennings）に，誰かが（彼自身のことであるが）水夫向けの宗教手引書を書いてはどうかと提案している．「海外への航海につきものの，誘惑や気のゆるみ」に照準を宛てた聖書の語句，祈り，そして説教を組み合わせた，短くてシンプルなものはどうかというのである．Newton to Jennings, August 29, 1752, Newton Letter-book, f. 37.

21）この回状については，Marcus Rediker, *Between the Devil and the Deep Blue Sea: Merchant Seamen, Pirates, and the Anglo-American Maritime World, 1700-1750*（Cambridge: Cambridge University Press, 1987）, 234-35.

22）Entry for November 19, 1752, Newton Diaries, ff. 49-50.

23）Ibid. For more on the *Earl of Halifax, TSTD,* #77617.

24）Ibid.

25）Entry for December 11, 1752, Newton Diaries, ff. 61, 64.

26）*TSTD,* #90419. この節の引用は以下からである．Newton, *Letters to a Wife,* 118-20, 126, 129-30, 143, 149, 188. その他の引用元については段落中に示しているとおりである．

27）Newton, *Journal of Slave Trader,* 88, 92-93.

28）Ibid., 88.

29）Ibid., 92-93.

30）Entry for August 29, 1753, Newton Diaries, f. 88.

31）Newton, *Letters to a Wife,* 83-84; *An Authentic Narrative,* 95; Newton to Jennings, August 29, 1852, Newton Letter-book, f. 26; “Amazing Grace,” in *The Works of the Reverend John Newton,* 538-39; Testimony of Newton, *HCSP,* 73:151.

32）Entry for December 8, 1752, Newton Diaries, f. 53.

33）Newton, *Letters to a Wife,* 137. Testimony of Newton, *HCSP,* 73:151.

第 7 章　船長の創る地獄

1）John Newton to Richard Phillips, July 5, 1788, published in Mary Phillips, *Memoir of the Life of Richard Phillips*（London: Seeley and Burnside, 1841）, 29-31.

2）「服従と規律」という表現はケニヨン卿がスミス対グッドリッチ裁判において用いたものである．この裁判では，航海士が奴隷船の船長を暴力行為で訴えた．1792 年 6 月 22 日の『タイム

ズ紙』をご覧いただきたい．同様の判決理由としては，ローデン対グッドリッチがあり，その概要が以下に掲載されている．*Dunlap's American Daily Advertiser,* May 24, 1791. 商船の世界での船長の権限一般については，Marcus Rediker, *Between the Devil and the Deep Blue Sea: Merchant Seamen, Pirates, and the Anglo-American Maritime World,, 1700–1750*（Cambridge: Cambridge University Press, 1987）, ch. 5.

3）1772 年 9 月 28 日，ヘンリー・ウォフォードが，ブリッグ船《ネリー》のアレクザンダー・スピアーズ船長に対して，指示を認めた手紙．Letter of Instructions from Henry Wafford to Captain Alexander Speers of the Brig *Nelly,* 28 September 1772, David Tuohy papers, 380 TUO, 4/6, LRO; Captain Peter Potter to William Davenport & Co., November 22, 1776, "Ship New Badger's Inward Accots, 1777," William Davenport Archives, Maritime Archives & Library, MMM, DD//DDAV/10/1/2. *TSTD,* #92536.

4）*Memoirs of Crow,* 以下の箇所からの引用．67, 13, 2, 29.

5）*TSTD,* #83183. クローが自分の最初の船として記憶している船舶は *TSTD* には載っていない．

6）Stephen Behrendt, "The Captains in the British Slave Trade from 1785 to 1807," *Transactions of the Historical Society of Lancashire and Cheshire* 140（1990）, 79–140; Jay Coughtry, *The Notorious Triangle: Rhode Island and the African Slave Trade, 1700–1807*（Philadelphia: Temple University Press, 1981）, 50–53; Africanus, *Remarks on the Slave Trade, and the Slavery of Negroes, in a Series of Letters*（London: J. Phillips, and Norwich: Chase and Co., 1788）, 50. 以下も参照のこと．Emma Christopher, *Slave Trade Sailors and Their Captive Cargoes, 1730–1807*（Cambridge: Cambridge University Press, 2006）, 35–39. ベイラントの記述によれば，「英国の船長は，数度の航海を生き延びれば，「奴隷貿易によってかなりの富を手にすることが多かった」」とのことである．特に，船長の 10 パーセントにあたる，自分自身も船の部分所有権を持っている人々の場合はそうだった．ハーバート・クラインは，船長は 2，3 回の航海で，「それなりの財産」を手にできる，と述べている．以下を参照のこと．Herbert Klein, *The Atlantic Slave Trade*（Cambridge: Cambridge University Press, 1999）, 83. 雇い主の貿易商とトラブルを起こした船長については，Amelia C. Ford, ed., "An Eighteenth Century Letter from a Sea Captain to his Owner," *New England Quarterly* 3（1930）, 136–45; Robert Bostock to James Cleveland, January 20, 1790, Robert Bostock Letterbooks, 387 MD 54–55, LRO; "William Grice's Statement of Facts," King's Bench Prison, July 2, 1804, "Miscellaneous Tracts, 1804–1863," 748F13, BL.

7）Letter of Instructions from David Tuohy（on behalf of Ingram & Co.）to Captain Henry Moore of the Ship *Blayds,* 25 July 1782, Tuohy papers, 380 TUO,（4/9）. トゥーヒが，気をつけるように，と助言したもう 1 つの理由は，ムーアは，ケープ・コースト城塞にもラゴスにもまだ行ったことがなかったからである．以下を参照．*TSTD, #80578.* 奴隷貿易に従事する貿易商や船長が遂行すべき計画や調整の研究については，Stephen D. Behrendt, "Markets, Transaction Cycles, and Profits: Merchant Decision Making in the British Slave Trade," *William and Mary Quarterly* 3rd ser. 58（2001）, 171–204. 実際の取引については，Kenneth Morgan, "Remittance Procedures in the Eighteenth-Century British Slave Trade," *Business History Review* 79（2005）, 715–49.

8）Jacob Rivera and Aaron Lopez to Captain William English, Newport, November 27, 1772, in Donnan III, 264; Thomas Leyland to Captain Charles Watt of the *Fortune,* April 23, 1805, 387 MD 44, Thomas Leyland & Co., ships' accounts 1793–1811, LRO. See also Samuel Hartley to James Penny, September 20, 1783, *Baillie v. Hartley,* exhibits regarding the Slave Ship Comte du Nord and Slave Trade; schedule, correspondence, accounts, E 219/377, NA.

9）Letters of instruction exist for the full range of years under study,1700 年から 1808 年にかけての期間については，奴隷貿易の主要地域ごと（セネガンビア，シエラレオネ／ウィンドワード海岸，黄金海岸，ベニン湾，ビアフラ湾，コンゴ－アンゴラ）に，指示の手紙が残っており，研究に活

用可能である．例えば，この時期の初期および末期については，以下を参照されたい．Thomas Starke to James Westmore, October 20, 1700, in Donnan IV, 76; William Boyd to Captain John Connolly, Charleston, July 24, 1807, in ibid., 568–69. Humphry Morice to William Snelgrave, October 20, 1722, "Book Containing Orders & Instructions to William Snelgrave Commander of the *Henry* for the Coast of Africa with an Invoice of his Cargoe and Journal of Trade &c. on the said Coast. 2d Voyage. Anno 1721"; Humphry Morice to William Snelgrave, October 20, 17222, "Book Containing Orders & Instructions for William Snelgrave Commander of the *Henry* for the Coast of Africa with an Invoice of his Cargoe and Journal of Trade &c. on the said Coast. 3d Voyage. Anno 1722"; Humphry Morice to William Senegrave, September 22, 1729, "Book Containing Orders & Instructions for William Seneglave Commander of the *Katherine Galley* for the Coast of Africa with an Invoice of his Cargoe and Journal of Trade & c. on the said Coast. 5th Voyage. Anno 1729"; the Humphry Morice Papers, Bank of England Archive, London.

10）Morice to Clinch, September 13, 1722, Morice Papers; Thomas Leyland to Captain Caesar Lawson of the *Enterprize,* 18 July 1803, 387 MD 43, Leyland & Co., ships' accounts; Owners' Instructions to Captain Young, 24 March 1794, Account Book of Slave Ship *Enterprize,* DX/1732, MMM. *TSTD,* #81302.

11）Humphry Morice to Edmund Weedon, March 25, 1725, "Book Containing Orders & Instructions for Edmund Weedon Commander of the *Anne Galley* for the Coast of Africa with an Invoice of his Cargoe and Journal of Trade &c. on the said Coast. 4th Voyage. March the 25th: Anno 1722"; Morice Papers; Jonathan Belcher, Peter Pusulton, William Foy, Ebenezer Hough, William Bant, and Andrew Janvill to Captain William Atkinson, Boston, December 28, 1728, in Donnan III, 38.

12）Isaac Hobhouse, No. Ruddock, Wm. Baker to Captain William Barry, Bristol, October 7, 1725, in Donnan II, 329; Joseph and Joshua Grafton to Captain—, November 12, 1785, in Donnan III, 80.

13）Humphry Morice to William Clinch, September 13, 1722, "Book Containing Orders & Instructions for William Clinch Commander of the *Judith Snow* for the Coast of Africa with an Invoice of his Cargoe and Journal of Trade &c. on the said Coast. Voyage 1. Anno 1722," Morice Papers; Thomas Leyland to Captain Charles Kneal of the *Lottery,* 21 May 1802, 387 MD 42, Leyland & Co., ships' accounts; James Laroche to Captain Richard Prankard, Bristol, January 29, 1733, Jeffries Collection of Manuscripts, vol. XIII, Bristol Central Library; Owners' Instructions to Captain William Young, March 24, 1794, Account Book of Slave Ship *Enterprize* Owned by Thomas Leyland & Co., Liverpool, DX/1732, MMM; the South Sea Company: Minutes of the Committee of Correspondence, October 10, 1717, in Donnan II, 215; Boyd to Connolly, July 24, 1807, in Donnan IV, 568.

14）John Chilcot, P. Protheroe, T. Lucas & Son, Jams. Rogers to Captain Thos. Baker, Bristol, August 1, 1776, Account Book of the *Africa,* 1774–1776, BCL.《アフリカ》の航海については，W. E. Minchinton, "Voyage of the Snow *Africa,*" *Mariner's Mirror* 37（1951）, 187–96.

15）Behrendt, "Captains in the British Slave Trade," 93; "Sales of 338 Slaves received per the Squirrel Captain Chadwick on the proper Account of William Boats Esq. & Co Owners of Liverpool, Owners," Case & Southworth Papers, 1754–1761, 380 MD 36, LRO.

16）Ball, Jennings, & Co. to Samuel Hartley, September 6, 1784, *Baillie v. Hartley,* E 219/377. 内訳は，歩合が 1,221.1.3 ポンド，権利が 634.19.0 ポンド，賃金が 84 ポンドであった．

17）権利の運用は時とともに変化した．18 世紀の初めには，船長や航海士は，権利奴隷を自分で選んでいた（最も高値がつきそうなものを自分用に確保した）が，これらの奴隷が死ぬと，他の奴隷と取り替えて，損害を船主につけ替えるというのをよくやった．貿易商らはこれを防ぐため，航海士全員の立ち会いのもと，海岸で奴隷を選び，さらに焼き印を押すよう船長に指示した．しかし，こうしたところで上手くはいかなかった．というのは，この点にかんしては，

航海士たちの利害は一致していたから，お互いにかばい合ったのである．そこで貿易商らは，また別の方策をとり始めた．個々の奴隷を権利奴隷とするのではなく，新世界の港で奴隷全員を売却した後のひとりあたりの平均価格を採用したのだ．これは，奴隷全員の面倒をよく見ようという気にさせると同時に，港が近づいてきたら，重病で弱っている奴隷は始末してしまおうという気も起こさせた．そういう奴隷たちは，売値の平均価格を下げ，ゆえに船長の権利の価値を下げてしまうからである．Chrisopher, *Slave Trade Sailors,* 34–35.

18）Mathew Strong to Captain Richard Smyth, January 19, 1771, Tuohy papers, 380 TUO（4/4）. 自分が船長をつとめる船や貨物の所有権を持っている船長は，比較的少なかったようだ．指示書が送られた 41 名の船長（船の数は 45）のうち，39 のケースについては投資家と船主がわかっている．この 39 名のうち，船の部分所有権を有していたのは 4 名のみであった．1767 年，《レンジャー》の「第 3 所有者」として，ウィリアム・スピアーズの名前が挙がっている．デヴィッド・トゥーヒは，同じ年に《サリー》の「第 4 所有者」．トーマス・ベイカーとヘンリー・ムーアは，それぞれ，1776 年と 1782 年に船長として采配した船の，7 番目，8 番目の所有者となっている．*TSTD,* #91273, #91327, #17886, #80578. Madge Dresser, *Slavery Obscured: The Social History of the Slave Trade in an English Provincial Port*（London and New York: Continuum, 2001）, 29; Behrendt, “Captains in the British Slave Trade,” 107; Coughtry, *The Notorious Triangle*, 49–50.

19）Instructions to Captain Pollipus Hammond, Newport, January 7, 1746, Donnan III, 138.

20）Letter of Instruction from James Clemens to Captain William Speers of the ship *Ranger,* 3 June 1767, Tuohy papers,（4/2）. クレメンズの航海については，*TSTD,* #90408, #90613, and #90684.

21）Leyland to Kneal, 21 May 1802, 387 MD 42, Leyland & Co., ships' accounts; Henry Wafford to Captain Alexander Speers of the Brig *Nelly,* September 28, 1772, Tuohy papers, 380 TUO（4/6）.

22）James Clemens, Folliott Powell, Henry Hardware, and Mathew Strong to Captain David Tuohy of the ship *Sally,* 3 June 1767, Tuohy papers, 380 TUO（4/2）. Robert Bostock to Captain Peter Bowie of the *Jemmy,* July 2, 1787, Robert Bostock Letter-books, 1779–1790 and 1789–1792, 387 MD 54–55, LRO. 水夫の反乱については 8 章で取り上げる．

23）Hobhouse, Ruddock, and Baker to Barry, October 7, 1725, in Donnan II, 327–28; Humphry Morice to Jeremiah Pearce, March 17, 1730, “Book Containing Orders & Instructions for Jere[miah] Pearce Commander of the *Judith Snow* for the Coast of Africa with an Invoice of his Cargoe and Journal of Trade &c. on the said Coast. 7th Voyage. Anno 1730,” Morice Papers; Unnamed Owner to Captain William Ellery, January 14, 1759, in Donnan III, 69.

24）Humphry Morice to Stephen Bull, October 30, 1722, “Book Containing Orders & Instructions for Stephen Bull Commander of the *Sarah* for the Coast of Africa with an Invoice of his Cargoe and Journal of Trade &c. on the said Coast. 2d Voyage. Anno 1722,” Morice Papers; *Memoirs of Crow,* 22.

25）John Chilcott, John Anderson, T. Lucas, and James Rogers to Captain George Merrick, Bristol, 13th October 1774, Account Book of the *Africa,* 1774–1776, BCL; Boyd to Connolly, July 24, 1807, in Donnan IV, 568.

26）Robert Bostock to Captain James Fryer of the *Bess*, no date（but 1791）, Bostock Letter-books, 387 MD 54–55. *TSTD,* #80502. 貿易商の指示状のなかで，このような脅しの例は他にない．

27）Chilcott et al. to Merrick, October 13, 1774, Account Book of the *Africa,* 1774–177776, BCL; Stephen D. Behrendt, “Crew Mortality in the Transatlantic Slave Trade in the Eighteenth Century,” *Slavery and Abolition* 18（1997）, 49–71.

28）Ibid. K. G. Davies, “The Living and the Dead: White Mortallity in West Africa, 1684–1732,” in Stanley L. Engerman and Eugene D. Genovese,, eds., *Race and Slavery in the Western Hemisphere: Quantitative Studies*

（Princeton: Princeton University Press, 1975）, 83–98.

29）Starke to Westmore, in Donnan IV, 76; Joseph and Joshua Grafton to Captain—, November 12, 1785, in Donnan III, 78–79; Chilcott et al. to Merrick, October 13, 1774, Account Book of the *Africa;* Robert Bostock to Captain Samuel Gamble, November 16, 1790, Bostock Letter-books 387 MD 54–55; Chilcott et al. to Baker, August 1, 1776, Account Book of the *Africa.*

30）Joseph and Joshua Grafton to Captain—, November 12, 1785, in Donnan III, 80. William Snelgrave to Humphry Morice, Jaqueen, April 16, 1727, Morice Papers.

31）Thomas Boulton, *The Sailor's Farewell; Or, the Guinea Outfit, a Comedy in Three Acts*（Liverpool, 1768）; *Newport Mercury,* July 9, 1770. ボールトンは後に『航海：七部詩』（*The Voyage, a Poem in Seven.* Boston, 1773）を書いた際，（仮に同じ航海について書いているとしたら）辛い記憶に違いないものは消去している．彼は，奴隷にも，また奴隷蜂起にも触れていない．*TSTD,* #91564.

32）*An Account of the Life,* 19; *Three Years Adventures,* 6. ボールトンは最も重要な船員確保手段の 1 つに言及し損ねている．クリンプ，つまりあらゆる非道な手段を使って，水夫を奴隷船へと送りこむ人足集め業者である．

33）以下を見ると，奴隷船の航海準備がいかに行われたかが，とてもよく解る．Account Book of the *Africa*, 1774–1776, BCL.

34）Joseph Hawkins, *A History of a Voyage to the Coast of Africa, and Travels into the Interior of that Country; containing Particular Descriptions of the Climate and Inhabitants, particulars concerning the Slave Trade*（Troy, N.Y.: Luther Pratt, 2nd edition, 1797）, 150.

35）"Dicky Sam," *Liverpool and Slavery: An Historical Account of the Liverpool-African Slave Trade*（Liverpool: A. Bowker & Son, 1884）, 21–22.

36）Interview of Mr. Thompson in *Substance,* 24; Testimony of James Towne, in 1791, in *HCSP,* 82: 27.

37）例えば以下を参照のこと．*Times,* January 12, 1808; *Newport Mercury,* June 15, 1767; *An Account of the Life,* 26; *Enquirer,* September 12, 1806. 次のブロードサイドも参照されたい．*Unparalleled Cruelty in a Guinea Captain*（H. Forshaw, printer, no place, no date, but c. 1805）, Holt and Gregson Papers, 942 HOL 10, LRO.

38）*Connecticut Courant,* August 10, 1789. See also *American Minerva,* May 15, 1794. 奴隷船の船長で乗組員に殴る蹴るをはたらきながら，それでも「とても温和」な扱いをしたと言われている判例については，以下を参考にされたい．*Macnamera and Worsdale v. Barry,* August 26, 1729, Records of the South Carolina Court of Admiralty, 1716–1732, f. 729, National Archives, Washington, D.C.

39）Anecdote XI（about the *Othello,* Captain James McGauley）, in *Substance,* 134; *TSTD,* #82978. 奴隷船の船長が水夫を鞭打ったり，虐待したりした例については，*Seamen v. John Ebsworthy*（1738）, "Minutes of the Vice-Admiralty Court of Charles Town, South Carolina," 1716–1763, Manuscripts Department, Library of Congress, Washington, D.C.; Robert Barker, *The Unfortunate Shipwright, or, Cruel Captain, being a Faithful Narrative of the Unparalleled Sufferings of Robert Barker, Late Carpenter on board the Thetis Snow of Bristol; on a Voyage from thence to the Coast of Guinea and Antigua*（rig. publ. 1760; new edition, London, "printed for the SUFFERER for his own Benefit; a d by no one else," 1775）, 26.

40）*Macnamera and Worsdale v. Barry,* South Carolina Admiralty, ff. 7113, 729. 銃の使用については，Testimony of James Towne, 1791, *HCSP,* 822:229.

41）Wage Books for the *Swift*（1775–76）, *Dreadnought*（1776）, *Dalrymple*（1776）, *Hawk*（1780–81）, *Hawk*（1781–82）, *Essex*（1783–84）, *Essex*（1785–86）, すべて William Davenport Archives, D/DAV/3/1–6, MMM. *TSTD,* #91793, #91839, #91988, #81753, #81754, #81311, #81312. ジェイムズ・ウェストモア船長という人物が，《アフリカン・ギャリー》の航海で乗員に物品を売って手にした金額

（89.1.3 ポンド）は，彼自身の賃金，月 6 ポンドの合計を上回っていた．“Accompts submitted by the Plaintiff in the Court of Chancery suit Capt. James Westmore, commander, v. Thomas Starke, owner of the slaver ‘African Galley’ concerning expenses incurred by Westmore on a voyage from London to Virginia via St. Thomas' Island, Gulf of Guinea, and back, 20 Apr. 1701–4 Dec. 1702,” Add. Ms. 45123, BL.

42）Testimony of Henry Ellison, 1790, *HCSP,* 73:371; Law Report, *Tarlton v. McGawley, Times,* December 24, 1793. 実際に暴力を振るったり，痛い目に会わせると脅したりしたりした例については，以下を参照のこと．Captain Baillie to the Owners of the *Carter,* Bonny, January 31, 1757, Donnan II, 512; Thomas Starke to James Westmore, no date, in Donnan IV, 80; Testimony of Alexander Falconbridge, 1790, *HCSP,* 72:321.

43）“Account Book of the *Molly,* Snow, Slave Ship, dated 1759–1760,” Manuscripts Department, MSS/76/027.0, NMM. この航海は，日付にずれがあるものの，*TSTD* の #17741 である，と私は考えている．《モリー》は 1758 年 12 月 4 日にブリストルを出航，1759 年 7 月 15 日にヴァージニアで奴隷を売却，1759 年 11 月 22 日にブリストルに戻ったが，船の会計帳は 1759 年— 60 年となっている．（この会計帳が次の航海のものであった可能性はない．次の航海のブリストル出航は 1760 年 4 月 4 日であるが，奴隷を売ったのは会計帳にあるヴァージニアではなく，ジャマイカである．）《モリー》＝ #17741 を裏付ける他の証拠としては，売った奴隷の数もあげられる．その他の資料に基づいた奴隷貿易のデータベースによれば，この船が売却した奴隷の数は 238 名，推測では，もともと集めた奴隷の数は 292 名ではないかとされている．会計帳に記載された実際の数は，買い入れ 286 名である．1760 年というのは，会計帳の最終承認の期日，1760 年 4 月 14 日に基づくものである．監査は，PFW というイニシャルの人物で，おそらく貿易商か，その事務方であろうが，船主ではない．船主はヘンリー・ブライトであった．これほど詳しくはないが，貿易の会計帳としては以下も参考になる．“Slave Trader's Accompt Book, compiled on board the schooner ‘Mongovo George’ of Liverpool, 1785–1787,” Add. Ms. 43841, BL; George A. Plimpton, ed., “The Journal of an African Slaver, 1789–1792,” *Proceedings of the American Antiquarian Society* 39（1929）, 379–465.

44）アフリカ側の需要がいかに貿易のかたちを決めていったかについては，David Richardson, “West African Consumption Patterns and their Influence on the Eighteenth-Century Slave Trade,” in Henry A. Gemery and Jan S. Hogendorn, eds., *The Uncommon Market: Essays in the Economic History of the Atlantic Slave Trade*（New York: Academic Press, 1979）, 303–30.

45）この時期のオールド・カラバー付近の貿易がいかなるものであったかについては，Paul E. Lovejoy and David Richardson, “Trust Pawnship, and Atlantic History: The Institutional Foundations of the Old Calabar Slave Trade,” *American Historical Review* 104（1999）, 333–55. ジェンキンズ船長は 1760 年から 1769 年の間に，ボニーに 6 度も戻っている．*TSTD,* #17493, #17531, #17599, #17626, #17635, #17722. 次は，ポール・クロス船長が取引をした，ウィンドワード海岸の商人のリストで，上のものほど長くはないが，比較対照として使える．Trade book, 1773, Paul Cross Papers, 1768–1803, South Caroliniana Library, Columbia.

46）William Smith, *A New Voyage to Guinea: Describing the Customs, Manners, Soil, Climate, Habits, Buildings, Education, Manual Arts, Agriculture, Trade, Employments, Languages, Ranks of Distinction, Habitations, Diversions, Marriages, and whatever else is memorable among the Inhabitants*（London, 1744; rpt. London: Frank Cass & Co., 1967）, 34; [John Wells], “Journal of a Voyage to the Coast of Guinea, 1802,” Add. Ms. 3,871, f. 10, Cambridge University Library; Captain Thomas Earle to Mrs. Anne Winstanley, Calabar, August 30, 1751, Earle Family Papers, MMM.

47）*City Gazette and Daily Advertiser,* December 10, 1807.《ハインド》と《バイアム》にかんしては *TSTD,*

#81862, #80722.

48) *Three Years Adventures,* 27.

49) 船長が医師を責めている例としては Viscountess Knutsford, ed., *Life and Letters of Zachary Macaulay* (London: Edward Arnold, 1900), 86; Captain Japhet Bird to?, Montserrat, February 24, 1723, in Donnan II, 298; "Barque Eliza's Journal, Robert Hall, Commander, from Liverpool to Cruize 31 Days & then to Africa& to Demarary; mounts 14 Nine & Six Pounders, with 31 Men & boys," T70/1220, NA.

50) Testimony of Thomas Trotter, 1790, *HCSP,* 73:88–89.

51) Captain William Snelgrave, *A New Account of Some Parts of Guinea and the Slave Trade* (London, 1734; rpt. London: Frank Cass & Co., 1971), 181–85; *Memoirs of Crow,* 148–49.

52) Bruce Mouser writes, "A special camaraderie existed among the European captains who visited the coast." Bruce Mouser, ed., *A Slaving Voyage to Africa and Jamaica: The Log of the* Sandown, *1793–1794* (Bloomington: Indiana University Press, 2002), 78.

53) Snelgrave, *A New Account,* 185–91.1789 年，ロバート・ノリスは国会の委員会において，船内の奴隷の居住区には入らなかった，それは自分の任務ではなかったから，と説明した．以下の証言を参照のこと．Testimony of Robert Norris, *HCSP,* 68:8. 奴隷たちの気分に多大な注意を払っていた船長もいた．Log of the Brig *Ranger,* Captain John Corran, Master, 1789–1790, 387 MD 56, LRO.

54) Testimony of George Malcolm, 1799, in *HLSP,* 3:219.

55) T. Aubrey, *The Sea-Surgeon, or the Guinea Man's Vade Mecum. In which is laid down, The Method of curing such Diseases as usually happen Abroad, especially on the Coast of Guinea: with the best way of treating Negroes, both in Health and in Sickness. Written for the Use of young Sea Surgeons* (London, 1729), 129–30.

56) Snelgrave, *A New Account,* 103–6.

57) Pr*ovidence Gazette; and Country Journal,* December 27, 1766; *An Account of the Life,* 26; Testimony of Zachary Macaulay, 1799, in *HLSP,* 3:339; *Three Years Adventures,* 85, Boulton, *The Voyage,* 27. ボールトン自身も，ディジィアに気があったのかもしれない．「俺のこころの平安を壊した」のは彼女だ，と書いているのである．

58) Crow, *Memoirs,* 102; Snelgrave, *A New Account,* 165–68.

59) *Connecticut Journal,* January 1, 1768.

60) *Evening Post,* March 16, 1809.

61) Newton to Phillips, in Mary Phillips, *Memoir of the Life of Richard Phillips,* 29–31.

62) この節は 6 章の注 1，2，3 で引用した，保存古文書の第一次資料に基づいている．

63) Interview of Captain Bowen, *Substance,* 47. 奴隷船の指揮はとったが，普通とは違って暴力を用いなかった西インドの船長がいた．以下を参照のこと．Interview of Mr. Thompson, ibid., 208–9.

64) *Three Years Adventures,* 41; *An Account of the Life,* 84; Africanus, *Remarks on the Slave Trade,* 47–48.

第 8 章　水夫たちの巨大な機械

1) "Anonymous Account of the Society and Trade of the Canary Islands and West Africa, with Observations on the Slave Trade" (n.d., but 1779–84), Add. Ms. 59777B, BL. 本文書の書き手は，航海では病人を診るのが仕事だったと書いているので，医者だったのだろう．

2) 書き手が「先日の騒動が始まったころ」のことである，とコメントしているので，人集めがいつ頃かがわかる．おそらく 1775 年の夏の終わりであろう（実際に数年後にその話を書いたときには 4 月としているが）．R. Barrie Rose, "A Liverpool Sailors' Strike in the Eighteenth Century,"

Transactions of the Lancashire and Cheshire Antiquarian Society 68 (1958), 85–92; "Extract of a Letter from Liverpool, September 1, 1775," *Morning Chronicle and London Advertiser,* September 5, 1775, republished in Richard Brooke, *Liverpool as it was during the Last Quarter of the Eighteenth Century, 1775–1800* (Liverpool, 1853), 332.

3) この章では，エマ・クリストファーの優れた研究に多くを負っていることを強調しておきたい．Emma Christopher, *Slave Ship Sailors and Their Captive Cargoes, 1730–1807* (New York: Cambridge University Press, 2005).

4) "Anonymous Account of the Society and Trade of the Canary Islands and West Africa, with Observations on the Slave Trade" (n.d., but 1779–84), Add. Ms. 59777A, 3–5, BL. 水夫たちは奴隷貿易を嫌っていた．それが，クリストファーの第1の結論である．*Slave Trade Sailors,* 26–27.

5) *Three Years Adventures,* 6–10. アイザック・パーカーは「ギニア海岸に出かけてみようか，という気になったのだ」と，説明した．また，ニコラス・オーウェンはこれにつけ加えて，「僕は，見たことがないものを見たいと欲する人間だったのだ」と述べている．Testimony of Isaac Parker, 1790, *HCSP,* 73:137; Nicholas Owen, *Journal of a Slave-Dealer: A View of Some Remarkable Axedents in the Life of Nics. Owen on the Coast of Africa and America from the Year 1746 to the Year 1757,* ed. Eveline Martin (Boston: Houghton Mifflin, 1930), 43.

6) Colonel Spencer Childers, ed., *A Mariner of England: An Account of the Career of William Richardson from Cabin Boy in the Merchant Service to Warrant Officer in the Royal Navy [1780 to 1819] as Told by Himself* (Greenwich: Conway Maritime Press, 1970), 41–42. On the voyage of the *Spy, TSTD,* #83598.

7) Robert Barker, *The Unfortunate Shipwright & Cruel Captain* (London, 1756); Robert Barker, *The Unfortunate Shipwright, or, Cruel Captain, being a Faithful Narrative of the Unparalleled Sufferings of Robert Barker, Late Carpenter on boar the Thetis Snow of Bristol; on a Voyage from thence to the Coast of Guinea and Antigua* (orig. publ. 1760; new edition, London, "printed for the SUFFERER for his own Benefit; and by no one else," 1775), 5–6, 8 リチャードソンは後に三等航海士に昇格したが，反乱を起こして平に戻された．その航海中に亡くなっている．

8) *An Account of the Life,* 2–3, 10, 19. *TSTD,* #16490. ニコラス・オーウェンもまた，金遣いの荒い父が家の財産を乱費してしまったので，奴隷船で海に出ることとなったのだ．Owen, *Journal of a Slave-Dealer,* 1.

9) Interview of Mr. Thompson, in *Substance,* 24. ボストンから出航した船の乗組員全体が，奴隷船の目的地について騙されていたケースについては，以下をご覧いただきたい．*Commercial Advertiser,* September 24, 1799.

10) Ibid. 1787年《ベンソン》に乗船していた水夫のうち13名は港で借金をつくって船に乗ることになった．Anecdote X, *Substance,* 133.

11) Interview of Henry Ellison, *Substance,* 38.

12) John Newton Letter-book ("A Series of Letters from Mr. — to Dr. J — [Dr. David Jennings]," 1750–1760, 920 MD 409, LRO. グレゴリー・キング（Gregory King）(1688)，ジョセフ・メイジー（Joseph Massie）(1760)，そしてパトリック・コルクホーン（Patrick Colquhoun）(1803) などによる社会統計がはっきりと示すように，平の水夫は18世紀イギリスの階級構造の下に位置していた．以下を参照されたい．Peter Mathias, "The Social Structure in the Eighteenth Century: A Calculation by Joseph Massie," *Economic History Review,* New Series, 10 (1957), 30–45. On seamen in eighteenth-century America, Billy G. Smith, "The Vicissitudes of Fortune: The Careers of Laboring Men in Philadelphia, 1750–1800," in Stephen Innes, ed., *Work and Labor in Early America* (Chapel Hill: University of North Carolina Press, 1988), 221–51.

13） *Memoirs of Crow,* 169.

14） Testimony of James Penny, 1789, *HCSP,* 69:118.

15） [Robert Norris], *A Short Account of the African Slave Trade, Collected from Local Knowledge*（Liverpool, 1788）, 14; Testimony of John Knox, 1789, *HCSP,* 68:150; Testimony of Thomas King, 1789, ibid., 68:321. シェフィールド卿は，3分の2が海の経験のない者でなかったか，と述べている．シェフィールド卿の以下の著作をご覧いただきたい．*Observations on the Project for Abolishing the Slave Trade, and on the Reasonableness of attempting some Practicable Mode of Relieving the Negroes*（orig. publ. London, 1790; 2nd edition, London, 1791）, 18.

16） "Wage Book for the voyage of the ship *Hawk* from Liverpool to Africa, John Small Master," 1780–1781, William Davenport Archives, Maritime Archives & Library, D/DAV/3/4, MMM. *TSTD,* #91793, #81753.

17） "Wage Book for the Voyage of the Ship *Essex* from Liverpool to Africa and the West Indies, Captain Peter Potter," 1783–1784, "Wage Book for the Voyage of the Ship *Essex* from Liverpool to Africa and Dominica, Captain Peter Potter," 1785–1786, William Davenport Archives, Maritime Archives & Library, D/DAV/3/5, D/DAV/3/6, MMM.

18） 奴隷貿易に従事した水夫の賃金にかんする包括的な研究はないので，ここに紹介した例は，個々の体験に基づくものである．18世紀初頭の，全業種の水夫の賃金レートについては，以下を参照のこと．Ralph Davis, *The Rise of the English Shipping Industry in the Seventeenth and Eighteenth Centuries*（London: Macmillan, 1962）, 135–37; Marcus Rediker, *Between the Devil and the Deep Blue Sea: Merchant Seamen, Pirates, and the Anglo-American Maritime World, 1700–1750*（Cambridge: Cambridge University Press, 1987）, Appendix C 304–5, 船乗りたちの個人取引が非常に儲かったということに言及したと思われるコメントが，以下にある．参考にされたい．"Diary and Accounts, Commenda Fort, in Charge of William Brainie, 1714–1718," in Donnan II, 190.

19） "Answers from the Collector and the Comptroller," 1788, *HCSP,* 69:161. 水夫たちが，自分らが海に出ているあいだ賃金の一部が妻に支払われるようにした例としては，1785年から1786年にかけて夫の代行者によりエレン・ホーンビーに支払われた賃金の領収書（D/DAV/15/5/4）や，1786年にメアリー・ラウンズに支払われた賃金の領収書（D/DAV/15/2/13）を参照のこと．Miscellaneous Items from the William Davenport Archives, Maritime Archives & Library, MMM.

20） *An Account of the Life,* 58; Testimony of Henry Ellison, 1790, *HCSP* 73:381–82.

21） [John Wells], "Journal of a Voyage to the Coast of Guinea, 1802," Add. Ms. 3,871, Cambridge University Library, f. 1; Samuel Robinson, *A Sailor Boy's Experience aboard a Slave Ship in the Beginning of the Present Century*（orig. publ. Hamilton, Scotland: William Naismith, 1867; rpt. Wigtown, Scotland: G.C. Book Publishers Ltd., 1996）, 144; Case of the *Tartar,* 1808, Donnan IV, 585; Christopher, *Slave Trade Sailors and their Captive Cargoes,* ch. 2, "The Multiracial Crews of Slave Ships," 52–89. 以下の三つの付記も参照されたい．"Black Sailors on Liverpool Slave Ships, 1794–1805," "Black Sailors on Bristol Slave Ships, 1748–1795," and "Black Sailors on Rhode Island Slave Ships,, 18803–1807," 231–38.

22） Wage Book of *Hawk,* 1780–1781, D/DAV/3/4; *TSTD,* #81753. アビイは二等航海士のヒュー・ランスロットの権利奴隷だったようだ．黒人水夫については，Christopher, *Slave Trade Sailors,* 57–58, 70–73; Julius Sherrard Scott III, "The Common Wind: Currents of Afro-American Communication in the Era of the Haitian Revolution," Ph.D. dissertation, Duke University, 1986; W. Jeffrey Bolster, *Black Jacks: African American Seamen in the Age of Sail*（Cambridge, Mass.: Harvard University Press, 1997）.

23） この段落と，これに続く4段落は，以下に依拠している．Robinson, *A Sailor Boy's Experience,* 24, 32–33, and Rediker, *Between the Devil and the Deep Blue Sea,* ch. 2.

24） Robinson, *A Sailor Boy's Experience,* 15; *Three Years Adventures,* 24.

25） *Daniel Macnamera and Nicholas Worsdale of the Snow* William *v. Thomas Barry,* August 26, 1729, "Records of the South Carolina Court of Admiralty, 1716–1732," f. 745, National Archives, Washington, D.C. *TSTD,* #16546.

26） "A Journal of an Intended Voyage to the Gold Coast in the Black Prince her 8th Commencing the 5th of Septem'r 1764," BCL; Robinson, *A Sailor Boy's Experience,* 39; *TSTD,* #17573.

27） Captain William Snelgrave, *A New Account of Some Parts of Guinea and the Slave Trade*（London, 1734; rpt. London: Frank Cass & Co., 1971）, 165–67, 170.

28） Testimony of John Knox, 1789, *HCSP,* 68:179.

29） Testimony of William James, 1789, *HCSP,* 69:137; Robinson, *A Sailor Boy's Experience,* 54–55; "Memorandum of the Mortality of Slaves on Board the 'Othello' while on the Coast of Africa and On her Passage to the West Indies," Accounts of the *Othello,* 1768–1769, in Donnan III, 235; *TSTD,* #36371.

30） Interview of Mr. James, *Substance,* 14; Testimony of Ellison, Noble, Trotter, and Millar, all 1790, *HCSP,* 375, 119, 85, 394.

31） Testimony of Ecroyde Claxton, 1791, *HCSP,* 82:33; Testimony of William Littleton, 1789, *HCSP,* 68:294, 309; Snelgrave, *A New Account,* 163–64; Robinson, *A Sailor Boy's Experience,* 55.

32） *Three Years Adventures,* 113–26. ロバート・ノリスは次のように書いている．どの船でも下甲板には「（男性の）ニグロの見張りとして白人が２人，また灯りが２つついていた」．Testimony of Isaac Wilson, 1790, *HCSP,* 72:289. また，女性の居住区への水夫の夜間の出入りは禁じられていたこともわかる．

33） Reverend John Riland, *Memoirs of a West-India Planter, Published from an Original MS. With a Preface and Additional Details*（London: Hamilton, Adams & Co., 1827）, 60–61.

34） Norris, *HCSP,* 68:4–5; Interview of Mr. Bowen, *Substance,* 44. ここでは，奴隷貿易商で，国会でのリヴァプール代表でもあった，ジョン・マシューズ（John Matthews）の証言に依拠している．彼は奴隷船に乗っていた奴隷たちの「日課記録」"the History of Journal of One Day"を国会に提出している．*HCSP,* 68:19.

35） Testimony of Alexander Falconbridge, 1790, *HCSP,* 72:323; Testimony of James Arnold, 1789, *HCSP,* 69:125–26; Testimony of Henry Ellison, 1790, *HCSP,* 73:375; Testimony of James Towne, 1791, *HCSP,* 82:20.

36） Christopher, *Slave Ship Sailors and Their Captive Cargoes, 1730–1807,* ch. 5; Interview of Ellison, *Substance,* 36; *Three Years Adventures,* 133.

37） "Dicky Sam," *Liverpool and Slavery: An Historical Account of the Liverpool-African Slave Trade*（Liverpool: A. Bowker & Son, 1884）, 36.

38） Testimony of Ecroyde Claxton, 1791, *HCSP,* 82:33–34.

39） "Documents Related to the Case of the *Zong* of 1783," REC/19, Manuscripts Department, NMM. 裁判所の判決は，保険会社には殺害された奴隷に対しての補償義務はない，とした．Ian Baucom, *Specters of the Atlantic: Finance Capital, Slavery, and the Philosophy of History*（Durham, N.C.: Duke University Press, 2005）.

40） Thomas Boulton, *The Sailor's Farewell, or the Guinea Outfit*（Liverpool 1768）; *TSTD,* #36127; Herbert Klein, "African Women in the Atlantic Slave Trade," in Claire Robinson and Martin A. Klein, eds., *Women and Slavery in Africa*（Madison: University of Wisconsin Press, 1983）, 29–38.

41） Robert Norris, 1789, *HCSP,* 68:9, 12; John Knox, 1789, *HCSP,* 68:171.

42） 性的な搾取が問題となって，賃金をめぐる争いとなったケースについては *Desbrough v. Christian*（1720）, HCA 24/132, 24/133.

43）Africanus, *Remarks on the Slave Trade, and the Slavery of Negroes, in a Series of Letters*（London, J. Phillips and Norwich: Chase and Co., 1788）, 46; Alexander Falconbridge, *An Account of the Slave Trade on the Coast of Africa*（London, 1788）, 30.

44）Snelgrave, *A New Account,* 162; Testimony of John Samuel Smith., 1791, *HCSP,* 82:140.

45）Richard H. Steckel and Richard A. Jensen, “New Evidence on the Causes of Slave and Crew Mortality in the Atlantic Slave Trade,” *Journal of Economic History* 46（1986）, 57–77; Stephen D. Behrendt, “Crew Mortality in the Transatlantic Slave Trade in the Eighteenth Century,” *Slavery and Abolition* 18（1997）, 49–71. ステッケルとジェンザンは，水夫の60パーセントが熱病で死亡したとしている．ベイラントの挙げる数値はもっと高く80パーセントである．ベイラントはまた，18世紀末から19世紀にかけて，乗組員の死亡率は低くなっていった，とも指摘している．

46）William Snelgrave to Humphry Morice, October 23, 1727, “Trading Accounts and Personal Papers of Humphry Morice,” vol. 2, The Humphry Morice Papers, Bank of England Archives, London; Bruce Mouser, ed., *A Slaving Voyage to Africa and Jamaica: The Log of the* Sandown, *1793–1794*（Bloomington: Indiana University Press, 2002）, 60; *Providence Gazette; and Country Journal,* December 8, 1770; *Federal Gazette & Baltimore Daily Advertiser,* March 12, 1796; *Courier,* March 25, 1801.

47）Riland, *Memoirs of a West-India Planter,* 37; *Three Years Adventures,* 40.

48）Petitions of Seamen, 1765–1774 and “Accounts of money for the relief of seamen and those disabled in the Merchant Service”（1747–1787）, both in Society of Merchant Venturers Archive, Bristol Record Office. 貿易商たちは，世界中の多くの場所と取引があり，水夫たちへの救済は航路にかかわらず与えられた．奴隷貿易に従事した水夫らも例外ではない．彼らの健康状態は，他の貿易で働いた者たちよりずっと悪かった．Jonathan Press, *The Merchant Seamen of Bristol, 1747–1789*（Bristol, 1976）.

49）*An Account of the Life,* 26; Wells, “Journal of a Voyage,” f. 19; Interview of Ellison, *Substance,* 40.

50）“Voyage to Guinea, Antego, Bay of Campeachy, Cuba, Barbadoes, &c.”（1714–1723）, Add. Ms. 39946, BL, ff. 12–13; Robinson, *A Sailor Boy's Experience,* 97.

51）葬式の様子については，Robinson, *A Sailor Boy's Experience,* 92.

52）“Inventory of the Cloths belonging to George Glover taken at his disease [decease] by Thos. Postlethwayt on board the Essex the 12 day of Novr 1783 viz and Sould,” in “Wage Book for the Voyage of the Ship *Essex* from Liverpool to Africa and the West Indies, Captain Peter Potter,” 1783–1784, William Davenport Archives, Maritime Archive & Library, D/DAV/3/5, MMM.《エセックス》の次の航海（1785–86）での同様の賃金リストについてはD/DAV/3/6. *TSTD,* #81311, #81312.

53）The *Times,* March 15, 1788. 死者のリストは，ひとつは医者が，もうひとつは船長が持っていた．James Hoskins, “List of Mortality of the Ship's Company, “ 1792–1793, “Certificates of Slaves Taken Aboard Ships,” 1794, HL/PO/JO/10/7/982, HLRO, Westminster; Peter Potter to William Davenport, February 21, 1784, Letters from Captain Peter Potter to William Davenport & Co., 1783–1784, D/DAV/13/1/3, MMM.

54）この項は，トーマス・サンダーソン（Thomas Sanderson）とウィリアム・スティール（William Steele）の情報（1750）に依拠している．HCA 1/58, ff. 1–10. 結末はわかってはいないが，造反者の処刑はまずなかっただろう．*TSTD,* #17198.

55）サンダーソンはこれより2，3年ほど前，奴隷貿易の航海士だった頃に，水夫を5センチの太さのロープで殴打したとして訴えられている．*Thomas Powell v. Eustace Hardwicke,* 1739, HCA 24/139.

56）造反者らは，《アンテロープ》の場合のように，時に船長や航海士たちを陸にあげた．ボートに乗せて海に放り出した例（これはまず命はない）も2，3あったし，多数派ではないが，1，2名はすぐさま殺すという例も少なからずあった．この節の考察は，1719年から1802年まで

に起こった37の反乱をサンプルにしている．

57） *American Weekly Mercury,* December 7, 1721. *TSTD,* #75419.

58） Information of John Bicknor, Meeting of the Grand Court of Jamaica, January 19, 1720, HCA 137/14, f. 9. 《アビントン》のこの航海は *TSTD* に掲載されていないが，次の航海の記録はある．#16257.

59） Examination of Thomas Williams (1734), HCA 1/56, f. 90; *Powell v. Hardwicke* (1738), HCA 24/139.《バクストン》での反乱が最初に報じられたのは，以下の紙面であった．*American Weekly Mercury* on September 26, 1734.次も参照のこと．*Boston News-Letter,* October 31, 1734. *TSTD,* #16758,《パール・ギャリー》については，#16870. 1767年，ブリストルの《ウィリアム》上で，斧で数名が殺害されたケースについては，*Boston News-Letter and New-England Chronicle,* April 10, 1767. *TSTD,* #17634.

60）《テュークベリー》については，*The Tryals of Seven Pyrates, viz. James Sweetland, John Kennelly, John Reardon, James Burdet, William Buckley, Joseph Noble, and Samuel Rhodes, for the Murder of Capt. Edw. Bryan of the Tewksbury of Bristol; and Running Away with the said Ship, November 2, 1737* (Bristol, 1738); *Boston Gazette,* March 13, 1738; "Proceedings of a Court of Admiralty held at Cape Coast in Africa the 19th November 1737 for the Trials of James Sweetland and other for Murder & Piracy," HCA 1/99, ff. 1-4. 他の者たちと協力して船を乗っ取る計画などはなく，水夫が報復のため，どちらかといえば思わず船長や航海士を殺してしまったケースもある．1792年，ブリストルの《ラブリー・ラス》上では，「ジョーあるいはクジョーという名の黒人が，ジョン・ディクソンとジョン・オーウェンとともに」，航海士のロバート・ミリガンを殺害した．このケースについては，*Times,* November 8, 1794.

61） *Maryland Gazette and News Letter,* October 16, 1766, reprinted in Donnan II, 528-29; *Connecticut Journal,* November 17, 1769; *New London Gazette,* December 15, 1769. *TSTD,* #17691 (*Black Prince*). 水夫たちが船長を殺害し，それを奴隷反乱のせいにしようとしたケースについては以下を参照のこと．*New-York Gazette,* March 11, 1765.

62） Christopher, *Slave Ship Sailors and Their Captive Cargoes, 1730-1807,* 127-32; Interview of James Towne, *Substance,* 56; Information of Hector McNeal (November 1731), HCA 1/56, f. 44.

63） 水夫たちは賃金を補塡しようと，脱走することもあった．労働力不足の西インドやアメリカの港からイングランドに行く船に乗り，かなり高い賃金を手にして一気に稼ごうとしたのである．以下を参照されたい．Rediker, *Between the Devil and the Deep Blue Sea,* 136-38.

64） Testimony of Lord Rodney, 1790, *HCSP,* 72:182-83. For similar comments see Testimony of Sir George Young, *HCSP,* 69:155; Testimony of Sir George Young,, 17790, *HCSP,* 73:211-12; Testimony of Thomas Clappeson, 1791, *HCSP*, 82:214.

65） Lord Sheffield, *Observations,* 18; Captain Francis Pope to Abraham Reddwood,1784, *Baillie v. Hartley,* exhibits regarding the Slave Ship Comte du Nord and Slave Trade, E 219/377, NA. 以下も参照のこと．Samuel and William Vernon to Captain John Duncan, Newport, April 8, 1771:「必要以上の人数がいて，円満に解雇できるのであればそのようにして，船での経費を節減するのがベストだ．」Donnan III, 248. 西インドで奴隷船から遺棄された水夫が起こした訴訟については *Soudin v. Demmerez* (1720), HCA 24/133, *Fernando v. Moore* (1733), HCA 24/138.

66） Interview of Ellison, *Substance,* 41; Interview of Towne, *Substance*, 60. William James, 1789, *HCSP,* 68:139; Testimony of John Ashley Hall, *HCSP,* 72:233; Testimony of James Morley, *HCSP,* 73:164, 168.

67） Testimony of John Simpson, *HCSP,* 82:44 (Barbados); Testimony of Robert Forster, 1791, *HCSP,* 82:134 (Dominica, Grenada); *Connecticut Journal,* December 22, 1784 (Charleston); Hercules Ross, 1791, *HCSP,* 82:260; and Testimony of Mark Cook, 1791, *HCSP,* 82:199 (Jamaica).

68） *Three Years Adventures,* 137; Testimony of James Towne, *HCSP,* 82:30.

69）この事件についての最初の研究は Brooke, *Liverpool as it was* である．ロンドンの新聞記事が多く紹介されていて役に立つ．以下は，出版から半世紀経った現在も，ストライキにかんする最良の研究としてお薦めである．Rose, “A Liverpool Sailors’ Strike in the Eighteenth Century,” 85–92.《ダービー》のその他の持ち主としては，ジョン・イエイツ（John Yates），サム・パーカー（Sam Parker），そしてトーマス・ダン（Thomas Dunn）らがいた．*TSTD,* #92523.

70）本段落と1つ前の段落は，次のロンドンの新聞に掲載された2つの記事に依拠している．*Gazetteer and New Daily Advertiser,* September 4, 1775, and *Morning Chronicle and London Advertiser,* September 4, 1775. ブルック，ローズ（上記）ともに，2つの新聞に掲載された記事と同じ間違いを繰り返している．船主の1人であったイエイツを《ダービー》の船長であったといっているのである．ローズはまた，水夫の抗議デモは8月26日土曜の朝に起こったと述べているが，証拠が示唆しているのは，圧倒的に月曜である．

71）*Gazetteer and New Daily Advertiser,* September 4, 1775.

72）Information of James Waring, September 4, 1775, Records of the County Palantine of Lancaster, PL 27/5, NA; *Morning Chronicle,* September 4, 1775. トーマス・スタニフォースについては，ブルックが彼の息子のサミュエルから聞き取ったものである．*Liverpool as it was,* 339.

73）水夫らが使用した大砲の数は，2から6であったと推測される．

74）Information of Richard Downward the Younger, September 2, 1775, PL27/5; *Gazetteer,* September 4 and 6, 1775. これらが水夫であったのか，取引所を守ろうとした人々であったのかについては，言及されていない．

75）Information of William Sefton, September 3, 1775, PL 27/5; *Morning Chronicle,* September 8, 1775; *Gazetteer,* September 8, 1775.

76）*Morning Chronicle,* September 8, 1775, and September 11, 1775; *Gazetteer and New Daily Advertiser,* September 6, 1775. リチャード・ブルックは何年も後になって，「ラドクリフ氏の家への襲撃に参加した」人物と話をした．この人物はブルックにまぐさを発見したことを話した．「下層の人々が使うもので，「まぐさ」はその後長きにわたって，ラドクリフを嘲る通り名となった」後に，ラドクリフ氏の息子もこの話は本当であると述べている．以下を参照のこと．Brooke, *Liverpool as it was,* 341.

77）*Morning Chronicle,* September 4, 1775, September 8, 1775; *Gazetter,* September 6, 1775; Information of John Huddleston, September 1, 1775, and Information of John Adams, September 2, 1775, PL 27/5; Brooke, *Liverpool as it was,* 341. Gomer Williams, *History of the Liverpool Privateers and Letters of Marque: With an Account of the Liverpool Slave Trade, 1744–1812*（London, 1897; rpt. Montreal: McGill-Queen's University Press, 2004）, 557.

78）*Morning Chronicle,* September 4, 1775; *Daily Advertiser,* September 5, 1775; Information of Thomas Middleton, September 28, 1775, PL 27/5; *Chester Chronicle,* September 4, 1775.

79）Information of Thomas Blundell, September 2, 1775; Information of Anthony Taylor, September 2, 1775; Information of Henry Billinge, September 27, 1775, all in PL 27/5; the *Morning Chronicle*, September 8, 1775.

80）Information of Cuthbert Bisbronney, September 2, 1775; Information of William Stanistreet, September 2, 1775.

81）*Morning Chronicle,* September 11, 1775; Council Book of the Corporation, 1775, vol. 2, 717–18, cited by Brooke, *Liverpool as it was,* 345.

82）Snelgrave, *A New Account,* 162–63. Christopher, *Slave-Trade Sailors,* ch. 6.

83）Testimony of John Simpson, 1791, *HCSP,* 82:42; Interview of George Millar, *Substance,* 3; Testimony of Sir

George Young, *HCSP,* 73:136; *Three Years Adventures,* 41; Robinson, *A Sailor Boy's Experience,* 56; Testimony of Richard Story, 1791, *HCSP,* 82:13; Interview of Thompson, *Substance,* 24. 1701年，ジョン・バーブは，仲間の水夫たちが奴隷の食物を自分たちのものにするのを好きなようにさせ，その結果多くが死んだ，というので裁判に訴えられた．以下を参照のこと．*John Babb v. Bernard Chalkley*（1701），HCA 24/127.

84）1775年8月，リヴァプールでの賃金カットは，短期間に起こった2回目のカットだった．6月半ばまでは，リヴァプールから船出する奴隷船の水夫たちには，慣習どおりのひと月40シリングが支払われていたのである．以下を参照されたい．"Wage Book for the voyage of the ship *Dalrymple* from Dominica to Liverpool, Patrick Fairweather, Master," 1776, William Davenport Archives, Maritime Archives & Library, D/DAV/3/3, MMM. *TSTD,* #91988.

85）*Newport Mercury,* July 18, 1763.

第9章　捕囚から船友へ

1）*An Account of the Life,* 22–24.《ロイヤル・ジョージ》の航海については，*TSTD,* #16490.

2）William D. Piersen, "White Cannibals, Black Martyrs: Fear, Depression, and Religious Faith as Causes of Suicide Among New Slaves," *Journal of Negro History* 62（1977），147–59.

3）Sidney W. Mintz and Richard Price, *The Birth of African-American Culture: An Anthropological Perspective*（orig. publ. 1976; rpt. Boston: Beacon Press, 1992）; Michael Gomez, *Exchanging Our Country Marks: The Transformation of African Identities in the Colonial and Antebellum South*（Chapel Hill: University of North Carolina Press, 1998）; Stephanie E. Smallwood, *Saltwater Slavery: A Middle Passage from Africa to American Diaspora*（Cambridge, Mass.: Harvard University Press, 2006）.

4）Testimony of George Millar, 1790, *HCSP,* 73:394; Testimony of William Littleton, 1789, *HCSP,* 68:299; Samuel Robinson, *A Sailor Boy's Experience aboard a Slave Ship in the Beginning of the Present Century*（orig. publ. Hamilton, Scotland: William Naismith, 1867; rpt. Wigtown, Scotland: G.C. Book Publishers Ltd., 1996），55; John Atkins,, *A Voyage to Guinea, Brazil, and the West Indies; In His Majesty's Ships, the Swallow and Weymouth*（London, 1735; rpt. London: Frank Cass & Co., 1970），180.

5）*Three Years Adventures,* 84; John Matthews, *A Voyage to the River Sierra Leone, on the Coast of Africa, containing an Account of the Trade and Productions of the Country, and of the Civil and Religious Customs and Manners of the People; in a Series of Letters to a Friend in England*（London: B. White and Son, 1788），151–52.

6）Testimony of Thomas Poplett, 1789, *HCSP,* 69:26; Robinson, *A Sailor Boy's Experience,* 78; Testimony of Thomas King, 1789, *HCSP,* 68:333; Captain William Snelgrave, *A New Account of Some Parts of Guinea and the Slave Trade*（London, 1734; rpt. London: Frank Cass & Co., 1971），171–72; *Three Years Adventures,* 95–96, 125; Testimony of James Fraser, 1790, *HCSP,* 71:34. Alan J. Rice, *Radical Narratives of the Black Atlantic*（London: Continuum, 2003），120–46.

7）Snelgrave, *A New Account,* 163; Testimony of Fraser, 1790, *HCSP,* 71:34.

8）Reverend John Riland, *Memoirs of a West-India Planter, Published from an Original MS. With a Preface and Additional Details*（London: Hamilton, Adams & Co., 1827），20–24; Testimony of Ecroyde Claxton, 1791, *HCSP,* 82:34. 奴隷貿易商のジョン・ファウンテン（John Fountain）は，1789年，次のように証言している．「どの民族かによりました――ダンコなら鉄の枷をつけることは決してありませんでした――彼らは奴隷のかなりの割合を占めていました――ファンティはかならず枷につな

ぎます——アシャンティその他は，必要に応じて，何をしたかによって決めていました.」*HCSP,* 69:269.

9) Roderick Terry, "Some Old Papers Relating to the Newport Slave Trade," Newport Historical Society, *Bulletin* 62 (1927), 23.

10) "Medical Log of Slaver the 'Lord Stanley,' 1792, by Christopher Bowes, MS. 129. d.27., Royal College of Surgeons, London. 人の肉体を数にしてしまう点については，以下を参照されたい. Smallwood, *Saltwater Slavery,* 178.

11) Journal of the Ship *Mary,* 1795–96, in Donnan III, 375. *Three Years Adventures,* 39; *Memoirs of Crow,* 38, 40; Testimony of Fraser, 1790, *HCSP,* 71:45; Testimony of Alexander Falconbridge, 1790, *HCSP,* 72:294.

12) *Boston Weekly News-Letter,* September 1, 1737; *Boston Gazette,* November 22, 1762; Mungo Park, *Travels into the Interior of Africa, Performed under the Direction and Patronage of the African Association, in the Years 1795, 1796, and 1797,* ed. Kate Ferguson Marsters (orig. publ. 1799; rpt. Durham and London: Duke University Press, 2000), 305.

13) *Pennsylvania Gazette,* July 30, 1741; *Royal Georgia Gazette,* June 14, 1781; Testimony of Peter Whitfield Branker, in *HLSP,* 3:190. Testimony of Captains Richard Pearson and John Olderman, in ibid., 121, 151. 奴隷が私掠船と戦った他の例が，以下にある. *Boston Weekly News-Letter,* July 31, 1760; *Massachusetts Spy: Or, the Worcester Gazette,* April 4, 1798; *Commercial Advertiser,* July 19, 1805; *American Mercury,* October 2, 1806; Testimony of James Penny, 1789, *HCSP*, 69:117; *Memoirs of Crow,* 102.

14) *Enquirer,* September 26, 1804; Robert Barker, *The Unfortunate Shipwright, or, Cruel Captain, being a Faithful Narrative of the Unparalleled Sufferings of Robert Barker, Late Carpenter on board the Thetis Snow of Bristol; on a Voyage from thence to the Coast of Guinea and Antigua* (orig. publ. 1760; new edition, London, "printed for the SUFFERER for his own Benefit; and by no one else," 1775), 20; Testimony of John Olderman, *HLSP,* 3:150; Captain James Penny to Miles Barber, July 24, 1784, *Baillie v. Hartley,* exhibits regarding the Slave Ship *Comte du Nord* and Slave Trade; schedule, correspondence, accounts, E 219/377, NA; *Newport Mercury,* November 18, 1765.

15) "Barque Eliza's Journal, Robert Hall, Commander, from Liverpool to Cruize 31 Days & then to Africa & to Demarary; mounts 14 Nine & Six Pounders, with 31 Men & boys," Royal African Company Records, T70/1220, NA; Testimony of Peter Whitfield Branker, *HLSP,* 2:119; Testimony of John Ashley Hall, *HCSP,* 72:233, 273.

16) Testimony of Falconbridge, 1790, in *HCSP,* 72:303; Testimony of Fraser, 1790, *HCSP,* 71:28.

17) *Three Years Adventures,* 116–17; Testimony of John Ashley Hall, 1790, *HCSP,* 72:230.

18) Falconbridge, *An Account of the Slave Trade,* 26.

19) Testimony of James Bowen, 1789, *HCSP,* 69:125; Testimony of John Knox, 1789, *HCSP,* 68:158.

20) Captain John Adams, *Sketches taken during Ten Voyages to Africa, Between the Years 1786 and 1800; including Observations on the Country between Cape Palmas and the River Congo; and Cursory Remarks on the Physical and Moral Character of the Inhabitants* (London, 1823; rpt. New York: Johnson Reprint Corporation, 1970), 9.

21) "Voyage to Guinea, Antego, Bay of Campeachy, Cuba, Barbadoes, &c." (1714–1723), Add. Ms. 39946, ff. 9–10, BL; Mouser, ed., *The Log of the* Sandown, 103; "The Slave Trade at Calabar, 1700–1705," in Donnan II, 15; Information of James Towne, in *Substance,* 236.

22) Falconbridge, *An Account of the Slave Trade,* 28; Examination of Rice Harris (1733), HCA 1/56, ff. 73–74; Testimony of James Arnold, 1789, *HCSP,* 69:126.

23) T. Aubrey, *The Sea-Surgeon, or the Guinea Man's Vade Mecum. In which is laid down, The Method of curing*

such Diseases as usually happen Abroad, especially on the Coast of Guinea: with the best way of treating Negroes, both in Health and in Sickness. Written for the Use of young Sea-Surgeons (London, 1729), 129–32; Atkins, *A Voyage to Guinea,* 60; Testimony of Trotter, 1790, *HCSP,* 73: 84–85. 以下の著作では，「黒い大西洋」における死が帯びていた多くの意味について，深い分析が展開されるはずである．Vincent Brown, *The Reaper's Garden: Death and Power in the World of Atlantic Slavery* (Cambridge, Mass.: Harvard University Press, forthcoming). この部分の基本的な背景については，以下を．Kenneth F. Kiple, *The Caribbean Slave: A Biological History* (Cambridge: Cambridge University Press, 1984), 1–75. 以下は，奴隷貿易における死亡率の包括的調査を要約したもので，役に立つ．Herbert S. Klein, *The Atlantic Slave Trade* (Cambridge: Cambridge University Press, 1999), 130–42.

24) Testimony of Fraser, 1790, *HCSP,* 71:58; Falconbridge, *An Account of the Slave Trade,* 32; Testimony of Falconbridge, 1790, *HCSP,* 72:303.

25) "Extracts of such Journals of the Surgeons employed in Ships trading to the Coast of Africa, since the first of August 1788, as have been transmitted to the Custom House in London, and which relate to the State of the Slaves during the Time they were on Board the Ships," Slave Trade Papers, 3 May 1792, HL/PO/JO/10/7/920; "Log-books, etc. of slave ships, 1791–7," Main Papers, 17–19 June 1799, HL/PO/JO/10/7/1104; "Certificates of Slaves Taken Aboard Ships," 1794, HL/PO/JO/10/7/982, all in the HLRO. すべての医者が死因のリストを作っているわけではないことを述べておきたい．ゆえにこれらの資料には，ここで分析した 86 以上の日誌が収められている．この日誌のなかには（すべてではないが），そこに綴られた経験が以下の研究の礎となったものもある．Richard H. Steckel and Richard A. Jensen, "New Evidence on the Causes of Slave and Crew Mortality in the Atlantic Slave Trade," *Journal of Economic History* 46 (1986), 57–77.

26) Thomas Trotter, *Observations on the Scurvy, with a Review of the Theories lately advanced on that Disease; and the Theories of Dr. Milman refuted from Practice* (London, 1785; Philadelphia, 1793), 14; Captain James Penny to Miles Barber, July 1, 1784, *Baillie v. Hartley,* E 219/377, NA; Case of the *Mermaid,* July 10, 1739, Donnan III, 51–52; J. Philmore, *Two Dialogues on the Man-Trade* (London, 1760), 34–35; Zachary B. Friedenberg, *Medicine Under Sail* (Annapolis, Md.: Naval Institute Press, 2002). 船医のクリストファー・ボーズ（Christopher Bowes）が，1792 年，《ロード・スタンリー》の奴隷たちの病の治療をした医療日誌については，以下を参照のこと．"Medical Log of Slaver the 'Lord Stanley,' 1792." ボーズは 33 人の患者の世話をした．男性 24 名，「青少年」3 名，女性 3 名，そして少女 3 名の，様々な病気を診た．その病は，下痢，震え，赤痢，熱病，痛み（腸，胸，膝，くるぶし，頭部）と多岐にわたる．うち 16 名が死亡．3 名は海岸で，13 名は中間航路で亡くなった（船には 392 名が乗っていた）．この船の死亡率は 4% を少し越える程度で，かなり低い．*TSTD,* #82365.

27) "Anonymous Account," Add. Ms. 59777B, f. 39v; Nicholas Owen, *Journal of a Slave-Dealer: A View of Some Remarkable Axedents in the Life of Nics. Owen on the Coast of Africa and America from the Year 1746 to the Year 1757,* ed. Eveline Martin (Boston: Houghton Mifflin, 1930), 90; Thomas Winterbottom, *An Account of the Native Africans in the Neighbourhood of Sierra Leone, to which is added An Account of the Present State of Medicine among them* (London, 1803; rpt. London: Frank Cass & Co., 1969), vol. I, 236. Atkins, *A Voyage to Guinea,* 79, 101; Matthews, *A Voyage to the River Sierra Leone,* 123; Philip Curtin, "Epidemiology and the Slave Trade," *Political Science Quarterly* 83 (1968), 190–216; Kenneth Kiple and Brian Higgins, "Mortality Caused by Dehydration during the Middle Passage," in Joseph Inikori and Stanley Engerman, eds., *The Atlantic Slave Trade: Effects on Economies, Societies, and Peoples in Africa, the Americas, and Europe* (Durham, N.C.: Duke University Press, 1992), 322–31; Richard B. Sheridan, "The Guinea Surgeons on the Middle

Passage: The Provision of Medical Services in the British Slave Trade," *International Journal of African Historical Studies* 14 (1981), 601–25; Sharla Fett, *Working Cures: Healing, Health, and Power on Southern Slave Plantations* (Chapel Hill: University of North Carolina Press, 2002).

28) "Richard Simsons Voyage to the Straits of Magellan & S. Seas in the Year 1689," Sloane 86, BL, f. 57; William Smith, *A New Voyage to Guinea: Describing the Customs, Manners, Soil, Climate, Habits, Buildings, Education, Manual Arts, Agriculture, Trade, Employments, Languages, Ranks of Distinction, Habitations, Diversions, Marriages, and whatever else is memorable among the Inhabitants* (London, 1744; rpt. London: Frank Cass & Co., 1967), 28; Snelgrave, *A New Account,* 187–88; Atkins, *A Voyage to Guinea,* 72. ジョン・アダムズもまた，西アフリカの言語の多様さを論じるにあたって「バベルの塔」の比喩を使用した． Adams, *Sketches taken during Ten Voyages to Africa,* 64. John Thornton, *Africa and Africans in the Making of the Atlantic World, 1400–1800* (Cambridge: Cambridge University Press, 1992; 2nd edition, 1998), 19–20, 183–205.

29) Snelgrave, *A New Account,* 177–80; Testimony of Claxton, *HCSP,* 82:36; Testimony of Fraser, *HCSP,* 71:13; Testimony of Falconbridge, *HCSP,* 69:48.

30) [Thomas Thompson], *Memoirs of an English Missionary to the Coast of Guinea* (London, 1788), 28–29.

31) Testimony of James Rigby, 1799, *HSLP,* 3:88; [Thompson], *Memoirs,* 28–29; Testimony of William McIntosh, 1789, *HCSP,* 68:194; Winterbottom, *An Account of the Native Africans,* 1:11; Thornton, *Africa and Africans,* ch. 7. Okon Edet Uya, "The Middle Passage and Personality Change Among Diaspora Africans," in Joseph E. Harris, ed., *Global Dimensions of the African Diaspora* (Washington, D.C.: Howard University Press, 1993, 2nd edition), 87.

32) Falconbridge, *HCSP,* 72:294; Peter Linebaugh, "All the Atlantic Mountains Shook," *Labour/ Le Travail* 10 (1982), 87–121.

33) Robinson, *A Sailor Boy's Experience,* 78; *Three Years Adventures,* 136. Testimony of Olderman, *HLSP,* 3:175; Matthews, *A Voyage to the River Sierra Leone,* 99; Testimony of Trotter, *HCSP,* 73:84.

34) *Three Years Adventures,* 111–12, 120, 93–94.

35) Testimony of Robert Norris, 1789, *HCSP,* 68:7.

36) Interview of Mr. Janverin, *Substance,* 249.

37) Testimony of Arnold, *HCSP,* 69:126; Testimony of Claxton, *HCSP,* 82:36.

38) Snelgrave, *A New Account,* introduction; *Three Years Adventures,* 131–32; Testimony of Robert Heatley, 1789, *HCSP,* 69:123.

39) Riland, *Memoirs of a West-India Planter,* 58–59; Thomas Clarkson to Comte de Mirabeau, November 8, 1789, ff. 1–2, Papers of Thomas Clarkson, Huntington Library, San Marino, California. Falconbridge, *An Account of the Slave Trade,* 30; Testimony of Falconbridge, 1790, *HCSP,* 72:307; Testimony of Ellison, *HCSP,* 73:376; Testimony of James Towne, 1791, *HCSP,* 82:22; Testimony of Claxton, *HCSP,* 82:36.

40) Testimony of David Henderson, 1789, *HCSP,* 69:139; Testimony of Arnold, *HCSP,* 69:127.

41) Antonio T. Bly, "Crossing the Lake of Fire: Slave Resistance During the Middle Passage, 1720–1842," *Journal of Negro History* 83 (1998), 178–86; Richard Rathbone, "Resistance to Enslavement in West Africa," in *De la traite a l'esclavage: actes du colloque international sur la traite des noirs,* ed. Serge Daget (Nantes, 1988), 173–84.

42) Riland, *Memoirs of a West-India Planter,* 52; Testimony of James Morley, 1790, *HCSP,* 73:160–61.

43) Testimony of Isaac Parker, 1790, *HCSP,* 73:124–25, 130; *TSTD,* #91135.

44) *Edward Fentiman v. James Kettle* (1730), HCA 24/136; *TSTD,* #76618. 奴隷たちは虐待されると，食事をしようとしなくなったという別の証拠としては，Testimony of James Towne, 1791, *HCSP,*

82:21. 自分たちの船に乗っていたアフリカ人通訳が虐待されたのに連帯し，奴隷たちが集団ハンガーストライキに打って出て，成功した例としては以下をご覧いただきたい．“The Deposition of John Dawson, Mate of the Snow *Rainbow,*” 1758, in Donnan IV, 371–72.

45）Aubrey, *The Sea-Surgeon,* 128. 奴隷たちの意志に対して暴力は有効でないとの判断の，もうひとつの例としては以下を．Interview of Janverin, *Substance,* 249.

46）Snelgrave, *A New Account,* 190; “Anecdote IX”（author unnamed）, in *Substance,*315–16; *Jones v. Small,* Law Report, the *Times,* July 1, 1785.

47）“Voyage to Guinea,” Add. Ms. 39946, f. 8（*TSTD,* #75489）; *Memoirs of Crow,* 44; James Hogg to Humphry Morice, March 6, 1732, Humphry Morice Papers, Bank of England Archives, London.

48）*Connecticut Journal,* February 2, 1786; Testimony of Falconbridge, 1790, *HCSP,* 72:307–8; “Extract from a Letter on Board the Prince of Orange,” April 7, 1737, *Boston News-Letter,* September 15, 1737.

49）Testimony of Isaac Wilson, 1790, *HCSP,* 72:281; Testimony of Claxton, *HCSP,* 82:35–36; *Pennsylvania Gazette,* May 21, 1788（article by Gandy, but not identified as such）. クラークソンはミラボーへの手紙で，自分の体験をもう一度語っている．December 9, 1789, Papers of Clarkson, Huntington Library. 《ゾング》については以下を．Granville Sharp to the Lords Commissioners of the Admiralty, London, July 2, 1783, “Documents Related to the Case of the *Zong* of 1783,” Manuscripts Department, REC/19, f. 96, NMM.

50）Testimony of Wilson and Falconbridge, both in *HCSP,* 72:279, 300; Log of the Brig *Ranger,* Captain John Corran, Master, 1789–1790, 387 MD 56, LRO; [John Wells], “Journal of a Voyage to the Coast of Guinea, 1802,” Add. Ms. 3,871, f. 15, Cambridge University Library; Testimony of Mr. Thompson, *Substance,* 207.

51）Extract of a letter to Mr. Thomas Gatherer, in Lombard Street; dated Fort-James,, River Gambia, April 12, 1773, *Newport Mercury,* December 27, 1773; *Independent Journal,* April 29, 1786. フランスの奴隷船上での同様の爆発の例については，*Newport Mercury,* March 3, 1792. 反乱が失敗した後の集団自殺については，*Newport Mercury,* November 25, 1765; *Connecticut Journal,* January 1, 17668; “The Log of the *Unity,* 1769–1771,” Earle Family Papers, D/EARLE/1/4, MMM; *Providence Gazette; and Country Journal,* September 10, 1791.

52）注 25 中の引用を参照のこと．

53）裁判の判決については，*Jones v. Small,* Law Report, the *Times,* July 1, 1785. 他のかたちの抵抗とおなじく，船から飛び降りるという行動も，大西洋からメトロポリスへと伝わってきた．そこでは，様々な作家が，尊厳を奪う奴隷制に抗する死の決断を詩に謳いあげ，永遠の命を与えた．よく知られた反奴隷制の詩「ニグロの嘆き」（“The Negroe's Complaint”）は，リヴァプールの名士ウィリアム・ロスコー（William Roscoe）とジェイムズ・カリ博士の共作で，匿名で出版された．詩はアフリカ人の主人公マラタンを次のように語っている．「明日，白き者は虚しい／彼，誇らしく，我を奴隷としようとも／枷もろともにわたしは飛ぶのだ——／勇者の王国へと急ぐのだ」See Dr. James Currie to Admiral Sir Graham Moore, 16 March 1788, 920 CUR 106, Papers of Dr. James Currie, LRO. 詩はまず『ワールド』紙に発表され，後に合衆国でも再出版された．*Federal Gazette, and Philadelphia Evening Post,* April 8, 1790. 同じ比喩はロスコーの *The Wrongs of Africa*（London, 1788）にも出てくる．James G. Basker, *Amazing Grace: An Anthology of Poems About Slavery, 1660–1810*（New Haven, Conn.: Yale University Press, 2002）.

54）Testimony of Ellison, *HCSP,* 73:374. この問題にかんする論文の古典として，Lorenzo Greene, “Mutiny on the Slave Ships,” *Phylon* 5（1944）, 346–54. 次の価値ある著作も参照のこと．Eric Robert Taylor, *If We Must Die: Shipboard Insurrections in the Era of the Atlantic Slave Trade*（Baton Rouge: Louisiana State University Press, 2006）.

55）Testimony of Arnold, *HCSP,* 69:130. スネグレーヴは（*A New Account,* 167），《イーグル・ギャリー》ではたった 20 人で反乱を起こしたと知り，衝撃を受けた．実際にはもっと少人数での反乱もあった．場合によっては，反乱を起こしたものの他の者たちが加わらず，賭けが失敗に終わることもあった．

56）The *Times,* July 1, 1785; "Log of the *Unity,*" Earle Family Papers, D/EARLE/1/4; *Connecticut Journal,* February 2, 1786; Testimony of Robert Hume, 1799, *HLSP,* 3:110; Testimony of Trotter, *HCSP,* 73:87; Atkins, *A Voyage to Guinea,* 72–73. 少年にかんしては以下を．Extract of a letter to Mr. Thomas Gatherer, April 12, 1773, *Newport Mercury,* December 27, 1773. Uya, "The Middle Passage and Personality Change," 91.

57）*Three Years Adventures,* 96; Snelgrave, *A New Account,* 77; Testimony of Fountain, *HCSP,* 68:273; Thornton, *Warfare in Atlantic Africa,* 140.

58）*Pennsylvania Gazette,* May 16, 1754. 反乱において奴隷たちがヨーロッパの武器を使用した例については，次を参照のこと．Lieutenant Governor Thomas Handasyd to the Board of Trade and Plantations, from Jamaica, October 5, 1703, Donnan II, 4; *Boston News-Letter,* May 6, 1731（also *Boston Gazette,* April 26, 1731）; *Bath Journal,* December 18, 1749; *Boston Gazette,* October 4, 1756; *Pennsylvania Gazette,* May 31, 1764; *New London Gazette,* December 18, 1772; *Newport Mercury,* December 27, 1773; William Fairfield to Rebecca Fairfield, Cayenne, April 23, 1789, Donnan III: 83; *Providence Gazette; and Country Journal,* September 10, 1791; *Massachusetts Spy: Or, the Worcester Gazette,* April 4, 1798; *Federal Gazette & Baltimore Daily Advertiser,* July 30, 1800; *Newburyport Herald,* March 22, 1808. イニコリの見積もりでは，1750 年から 1807 年までの間，西アフリカには毎年 15 万から 20 万の銃が輸入されていた，という．リチャーズは 283,000 から 394,000 という数を挙げている．Inikori, "The Import of Firearms into West Africa 1750–1807," 348, Richards, "The Import of Firearms into West Africa in the Eighteenth Century," 43–44.

59）Smith, *A New Voyage to Guinea,* 28. コロマンティについては次を．Trotter, *Observations on the Scurvy,* 23; Falconbridge, *An Account of the Slave Trade,* 70. Snelgrave, *A New Account,* 168–69, 177–78. イビビオについては次を．*Memoirs of Crow,* 98–99, 200–1. デヴィッド・リチャードソンは，セネガンビア地域からの奴隷は（シエラレオネおよびウィンドワード海岸出身の者たちと並んで）最も激しく抵抗する，また黄金海岸出身者もひけをとらない，と述べている．以下を参照のこと．David Richardson, "Shipboard Revolts, African Authority, and the Atlantic Slave Trade," *William and Mary Quarterly,* 3rd ser., 58（2001）, 76–77.

60）*Felix Farley's Bristol Journal,* March 24, 1753.

61）Smallwood, *Saltwater Slavery,* 123.

62）*Newburyport Herald,* December 4, 1801.

63）*Boston Post Boy,* August 13, 1750.

64）*Pennsylvania Gazette*, November 9, 1732; Atkins, *A Voyage to Guinea,* 175–76; *Three Years Adventures,* 103.

65）*Boston News-Letter,* September 18, 1729; *TSTD,* #77058; *Bath Journal*, December 18, 1749; *TSTD,* #90233.

66）*American Mercury,* January 31, 1785.

67）Testimony of Ellison, *HCSP,* 73:375; Snelgrave, *A New Account,* 167, 173; "Anecdote I"（author unnamed）, in *Substance,* 311; Testimony of Arnold, *HCSP,* 69:134.

68）Testimony of Towne, 1791, *HCSP,* 82:21; Richardson, "Shipboard Revolts," 82–90.

69）*Boston News-Letter,* September 9, 1731; Richardson, "Shipboard Revolts," 74–75.

70）Thomas Clarkson, *An Essay on the Slavery and Commerce of the Human Species, particularly The African,*

translated from a Latin Dissertation, which was honoured with the First Prize in the University of Cambridge for the Year 1785, with Additions（London, 1786; rpt. Miami, Fla.: Mnemosyne Publishing Co., 1969）, 88–89.

71） *Newburyport Herald,* December 4, 1801; Clarkson to Mirabeau, December 9, 1789, ff. 1–2, Papers of Clarkson, Huntington Library.

72） Piersen, "White Cannibals, Black Martyrs," 147–59.

73） "Anonymous Account," Add. Ms. 59777B, ff. 40–41v; Testimony of John Douglas, 1791, *HCSP,* 82:125; Michael Mullin, *Africa in America: Slave Acculturation and Resistance in the American South and British Caribbean, 1736–1831*（Urbana and Chicago: University of Illinois Press, 1992）, 66–69; Smallwood, *Saltwater Slavery,* 147. エリザベス・イシチェイ（Elisabeth Isichei）の興味深い考察も参照されたい. "Transformations: Enslavement and the Middle Passage in African American Memory," in her *Voices of the Poor in Africa*（Rochester, N.Y.: University of Rochester Press, 2002）, 77–85.

74） "Voyage to Guinea," Add. Ms. 39946, ff. 9–10; Testimony of Millar, *HCSP,* 73:394; Hawkins, *A History of a Voyage to the Coast of Africa,* 108; Clarkson, *An Essay on the Slavery and Commerce of the Human Species,* 143–44. この信仰について触れたその他の例としては次を参照のこと. *Times,* February 2, 1790; Atkins, *A Voyage to Guinea,* 175–76.

75） "Anonymous Account," Add. Ms. 59777B, ff. 40–41v.

76） Testimony of Claxton, 1791, *HCSP,* 82:35; Snelgrave, *A New Account,* 183–84; *Memoirs of Crow,* 26. スネルグレイヴは，処刑された男も，（黄金海岸出身の）その他のコロマンティも誰ひとりとして，死後の帰還を信じてはいなかったが，「船に乗せていたその他の地域出身の者たちの多くはそのように信じていた」と付け加えている.

77） Clarkson to Mirabeau, December 9, 1789, f. 1, Papers of Clarkson, Huntington Library.

78） Thornton, *Africa and Africans,* 195.

79） *Three Years Adventures,* 80–82; Testimony of William James, *HCSP,* 69:49; Testimony of Wilson, *HCSP,* 72:281–82; Testimony of Arnold, *HCSP,* 69, 50, 1337–38; Testimony of Trotter, *HCSP*, 73:97, 99–100. 隷船を降りると，そこに 2 年前に引き離された夫を見つけた女性のケースについては，*Sun,* November 18, 1805.

80） Matthews, *A Voyage to the River Sierra Leone,* 153; Interview of Bowen, *Substance,* 230.「外人」を取り込む西アフリカの文化的な技についてジョン・ソーントン（John Thornton）のコメントに注目のこと. *Africa and Africans,* 218.

81） Winterbottom, *An Account of the Native Africans,* 1:212; *Three Years Adventures,126.* ウィンターボトムはまた，ジャマイカの友人から聞いた，次のような話を語っている. 友人は，ある夜遅く，「頭に箱を乗せて」家路を歩くアフリカ人男性に出会った. 箱のなかには「シップメイトの心臓が入っている. 2，3 マイル先の農場にそれを持っていくのだ. そこには亡くなった男性の友人がたくさんいる. それを囲んでみなで泣くのだ. 自分は前の晩，故人の亡がらを土に埋める前に，その前でもう泣いてきた. これから遠くにいる仲間たちと一緒に同じ儀式をするつもりだ.」（1:212–13）. 以下も参照されたい. Uya, "The Middle Passage and Personality Change," 93. 同僚のジェローム・ブランシュ（Jerome Branche）とシェローム・グッデン（Shelome Gooden）とは，このテーマについて有益な議論をかわした. お礼申し上げる.

82） Testimony of Falconbridge, *HCSP,* 72:308; Testimony of Ellison, *HCSP,* 73:381.

83） Testimony of Trotter, *HCSP,* 73:88; Interview of Bowen, *Substance,* 230; "Extract of a letter from Charleston to the Editor of the Repertory, dated March 8th," *Massachusetts Spy, or Worcester Gazette,* April 4, 1804. 筆者は，この 3 人は姉妹かもしれないと思っていたが，「友達」であろうと判断を変えたようだ.

84） Testimony of Thomas King, 1789, *HCSP,* 68:333; Testimony of Arnold, *HCSP,* 69:50. アダムとイブの例

については，Mouser, *The Log of the* Sandown, 64; *An Account of the Life,* 29. Doudou Diene, ed., *From Chains to Bonds: The Slave Trade Revisited*（Oxford: Berghahn, 2001）.

第 10 章　奴隷船《ブルックス》の長い旅

1）1788 年から 1789 年にかけて，英国の港から出航した奴隷船の航海は 197，アメリカの港からは 19 であった．データは *TSTD* から引き出した．

2）Clarkson, *History,* vol. II, 111.

3）Thomas Cooper, Esq., *Letters on the Slave Trade: First Published in Wheeler's Manchester Chronicle and since reprinted with Additions and Alterations*（Manchester, 1787）, 3–5. 運動の始まりと初期の歴史については，新たに素晴らしい研究が出た．Christopher Brown, *Moral Capital: Foundations of British Abolitionism*（Chapel Hill: University of North Carolina Press, 2006）.

4）奴隷船のイメージについての最近の優れた研究としては以下のものがある．J. R. Oldfield, *Popular Politics and British Anti-Slavery: The Mobilization of Public Opinion against the Slave Trade, 1787–1807*（London: Frank Cass & Co., 1998）, 99–100, 163–66; Philip Lapsansky, "Graphic Discord: Abolitionist and Antiabolitionist Images," in Jean Yellin Fagan and John C. Van Horne, eds., *The Abolitionist Sisterhood: Women's Political Culture in Antebellum America*（Ithaca and London: Cornell University Press, 1994）, 201–30; Cheryl Finley, "Committed to Memory: The Slave-Ship Icon and the Black-Atlantic Imagination," *Chicago Art Journal*（1999）, 2–21; Marcus Wood, "Imagining the Unspeakable and Speaking the Unimaginable: The 'Description' of the Slave Ship *Brooks* and the Visual Interpretation of the Middle Passage," in Katherine Quinsey, Nicole E. Didicher, and Walter S. Skakoon, eds., *Lumen: Selected Proceedings from the Canadian Society for Eighteenth-Century Studies*（Edmonton: Academic Printing and Publishing）, 211–45; and Marcus Wood, *Blind Memory: Visual Representation of Slavery in England and America, 1780–1865*（Manchester and New York: Manchester University Press, 2000）,14–77.

5）"Admeasurement of the Ships at Liverpool from Captain Parrey's Account," no date（1788）, Liverpool Papers, Add. Ms. 38416, f. 209, BL; "Dimensions of the following Ships in the Port of Liverpool, employed in the African Slave Trade," in *HCSP,* 67.

6）*Plan of an AFRICAN SHIP'S Lower Deck with NEGROES in the proportion of only One to a Ton*（Plymouth, 1788）. ブリストルのT・ディーブル（T. Deeble）による複写（17562/1, BRO）はプリマスのブロードサイドと同一のもののようだ．以下も参照のこと．*Plan and Sections of a Slave Ship*（London: James Phillips, 1789）; Clarkson, *History,* 111. そもそもパレーがリヴァプールに派遣された背景には，奴隷貿易廃止の計画があったことは覚えておかねばならない．ピットは貿易反対の立場で，奴隷船をたくさん計測しておけば，リヴァプールの代表が奴隷貿易についての公聴会で（開催はすでに 1788 年はじめにジョージ 3 世によって命じられていた），「何か事実とは違うことを述べた際に」，廃止論者と庶民院でのシンパたちが，「それを見抜くのに何らかの役に立つのではないか」と狙ったのであった．Clarkson, *History,* vol. I, 535–36; Meeting of April 22, 1788, Minutes of the Abolition Committee, Add. Ms. 21255, BL.

7）"Dimensions of the following Ships in the Port of Liverpool," *HCSP,* 67.《ブルックス》の航海についての情報は以下に記載されている．*TSTD,* #80663–80673.

8）*Plan of an AFRICAN SHIP'S Lower Deck.*

9）オールドフィールドによれば，エルフォードはピットの友人であった．*Popular Politics and British Anti-Slavery,* 99.

10）*Plan of an African Ship's Lower Deck, with Negroes in the proportion of not quite one to a Ton*（Philadelphia: Mathew Carey, 1789）; *Plan of an African Ship's Lower Deck, with Negroes in the proportion of not quite one to a Ton*（New York: Samuel Wood, n.d.）.

11）フィリップ・ラプサンスキー（Philip Lapsansky）は次のように書いている.「1789 年のある奴隷船の図像. 鎖につながれた黒い肉体が船の最後の隙間まで詰め込めるだけ詰め込まれた，あの有名な断面図は，アメリカの奴隷制時代，数えきれないほど版を重ねた.」様々な版が出たが，たとえば，チャールス・クロフォードが，自分のパンフレットの増補版を出すときにも掲載された. Charles Crawford, *Observations on Negro Slavery*（Philadelphia, 1790）; Thomas Branagan, *The Penitential Tyrant*（New York, 1807）; the various editions of Clarkson's *History;* and three editions of Samuel Wood's pamphlet *Mirror of Misery*（1807, 1811, 1814）. Lapsansky's "Graphic Discord," 204.

12）Clarkson, *History,* 111; *Plan and Sections of a Slave Ship.*

13）パレー大佐の覚書にある 609 人という数字は，ドルベン法通過以前の航海で運ばれた奴隷の数であった.

14）Wood, *Blind Memory,* 29–32.「船舶設計技術改良協会」の出版物については，第 2 章注 32 を見ていただきたい. 造船業界における変化については，Peter Linebaugh, *The London Hanged: Crime and Civil Society in the Eighteenth Century*（London: Allen Lane, 1991）, ch. 11.

15）奴隷船船長あがりの貿易商，ジェイムズ・ペニーは 1788 年 6 月に「成人には平均で幅 36 センチ，少年少女には 30 センチだった」と証言している. Testimony of James Penny, June 13 and 16, 1788, in *HCSP,* 68:39.

16）引用は Alexander Falconbridge, *An Account of the Slave Trade on the Coast of Africa*（London, 1788）から. このパンフレットは，少し以前にロンドンの協会によって出版されていた.

17）船の図像をめぐって，プリマスとロンドンの協会間でもめたという証拠があるが，理由は定かではない. ウィリアム・エルフォードの記しているところによれば，「わたしたちが出版した奴隷甲板の図にかんして」ロンドン協会が細かいことを言ってきたという. それに対して，エルフォードは「強い」表現で対応し，後に謝罪したとのこと. 以下を参照されたい. William Elford to James Phillips, March 18, 1789, Thompson-Clarkson MSS, vol. II, 93, Friends House Library, London.

18）Meeting of June 12, 1787, Minutes of the Abolition Committee, Add. Ms. 21254.

19）Clarkson, *History,* vol. I, 293–94, 367. これ以降，この節での引用のほとんどは，この 2 巻本の歴史書からのものである.

20）Ibid., vol.I, 322, 344, 364.

21）Clarkson's Journal of his Trip to the West Country, June 25–July 25, 1787, in Correspondence and Papers of Thomas Clarkson, St. John's College Library, Cambridge University. *TSTD,* #17982（*Africa*）, #17985（*Brothers*）.

22）Clarkson, *History,* vol. I, 316, 323, 330, 359, 361, 365. 水夫の多くは奴隷貿易商を怖れ，国会での証言はしたがらなかった.

23）Clarkson's Journal of his Trip to the West Country; Thomas Clarkson, *The Impolicy of the Slave Trade*（London, 1788）, 44–45; Clarkson, *History,* vol. I, 301, 310–18.

24）Clarkson, *History,* vol. I, 385–88, 409. クラークソンは後に，キングス・アームズから離れた場所にも第 2 の部屋を借り，水夫のインタビューと執筆はそこで行った.

25）Clarkson, *History,* vol. I, 407, 410; Ellen Gibson Wilson, *Thomas Clarkson: A Biography*（New York: St. Martin's Press, 1990）, 35.

26）Clarkson, *History,* vol. I, 392, 395, 300, 408, 438.

27）Clarkson, *An Essay on the Impolicy of the Slave Trade,* iii.

28）クラークソンは，水夫たちの証言を収集すべく，1788年8月から各地をめぐる2回目の旅に出たこと，そして『証言実録』に収録されたインタビューには，ブリストルやリヴァプール以外の港への訪問した際の発見が反映されていること，この2点は重要である．

29）Clarkson, *History,* vol. I, 329; *Sherborne Mercury,* December 8, 1788, and February 1, 1790, as quoted in Oldfield, *Popular Politics and British Anti-Slavery,* 100. オールドフィールドは「その奴隷船の最初の図像が誰の発案によるものなのかは明らかでない」（182）と，記している．しかし音頭をとった一人がクラークソンであることは確かである．彼は1788年11月にプリマスを訪問して，後に「委員会の基礎をもうひとつ作ってきた」と書いている．その仕事の一部が奴隷船の調査と，水夫たちへのインタビューだったのだろう．これらは《ブルックス》を目玉にしたプリマスのブロードサイドの文章中に引用されている．彼はまた，ウィリアム・ダブ（William Dove）というある元水夫を探し出して，インタビューをした．ダブは以前リヴァプールから船出した水夫であったが，このときはプリマス在住で，桶屋になっていた．クラークソンは，プリマス委員会に，独自の調査をするように薦め，委員会はそれを実行した．後に貿易廃止派の敵が，クラークソンは奴隷貿易における虐待や暴力を誇張していると主張した際には，ウィリアム・エンフォールドは地元での調査に基づいてその主張を反駁した．「我々はこの件にかんして，広範囲な証拠を集めることができましたが，その全てが，クラークソン氏のおっしゃっていることを裏付けています．確かな証拠がたっぷりあるのです．」地元の新聞『シャーボーン・マーキュリー』には，2人の情報提供者，ジェームズ・ブラウン（James Brown）とトーマス・ベル（Thomas Bell）の名が挙げられている．両者とも王立海軍の艦長で，2人の「これまでに提供してくれた貴重な情報と，これからも協力するとの申し出」に対し謝意が述べられている．クラークソンはベルという水夫にインタビューしている．「船乗りになるべく成長」した人物であった．そして，1789年の『証言実録』を準備するにあたって，この水夫の私信や個人的記録を読んだ．ベルはクラークソンに，奴隷船《ネリー》上で横行していた水夫や奴隷への残虐行為について語った．なかには，豚が，死んだ奴隷，そして生きている奴隷の肉までも引きちぎったという身も凍る話もあった．

30）"Extract of a letter received from England," *Pennsylvania Gazette,* April 13, 1791; Testimony of Isaac Parker, 1791, *HCSP,* 73:123–39.

31）Thomas Clarkson, *An Essay on the Comparative Efficiency of Regulation or Abolition as applied to the Slave Trade*（London: James Phillips, 1789）, 32.

32）*Newport Mercury,* February 22, 1790, *Providence Gazette; and Country Journal,* March 6, 1790.《ブルックス》の図像に同情を示した，サウスカロライナの牧師の反応と，「この州は，これほど非人間的な人身売買の撤廃に最後まで同調しないだろう」という先見の明あるコメントにかんしては *Dunlap's American Daily Advertiser,* February 2, 1792. Seymour Drescher, *Capitalism and Anti-Slavery: British Mobilization in Comparative Perspective*（New York: Oxford University Press, 1987）, 24.

33）William Wilberforce's speech to the House of Commons, "On the Horrors of the Slave Trade," May 12, 1789, in William Cobbett, ed., *The Parliamentary History of England, From the Norman Conquest in 1066 to the year 1803*（London: T. Curson Hansard, 1806–20）, 28（1789–91）. Seymour Drescher, "People and Parliament: The Rhetoric of the British Slave Trade," *Journal of Interdisciplinary History* 20（1990）, 561–80.

34）Testimony of Robert Norris, *HCSP,* 73:4–5, 8, 10; 69:203.

35）Roger Anstey, *The Atlantic Slave Trade and Abolition, 1760–1810*（London, 1975）, 293; Drescher, *Capitalism and Anti-Slavery,* 20; Hugh Thomas, *The Slave Trade: The Story of the African Slave Trade, 1440–1870*（New York: Simon and Schuster, 1999）, 513–15; Adam Hochschild, *Bury the Chains: Prophets*

and Rebels in the Fight to Free an Empire's Slaves (Boston: Houghton Mifflin, 2005), 153–58.

36) *Parliamentary Register* (London, 1788), vol. 23, 606–7; Fox and Windham quoted in Clarkson, *History,* 1:111, 187; 2:326, 457. James W. LoGerfo, "Sir William Dolben and the 'Cause of Humanity,'" *Eighteenth-Century Studies* 6 (1973), 431–51. ドルベン法は 1789 年に改正され，水夫を保護する新しい条項が付け加えられた．さらに 1794 年，1797 年の改正を経て，1799 年にジョージ 3 世によって恒久法とされた．

37) Clarkson, *History,* 151–55; Clarkson's Journal of his Visit to France, 1789, Thomas Clarkson Collection, Robert W. Woodruff Library, Atlanta University Center, Atlanta. 数年後の 1814 年 6 月，カレーでの会議で，クラークソンはロシアのアレクザンダー I 世に，奴隷船の図像を贈呈した．皇帝はこの会議への途上，激しい船酔いを経験したが，《ブルックス》の図像を見て「海でよりずっと具合が悪くなった」と述べた．Wilson, *Thomas Clarkson,* 125.

38) Thomas Clarkson to Comte de Mirabeau, December 9, 1789, Papers of Thomas Clarkson, Huntington Library, San Marino, California. Thomas Clarkson, *The True State of the Case, respecting the Insurrection at St. Domingo* (Ipswich, 1792), 8.

39) Testimony of Thomas Trotter, 1790, *HCSP,* 73:81–101. トロッターはまた，自分の船での経験について他の証言もしている．奴隷貿易廃止運動が興隆するより以前，1785 年にパンフレットを出版し，その中で海軍水夫と奴隷とされたアフリカ人の船での経験を比較している．Trotter, *Observations on the Scurvy, with a Review of the Theories lately advanced on that Disease; and the Theories of Dr. Milman refuted from Practice* (London, 1785; Philadelphia, 1793).

40) Testimony of Clement Noble, 1790, *HCSP,* 73:109–21. ノーブル一族は，この業界の有力者であった．ウィリアム・ノーブル（William Noble）は，おそらくクレメントの父か叔父であろうが，《コルシアン・ヒーロー》の 1769 年から 70 年にかけての航海で船長を務めた．クレメント自身もこの船に（航海士として）乗っていたのはまず間違いないだろう．というのは，後にこの船の船長となっているからである．それから 2，3 年後，クレメントは，父あるいは叔父とおなじく，血筋の者，おそらくは自分の息子を《ブルックス》に乗せたのである．乗員名簿によれば，1783 年から 84 年の航海にはジョゼフ・ノーブルが乗船，また 1784 年から 85 年にかけては，クレメントはウィリアム・ノーブルと共に船に乗っている．1790 年，リヴァプールから黄金海岸に向かう《アビゲイル》の船長として，ジョゼフの名があがっているので，彼も 2，3 年後には自分自身の船を指揮していたようである．1792年にリヴァプールを出航した奴隷船《タマジン》の船長を務めたジェイムズ・ノーブルという人物もいた．奴隷貿易についての知識や慣習は，年長のノーブル船長による「業務心得帳」に記され，受け継がれていった．以下を参照のこと．"A Muster Roll for the Brooks, Clement Noble, from Africa and Jamaica," Port of Liverpool, October 6, 1784, Board of Trade 98/44, NA; "A Muster Roll for the Brooks, Clement Noble, from Africa and Jamaica," Port of Liverpool, April 29, 1786, BT 98/46; Letter of Instructions from Mathew Strong to Captain Richard Smyth of the ship *Corsican Hero,* January 19, 1771 380 TUO 4/4, David Tuohy papers, LRO (for the trade book). ウィリアム，ジョゼフ，ジェイムズの航海については *TSTD,* #90589, #90655, #80008, #83702.

41) Trotter, *Observations on the Scurvy,* 19–20; Testimony of Trotter, *HCSP,* 85, 87. 42. Ibid., 119, 117, 120.

42) Ibid.,119,117,120.

43) Testimony of Trotter, *HCSP,* 88–89. ノーブルはこの「面倒で不穏な輩」は自分を殺そうと思っていると確信していたが，それは正しかったかもしれない．Testimony of Noble, *HCSP,* 113.

44) Testimony of Noble, *HCSP,* 110, 112.

45) ノーブルは 162 名の乗員の指揮をとった．最初の 2 回の航海での合計が 118 名，うち 11 名は

死亡したので，ノーブルの船に再乗船しようと思えばできたのは 107 名ということになる．最初の航海（1781–83）に参加した者には，ノーブルと再契約する機会は 2 回あったわけだから，全部で 168 回分の再契約のチャンスがあった．このうち，乗組員名簿に再度名があがっているのはたったの 13 人だが，この少ない数さえ乗組員の残存率を実際より多く見せている．2 人は航海士（ジョン・デイヴィスとジョン・ショー）だったようだし，ジョゼフ・ノーブルはおそらく船長の息子．そして親が見習いに出した「少年」が 4 人いたようだ．残りの 6 人のうちの 3 人は，いかにもよくある名前の面々――ジョン・ジョーンズ，エドワード・ジョーンズ，そしてジョン・スミス――なので，前の航海の人物と次の航海の人物が同一人物かどうか定かではない．こう考えていくと，ノーブル船長と再契約した，とはっきり言える水夫は，全部で 3 人，ピーター・カミンズ，そしてロバート・ハートショーンが第 2 回目，第 3 回目と契約している．3 人目のパット・クラークは，第 1 回目の航海に参加し，第 2 回目にも契約したが，後に考え直したらしくジャマイカのキングストンでノーブルの船から脱走した．Testimony of Noble, *HCSP*, 112; "A Muster Roll for the Brooks, Clement Noble, from Africa and Jamaica," Port of Liverpool, April 15, 1783, Board of Trade 98/43; "A Muster Roll for the Brooks," October 6, 1784, BT 98/44; "A Muster Roll for the Brooks," April 29, 1786, BT 98/46.

46）Captain John Adams, *Sketches taken during Ten Voyages to Africa, Between the Years 1786 and 1800; including Observations on the Country between Cape Palmas and the River Congo; and Cursory Remarks on the Physical and Moral Character of the Inhabitants*（London, 1823; rpt. New York: Johnson Reprint Corporation, 1970）, 9.

47）Clarkson, *History*, vol. II, 187; Lapsansky, "Graphic Discord," 202; Oldfield, *Popular Politics and British Anti-Slavery*, 163.

48）Clarkson, *History*, vol. II, 115. 18 世紀末には，「野蛮人」，「未開人」，「文明化された」というような単語は，社会の進化と発展についての一大理論を呼び起こした――つまり，亜氷期の歴史理論で，そこではヨーロッパの文明が頂点に君臨し，人間の進化の最も高い段階を具現していた．ヨーロッパが帝国を建設し，世界中の人々を服従させていくにあたって，「野蛮」や「未開」の叫びはその武器として使われてきたのだった．この考え方でいけば，貿易は美徳をもたらすものであり，非ヨーロッパ社会を文明化する手段であった．世界の他の場所は，ヨーロッパと取引をすればするほど，「野蛮」や「未開」の度合いが低くなり――よりヨーロッパ的になるのである．Philip Gould, *Barbaric Traffic: Commerce and Antislavery in the Eighteenth-Century Atlantic World*（Cambridge, Mass.: Harvard University Press, 2003）.

49）Clarkson, *An Essay on the Comparative Efficiency*, 58.

50）Ibid., 48.

51）ジョン・ウェルズレーは，1774 年奴隷貿易商への呼びかけで，次のようにもの申している．「アフリカの悪党をそそのかし，仲間を売るようしむけているのは，あなた方．そうして彼らは，盗み，奪い，数えきれないほどの男を，女を，子供たちを，殺す．イギリスの悪党が彼らに金を払い，やらせているのです．そのイギリスの悪党の呪わしい仕事に大金を払っているのはあなた方．すべての源は，あなた方の金．あなた方の金が奴らに力を与えているのです．イギリスの悪党，アフリカの悪党，彼らのこの所業は，全てあなた方の行い．あなたの良心は，これで平気でいられるのですか．呵責を感じはしないのですか．金に目がくらみ，何も見えなくなったのですか．心が麻痺してしまったのですか．」*Thoughts upon Slavery*（London, 1774; rpt. Philadelphia, 1778）, 52.

52）Emma Christopher, *Slave Trade Sailors and their Captive Cargoes, 1730–1807*（Cambridge: Cambridge University Press, 2006）, 164–168.

53) この引用は,《ブルックス》の図像と解説とともに以下に収められている. *Address to the Inhabitants of Glasgow, Paisley, and the Neighborhood, concerning the African Slave Trade, by a Society in Glasgow* (Glasgow, 1790), 8. マーカス・ウッドは「おそろしいほど強力な仕組みなのだ」と書いている. *Blind Memory,* 29. Oldfield, *Popular Politics and British Anti-Slavery,* 165; E. P. Thompson, "The Moral Economy of the English Crowd in the Eighteenth Century," *Past and Present* 50 (1971), 76–136.

54) Finley, "Committed to Memory," 16; Wood, "Imagining the Unspeakable," 216–17.

55) 「悪魔の計算」というのはクラークソンの言葉である. *History,* vol. II, 556. "Calculated inches" comes from William Roscoe's poem *The Wrongs of Africa* (London, 1788). Ottobah Cugoano, *Thoughts and Sentiments on the Evil of Slavery* (orig. publ. London, 1787, rpt. London: Penguin, 1999), 46, 85; J. Philmore, *Two Dialogues on the Man-Trade* (London: J. Waugh, 1760), 36, 37, 41.

56) Anstey, *Atlantic Slave Trade and Abolition,* 293, 315, 375–76, 398, 412.

57) W. E. B. DuBois, *The Suppression of the African Slave-Trade in the United States of America, 1638–1870* (orig. publ. 1896; Mineola, N.Y.: Dover Publications, Inc, 1970), 41, 43–45, 48, 51–52, 56, 60–62, 68, 73, 85–86, 104, 108–9. 58. *TSTD,* #80673.

エピローグ――終わりなき旅路

1) "John Cranston's testimony to the Grand Jury, June 15, 1791," Newport Historical Society, Newport, Rhode Island, Box 43, folder 24. これ以降のクランストンと陪審員長の発言の引用は上記の文書からのものである.《ポリー》についてのさらなる情報は以下を. *TSTD,* #36560. 1791年6月8日の『リッチフィールド・モニター』紙は, もう1人の大物奴隷貿易商, ケイレブ・ガーディナーもこの船の部分所有者であると報じている. 最初に積み込まれた奴隷の数が142であったことが, 以下の宣誓証言からわかっている. The Deposition of Isaac Stockman and Henry Clannen taken before Joannes Runnels, Governor of the Island of Saint Eustatius, October 2, 1794, Rhode Island Historical Society, Newport, Rhode Island.

2) 『アメリカン・マーキュリー』紙, 1791年6月6日付で《ポリー》上での事件について書いた, ある「若いレディ」は, クランストンは船上で虐待された恨みを晴らすべく, ドゥウルフの悪行を証言したのではないか, と指摘している. しかし, これは2つの理由から事実ではないだろう. 第1に, もしそうであったとしたら, クランストンは, おそらく別に責めたいことがあっただろう. つまり, 過度の暴力, 賃金の踏み倒し, あるいは備蓄品を横領して個人的な利益を得たことなどである. 第2に――こちらのほうがより重要であるが――もし恨みを晴らすのが問題であったとしたら, ストックマンとクラネンは, 自分たちの証言の際に, クランストンが船長に偏見を持っているのだ, と間違いなく述べていたはずである. しかし, そういう発言はなかった.

3) クランストンはその女性は「おそらく中年で」, 前檣では食事が与えられていた, とつけ加えている. もし, 海に捨てられなかったとして, 回復していたかどうかは, 自分にはわからない, と述べている.

4) この「若いレディ」は, 自分の弟にこの事件を引きながら手紙を書いて, 奴隷貿易に関わっていることをたしなめているが, 原理原則に基づいての反対は表明していない. この事件を報じた2番目の人物は, 自分については何も語らず, 事件に対する意見も述べていない. 3番目の「ロードアイランドの紳士」なる人物は, あきらかに貿易廃止派である. 3人が聞いたのは同じ話のはずだが, 2人はドゥウルフ船長の名に言及しておらず, 3番目の人物だけが, 「ウルフ

船長」と名指している．記事の2つは，クランストンの大陪審での尋問以前に出たとはいえ，伝えているのは同じ話だ．女性奴隷が天然痘にかかった．ドゥウルフ船長は，女を海に捨てるので手伝ってくれないか，と乗組員に尋ね（3つのうち2つは「命じた」と書いている），拒否された．そこで船長は自分で実行した．Extract of a letter from a young Lady, Rhode Island, to her Brother, in this State, date May 24, 1791, *American Mercury,* June 6, 1791; Extract of a letter from Newport (Rhode-Island) dated the 5th month 9th, 1791, *Litchfield Monitor,* June 8, 1791; Extract of a letter from a gentleman in Rhode-Island, *Connecticut Courant*, July 18, 1791.

5）この貿易廃止論者の紳士は，事件についていちばんよく知っていたようだ．クランストンを大陪審で証言させるようにもっていくのに一役買っていたかもしれない．彼によれば，ドゥウルフ船長が病気の女性について「くそったれが．放り出してやる」というのを皆が聞いていたという．また，航海士は2人とも航海中に亡くなった，と付け加えている．病気がいかに速く広がっていったかを示唆するためだろうか．さらに続けて，「船の人々」（つまり，クランストンだけでなく，他の数名の乗組員も含む）が虐待があったと訴え，これが世間の非難を呼んで，当局が宣誓供述書の収集に乗り出した，と報じた．*Connecticut Courant,* July 18, 1791. ドゥウルフが逃亡したのは，《ポリー》あるいは一族所有の他の船だろうが，*TSTD* には，船長としての彼の記録はない．一族の誰かの船で逃げたとも考えられる．

6）Deposition of Isaac Stockman and Henry Clannen, 1794. *TSTD* の記載によれば乗組員の数は12名，しかし，ストックマンとクラネンは15名であったといっている．ドゥウルフのような有力者の肩を持っても，クランストンにとっては得るところはなく，失うものだけであり，一方，ストックマンとクラネンにとっては逆であったということは指摘しておきたい．実際，2人は証言をするよう船長から金をもらっていた可能性もある．船長らは，悪事を法に訴えられた際には，水夫に賄賂を渡して自分の弁護をさせることがよくあったのである．クランストンは，クラネンの殺人への関与を示唆していたことも記憶に留めておかねばならない．さらに，彼らの宣誓供述のタイミングが事件から3年以上も後であったことは，ドゥウルフ船長の工作をうかがわせる．

7）George Howe, *Mount Hope; A New England Chronicle* (New York: Viking Press, 1959), 105, 106.

8）奴隷貿易の歴史全体を見ても，これは特異な事件である．現存する証拠から判断する限り，生きた奴隷が船外に捨てられるというのは，そう度々起こることではなかった．それは，倫理的な理由からではなく，経済的な要因が大きいだろう．さらに，船長が乗組員に意見を求めることもあまりなかったし，船員が指揮官の意を拒むのも稀であった．そんなことをすれば，不服従を問われ，鞭打ちの刑になる危険があったし，ことによっては反乱の科で死刑に処される怖れもあった．《ポリー》の航海と比較すべき例が以下で扱われている．Mitra Sharafi, “The Slave Ship Manuscripts of Captain Joseph B. Cook: A Narrative Reconstruction of the Brig *Nancy*'s Voyage of 1793,” *Slavery and Abolition* 24 (2003), 71-100

9）セント・トーマスでドゥウルフを訴えたアイザック・マンチェスターは，問題の事件の際に《ポリー》に乗船していたわけではないが，事件のことを「聞き及んだ」．ドゥウルフに有利な判決が下されてから5ヶ月後，マンチェスターがロードアイランド，ブリストルの《サリー》という名の奴隷船船長に任命されているのは偶然ではないだろう．その船はドゥウルフ一族の所有であった．マンチェスターはその後も，一族のもとで3年半（3回の航海をした）働き，やがて奴隷船の船主に，ついには自身が貿易商となった．Rufus King Papers, box 6, folder 2, New-York Historical Society; *TSTD,* #36616, #36668, #36680.

10）*No Rum! – No Sugar! or, The Voice of Blood, being Half an Hour's Conversation, between a Negro and an English Gentleman, shewing the Horrible Nature of the Slave-Trade, and Pointing Out an Easy and Effectual*

Method of Terminating It, by an Act of the People (London, 1792).

11) Howe, *Mount Hope,* 130–31.

12) Elizabeth Boody Schumpeter, ed., *English Overseas Trade Statistics, 1697–1808* (Oxford: Clarendon Press, 1960), 60–62; Susan B. Carter, ed, *Historical Statistics of the United States: Earliest Times to the Present* (New York: Cambridge University Press, 2006); Robin Blackburn, *The Making of New World Slavery: From the Baroque to the Modern, 1492–1800* (London: Verso, 1997), 581. この段落は以下に依拠している. Seymour Drescher, *Econocide: British Slavery in the Era of Abolition* (Pittsburgh: University of Pittsburgh Press, 1977). ドレッシャーの計算では，1801 年から 1805 年までに輸入された綿花の 92.3 パーセントは，奴隷労働によって生産されたという (86).

13) *Memoirs of Crow,* 22, 32.

14) 3 つの引用は，Testimony of Thomas Wilson, 1790, in *HCSP,* 73:12; Interview of Mr. James, *Substance,* 17; Testimony of Captain John Ashley Hall, 1790, *HCSP,* 72:233. これほど詳細ではないが，次のものも参考になる. Testimony of James Morley, 1790, *HCSP,* 73:164, 168; Testimony of Thomas Bolton Thompson, 1790, *HCSP,* 73:173; Testimony of Ninian Jeffreys, 1790, *HCSP,* 73:240; Testimony of James Towne, 1791, *HCSP,* 82:30; Testimony of John Simpson, 1791, *HCSP,* 82:44; Testimony of Dr. Harrison, 1791, *HCSP,* 82:53; Testimony of Robert Forster, 1791, *HCSP,* 82:133–34; Testimony of Mark Cook, 1791 *HCSP,* 82:199; Testimony of Hercules Ross, 1791, *HCSP,* 82:260.

15) Interview of Thompson, *Substance,* 25; Interview of Mr. James, *Substance,* 17; Interview of Ellison, *Substance,* 41. トーマス・クラークソンが，このような病み困窮した水夫たち，そして奴隷たちの慈悲の行為について知ったのは，1787 年から 88 年にかけての水夫たちのインタビューを通してだったと思われる. これ以降，彼をはじめとする奴隷貿易廃止派は，水夫や港湾関係者にこの点にかんしての質問をするようになったのである. こうして彼らは，23 人の人々からこの点についての証拠をつみあげて，国会の公聴会に備え，また『証言実録』を完成させた.

16) Interview of Mr. James, *Substance,* 17; Interview of Ellison, *Substance,* 41; Interview of Jeffreys, *Substance,* 92. 船長と水夫が，(アフリカ人奴隷について)「船友」という概念を使用した例としては以下を参照のこと. *Memoirs of Crow,* 159, 129; *Three Years Adventures,* 144, 425–27. 奴隷貿易廃止運動が盛り上がった 1780 年代，90 年代の「主人なきカリブ」においての，奴隷と水夫らとの近しい関係については，次を. Julius Sherrard Scott III, "The Common Wind: Currents of Afro-American Communication in the Era of the Haitian Revolution," Ph.D. dissertation, Duke University, 1986, 134–46.

17) カリブの歴史考古学者は，まだ，ヨーロッパの水夫がアフリカ人の墓地に埋葬されていたことの裏付けをとるには至っていない. しかし，この分野のジャマイカでの第一人者である，ロドリック・エバンクス (Roderick Ebanks) は，その可能性は高いと考えている.「奴隷について私が知っていることから考えると，あなたのお話は突飛なことではありません」(2006 年 7 月 31 日付，筆者への私信). 将来，都市部の墓地が発掘されれば，この問題は決着するであろう.

18) *Memoirs of Crow,* 291.

19) 以下では，その中心が暴力と恐怖であったことが論じられている. Peter Linebaugh and Marcus Rediker, *The Many-Headed Hydra: Sailors, Slaves, Commoners, and the Hidden History of the Revolutionary Atlantic* (Boston: Beacon Press, 2000).

20) このように考えるようになったのには，ポール・ギルロイおよびルース・ギルモアの影響のおかげである. Paul Gilroy, *The Black Atlantic: Modernity and Double Consciousness* (Cambridge: Harvard University Press, 1993)〔ポール・ギルロイ『ブラック・アトランティック——近代性と二重意識』上野俊哉，毛利嘉孝，鈴木慎一郎訳，月曜社，2006〕, Ruth Gilmore, *Golden Gulag: Prisons, Surplus, Crisis, and Opposition in Globalizing California* (Berkeley: University of California Press; 2006).

謝　辞

家族，友人，同僚なしでは，この本は書けなかっただろう．そして，見知らぬ方々からも少なからず助けていただいた．以下の機関のスタッフの皆さんにもお礼を申し上げたい．The National Maritime Museum, Greenwich; Bristol Record Office（特に Pat Denney, archivist of the Society of Merchant Venturers）; Bristol University Library; Bristol City Museum; Merseyside Maritime Museum（とりわけ Tony Tibbles と Dawn Littler）; Liverpool Record Office; St. John's College Library and Cambridge University Library; National Archives; House of Lords Record Office; Royal College of Surgeons; Friends House Library; Bristol（RI）Historical Society; Newport（RI）Historical Society; John Carter Brown Library; Providence Public Library; Baker Library, Harvard Business School; New-York Historical Society; Seeley G. Mudd Manuscript Library, Princeton University; Robert W. Woodruff Library, Atlanta University Center; Charleston County Public Library; Avery Research Center and Special Collections, Addlestone Library, College of Charleston; South Caroliniana Library; South Carolina Historical Society. 長年教鞭をとってきたピッツバーグ大学，ヒルマン図書館の素晴らしいスタッフの方々，ありがとう．特に Phil Wilkin には，この研究に欠かせない調査資料の入手をお手伝いいただき，お世話になった．

The National Endowment of the Humanities and the American Council of Learned Societies のフェローシップを受けられたこともありがたかった．ピッツバーグ大学からは，様々な惜しみないご助力をいただき，また以下の機関にも支援していただいた．おかげで円滑に調査を進めることができた．The Center for Latin American Studies, the Center for West European Studies, the University Center for International Studies, the Central Research Development Fund, George Klinzing and Provost's Office of Research, and Dean N. John Cooper and the Faculty of Arts and Sciences.

この研究について，熱心に耳を傾け，感想や意見をくださった聴衆のみなさんの前でお話させていただけたのは幸運であった．講演会を企画してくださった方々，足をお運びくださった方々にも感謝している．企画の労をとってくださった方と組織のお名前を記しておきたい．Eric Cheyfitz, Cornell University; Karen Kupperman, Sinclair Thomson, Michael Gomez, New York University; Madge Dresser, University of the West of England; Peter Way, Bowling Green State University; Andrew Wells, Ben Maddison, University of Wollongong; Cassandra Pybus, Centre for the Study of Colonialism and Its Aftermath, University of Tasmania; Rick Halpern, University of Toronto; Pearl Robinson, Tufts University; William Keach, Brown University; Simon Lewis, College of Charleston; Modhumita Roy, Marxist Literary Group; Phyllis Hunter, University of North Carolina-Greensboro; Kirk Savage, Department of History of Art and Architecture, Alejandro de la Fuente, Department of History, University of Pittsburgh. それから，2005 年 7 月，オーストラリア，フリマントルでの学会，「中間航路——社会過程としての大洋航海」に集った方たちからは，ご意見やご提案をいただき，おおいに参考になった．この学会を企画してくださったのは Cassandra Pybus, Emma Christopher, Terri-Ann White である．

わたしは過去 30 年にわたり，海洋古文書館で調査をしてきたが，奴隷船の歴史を書けるかもしれないと思いいたるには長い時間がかかったし，その困難な仕事にとりかかろうと思い決めるまでにはさらに時間がかかった．最初に着想を得たのは，1990 年代末，ペンシルヴェニア州の死刑囚監房の囚人たちを訪問し，死刑廃止の運動に関ったときだった．死刑は現代の恐怖のシステムだ．今も続く，長い闘いのなかで出会った多くの人にも，感謝を送りたい．本書の頁には，わたしたち

の運動が，数えきれないかたちで，深いところから陰影を与えている．この本を書こうと決断した，決定的な瞬間，それは2003年，カリフォルニア大学，アーバイン校での「過去の是正——社会思想，法律，文学」についてのソーヤー・セミナーで，若い才能あふれる研究者たちに出会った時だった．Saidiya Hartmanとその時以来続いているやりとりは，特に貴重なものだ．Hartmanの素晴らしい近著も紹介しておこう．*Lose Your Mother: A Journey Along the Atlantic Slave Route*（Farrar, Straus and Giroux, 2007）．

ピッツバーグ大学の同僚や学生諸君からは，数えきれないご助力をいただいた．アフリカ史については，Joseph Adjayaが，わたしにとって，長らく知識と知恵の泉のような存在である．奴隷化のテクノロジーについて考えるよう促してくれたのは，Stefan Weelock，「船友」の概念の理解を助けてくれたのはJerome Brancheである．Seymore DrescherとRebecca Shumwayには，特定の章を読んでもらい，それぞれの専門から助言をいただいた．Patrick Mannigは研究者として仲間としての懐の深さの鑑たる人物．この企画に乗り出すにあたって励ましてくれ，途上を導いてくれ，そして最後の段階では，枚挙にいとまがないほど，実際の手助けをしてくれた．Rob Ruckとは，執筆過程の，そして他の場面でも，浮き沈みをともにした——もちろん，大学のバスケットボールのシーズンも何年も一緒に過ごしてきた．ピッツバーグ大学，そしてその歴史学科で，わたしが長い間，幸せに仕事を続けさせてもらっているのは，いまお名前を挙げた方々，Alejandro de la Fuente, Lara Putnam, Bill Chase, Reid Andrews，そして「労働者階級の歴史講座」のメンバーのおかげである．

執筆の過程では，素晴らしい調査助手に恵まれた．かつて学部で教えた3人，Heather Looney, Ian Hartman, Matt Maederの仕事ぶりは実に素晴らしかった．第一次資料を収集してくれただけでなく，自分たちがみつけてきた資料について，鋭い，厳密を期す質問をしてくれた．大学院生諸君からは，かつても現在も，研究への情熱，手助け，そしてインスピレーションをもらっている．次の面々にお礼申し上げる．Isaac Curtis, John Donoghue, Niklas Frykman, Gabriele Gottlieb, Forrest Hylton, Maurice Jackson, Eric Kimball, Christopher Magra, Michael McCoy, Craig Marin, Scott Smith, Karsten Voss, and Cornell Womack. 特に調査を手伝ってくれた，Niklas, Gabriele, Chris, Forrest, ありがとう．息子のZeke Redikerは，彼が専攻するアフリカ史の分野で手助けをしてくれた．彼にも礼を述べておきたい．

Peter Linebaughには，実に多くを負っている．彼の長年の友情と協力は，このプロジェクトが形となる核であった．Michael Westは，アフリカおよび黒い大西洋が専門の，並はずれた学者にして活動家，この研究の最初から最後まで，温かく励ましてくれた．優れた海洋画家で作家のWilliam Gilkersonには，第2章でお世話になった．鮫の歴史と行動を理解するのを助けてくれたのは，George Burgess, coordinator of Museum Operations, and director, Florida Program for Shark Research, Florida Museum of Natural History, and Department of Ichthyology, University of Floridaである．また，第5章のジェイムズ・フィールド・スタンフィールドについては，イギリス国立海洋博物館のPieter van der Merweが，惜しみなく助言を下さった．改訂版の*Trans-Atlantic Slave Trade: A Database on CD-ROM*から，最新の数字を提供してくださったDavid Eltisのご親切に感謝申し上げる．ジャマイカの歴史考古学についてご教授くださったのは，Roderick Ebanksである．全ての方に，御礼申し上げたい．

5人の優れた歴史家に，原稿を通しで読んでいただき，それぞれの圧倒的な学識に助けられた．特にCassandra Pybusには，心より厚くお礼申し上げる．才能ある書き手であり，歴史家であり，わたしが新たな可能性を発見するのを助けてくれた．Emma Christopher，彼女の奴隷船水夫についての画期的な研究書あってこそ，本書が出来たといえる．そしてRobin Blackburnの，大西洋奴隷制を包括的に比較し，統合した研究は目指すべき理想といえるだろう．新世界での奴隷の経験を見事に捉え直したIra Berlinは，いかにも彼らしい感傷抜きの現実的な提案をしてくれた．Kenneth Morganは資料の在処についての驚くべき知識をわたしに分け与えてくれたり，また，細部まで行き届いたコメントをくれたりして，実に様々な事柄で助けてくれた．まもなく英国の奴隷貿易にか

んする彼自身の研究が出るが，学会の基準を塗り替えるものとなるだろう．みなさんの，すべてのコメントに感謝している．なかには，わたしが頑なで，受け入れられなかったものもあったのだが．

わたしのエージェント Sandy Dijkstra は，このプロジェクトの構想を助けてくれ，大西洋の両岸に本書にふさわしい出版社を見つけてくれた．Maureen Sugden は，熟達した原稿整理をしてくれた．John Murray 社の Eleanor Birne に感謝する．Viking Penguin USA 社の素晴らしい編集者たち，Wendy Wolf と Ellen Garrison は，ずっとわたしに寄り添い，時にハードルを上げて奮起させてくれた．特に，最終段階で行き詰まった時には，それがありがたかった．

最後の感謝は家族にとっておいた．妻の Wendy Goldman は他の誰よりも，この本について，わたしと議論を交わし，意見を戦わせた．そしていつも，いつも助けてくれた．本書を，彼女と，わたしの子どもたち，ジークとエヴァに捧げたい．

著者略歴

（Marcus Rediker）

アメリカの歴史家・市民運動家．ペンシルヴェニア大学で博士号を取り，現在，ピッツバーグ大学歴史学科のアトランティック・ヒストリー特別教授．社会史研究において「下からの歴史」を実践．近世大西洋世界の，船乗り，海賊，奴隷を扱った数々の著作は高い評価を受けている．ピーター・ラインボーとの共著『多頭のヒュドラ：船乗り，奴隷，庶民，革命期大西洋世界の秘史』（*The Many-Headed Hydra: Sailors, Slaves, Commoners, and the Hidden History of the Revolutionary Atlantic*, Boston: Beacon Press, and London: Verso, 2000）で鮮烈な衝撃を与える．その後の著書に，『海賊たちの黄金時代：アトランティック・ヒストリーの世界』（2004，邦訳はミネルヴァ書房，2014），本書，『アミスタッド号の反乱：隷属と自由をめぐる大西洋の旅路』（*The Amistad Rebellion: An Atlantic Odyssey of Slavery and Freedom*, New York: Viking-Penguin, 2012）『大西洋の無法者：帆船時代の船乗り，海賊，雑多な船員』（*Outlaws of the Atlantic: Sailors, Pirates, and Motley Crews in the Age of Sail*, Boston: Beacon Press, and London: Verso, 2014）『恐れ知らずのベンジャミン・レイ：最初の革命的奴隷貿易廃止論者になったクェーカー教徒の小びと』（*The Fearless Benjamin Lay: The Quaker Dwarf who became the First Revolutionary Abolitionist*, Boston: Beacon Press, 2017）など．

訳者略歴

上野直子〈うえの・なおこ〉獨協大学外国語学部教授．専門はブラック・ブリティッシュ文学を中心とする「混成の英国」の文学と文化．英語圏ディアスポラ文学．共著に『〝ポスト〟フェミニズム』（作品社，2003），編著に『憑依する英語圏テクスト――亡霊・血・まぼろし』（音羽書房鶴見書店，2018）など。訳書にキャリル・フィリップス『新しい世界のかたち：黒人の歴史文化とディアスポラの世界地図』（明石書店，2007）『はるかなる岸辺』（岩波書店，2011），フランシーヌ・デュ・プレシックス・グレイ『シモーヌ・ヴェイユ』（岩波書店，2009）など．

解説者略歴

笠井俊和〈かさい・としかず〉群馬県立女子大学文学部英米文化学科准教授．2012年～2013年，ピッツバーグ大学歴史学科客員研究員．専門は近世大西洋史．著書に『船乗りがつなぐ大西洋世界：英領植民地ボストンの船員と貿易の社会史』（晃洋書房，2017），共著に『歴史の場：史跡・記念碑・記憶』（ミネルヴァ書房，2010），『大学で学ぶアメリカ史』（ミネルヴァ書房，2014），『海のリテラシー：北大西洋海域の「海民」の世界史』（創元社，2016），共訳に，マーカス・レディカー『海賊たちの黄金時代：アトランティック・ヒストリーの世界』（ミネルヴァ書房，2014），イリジャ・H・グールド『アメリカ帝国の胎動：ヨーロッパ国際秩序とアメリカ独立』（彩流社，2016）など．

マーカス・レディカー
奴隷船の歴史
上野直子訳

2016年 6月20日　第1刷発行
2021年 3月22日　第3刷発行

発行所 株式会社 みすず書房
〒113-0033 東京都文京区本郷2丁目20-7
電話 03-3814-0131(営業) 03-3815-9181(編集)
www.msz.co.jp

本文組版 キャップス
本文・口絵印刷所 中央精版印刷
扉・表紙・カバー印刷所 リヒトプランニング
製本所 中央精版印刷

ISBN 978-4-622-07892-0
[どれいせんのれきし]